JN436372

P2P금융과 법

금융기술법연구회 편

박영사

머리말

이 책은 금융기술법연구회 회원들이 집필한 논문들을 모은 것이다. 금융기술법연구회는 2017년 9월 P2P금융법연구회에서 출발하여 P2P(peer－to－peer) 금융에 관한 법적 연구를 주로 하다가 2018년 9월 연구 범위를 금융기술(Fintech)에 관련된 연구로 넓혀가기로 하고 명칭도 금융기술법연구회로 바꾸었다. 학계와 실무가들로 구성된 금융기술법연구회는 매달 한 번씩 연구회를 개최하면서 P2P 금융을 비롯하여 금융기술(FinTech)에 관련된 여러 법적 문제에 관한 연구를 주로 하고 있다. 이 책은 그동안의 연구 결과물을 모은 것이다.

4차 산업혁명 시대를 맞이하여 금융 분야에서도 여러 가지 혁신이 나타나고 있다. 금융과 기술의 융합에 따른 혁신적인 금융상품의 개발과 새로운 금융업의 출현이 바로 그러한 현상이라고 할 수 있다. P2P 금융도 그러한 사례 중의 하나이다. 금융기관을 매개로 하지 않고 정보통신망상에서 중개업체(platform)의 중개를 통하여 당사자 사이에서 대출 거래 등 금융 거래가 이루어진다는 점에서 새로운 금융업이라고 할 수 있다. P2P 금융 거래는 대출형과 증권형으로 분류할 수 있다. 증권형 P2P 금융 거래는 이미 2016년에 「자본시장과 금융투자업에 관한 법률」에 법적 근거가 마련되어 있다. 하지만 대출형의 경우는 아직 관련 법률이 제정되지 않아 여러 문제점이 나타나고 있다. 대출중개업체에 대한 등록제나 인가제가 시행되고 있지 않다보니 대출 사기나 횡령 등 여러 문제가 발생하여 투자자들의 피해 규모가 커지고 있는 실정이다. 금융당국은 지침(가이드라인)을 제정하여 간접적인 방법으로 규제를 하고 있지만 지침이 법적 강제력을 가질 수 없다는 점에서 근본적인 해결 방법은 아니다. 결국은 새로운 법률을 제정하여 대출중개업체에 대한 감독 및 규제를 하고, 차입자 및 투자자를 보호하기 위한 여러 제도적 장치가 마련되는 것이 필요하다. 다행히 국회에는 5개의 관련 법률안이 발의되어 있다. 금융당국인 금융위원회도 최근 입법에 적극적인 지원을 하겠다는 입장을 밝힌 바 있어 법제화 가능성이 커지고 있다.

이 책은 P2P 대출 거래에 관련된 여러 법적 쟁점을 다루고 있어 향후 법률 제정 과정에서 많은 도움을 줄 것이라고 생각한다. 특히 제2장에서는 영국, 미국, 일본, 독일, 중국, 인도네시아 등 P2P 금융 거래가 활발한 외국의 관련 법제를 다루고 있어 좋은 참고가 될 것으로 본다. 그리고 제3장에서는 P2P 대출 거래 규제에 대한 입법 방향을 제시하고 있어서 입법 논의에도 많은 도움이 될 수 있을 것이다. 하루빨리 관련 법률이 제정되어 P2P 금융 산업이 성장할 수 있는 계기가 되면 좋겠다. 이 책이 P2P 금융 관련 법률 제정에 도움이 되고, 더 나아가서 P2P 금융에 관심이 있는 분들에게 P2P 금융을 이해하는 데 많은 도움이 된다면 이 책의 발간 취지가 무색하지 않을 것이다.

끝으로 출판 시장이 어려움에도 불구하고 기꺼이 출판을 맡아준 박영사 안종만 회장님에게 진심으로 감사의 말씀을 드리며, 출판 기획을 맡아준 정연환 대리에게도 감사드린다. 특히 편집 간사 일을 맡아 집필자 연락 업무를 잘 처리해주어 이 책이 빛을 볼 수 있도록 해준 한국예탁결제원의 석지웅 과장에게도 깊은 감사를 드린다.

2019년 5월

공저자를 대표하여

금융기술법연구회 회장

고동원

차례

제1장 P2P 금융 개관

제2장 주요국의 P2P 대출 거래 규제 현황

부록 P2P 대출 거래 규제 5개 입법안 전문

제 1 장

P2P 금융 개관

- 제1절 P2P 금융의 법적 검토 – 윤민섭
- 제2절 P2P 대출 거래의 유형과 법적 쟁점 – 고동원
- 제3절 담보형 P2P 대출 거래 – 윤민섭

P2P 금융의 법적 검토*

윤 민 섭

Ⅰ. 서　　론

2010년 그리스 구제금융을 시작으로 전세계로 확대된 유럽발 재정위기로 인한 경기둔화가 지속되고 있으며, 더불어 2008년 미국발 금융위기로부터 시작된 주택가격이 하락이 심화되어 가고 있는 가운데 가계부채의 문제가 악화되고 있다. 가계자산에서 주택비중이 높은 우리나라에서는 주택가격의 하락은 담보가치의 하락을 가져오고, 담보가치가 하락하면 채무자는 하락한 비율만큼 상환을 하거나 새로운 담보를 제공하여야 한다. 결국 원리금상환에 있어 부담이 가중된다는 것을 의미한다. 또한 금융위원회가 지난 7월에 발표한 자료에 따르면 저소득·고령층·다중채무자 등 취약계층의 채무부담이 상대적으로 매우 높아 급속한 부실화가 예상된다고 한다.[1] 특히 저축은행·대부업 등 제2금융권의 다중채무자의 증가세와 연체율이 높다고 한다.

가계부채에 대한 대응으로 정부는 그동안 신용회복기금 설립, 미소금융·햇살론 등 서민금융의 지원대책을 내놓고 있었으며, 금융위원회는 서민금융지원을 보다 확대하겠다고 하고 있다.[2] 그러나 정부의 이러한 대책은 실제 지원이 필요한 저신용자 및 금융채무불이행자 등을 외면하고 있어[3] 금융소외현상이 발생하고 있는 상황이다.

금융소외현상을 해소하기 위한 방법으로 정부의 대책을 보완하는 방법도 있

* 「금융법연구」 제9권제2호(한국금융법학회, 2012. 12)에 게재된 논문을 수정·보완한 것이다.

** 한국소비자원 책임연구원, 법학박사.

1) 금융위원회, 「가계부채 동향 및 서민금융지원 강화방안(관계부처 합동)」, 2012. 7. 19., 8면.

2) 금융위원회, 전게자료, 8면.

3) 동아일보 2012. 10. 25. B2면(http://news.donga.com/3/all/20121024/50366995/1).

지만, 민간영역에서 새롭게 등장한 금융기법이 하나의 해법으로 제시되고 있다.[4) P2P금융은 금융기관을 통하지 않고 개인과 개인이 금융거래를 하는 것을 뜻하는데, 2005년 영국에서 ZOPA Ltd.(이하에서는 '조파닷컴'이라 함.)[5)]이 처음으로 P2P금융을 시작한 것으로 알려져 있다. 우리나라에서는 2007년 팝펀딩, 머니옥션 등이 P2P금융을 시작하였고 최근 2010년 유시민펀드 등과 같은 정치인펀드를 중심으로 P2P금융이 알려지게 되었다.

현재 미국이나 영국 등에서는 P2P금융에 대하여 참여자를 보호하기 위하여 규제를 하고 있으나, 현재 우리나라에서는 근거법률이 없는 상황이어서 P2P금융에 대하여 규제를 하고 있지 않다. 또한 P2P금융에 관한 기존의 연구도 P2P금융의 구조를 피상적으로 파악하여 규제의 필요성을 제기하는데 그치고 있을 뿐이다.[6)] 이 글에서는 P2P금융에 관한 일반론과 그 유형에 따른 계약구조를 상세히 살펴본 후 문제점을 검토하여 입법적 제안을 하고자 한다.

Ⅱ. P2P금융 일반론

1. P2P금융의 개념

P2P금융은 인터넷을 통하여 개인과 개인이 직접 파일을 공유하는 P2P(Peer－to－Peer) 개념이 금융과 접목된 것으로 금융기관을 거치지 않는 개인간 직접적인 금융거래이다.[7)] P2P라는 용어는 파일공유시스템인 Peer－to－Peer에서 아이디어를 차용하였지만, 개인간의 대출이라는 점에서 Person－to－Person으로 쓰이기도 한다.[8)] 개인간 금융거래는 전혀 새로운 것은 아니다. 이미 경제분야의 여러 곳에서 금융기관을 통하지 않는 대출 즉 금전소비대차계약은 활용되고 있었다.

---

4) 금융연구원, "P2P금융 : 전망과 과제", 『주간금융브리프』 제21권 제19호, 2012. 5. 12., 10면.

5) 조파닷컴(http://www.zopa.com, 마지막 방문일 2012. 11. 5.)

6) 이건호, "P2P금융의 현황 및 법제도적 개선방안", 국회입법조사처 간담회자료, 2011. 1. 10.; 금융연구원, 전게자료, 11면 등 참조.

7) 윤민섭, "자금조달 수단으로서 Crowdfunding에 관한 법적 연구", 『기업법연구』 제26권 제2호, 한국기업법학회, 2012. 06, 193면.

8) Andrew Verstein, "The Misregulation of Person－to－Person Lending". UC Davis Law Review, Vol. 45, No. 2, 2011, at 447.; Kevin E. Davis · Anna Gelpern, "Peer－to－Peer Financing for Development: Regulating the Intermediaries", N.Y.U. Journal of Int'l Law & Polotics, Vol. 42,, 2010. 06., at 136.

그러나 이글에서 이야기하고자 하는 P2P금융은 인터넷과 결합하여 인적관계가 없는 불특정의 자금수요자와 자금공급자가 만난다는 온라인의 특성이 결합된 것으로 기존의 개인간 금융거래와는 다른 특징을 가지고 있다.

P2P금융은 개인간에 직접 금융거래가 발생한다는 현상에 중점을 두고 있는 개념으로 법적구조에 대해서 어떠한 설명도 하고 있지 않다. 다만 자금수요자가 인터넷을 활용하여 불특정다수에게 대출의 필요성을 알리면 불특정의 자금공급자가 자금을 지원하기로 결정한다. 결국 자금수요자가 자신의 프로젝트나 사업을 인터넷 및 SNS를 통하여 공개 및 홍보하고, 불특정다수 각자로부터 소액을 지원받아 원하는 금액의 자금을 모집하는 행위[9]인 크라우드펀딩의 하나의 유형이라고 할 수 있다.[10]

크라우드펀딩의 구조와 P2P금융의 개념에 충실하게 해석하면 그 법적 성질은 자금공급자와 자금수요자간의 금전소비대차계약이 체결된다고 보아야 할 것이다. 그러나 현행 P2P금융의 구조를 살펴보면 자금공급자와 자금수요자간에 소비대차계약이 체결되는 경우는 극히 드물며,[11] 이하의 P2P금융의 유형에서 살펴보는 바와 같이 중개기관을 활용하여 금융기관의 원리금수취권 매매계약 또는 자금수요자와 자금제공자간 담보제공위탁계약 등이 체결되고 있다.

개인간의 금융거래라는 측면에서 지인간의 금전소비대차계약과 차이가 없다고 생각할 수 있다. 그러한 관점에서 보면 P2P금융은 금전소비대차계약과 관련된 규정인 민법 제598조 이하가 적용되어야 하며, 금융관련 법규가 적용될 여지가 없다고 생각할 수 있다. 그러나 금융이라는 것은 경제주체간의 자금의 융통을 의미하므로[12] 참여자보호의 필요성이 있다면 이를 위한 관련 보호법제가 적용되어야 할 것이다. P2P금융의 경우 자금공급자와 자금수요자간 정보의 불완전성이 발생하는 등 자금공급자의 보호를 위한 금융관련 법률의 적용이 필요하다. 또한 소비대차계약형이 아닌 다른 유형의 P2P금융의 경우 금융기관이 필수적이며, 특히 대출참가형의 경우 금융기관의 대출채권에 자금공급자가 참가하는 것으로 금융기관과 대출참가계약을 체결하여 대주의 지위를 양수하거나, 원리금수취권을 취

---

9) 윤민섭, 전게논문, 189면.
10) 크라우드펀딩의 유형에 대해서는 윤민섭, 전게논문, 192－199면, 참조.
11) 차주와 대주간에 소비대차계약이 체결된 예는 2010년에 유시민펀드가 대표적인 예이다.
12) 한국은행, 『한국의 금융제도』, 2011. 12. 15., 3면.

득하게 된다. 자금소유자의 채무불이행이 발생한 경우 자금공급자의 추심 등이 제한적이어서 자금공급자의 보호에 문제가 발생한다.

2. P2P금융의 특성

(1) 금융기관의 불필요

P2P의 개념에서도 알 수 있듯이 금융기관을 통한 금융거래가 아니기 때문에 금융기관은 P2P금융의 필수적인 요소는 아니다.[13] 그러나 현실에서는 이론과 실제운용에 있어서 많은 차이를 보이고 있다. P2P금융의 개념이나 이론적 구조는 금융기관을 배제하고 있으며, P2P금융업체의 광고도 금융기관의 통하지 않는다고 하고 있으나,[14] 그 실제운용에 있어서 금융기관이 포함되어 있는 것이 대부분이다. 예를 들어, 유시민펀드 등 소비대차형 P2P금융에서는 금융기관 또는 중개기관 없이 P2P금융이 이루어진다. 그러나 현재 머니옥션, 팝펀딩 등 P2P금융 관련 업체의 경우 저축은행 등 금융기관이 실제 대출을 실행하고, 자금공급자는 담보의 제공 또는 원리금수취권의 매수를 하는 구조이다.

이렇듯 실제운용에서 본래적인 의미의 P2P금융이 실현되지 않는 것은 P2P금융 도입이 대부업체의 새로운 영업방식으로 시작되었다는 것[15]과 자금공급자와 자금수요자간 정보의 불균형이 심각하다는 것도 이유가 될 수 있지만, 아직 P2P금융 관련 법제가 존재하지 않아 법의 사각지대에 놓여있다는 것이 가장 큰 원인이라 할 것이다.

따라서 금융기관이 필요하지 않다는 것은 금융기관의 존재 자체가 아니라 대출기관에 대한 금융기관의 승인권이라고 해석하는 것이 현실에 맞는 적용일 것이다.

---

13) Eric C. Chaffee · Geoffrey C. Rapp, “Regulating On-Line Peer-to-Peer Lending in the Aftermath of Dodd-Frank: In Search of an Evolving Regulatory Regime for an Evolving Industry”. Washington and Lee Law Review, Forthcoming; University of Toledo Legal Studies Research Paper No. 2012-04., 2012, at 492.

14) 머니옥션 사이트(http://www.moneyauction.co.kr/lender/about/service.run) 등 참조.

15) 머니옥션이나 팝펀딩 같은 P2P금융업체의 경우 현재는 전자상거래업 및 통신판매업으로 신고되어 있으며, 여신업무를 담당하는 저축은행 또는 대부업체와 별개의 법인격을 가지고 있는 것으로 되어 있으나, 국내 P2P금융업체의 1위인 머니옥션의 경우 현재는 (주)한국금융플랫폼이 운용하고 여신업무를 (주)트리플리치매니지먼트대부가 하고 있는 것으로 나타나지만 과거의 인터넷 기사 등을 살며보면 (주)트리플리치매니지먼트대부가 직접 사이트를 운영한 것을 알 수 있다. 연합뉴스 2010년 10월 29일자(http://news.naver.com/main/read.nhn?mode=LSD&mid=sec&sid1=101&oid=001&aid=0004734661) 참조.

(2) 신용등급의 불필요

금융기관으로부터 대출을 받고자 하는 경우 금융기관이 차주의 신용등급 등을 고려하여 대출여부를 결정하게 된다. 따라서 신용등급이 낮은 저신용자의 경우 금융기관으로부터 대출이 어려워 대부업체로부터 고리로 대부를 하거나, 불법 사금융을 이용하고 있다. 이를 해소하기 위해 정부에서는 '미소금융'과 '햇살론'과 같은 서민금융대책을 시행하고 있으나, 까다로운 대출자격 요건[16]과 대출예산의 한계로 인하여 생활자금이 필요한 저신용자의 경우에는 대출이 제한되고 있다.

P2P금융의 경우 대출을 승인하는 주체는 금융기관이나 중개기관이 아닌 대주가 될 개인이다. 개인이 대출을 승인하기 때문에 대출신청자의 신용등급은 대출승인에 있어서 참고자료가 될 수는 있겠지만, 반드시 따라야 하는 기준이 되지는 않는다.

(3) 역경매방식의 금리결정

일반적인 대출의 경우 금리는 대주가 차주의 신용등급, 담보의 유무 등을 고려하여 결정한다. 그러나 P2P금융의 경우 대출신청자인 차주가 자신이 부담가능한 금리를 제시할 수도 있으며, 대주가 금리를 결정하기도 한다. 현재 국내에서 P2P금융 플랫폼을 제공하고 있는 머니옥션, 팝펀딩 등을 경우를 살펴보면 대출신청자가 부담가능한 금리를 제시하면, 자금제공자는 자신이 원하는 금리로 입찰하고, 금리가 낮은 순서대로 낙찰되는 역경매방식을 취하고 있다.

(4) 금리의 최고한도

금융기관 및 등록대부업자에게 적용되는 금전대차의 최고이율은 '대부업 등의 등록 및 금융이용자 보호에 관한 법률'(이하 대부업법) 제15조에 따라 50% 이내이지만 시행령 제9조에 의하여 39% 이내로 제한된다. 그러나 P2P금융은 개인간의 금융거래이기 때문에 이자제한법의 적용을 받아 30%의 한도[17]가 적용된다.

(5) 신용대출화

P2P금융은 인터넷을 활용한 개인간 금융거래라는 특성상 자금수요자가 자금공급자에게 상환을 담보하기 위해서 물적담보를 제공하는 것은 사실상 불가능하

---

16) 미소금융의 대출자격요건에 대해서는 미소금융중앙재단 사이트(http://www.smilemicrobank.or.kr/, 마지막 방문일 2012. 11. 10.) 참조.

17) 이자제한법 제2조제1항의 최고이자율에 관한 규정(이자제한법 시행령).

다. 저당권 등의 물적담보를 제공하기 위해서는 그 절차의 복잡성과 거래비용이 높기 때문에 거래금액이 대부분 소액인 P2P금융에서는 적합하지 않다.[18] 물론 보증인 등이 인적담보를 제공하는 것은 제한이 없을 것이다. 그러나 P2P금융을 활용하는 자금수요자 대부분이 저신용자인 것을 고려한다면 인적담보를 제공하는 것도 상당히 어려운 일이다. 영국의 조파닷컴, 미국의 프로스퍼와 한국의 머니옥션 등 P2P금융업체가 운영하고 있는 상황을 보면 담보대출은 존재하지 않고, 신용대출을 이용하고 있다. 즉, P2P금융은 자금수요자의 상환이력, 상환능력 등 자금수요자의 신용만이 자금수요자의 상환을 보증하게 된다.

아래에서 살펴보는 담보제공위탁계약형의 경우 중개인이 연대보증을 하기도 하지만, 중개인의 예금을 담보로 대출이 실행되는 경우가 있다. 이 경우 자금수요자는 신용대출이 아닌 담보대출을 받는 것이다. 하지만 자금수요자와 자금공급자의 관계 및 계약구조 전반에서 자금수요자가 제공하는 담보는 없기 때문에 신용대출이라고 할 수 있다.

3. P2P금융에 관한 외국의 규제

현재 P2P금융에 관하여 미국의 경우를 제외하고는 크게 규제를 하고 있지 않다. 특히 P2P금융의 시초인 조파닷컴이 만들어진 영국에서는 P2P금융에 대해서 공정거래사무소(OFT : Office of Fair Trading) 불공정한 대출로부터 자금수요자를 보호하기 위해 규제하지만, 이외의 것에 대해서는 큰 규제가 존재하지 않는다. 오히려 조파닷컴에서 P2P금융산업의 발전을 위하여 금융청(FSA : Financial Services Authority)에게 최저자본기준, 위험통제에 대한 검사 등의 규제를 해달라고 요청하고 있는 상황이다.[19]

미국에서는 증권거래위원회(SEC: Securities and Exchange Commission)[20]가 P2P

---

18) 예를 들면 미국의 프로스퍼의 경우 자금공급자의 96%는 $5,000이하의 금액만 대여하고, 67%는 $500이하를 대여하고 있다(Andrew Verstein, supra note 8 at 466.).

19) See Sean Farrell, "Zopa Calls on Government and FSA to Regulate Social Lending Sector", THE TELEGRAPH (Sept. 20, 2010, 7:00 AM GMT), http://www. telegraph.co.uk /finance/news-bysector/banksandfinance/8012269/Zopa-calls-on-Government-and-FSAto-regulate-social-lending-sector.html; Gonzalo Vina, U.K. Scraps FSA in Biggest Bank Overhaul Since 1997, BLOOMBERG (June 17, 2010, 4:22 PM), http://www.bloomberg.com/news/2010-06-16/u-k-scraps-fsa-in-biggest-bank- regulation- overhaul-since-1997.html.

20) SEC는 독립행정위원회로써 증권의 발행시장과 유통시장에 관한 감독권과 규칙·양식의 제정권을

금융에 대해서 규제를 하고 있다. 미국의 증권거래위원회는 P2P금융에 대하여 자금공급자와 중개인을 전통적인 투자자와 발행인의 개념으로 보고 있었다. 미국의 대표적인 P2P금융업체인 프로스퍼(Prosper)[21]는 2006년 2월에 자신이 운영하고자 하는 P2P금융의 법적구조와 사업모델이 법에 저촉될 것인가를 확인하기 위해서 SEC에 No-Action Letter[22]를 요청하였으나, SEC는 규제를 하지 않음으로써 P2P 금융에 대한 사실상 보증을 제공하고자 하지 않았다.

그 후 2008년 11월 24일 프로스퍼에 대해 영업정지명령을 내렸다.[23] 그 근거로 SEC는 프로스퍼가 발행하는 Notes는 Securities Act of 1933(hereinafter SA) §2(a)(1)에서 정의하는 증권에 해당한다고 주장하였다.[24] SEC의 주장에 따르면 자금공급자는 그들의 투자를 통하여 금융기관의 예금계좌에서 얻을 수 있는 것보다 고리의 이자를 이익으로 기대하였기 때문에 프로스퍼가 제공하는 Notes는 SA §2(a)(1)에 포섭된다는 한다. SEC의 정지명령에 따르면 프로스퍼는 SEC에 공개회사로서 등록하여야 하며, Notes에 대한 등록신고서(registration statement)를 SEC에 제출하여야 하고, 투자설명서(prospectus)를 자금공급자에게 교부하여야 한다.[25] 프로스퍼는 이에 동의하고 SEC에 등록하기 시작했다.

SEC의 명령이 있기 전까지 프로스퍼는 자금공급자와 자금수요자간에 매칭이 이루어진 경우 WebBank, Utah-chartered industrial bank에게 자금수요자에 대한 대출을 하도록 요청하였고, WebBank 등은 프로스퍼에게 note를 발행하였고, 자금수요자는 WebBank 등이 note발행을 통하여 조달한 자금을 대출받았다.[26]

가지며, 연방증권법의 위반여부에 대하여 결정할 권한이 있는 준사법기관이다.

21) 프로스퍼 사이트(http://www.prosper.com/)

22) No-Action Letter는 특정한 상품, 서비스 또는 행위가 연방증권법을 위반하고 있는가에 대하여 확신이 없는 개인 또는 단체는 SEC 실무자에게 확인을 요청하는 제도로서 우리나라에서는 금융위원회에서 운영하는 비조치의견서와 동일한 제도이다. 대부분의 No-Action Letter는 당사자의 요청을 설명하고 있으며, 그에 수반된 사실과 상황에 대하여 분석하고, 적용가능한 법률 및 규정에 대하여 검토한다. 만약 SEC 실무자가 비조치요청을 승인한다면, SEC 실무자는 요청당사자의 질의서면에서 설명하고 있는 사실과 진술에 대해서 위원회가 규제조치를 취할 것을 권고하지 않을 것으로 결론지을 것이다. 또한 SEC 실무자는 때때로 어떤 행동에 법적설명을 요구하는 요청에 대해 No-Action Letter의 형태로 답변하기도 한다. SEC의 실무자가 회신한 No-Action Letter는 위원회의 의사결정을 구속하는 효력은 없으나, 위원회는 대부분의 경우 실무자의 의견을 존중하고 있다(http://www.sec.gov/answers/noaction.htm 참조).

23) Prosper Marketplace, Inc., Exchange Act Release No. 8984, 2008 WL 4978684, 2008. 11. 24, at 1, available at http://www.sec.gov/litigation/admin/2008/33-8984.pdf.

24) id. at 3.

25) id. at 3.

이러한 과정을 거쳐 자금수요자와 자금공급자가 연결되는 구조였다. 아래에서 살펴볼 원리금수취권매매형과 유사한 계약구조이다.

SEC의 프로스퍼에 대한 중지명령이후 미국의 모든 P2P금융업체들은 SEC에 등록하기 시작하였다.[27] 프로스퍼 등과 같은 대형 P2P금융업체는 연간보고서와 분기보고서를 제출하고 있으며, Notes는 투자설명서를 통하여 판매하고 있다. 또한 P2P금융업체가 발행하는 Notes가 SA §2(a)(1)의 증권에 포섭되기 때문에 연방증권법 뿐만 아니라 주증권법의 규제도 받고 있다.

최근 도드-프랭크 월스트리트 개혁 및 소비자보호법(Dodd-Frank Wall Street Reform and Consumer Protection Act of 2010)이 제정된 후 미의회는 정부의 감사관과 GAO(Government Accountability Office)에게 P2P금융에 대하여 조사를 하도록 요청하였고,[28] GAO는 2011년 7월에 P2P금융에 관한 다양한 정보를 담은 보고서를 제출하였다.[29] 그 후 현재까지 P2P금융에 관한 규제를 별도로 마련하고 있지 않아서 SEC에 의하여 규제되고 있는 상황이다.

Ⅲ. P2P금융의 유형

P2P금융의 개념은 앞서 살펴본 바와 같이 어느 정도 정립되어 있지만, 그 유형에 대한 분류 및 연구는 미흡한 상황이다. 이하에서는 현재 운영중이거나 운영되었던 P2P금융의 사례를 바탕으로 P2P금융을 소비대차계약형, 담보제공위탁계약형, 원리금수취권매매형으로 구분하고자 한다.

---

26) See Andrew Verstein, Peer-to-Peer Lending Update and Regulatory Considerations, Filene Research Institute, Incorporated, 2008.

27) 또 다른 P2P금융업체인 Lending Club의 경우 SEC의 정지명령이 나오기 몇 개월전부터 SEC에 등록하기 시작하였다. See LendingClub Corp., Registration Statement (Form S-1) (June 20, 2008), available at http://www.sec.gov/Archives/edgar/data/1409970/00008916180800 0318/f41480orsv1.htm.

28) Dodd-Frank Wall Street Reform and Consumer Protection Act, Pub. L. No. 111-203, § 989F, 124 Stat. 1376, 1947-48 (2010) (requiring that the Comptroller General of the United States and the United States Government Accountability Office conduct a study to "determine the optimal Federal regulatory structure" for person-to-person lending).

29) P2P금융에 관한 GAO 보고서는 기타 다른 GAO 보고서와 마찬가지로 매우 폭넓은 범위에서 조사를 하고 있으며, 특정한 사항에 대해서 추천하고 있지 않아 입법안을 제시하기 보다는 현실태에 대한 보고서라고 할 수 있다[U.S. GOV'T ACCOUNTABILITY OFFICE, GAO-11-613, PERSON-TO-PERSON LENDING: New Regulatory Challenges Could Emerge as the Industry Grows(2011), available at http://www.gao.gov/new.items/d11613. pdf.].

1. 소비대차계약형

소비대차계약형 P2P금융은 자금공급자와 자금수요자간에 금전소비대차계약이 체결되며, 자금공급자는 대주의 지위를 자금수요자는 차주의 지위를 가지게 된다. 개인과 개인의 직접적인 금전거래가 이루어진다는 점에서 P2P금융의 개념에 가장 충실한 유형이라고 할 수 있다. 소비대차계약형에 있어서 중개인 및 금융기관은 필수적인 요소는 아니다. 우리나라에서는 2010년 유시민펀드를 시작으로 최근 문재인 후보의 담쟁이펀드까지 정치인펀드가 소비대차계약형을 주로 활용하고 있다.[30] 이외에도 영국의 조파닷컴과 한국의 팝펀딩이 제공하는 팝다이렉트서비스가 소비대차계약형 P2P금융플랫폼을 제공하고 있다.

(1) 직접체결형

우선 중개인이 없는 소비대차계약형 P2P금융을 살펴보자. 중개인이 없기 때문에 자금수요자는 자신이 부담할 수 있는 이율, 자금이체의 방법, 상환조건 등 소비대차계약의 내용을 공지한다. 자금공급자는 자금수요자가 공지한 계약의 내용을 보고 자금을 대여할지 말지를 선택하고, 자금의 대여를 선택하였다면 자금을 자금수요인의 계좌 등으로 이체를 실시하여 자금을 대여한다. 자금대여를 받은 자금수요자는 자금공급자에게 차용증 등 채무증서를 발급한다. 이로써 자금공급자와 자금수요자간에 금전소비대차계약이 성립하고, 각 당사자는 대주와 차주의 지위를 취득하게 된다.

금융기관과의 대출계약이 아닌 개인 간의 금전소비대차계약이기 때문에 이자제한법상 최고이율은 39%로 제한되며,[31] 계약의 해석에 있어 민법 제598조 이하의 소비대차관련 규정 등이 우선 적용된다. 차주의 채무불이행이 발생한 경우 대

---

30) 펀드라는 용어를 사용하고 있지만, 일반적으로 의미하는 펀드와는 그 성격이 다르다. 일반적으로 펀드란 다수의 대중으로부터 소액의 자금을 모아 그 금액을 주식이나 채권 등에 투자하여 얻은 수익실적에 따라 배당하는 금융상품을 말하며, 자본시장법에서는 집합투자라는 명칭으로 규정하고 있다. 자본시장법 제6조제5항은 2인이상에게 투자권유를 하여 모은 금전 등 또는 국가재정법 제81조에 따른 여유자금을 투자자 또는 각 기금관리주체로부터 일상적인 운용지시를 받지 아니하면서 재산적 가치가 있는 투자대상자산을 취득·처분, 그 밖의 방법으로 운용하고 그 결과를 투자자 또는 각 기금관리주체에 배분하여 귀속시키는 것이라고 규정하고 있다. 따라서 유시민펀드 등 정치인펀드는 후보자가 바로 쓰는 형태이기 때문에 집합투자의 개념에 포섭되지 않는다.

31) 실제 적용되는 이율은 시행령인 '이자제한법제2조제1항의최고이자율에관한규정'에 따라 30%가 적용된다.

주는 법원에 강제이행을 청구할 수 있으며(민법 제389조 제1항), 금전채무이기 때문에 압류, 경매, 추심 등 직접강제가 가능하다.

직접체결형은 자금수요자가 정치인 등 대외적으로 인지도가 높은 경우가 아니면 실제 성립될 가능성이 매우 낮으며, 실제 운영된 사례도 정치인펀드를 제외하고는 없다. 자금공급자와 자금수요자간에 자금수요자의 상환가능성 및 보유자산을 평가해줄 수 있는 기관이 존재하지 않기 때문에 불특정다수인인 자금공급자가 자금수요자의 정보를 신뢰할 수 있는 방법이 없다는 것이 그 이유이다. 또한 자금공급자가 금전소비대차계약을 하겠다는 의사표시를 하였다고 하더라도 실제로 자금을 이체하지 않아도 이를 강제할 수 없다는 문제가 있다.

(2) 중개형

자금수요자에 대한 신뢰성 확보수단의 결여로 인하여 소비대차계약형 P2P금융이 직접체결형인 경우는 사실상 성립하기 어렵다는 문제를 해소하고자 중개기관이 등장하기 시작하였다. 2005년 영국에서 처음 등장한 조파닷컴이 바로 그 시작이며, 현재 우리나라에서는 팝펀딩이 팝다이렉트라는 서비스를 제공하고 있다. 중개기관은 자금수요자의 상환가능성 및 제출자료의 신뢰성을 보강하고, 자금공급자와 자금수요자의 자금이전 및 이자의 배분 등의 업무를 수행한다. 이하에서는 조파닷컴의 약관[32]을 기준으로 중개형의 구조를 살펴본다.

우선 자금공급자와 자금수요자 모두 중개사이트에 가입을 하여 중개회사의 계좌에 각 개인의 계정을 개설한다. 자금수요자는 자신이 필요한 금액 및 자신이 부담가능한 이율 등 조건을 제시하고, 중개사이트에서 요구하는 소득 및 신용에 대한 증빙을 하여야 한다. 자금공급자는 중개사이트에 게시된 자금수요자의 목록 및 내용을 확인한 후 자금을 대여할 것을 선택한다. 대출이 성사되는가 여부는 중개사이트에서 제공하고 있는 플랫폼마다 차이가 있을 수 있으나, 크게 목표금액에 도달해야만 성립하는 경우와 목표금액에 도달하지 않았더라고 기간이 종료하면 무조건 성립하는 경우로 구분할 수 있다. 대출이 성사되면 자금공급자와 자금수요자간에 금전소비대차계약이 성립하게 되며 민법의 규정이 적용된다는 것은 앞서 살펴본 직접체결형과 동일하다.

중개형은 중개인의 역할은 매우 다양하고 중요하다. 중개인의 가장 중요한 역

32) The Zopa Principles(http://uk.zopa.com/help/terms-and-conditions).

할은 자금공급자와 자금수요자가 만날 수 있는 시장을 제공한다는 것이다.[33] 중개시장은 현실의 시장이 아니라 웹상에서 존재하는 추상적인 가상의 시장이다.[34] 이 시장을 통해 자금공급자와 자금수요자는 직접대면하지 않고, 웹상으로 대출조건을 결정하고 승인하며, 금전소비대차계약을 체결하게 된다. 중개인이 제공하는 업무에 따라 시장에서 대주들간의 채권양도가 가능하다.[35]

중개인의 역할은 단순히 시장을 제공하는 것에 한정되면, 직접체결형과 마찬가지로 자금수요자에 관한 정보의 신뢰성 부재라는 문제가 발생하여 자금공급자와 자금수요자간 금전소비대차계약이 성립될 가능성이 없다. 때문에 중개인은 자금공급자와 자금수요자간 계약체결을 위해서 어느 범위까지는 개입할 필요성이 있다. 우선 자금공급자와 자금수요자간 정보불균형의 문제를 해소하기 위해 자금수요자에게 소득 및 상환가능성 등 대출에 필요한 정보를 요구하고, 이 정보를 자금공급자에게 제공하여 자금공급자로 하여금 대출승인 여부를 판단하게끔 한다. 그러나 중개인은 자금수요자가 제공하는 정보의 신뢰성을 신용정보기관 등을 활용하여 확인하지만[36] 그에 대한 진정성을 보증하기 않기 때문에 허위정보로 인한 책임을 지지 않는다.[37]

33) The Zopa Principles §1.1 The Zopa Lending Platform is an internet marketplace for putting Lenders and Borrowers in touch with each other.

34) 자금공급자와 자금수요자간 금융거래가 조직적으로 이루어지는 장소를 금융시장이라고 한다면 (한국은행, 전게서, 325면.) P2P금융의 중개인이 개설하는 시장도 금융시장이라고 할 수 있다.

35) The Zopa Principles §4.9 If you need access to sums you've lent out before your Borrowers are due to pay it back, you can use the Rapid Return Facility to cash out some or all of your Market Loans.

36) The Zopa Principles §11.5 We will check your details with a fraud prevention agency or agencies, and if you give us false or inaccurate information and we suspect fraud, we will record this. We and other organisations (including law enforcement agencies) may use, search and access these records from the UK and other countries (e.g. offshore operations of UK businesses) to:

1. help make decisions about credit and credit related services, for you;
2. help make decisions on motor, household, credit, life and other insurance proposals and insurance claims, for you and members of your household;
3. trace debtors, recover debt, prevent fraud, and to manage your accounts or insurance policies;
4. check your identity to prevent money laundering, unless you furnish us with other satisfactory proof of identity;
5. checking details of job applicants and employees;
6. Please email contactus@zopa.com if you want to receive details of the relevant fraud prevention agencies

뿐만 아니라 자금의 이전 및 상환에 관한 사무업무를 수행한다. 자금공급자가 대출을 승인하여 대출계약이 성립하면 대주의 자금을 자금수요자 즉 차주의 계정으로 이전시키고, 차주가 대출금을 상환하면 이를 금전소비대차계약의 내용에 따라 대주의 계정으로 이전시킨다.[38] 차주의 이행지체 등 채무불이행이 발생한 경우 대주의 선택에 따라 대주 본인이 추심을 하거나, 중개인 또는 추심기관에 추심권한을 위임할 수 있다. 조파닷컴의 경우 대출계약이 성립할 때 보조계약으로 추심기관과 추심에 관하여 계약을 체결하고 있다.[39]

2. 담보제공위탁계약형

담보제공위탁계약형은 자금공급자와 자금수요자간 금전소비대차계약이 아닌 담보제공위탁계약이 체결되는 유형이다. 담보제공위탁계약형의 관련 당사자는 자금공급자, 자금수요자, 중개인, 금융기관이 존재한다. 금융기관을 필수적인 요소로 하고 있어서 본래적인 의미의 P2P금융이라고 할 수는 없으나, 대출의 승인 및 이자율의 결정을 금융기관이 아닌 자금공급자와 자금수요자가 하며, 거래의 형식이 담보제공이라고 하더라도 실질적으로는 자금공급자의 자금이 자금수요자로 이전하는 것이기 때문에 변형된 P2P금융이라고 할 수 있다. 현재 한국에서는 팝펀딩이 이 유형을 활용하고 있어 이하에서는 팝펀딩의 약관을 기준으로 그 구조를 살펴보고자 한다.

---

37) The Zopa Principles, Limits on Liability §4 We shall not be liable for any loss or damage arising out of or in connection with:

1. any error or inaccuracy in the data entered by you or any other Zopa Member;
2. any negligence, breach of contract, misrepresentation or wilful misconduct in relation to the Loan Contracts or other uses of the Lending Platform (other than our own).

38) The Zopa Principles §7.1 We will hold in the Zopa Members' Lending Account the amounts you wish to lend, including amounts you have lent but have not yet been disbursed to the Borrower through the Lending Platform. These will be recorded as a credit to your Zopa Wallet which you can see by logging on to My Zopa. These amounts are held by us on trust. In the event that interest is earned on any amounts held in the Zopa Members' Account, we shall apportion such interest amongst the Zopa members on whose money this interest has accrued by crediting their respective Zopa Wallets accordingly on a monthly basis. We shall not keep any interest earned for our own account. The perpetuity period of any trust created pursuant to these Principles shall be 80 years.

39) The Zopa Principles §6.1.3 each Lender sub−contracts to the Collections Agency the collection of any missed payments due from Borrowers in accordance with the collections procedure published on the Lending Platform from time to time.

우선 자금수요자는 중개인과 제3자의 담보제공을 정지조건으로 하고 자신의 대출채무에 대하여 금융기관에 예금담보를 설정해줄 것을 부탁하는 보증위탁계약을 체결한다.[40] 동시에 자금수요자는 중개인이 제공하는 중개사이트(P2P금융시장)를 통하여 자신이 원하는 대출액, 담보수수료율, 대출기간, 경매 마감일, 경매 진행방식(이자율경쟁방식 또는 선착순낙찰방식) 등을 게시하고,[41] 자신의 신용 및 소득정보를 중개인을 통하여 자금공급자에게 제공한다.[42] 중개인은 자금수요자로부터 받은 정보는 자금수요자가 제출한 증빙서류를 통하여 확인하지만, 형식적 확인에 그치며, 실질적 확인을 하지 않는다. 그렇기 때문에 자료의 정확성이나 신뢰성에 대해서 어떠한 보증도 하지 않는다고 책임의 한계를 제한하고 있다.[43]

중개인의 중개사이트에 가입한 자금공급자는 자금수요자들이 제시한 조건을 보고 담보제공여부를 결정하여 담보제공위탁계약을 체결하고,[44] 이를 정지조건으로 하는 자금수요자와 중개인간 보증위탁계약은 조건의 성취로 인하여 계약이 효력을 발휘한다.[45] 담보제공위탁계약을 체결한 자금공급자는 중개인에게 자금

40) 팝펀딩 보증위탁약관 제3조 ① 회사와 채무자 간의 보증위탁계약은, 채무자가 경매를 개설할 당시에 투자자의 충족을 조건으로 표시한 위탁의 의사와 회사가 채무자에게 경매개설 절차를 제공할 당시에 투자자의 충족과 채무자에 대한 개인정보 확인절차 완료를 조건으로 표시한 수탁의 의사의 합치로 성립한다. 즉, 채무자는 경매가 낙찰되는 것을 조건으로 회사에게 자신의 대출채무에 대한 예금담보를 부탁하고 회사는 이를 승낙함으로써 성립한다.

41) 팝펀딩 투자위탁약관 제5조 ② 빌리기 신청을 하려는 대출신청자는 자신이 원하는 대출액, 담보수수료율, 대출기간, 경매 마감일, 경매진행방식(이자율경쟁방식 또는 선착순낙찰방식) 등을 표시하여야 하며, 이 경우 총 대출신청 금액은 1000만원으로 제한된다. 대출금액은 최저 100만원부터 최고 1000만원까지 50만원 단위로 선택 가능하며, 대출기간은 300만원 미만인 경우는 6, 9, 12 개월 단위 중 선택하여야 하고, 300만원 이상인 경우는 15, 18, 21, 24 개월 단위 중 선택하여야 한다. 단, 300만원이상인 대출인 경우에는 회사가 공지하는 일정한 기준에 부합하는 신청자에 한한다.

42) 팝펀딩 빌리기절차(http://www.popfunding.com/pf/borrow_process).

43) 팝펀딩 이용약관 제18조 제5호 회사는 회원이 다른 회원에 의해 게재된 정보, 자료, 사실의 정확성 등을 신뢰함으로써 입은 손해에 대하여 책임을 지지 않습니다.

44) 팝펀딩 투자위탁약관 제4조 ① 채무자와 투자자 간의 투자위탁계약은, 팝펀딩(www.popfunding.com)에 대출신청 경매를 개설하는 채무자가 투자자에 대하여 자신의 경매에 참가하여 회사의 저축은행에 대한 예금담보에 필요한 투자금을 제공해 줄 것을 부탁하는 의사와, 채무자가 개설한 경매에 투자하기로 참여하는 투자자의 투자의사의 합치로 성립한다. 즉, 채무자는 경매를 개설하는 행위에 의하여 투자자들에게 투자위탁계약의 청약을 하고, 투자자들은 채무자가 개설한 경매에 참가하는 행위에 의하여 이를 승낙하여, 경매가 낙찰되는 것을 조건으로 당사자 간에 투자위탁계약을 체결한 것으로 본다.

45) 팝펀딩 투자위탁약관 제4조 ② 채무자가 팝펀딩에 경매를 개설함으로써 투자위탁 청약의 의사표시를 한 경우에, 이는 저축은행과 보증계약을 체결하는 회사의 담보설정에 대한 위탁의 의사도 함께 표시한 것으로 본다. 이 경우 투자자의 참여로 경매가 낙찰되는 때에 회사와 채무자 간의 보증위탁계약도 성립하는 것으로 본다.

을 이체하여 현금담보를 제공한다. 중개인은 제공받은 현금담보를 기반으로 금융기관에 중개인명의의 예금계좌를 개설하고, 자금수요자의 대출에 대해 예금을 담보로 한 연대보증계약을 체결한다.[46] 자금수요자는 중개인의 연대보증을 담보로 하여 금융기관과 대출계약을 체결한다. 즉, 자금수요자는 채무자, 금융기관은 채권자, 중개인은 연대보증인, 자금공급자는 부보증인[47]의 지위에 서게 된다.

대출계약체결 후 채무자인 자금수요인은 채권자인 금융기관에 원리금을 상환하여야 하는데, 중개인은 자금수요자로부터 상환금액을 받아 금융기관에 상환을 하고, 변제된 대출금에 상당하는 담보금을 반환받고, 반환받은 담보금에 상당하는 담보금을 담보제공자인 자금공급자에게 반환하는 업무를 수행한다.[48] 위의 계약구조를 도식화하면 다음과 같다.

[그림 1] 담보제공위탁계약형의 계약구조

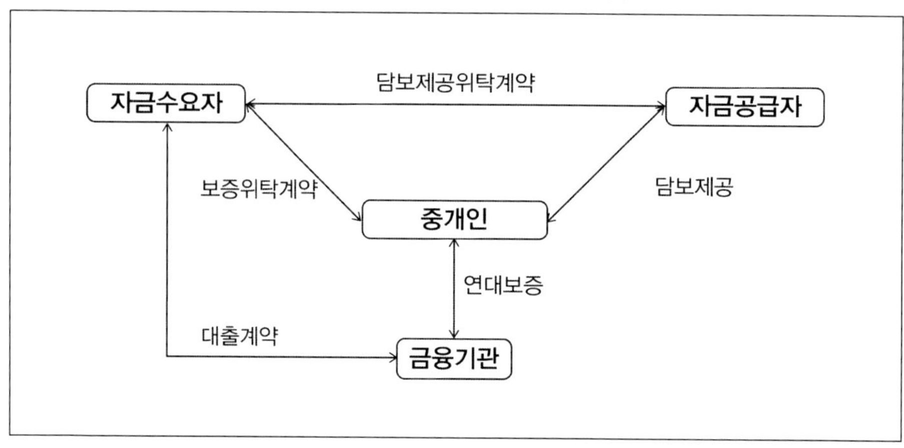

위와 같은 계약구조를 갖는 담보제공위탁계약형 P2P금융에서 대출의 소유권은 소비대차계약형과 다르게 금융기관에게 있다. 자금공급자는 담보제공자의 지

46) 팝펀딩 투자약관 제7조 ① 회사는 투자자가 제공한 투자금을 집금하여 대출을 실행하는 저축은행에 대하여 예금담보로 제공하여야 한다

47) 보증채무를 주채무로 하여 다시 보증하는 것을 말한다.

48) 팝펀딩 투자약관 제7조 ② 회사는 채무자가 매월 상환 기일에 대출금과 담보수수료를 팝펀딩의 가상계좌로 분할상환하는 경우에는 저축은행으로부터 변제된 대출금에 상당하는 담보금을 반환받아 이를 각 투자자에게 반환하여야 하며, 채무자가 지급하는 담보수수료를 수취하여 투자자에게 이전하여야 한다.

위를, 중개인은 연대보증인, 담보권자의 지위를 가지게 된다.

담보제공위탁계약형에서 자금공급자가 자금수요자에 대한 연대보증인의 지위를 가지게 하면 보다 법률관계가 단순해질 것이고, 중개인은 단순중개만 하는 것으로도 충분할 것이다. 현행 대부업법 제6조의2 제2항에 따르면 보증인은 보증계약과 관련하여 보증기간 등 법에서 정하는 내용을 자필로 기재, 공인인증서를 이용하여 본인확인을 하고 인터넷을 이용하여 중요내용을 직접 입력 또는 본인확인 및 중요내용을 음성녹음하여야 한다. 그러나 자금공급자가 다수이고, 그들로부터 직접 또는 인터넷을 통해서 중요내용을 기재하라고 하는 것이 금융기관입장에서는 매우 번거로운 사무가 될 것이며, 자금공급자가 그 번거로움을 이유로 포기할 수도 있다. 때문에 P2P금융의 성사를 위해서 중개인이 중간에 개입하여 담보물을 제공받고, 자금수요자에 대한 연대보증을 실시하는 것이라고 생각된다.

3. 원리금수취권매매형

원리금수취권매매형은 앞서 살펴본 소비대차계약형, 담보제공위탁계약형과 달리 자금공급자와 자금수요자간 직접적으로 체결되는 계약이 존재하지 않는다. 금융기관과 자금수요자가 대출계약을 체결하고, 금융기관이 체결하는 대출계약에 참가하여 원리금수취권을 취득하게 된다. 이러한 거래구조는 다수의 대주들이 대주단을 구성하여 간사은행을 통하여 하나의 대출계약서에 참가하여 공통의 조건으로 차주에게 자금을 대출하는 신디케이티드 대출(syndicated loan)과 그 거래구조에 있어서 유사하다. 신디케이티드 대출은 하나의 대출계약서로 체결되고, 대주단이 공동으로 대출승인의 결정 등의 의사결정을 하지만, 실질적으로 다수의 대주들이 공통된 내용을 가지는 다수의 대출계약서에 의하여 대출하는 것과 같기 때문에 각 대주는 차주에게 이행의 청구를 개별적으로 할 수 있다.[49] 반면 원리금수취권매매형 P2P금융은 대출승인여부에 대해서 자금공급자가 심사를 할 수 있지만, 공동의 의사결정을 할 수 없으며, 자금공급자는 원리금수취권만을 취득하기 때문에 자금수요자에게 개별적으로 청구하는 것은 불가능하다는 점 등에서 신디케이티드 대출과 차이가 있다.

---

49) 신디케이티드 대출에 관한 자세한 내용은 한민, "신디케이티드 대출에 관한 법적 검토", 『법학논집』 제16권 제4호, 이화여자대학교 법학연구소, 2012. 참조.

또한 원리금수취권매매형은 원대주인 금융기관이 계약상 채권자로 남아있고 참가자는 원대주로부터 원리금을 수취한다는 점에서 대출참가거래와 유사하다. 대출참가는 금융기관이 대출자금을 조기에 회수하기 위해서 자신이 보유하는 대출자산을 제3자에게 매각하는 방법 중 하나로 제3자는 원대주인 금융기관과 대출참가계약을 체결하는 것을 말하며, 대출채권 분할매각이라고도 한다. 계약자유의 원칙상 원리금수취권만 취득하는 대출참가계약은 유효하다고 보아야 한다.[50) 원리금수취권매매형 P2P금융도 자금공급자와 금융기관과의 관계는 대출참가거래로 보아야 하지만, 대출이자의 결정이 자금공급자에 의하여 이루어진다는 점에서 통상적인 대출참가거래와는 차이가 있다.

이하에서는 원리금수취권매매형 P2P금융을 활용하고 있는 머니옥션[51)]의 약관 및 사이트상 정보를 통하여 그 계약구조에 대해서 살펴보고자 한다.

자금수요자는 중개인이 운영하는 사이트에 회원가입을 하고, 대출금액, 상환조건 등을 명시하여 등록한다. 이 등록은 자금수요자가 금융기관에게 대출을 신청한다는 것과 대출이 승인된 경우 반드시 해당 대출을 받겠다는 약정을 의미한다고 한다.[52)] 자금공급자는 중개인이 운영하는 사이트에 회원가입을 하고 자금수요자가 대출신청에 관하여 등록한 내역을 확인하여 자신이 참가하고자 하는 대출신청을 승인한다.[53)] 자금공급자가 자금수요자가 한 대출신청에 대한 승인은 금

---

50) 석광현, "국내기업의 해외차입의 실무와 법적인 문제점", 『국제사법과 국제소송(제1권)』, 박영사, 2002, 588면.

51) 머니옥션 사이트(http://www.moneyauction.co.kr/)

52) 머니옥션 대출신청 동의서(http://www.moneyauction.co.kr/borrow/loan/loan.run?goodscd=GU)
3. 대출희망리스트의 등록 (Listing)
귀하는 사이트에서 대출희망리스트를 작성하고 대출계약에 동의함으로써 "여신회사"에게 대출을 신청할 수 있습니다.
대출희망리스틀 등록하려면 귀하는 귀하가 희망하는 대출금액, 귀하가 지불할 수 있는 최대 연이자율, 대출희망리스트의 게시 기간, 상환일을 명시해야 합니다. 대출금액은 최소 100만원 이상, 최대 10억원 미만의 금액 내에서 귀하가 원하는 대출금액을 제시해야 합니다. 연이자율은 최대 35% 이하로 귀하가 지불할 수 있는 최대 연이자율을 제시해야 합니다. 대출희망리스트의 게시 기간은 최대30일 입니다. 상환일은 매월 1일, 매월 5일, 매월 10일, 매월 15일, 매월 20일, 매월 25일 중에서 하나를 선택하여 제시해야 합니다. 대출희망경매리스트의 작성 시 귀하는 본인 또는 기업명의의 은행계좌정보를 제공해야하며, 그 외에 학교정보(대학생대출일경우), 소득정보, 직업 및 취업상태, 주거정보, "회사"건물정보, 기존 대출내역, 기업의 재산내역, 채무, 소득의 총액, 납세실적, "회사"의 개황, 사업의 내용등 일반정보, 재무상태, 재무비율 등 재무의 관한 사항, 납세 실적 등 비재무에 관한 사항 등의 정보를 추가적으로 제공할 수 있습니다.

53) 대부분의 경우 선착순이 아닌 역경매방식으로 이루어지며, 마감시점에 낮은 이자율순으로 낙찰된다. 이글에서는 역경매방식이외의 방식도 존재할 수 있기 때문에 낙찰이 아닌 승인이라고 표현한다.

융회사가 대출에 대하여 최종심사를 하여 대출을 실행하는 경우 승인된 조건으로 대출을 한다는 것을 의미하며,[54] 자금공급자가 해당 대출상의 원리금수취권리에 참가하다는 의사표시를 한 것으로 보고 있다.[55]

금융기관이 자금수요자의 대출신청에 대하여 최종승인을 하면, 대출계약이 성립하고 대출이 실행되고, 동시에 자금공급자와 금융기관의 대출참가계약이 체결된다. 대출참가는 채권의 양도이기 때문에 채권자의 통지 및 채무자의 동의가 필요한 것으로 해석할 수 있다(민법 제450조). 이와 관련하여 중개인의 사이트에 대출신청을 등록하면 자금공급자의 대출참가를 사전에 동의한 것으로 보는 경우가 많다.[56] 그러나 원리금수취권매매형 대출참가는 대출채권 자체를 매매하는 것이 아니라 대출채권상 원리금을 수취할 권리 즉 일부의 권리매매이기 때문에 민법 제450조의 대항요건을 갖추지 않아도 되는 것으로 보아야 할 것이다.[57]

대출참가계약에 따라 대출채권에 대한 소유권은 금융기관이 보유하고, 자금공급자는 원리금수취권만을 가지게 된다. 대출채권에 대한 모든 권한은 금융기관이 가지고 있기 때문에 자금공급자는 원리금을 자금수요자로부터 직접 수취하거나, 상환을 종용할 수 없다.[58] 또한 채무자 즉 자금수요자가 연체하거나, 상환을 하

54) 머니옥션 투자자약관동의(http://www.moneyauction.co.kr/lender/membership/registerinvestor.run)
3. 낙찰
(생략) 대출희망리스트에 대한 한 개 또는 복수 입찰건의 낙찰은 "여신회사"가 해당 대출희망리스트에 대한 최종 심사 및 사실 확인 후 대출 실행을 결정한다는 가정 하에 낙찰된 금액만큼의 금액을 "여신회사"가 해당 대출자에게 대출한다는 것을 의미합니다. (후략)

55) 머니옥션 투자자약관동의
4. 대출의 실행 및 채권참가
(생략) 귀하가 낙찰을 받은 경우, "여신회사"는 대출을 실행한 후에 "여신회사"가 채권자로서의 권리를 보유하고 있는 해당 대출채권에 대해 낙찰받은 귀하에게 귀하가 낙찰받은 금액과 연이자율(수익율)에 해당하는 원리금수취권리를 채권참가 방식으로 이익에 대한 참여를 허용하며, ...(중략) 또한 귀하가 특정 대출희망리스트에 있어서 전부 또는 일부를 낙찰을 받았고, "여신회사"가 해당 대출을 실행했을 경우에 귀하는 귀하가 낙찰받은 금액과 연이자율에 해당되는 원리금수취권리에 참여해야 하는 의무를 갖습니다. (후략)

56) 머니옥션 대출신청 동의서
6. 입찰과 낙찰
(생략) 귀하는 "여신회사"과 귀하 간에 형성된 대출채권에 대한 사이트 투자자들의 채권참가를 무조건적으로 허용하며, "회사"와 "여신회사"에게 해당 대출채권의 참가거래에 있어서 필요한 모든 권한을 부여함에 동의합니다. (후략)

57) 同志; 한민, 전게논문, 215면.

58) 머니옥션 투자자약관동의
4. 대출의 실행 및 채권참가
(생략) 채권참가거래를 통해 귀하에게 원리금수취권리가 부여된 후에도 "여신회사"는 해당 대출

지 않는 경우에도 연체이자의 부과, 추심, 강제집행 등 대출채권과 관련된 모든 권한은 금융기관이 보유한다.[59] 따라서 자금공급자 즉 대출참가자는 차주의 신용위험 및 대주의 신용위험이라는 이중의 신용위험을 부담한다.[60]

중개인은 자금수요자와 자금공급자가 대출에 관한 정보를 교류하는 장소[61]를 제공하지만 자금수요자가 제공하는 정보에 대한 신뢰성을 보장하지는 않는다.[62] 또한 자금수요자와 자금공급자간 직접적인 계약체결이 존재하지 않기 때문에 양 당사자를 중개한다고 볼 수 없다. 중개인은 자금수요자와 금융기관의 대출계약을 중개하며, 자금공급자와 금융기관의 대출참가거래 즉 원리금수취권매매를 중개하는 것으로 보아야 할 것이다. 중개인은 원리금수취권의 매매를 중개할 뿐만 아니라 차주가 대주에게 대출금의 원리금을 상환한 경우 그 상환금액을 자금공급자들이 참가한 비율에 따라 분배하는 업무를 수행한다.[63]

채권에 대한 채권자로서의 모든 권리를 그대로 보유하며, "회사"는 해당 대출채권과 관련된 서비스 권한을 갖습니다. 귀하는 어떠한 경우에도 "회사"와 "여신회사"의 동의없이 해당 대출채권에 대한 원금과 이자를 대출자로부터 직접 수취하거나, 상환을 종용하거나, 귀하가 보유한 원리금수취권리를 제3자에게 양도할 수 없습니다. (후략)

12. 특정 행위의 금지

귀하는 "회사"의 서면 허락없이 대출자나 대출자의 지인을 대상으로 직접 상환을 요청하거나 직접 추심을 진행하거나, 대출자를 대상으로 법적 소송을 제기할 수 없습니다. 귀하는 "회사"의 동의 및 대출자의 동의 없이 직접 대출자에게 연락을 취해선 안 됩니다.

59) 머니옥션 투자자약관동의

4. 대출의 실행 및 채권참가

(생략) 귀하는 "여신회사"가 해당 대출채권의 채권자로서 상환금의 수령 및 채권관리, 연체이자의 부과, 임의상환 및 강제상환, 추심 및 추심 위임 등의 대출채권과 관련된 모든 권한을 가짐을 이해하고 동의합니다.

60) 한민, 전게논문, 214면.

61) 실제 물리적 장소가 아니라 인터넷상의 가상의 공간이다.

62) 머니옥션 이용약관 제18조 [면 책] ④ "회사"는 회원이 게시 또는 전송한 자료 및 본 서비스로부터 회원이 제공받을 수 있는 모든 자료들의 진위, 신뢰도, 정확성 등 그 내용에 대해서는 책임지지 아니합니다.

63) 머니옥션 투자자약관동의

8. 원리금의 지급

귀하가 투자한 대출채권의 해당되는 부분에 대한 원리금은, 대출자가 원리금을 정해진 상환일에 상환을 했다는 전제 하에 "회사"는 해당채권의 원리금수취권리에 비례하여 귀하의 사이트 전용계좌로 매월 상환일의 익일(단, 휴일 및 공휴일일 경우에는 그 다음 날)에 입금합니다. 귀하는 상환된 원리금을 인출할 수 있으며, 또는 사이트에서 다른 대출희망리스트에 입찰하는데 사용할 수 있습니다.

만약 대출자가 "여신회사"에 원리금의 일부만을 상환한 경우 혹은 추심을 통해 일부의 원리금만 회수된 경우에는 "회사"는 해당 대출채권에 참가한 투자자의 참가금액 비율에 맞게 상환된 원리금을 분배하여 지급함을 원칙으로 합니다.

이상과 같이 살펴본 원리금수취권매매형 P2P금융의 계약구조를 도식화하면 다음과 같다.

[그림 2] 머니옥션의 금융구조

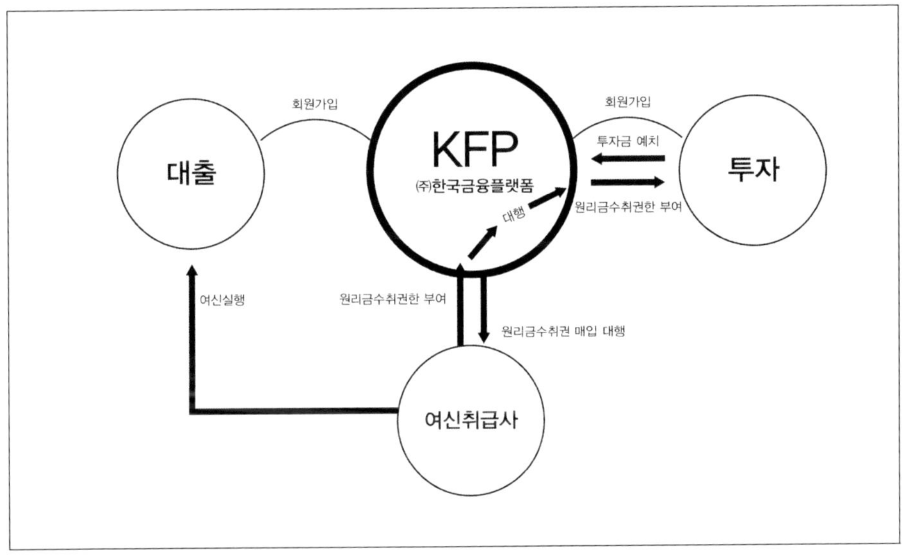

출처: 머니옥션 사이트, http://www.moneyauction.co.kr/lender/about/business.run

Ⅳ. P2P금융의 문제점

1. 계약구조상의 문제점

(1) 정보의 비대칭성

모든 금융거래가 마찬가지이겠지만, P2P금융은 인터넷을 통하여 이루어지는 개인간 신용대출거래이기 때문에 자금수요자의 정보에 대한 신뢰성 확보가 더욱 중요하다. 자금수요자의 P2P금융 이용실태를 보면 자신의 신용등급 등의 신용정보를 공개하고, 주관적인 감정에 호소를 하며, 중개인의 인터넷사이트 게시판 상에서의 문답을 하면서 자금공급자로 하여금 대출을 승인하도록 유인하고 있다.[64]

64) 신동호, "온라인 P2P 대출의 상환실패 요인에 대한 실증연구", 서울벤처정보대학원대학교 박사학위논문, 2011, 2면.

신용등급 등 객관적으로 산출된 자료뿐만 아니라 현상황의 어려움과 앞으로 미래에 대한 계획 등 주관적인 정보를 제공하지만[65] 이에 대해서 확인할 구조적 장치가 있지 않다. 개인간 금융거래이지만 P2P금융은 개인간 인적관계를 전제로 하지 않기 때문에 자금공급자가 자금수요자의 현상황 등과 같은 주관적 정보를 확인할 방법도 없다. 즉 정보의 비대칭성 또는 불완전성이 발생하게 된다. 현재의 P2P금융의 구조상 자금수요자가 사기를 위하여 거짓정보를 자금공급자에게 제공하는 것은 막을 수 없다.[66]

정보의 비대칭성은 세 가지 단계에서 발생한다. 첫째는 자금공급자가 대출을 승인하는 의사결정단계에서 자금수요자가 제공한 정보에 대해 신뢰성을 확보하기 어렵기 때문에 발생하는 역선택[67]의 문제이다.[68] 두 번째는 대출실행이후 자금수요자 즉 차주가 대출재원을 다른 용도로 사용하거나 사업성공을 위해 최선의 노력을 다하지 않을 가능성이 있으며, 자금공급자의 입장에서는 이에 대한 정보와 통제력을 갖기 어렵기 때문에 발생하는 도덕적 해이의 문제이다.[69] 마지막으로 자금수요자가 충분한 자금을 가지고 있음에도 불구하고 채무를 의도적으로 상환하지 않을 가능성이다. 이는 자금공급자와 자금수요자간의 계약에 대하여 법적 집행력이 낮을 때 더욱 현저하게 나타나는 위험성으로 P2P금융의 구조상 발생하는 문제점이다. 현재 운영중인 P2P금융업자의 중개사이트의 이용약관을 보면 중개인은 자금수요자가 제공하는 정보에 대해서 정확성을 보증하지 않고 있기 때문에 정보의 비대칭성은 해소되지 않고 있다.

(2) 대출채권의 소유권

앞서 P2P금융의 유형에서 살펴본 바와 같이 소비대차계약형 이외의 유형은 자금공급자와 자금수요자간 금전소비대차계약 즉 대출계약이 성립하지 않는다. 직접적인 대출계약이 존재하지 않기 때문에 대출채권의 소유자는 자금공급자가

65) Andrew Verstein, supra note 8, at 467.

66) Andrew Verstein, supra note 8, at 467.

67) 역선택이란 정보의 격차가 존재하는 시장에서 어느 한쪽만이 정보를 가지고 있기 때문에 발생하는 것으로 결과적으로 정상 이상의 이득을 챙기거나 타인에게 정상 이상의 손해 또는 비용을 전가하는 행위 일반을 가리킨다.

68) 정영석 · 이기영, “서민금융기관의 대출금리, 비용구조 및 수익성에 관한 연구: 해외의 영리 마이크로파니넌스 기관을 활용한 실증분석”, 『금융연구』 제26권 제2호, 한국금융연구원, 2012, 60면.

69) 정영석 · 이기영, 전게논문, 60면.

아닌 금융기관이다. 현재 우리나라에서는 소비대차계약형은 정치인 펀드와 같이 일시적인 것 이외에 이를 계약구조로 하여 운영하고 있는 P2P금융업체는 없다.

대출채권의 법적 소유권이 자금공급자가 아닌 금융기관에 귀속하는 것은 몇 가지 문제점을 가지고 있다. 우선, P2P금융에서 자금공급자는 대출신청을 자신이 승인하는 것이라고 신뢰를 가지고 있으며, 자금수요자는 중개사이트에서 승인이 되었다면 대출이 이루어질 것이라고 신뢰를 할 것이다. 그러나 현실적으로는 대출에 관한 최종심사 및 승인권한은 자금공급자가 아닌 중개인과 제휴한 금융기관이 가지게 된다. 중개인이 제공하는 이용약관 등을 꼼꼼히 읽어보지 않는 한 그러한 사실을 명확하게 인지하는 것은 매우 어려운 일이다.

둘째, 상환기간의 연장 등과 같은 상환조건의 변동이 불가능하다는 점이다. 소비대차계약형의 경우 자금공급자와 자금수요자가 계약체결 당사자이기 때문에 자금경색 등으로 상환에 어려움이 발생한 경우 자금수요자는 자금공급자들에게 자신의 입장을 설명하고 상환조건 등의 변경을 요청할 수 있고, 자금공급자가 우호적인 의견인 경우 변경요청을 승인하는 것이 가능하다. 그러나 대출의 소유권이 금융기관에 있는 경우에는 상환조건의 변경 등은 불가능하다.

마지막으로 자금수요자가 기한의 이익을 상실하는 등 채무불이행이 발생한 경우에도 자금공급자는 자금수요자에 대해서 우선적인 추심권한을 가지지 못한다. 원칙적으로 추심 등에 관한 우선적 권한은 대출채권소유자인 금융기관에 있고, 자금공급자는 계약구조에 따라 2순위 또는 3순위의 권한만을 가지게 된다. 이와 관련해서는 아래에서 보다 상세히 살펴보자.

(3) 채무불이행에 따른 책임

민법 제390조는 "채무자가 채무의 내용에 좇은 이행을 하지 아니한 때에는 채권자는 손해배상을 청구할 수 있다."라고 규정하면서 단서에서 "그러나 채무자의 고의나 과실없이 이행할 수 없게 된 때에는 그러하지 아니하다."라고 규정하여 채무불이행에 채무자의 귀책사유가 있을 것을 요한다. 그러나 민법 제397조제1항에서 금전채무불이행에 대한 특칙으로 채권자의 손해에 대한 증명 및 채무자의 귀책사유를 면제하고 있다. 따라서 P2P금융의 경우 금전채무이기 때문에 채무자의 귀책사유에 관계없이 채무불이행이 있는 경우 채권자는 민법 제389조의 강제집행 및 동법 제390조의 손해배상청구를 할 수 있다. 법문에서 청구권한자를 채권자로 지정하고 있기 때문에 채권자 또는 채권자로부터 권한을 위임받은 자만이 채권자로서의 권리를 행사할 수 있다. 이하에서는 자금수요자의 채무불이행시 자금공급자 등의 권리에 대해 P2P금융의 유형별로 살펴보고자 한다.

1) 소비대차계약형

소비대차계약형 P2P금융은 앞서 살펴본 바와 같이 자금공급자와 자금수요자 간 직접 소비대차계약이 체결되기 때문에 채권의 소유권은 자금공급자에게 귀속한다. 따라서 채무자 즉 자금수요자의 채무불이행이 있는 경우 자금공급자는 채권자로서의 모든 권리를 행사할 수 있다. 문제는 채권자로서의 권리가 실효성이 있는가이다. 문제는 자금공급자가 다수이며, 그 금액이 소액이라는 점이다. 소비대차계약형 P2P금융에서 개별 대여금액에 제한은 원칙적으로 없지만, 실무에서는 상한 또는 하한을 정하는 것이 일반적이다. 유시민펀드의 경우 최소금액을 30만원으로 하고, 상한에 제한이 없었으며, 최근 문재인후보의 담쟁이펀드의 경우 최소금액은 1만원으로, 최고금액은 2억원으로 제한하였다. 담쟁이펀드의 경우 1~10만원을 대여한 참가자가 전체의 50%를 차지하고 있다고 한다.[70]

자금공급자가 채권의 강제집행 및 손해배상을 청구하기 위해서는 소송비용이 발생하게 되는데, 채권금액이 소액이다 보니 소송비용 및 절차를 고려했을 때 이를 포기하는 성향이 가지게 된다. 나홀로 소송을 통하여 법원의 지급명령을 받았다고 하더라고 이를 바탕으로 개별적으로 추심하거나 추심기관에 의뢰하는 것도 현실적으로 어려운 일이다.

2) 담보제공위탁계약형

담보제공위탁계약형 P2P금융에서 대출채권의 소유권은 금융기관이 보유하게 되고, 중개인은 자금수요자에 대한 연대보증인의 지위와 담보권자의 지위를 겸하며, 자금공급자는 담보제공자 즉 물상보증인의 지위를 가지게 된다. 따라서 자금수요자의 채무불이행이 있는 경우 채권자인 금융기관은 채무자인 자금수요자와 연대보증인의 중개인에게 채무의 이행을 청구하게 된다. 연대보증인인 중개인에게 최고 및 검색의 항변권이 없기 때문에 채권자는 자금수요자의 자력유무에 불문하고 중개인에게 청구 및 강제집행을 할 수 있다(민법 제437조 단서).

70) 한국경제, 2012. 10. 25. 기사(http://www.hankyung.com/news/app/newsview.php?aid=2012102558061) 참조.

중개인은 자금수요자와 보증위탁계약을 체결한 수탁보증인의 지위에 있기 때문에 대위변제를 한 경우 자금수요자에 대한 구상권을 획득한다. 중개인은 자신이 취득한 구상권을 실행하는 대신 자금공급자가 제공한 담보물에 대해서 담보권을 실행함으로써 구상권의 만족을 얻게 된다. 중개인은 수탁보증인이기 때문에 민법 제442조의 사전구상권을 행사할 수도 있다.

자금공급자는 중개인의 담보권실행으로 인하여 자신이 제공한 담보목적물에 대한 소유권을 상실한 때에는 물상보증인의 출연으로 인하여 채무자의 채무를 소멸시킨 것으로 되기 때문에 민법 제342조에 따라 물상보증인의 지위에서 자금소유자에 대한 구상권을 갖는다.[71] 이때 자금공급자는 중개인이 제공하는 업무에 따라 직접 자금수요자에게 구상권을 행사하거나 회사에 구상권을 매각하는 방법을 선택할 수 있다.[72][73] 자금공급자는 물상보증인의 지위에 있기 때문에 사전구

71) 대법원 1999. 6. 11. 선고 99다11045 판결[매수인이 매매목적물인 부동산을 담보로 금융기관으로부터 대출을 받아 매도인에게 매매대금의 일부를 지급한 경우 그 대출금을 변제할 의무는 매수인에게 있다고 할 것이고, 그 후 매수인이 그 차용원리금을 변제하지 아니함으로써 금융기관이 부동산에 관하여 임의경매신청을 하겠다고 통지하자 매도인이 부동산의 소유자로서, 물상보증인의 지위에서 그 대출금에 대한 이자 및 연체료를 지급하였다면, 매도인은 매수인에 대하여 이를 구상할 권리를 갖는다.].

72) 팝펀딩 투자약관 제5조 ④ 투자자는 채무자의 기한이익 상실이 있을 경우 회사에 대하여 자신의 투자금 한도에서 회사의 담보의무 이행에 따른 손실을 부담할 책임을 진다.

⑤ 투자자는 채무자가 분할상환금의 지급을 계속하여 2회 이상 지체함에 따라 채무의 기한이익을 상실한 시점에서 회사의 담보의무 이행이 이루어진 경우, 즉시 회사의 손실을 자신의 투자금으로 충당하는 것에 응하여야 한다.

⑥ 투자자는 제4항의 경우에 회사가 마련한 처리절차 중에 한 가지를 선택하여 자신의 투자금에 대한 권리를 행사할 수 있다. 단, 어떠한 경우에도 회사는 투자자의 투자금에 대한 원금보장을 하지 아니하며, 투자금 회수에 대한 위험은 투자자 자신이 전적으로 부담하여야 한다.

⑦ 제6항에 따른 절차는 다음과 같으며, 투자자는 한 방법을 선택할 수 있다.

1. 투자금에 대한 권리를 매각하는 방법; 기한이익 상실의 경우에 회사에 대하여 가지는 투자금 반환청구권과 채무자에 대하여 가지는 담보수수료 지급 청구권을 회사가 제시하는 할인율에 따른 금액으로 회사에 매각하는 방법
2. 직접 자신의 권리를 행사하는 방법; 투자자가 회사의 구상권 중에서 자신의 투자금에 상당하는 금액에 해당하는 구상권을 양도 받아 이를 담보수수료와 함께 채무자에게 직접 청구하는 방법

73) 팝펀딩 투자약관 제5조 제7항 제2호에 따르면 직접 구상권을 행사하기 위해서는 투자자(자금공급자)가 회사의 구상권 중에서 자신의 투자금에 상당하는 금액에 해당하는 구상권을 양도 받아야 한다고 규정하고 있는데, 동약관 제5조제7항에 의하면 회사의 손실을 투자자 즉 자금공급자가 충당하는 것으로 되어 있을 뿐만 아니라 계약의 구조상 중개인의 손해가 발생하면 담보권을 실행하여 손해를 충당하므로 구상권을 양도받는 것이 아니라 자금공급자가 스스로 가지는 구상권을 행사하는 것으로 해석하여야 한다.

상권이 인정되지 않는다.74)

결국 앞서 살펴본 소비대차계약체결형과 마찬가지로 자금공급자가 최종적으로 채권을 추심하여야 하며, 동일한 문제점이 발생한다.

따라서 자금수요자가 채무불이행을 하는 경우 중개인은 금융기관에 대해서 연대보증인으로서 보증책임을 부담하고(민법 제428조 제1항), 주된 채무자인 자금수요자에 대한 구상권의 행사로 담보권을 실행하여 자신의 손해를 보상받는다. 자금공급자는 중개인의 담보권 실행으로 인한 손해에 대하여 자금수요자에게 구상권을 행사할 수 있게 된다. 결국, 자금수요자의 채무불이행에 대해서 금융기관 및 중개인은 담보권을 실행하여 채무를 변제받고, 마지막으로 자금수요자와 자금공급자간에 구상권의 행사만이 남게 된다.

이때 행사하는 구상권의 범위는 담보로 제공한 금액에 한정되지 않고, 담보제공위탁계약상 체결한 이자 및 구상권행사를 위해 지출한 비용 등이 포함된다(민법 제441조 제2항 및 제425조 제2항).

3) 원리금수취권매매형

원리금수취권매매형 P2P금융도 자금공급자와 자금수요자간에 어떠한 계약이 존재하지 않는다. 자금수요자는 금융기관과 대출계약을 체결하고, 자금공급자는 해당 대출계약에 참가하여 원리금수취권을 가지게 된다. 즉, 자금수요자는 채무자, 금융기관은 채권자 그리고 자금공급자는 대출참가자로서 원리금수취권자의 지위에 서는 것이다. 중개인의 역할은 자금수요자와 금융기관 사이의 대출계약을 중개하고, 자금공급자와 금융기관 사이의 대출참가계약 즉 원리금수취권매매계약을 중개한다.

채무자의 채무불이행이 있는 경우 채권자인 금융기관은 이행의 청구 및 강제

---

74) 대법원 2009. 7. 23. 선고 2009다19802, 19819(병합) 판결.[민법 제370조에 의하여 동법 제341조가 저당권에 준용되는데, 동법 제341조는 타인의 채무를 담보하기 위한 저당권설정자가 그 채무를 변제하거나 저당권의 실행으로 인하여 저당물의 소유권을 잃은 때에 채무자에 대하여 구상권을 취득한다고 규정하여 물상보증인의 구상권 발생 요건을 보증인의 경우와 달리 규정하고 있는 점, 물상보증은 채무자 아닌 사람이 채무자를 위하여 담보물권을 설정하는 행위이고 채무자를 대신해서 채무를 이행하는 사무의 처리를 위탁받는 것이 아니므로 물상보증인은 담보물로서 물적 유한책임만을 부담할 뿐 채권자에 대하여 채무를 부담하는 것이 아닌 점, 물상보증인이 채무자에게 구상할 구상권의 범위는 특별한 사정이 없는 한 채무를 변제하거나 담보권의 실행으로 담보물의 소유권을 상실하게 된 시점에 확정된다는 점 등을 종합하면, 원칙적으로 수탁보증인의 사전구상권에 관한 민법 제442조는 물상보증인에게 적용되지 아니하고 물상보증인은 사전구상권을 행사할 수 없다고 해석하는 것이 상당하다.]

집행 등 채권자로서의 권리를 행사할 수 있다. 그러나 자금공급자는 원리금수취권자에 불과하기 원칙적으로 채무자에 대한 계약 및 법률상의 권리를 인정할 수 없기 때문에 채무자에 대하여 이행을 청구하거나 직접 수취를 할 수 없어 대출참가자의 채권보전이나 권리보호가 불확실하다.[75)]

또한 채권자인 금융기관이 파산한 경우 대출참가자가 해당 채권에 대해서 소유권을 주장할 수 있는가에 대해서는 대출참가의 법적성질을 무엇으로 보는가에 따라 달라지게 된다. 이에 관하여 몇 가지 주목할 만한 미연방법원의 판결이 존재한다. 미연방법원은 대출참가자는 대출채권을 양수한 양수인이 아니라 참가인에 불과하기 때문에 원대출에 대해서 단순한 계약상 권리를 가질 뿐이라고 하여 금융기관이 파산한 경우 원대출에 대한 권리를 당연히 갖는 것이 아니라고 하였다.[76)]

그러나 대출참가의 법적성질에 대해서 각국의 입법례에 따라 ① 채권자가 참가자에게 대출채권의 매각으로 보는 매각설, ② 채권자와 참자자에 의한 대출채권에 대한 공동사업으로 보는 파트너쉽설, ③ 원채권자가 수탁자로서 대출계약을 참가자를 위해 운용하는 것으로 보는 신탁설, ④ 원채권자가 참가자를 위하여 대리인으로 대출채권의 원리금채권을 수취하는 권리 등을 행사하는 것으로 보는 대리설, ⑤ 채권자의 참가자에 대한 채권양도로 보는 채권양도설, ⑥ 참가자 채권자의 대출채권을 담보로 하여 조건부반환청구권을 갖는 일종의 예탁을 하는 것으로 보는 예탁금설 등이 있다.[77)]

이에 대하여 우리나라에서는 ① 대출참가는 원리금수취권의 양도이며, 참가자와 채무자 사이에는 당사자관계가 성립되지 아니하고 원대주는 원대출채권의 채권자로 존속하지만 실질적으로는 참가자를 위한 회수대리인의 역할을 한다고 보는 견해,[78)] ② 대출참가는 참가계약서의 구체적인 내용에 따라 판단해야 하지만, 통상적인 대출참가계약은 우리 법상 신탁계약이 아닌 독자적인 무명계약으로 보아야 한다는 견해,[79)] ③ 대출참가계약을 (i) 참가인의 대주에 대한 대출로 구성

75) 반기로 · 박훤일, “대출참가거래의 법적 성질 및 거래상 유의점”, 『산은조사월보』 제483호, 한국산업은행, 1996. 2., 59면.

76) Hibernia Naational Bank v. FDIC, 733 F.2d 1403(10th Cir.1984); Chase Manhattan Bank v. FDIC, 554 F.Supp. 251(W.D. Okla. 1983).

77) 반기로 · 박훤일, 전게논문, 59－66면.

78) 반기로 · 박훤일, 전개논문, 68면.

79) 석광현, 전게서, 588면.

하는 방법과 (ii) 대주와 참가인간의 대출채권 매매계약으로 구성하는 방법으로 구분하여 전자의 경우 일종의 책임재산한정특약으로, 후자는 채권의 매매로 보는 견해[80]가 있다. 사견으로 ③의 견해에 찬성하며 통상적인 대출참가의 경우 대출원리금 등의 채권을 매매하는 것으로 구성하는 것이 당사자들의 의사에 부합되는 것이라고 생각한다. 따라서 채권자가 파산한 경우 채무자에 대한 채권에 대하여 대출참가자가 우선적 권리를 가진다고 해석하여야 할 것이다.

(4) 중개인의 법적지위

순수한 의미의 P2P금융에서 중개인은 필수적인 요소가 아니다. 그러나 P2P금융이 활성화되기 위해서는 자금공급자와 자금수요자가 만날 수 있는 시장이 필요하고, 중개인은 P2P금융시장을 제공하는 자로서 오늘날 필수적인 요소 자리매김하고 있다. 중개인은 P2P금융의 유형에 따라 구체적인 구체적인 법적지위가 달라지지만, 그 목적이 자금공급자와 자금수요자간의 시장을 조성하고, 거래를 성립시켜주는 것에 있기 때문에 금융기관이라고 할 수 있다.[81] 그러나 P2P금융에 대한 관련 법제 등이 마련되어 있지 않으며, 중개인의 업무도 기존 금융기관과 상당한 차이를 보이고 있기 때문에 현재 중개인의 금융기관으로 분류되어 있지 않아서 통신판매업 또는 대부업으로 등록하여 운영중이다.

2. 관련 법률상 쟁점

(1) 유사수신행위의 규제에 관한 법률

유사수신행위의 규제에 관한 법률(이하 '유사수신행위규제법'이라 약칭함) 제2조는 유사수신행위란 "다른 법령에 따른 인가·허가를 받지 아니하거나 등록·신고 등을 하지 아니하고 불특정 다수인으로부터 자금을 조달하는 것으로 업으로 하는 행위"라고 규제하고 있으며, 각호에서 금지되는 행위의 유형을 열거하고 있다.

P2P금융의 유형에 따라 법률관계가 달라지겠지만 우선 소비대차계약형의 경우 자금수요자가 장래에 원금의 전액 또는 이자를 포함한 금액을 지급할 것을 약정하고 금전을 받기 때문에 유사수신행위규제법 제2조제2호의 행위에 해당할 것

80) 한민, 전게논문, 215면.

81) 금융기관은 자금공급자와 수요자간에 거래를 성립시켜 주는 것을 목적으로 하는 사업체를 말한다(한국은행, 전게서, 4면.).

이다. 또한 그 행위의 구체적인 태양을 보면 P2P금융 관련 법률이 없는 이상 자금수요자는 인허가는 받을 수 없을 뿐만 아니라 등록내지 신고할 수도 없으며, 인터넷을 통하여 불특정 다수인으로부터 자금을 조달하기 때문에 행위만을 기준으로 본다면 유사수신행위에 해당한다고 볼 수 있다.

유사수신행위는 무허가, 비등록일 것을 요건으로 하고 있지만, 자금수요자가 자금조달을 업으로 할 것 즉 영업성을 요건으로 하고 있기 때문에 영업성이 있는가를 판단하여야 한다. 업으로 한다는 것은 이익추구의 의도, 계속적 의도, 대외적 인식가능성을 포괄하는 의미이고, 실제 이익의 발생 여부, 지속의 여부, 대외적 표시 또는 인식 여부는 문제되지 않는다.[82] 대법원으로 '업으로' 한다는 것의 의미를 "같은 행위를 계속하여 반복하는 것을 의미하고, 여기에 해당하는지 여부는 단순히 그에 필요한 인적 또는 물적 시설을 구비하였는지 여부와는 관계없이 금전의 대부 또는 중개의 반복·계속성 여부, 영업성의 유무, 그 행위의 목적이나 규모·횟수·기간·태양 등의 여러 사정을 종합적으로 고려하여 사회통념에 따라 판단하여야 한다."고 판시하고 있다.[83] 이를 기준으로 판단하면 자금수요자에게 영업성이 인정되는가가 유사수신행위규제법 적용여부의 기준일 될 것이다.

담보제공위탁계약형을 경우 자금수요자는 자금공급자에게 자신을 위해서 담보를 제공할 것을 요청한다. 자금수요자의 요청을 수락한 자금공급자는 자금수요자가 아닌 중개인에게 자금을 담보로 제공한다. 유사수신행위규제법 제2조의 규정을 살펴보면 그 구성요건이 자금수요자가 직접 자금을 수취할 것을 요구하고 있다. 따라서 동 규정을 엄격하게 해석하면 담보제공위탁계약형의 경우에는 직접 수취라는 요건을 충족하지 않기 때문에 유사수신행위에 해당하지 않는 것으로 보아야 할 것이다. 그러나 엄격하게 해석하면 자금공급자와 자금수요자 사이에 엄폐물의 역할을 담당할 제3자를 개입시키는 경우 유사수신행위규제법이 유명무실화되면서 선량한 거래자 보호라는 법의 목적을 달성하지 못하게 된다. 따라서 직접 수취의 요건을 엄격하게 해석할 것이 아니라 완화할 필요가 있다. 그렇다면 자금수요자가 유사수신행위에 해당하는가는 앞서 살펴본 소비대차계약형과 마찬가지로 자금수요자가 자금조달을 업으로 하고 있는가가 문제될 것이다.

---

82) 정경영, 『상법학강의』(개정판), 박영사, 2009., 29면.
83) 대법원 2012. 7. 12. 선고 2012도4390 판결; 대법원 2012. 3. 29. 선고 2011도1985 판결; 대법원 2008.10.23. 선고 2008도7277 판결.

중개인이 자금공급자가 제공한 자금을 집금하여 이를 담보로 하고 자금수요자에 대한 금융기관의 대출에 대하여 보증을 제공하는 경우도 유사수신행위 볼 여지가 있다고 보는 견해가 있다.[84] 즉, 중개인이 자금을 조달하는 유사수신행위를 한 주체로 보고 있는 것인데, 이는 자금조달의 주체를 잘못 파악하여 발생한 문제라고 생각한다. 담보제공위탁계약형은 자금조달의 주체는 자금수요자이며, 담보제공위탁계약이 먼저 체결되면 그 후로 순차적으로 대출계약과 연대보증계약이 체결된다. 앞의 견해대로 해석을 하려면 대출계약과 연대보증계약이 우선 체결되고, 연대보증에 대한 위험을 전가시키기 위해서 자금수요자에게 자금공급자와 담보제공위탁계약을 체결할 것을 요청하여야 한다. 만약 자금공급자의 승인과 금리의 결정 및 담보의 제공을 정지조건으로 하는 대출계약이 사전에 체결되어 있는 경우라면 중개인도 자금조달의 주체로 해석할 수 있을 것이다. 그러나 앞서 살펴본 담보제공위탁계약형 P2P금융의 계약구조에 따르면 자금수요자가 자금조달의 주체라고 보아야 할 것이다.

원리금수취권매매형의 경우 자금수요자는 자금공급자에게 대출해줄 것은 요청하지만 실제로는 대출신청이 아닌 원리금수취권매수를 요청하는 것으로 보아야 할 것이다. 이는 유사수신행위규제법 제2조의 각호의 행위에 해당하지 않는 행위이기 때문에 자금수요자의 유사수신행위를 인정할 수 없다. 그리고 대출채권의 소유자 즉 금융기관은 자산유동화의 방법 중 하나인 원리금수취권매매 즉 대출채권분할매각이 업무의 하나인 경우에는 법령에 따른 행위이기 때문에 금융기관이 대출채권을 매각(매출)하는 행위는 유사수신행위에 해당하지 않는다고 해석하여야 할 것이다.

정리하면, 소비대차계약형과 담보제공위탁계약형의 경우 관련 법령이 없기 때문에 자금수요자에게 영업성이 인정되면 유사수신행위에 해당하는 것으로 볼 수 있다. 원리금수취권매매형의 경우 유사수신행위규제법 제2조 각호의 행위에 해당성이 없다고 판단된다.

(2) 대부업 등의 등록 및 금융이용자 보호에 관한 법률

1) 자금공급자

대부업법은 대부업자와 대부중개업자에 대하여 규제를 하여 금융이용자를 보

---

84) 이건호, 전게자료, 26면.

호하고자 만들어진 법률로써 주로 대부업자 등의 행위를 규제하고 있다. 대부업법 제2조에 따르면 대부업이란 금전의 대부를 업으로 하는 자로 동법 제3조에 따라 등록을 하거나 또는 여신금융기관인 경우를 말하고, 금전의 대부를 업으로 하나 등록하지 않거나 여신금융기관이 아닌 경우에는 미등록대부업자가 되어 5년 이하의 징역 또는 5천만원이하의 벌금에 처해진다(대부업법 제19조 제1항).

P2P금융의 자금공급자에게 대부업법을 적용하려면 금전의 대부를 '업으로'하는 자여야 할 것인데, 앞서 유사수신행위규제법에서 살펴본 바와 마찬가지로 일반적인 자금공급자에게 영업성을 인정할 수는 없을 것이다. 자금공급자 중 금전의 대부를 업으로 하고자 하는 자는 대부업법 제3조에 따라 대부업자로서 등록하여야 할 것이다.

2) 중개인

앞서 살펴본 계약구조에 따르면 담보제공위탁계약형의 경우 중개인은 자금수요자와 자금공급자만을 중개하는 것으로 되어 있고, 원리금수취권매매형에서는 자금공급자와 자금수요자, 자금공급자와 금융기관을 중개한다. 현행 우리나라의 P2P금융업체 중 어떠한 업체도 자금수요자와 금융기관의 대출계약을 중개하는 것으로 계약구조를 구성하지 않는다. 그 이유는 대부업 및 여신금융기관의 대출을 중개하고자 하는 자는 대부업법 제3조에 따른 대부중개업자로 등록을 하여야 하고, 등록하면 '대부중개'라는 명칭을 사용해야 하는데(대부업법 제5조의2 제2항), 우리나라의 국민정서상 '대부'라는 단어에 상당한 반감이 있어 '대부중개'라는 용어를 사용하는 경우 P2P금융에 대하여 부정적인 인식이 생길 것으로 우려하여 그 용어를 사용하지 않으려는 것으로 생각한다. 현재 P2P중개업체는 현재 전자상거래업, 통신판매업 등으로 신고 및 등록되어 있다.

그러나 앞서 예로 설명하고 있는 머니옥션, 팝펀딩 등은 대부업체 및 저축은행과 제휴를 맺고 있어 자금수요자가 대출기관을 선택할 수 없고, 제휴업체와만 대출계약을 체결하여야 한다.[85] 이는 명목상 제휴이지만, 실질적으로는 대출을 중개하고 있는 것이라고 보아야 할 것이다. 따라서 현행 법률에 의하면 대부중개업으로 등록을 하고(대부업법 제3조), '대부중개'라는 용어를 사용하여야 한다(대부업법 제5조의2 제2항).

---

85) 머니옥션 이용약관 및 팝펀딩 보증위탁약관 참조.

(3) 자본시장과 금융투자업에 관한 법률

자본시장과 금융투자업에 관한 법률(이하 '자본시장법'이라 약칭함.)은 금융투자상품을 개념정의함에 있어서 포괄주의를 채택하고 있어, 자금조달을 하고자 하는 경우 대부분이 자본시장법의 적용을 받게 된다. 자본시장법은 금융투자상품을 증권과 파생상품으로 구분하고(자본시장법 제3조 제2항), 증권을 증권에 표시되는 권리의 종류에 따라 채무증권, 지분증권, 수익증권, 투자계약증권, 파생결합증권, 증권예탁증권 등으로 구분하여 규정하고 있다(자본시장법 제4조 제2항). 채무증권, 지분증권, 수익증권에 대해서는 각각 "그 밖에 이와 유사한 것"을 포함하도록 유사성 기준을 제시하고 있다(자본시장법 제4조 제3항 내지 제5항). P2P금융에 자본시장법이 적용되는가를 판단하기 위해서는 P2P금융에서 발생하는 권리관계가 금융투자상품에 해당성 여부를 판단하여야 한다.

우선 소비대차계약형의 경우 자금공급자와 자금수요자간 채권채무관계가 성립한다. 채권채무관계가 자본시장법상 증권의 개념에 해당하려면 투자성이 인정되어야 할 것이다. 투자성이란"그 권리를 취득하기 위하여 지급하였거나 지급하여야 할 금전등의 총액이 그 권리로부터 회수하였거나 회수할 수 있는 금전등의 총액을 초과하게 될 위험"즉 원본손실가능성을 뜻한다(자본시장법 제3조 제1항). 원본손실가능성은 시장가격의 변동에 따른 시장위험을 의미하기[86] 때문에 소비대차계약형에서도 만기이전에 채권을 처분하게 되면 손실가능성이 있기 때문에 투자성을 인정할 수 있을 것이다.

투자성이 인정되더라도 자본시장법 제4조 제3항은 채무증권에 대해서 "국채증권, 지방채증권, 특수채증권, 사채권, 기업어음증권 그 밖에 이와 유사(類似)한 것으로서 지급청구권이 표시된 것을 말한다." 규정하고 있고, 또한 동법에서 규정하는 채무증권의 유형은 모두 대량으로 발행되고 거래될 수 있는 것이 때문에 개별 채권자와 채무자간 채권과 같이 대량으로 발행·거래 대상이 아닌 것은 자본시장법상 채무증권에 해당하지 않는다고 본다.[87] 소비대차계약형의 기본 구조도 자금공급자와 자금수요자간 개별 계약이 체결되는 것이기 때문에 자본시장법상 채무증권에 해당성이 없어 동법이 적용되지 않는다고 보아야 할 것이다. 그러

86) 임재연, 『자본시장법』(2012년판), 박영사, 2012. 26면.
87) 임재연, 전게자료, 2012. 35-36면.

나 P2P금융의 경우 동일 회차에 1명의 자금수요자와 다수의 자금공급자가 존재하며, 각기 계약의 내용은 계약금액에 차이가 있을 뿐 이자율, 상환기일 등 상환조건이 모두 동일하다. 예를 들면 '문재인펀드'의 경우 자금공급자가 3만4799명에 달하고, 참여금액 즉 계약금액이 1만원부터 2억원까지 다양하다는 것 이외의 조건은 동일하다. 그렇다면 대량의 발행·거래 대상이라는 유사성 요건을 충족한 것으로 볼 여지가 있고 자본시장법상 채무증권에 해당하여 동법의 적용이 될 수 있을 것이다.

담보제공위탁계약형의 경우 자금공급자는 자금수요자와 소비대차계약이 아닌 담보제공위탁계약이 체결되기 때문에 자금공급자는 대주가 아닌 수탁물상보증인의 지위에 서게 된다. 따라서 자금공급자는 자금수요자에게 자금의 상환을 청구할 직접적 권리를 갖지 못하며, 자금수요자가 대출계약에 따른 상환을 하는 경우 상환된 부분만큼 제공한 담보를 상환받는다. 따라서 현행 자본시장법에서 규정하는 증권의 유형에 포섭될 여지가 없다.

원리금수취권매매형의 경우 원리금수취권은 자금공급자가 대출계약의 소유자인 금융기관에 대하여 가지는 채권이다. 이 또한 자금공급자와 금융기관간의 개별적인 채권매매계약이 체결되는 것으로 본다면 자본시장법을 적용할 수 없을 것이다. 법적 성격에 따라 자본시장법의 적용 여부가 달라질 것이다. 앞서 살펴본 바와 같이 대출참가계약은 원리금수취권이라는 채권의 매매로 볼 수 있다. 따라서 원리금추취권도 자본시장법상 채무증권에 해당여부를 판단하여야 하나, 앞의 소비대차계약형과 동일한 이유로 자본시장법의 적용이 부정될 것이다. 그러나 대출채권 유동화의 또 다른 유형인 자산유동화증권의 경우 자본시장법의 적용을 받고 있다는 점을 고려한다면 유사성요건을 충족하는 경우 자본시장법의 적용을 생각해볼 여지가 있다.

V. 결　　론

P2P금융은 개인과 개인간 금융거래가 인터넷환경과 접목하여 발생한 금융기법이지만, 현재 P2P금융업체마다 그 계약구조가 상이하여 그에 대한 법적·경제학적 연구가 초기 단계에서 있는 현재진행형 금융기법이다. 현재 우리나라에서도 2007년부터 시작하여 유시민펀드 등을 통하여 인지도가 높아졌으며, 관련 시장은

최근 불황으로 인하여 확대되고 있는 실정이다.[88] P2P금융에 대해서 앞서 살펴본 바와 같은 계약구조상 문제점이 있고, 법률적용에 있어서도 허점이 존재함에도 불구하고 현재 금융당국은 어떠한 조치도 취하고 있지 않다. P2P금융에 대하여 규제를 하기 위해서는 다음과 같은 요소를 고려하여야 할 것이다.

첫째, P2P금융의 유형을 선택하여야 한다. 현재 우리나라의 P2P금융업체는 담보제공위탁계약형, 원리금수취권매매형 등 다양한 유형의 P2P금융업체가 성업중인데, 그로 인하여 자금공급자, 자금수요자, 중개인 등의 법적 지위가 각기 다 다르다. 따라서 P2P금융의 유형을 명확하게 선택하는 것이 가장 우선해야할 선결과제이다. 가장 적합한 유형을 선택하기 위해서는 자금공급자의 보호를 가장 우선하여 고려하여야 할 것이다.

둘째, 유형을 선택하였다면, 자금공급자, 자금수요자, 중개인 등의 법적지위를 명확하게 하여 당사자의 권리와 의무의 내용과 범위를 확정하여야 한다.

마지막으로 P2P금융은 기존의 금융권에서 대출을 받기 어려운 저신용자들이 고리의 대부업체 등을 이용하지 않고, 낮은 금리로 대출받을 수 있는 수단이다. 채권자보호만을 강조하여 P2P금융을 활용하기 어렵게 만든다면 이는 서민들을 돕는 것이 아니라 더욱 어렵게 만들게 된다. 이상적인 규제는 P2P금융 참여자들에 대한 새로운 문제를 만들지 않고 완화할 수 있도록 하는 것이다.[89] 따라서 P2P금융이 활성화될 수 있는 방향으로 규제를 하여야 할 것이다. 예를 들면 자금수요자에 대한 규제를 강화하기 보다는 중개인으로 하여금 자금공급자의 선택에 따라 추심업무의 수탁을 의무화하는 것도 적절한 규제의 방법이 될 것이다.

---

88) 서울신문, 2012. 6. 26.자 18면 기사에 따르면 P2P금융업체 중 선도업체은 머니옥션과 팝펀딩의 2012년 신규회원은 3만 9,774명이며, 대출건수는 9,607건이다. 2011년 한해 동안 신규회원이 3만 2,606명이고 대출건수가 6,803건이었던 것에 비하여 6개월 사이에 약 100%이상의 성장을 하고 있는 것이다. 이는 금융위기로 인한 불황이 장기화됨에 따라 생활자금을 대출받기 어려운 저신용자 등이 P2P금융시장으로 몰리고 있기 때문이라고 한다.

89) Andrew Verstein, supra note 8, at 475.

참고문헌

금융위원회, 「가계부채 동향 및 서민금융지원 강화방안(관계부처 합동)」, 2012. 7. 19.

금융연구원, “P2P금융 : 전망과 과제”, 『주간금융브리프』 제21권제19호, 2012. 5. 12.

반기로 · 박휜일, “대출참가거래의 법적 성질 및 거래상 유의점”, 『산은조사월보』 제483호, 한국산업은행, 1996. 2.

석광현, “국내기업의 해외차입의 실무와 법적인 문제점”, 『국제사법과 국제소송(제1권)』, 박영사, 2002.

신동호, “온라인 P2P 대출의 상환실패 요인에 대한 실증연구”, 서울벤처정보대학원대학교 박사학위논문, 2011.

윤민섭, “자금조달 수단으로서 Crowdfunding에 관한 법적 연구”, 『기업법 연구』 제26권 제2호, 한국기업법학회, 2012. 06.

이건호, “P2P금융의 현황 및 법제도적 개선방안”, 국회입법조사처 간담회자료, 2011. 1. 10.

임재연, 『자본시장법』(2012년판), 박영사, 2012.

정영석 · 이기영, “서민금융기관의 대출금리, 비용구조 및 수익성에 관한 연구: 해외의 영리 마이크로파니넌스 기관을 활용한 실증분석”, 『금융연구』 제26권 제2호, 2012.

정경영, 『상법학강의』(개정판), 박영사, 2009.

한국은행, 한국의 금융제도, 2011. 12. 15.

한민, “신디케이티드 대출에 관한 법적 검토”, 『법학논집』 제16권 제4호, 이화여자대학교 법학연구소, 2012.

Andrew Verstein, “The Misregulation of Person－to－Person Lending”. UC Davis Law Review, Vol. 45, No. 2, 2011.

Kevin E. Davis · Anna Gelpern, “Peer－to－Peer Financing for Development: Regulating the Intermediaries”, N.Y.U. Journal of Int’l Law & Polotics, Vol. 42,, 2010. 06.

Eric C. Chaffee · Geoffrey C. Rapp, “Regulating On－Line Peer－to－Peer Lending in the Aftermath of Dodd－Frank: In Search of an Evolving Regulatory Regime for an Evolving Industry”. Washington and Lee Law Review, Forthcoming; University of Toledo Legal Studies Research Paper No. 2012–04., 2012.

Prosper Marketplace, Inc., Exchange Act Release No. 8984, 2008 WL 4978684, 2008. 11. 24.

Andrew Verstein, Peer–to–Peer Lending Update and Regulatory Considerations, Filene Research Institute, Incorporated, 2008.

U.S. GOV'T ACCOUNTABILITY OFFICE, GAO–11–613, PERSON– TO–PERSON LENDING: New Regulatory Challenges Could Emerge as the Industry Grows, 2011.

P2P 대출 거래의 유형과 법적 쟁점*

고 동 원**

Ⅰ. 머리말

최근 금융산업에서 제일 큰 관심사 중의 하나는 '금융기술'(FinTech)이다. 금융(Finance)과 기술(Technology)의 합성어이다. 금융에 기술을 접목한 금융의 혁신을 말한다. P2P 금융이 하나의 예이다. 'Peer-to-Peer'를 뜻하는 P2P는 원래 전산과 관련된 용어이다. 컴퓨터망(computer networks)에서 각 컴퓨터가 서로 다른 컴퓨터의 저장 장치(server) 역할을 함으로써 중앙 저장 장치를 거치지 않고 직접 서로 파일 등을 공유하는 체계를 말한다.[1)] 이것이 금융에 접목하면 금융기관을 거치지 않고 정보통신망에서 당사자 사이에 직접 금융 거래가 이루어지는 것을 말한다. 대출 거래가 그 예가 될 수 있다. 자금이 필요한 사람이 정보통신망에 자금이 필요한 사정 및 기타 본인에 관한 정보를 게시하면 이를 보고 자금을 빌려주려는 사람들이 대출을 하는 거래이다. 주로 개인 사이에 거래가 이루어진다는 점에서 (물론 기업이 자금 수요자가 되기도 하고 자금 제공자가 되기도 하지만) 'Person-to-Person' 금융 거래라고 하기도 한다. 그리고 다수로부터 자금을 조달한다는

---

* 「은행법연구」 제8권 제2호(은행법학회, 2015. 11)에 게재되었고, 「금융법의 이론 실무」(은행법학회 편, 피앤씨미디어, 2016. 11)에 수정되어 실린 글 중 일부분을 발췌하여 수정·보완한 것이다.

** 성균관대학교 법학전문대학원 교수, 법학박사.

1) P2P에 관한 영어 설명은 다음과 같다. "Definition of peer to peer: denoting or relating to computer networks in which each computer can act as a server for the others, allowing shared access to files and peripherals without the need for a central server." <https://www.google.com/webhp?hl=en&gws_rd=ssl#hl=en&q=peer+to+peer>. "Peer-to-peer (P2P) computing or networking is a distributed application architecture that partitions tasks or work loads between peers. Peers are equally privileged, equipotent participants in the application. They are said to form a peer-to-peer network of nodes." <http://en.wikipedia.org/wiki/Peer-to-peer>.

의미에서 'Crowdfunding'이라고 하기도 한다. 이러한 거래는 정보통신망에서 전산중개운영체계(platform)를 개설해서 당사자 사이의 거래를 연결시켜주는 자에 의해 주로 이루어진다.

이러한 P2P 금융 거래에는 대출 형태의 거래(이하 "P2P 대출 거래"라 한다) 뿐만 아니라 기업이 주식이나 사채 등 증권을 발행하여 여러 투자자로부터 자금을 조달하는 형태가 있는데, 이를 증권형(equity or securities) P2P 금융 거래 또는 증권형 Crowdfunding이라고 한다. 이외에도 P2P 거래에는 기부형(donation)도 있는데, 이것은 자금을 제공하는 자가 대가를 받지 않고 자금이 필요한 자에게 자금을 지원하는 것을 말한다. 보상형(reward)도 있는데, 자금 제공 대가로 보상 차원에서 자금 조달 목적과 관련하여 발생하는 생산물 등을 지급하는 것을 말한다. 예를 들어, 영화나 음반 제작을 위한 자금 모집에서 영화표나 음반을 제공하는 거래를 들 수 있다.[2)]

이러한 P2P 대출 거래는 2005년 영국에서 ㈜조파(Zopa Ltd.)라는 P2P 대출중개업자(정보통신망상에서 중개운영체계를 개설해서 자금 수요자와 자금 공급자 사이에 대출 거래를 연결시켜주는 중개업자)(이하 "대출중개업자"라 한다)가 처음으로 대출 거래 중개를 시작한 이래로 미국, 중국, 독일 등 여러 국가에서 거래가 활발히 이루어지고 있으며, 거래 규모가 급격히 늘어나고 있는 추세이다.[3)] 우리나라의 경우도 2006년 8월 대출중개업자인 ㈜한국금융플랫폼이 머니옥션(moneyauction)이라는 대출 중개운영체계를 개설한 이래, 팝펀딩(popfunding), 8퍼센트(8percent), 피플펀드(peoplefund), 루프펀딩(rooffunding), 펀다(funda), 렌딧(lendit), 어니스트펀드(honestfund), 펀딩트리(fundingtree) 등 다수의 중개운영체계 회사가 영업 중에 있다. 특히 2016년부터 거래 규모가 급격히 증가하면서 2018년 9월말 기준으로 누적 대출액이 4.3조 원에 달하고 있으며, 대출중개업자의 숫자도 2018년 9월말 기준으로 205개 회사로 증가하는[4)] 등 시장이 커지고 있다.

P2P 대출 거래는 금융기관이 개재되지 않기 때문에 그만큼 자금 수요자 입장

2) See Section 2.7 of "FCA Policy Statement PS 14/4: The FCA's regulatory approach to crowd-funding over the internet, and the promotion of non-readily realisable securities by other media," March 2014. <https://www.fca.org.uk/publication/policy/ps14-04.pdf>.

3) KB금융지주경영연구소, "온라인 P2P대출, 새로운 투자수단으로서의 가능성," 「KB 지식비타민」, 2014. 11. 26, 1~2면.

4) 금융위원회, "P2P대출 가이드라인 개정 방안 및 법제화 방향," 보도자료, 2018. 12. 11, 2면.

에서는 낮은 이자율 등 상대적으로 적은 비용으로 자금을 조달할 수 있는 장점이 있고, 자금 제공자 입장에서도 다른 금융상품에 투자하는 것보다 높은 수익을 올릴 수 있는 장점이 있다. 조달 금리 결정 방식도 경쟁 입찰 경매 방식이 이용되어 (물론 선착순 고정 이자율 방식의 경매도 이용되지만) 자금 수요자가 원하는 이자율을 제시하고 자금 제공자가 거기에 맞는 이자율로 입찰하여 이자율이 낮은 순서대로 낙찰되는 경매 방식이 주로 이용되므로 낮은 이자율로 자금 조달이 가능하게 되는 장점이 있다. 또한 정보통신망에서 이루어지는 거래이다 보니 담보를 설정하는 것이 쉽지 않고, 소액 거래이어서 담보 설정 방식이 적합하지 않아(비용이 많이 들고 절차가 복잡하기 때문이다) 대부분 신용 대출 거래가 많이 이루어진다는 특징이 있다.[5] 이런 거래상의 특징 때문에 저소득층이나 저신용자 등 은행이나 상호저축은행 등 제도권 금융기관으로부터 대출받기가 어려운 금융 소외 계층이 P2P 대출 거래를 많이 이용하고 있다.[6] 특히 일부 대출중개업자가 중금리(연 10% 내외) 대출 상품을 개발하면서[7] 새로운 '포용금융'(inclusive finance)의 역할을 한다는 점에서 주목을 받고 있는데, 향후 P2P 대출 거래가 더욱 활성화될 수 있는 가능성을 보여주고 있다.

한편, 증권형 P2P 금융 거래는 2015년 7월 24일 관련법인 「자본시장과 금융투자업에 관한 법률」(이하 "자본시장법"이라 한다)이 개정되어 2016년 1월 25일부터 시행되고 있어, 관련 법제가 정비되었다고 할 수 있다. 그러나 P2P 대출 거래는 아직 관련 법제가 정비되지 않아 법적 불안정성에 노출되어 있다. 그래서 대부업자나 상호저축은행 등의 금융기관이 개입되는 변형적인 P2P 대출 거래가 이루어지고 있어, 거래 비용이 많이 드는 문제가 발생하고 있다. 특히 P2P 대출 거래가 향후 '포용금융'의 대안으로 자리 잡을 수 있고,[8] 자금 수요자를 창업 기술 기업 등으로 넓혀나가면 금융기술 산업의 발전에도 이바지할 수 있다는 점에서 P2P 대출 관련된 법제 정비에 관한 검토가 필요하다.

---

5) 물론 우리나라에서는 부동산 담보 대출도 이루어지고 있다.
6) KB금융지주경영연구소, "P2P대출, 대안적 서민금융으로서의 가능성 점검," 「KB 지식비타민」, 2014. 2. 4, 4면.
7) "중금리 대출, 중소기업 직원이 51%," 중앙일보 2015. 10. 19 기사.
8) P2P 대출 거래가 불법 대부업 시장의 축소에 기여할 수 있다는 견해는 이순호, "P2P 중개서비스를 활용한 소액신용대출 활성화 방안 검토," 「주간금융브리프」 제19권 제33호, 한국금융연구원, 2010. 8. 14 ~ 8. 20, 11면.

이 글은 P2P 대출 거래의 유형과 법적 쟁점을 분석하고 있다. 이를 위하여 우선 Ⅱ.에서는 P2P 대출 거래가 활성화 되고 있는 미국과 영국의 사례를 살펴보며, Ⅲ.에서는 우리나라에서 실제 이루어지고 있는 P2P 대출 거래의 거래 구조를 살펴봄으로써 문제점을 살펴본다. Ⅳ.에서는 현행 관련 법률상 P2P 대출 거래가 법적 불안정성에 노출되어 있는 법적 쟁점에 관하여 논의한다.

Ⅱ. 외국의 규제 동향

1. 영 국

(1) 금융감독기관에 의한 규제

영국에서는 2005년 최초로 대출중개업자인 ㈜조파가 P2P 대출 거래의 중개를 시작한 이래 펀딩서클(Funding Circle), 레이트세터(Ratesetter) 등의 대출중개업자가 가담하면서 거래 규모가 커지고 있다.[9] 그리고 2014년 4월 P2P 대출 거래에 대한 규제감독당국이 공정거래청(Office of Fair Trading: OFT)에서 금융감독기관인 영업행위감독원(Financial Conduct Authority: FCA)으로 이관되면서 규제도 정비되고 강화되고 있다.[10]

영업행위감독원은 2개의 관련 '정책 지침'(Policy Statement)을 발표하였는데, 그 중의 하나가 「소비자신용지침」(Policy Statement PS14/3, Detailed rules for the FCA regime for consumer credit)(2014. 4. 1. 시행)이고,[11] 다른 하나는 「소액자금조달규제지침」(Policy Statement PS14/4, The FCA's regulatory approach to crowdfunding over the internet, and the promotion of non-readily realisable securities by other media)(2014. 4. 1. 시행)이다.[12] 전자는 P2P 대출 거래뿐만 아니라 다른 유형의 소비자 신용(금융) 거래의 규제에 관한 내용이며, 후자는 증권형 P2P 금융 거래와 대출형 P2P 금융 거래에 대한 규제 내용을 담고 있다.

즉 과거에는 P2P 대출 거래를 소비자 금융의 하나로 보아 관련 규제기관인 공정거래청이 불공정 대출로부터 자금 수요자를 보호하기 위한 일반적인 규제를

9) KB금융지주경영연구소, 앞의 자료(대안적 서민금융), 2면.

10) 영국에서의 규제 동향에 대한 추가적인 설명은 서영미, "국내외 P2P 대출중개업 관련 규제 동향 및 시사점," 한국금융투자협회, 2015. 8. 5, 5~7면.

11) <http://www.fca.org.uk/static/documents/policy-statements/ps14-03.pdf>.

12) <https://www.fca.org.uk/publication/policy/ps14-04.pdf>.

하는 정도이었으나, 현재는 P2P 대출 거래를 새로운 유형의 금융 거래로 보아 금융감독기관이 본격적인 규제를 하기 시작했다는 점에서 의미가 있다. 우리나라도 금융감독기관이 P2P 대출 거래 규제 감독에 본격적으로 나서야 할 필요가 있고, 이를 위한 법제 정비 방안이 필요하다는 점을 알 수 있다. 「소액자금조달 규제지침」에 의하면, 대출중개업을 영위하려는 자는 영업행위감독원으로부터 인가(authorization)를 받아야 한다.[13)]

(2) 차입자를 보호하기 위한 규제 조치

「소비자신용지침」은 주로 소비자인 자금 수요자를 보호하기 위한 내용을 담고 있는데, P2P 대출 거래와 관련하여 자금 수요자인 차입자(이하 "차입자"라 한다)를 보호하기 위한 규제 내용도 담고 있다. 주요 사항을 살펴보면 다음과 같다.

첫째, 「영업원칙」(Principles for Business), 「고위경영진 거래, 체계 및 내부통제 감독규정」(Senior Management Arrangements, Systems and Control sourcebook), 「일반규정 감독규정」(General Provisons sourcebook)에서 규정하고 있는 차입자를 보호하기 위한 '높은 수준의 규칙'(high-level rules)이 대출중개업자에게도 적용된다.[14)]

둘째, 대출중개업자는 대출계약 체결 전에 대출에 따른 중요한 위험 등 대출계약의 중요 사항을 차입자에게 충분히 설명하여야 한다.[15)]

셋째, 대출중개업자는 대출이 이루어지기 전에 차입자의 신용도를 파악해야 한다.[16)]

---

13) Section 2.10 of "FCA Policy Statement PS 14/4: The FCA's regulatory approach to crowdfunding over the internet, and the promotion of non-readily realisable securities by other media," March 2014. 그 법적 근거는 다음과 같다. 「2000년 금융 서비스 및 시장법」(Financial Services and Markets Act 2000)에 의하면 예금 수입 업무나 증권 중개 업무 등 '규제대상업무'(regulated activities)를 영위하려면 금융감독기관으로부터 인가를 받아야 하는데(Section 19, Schedule 2), 「규제대상업무에 관한 시행령」(Financial Services and Markets Act 2000 (Regulatory Activities) Order)은 규제대상업무의 유형을 자세히 규정하고 있다. 2014년 개정 시행령은 '대출과 관련한 전산 체계를 운영하는 업무'(operating an electronic system in relation to lending)를 규제대상업무 유형의 하나로 추가함으로써(Article 36H of Financial Services and Markets Act 2000 (Regulatory Activities) (Amendment) Order 2014) P2P 대출중개업자로 하여금 인가를 받도록 하고 있는 것이다.

14) Table 6.1 - Summary of rules to protect consumer borrowers obtaining credit via P2P lending platforms, Policy Statement PS14/3, Detailed rules for the FCA regime for consumer credit, Feb. 2014.

15) *Id.* at Table 6.1; see Consumer Credit sourcebook 4.3.3G, 4.3.4R and 4.3.5R and transitional provision TP 4.1.

16) *Id.* at Table 6.1; see Consumer Credit sourcebook 5.5 and transitional provision TP 4.2.

넷째, 대출 권유 및 광고(financial promotion)에 관한 규칙이 P2P 대출 거래에도 적용된다(다만 위험 고지에 관한 사항은 제외된다).[17]

다섯째, 대출중개업자는 '고금리단기대출'(high-cost short-term credit: HCSTC)(P2P 대출도 여기에 해당한다)에 따른 위험을 차입자에게 고지하여야 한다.[18]

여섯째, 차입자의 주택을 담보로 하는 P2P 대출의 경우에는 차입자에게 특별한 위험(즉 채무 불이행 시 주택이 경매될 수 있다는 위험)을 알려야 한다.[19]

일곱째, 차입자가 대출계약 체결 후 14일 이내에는 이유를 불문하고 구두나 서면 통지로 대출계약을 취소할 수 있는 권리가 있다는 것을 대출계약서에 포함시켜야 한다.[20]

여덟째, 대출중개업자는 차입자가 연체한 경우에는 그 사실을 차입자에게 통지하여야 하며, 연체된 내역을 차입자에게 통지하면서 차입자가 무료로 채무 조정 상담을 받을 수 있도록 하여야 한다.[21]

아홉째, 대출중개업자는 차입자가 '고금리단기대출'(HCSTC)을 상환하기 위한 차입(refinancing)을 하기 전에 차입자의 연체 정보를 차입자에게 알려주어야 한다.[22]

열째, 대출중개업자가 채권 추심 업무를 수행하거나 신용정보서비스에 민감한 서비스 제공 업무를 수행하는 경우에는 이와 관련된 규칙이 대출중개업자에게도 적용된다.[23]

열한째, 신용 대출(credit arrangements)을 상환하기 위한 차입(refinancing)과 관련된 규칙과 지침이 대출중개업자에게 적용된다.[24]

열두째, 차입자가 '고금리단기대출'(HCSTC)의 기간을 연장할 수 있는 횟수는 2회에 한한다.[25]

열셋째, '고금리단기대출'(HCSTC)을 회수하기 위하여 '지속지급기관'(Continuous

---

17) *Id.* at Table 6.1; see Consumer Credit sourcebook 3.2, 3.3, 3.10 and 3.11.

18) *Id.* at Table 6.1; see Consumer Credit sourcebook 3.4.1R and transitional provision TP 3.1.

19) *Id.* at Table 6.1; see Consumer Credit sourcebook 4.3.6R.

20) *Id.* at Table 6.1; see Consumer Credit sourcebook 11.2 and transitional provision TP 4.2.

21) *Id.* at Table 6.1; see Consumer Credit sourcebook 7.17 to 7.19 and transitional provision TP 4.3 to TP 4.5.

22) *Id.* at Table 6.1; see Consumer Credit sourcebook 6.7.20R and transitional provision TP 3.2.

23) *Id.* at Table 6.1; see Consumer Credit sourcebook 7 and 8.10.

24) *Id.* at Table 6.1; see Consumer Credit sourcebook 6.7.17R to 6.7.19R, 6.7.21G to 6.7.22G and 6.7.24R to 6.7.26R.

25) *Id.* at Table 6.1; see Consumer Credit sourcebook 6.7.23R and transitional provision TP 3.3.

Payment Authority: CPA)을 이용할 수 있는 횟수는 2회에 한한다.[26)]

열넷째, '고금리단기대출'(HCSTC)의 일부를 회수하기 위한 목적으로 '지속지급기관'(CPA)을 이용하는 것이 금지된다.[27)]

이처럼 P2P 대출 거래와 관련하여 대출중개업자에게 적용되는 「소비자신용지침」은 금융소비자인 차입자를 보호하기 위한 내용이 대부분인 것을 알 수 있으며, 우리도 법제 정비를 할 때 이러한 내용이 반영되도록 할 필요가 있다.

(3) 대출중개업자에 대한 규제

「소액자금조달규제지침」은 주로 대출중개업자에 대한 규제 내용을 담고 있는데, 주요 사항은 다음과 같다.

첫째, 대출중개업자에 대해서도 최저 자본금 등 자본 건전성 규제가 적용된다.[28)]

둘째, 대출중개업자는 투자자로부터 대출 금액을 받아서 차입자에게 전달하는 역할을 하므로 대출 금액을 일시적으로 보관(hold)하게 되는데, 이 때 관련 규칙인 「고객자산감독규정」(Client Assets sourcebook: CASS)상의 '고객자금운영규칙'(client money rules)이 대출중개업자에게도 적용되어, 투자자(즉 대출자)(이하 "대출자"라 한다)로부터 수령한 자금을 충분히 잘 보호할 수 있도록 대출중개업자의 자산과 고객의 자산을 분리하여 신탁자산(trust)으로 보관하여야 한다.[29)]

---

26) *Id.* at Table 6.1; see Consumer Credit sourcebook 7.6.12R, 7.6.13R and transitional provision TP 3.4. and 3.5.

27) *Id.* at Table 6.1; see Consumer Credit sourcebook 7.6.14R and transitional provision TP 3.6.

28) Sections 3.6 to 3.12 of Policy Statement PS14/4, The FCA's regulatory approach to crowdfunding over the internet, and the promotion of non-readily realisable securities by other media, March 2014. 자세한 자본의 유형(주식 발행 대금, 준비금, 후순위차입금, 후순위채권 발행 자금 등)은 「투자업에 관한 임시 건전성 감독규정」(Interim Prudential sourcebook for Investment Business) 12.3.2R에 규정되어 있다. *Id.* Section 3.10.

29) *Id.* Section 3.13 to 3.22 and 3.25. ㈜조파의 경우에 신탁 자산이라는 점을 명백히 밝히고 있다. Zopa Principles (last updated 14/08/2015) Section 7.1 "We will hold in the Zopa Customers' Account the amounts you wish to lend, including amounts you have lent but have not yet been disbursed to the Borrower through the Lending Platform. These will be recorded as a credit to your Zopa Wallet which you can see by logging on to My Zopa. These amounts are held by us on trust in accordance with the applicable client money rules of the Financial Conduct Authority. In the event that interest is earned on any amounts held in the Zopa Customers' Account, we shall apportion such interest amongst the Zopa Customers on whose money this interest has accrued by crediting their respective Zopa Wallets accordingly on a monthly basis. We shall not keep any interest earned for our own account. The perpetuity period of any trust created pursuant to these Principles shall be 125 years." <http://www.zopa.com/principles>.

셋째, 대출중개업자의 파산 시 대출중개업자가 보관하고 있는 여러 고객의 자금(pooled money)을 차입자 또는 대출자 중 누구에게 분배할 것인지에 관한 문제에 대해서는 「고객자산감독규정」상의 '고객자금분배규칙'(client money distribution rules)이 적용되어, 고객 자금은 대출자를 위한 신탁자산으로서 보관되는 것이므로 대출자에게 배분되도록 하고 있다.[30]

넷째, 대출중개업자는 파산 등의 사유로 영업을 하지 못하는 상황이 되더라도 기존의 대출계약이 계속 유지되고 관리될 수 있는 체계(arrangements)를 갖추어야 한다.[31]

다섯째, 유럽연합(EU)의 「비대면판매지침」(Distance Marketing Directive)에 따르면, 일반적으로 비대면 계약 체결의 경우에는 일정한 기간 이내에는 수수료 없이 계약을 취소할 수 있는 권한을 고객에게 부여하고 있지만, 투자상품의 가격이 금융시장의 상황에 따라 변동될 수 있는 계약의 경우에는 예외가 적용되므로, P2P 대출 거래의 유통시장(secondary market)이 형성되어 있는 경우에는 대출계약 취소권이 인정되지 않는다.[32]

여섯째, 대출중개업자는 대출자가 대출(투자) 결정을 하기 위해서 필요한 정보(예상 및 실제 부도율, 투자 안전 장치 등에 관한 정보)를 대출자에게 제공해야 하며, 그러한 정보 제공은 공정·명확하고 오해가 없도록 해야 하고, 부과되는 세금에 관한 정보도 고객에게 충분하게 제공해야 한다.[33] 또한 대출중개업자가 웹사이트에 대출 조건을 게시하는 것은 투자 권유로 간주되어 「투자 권유 및 광고에 관한 시행령」(Financial Promotion Order) 및 「규제대상업무에 관한 시행령」(Regulated Activities Order)이 적용된다.[34]

일곱째, 대출중개업자와 소비자(즉 차입자나 대출자) 사이에 분쟁이 발생한 경우 소비자는 분쟁 조정 절차 등 분쟁 해결 절차를 이용할 수 있는 권리가 있으므로, 우선 해당 대출중개업자에게 민원을 제기할 수 있고, 거기서 해결되지 않으면

---

30) *Id.* Section 3.23 to 3.29. 계약이 정하는 바에 따라 차입자가 대출중개업자에게 원리금을 상환함으로써 차입자는 지급 의무를 면하게 된다. *Id.* Section 3.26.

31) *Id.* Section 3.32 to 3.36; see Section 4.1.8A of Senior Management Arrangements, Systems and Control sourcebook.

32) *Id.* Section 3.37 to 3.39.

33) *Id.* Section 3.40 to 3.34.

34) *Id.* Section 3.34.

금융분쟁조정원(Financial Ombudsman Service)에 분쟁 조정 신청을 할 수 있다.[35]

여덟째, 대출중개업자에게 영업행위감독원에 대한 정기적인 보고 의무가 적용되어, 대출중개업자는 자본금 등 재무 현황, 보관하고 있는 고객 자금의 규모, 매 분기별 대출 중개 내역, 민원 제기 현황 등을 정기적으로 영업행위감독원에게 보고하여야 한다.[36]

(4) 평 가

영국에서 P2P 대출 거래 규제의 특징은 금융감독기관이 본격적으로 규제에 나섰다는 점이다. 소비자인 차입자를 보호하기 위한 여러 가지 규제 조치가 취해졌으며, 대출중개업자로 하여금 금융감독기관으로부터 인가를 받도록 하고, 대출중개업자에게 자본 건전성 규제 및 정기적인 보고 의무 등 금융기관에 준하는 규제가 적용되고 있다는 점이다. 이러한 법제 정비를 통해서 영국은 투자자인 대출자와 차입자를 훨씬 두텁게 보호하는 법제를 마련하고 있다. 이러한 영국의 사례는 향후 우리가 법제 정비를 할 때 참고해야 할 사항이라고 생각된다.

2. 미 국

(1) 대출중개업자의 발행 어음(note)이 증권에 해당하는 지 여부

미국의 경우는 2007년 대출중개업자인 ㈜프로스퍼가 출범한 이후 ㈜렌딩클럽이 가세하면서 시장이 커지고 있다.[37] 미국의 경우 P2P 대출 거래는 증권감독기관인 증권거래위원회(Securities Exchange Commission: SEC)의 규제를 받고 있다.[38] 그 이유는 SEC가 2008년 ㈜프로스퍼가 발행하는 약속어음(promissory note)이 「1933년 증권법」(Securities Act of 1933)상 '증권'(security)에 해당하므로 증권발행신고서를 SEC에 제출하여야 하고, 정기적으로 공시해야 한다고 유권 해석을 내렸기 때문이다.[39]

---

35) *Id.* Section 3.45 to 3.46; see Annex K of Appendix 2 of PS14/3, Detailed rules for the FCA regime for consumer credit, Feb. 2014, for DISP 2.7 6R(15).

36) *Id.* Section 3.47 to 3.50.

37) ㈜프로스퍼와 ㈜렌딩클럽의 P2P 대출 거래에 관한 자세한 내용에 대해서는 Verstein, Andrew, *Peer-to-Peer Lending Update and Regulatory Considerations*, Filene Research Institute Inc., 2008, at 2~5. 미국에서는 P2P 대출 자산을 유동화 하는 사례도 있다. 2013년 10월 투자회사인 이글우드캐피탈(Eaglewood Capital)은 렌딩클럽의 대출 자산을 유동화 하여 보험회사에 매각한 바 있다. 김동우, "P2P대출 시장 현황과 전망," 「월간 금융」, 전국은행연합회, 2015. 3, 44면.

38) 미국에서의 규제 동향에 대한 추가적인 설명은 서영미, 앞의 자료, 2~5면.

㈜프로스퍼가 운영하는 거래 형태를 살펴보면 다음과 같다. 차입자가 원하는 차입 금액과 이자율을 게시하면, 대출자들이 원하는 이자율과 대출 금액을 제시하여 입찰을 하고, 낮은 이자율을 제시한 대출자 순서들로 낙찰이 된다.[40] 차입자는 대출자로부터 직접 대출을 받는 것이 아니고, ㈜프로스퍼가 계약을 체결한 은행으로부터 대출을 받는다.[41] 이 대출에 따른 권리(즉 대출채권)는 분할되어 ㈜프로스퍼를 통하여 각 대출자에게 양도(sell and assign)되는데, 각 대출자는 이에 따라 ㈜프로스퍼가 발행한 '상환청구권이 없는 약속어음'(non-recourse promissory note)을 받게 된다.[42]

SEC는 이 약속어음을 「1933년 증권법」 제2조 제1항에 따른 증권, 그 중에서도 Howey 판결(SEC v. W. J. Howey Co., 328 U.S. 293 (1946))에서 연방대법원이 인정한 투자계약증권(investment contracts)이라고 보았다. Howey 판결에서 연방대법원은 투자계약증권을 "오로지 타인의 노력으로부터 발생하는 수익을 기대하여 공동 사업에 자금을 투자하는 계약"이라고 해석하였다.[43] SEC가 ㈜프로스퍼가 발행한 약속어음을 투자계약증권으로 판단한 근거를 살펴보면 다음과 같다. (i) 대출자는 ㈜프로스퍼로부터 약속어음을 매입하므로 투자(대출) 행위가 있어 자금투자 행위 요건을 충족하고, (ii) 대출자는 투자(대출)로부터 발생할 수 있는 수익을 기대하고 있고, 대출자는 수익 창출에 대한 ㈜프로스퍼의 노력에 의존하고 있어서 수익 창출에 있어서 수동적인 위치에 있으므로 타인의 노력으로부터 발생하는 수익을 기대하여야 한다는 요건을 충족하고, (iii) 대출자가 대출을 하고 차입자가 자금을 상환하기 위해서는 ㈜프로스퍼에 의존하여야 할 뿐만 아니라 대부분의 대출은 2인 이상의 대출자가 있거나 1인의 대출자가 2회 이상 대출을 하고 있고, ㈜프로스퍼는 대출자와 차입자로부터 각각 수수료를 수취하므로 '공동 사업'(common enterprise)이라는 요건을 충족하고 있다고 본 것이다.[44] 더 나아

39) Securities Exchange Commission, Prosper Marketplace Inc., Exchange Act Release No. 8984, Nov. 24, 2008, at 1~2.

40) *Id.* at 2.

41) *Id.*

42) *Id.*

43) An investment contract exists if there is "an investment of money in a common enterprise with profits to come solely from the efforts of others." SEC v. W. J. Howey Co., 328 U.S. 293 (1946) at 301.

44) Securities Exchange Commission, *op. cit.* at 3~4.

가서 SEC는 ㈜프로스퍼의 발행어음이 Reves 판결(Reves v. Ernst & Young, Inc., 494 U.S. 56 (1990))에서 증권으로 간주되지 않은 어음의 유형(소비자금융 목적으로 발행된 어음이나 주택저당대출(mortgage)에 의해 담보된 어음 등)에도 해당하지 않는다고 보았다.[45)]

이러한 SEC의 해석에 대해서는 찬성하는 견해[46)]도 있지만 반대하는 주장도 있어 논란이 제기되고 있다. 반대 주장의 근거를 살펴보면, ㈜프로스퍼가 발행하는 약속어음은 ㈜프로스퍼의 상환에 의해 지급되는 것이 아니고 차입자의 상환에 의해 지급되는 것이므로 증권에 해당하지 않는다고 보는 것이다.[47)] 따라서 P2P 대출 거래가 SEC의 규제 대상이 되어서는 안 된다고 주장한다.[48)] 특히 수시로 발행하는 약속어음에 대해서 증권발행신고서를 제출하게 하는 것은 비용 상승을 유발시키고, 이에 따라 대출중개업자의 수익이 감소하여 결국은 P2P 대출 거래 시장이 위축될 것이라고 주장한다.[49)]

다만 대출자와 차입자 둘 다 보호하기 위해서 규제의 필요성은 있기 때문에 그 대안으로 금융소비자보호국(Consumer Financial Protection Bureau: CFPB)[2010년 도드-프랭크법(Dodd-Frank Wall Street Reform and Consumer Protection Act)에 의해 신설된 소비자 보호 기구]에 의한 규제 대상이 되어야 한다는 주장도 제기된다.[50)]

(2) 규제 기관에 대한 논의

한편, P2P 대출 거래의 중요성을 인지한 미국 의회는 2010년 도드-프랭크법을 제정하면서 미국 의회의 회계감사원(GAO: Government Accounting Office)에게 P2P 대출 거래의 적절한 규제 체계를 설정하는 보고서를 제출하도록 요구하였는데, 이에 근거하여 GAO는 2011년 보고서를 발간하였다.[51)] 이 보고서는 어느 특

---

45) *Id.* at 4.

46) Eric Chaffe & Geoffrey Rapp, "Regulating Online Peer-to-Peer Lending in the Aftermath of the Dodd-Frank Act: In Search of an Evolving Regulatory Regime for an Evolving Industry," 69 *Wash. & Lee L. Rev.* 485 (2012).

47) Andrew Verstein, "The Misregulation of Person-to-Person Lending," 45 *UC Davis L. Rev.* 445, 480~481 (2011); Paul Slattery, "Square Pegs in a Round Hole: SEC Regulation of Online Peer-to-Peer Lending and the CFPB Alternative," 30 *Yale J. of Regulation* 233 (2013).

48) Verstein, *op. cit.* at 530.

49) *Id.* at 529; Jack Magee, "Peer-to-Peer Lending in the Unites States: Surviving after Dodd-Frank," *15 North Carolina Banking Institute 139, 159, 173* (2011)

50) Verstein, *op. cit.* at 527~528, 530.

정 감독기관이 규제감독을 담당하도록 하는 결론을 제시하지 않고, SEC에 의한 규제 체계와 CFPB에 의한 규제 체계의 장단점을 분석하면서 의회의 선택에 맡김으로써 명확한 입장을 취하지 않았다.

(3) 평 가

미국의 경우 대출중개업자가 발행하는 약속어음을 증권에 해당한다고 해석함으로써 증권감독기관이 규제 감독기관이 되었다는 점이 특징적이다. 이에 관해서는 논란이 많지만 어쨌든 P2P 대출 거래가 금융감독기관의 규제 감독 대상이 되고 있는 점은 우리도 금융감독기관이 P2P 대출 거래에 대한 규제 감독을 할 수 있도록 법제 정비를 할 필요가 있다는 시사점을 주고 있다.

Ⅲ. P2P 대출 거래의 유형

1. 서 설

P2P 대출 거래의 관련 법적 쟁점을 찾아내기 위해서는 P2P 대출 거래의 유형을 파악하는 것이 필요하다. 우선 여러 대출자가 차입자에게 직접 대출해주는 거래가 있다. 여기에는 대출중개업자의 중개를 통하지 않고 여러 대출자가 차입자에게 직접 대출을 해주는 거래와 대출중개업자의 중개를 통하여 여러 대출자가 차입자에게 대출을 해주는 거래가 있다. 통상적으로 P2P 대출 거래라고 할 때는 후자를 말한다. 전자의 경우에는 여러 대출자와 차입자 사이에 개별적인 대출 계약이 체결되는 거래 형태라 크게 법적인 논란이 제기되는 부분은 없고 보편적으로 이용되는 거래가 아니므로 이 글에서는 자세히 다루지 않기로 한다.

대출중개업자를 중개를 통한 직접 P2P 대출 거래는 우리나라에서 현재 이용되고 있지 않은데,[52] 그 이유는, 뒤에서 자세히 논하는 것처럼, 여러 가지 법적 불안정성에 노출되어 있기 때문이다. 그래서 변형된 P2P 대출 거래가 이루어지고 있는데, 대부업자나 상호저축은행 또는 일반은행을 이용한 간접적인 형태의 대출

51) United States Government Accountability Office, *Person-to-Person Lending: New Regulatory Challenges Could Emerge as the Industry Grows*, 2011.

52) 2012년에 팝펀딩(Popfunding)이라는 대출중개업자가 '팝다이렉트서비스'라는 직접 대출형 거래를 제공하였지만 현재는 제공하지 않고 있다. 윤민섭, 「크라우드펀딩의 제도화와 소비자보호 방안 연구」, 정책연구보고서 13-17, 한국소비자원, 2013, 48, 50면.

거래가 그 예이다. 이러한 간접적인 대출 거래 형태는 두 가지 유형이 있다. 첫째는 대부업자 또는 상호저축은행 등이 대출 기관으로서 차입자에게 대출을 해주고 거기서 발생하는 원리금수취권을 대출자가 매입하는 구조(이하 "원리금수취권매입형 거래"라 한다)가 있다. 둘째는 대출자가 대출중개업자에게 현금을 담보로 제공하고, 대출중개업자는 그러한 현금을 대출자인 상호저축은행 등에게 보증을 제공해 주어 그러한 보증을 토대로 상호저축은행 등이 차입자에게 대출을 해주는 거래(이하 "현금담보제공형 거래"라 한다)가 있다.

이하에서는 대출중개업자의 중개를 통한 직접 대출형 거래, 원리금취권매입형 거래 및 현금담보제공형 거래의 세 가지 거래 유형에 대해서 자세히 살펴보기로 한다. 직접 대출형 거래는 영국의 ㈜조파가 채택하고 있는 거래 구조인데, 향후 P2P 대출 거래 법제가 정비될 때 이러한 직접 대출형 거래를 전형적인 P2P 대출 거래로 정착시키기 위해서는 직접 대출형 거래 구조도 살펴볼 필요가 있어 여기서 논의하기로 한다.

2. 직접 대출형 거래

(1) 대출중개업자의 중개를 통하지 않은 직접 대출형 거래

2010년 '유시민 펀드,' 2012년 당시 문재인 대통령 후보의 '담쟁이 펀드,' 박근혜 대통령의 '박근혜 약속펀드' 등과 같은 소위 '정치인 펀드'가 전형적인 예라고 할 수 있다.[53] 대출중개업자를 통하지 않고 여러 대출자와 차입자 사이에 직접 대출 계약이 체결된다. 대출 계약의 법적 성격은 금전소비대차계약이다. 금융기관과의 대출 계약이 아니고, 개인 사이의 대출 계약이 되므로 기본적으로 민법 제598조 이하의 소비대차 조항이 적용되고, 「이자제한법」이 적용된다. 그러나 이러한 거래에서는 대출자가 차입자의 신용을 개별적으로 파악하는 것이 쉽지 않다는 점 때문에 실제 사례는 '정치인 펀드'를 제외하고는 거의 일어나지 않고 있다.

(2) 대출중개업자의 중개를 통한 직접 대출형 거래

대출중개업자의 중개를 통한 직접 대출형 거래(이하에서는 편의상 이 거래를 "직접 대출형 거래"라 하기로 한다)는 가장 전형적인 P2P 대출 거래라고 할 수 있다. 중개에 의하여 대출자와 차입자 사이에 직접 대출 계약이 체결되므로 법적 성격은

---

53) 위의 보고서, 25면.

금전소비대차계약이라고 할 수 있다. 따라서 민법 제598조 이하의 소비대차 조항이 적용되고, 「이자제한법」이 적용된다. 영국의 ㈜조파가 이러한 직접 대출형 거래를 하고 있다.[54] 즉, 대출중개업자는 차입자가 제출한 자료를 토대로 하여 차입자의 대출금 상환 가능성을 분석한 후 그러한 정보를 대출자에게 제공하고, 계약 체결 이후 자금 이전 및 이자 상환 등의 업무를 수행하고, 대출자와 차입자로부터 수수료를 각각 징수한다.

3. 간접 대출형 거래

(1) 원리금수취권매입형 거래

이 거래는 우리나라 대부분의 P2P 대출중개업자가 취하고 있는 거래 구조이다.[55] 이 거래 구조에서는 대출자가 차입자에게 직접 대출을 하는 구조가 아니고, 대부업자나 상호저축은행, 일반은행 등 금융기관(이하 "여신회사"라 한다)이 차입자에게 대출을 하고, 대출자가 그러한 대출 계약에 참가(participation)하여 대출 계약에 따른 원리금수취권을 매입하는 거래 구조이다. 원리금수취권매입형 거래는 차입자가 대출중개업자가 운영하는 사이트에 회원 가입을 하여 차입을 원하는 금액 및 상환 조건을 게시하고, 대출자도 그 사이트에 회원 가입을 하여 차입자의 대출 신청에 대하여 대출 참가하고자 하는 금액만큼 입찰 신청을 하면 경매 결과 낙찰된 금액만큼(경매 방식이 아닌 선착순 방식에 의하는 경우도 있다) 여신회사가 대출하고, 대출자가 그 대출 금액만큼 대출에 참가하여 원리금수취권을 매입하는 구조가 된다.

이러한 거래 구조를 취하는 이유는 직접 대출형 거래 구조를 취하게 되면, 뒤에서 자세히 논하는 것처럼, 「대부업 등의 등록 및 금융이용자 보호에 관한 법률」(이하 "대부업법"이라 한다)상 법적 문제가 발생하기 때문이다. 즉 대부업법상 대출중개업자가 대부중개업에 해당될 여지가 있고, 이렇게 되면 대부중개업 등록을 해야 하는 번거로움이 있다. 설령 대부중개업 등록을 하더라도 대부업법상 대부중개업자는 미등록대부업자에게 대부 중개를 할 수 없도록 되어 있어(제11조의2 제1항) 대부업 등록을 한 대출자만을 대상으로 해서 대부 중개만을 해야 하는 결

54) *See* Zopa Principles (last updated May 21, 2018) <http://www.zopa.com/principles>.

55) 오퍼튠(oppertune), 펀딩마켓(fundingmarket), 8퍼센트(8percent), 피플펀드(peoplefund), 테라펀드(terafund), 펀다(funda), 렌딧(lendit), 어니스트펀드(honestfund) 등이다.

과가 되고, 이렇게 되면 사실상 영업을 할 수 없는 문제가 발생하게 된다. 그래서 여신회사가 직접 대출하는 거래 구조를 만들어내게 된 것이다. 그리고 실제는 대출중개업자가 대부업 회사를 자회사로 설립하여 그 대부업 회사가 제휴한 여신회사로서 대출을 하고 있다.[56)]

이러한 원리금수취권매입형 거래에서는, 대출자는 여신회사와 원리금수취권 매입계약을 체결하는 것이고, 차입자와 직접적으로 금전소비대차계약을 체결하지는 않는다. 금전소비대차계약은 여신회사와 차입자 사이에 체결된다. 따라서 대출자는 차입자에 대해서 직접 상환 청구권이 없게 된다.[57)] 그러다 보니 대출자는 대출금 상환을 받음에 있어서 직접 대출형 거래보다는 불리한 지위에 놓이게 된다. 다시 말해서 대출자는 상환의 이중 위험(double risk)에 노출되어 있는 셈이다.[58)] 즉 대출자는 차입자가 상환을 하지 못함에 따른 채무불이행 위험뿐만 아니라 여신회사가 파산 등의 사유로 차입자로부터 받은 상환금을 대출자에게 이행하지 못할 수 있는 위험에도 노출되어 있다. 좀 더 자세히 논하면, 대출자는 여신회사에 대해서 대출계약에 따른 원리금을 수취할 수 있는 권리만 있어서 차입자가 여신회사에게 원리금을 상환하지 않는 경우에는 여신회사는 대출자에게 지급할 의무가 없게 되므로 차입자가 상환을 하지 않으면 결국 대출자가 대출금을 회수할 수 없게 되는 위험이 있게 된다. 또한 차입자가 여신회사에 상환한 자금은 여신회사의 고유재산이 되어 여신회사가 파산하는 경우에 여신회사의 파산재단에 속하기 때문에 대출자는 일반 채권자로서 청구할 수 있는 권리밖에 없어[59)] 충분한 상환을 받지 못할 위험에도 노출되어 있다.[60)]

---

56) 예를 들어, 렌딧(Lendit) 대출중개업자는 ㈜렌딧소셜대부를 자회사로 설립하여 제휴 여신회사로 두고 있다.

57) 같은 설명으로는 반기로·박훤일, “대출참가거래의 법적 성질 및 거래상 유의점,” 「산은조사월보」 제483호, 한국산업은행, 1996. 2, 59면.

58) 같은 설명으로 한민, “신디케이티드 대출에 관한 법적 검토,” 「법학논집」 제16권 제4호, 이화여자대학교 법학연구소, 2012, 214면.

59) 그러나 이와 다른 견해도 있다. 즉 대출참가의 경우 대출원리금 등의 채권(債權)을 매매하는 것으로 보는 것이 타당하므로 대출참가계약에서 채권자(즉 여신회사)가 파산하는 경우에 대출참가자(즉 대출자)가 우선적 권리를 가진다고 보는 견해가 있다. 윤민섭, “P2P 금융에 관한 법적 연구,” 「금융법연구」 제9권 제2호, 한국금융법학회, 2012. 12, 477면.

60) 이와 같은 설명은 Philip Wood, *Law and Practice of International Finance*, Sweet & Maxwell, 2008, at 152.

(2) 현금담보제공형 거래

이 거래는 ㈜팝펀딩이라는 대출중개업자가 취하는 거래 구조이다.[61] 이 거래 또한 직접 대출형 거래에 따른 법적 불안정성을 회피하기 위해 만들어낸 구조이다. 팝펀딩이 제공하는 P2P 대출 거래에서는 3개의 약관이 이용되고 있다. 즉 ㈜팝펀딩과 채무자(차입자)[62] 사이의 "보증위탁약관," 채무자(차입자)와 투자자(대출자)[63] 사이의 "투자위탁(부탁)약관," ㈜팝펀딩과 투자자(대출자) 사이의 "투자(담보제공)약관"이다. 대출자와 차입자 사이에 금전소비대차계약이 체결되는 것이 아니라, 차입자가 대출자에게 대출금액에 상당하는 현금을 대출중개업자에게 담보로 제공해달라고 위탁(부탁)하는 '현금담보제공위탁계약'이 체결되고, 금전소비대차계약은 대출을 실제로 해주는 여신회사와 차입자 사이에 체결된다는 점에서 간접 대출형 거래라고 할 수 있다. ㈜팝펀딩의 거래 약관을 토대로 하여 거래 구조를 좀 더 자세히 살펴보면 다음과 같다.

우선 차입자와 대출중개업자 사이에 '보증위탁계약'이 체결된다. 즉 차입자는 자신의 대출 채무에 대하여 여신회사에 예금 담보를 설정해줄 것을 대출중개업자에게 부탁하는 보증위탁계약을 대출중개업자와 체결한다.[64]

그리고 차입자와 대출자 사이에 '투자위탁계약'이 체결된다. 즉 차입자가 대출자에 대하여 자신의 대출 채무에 대한 대출중개업자의 예금 담보 설정 행위에 현

---

61) 다만 팝펀딩이 제공하는 서비스 중 "팝펀딩 소셜펀드는 법인(일반영리기업, 문화공연단체, 비영리법인, 사회적기업 등)이 사업을 영위함에 있어 필요한 자금을 대중들이 대출 혹은 후원 형태로 직접 조달해 주는 크라우드펀딩 서비스"로서 원리금수취권매입형 거래도 제공하고 있다. 즉 팝펀딩은 현금담보제공형과 원리금수취권매입형 거래 둘 다 제공하고 있다. <http://www.popfunding.com/pf/social_intro>.

62) 팝펀딩 약관은 차입자를 채무자로 표현하고 있다.

63) 팝펀딩 약관은 대출자를 투자자로 표현하고 있다.

64) 보증위탁약관 제2조(용어의 정의) ③ 보증위탁계약이란, 보증(예금담보)계약의 원인이 되는 법률관계로서 채무자가 회사에 대하여 자신의 대출채무에 대한 제3자 예금담보를 설정해 줄 것을 부탁하는 내용으로 채무자와 회사 간에 체결되는 계약을 말한다.

제3조(계약의 체결) ① 회사와 채무자 간의 보증위탁계약은, 채무자가 경매를 개설할 당시에 투자자의 충족을 조건으로 표시한 위탁의 의사와 회사가 채무자에게 경매개설 절차를 제공할 당시에 투자자의 충족과 채무자에 대한 개인정보 확인절차 완료를 조건으로 표시한 수탁의 의사의 합치로 성립한다. 즉, 채무자는 경매가 낙찰되는 것을 조건으로 회사에게 자신의 대출채무에 대한 예금담보를 부탁하고 회사는 이를 승낙함으로써 성립한다.

② 채무자는 회사가 마련한 경매개설 절차에 따라 경매를 개설한 때에 회사에 대하여 보증을 위탁한 것으로 보며, 회사는 이러한 채무자의 경매개설이 회사가 마련한 절차에 따라 진실되게 이루어진 경우에 보증의 위탁을 승낙한 것으로 본다. 이러한 의사의 합치는 경매가 낙찰된 경우에 한하여 그 효력을 발생한다.

금 투자의 형태로 참가해줄 것을 부탁하는 내용의 투자위탁계약이 체결된다.[65] 투자의 형태가 대출자가 대출중개업자에게 현금을 담보로 제공하는 것이므로 '현금담보제공위탁계약'이라고도 할 수 있다.

그리고 나서 차입자는 자신이 원하는 "대출액, 담보수수료율, 대출기간, 경매마감일, 경매진행방식(이자율경쟁방식 또는 선착순낙찰방식) 등"을 대출중개업자의 사이트에 게시한다.[66] 대출자는 차입자가 게시한 차입 조건을 보고 투자를 하겠다고 결정하면 대출중개업자와 '투자계약,' 즉 '현금담보제공계약'을 체결한다. 즉 대출자는 대출중개업자에게 현금을 담보로 제공하겠다는 내용의 '투자(담보제공)계약'을 대출중개업자와 체결한다.[67] 이는 차입자가 여신회사로부터 차입한 대출금에 대하여 채무불이행을 하게 되면 여신회사에 예금을 담보로 제공한 대출중개업자가 담보 의무 이행을 하게 되어 손실을 입게 되는데, 그러한 손실을 보전하기 위해 대출자가 대출 금액에 상당하는 현금을 대출중개업자에게 담보로 제공하는 것이다.[68]

현금을 담보로 제공받은 대출중개업자는 그 현금으로 여신회사에 대출중개업자 명의의 예금 계좌[69]를 개설하고, 이 예금을 여신회사에게 담보로 제공한다.[70]

---

65) 팝펀딩 투자위탁(부탁)약관 제2조(용어의 정의) ⑤ 투자(담보제공)위탁계약이란, 투자계약을 체결하는 원인이 되는 법률관계로서 채무자가 투자자에 대하여 자신의 대출채무에 대한 회사의 담보설정행위에 일정한 현금투자의 형태로 참가할 것을 부탁하고, 투자자가 이를 승낙하는 것을 내용으로 채무자와 투자자 간에 체결되는 계약을 말한다.

66) 팝펀딩 투자위탁(부탁)약관 제5조(빌리기 신청의 방법) ③ 빌리기 신청을 하려는 대출신청자는 자신이 원하는 대출액, 담보수수료율, 대출기간, 경매 마감일 , 경매진행방식(이자율경쟁방식 또는 선착순낙찰방식) 등을 표시하여야 하며, 이 경우 총 대출신청 금액은 1000만원으로 제한된다. 대출금액은 최저 100만원부터 최고 1000만원까지 50만원 단위로 선택 가능하며, 대출기간은 300만원 미만인 경우는 6, 9, 12 개월 단위 중 선택하여야 하고, 300만원 이상인 경우는 15, 18, 21, 24 개월 단위 중 선택하여야 한다. 단, 300만원 이상인 대출인 경우에는 회사가 공지하는 일정한 기준에 부합하는 신청자에 한한다.

67) 팝펀딩 투자(담보제공)약관 제2조(용어의 정의) ④ 투자(담보제공)계약이란, 채무자의 대출계약상 채무불이행에 따른 예금담보 설정자인 회사의 담보의무 이행으로 인한 손실을 담보하기 위해 투자자가 회사에 현금 담보제공을 통한 투자를 실행하고 회사는 이를 승낙하는 것을 내용으로 회사와 투자자 사이에 체결되는 계약을 말한다.

68) 위의 투자(담보제공)약관의 정의 참조.

69) 투자자인 대출자 명의의 예금 계좌가 개설되는 것이 아니고, 대출중개업자의 명의로 예금 계좌가 개설됨을 유의해야 한다. 이는 투자(담보제공약관) 제2조의 "대출계약" 정의에서 "[대출중개업자] 명의의 제3자 예금담보를 전제로"로 라고 하고 있는 점에서 알 수 있다.

70) 팝펀딩 투자(담보제공)약관 제7조 (회사의 권리와 의무) ① 회사는 투자자가 제공한 투자금을 집금하여 대출을 실행하는 저축은행에 대하여 예금담보로 제공하여야 한다.

그리고 대출중개업자는 여신회사와 연대보증계약을 체결한다. 즉 대출중개업자는 예금 담보 설정자로서 차입자의 채무 불이행 시에 채권자인 여신회사에 대하여 예금 담보에 따르는 의무를 이행할 것을 내용으로 하는 예금담보계약을 여신회사와 체결한다.71)

그리고 나서 차입자는 이러한 대출중개업자의 "연대보증을 기초로([즉 대출중개업자] 명의의 제3자 예금 담보를 전제로)" 여신회사와 대출계약을 체결하게 된다.72)

한편, 차입자가 채무 이행을 하는 거래 구조를 살펴보면 다음과 같다. 차입자가 원리금을 대출중개업자 사이트의 본인 명의 가상계좌로 입금하여 상환하는 경우, 대출중개업자는 이 상환 자금으로 여신회사에 변제하면(차입자는 여신회사에 직접 변제하는 대신에 이 방법으로 변제금 상환을 대행하는 것에 동의하여야 한다), 변제된 대출금에 상당하는 금액의 예금 담보금을 여신회사로부터 반환받고, 반환받은 담보금에 상당하는 현금 담보금을 대출자에게 반환하게 된다.73)

정리하면, (ⅰ) 투자자인 대출자는 투자 금액에 상당하는 현금을 대출중개업자에게 담보로 제공하며, (ⅱ) 대출중개업자는 담보로 제공받은 현금으로 대출중개업자 명의의 예금 계좌를 여신회사에 개설하여 이 예금을 담보로 제공하며,

71) 팝펀딩 투자(담보제공)약관 제2조(용어의 정의) ②보증(예금담보)계약이란, 저축은행과 대출계약을 체결한 채무자의 채무불이행 시에 회사가 예금담보 설정자로서 채권자인 저축은행에 대하여 예금담보에 따르는 의무를 이행할 것을 내용으로 저축은행과 회사 사이에 체결되는 연대보증계약을 말한다.

72) 팝펀딩 투자(담보제공)약관 제2조 (용어의 정의) ①대출계약이란, 저축은행이 팝펀딩 사이트를 통하여 대출받기를 원하는 대출신청자(이하 "채무자"라 한다.)에게 팝펀딩㈜(이하 "회사"라 함)의 연대보증을 기초로(회사명의의 제3자 예금담보를 전제로) 금전을 대여해주는 계약을 말한다.

73) 팝펀딩 투자(담보제공)약관 제7조 ②회사는 채무자가 매월 상환 기일에 대출금과 담보수수료를 팝펀딩의 가상계좌로 분할상환하는 경우에는 저축은행으로부터 변제된 대출금에 상당하는 담보금을 반환 받아 이를 각 투자자에게 반환하여야 하며, 채무자가 지급하는 담보수수료를 수취하여 투자자에게 이전하여야 한다.

팝펀딩 보증위탁약관 제5조(채무자의 권리와 의무) ③채무자는 저축은행에 대한 변제금과 투자자에 대한 담보수수료를 합산한 금액(총 상환금액)을 매월 분할하여 팝펀딩 사이트의 본인명의 가상계좌로 입금하여야 한다. 이 경우 매월 분할상환금 전부를 입금하지 아니하면 채무는 이행되지 않은 것으로 보며, 채무자가 위의 금액을 팝펀딩 가상계좌 외의 방법으로 지급한 경우에는 이를 팝펀딩에 통지하지 아니하는 한, 채무 이행의 효력을 주장하지 못한다.

④ 채무자는 저축은행에 대한 변제금을 상환함에 있어 채무자 본인이 저축은행에 직접 입금하는 대신 위 ③항의 방법에 의거하여 회사가 채무자의 저축은행에 대한 변제금 상환을 대행하도록 위임하는 것에 대하여 동의하여야 하며, 투자자에 대한 담보수수료 지급에 있어 채무자 본인이 직접 투자자에게 지급하는 대신 위 ③항의 방법에 의거하여 회사가 채무자의 투자자에 대한 담보수수료 지급을 대행하도록 위임하는 것에 대하여 동의하여야 한다.

(iii) 대출중개업자는 차입자의 채무 불이행 시에 예금 담보로 채무를 이행하겠다는 연대보증계약을 여신회사와 체결하며, (iv) 이를 토대로 여신회사는 차입자에게 대출을 실행하는 거래 구조이다. 이 거래 구조에서는 차입자는 채무자, 대출자는 담보제공자, 대출중개업자는 연대보증인, 여신회사는 대출채권자이면서 담보권자의 지위를 각각 가지게 된다.

이러한 거래 구조에서는 대출자는 차입자의 채무 불이행에 따르는 손실 위험뿐만 아니라, 투자자인 대출자가 제공한 현금으로 대출중개업자 명의의 예금 계좌가 개설된다는 점에서 대출중개업자가 파산 등 기타의 사유로 상환을 하지 않을 위험에도 노출되는 문제가 있게 된다.

Ⅳ. 관련 법률상의 법적 쟁점

P2P 대출 거래는 아직 법제 정비가 이루어지지 않아 현행 관련 법률에 저촉되는지에 관한 법적 쟁점이 제기될 수 있다.

1. 「자본시장과 금융투자업에 관한 법률」상 대출채권이 채무증권에 해당하는지 여부

(1) 직접 대출형 거래

1) 문제의 제기

직접 대출형 거래에서 1인의 차입자가 다수의 대출자로부터 같은 조건(이율, 만기 등)으로 차입하는 경우에 대출자의 대출채권이 자본시장법상의 '금융투자상품,' 좀 더 구체적으로 금융투자상품의 하나의 유형인 '채무증권'에 해당하여 자본시장법이 적용되는 지 여부가 문제될 수 있다. 자본시장법은 금융투자상품을 판매하거나 발행하는 경우에 적용되는데, 이 경우 투자자 보호를 위한 여러 가지 규제, 즉 금융감독당국에 대한 증권신고서 제출이나 공시 의무 등 여러 가지 규제가 적용된다(법 제119조).

아직 우리나라는 직접 대출형 거래는 이루어지고 있지 않지만, 향후 관련 법제를 정비할 때 직접 대출형 거래가 활성화될 수 있도록 법적인 문제를 미리 해결해야 하기 때문에 논의할 필요가 있다.

2) 「자본시장과 금융투자업에 관한 법률」상의 검토

① 금융투자상품에서 '투자성'의 의미

자본시장법은 금융투자상품을 포괄적으로 정의하고 있다(제3조 제1항, 제2항). 금융투자상품에 해당하려면 '투자성'이 있어야 하는데, 이것은 원금 손실 가능성이 있는 것을 말한다. 즉 투자성이란 "그 권리를 취득하기 위하여 지급하였거나 지급하여야 할 금전 등의 총액이 그 권리로부터 회수하였거나 회수할 수 있는 금전 등의 총액을 초과하게 될 위험"(법 제3조 제1항)을 말하는데, 이는 원금 손실 가능성을 의미한다. 원금 손실 가능성은 시장 가격의 변동에 따른 시장 위험을 의미하는 것이지, 금융투자상품 발행 주체의 신용 위험을 의미하는 것은 아니다.[74] 그리고 ". . . 하게 될 위험"이라고 하고 있으므로 이론적이라도 원금 손실 가능성이 있으면 투자성을 인정할 수 있을 것이다.

② 대출채권의 투자성 인정 가능성

일반적으로 대출 상품은 시장 위험에 따른 원금 손실 가능성, 즉 투자성이 없어 금융투자상품이 아닌 것으로 보고 있다.[75] 이것은 대출채권 시장이 형성되어 있지 않아 유통성이 없다는 점과 대출 상품은 자본시장법상 규제 대상 기관인 은행 등 금융기관이 갖고 있는 채권(債權)이라 투자자인 소비자를 보호하려는 자본시장법의 목적에 비추어 규제할 실익이 없다는 점 등에 근거한 것으로 보인다. 그러나 투자성이라는 것이 반드시 실제 손실 발생 가능성만을 의미하는 것은 아니고, 이론적으로 손실 가능성이 있다면 투자성을 인정할 수 있을 것이다. 그렇다면 직접 대출형 거래에서 대출자가 갖고 있는 대출채권을 만기 이전에 양도하게 되면 원금 손실 가능성이 있게 된다. 이것은 시장에서의 위험이다. 즉 투자성이 인정될 수 있는 것이다.[76] 그러면 금융투자상품에 해당한다고 볼 수 있다. 자본시장법이 투자성을 금융투자상품의 중요한 요소로 규정하는 이상 이런 해석이 가능한 것이다.[77]

---

74) 임재연, 「자본시장법」 2015년판, 박영사, 2015, 27면.

75) 한민, 앞의 논문, 221면.

76) 같은 견해는 윤민섭, "대출형 크라우드펀딩의 개선 방안," 「은행법연구」 제6권 제2호, 은행법학회, 2013. 11, 88면.

77) 이런 문제점 때문에 투자성을 금융투자상품의 개념 요소로 하는 것을 재고할 필요가 있다는 주장도 있다(임재연, 앞의 책, 29면). 미국의 일본의 경우는 '이익의 기대'를 금융투자상품의 요소로 한다(위의 책, 28면).

③ 대출채권의 채무증권 해당 가능성

그렇다면, 다음에는 대출채권이 금융투자상품 중 파생상품이나 증권에 해당하는지를 분석해보아야 한다. 왜냐하면 자본시장법은 금융투자상품을 파생상품과 증권으로 분류하고 있기 때문이다(제3조 제2항). 파생상품은 원금을 초과하여 손실 가능성이 있는 것을 말한다(제5조 제1항). 그런데 직접 대출형 거래의 대출채권의 경우 원금을 초과하여 손실이 발생할 가능성은 없다. 그래서 파생상품에는 해당하지 않을 것이다. 다음에는 증권에 해당되는 지를 살펴보아야 하는데, 증권은 원금까지만 손실 가능성이 있는 상품을 말한다(제4조 제1항). 자본시장법은 증권의 유형을 "채무증권, 지분증권, 수익증권, 투자계약증권, 파생결합증권, 증권예탁증권"으로 분류하고 있다(제4조 제2항). 대출채권은 이 중 '채무증권'에 해당할 가능성이 있다.

자본시장법은 채무증권을 "국채증권, 지방채증권, 특수채증권, 사채권, 기업어음증권, 그 밖에 이와 유사(類似)한 것으로서 지급청구권이 표시된 것"이라고 하고 있다(제4조 제3항). "이와 유사(類似)한 것으로서 . . ."이라는 것에서 자본시장법의 특징인 금융투자상품 정의의 포괄성을 알 수 있다. 대출채권은 "지급청구권"에 해당한다고 볼 수 있다. 자본시장법은 ". . . 표시된 것"이라고 하고 있어 증서가 발행된 것으로만 한정하여 볼 여지도 있으나 증서가 발행되지 않는 경우도 있을 수 있으므로(예를 들어 주권이 발행되지 않는 경우) 증서가 발행되지 않더라도 채무증권에 해당될 수 있다고 보아야 할 것이다. 자본시장법도 ". . . 증권이 발행되지 않는 경우에도 그 증권으로 본다"(제4조 제9항)고 하여 이를 확인하고 있다.

④ 채무증권의 '집단성, 정형성 및 대량성' 요건 충족 여부

다음의 쟁점은 채무증권이 '집단성 및 정형성' 내지 '대량성'을 갖고 있어야 하는가의 문제이다. 일반적으로 그렇게 설명이 되고 있다. 즉 "자본시장법에 규정된 채무증권의 유형은 모두 대량으로 발행되고 거래될 수 있는 것이고, 채무가 증서에 표창된 것이라도 개별 채권자와 채무자간의 채권과 같이 대량의 발행·거래 대상이 아닌 것은 채무증권에 해당하지 않는다"라는 견해가 있고,[78] 채무증권의 한 유형인 사채를 "주식회사가 불특정 다수인으로부터 자금을 조달할 목적으

78) 위의 책, 36면.

로 집단적·정형적으로 부담하[는] 채무"라고 설명하고 있다.[79] 즉 채무증권은 불특정 다수인을 대상으로 하여 발행이 되는 집단성 내지 대량성과 발행 조건이 동일한 정형성을 띤다고 할 수 있을 것이다. 일반적으로 이렇게 이해되지만 상법이나 자본시장법이 이러한 정형성이나 대량성 등에 관한 정의를 명시적으로 두고 있지 않아 반드시 그렇게 보아야 하는지는 의문이다. 물론 실제 1개의 채무증권을 발행하는 것은 거의 볼 수 없을 것이나, 이론적으로는 1개의 채무증권을 발행하는 것이 가능하다고 볼 수 있다. 그렇다면 개별 대출자와 차입자 사이의 대출채권도 채무증권에 해당한다고 볼 여지가 있다.

물론 직접 대출형 거래의 경우에는 1인의 차입자가 여러 대출자로부터 동일한 조건(이자율이나 상환 기일의 동일성)으로 자금을 차입하므로 대량성 및 정형성 요건을 충족한다고 볼 수 있다. 이는 마치 회사가 다수의 투자자에게 사채(만기와 이자율이 동일한 채무증권)를 발행하여 자금을 조달하는 것과 같은 형태가 된다. 즉 형태로 보면 사채와 크게 다르지 않은 것이다. 그렇다면 이러한 대출자의 대출채권을 채무증권으로 볼 여지가 있다.[80] 이러한 해석은 자본시장법이 금융투자상품의 정의에서 투자성(즉 이론적인 원금 손실 가능성의 존재)과 포괄성("유사한 것")을 그 요소로 하면서 발생하는 문제라고 할 수 있다.

3) 입법론: 대출채권의 자본시장법 적용 제외 필요

이렇게 되면 직접 대출형 거래에서 차입자는 자본시장법상의 공모(즉 50인 이상의 대출자로부터 대출받는 경우)에 해당하는 경우에는 금융감독당국에 대한 증권신고서 제출 등 발행 공시 의무가 적용되게 된다(제119조). 물론 공모 금액이 10억 원 미만인 소액 공모인 경우에는 증권신고서 제출이 면제되지만, 재무 상태와 영업 실적을 기재한 서류 등을 금융감독당국에 제출할 의무가 부과된다(제130조, 시행령 제137조). 이렇게 채무증권으로 보게 되는 경우에 차입자의 증권신고서 제출 의무 등 발행 공시 의무가 적용됨으로써 사실상 P2P 대출 거래가 거의 불가능하게 되는 문제가 발생한다. 특히 차입자가 개인인 경우에 자본시장법상의 공시 의무 등을 부과할 실익은 없다고 본다.

따라서 입법론적으로는 대출자의 대출채권을 채무증권의 범위에서 제외되도

79) 이철송, 「회사법강의」 제21판, 박영사, 2013, 986면.
80) 같은 견해는 윤민섭, 앞의 보고서, 99면.

록 하여 자본시장법의 규제에서 벗어나도록 할 필요가 있다. 물론 투자자인 대출자에 대한 보호 방안이 강구되어야 할 것이나, 이는 별도의 법률을 제정하여 해결하는 것이 바람직하다고 본다.

(2) 원리금수취권매입형 거래에서 대출채권 또는 원리금수취권의 채무증권 해당 가능성

원리금수취권매입형 거래의 경우는 대출자는 여신회사로부터 대출참가계약에 의거한 원리금수취권을 매입한 것이고, 여신회사가 차입자에게 직접 대출하는 것이며, 대출자가 차입자에게 직접 청구권을 갖고 있지 않으므로 자본시장법상 채무증권에 해당하지 않는다는 견해가 있다.[81] 그러나 달리 볼 여지도 있다. 우선 원리금수취권의 성격을 살펴보면, 원리금수취권도 자본시장법상의 "지급청구권"에 해당하고, 여러 다수 대출자가 동일한 조건(이자율과 만기 등)으로 여신회사로부터 원리금을 지급받을 수 있는 채권을 갖고 있어서 대량성 및 정형성의 요건도 갖추고 있어, 채무증권에 해당한다고 볼 여지도 있다.

또한 여신회사가 차입자에 대하여 갖고 있는 대출채권도 채권자가 1인이지만 여러 다수의 동일한 조건의 채권을 갖고 있으므로 대량성 및 정형성의 요건을 충족하여 채무증권이라고 볼 여지도 있다. 더 나아가서, 실질적인 거래 구조에 중점을 두어 보면, 결국 여러 대출자가 동일한 조건으로 차입자에게 대출하는 구조(예를 들어, 대출자가 이자율을 결정한다는 점 등)로 볼 수 있으므로 채무증권성을 인정할 수 있다는 주장도 있을 수 있다. 입법론적으로는 이렇게 법적 논란이 제기될 수 있으므로 원리금수취권매입형 거래도 자본시장법이 적용되지 않도록 명확하게 할 필요가 있다.

(3) 현금담보제공형 거래에서 대출채권의 채무증권 해당 가능성

현금담보제공형 거래의 경우는 대출자가 차입자에게 직접 대출하지 않고, 대출자는 대출중개업자에게 현금을 담보로 제공하고, 대출중개업자는 그 현금을 예금 담보로 여신회사에게 제공하여, 여신회사가 차입자에게 대출하는 구조를 띠고 있다. 따라서, 대출자는 물상보증인(物上保證人)의 지위에 있고, 대출자는 차입자에게 자금의 상환을 직접 청구할 수 없고, 대출자는 차입자가 여신회사에게 상환

81) 위의 보고서, 99면.

을 한 부분만큼 제공한 담보를 상환받게 되므로, 자본시장법상 채무증권에 해당하지 않는다는 견해가 있다.[82] 물론 차입자와 대출자 사이에 직접적인 대출 계약은 존재하지 않으나, 여신회사가 차입자에게 하는 대출은 대출자가 제공하는 담보 제공과 연결되어 있는 점, 대출자가 대출의 승인과 이자율을 결정을 하는 점을 보면 실질적으로는 대출자의 대출로 볼 수 있다는 주장도 가능하다. 이렇게 보면 직접 대출형 거래와 마찬가지로 채무증권성이 인정될 여지가 있다는 주장이 제기될 수 있다.

설령 그렇게 보지 않고 여신회사가 차입자에게 한 대출을 기준으로 보더라도 하나의 여신회사가 조건이 같은 다수의 대출을 1인의 차입자에게 하는 것이어서 투자자 1인(즉 동일한 여신회사)이 이자율이나 만기 등 조건이 동일한 다수의 대출채권을 갖고 있다고 볼 수 있으므로 대량성 및 정형성 요건을 충족하여 채무증권으로 볼 여지도 있다. 이 문제 또한 입법적으로 명확히 할 필요가 있을 것이다.

2. 「대부업 등의 등록 및 금융이용자 보호에 관한 법률」의 적용 여부

이와 관련해서는 대출자가 대부업에 해당하는지 여부와 대출중개업자가 대부중개업자에 해당하는지 여부가 쟁점이 될 수 있다.

(1) 대출자가 대부업자에 해당하는지 여부

대출자가 여러 번 대출하는 경우에 대부업법상의 대부업으로 등록해야 하는지가 법적 쟁점이 될 수 있다. 대부업법에 따르면, 대부업이란 “금전의 대부(어음할인·양도담보, 그 밖에 이와 비슷한 방법을 통한 금전의 교부를 포함한다. 이하 “대부”라 한다)를 업(業)”으로 하는 것을 말한다(제2조 제1호). 이 정의에 따르면, 대부업은 대출업을 영위하는 은행이나 여신전문금융회사 등 인가나 허가를 받은 금융기관도 포함되게 된다. 대부업법은 이러한 대부업을 하려는 자로 하여금 관할 시·도지사에게 등록하도록 하고 있다(제3조 제1항). 물론 인허가를 받은 금융기관(대부업법은 이를 “여신금융기관”이라고 하고 있다)은 등록할 필요가 없다(제3조 제1항). 대부업을 등록하지 않은 자는 형사 처벌(5년 이하의 징역이나 5천만 원 이하의 벌금) 대상이 된다(제19조 제1항).

직접 대출형 거래에서 대출자가 여러 번 대출을 하는 경우에 대부업법상의 대

82) 위의 보고서, 99면.

부업에 해당하여 등록을 하여야 하는지가 쟁점이 된다. 즉 대출자가 '업'을 하는지 여부가 쟁점이 되는 것이다. 현행 관련 법령상 '업'에 대한 명확한 정의는 없지만, 판례에 따르면, "계속성 · 반복성 · 영리성"을 그 요소로 하고 있다. 즉 대법원은 '업'의 의미를 "같은 행위를 계속하여 반복하는 것을 의미하고, 여기에 해당하는지 여부는 단순히 그에 필요한 인적 또는 물적 시설을 구비하였는지 여부와는 관계없이 금전의 대부 또는 중개의 반복 · 계속성 여부, 영업성의 유무, 그 행위의 목적이나 규모 · 횟수 · 기간 · 태양 등의 여러 사정을 종합적으로 고려하여 사회 통념에 따라 판단하여야 한다"고 판시하고 있다.[83]

따라서 이론적으로 P2P 대출 거래에서 대출자가 1회 이상 자금을 대출하면, 계속성과 반복성이 인정될 여지가 크다. 예를 들어, 2회 대출을 한다고 했을 때 계속성과 반복성을 인정할 수 있는가? 판례에 비추어보면, "계속성과 반복성"이 인정될 여지도 있다. 다른 요소인 '영리성' 여부도 판단해보면, 대출자는 수익을 목적으로 대출을 하므로 영리성이 인정될 가능성이 높다. 그렇다면 영업성이 인정되어 대부업으로 볼 가능성이 있다.[84] 이렇게 되면, 대출자는 대부업 등록을 해야 하는데, 과연 대부업 등록을 하면서 대출을 하려는 개인이 있을지 의문이 든다. 이런 면에서 P2P 대출 거래를 활성화시키기 위해서는 개인인 대출자를 대부업자의 정의에서 배제하는 입법 조치를 취해서 법적 불안정성을 해소할 필요가 있다.

한편, 현금담보제공형 거래의 경우에는 대출자가 차입자에 대한 직접적인 대출 구조를 취하고 있지는 아니하나, 전체적으로 실질적인 면을 보면 결국 대출자가 차입자에게 대출하는 것으로 볼 여지도 있으므로(예를 들어, 대출자가 이자율 및 만기 등을 결정하는 점을 볼 때) 이 경우에도 대부업에 해당하는지 여부가 여전히 문제될 수 있다.

원리금수취권매입형 거래의 경우도 마찬가지이다. 형식적으로는 여신회사가 대출을 하는 구조로 되어 있지만, 실질적으로 보면 대출자가 차입자에게 대출하는 구조로 볼 여지도 있으므로 이 경우도 대출자가 대부업에 해당하는지 여부가

---

83) 대법원 2012. 7. 12. 선고 2012도4390 판결; 대법원 2012. 3. 29. 선고 2011도1985 판결; 대법원 2008. 10. 23. 선고 2008도7277 판결.

84) 그러나 "일반적인 자금공급자에게 영업성을 인정할 수는 없다"라는 견해도 있다. 윤민섭, 앞의 논문(금융법연구), 480면.

문제될 수 있다.

(2) 대출중개업자가 대부중개업을 영위하는지 여부

대출중개업자가 대부업법상 대부중개업자로서 시·도지사에게 등록을 하여야 하는지도 쟁점이 된다. 대부업법상 대부중개업을 하려는 자는 시·도지사에게 등록을 하여야 한다(제3조 제1항). 대부중개업자로 등록하지 않는 자는 형사 처벌(5년 이하의 징역이나 5천만 원 이하의 벌금) 대상이 된다(제19조 제1항). 대부업법상 대부중개업이란 "대부중개를 업으로 하는 것"을 말한다(제2조 제2호). 대부업법상 대부중개업자는 대부업자 및 여신금융기관만의 대출을 중개할 수 있다고 보는 견해가 있으나,[85] 대부업법이 대부 중개의 대상자를 특별히 한정하여 규정하지 않고 있기 때문에(즉 법 제2조 제2호는 단지 "대부중개"라고 하고 있다) 대부업자나 여신금융기관이 아닌 자(예를 들어, 1회의 대출을 한 개인)의 대부를 중개하더라도 대부 중개에 해당된다고 보아야 할 것이다. 물론 대부중개업자는 미등록대부업자에 대해서는 대부 중개를 하지 못하도록 하고 있어서(법 제11조의2 제1항), 대출중개업자가 일단 대부중개업자로 등록을 하면 등록된 대부업자나 금융기관만을 중개할 수 있게 된다. 따라서 대출중개업자는 아직 대부업 등록을 하지 않은 개인인 대출자(즉 다수의 대출을 함으로써 대부업으로 인정될 수 있는 개인인 대출자)의 대출을 중개할 수 없으므로 사실상 대출중개업을 영위할 수 없는 문제가 있게 된다.

일반적으로 '중개'란 "체결하고자 하는 계약의 당사자 쌍방과 교섭하여 그들 간에 계약이 체결되도록 조력하는 행위"라고 할 수 있다.[86] P2P 대출 거래에서 대출중개업자가 전산운영체계(platform)를 만들어 이를 통하여 대출자와 차입자를 연결시킴으로써 대출 계약이 이루어지게 한다는 점에서 중개에 해당된다고 볼 수 있다. 즉, 직접 대출형 거래의 경우 대출중개업자가 대출자의 차입자에 대한 대출을 중개하므로 대부업법상의 "대부 중개"에 해당하고, 이를 '업'으로 하면 대부중개업자가 되어 등록을 해야 한다.

현금담보제공형 거래의 경우도 대출중개업자가 차입자로부터 현금 담보 제공

85) 윤민섭, 앞의 보고서, 94면. 이렇게 해석하는 근거를 살펴보면, 대부업법이 대부중개업자로 하여금 미등록대부업자에게 대부 중개를 하지 못하도록 하고 있어서(제11조의2 제1항) 그렇게 보는 것으로 이해되는데, "미등록대부업자"는 대부업자이면서 등록을 하지 않는 자를 말하는 것이며, 등록 대상이 되지 않는 개인(예를 들어 1회 대출을 한 자)은 미등록대부업자가 아니므로 그러한 개인에게 대출 중개를 하더라도 대부 중개에 해당될 것이다.

86) 이철송, 「상법총칙·상행위」 제13판, 박영사, 2015, 479면.

을 받고 대출을 하는 여신회사에게 예금 담보를 제공하는 역할을 하지만, 전체 구조에서 실질적으로 보면 대출자가 차입자에게 대출하는 것을 중개하는 역할을 한다고 볼 여지가 있으므로 대부업법상의 대부 중개에 해당하고, 마찬가지로 이를 '업'으로 하게 되면 대부중개업자로 등록을 해야 한다고 볼 여지가 있다. 원리금수취권매입형 거래의 경우도 실질적인 면에서 보면 대출중개업자가 대출자의 차입자에 대한 대출을 중개하는 역할을 하므로 대부업법상의 대부 중개로 볼 여지가 있고, 이를 '업'으로 하게 되면 대부등록업자로서 등록을 하여야 하는 문제가 있다.

따라서 대출중개업자의 중개 행위는 대부업법상의 대부 중개로 볼 수 있고, 대부중개업 등록 여부는 이를 '업'으로 하는 지 여부에 따라 달라지게 된다. 만약 대출중개업자가 대출자나 차입자로부터 별도의 수수료를 받지 않는다면 이는 영리성이 결여되어 대부중개업 등록을 할 필요는 없지만, 수수료를 대출자나 차입자로부터 받는 구조라면 이는 영업성이 인정되고, 따라서 대부중개업자로 등록하여야 할 것이다.

그런데 대출중개업자가 대부중개업 등록을 하게 되면, 미등록대부업자에게는 대부 중개를 할 수 없어서(법 제11조의2 제1항), 결국 등록 대부업자나 여신금융기관 또는 대부업을 영위하지 않는 대출자만을 중개할 수 있고, 대부업 등록을 하지 않은 개인인 대출자(즉 다수의 대출을 함으로써 대부업으로 인정될 수 있는 개인인 대출자)의 대출을 중개할 수 없게 되어 사실상 대출중개업을 할 수 없는 문제가 발생하게 된다. 이러한 문제 때문에 현재 영업을 하고 있는 대출중개업자가 직접 대출형 거래 구조를 취하지 못하고 간접적인 형태의 거래 구조를 취할 수밖에 없는 결과가 된 것이다. 또한 대부업법상 대부중개업자는 자금 수요자로부터 일체의 수수료를 받지 못하도록 하고 있어서(제11조의2 제2항), 대출중개업자가 대부중개업 등록을 하지 못하는 문제도 있다. 따라서 입법론적으로는 대출중개업자를 대부중개업자에서 제외시켜 대부업법의 적용을 받지 않도록 하는 것이 좋다고 본다.

3. 「유사수신행위의 규제에 관한 법률」의 적용 여부

직접 대출형 거래의 경우, 차입자가 불특정 다수의 대출자로부터 자금을 조달하므로 「유사수신행위의 규제에 관한 법률」(이하 "유사수신행위규제법"이라 한다)에 따른 유사 수신 행위에 해당하는지 여부가 문제될 수 있다. 유사수신행위규제법은 유사 수신 행위를 금지하고 있으며(제3조), 유사 수신 행위를 다음과 같이 정의하고 있다. 즉 "다른 법령에 따른 인가·허가를 받지 아니하거나 등록·신고 등을 하지 아니하고 불특정 다수인으로부터 자금을 조달하는 것을 업으로 하는 행위로서 다음 각 호의 어느 하나에 해당하는 행위"라고 정의를 하면서, 각 호의 행위 중의 하나로서 "장래에 출자금의 전액 또는 이를 초과하는 금액을 지급할 것을 약정하고 출자금을 받는 행위" 및 "장래에 원금의 전액 또는 이를 초과하는 금액을 지급할 것을 약정하고 예금·적금·부금·예탁금 등의 명목으로 금전을 받는 행위" 등을 규정하고 있다(제2조 제1호 및 제2호).

여기서 "각 호의 행위"를 예시적인 것으로 볼 것이냐 아니면 한정적인 것으로 볼 것이냐에 대한 해석상 논란이 있을 수 있는데, ". . . 로서 . . . 해당하는 행위"라고 하고 있으므로 한정적인 것으로 보는 것이 타당할 것이다. 따라서, 각 호의 어느 하나에 해당하는 행위에 해당하여야 유사 수신 행위가 해당될 것이다. 위 행위를 분석해보면, P2P 대출 거래에서 차입자는 인가나 허가를 받지 않고 불특정 다수인으로부터 자금을 조달하므로 일견 제2조 본문의 정의에 해당하지만, 각 호의 행위에 해당하는지 여부를 분석해보아야 하는데, 차입자의 자금 조달은 차입 행위이므로 "출자금을 받는 행위"나 "예금·적금·부금·예탁금 등의 명목으로 금전을 받는 행위"에 해당한다고 보기는 어렵다고 판단된다.[87)]

그러나 다르게 해석할 가능성도 배제할 수 없으므로 이에 관한 논란은 여전히 제기될 수 있다. 예를 들어, "자금수요자가 장래에 원금의 전액 또는 이자를 포함한 금액을 지급할 것을 약정하고 금전을 수취"하기 때문에 유사수신행위규제법 제2조 제2호의 행위에 해당한다고 보는 견해가 있다.[88)] 제2조 제2호의 행위는 "예금·적금·부금·예탁금 등의 명목으로 금전을 받는 행위"인데, 이 견해는 ". . . 등의 명목으로 금전을 받는 행위"에 중점을 두어 이렇게 보는 것으로 보인다. 그러나 차입자가 자금을 차입하면서 명시적으로 "예금·적금·부금·예탁금"이라고

---

87) "P2P 대출을 위한 투자금의 수취는 계약시 원금 손실이 가능성이 명시되어 있고, 손실 발생 시 보전 약정이 없으므로 유사수신행위가 아닌 것으로 평가[됨]"이라고 보는 견해가 있는데(서병호, "P2P 대출시장 분석 및 시사점," P2P 대출시장 발전방안 공청회 발표 자료, 한국금융연구원, 2015. 11. 13, 24면), 그 근거가 타당한지는 의문이다. 설령 원금 손실 가능성이 있다하더라도 차입자가 하는 약정은 장래에 원금과 이자를 지급하기로 하는 약정임에는 틀림이 없기 때문이다.

88) 윤민섭, 앞의 보고서, 91면.

하지 않는 한 이렇게 보기는 어렵다고 본다.

설령 유사 수신 행위에 해당한다고 하더라도 차입자가 이러한 행위를 "업(業)"으로 하는 지 여부가 검토되어야 할 것이다. 판례는 "계속성 · 반복성 · 영리성"을 "업"의 요소로 보고 있으므로, 한 개인이 1회 이상 P2P 대출 거래를 이용하여 자금을 차입한다면, 계속성 및 반복성이 인정될 수 있겠지만, "영리성" 면에서 보면 차입자의 영리성이 있는지는 의문이다. 이런 면에서 영업성이 없다고 보아야 하고, 그렇다면 유사수신행위규제법 위반이 되지는 않을 것이다.

물론 여러 가지 요소와 상황을 고려하여야 한다는 것이 판례의 입장이라서 단언할 수 없지만, 영업성이 있다고 보아 유사수신행위규제법 위반이 된다면 사실 P2P 대출 거래가 이루어질 수 없는 문제가 발생한다. 따라서, 우선 금융당국이 유권 해석을 통하여 P2P 대출 거래가 유사 수신 행위에 해당하지 않는다는 것을 명확하게 하고, 필요하면 유사수신행위규제법에 유사 수신 행위에서 명시적으로 배제하는 조항을 두는 것이 바람직할 것이다.

4. 「자본시장과 금융투자업에 관한 법률」상 집합투자업에 해당하는지 여부

P2P 대출 거래에서 차입자가 여러 대출자로부터 자금을 조달하므로 자본시장법상 집합투자업에 해당할 수 있지 아니한가라는 의문이 들 수 있다. 그러나 자본시장법상의 집합투자에 관한 정의를 자세히 살펴보면 그렇게 보기는 어려울 것이다. 이를 분석해보면, 자본시장법은 집합투자를 "2인 이상의 투자자로부터 모은 금전등 . . .을 투자자 . . . 로부터 일상적인 운용 지시를 받지 아니하면서 재산적 가치가 있는 투자대상자산을 취득 · 처분, 그 밖의 방법으로 운용하고 그 결과를 투자자 . . .에게 배분하여 귀속시키는 것"이라고 하고 있다(제6조 제5항).

P2P 대출 거래에서 차입자가 여러 대출자로부터 자금을 조달하므로 일견 "2인 이상의 투자자로부터 모은 금전 등"에는 해당될 수는 있으나, 차입자가 대출자에게 원금과 약정한 이자를 지급하는 것이므로 금전 등을 운용하여 그 결과를 대출자에게 귀속시키는 행위가 있다고 보기는 어렵다. 따라서 집합투자업에 해당할 여지는 없을 것이다.

5. 「금융실명거래 및 비밀보장에 관한 법률」의 적용 여부

P2P 대출 거래도 하나의 금융 거래이다. 그렇다면 「금융실명거래 및 비밀 보

호에 관한 법률」(이하 "금융실명법"이라 한다) 적용 대상이 되는지 여부가 문제될 수 있다. 금융실명법은 적용 대상 금융 거래를 다음과 같이 정의하고 있다. 즉 "금융거래"를 "금융회사등이 금융자산을 수입(受入)·매매·환매·중개·할인·발행·상환·환급·수탁·등록·교환하거나 그 이자, 할인액 또는 배당을 지급하는 것과 이를 대행하는 것 또는 그 밖에 금융자산을 대상으로 하는 거래로서 총리령으로 정하는 것"이라고 하고 있다(법 제2조 제3호). 현재 총리령으로 정하고 있는 것은 없다. 그리고 "금융자산"을 "금융회사등이 취급하는 예금·적금·부금(賦金)·계금(契金)·예탁금·출자금·신탁재산·주식·채권·수익증권·출자지분·어음·수표·채무증서 등 금전 및 유가증권과 그 밖에 이와 유사한 것으로서 총리령으로 정하는 것"이라고 정의하고 있다(제2조 제2호). "총리령이 정하는 것"은 "신주인수권을 표시한 증서" 또는 "외국이나 외국법인이 발행한 증권 또는 증서"를 말한다(시행규칙 제2조).

검토해보면, 대출 거래와 관련한 "대출금"은 금융자산의 범위에 열거되어 있지 않다. 물론 ". . . 등 금전"이라고 하고 있어서, 이를 넓게 보면 금융자산의 범위에 포함된다고 볼 여지도 있지만, 이렇게 되면 모든 종류의 금전 거래가 금융거래에 해당한다는 문제점이 생기고, ". . . 등"이라고 하는 것은 앞에 열거한 금융자산을 통칭하는 의미로 쓰인 것으로 해석하는 것이 합리적일 것이다. 그렇다면 금융실명법상의 금융자산의 범위는 예금·적금 등 열거된 것에 한정한다고 보아야 할 것이다. 더욱이 차명 금융거래를 하거나 금융거래의 비밀 보장을 위반하는 경우에 형사 처벌이 부과되는 것(법 제6조)을 고려하면 금융거래의 범위를 좁게 해석하는 것이 타당할 것이다. 유권해석권자인 금융위원회도 금융기관의 대출거래를 금융실명법상의 금융거래로 보지 않고 있다.[89] 특히 금융실명법은 '금융자산'을 "금융회사등이 취급하는 . . . 것"이라고 하고 있어서, 직접 대출형 거래의 경우 대출자나 차입자가 "금융회사등"에 해당하지 않으므로 금융실명법상의 금융거래에 해당하지 않게 된다.

현금담보제공형이나 원리금수취권매입형 거래인 경우, 대부업자가 대출을 하는 경우에는 대부업자는 금융실명법상의 "금융회사등"의 범위에 포함되지 않아

89) 구 재정경제부 실명(금) 4600－27, '95. 1. 21("금융기관 대출은 금융실명거래및비밀보장에관한긴급재정경제명령 제2조에서 규정하고 있는 금융거래에 포함되어 있지 않으므로 동 긴급명령 제3조에서 규정하고 있는 실명거래대상에 포함되지 않으며, . . .").

(법 제2조 제1호, 시행령 제2조) 금융실명법이 적용되지 않고, 상호저축은행이 대출을 하는 경우에는 "금융회사등"에는 포함되지만(법 제2조 제1호 사목) 대출 거래는 여전히 금융실명법상의 금융거래에 해당하지 않게 되므로 금융실명법 적용 대상이 되지 않게 된다.

6. 자금 세탁 방지 관련 법률들의 적용 여부

P2P 대출 거래도 금융 거래의 하나이다. 그렇다면 금융 거래와 관련하여 짚어 보아야 하는 것 중의 하나로서 자금 세탁 관련 법률들이 적용되는지 여부도 살펴보아야 한다. 관련 법률들로서는 「특정 금융거래정보의 보고 및 이용 등에 관한 법률」(이하 "특정금융거래보고법"이라 한다), 「범죄수익은닉의 규제 및 처벌 등에 관한 법률」(이하 "범죄수익은닉규제법"이라 한다), 「공중 등 협박목적을 위한 자금조달행위의 금지에 관한 법률」(이하 "공중협박자금조달금지법"이라 한다)이 있다.

(1) 「특정 금융거래정보의 보고 및 이용 등에 관한 법률」의 적용 여부

우선 P2P 대출 거래가 특정금융거래보고법 적용 대상인지를 살펴보면, 특정금융거래보고법상의 "금융거래"에는 포함되는 것으로 판단된다. 그 이유를 살펴보면 다음과 같다. 특정금융거래보고법은 금융거래를 정의하면서, "금융회사등이 금융자산(「금융실명거래 및 비밀보장에 관한 법률」 제2조제2호에 따른 금융자산을 말한다)을 수입·매매·환매·중개·할인·발행·상환·환급·수탁·등록·교환하거나 그 이자·할인액 또는 배당을 지급하는 것과 이를 대행하는 것, 그 밖에 금융자산을 대상으로 하는 거래로서 총리령으로 정하는 것"이나 또는 "「자본시장과 금융투자업에 관한 법률」에 따른 파생상품시장에서의 거래, 그 밖에 대통령령으로 정하는 것"이라고 하고 있다(법 제2조 제2호 가목, 나목). "대통령령으로 정하는 것"에는 "대출 . . . 에 따른 거래"라고 하고 있어서 대출 거래도 포함하고 있다. 또한 이 경우는 반드시 "금융회사등"이 거래하는 대출 거래 등이라고 하지 않고 있어서 "금융회사등"이 아닌 자가 하는 대출 거래도 금융거래에 포함된다. 금융실명법상의 금융거래가 대출 거래를 포함하지 않고 있는 것과 대조적이다.

그런데, 특정금융거래보고법은 불법재산으로 의심되는 금융거래를 금융정보분석원에 보고하도록 하고 있는데, 그 보고 의무 대상 기관을 "금융회사등"으로 한정하고 있다(법 제4조 제1항). 따라서 직접 대출형 거래에서는 대출자나 대출중개업자가 "금융회사등"의 범위에 포함되지 않기 때문에(법 제2조 제1호, 시행령 제2조) 보고 대상이 되지 않게 되는 문제점이 있게 된다. 고액 현금 거래의 금융정보분석원에 대한 보고 의무의 경우(법 제5조)도 마찬가지이다. 보고 대상 기관을 "금융회사등"이라고 하고 있어서 직접 대출형 거래에서 대출자나 대출중개업자는 보고 의무가 없게 된다. 고객 확인 의무도 "금융회사등"에게만 적용되어(법 제5조의2) 마찬가지의 문제가 발생한다.

따라서 직접 대출형 거래의 경우는 특정금융거래보고법 적용 대상이 되지 않는다고 할 수 있다. P2P 대출 거래가 자금 세탁 거래에 연루될 가능성이 있기 때문에 P2P 대출 거래도 특정금융거래보고법 적용 대상이 될 수 있도록 하여야 하는데, 보고 의무 대상 기관에 대출중개업자(대출중개업자를 포함시키게 되면 굳이 대출자나 차입자를 포함시킬 필요는 없을 것이다)도 포함시키는 입법 조치가 있어야 할 것이다.

한편 현금담보제공형 거래나 원리금수취권매입형 거래의 경우는 대부업자나 상호저축은행이 실제 대출을 하는 형태가 되는데, 이 경우에 상호저축은행은 특정금융거래보고법상의 "금융회사등"의 범위에 포함되므로 법 적용 대상이 되어 문제가 없게 된다. 다만 대부업자가 대출을 하는 경우에는 대부업자는 "금융회사등"의 범위에 포함되지 않아(법 제2조 제1호, 시행령 제2조) 법 적용 대상이 되지 않는 문제점이 있게 된다.

(2) 「범죄수익은닉의 규제 및 처벌 등에 관한 법률」의 적용 여부

P2P 대출 거래가 범죄수익은닉규제법의 적용 대상 여부인지도 살펴보면, 법 제5조 제1항은 "금융회사등"으로 하여금 금융거래와 관련하여 수수한 재산이 범죄수익 등이라는 사실을 알았을 때나 금융거래 상대방이 범죄수익 등의 은닉 및 가장 행위를 하고 있다는 사실을 알았을 때는 지체없이 관련 수사기관에 신고하도록 하고 있다. 여기서 "금융회사등"과 "금융거래"는 특정금융거래보고법상의 "금융회사등"과 "금융거래"를 말한다. 따라서 특정금융거래보고법에서 논의한 바와 같은 결론이 되는데, P2P 대출 거래는 "금융거래"에는 해당하지만 직접 대출형 거래의 대출자나 대출중개업자는 "금융회사등"의 범위에 포함되지 않기 때문에 신고 의무 대상이 되지 않는 문제점이 있게 된다. 이것 또한 입법적 개선 조치가 필요한 사안이다. 또한 현금담보제공형이나 원리금수취권매입형 거래에서는

상호저축은행 등 금융기관이 대출을 하게 되면 범죄수익은닉규제법이 적용되게 되나, 대부업자가 대출을 하게 되면 이 법이 적용되지 않는 문제점이 있게 된다.

(3) 「공중 등 협박목적을 위한 자금조달행위의 금지에 관한 법률」의 적용 여부

P2P 대출 거래가 공중협박자금조달금지법 적용 대상인지도 살펴보면, 법 제5조는 "금융회사등"으로 하여금 "금융거래제한대상자"(공중협박자금조달과 관련되어 있는 것으로 판단되는 개인·법인 또는 단체를 말한다)로 지정되어 고시된 자와 금융거래를 할 수 없도록 하고 있으며, "금융회사등의 종사자"로 하여금 금융거래와 관련하여 수수한 재산이 공중협박자금이라는 사실을 알게 되는 경우 등에는 관할 수사기관에 신고를 하도록 하고 있다. 공중협박자금조달금지법상의 "금융회사등"과 "금융거래"는 특정금융거래보고법상의 "금융회사등"과 "금융거래"를 말하므로(법 제2조 제2호, 제4조 제4항), 위에서 논의한 바와 같이, 직접 대출형 거래에서는 위의 신고 의무나 금융거래 금지 의무가 대출자나 대출중개업자에게 적용되지 않게 된다. 현금담보제공형이나 원리금수취권매입형 거래의 경우는 상호저축은행 등 금융기관이 대출을 하게 되면 공중협박자금조달금지법 적용 대상이 될 수 있으나, 대부업자가 대출을 하는 경우에는 적용 대상이 되지 않는 문제점이 있게 된다.

(4) 소　　결

정리하면, 현금담보제공형이나 원리금수취권매입형 거래에서 상호저축은행 등 금융기관이 대출을 하게 되는 경우에는 위의 자금 세탁 방지 관련 법률들이 적용될 여지가 있으나, 대부업자가 대출 기관이 되면 위의 법률들이 적용될 여지가 없으며, 직접 대출형 거래에서도 위의 자금 세탁 방지 관련 법들이 적용되지 않게 되어, 자금 세탁 방지 규제의 사각 지대가 발생하게 되는 문제점이 있다. 입법적인 해결이 필요하다.

7. 「채권의 공정한 추심에 관한 법률」의 적용 여부

대출자가 대출 채권을 변제받음에 있어 채무자인 차입자에게 부당한 채권 추심 행위가 일어날 수 있다. 차입자를 보호하기 위해서는 이러한 부당한 채권 추심 행위를 막을 필요가 있다. 현재 관련 법으로서 「채권의 공정한 추심에 관한 법률」(이하 "공정채권추심법"이라 한다)이 있다. 이 법이 P2P 대출 거래의 대출자에게도 적용되는지 살펴보면 다음과 같다. 법 제2조 제1호는 "채권추심자"를 대부업법에 따른 대부업자, 대부중개업자, 대부업의 등록을 하지 아니하고 사실상 대부업을 영위하는 자, 여신금융기관 뿐만 아니라 일반 "금전대여 채권자 및 그로부터 채권을 양도받거나 재양도받은 자"라고 정의하고 있다. 따라서 P2P 대출 거래에서 대출자가 대부업자가 아니더라도 이 법의 "금전대여 채권자"에 해당하므로 공정채권추심법이 적용된다. 또한 대출자로부터 대출 채권을 양도받은 자뿐만 아니라 재양도받은 자도 공정채권추심법이 적용된다. 공정채권추심법에 따르면, 채권추심자는 채권 추심과 관련하여 채무자 등을 폭행하거나 협박하는 행위 등 부당한 채권 추심 행위가 금지되고(법 제9조, 제11조, 제12조, 제13조), 위반 시 형사벌이나 과태료가 부과되므로(제15조, 제17조), 이 법에 따라 차입자에 대한 보호가 가능할 것이다.

8. 개인(신용)정보 보호 관련 법률들의 적용 여부

(1) 서 설

P2P 대출 거래에서도 차입자에 대한 신용 등급 내지 신용 평점이 필요할 수 있고, 실제 P2P 대출 거래에서 차입자의 신용 등급 제공은 필수적이고, 여기에 더해 일부 대출중개업자는 자체적인 기준에 의해 부여한 신용 등급을 게시하기도 한다. 이렇게 하려면 대출중개업자는 차입자에 대한 신용 등급 파악이 필요하고, 차입자에 대한 신용정보 내지 개인정보를 수집할 필요가 있다. 또한 대출중개업자가 대출자의 회원 가입 승인을 위해서는 대출자의 개인정보를 파악하여야 한다. 이 경우에 관련되는 법률이 개인정보 내지 개인신용정보 또는 기업신용정보에 대해 적용되는 개인(신용)정보 관련 법률이다. 그러한 법률로는 「신용정보의 이용 및 보호에 관한 법률」(이하 "신용정보법"이라 한다), 「개인정보 보호법」, 「정보통신망 이용촉진 및 정보보호 등에 관한 법률」(이하 "정보통신망법"이라 한다)이 있다.

(2) 「신용정보의 이용 및 보호에 관한 법률」의 적용 여부

신용정보법은 신용정보 내지 개인신용정보의 수집과 이용 또는 제공과 관련하여 적용되는 법률이다. 대출중개업자가 차입자의 신용 등급을 파악하기 위해서는 신용조회회사(credit bureau: CB)로부터 차입자의 신용 등급을 제공받아야 하며, 자체적인 신용 등급을 산출하기 위해서는 차입자에 관한 신용정보를 수집해야 한다. 또한 수집한 신용정보를 다른 금융기관이나 신용조회회사 내지는 신용정보 집중기관에게 제공할 필요도 있다.

신용정보법은 "신용정보제공이용자"로 하여금 개인신용정보를 수집하는 경우에는 원칙적으로 해당 개인으로부터 동의를 얻도록 하고 있고(제15조), 제3자에게 개인신용정보를 제공하려고 하는 경우에도 원칙적으로 사전에 해당 개인으로부터 동의를 얻도록 하고 있다(제32조). 따라서 대출중개업자가 "신용정보제공이용자"에 해당하는지를 살펴보아야 한다. 신용정보법은 "신용정보제공이용자"를 "고객과의 금융거래 등 상거래를 위하여 본인의 영업과 관련하여 얻거나 만들어 낸 신용정보를 타인에게 제공하거나 타인으로부터 신용정보를 제공받아 본인의 영업에 이용하는 자와 그 밖에 이에 준하는 자로서 대통령령으로 정하는 자"라고 정의하고 있다(법 제2조 제7호). 이를 분석해보면, ". . . 제공하거나 , , , 이용하는 자"라고 하고 있으므로 어느 하나에 해당되면 신용정보제공이용자에 해당한다고 할 수 있고,[90] 대출중개업자는 차입자로부터 개인신용정보를 제공받아서 대출 중개라는 영업에 이용하는 자이므로 신용정보제공이용자에 해당한다고 할 수 있다.

실제 대출중개업자는 정보통신망에 게시한 '개인정보취급방침'에서 차입자로부터 개인신용정보를 수집하는 것과 수집한 개인신용정보를 금융기관 등 제3자에게 제공하는 것에 대한 동의를 얻고 있다.[91] 그런데 대출중개업자는 수집한 개인신용정보(예를 들어, 차입자의 차입 금액)를 종합신용정보집중기관에게 등록할 의무가 없는데(신용정보업감독규정 제26조 참조), 차입자의 신용 평가를 보다 정확히 하기 위해서 차입자의 신용정보(차입 금액과 연체 정보 등)도 종합신용정보집중기관에게 등록하도록 할 필요가 있다. 다만 대출중개업자와 연계된 대부업자의 경우에는 금융위원회에 대부업 등록을 하도록 되어 있어(대부업법 시행령 제2조의4), 이 경우 대부업자는 종합신용정보집중기관에게 신용정보를 등록하도록 되어 있기 때문에(신용정보법 시행령 제21조 제2항, 신용정보업감독규정 제26조), 차입자의 신용정보가 종합신용정보집중기관에게 등록된다고 할 수 있다.

---

90) 따라서 일부 대출중개업자는 차입자에 대한 개인신용정보를 다른 기관에게 제공하지 않는다고 게시하고 있는데, 그렇다고 해서 신용정보제공이용자에 해당하지 않는 것은 아닐 것이다.

91) 예를 들어 팝펀딩의 '개인정보취급방침' 제2조, 제4조.

(3) 「개인정보 보호법」의 적용 여부

차입자나 대출자가 전산운영체계(platform)를 이용하여 대출을 받거나 대출(투자)을 하려면 회원 가입을 하고 차입 신청 시나 대출(투자) 신청 시 본인의 성명이나 주민등록번호 등 개인정보를 대출중개업자에게 제공하여야 한다. 이 경우 개인정보에 관한 기본법인 「개인정보 보호법」이 적용된다. 「개인정보 보호법」은 "개인정보처리자"가 개인정보를 수집 또는 이용하거나 제3자에게 제공하려는 경우에는 원칙적으로 해당 개인으로부터 동의를 얻도록 하고 있다(제15조, 제17조). "개인정보처리자"는 "업무를 목적으로 개인정보파일을 운용하기 위하여 스스로 또는 다른 사람을 통하여 개인정보를 처리하는 공공기관, 법인, 단체 및 개인 등"을 의미하므로, 대출중개업자는 개인정보처리자의 범위에 속할 것이다. 따라서 대출중개업자는 「개인정보 보호법」에 따라 차입자나 대출자의 개인정보를 취급하여야 한다.

(4) 「정보통신망 이용촉진 및 정보보호 등에 관한 법률」의 적용 여부

대출중개업자는 정보통신망에서 차입자와 대출자로부터 개인정보를 수집하기 때문에 정보통신망법도 적용된다. 정보통신망법은 "정보통신서비스 제공자"가 이용자의 개인정보를 이용하거나 수집하고자 하는 경우 또는 제3자에게 제공하고자 하는 경우에는 원칙적으로 해당 이용자로부터 동의를 얻도록 하고 있다(법 제22조, 제24조의2). "정보통신서비스 제공자"라 함은 ". . . 영리를 목적으로 전기통신사업자의 전기통신역무를 이용하여 정보를 제공하거나 정보의 제공을 매개하는 자"(법 제2조 제1항 제3호)이고, "전기통신역무"란 "전기통신설비를 이용하여 타인의 통신을 매개하거나 전기통신설비를 타인의 통신용으로 제공하는 것"(전기통신사업법 제2조 제6호)을 말하므로, 대출중개업자는 "전기통신서비스 제공자"에 해당할 것이다. 따라서 대출중개업자는 차입자나 대출자로부터 개인정보를 수집·이용하거나 제공할 때에 정보통신망법의 적용도 받게 된다.

9. 금융 분쟁 조정 관련 법률들의 적용 여부

(1) 서 설

P2P 대출 거래와 관련하여 관련 당사자 사이에 분쟁이 발생할 수 있다. 직접대출형 거래에서 대출중개업자와 대출자 사이, 대출중개업자와 차입자 사이, 차

입자와 대출자 사이, 원리금수취권매입형 거래와 현금담보제공형 거래에서 대출중개업자와 대출자 사이, 대출중개업자와 차입자 사이, 여신회사와 대출자 사이, 여신회사와 차입자 사이의 분쟁이 있을 수 있다. 법원에 의한 분쟁 해결 방법도 있으나 P2P 거래는 소액 거래이므로 효율적인 해결 방법은 아니다. 그래서 조정이나 중재 등 대체적 분쟁 해결 수단이 효율적일 수 있다.

현재 금융 관련 분쟁의 조정 제도는 「금융위원회의 설치 등에 관한 법률」(이하 "금융위설치법"이라 한다)에 의거하여 설치된 금융감독원의 금융분쟁조정위원회, 「소비자기본법」에 의하여 설치된 한국소비자원의 소비자분쟁조정위원회, 대부업과 관련해서 대부업법에 의하여 시도지사 소속으로 둔 대부업분쟁조정위원회, 그리고 증권 관련 분쟁과 관련해서 자본시장법에 근거하여 자율규제기관인 한국거래소 시장감시위원회 및 한국금융투자협회에 의한 분쟁 조정 제도가 있다. P2P 대출 거래와 관련해서는 증권 관련 분쟁은 아니므로 앞의 3가지 분쟁 조정 제도를 이용할 수 있을 것인데, 해당되는 지 여부를 살펴보기로 한다.

(2) 「금융위원회의 설치 등에 관한 법률」의 적용 여부

금융위설치법에 근거하여 금융감독원 내에 설치된 금융분쟁조정위원회는 "금융감독원의 검사를 받는 금융기관과 예금자 등 금융 수요자 및 기타 이해관계인 사이에 발생하는 금융 분쟁에 관한 사항"을 심의 의결하는 기구이다(법 제51조). "금융감독원의 검사를 받는 금융기관"은 은행, 금융투자업자(증권회사 등), 보험회사 등을 말한다(법 제38조). 따라서 대출중개업자는 법 제38조가 규정하고 있는 금융기관에 속하지 않으므로, 대출중개업자와 대출자 또는 차입자 사이, 또한 대출자와 차입자 사이의 분쟁은 그 관할 대상이 아니게 된다. 다만, 원리금수취권매입형 거래나 현금담보제공형 거래의 경우에 여신회사가 상호저축은행이나 일반은행이 될 때에는 금융분쟁조정위원회의 관할 대상이 되고, 여신회사가 대부업자인 경우에는 금융위원회에 등록해야 하는 대부업자 및 2개 이상의 시·도지사에게 등록한 대부업자 등의 대형 대부업자는 금융감독원의 검사 대상이 되므로(대부업법 제12조 제3항, 시행령 제7조) 이 경우는 금융분쟁조정위원회의 분쟁 조정 대상이 된다(법 제38조 제9호).

입법론적으로는 금융분쟁조정위원회가 금융 관련 전문성이 있어 효율적인 분쟁 조정 해결 기관이 될 수 있으므로 P2P 대출 거래에서 발생하는 분쟁도 금융분쟁조정위원회가 관할 대상이 될 수 있도록 하는 것이 바람직할 것이다.

(3) 「소비자기본법」의 적용 여부

「소비자기본법」에 의한 한국소비자원 소비자분쟁조정위원회의 조정 대상은 소비자와 사업자 사이에 발생한 분쟁이다(법 제60조 제1항). "사업자"는 "물품을 제조(가공 또는 포장을 포함한다. 이하 같다) · 수입 · 판매하거나 용역을 제공하는 자"를 말하며, "소비자"는 "사업자가 제공하는 물품 또는 용역(시설물을 포함한다. 이하 같다)을 소비생활을 위하여 사용(이용을 포함한다. 이하 같다)하는 자 또는 생산활동을 위하여 사용하는 자"를 말한다(법 제2조 제1호, 제2호). 차입자와 대출자가 소비자에 해당함은 의문이 없고, 대출중개업자 및 여신회사도 사업자에 해당할 것이다. 따라서 P2P 대출 거래에 따른 당사자들 사이의 분쟁은 원칙적으로 소비자분쟁조정위원회의 조정 대상이 될 수 있을 것이다. 다만 소비자 사이의 분쟁은 조정 대상이 아니므로 영업으로 하지 않는 대출자와 차입자 사이의 분쟁은 조정 대상이 되지 않을 것이다. "사업자"라 함은 명시적인 문구는 없지만 영업을 전제로 하는 개념으로 보아야 하기 때문이다.

(4) 「대부업 등의 등록 및 금융이용자 보호에 관한 법률」의 적용 여부

대부업법에 의하여 시장 · 도지사 소속으로 둔 분쟁조정위원회는 "시 · 도지사에게 등록된 대부업자등과 거래상대방 간의 분쟁"을 조정한다(제18조 제1항). 따라서 등록된 대부업자가 여신회사로 참여하는 원리금수취권매입형 거래에서는 대부업분쟁조정위원회가 대부업자와 차입자 또는 대출자 사이에 발생한 분쟁을 조정할 수 있다.

V. 맺음말

금융기술 산업에 대한 관심이 커지면서 P2P 대출 거래도 주목을 받고 있다. P2P 대출 거래 규모가 향후에 더 커질 수 있다는 점에서 이에 대한 적절한 규제가 필요하다. 영국 및 미국 등 주요 선진국도 금융감독기관의 규제 체제 아래 두고 있다는 점에서 우리도 규제 체계를 정비할 필요가 있다. 우리는 아직 P2P 대출 거래에 관한 법제가 정비되지 않아 여러 법적 불안정성에 노출되어 있다. P2P 대출 거래가 활성화되지 못하고 있는 이유 중의 하나이다. P2P 대출 거래가 낮은 신용 등급 소유자 등 금융 소외 계층이 많이 이용되고 있는 현실을 볼 때, 향후 포용금융(inclusive finance)의 대안으로 자리잡을 수 있고, 금융기술 창업 기업이 이 거래를 이용하게 되면 금융기술 산업의 발전에도 이바지할 수 있다. 세계적으로뿐만 아니라 국내에서도 P2P 대출 거래 규모가 급속도로 커지고 있다는 점을 고려할 때 이에 관한 법제가 빨리 마련될 필요가 있다. 다행히 현재 국회에 법률 제정안이 제출되어 있고,[92] 금융당국인 금융위원회도 2018년 12월 신속한 법제화를 위해서 입법에 적극적인 지원을 하겠다는 입장을 밝힘으로써[93] 법제화가 이루어질 것으로 기대된다. 금융위원회가 종전의 지침(가이드라인)[94]에 의한 규제 방침에서 법률안 제정 방향으로 입장을 선회한 것은 비록 늦은 감이 있지만 다행이다. 2017년 2월 시행한 지침(가이드라인)은 법적 강제력을 가질 수 없다는 점에서 한계가 있고, 근본적인 대책 방안이 될 수 없기 때문이다. P2P 대출로 인한 투자자 피해 사례가 발생하고 있다는 점에서[95] 2016년부터 누적 대출액이 크게 증가하기 시작할 때 지침에 의한 규제 방식보다 입법을 통한 규제 방식을 택했더라면 대출중개업자의 사기(詐欺) 등에 의한 투자자 피해를 막을 수 있었지 않았나 싶다. 즉 입법을 통하여 대출중개업자에 대한 등록제를 빨리 시행했더라면 이러한 피해를 막을 수 있지 않았나 하는 아쉬움이 있다. 정부의 정책 방향 설정이 얼마나 중요한지를 다시금 말해주는 좋은 사례라고 할 것이다.

---

92) 2017. 7. 20. 민병두 의원 대표 발의「온라인대출중개업에 관한 법률」, 2018. 2. 23. 김수민 의원 대표 발의「온라인 대출중개업 및 이용자 보호에 관한 법률안」, 2018. 4. 13. 이진복 의원 대표 발의「온라인투자연계금융업 및 이용자 보호에 관한 법률안」 등이 있다.

93) 금융위원회, "P2P대출 가이드라인 개정 방안 및 법제화 방향," 보도자료, 2018. 12. 11, 5면.

94) 금융위원회, "안전한 P2P 대출, 가이드라인 준수에서 시작합니다," 보도자료, 2017. 2. 27. 1면. 투자자의 투자 한도를 설정하고, 대출중개업자와 연계된 대부업자는 금융위원회에 반드시 등록하도록 하여 대부업자를 통한 간접 규제 방식을 택하고 있는데, 투자자의 투자 한도 설정에 대해서는 업계에서 상당한 비판이 제기되고 있다.

95) 예를 들어, 부동산 개발 투자 사업에 대출을 해 준 투자자가 투자 대상 건물의 착공이 되지 않으면서 피해를 입은 사례, 중개운영업자의 과장 광고에 의해 피해를 입은 사례, 대출중개업자 직원의 횡령으로 투자금을 돌려받지 못한 사례 등이 나타나고 있다(금융감독원, "P2P 연계대부업자 실태조사 결과 및 투자자 유의사항," 보도자료, 2018. 5. 28, 7－8면).

참고문헌

금융감독원, "P2P 연계대부업자 실태조사 결과 및 투자자 유의사항," 보도자료, 2018. 5. 28.

금융위원회, "안전한 P2P 대출, 가이드라인 준수에서 시작합니다," 보도자료, 2017. 2. 27.

________, "P2P대출 가이드라인 개정 방안 및 법제화 방향," 보도자료, 2018. 12. 11.

김동우, "P2P대출 시장 현황과 전망,"「월간 금융」, 전국은행연합회, 2015. 3.

김정주·김애진,「비투자형 크라우드펀딩 법제화의 쟁점과 입법적 개선과제」, 국회 입법조사처 현안보고서 제239호, 2014. 9. 11.

반기로·박훤일, "대출참가거래의 법적 성질 및 거래상 유의점,"「산은조사월보」 제483호, 한국산업은행, 1996. 2.

산은경제연구소, "인터넷을 이용한 개인간(P2P) 대출 중개 서비스," 2007. 7. 25.

서병호, "P2P 대출시장 분석 및 시사점," P2P 대출시장 발전방안 공청회 발표 자료, 한국금융연구원, 2015. 11. 13.

서영미, "국내외 P2P 대출중개업 관련 규제 동향 및 시사점," 한국금융투자협회, 2015. 8. 5.

윤민섭, "P2P 금융에 관한 법적 연구,"「금융법연구」 제9권 제2호, 한국금융법학회, 2012. 12.

______, "대출형 크라우드펀딩의 개선 방안,"「은행법연구」 제6권 제2호, 은행법학회, 2013. 11.

______,「크라우드펀딩의 제도화와 소비자보호방안 연구」, 정책연구 보고서 13-17, 한국소비자원, 2013.

연태훈, "P2P금융: 전망과 과제,"「주간금융브리프」 제21권 제19호, 한국금융연구원, 2012. 5. 5 ~ 5. 11.

이건호, "P2P금융의 현황 및 법제도적 개선방안," 국회입법조사처 간담회 자료, 2011. 1. 10.

이순호, "P2P 중개서비스를 활용한 소액신용대출 활성화 방안 검토,"「주간금융브리프」 제19권 제33호, 한국금융연구원, 2010. 8. 14 ~ 8. 20.

이철송, 「회사법강의」 제21판, 박영사, 2013.

______, 「상법총칙 · 상행위」 제13판, 박영사, 2015.

임재연, 「자본시장법」 2015년판, 박영사, 2015.

한민, "신디케이티드 대출에 관한 법적 검토,"「법학논집」 제16권 제4호, 이화여자대학교 법학연구소, 2012.

KB금융지주경영연구소, "온라인 P2P대출, 새로운 투자수단으로서의 가능성," 「KB 지식비타민」, 2014. 11. 26.

______, "P2P대출, 대안적 서민금융으로서의 가능성 점검,"「KB 지식비타민」, 2014. 2. 4.

Chaffe, Eric & Geoffrey Rapp, "Regulating Online Peer-to-Peer Lending in the Aftermath of the Dodd-Frank Act: In Search of an Evolving Regulatory Regime for an Evolving Industry," *69 Wash. & Lee L. Rev. 485* (2012).

Magee, Jack, "Peer-to-Peer Lending in the Unites States: Surviving after Dodd-Frank," *15 North Carolina Banking Institute 139* (2011).

Slattery, Paul, "Square Pegs in a Round Hole: SEC Regulation of Online Peer-to-Peer Lending and the CFPB Alternative," 30 *Yale J. of Regulation* 233 (2013).

United Kingdom Financial Conduct Authority, *Detailed rules for the FCA regime for consumer credit*, Feb. 2014.

________, *The FCA's regulatory approach to crowdfunding over the internet, and the promotion of non-readily realisable securities by other media*, March 2014.

United States Government Accountability Office, *Person-to-Person Lending: New Regulatory Challenges Could Emerge as the Industry Grows*, 2011.

United States Securities Exchange Commission, Prosper Marketplace Inc., Exchange Act Release No. 8984, Nov. 24, 2008.

Verstein, Andrew, "The Misregulation of Person-to-Person Lending," *45 UC Davis L. Rev.* (No. 2), 2011.

_______, *Peer-to-Peer Lending Update and Regulatory Considerations*, Filene Research Institute Inc., 2008.

Wood, Philip, *Law and Practice of International Finance*, Sweet & Maxwell, 2008.

담보형 P2P 대출 거래*

윤 민 섭**

Ⅰ. 서　　론

P2P 금융은 컴퓨터간 직접 연결을 뜻하는 용어인 "Peer-to-Peer"와 대출이 결합된 용어로서 중개금융기관 없는 금융계약을 의미한다고 할 수 있다. 그러나 P2P 보험 등 다양한 형태의 P2P 금융이 등장하고 있으며, 본 글에서 논의하고자 하는 금융계약의 본질이 소비대차계약 또는 대출이라는 점을 고려하면 P2P 대출이라는 용어가 보다 정확할 것이다.[1] P2P 대출은 자금수요자가 자신의 프로젝트나 사업을 인터넷 혹은 SNS를 이용하여 공개, 홍보하고 불특정 다수로부터 소액을 지원받아 원하는 금액의 자금을 모집하는 행위[2]인 크라우드펀딩(crowdfunding)의 한 유형으로 대출형에 해당한다.

P2P 대출은 2005년 영국의 조파닷컴에서 세계 최초로 시작한 것으로 알려져 있으며, 미국의 렌딩클럽 등이 등장하면서 해당 시장이 급성장하기 시작했다. 우리나라에서도 2007년 팝펀딩, 머니옥션 등이 P2P 대출을 시작하였는데, 이후 2010년 유시민 펀드 이후 대통령 선거 및 국회의원 선거에서 활용되었다. 2015년

---

* 2018년 비교사법학회 추계 학술대회(2018. 10. 26)에서 발표하고, 「비교사법」 27권 2호(비교사법학회, 2019. 5)에 게재된 글을 수정·보완한 것이다.

** 한국소비자원 정책연구실 책임연구원, 법학박사

1) P2P 대출에 관한 정의에 대해서는 고동원, "인터넷상에서의 개인 간(P2P) 금융거래에 관한 법적 연구 - P2P 대출 거래를 중심으로, 「은행법연구」 제8권 제2호(은행법학회, 2015), 4-5면.; 성희활, "'P2P 대출형 크라우드펀딩'의 법적 성격과 자본시장법적 규제체계 수립에 관한 연구", 「기업법연구」 제30권 제4호(한국기업법학회, 2016), 49-50면.; 윤민섭, "P2P 금융에 관한 법적 연구", 「금융법연구」 제9권 제2호(한국금융법학회, 2012), 452-453면.

2) 윤민섭, '자금조달수단으로서 Crowdfunding에 대한 연구', 「기업법연구」 제26권 제2호(통권 제49호) (2012), 189면

6월 증권형 크라우드펀딩을 허용하는 자본시장법 개정안이 통과된 이후 P2P 대출시장이 급성장하였는데, 이는 미국에서 JOBS법이 통과된 이후 세계의 P2P 대출시장이 성장한 흐름과 일치한다.

2005년 P2P 대출이 등장이후 국내에서도 미국과 동일하게 2007년에 관련 시장이 등장하였음에도 불구하고, 관련 규제를 실시하고 있는 영국 및 미국과 다르게 아직까지도 가이드라인 형태로 규율하고 있다. 현재 국회에는 P2P 대출과 관련된 법률안이 5개가 발의되어 있지만, 각 법률안마다 내용 및 형식에 있어 큰 차이를 보이고 있는 상황이다.

금융연구원의 자료에 따르면 미국 소비자 대출시장에서의 P2P 대출의 시장점유율은 2013년 1.60%에서 2016년 9.24%로 증가하고 있다.[3] 2016년 기준으로 한국의 P2P 대출의 시장점유율은 0.43%에 불과하지만, 대출액이 지속적으로 증가하고 있다. 우리나라의 P2P 대출 시장규모는 정확한 통계가 존재하지 않지만, 크라우드연구소 등 관련 기관의 자료[4]에 따르면 2018년 9월말 기준으로 금융위원회에 등록된 P2P 연계대부업체는 총 195개이며, 총 누적대출액은 4조 2,726억원에 이르는데, 이 중 신용대출은 5,771억으로 13.5%, 담보대출은 3조 6995억으로 86.5%를 차지하고 있다.

P2P 대출에서 담보대출은 PF 대출 및 부동산담보대출이 가장 많이 이루어지고 있으며, 동산담보대출도 지속적으로 증가하고 있다. 특히 1금융권에서 사고가 발생하여 기피대상이 되는 동산의 경우 P2P 대출로 유입되는 현상을 보이고 있다. 예를 들어, 2016년에 발생한 "육류담보대출 사기사건"[5]이 그 사례라고 할 수 있다. 담보대출이 가장 많은 비중을 차지하고 있음에도 불구하고, 관련 규제에서 담보에 관한 사항을 찾아보기 어렵다.

이하에서는 P2P 대출과 관련된 현재의 규제체계 및 입법안의 내용을 간략하

3) 금융연구원, 『P2P 대출중개시장 분석과 시사점』, 조사보고서 18-02, 2018., 27면.
4) 크라우드연구소, "2018년 8월 말 기준 P2P금융 성장보고서", 18-08호, 2018. 9.
5) 2016년에 담보로 제공하는 수입육의 품목이나 가격을 속이는 방법, 수입육을 여러 금융기관에 중복으로 담보 제공하는 방법, 수입육 유통업체가 '패밀리'로 연결되어 업체 상호간 허위 매출을 발생시키는 등의 방법으로 금융회사로부터 약 5,700억원을 대출받는 육류담보대출사기사건이 발생하였다. 동 사건으로 인하여 동양생명은 영업일부정지라는 중징계를 받게 되었고, 다른 금융회사들은 육류담보대출을 제한하는 등의 내부조치를 취한 것으로 알려졌다. 그로인하여 동산담보대출시장이 위축되었고, 대출을 받지 못한 수입육 유통업체 등은 대부업체 등을 이용할 수밖에 없었다. 이러한 틈새시장을 노리고 동산담보만을 대상으로 하는 P2P 대출업체가 등장하기 시작하였다.

게 살 펴본 후 국내 P2P 대출의 다수를 차지하고 있는 담보대출 즉 담보형 P2P 대출의 사례 등을 살펴보고자 한다.

Ⅱ. P2P 대출의 거래구조 및 규제 현황

1. P2P 대출의 거래구조

P2P 대출은 거래구조의 유형에 따라 다음과 같이 구분할 수 있다.

[표 1] P2P 대출의 유형

<table>
<tr><th colspan="2">유 형</th><th>계약내용</th><th>비 고</th></tr>
<tr><td rowspan="2">직접
대출형</td><td>직접체결형
(중개인없음)</td><td rowspan="2">금전소비대차</td><td>한국, 정치인 펀드</td></tr>
<tr><td>중개형
(중개인 있음)</td><td>영국, 조파닷컴, 펀딩서클</td></tr>
<tr><td rowspan="3">간접
대출형</td><td>담보제공위탁계약형</td><td>담보제공계약</td><td>한국</td></tr>
<tr><td>원리금수취권매매형</td><td>대출참가계약</td><td>한국</td></tr>
<tr><td>증권형</td><td>증권 매매</td><td>미국, 렌딩클럽 등</td></tr>
</table>

국내에서는 직접대출형은 이벤트성으로만 등장하였고, 업의 형태로는 존재하지 않는다. 그 이유는 직접대출형의 경우 투자자가 반복적으로 투자 즉 대출을 하는 경우 대부업법에 따라 투자자가 대부업으로 등록하여야 하는데, 이를 강제하는 것은 사실상 불가능할 뿐만 아니라 투자자의 범위가 제한되기 때문이다. 또한 금융감독당국도 2015년 직접대출형대로 P2P 대출을 하려던 8퍼센트의 홈페이지를 폐쇄를 요청하였었다. 그로 인하여 국내에서는 간접대출형만이 존재하게 되었다.

국내 P2P 대출은 간접대출형으로 담보제공위탁계약형과 원리금수취권매매형 2가지 존재한다. 각 유형별 거래구조는 다음과 같다.

[그림 1] 담보제공위탁계약형 P2P 대출구조[6)]

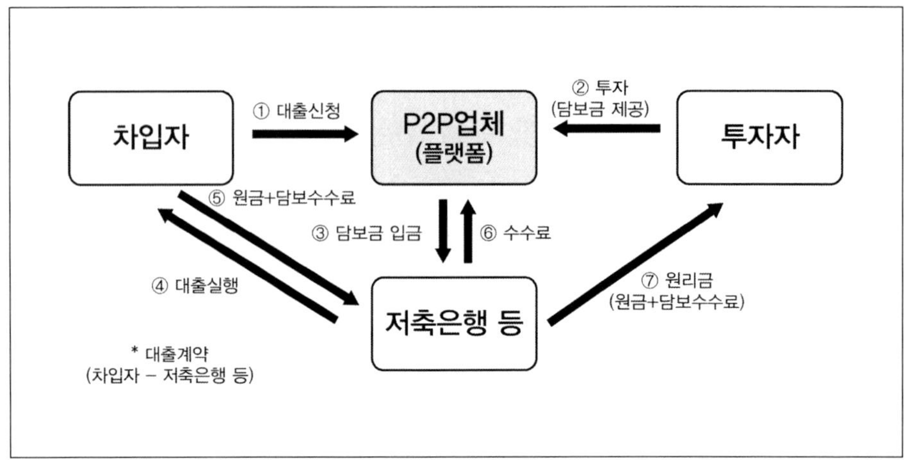

그러나 현재는 저축은행 등 형식상 대출자인 저축은행 등에 대한 부수업무 제한, 금융위원회 등록대부업자로의 전환 등으로 담보제공위탁계약형은 거의 없어진 것으로 판단된다.

[그림 2] 원리금수취권매매형 P2P 대출구조[7)]

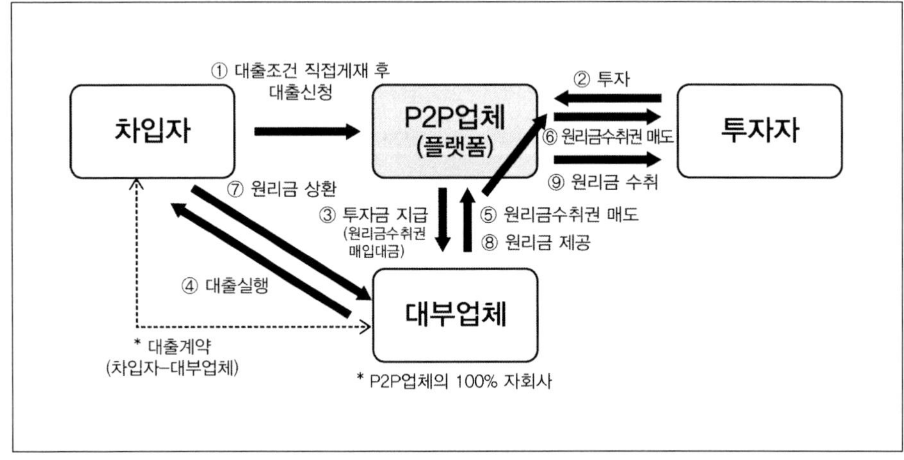

6) 금융위원회, 「P2P 대출 가이드라인 제정 방안」, 2016. 11.
7) 금융위원회, 「P2P 대출 가이드라인 제정 방안」, 2016. 11.

원리금수취권매매형 P2P 대출의 프로세스는 ① 차입자가 P2P업체의 온라인 플랫폼에서 대출신청을 하면, ② 자금제공자(투자자)는 차입자가 게재한 조건을 토대로 자금제공 결정, ③ P2P업체는 모집된 자금을 P2P 연계 대부업체(온라인대출정보연계대부업자)로 전달하고, ④ 대부업체의 대출 실행, ⑤, ⑥ 대부업체는 대출채권의 원금 및 이자를 수취할 권리를 자금제공자(투자자)에게 매도, ⑦－⑨ 차입자의 원리금 상환에 따라 자금제공자가 투자수익을 얻는 과정으로 이루어진다.

2. P2P 대출 규제 현황

(1) P2P 대출 가이드라인

P2P 대출과 관련하여 규제체계의 경과를 간략하게 살펴보면, 2016년 7월 1일 금융위원회는 '제5차 금융개혁 추진위원회'에서 P2P 대출 규율방안에 대해 논의하고, 'P2P 대출 가이드라인'을 제정하기로 결정하였다. 이후 P2P 대출 가이드라인 제정을 위한 T/F팀 구성하고,[8] 2016년 7월 25일 첫 회의를 개최한 이후 약 3개월간 논의를 거친 후 동년 11월 2일 P2P 대출 가이드라인을 발표하였다.[9] 동 가이드라인은 2017년 2월말부터 시행하였다. 이후 2018년 2월 P2P 대출 가이드라인을 연장할 것을 발표하였는데, 2차 가이드라인은 1차 가이드라인을 운영하는 과정에서 이슈로 제기된 사항 등을 보완되었다.[10]

2차 'P2P 대출 가이드라인'의 내용 중 담보와 관련하여 부동산 PF와 관련된 사항만 있다. 이는 1차 P2P 대출 가이드라인에는 없었던 내용은 부동산 PF에 대한 위험성이 지속적으로 제기되면서 2차 가이드라인에 포함되었다. 우선 정보제공과 관련하여 부동산 PF 대출의 경우 공사진행상황, 대출금 사용내역, 차주의 자기자본투입 비율 등을 포함한 정보를 투자자에게 제공하도록 규정하고 있다. 둘째, 투자한도는 연간 투자잔액한도를 1천만원에서 2천만원으로 증액하였지만, 부동산 PF, 부동산 담보대출의 경우에는 1천만원으로 유지하고 있다.

2차 'P2P 대출 가이드라인'의 시행이후 P2P 대출과 관련된 다양한 문제가 발생하였고, 법제화에 관한 요구가 계속되었다. 이러한 분위기에서 국회에서 발의된 P2P 관련 법률안에 관해서 금융위원회는 적극적으로 지원하기로 하였고, 법제

8) 금융위원회 2016년 7월 25일자 보도자료, "P2P 대출 가이드라인 제정을 위한 T/F 회의 개최"
9) 금융위원회 2016년 11월 2일자 보도자료, "P2P 대출, 가이드라인 준수 여부를 먼저 확인하세요"
10) 금융위원회 2018년 2월 26일자 보도자료, "P2P대출 가이드라인 연장 시행"

화이전에 우선 'P2P 대출 가이드라인'을 강화하기로 하였다.[11] 3차 'P2P 대출 가이드라인'은 2019년 1월 1일부터 시행되었는데, 담보형 P2P 대출과 관련해서는 부동산 담보에 관한 공시의무 등이 강화되었다.[12] 부동산 관련 대출과 관련하여 강화된 사항을 살펴보면, 부동산 물건의 존부, 담보권 설정 여부, 대출계약서 내용 등은 독립된 외부전문가(감정평가사, 변호사, 공인회계사 등)로부터 검토받고 해당 내용을 공시하도록 하였으며, 필수 공시항목을 지정하여 명시하였다.

[표 2] 부동산 PF P2P 대출 필수 공시사항

구 분	공시사항	내 용
사업내용	사업개요	• 사업에 대한 개요(사업목적, 공사대상지역 상세주소, 공사기간, 담보가치, 자금관리체계, 예상수익률, 위험도, 수수료 등)
차주	차주 정보	• 대출목적, 신용도, 재무현황, 대출기간, 상환일 등(가이드라인 '차입자에 관한 사항' 참조)
	자기자본투입 비율	• 차주의 자기자본 투입 여부 및 비율
시행사	사업실적	• 시행사의 과거 부동산PF 사업 실적
	진행중인 사업지	• 복수의 사업을 동시에 시행 시 해당 사업지 정보
시공사	재무건전성	• 최근 3개년 재무정보
	시공능력	• 유사 건축물 시공실적
	진행중인 사업지	• 복수의 사업을 동시에 시공 시 해당 사업지 정보
대출자금	자금용도	• 대출자금의 사용 용도(토지매입비, 건축자금 등)
	자금관리체계	• 대출된 자금의 관리주체(신탁사, 자산운용사 등) 및 집행 프로세스
상환계획	상환계획 및 재원	• 대출금 상환계획, 상환예정일 및 재원 등* * 분양수익: 사업지 입지, 분양가, 인근 사업장 분양률 금융권 대환: 준공 후 금융권의 대출 예정 금액 및 LTV 등
법률관계 입증 서류 등	소유권, 담보권 등을 확인할 수 있는 서류 등	• 건축 대상 부지에 관한 매매계약서, 등기부등본 등 소유권 관련 서류 • 해당 사업부지에 관한 권리관계(채권, 채무 등) • 건축허가증 등

11) 금융위원회 2018년 12월 11일자 보도자료, "P2P대출 가이드라인 개정 방안 및 법제화 방향"
12) 그 외에도 만기불일치 자금운용 금지, 만기연장 재대출 및 분할대출에 대한 경고문구 표시 등 불건전·고위험 영업 제한, 대출상환금 분리 보관, 청산업무 처리절차 마련, 연체채권 관리 강화 등 투자자 자금 보호제도 강화, 정보보안 및 이해상충 관리 강화 등의 개선이 이루어졌다.

(2) 대부업법상 규제

P2P 대출에 대해서 가이드라인을 시행하고 있었지만, 실제로 중개업자의 행위를 규제하는 것은 한계가 있었다. 관련 근거 법률이 없었으며, 연계금융업자인 대부업도 지자체 등록대상으로서 금융감독기관이 직접 감독할 권한이 없기 때문이다. 이에 금융위원회는 P2P 대출관련 법률이 제정되기 이전까지 연계대부업자에 대한 규제를 통해 간접적으로나마 관리하기 위해서 대부업법 시행령을 개정하여 P2P 대출에 관여하는 대부업자를 금융위원회에 등록하도록 하였다.

[표 3] P2P 대출 관련 대부업법 개정 규정

대부업 시행령	제2조의4(금융위원회 등록이 필요한 대부업자등) 법 제3조제2항제6호에서 "대통령령으로 정하는 자"란 다음 각 호에 해당하는 자의 정보를 온라인에서 게재하는 자와 연계하여 대부업을 하려는 자를 말한다. 1. 대부채권으로부터 발생하는 원금과 이자의 수취만을 목적으로 하는 권리를 취득하려는 자(이하 "자금제공자"라 한다) 2. 대부를 받으려는 자 제4조의4(총자산한도) ① 법 제7조의3제1항에서 "대통령령으로 정하는 배수"란 10배를 말한다. ② 법 제7조의3제2항의 총자산한도는 「상법」 제30조제2항에 따른 대차대조표상 자산을 기준으로 산정한다. 다만, 법 제3조제2항제6호 및 이 영 제2조의4에 따라 금융위원회에 등록한 대부업자가 보유 대부채권의 전부에 대하여 원금과 이자의 수취만을 목적으로 하는 권리를 자금제공자에게 이전한 경우 해당 대부채권은 총자산한도 산정 시 총자산에 포함하지 아니한다.
대부업 감독규정	제10조(등록요건등) ② 시행령 제2조의11제1항제5호의 "금융위원회가 정하여 고시하는 업"이란 다음 각호에 따른다. 1. 법 제3조제2항제6호 및 시행령 제2조의4에 따른 대부업(이하 이 규정에서 "온라인대출정보연계대부업"이라 한다)을 영위하는 경우 온라인대출정보연계대부업 이외의 대부업 및 대부중개업 2. 대부업자가 온라인대출정보연계대부업 이외의 대부업 및 대부중개업을 영위하는 경우 온라인대출정보연계대부업

금융위원회는 대부업법 시행령을 개정함과 동시에 대부업감독규정도 개정하였는데, 이에 따르면 P2P 대출의 대부업자는 P2P 대출외의 일반 대부업 및 대부중개업을 겸영하는 것을 금지하고 있다(감독규정 제10조제2항). 이는 기존의 대부업자가 자신의 부실위험채권을 투자자에게 이전시킬 목적으로 P2P 대출을 악용하는 것을 방지하기 위함이다.

(3) P2P 대출 관련 입법안

P2P 대출과 관련된 법률안은 의원입법방식으로 총 5개 발의되어 있는 상황이다. 발의된 법률을 일자별로 정리하면 다음과 같다.

- 2017년 7월 20일, 민병두의원 대표발의, 「온라인대출중개업에 관한 법률안」
- 2017년 2월 6일, 박광온의원 대표발의, 「대부업 등의 등록 및 금융이용자 보호에 관한 법률 일부개정법률안」
- 2018년 2월 23일, 김수민의원 대표발의, 「온라인 대출거래업 및 이용자 보호에 관한 법률안」
- 2018년 4월 13일, 이진복의원 대표발의, 「온라인투자연계금융업 및 이용자 보호에 관한 법률안」
- 2018년 8월 28일, 박선숙의원 대표발의, 「자본시장과 금융투자업에 관한 법률 일부개정법률안」

현재 발의된 법률안은 박광온 의원안[13)]을 제외하고는 독립된 법안 또는 자본시장법의 특례를 규정하는 방식으로 이루어져 있는데, 중개형태의 법제화, 투자자보호를 위한 정보공개, 투자자금 신탁 또는 예치 등 대동소이하다.[14)] 다만, 투자 및 차입한도, 자기자본대출 등 세부적인 내용에서 차이가 있을 뿐이다. 현행 규제 및 각 법률안의 주요내용별로 살펴보면 다음과 같다.

13) 박광온의원안은 대부업법에 P2P 대출중개를 '온라인대출중개'로 정의하여 포함하는 개정안으로 P2P 대출의 법률구조 등에 관해서는 규정하고 있지 않고, 단순히 정보제공의무 등만을 규정하고 있다.

14) 법률안의 주요내용은 기준하, "P2P 대출의 현황과 향후 과제" NARS 현안분석 vol.6, 입법조사처, 2018. 참조.

[표 4] P2P 대출 중개 형태

구 분	중개 형태
P2P 대출 가이드라인	간접대출형(원리금수취권매매)
「온라인대출중개업에 관한 법률안」 (민병두 의원안)	혼합형 * 법률안의 내용상 정의규정은 간접대출형을, 세부규정은 직접대출형을 규정하고 있음
「온라인 대출거래업 및 이용자 보호에 관한 법률안」 (김수민 의원안)	직접대출형
「온라인투자연계금융업 및 이용자보호에 관한 법률안」 (이진복 의원안)	간접대출형
「자본시장과 금융투자업에 관한 법률 일부개정법률안」 (박선숙 의원안)	간접대출형 * P2P 중개업자가 직접 대출을 하고, 해당 대출에 관한 증권을 발행하는 형태임

[표 5] P2P 대출 차입한도

구 분	차입한도
P2P 대출 가이드라인	없음
「온라인대출중개업에 관한 법률안」 (민병두 의원안)	– 개인 : 연간 1억원 – 소상공인 : 연간 5억원 – 법인 : 연간 10억원
「온라인 대출거래업 및 이용자 보호에 관한 법률안」 (김수민 의원안)	없음
「온라인투자연계금융업 및 이용자보호에 관한 법률안」 (이진복 의원안)	없음
「자본시장과 금융투자업에 관한 법률 일부개정법률안」 (박선숙 의원안)	대통령령에 위임

[표 6] P2P 대출 투자한도

구 분	투자한도
P2P 대출 가이드라인	– 개인: 업체당 2천만원(부동산은 1천만원으로 제한) 소득요건 구비시 4천만원 * 잔액기준 – 법인 : 없음
「온라인대출중개업에 관한 법률안」(민병두 의원안)	대통령령에 위임
「온라인 대출거래업 및 이용자 보호에 관한 법률안」(김수민 의원안)	없음
「온라인투자연계금융업 및 이용자 보호에 관한 법률안」(이진복 의원안)	없음
「자본시장과 금융투자업에 관한 법률 일부개정법률안」(박선숙 의원안)	• 일반투자자 – 소득요건 미구비시 : 연간 동일차입자 기준 누적투자금액 1천만원 : 연간 총 누적투자금액 2천만원 – 소득요건 구비시 : 연간 동일차입자 기준 누적투자금액 2천만원 : 연간 총 누적투자금액 4천만원

현재 발의되어 있는 법률안은 P2P 대출의 거래구조 및 당사자간 거래시 준수사항에 관해서만 규정하고 있을 뿐 투자자의 재산을 보호하기 위한 수단으로 활용되고 있는 담보와 관련된 규정은 없다.

(4) P2P 대출 관련 법제화 방향

금융위원회는 2019년 2월 11일 금융감독원 및 금융연구원과 함께 「P2P대출의 해외 제도 현황 및 국내 법제화 방안 모색 공청회」(이하 '공청회')를 개최하여 법제화의 방향성을 공표하였다.[15] 공청회에서 발표된 자료[16]에 따르면, 우선 P2P 대출은 투자계약과 대출계약이 결합된 구조로 설계된다. 이는 특정금전신탁, 상법상 익명조합, 준위탁매매와 유사하지만, P2P 대출에 특화된 거래구조를 채택하여 정형화한 것이라고 할 수 있다. 직접대출형과 간접대출형의 거래구조를 보다 단순화 시키면서 당사자간 권리관계를 보다 명확히하고 있다.

15) 금융위원회 2019년 2월 11일자 보도자료, "P2P금융 법제화를 위한 공청회 개최"
16) 윤민섭, 「P2P대출 법제화 관련 주요쟁점」, "P2P금융 법제화를 위한 공청회" 발표자료, 2019. 2. 11.

[그림 3] P2P 대출 거래구조(안)

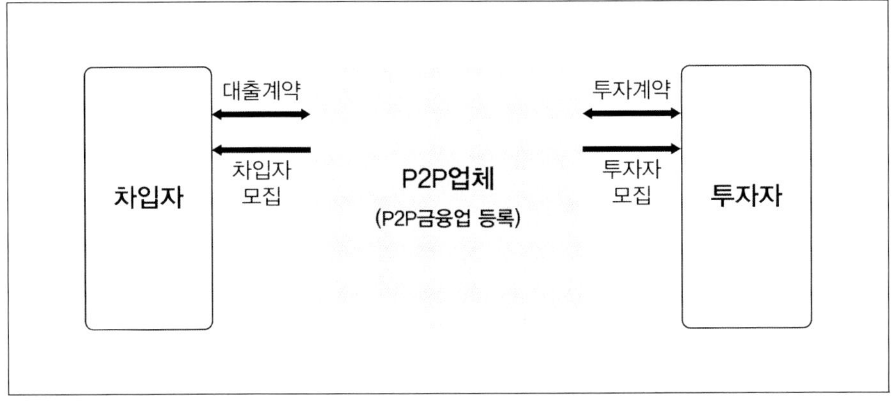

출처 : 윤민섭, 「P2P대출 법제화 관련 주요쟁점」(2019)

위와 같은 거래구조에 따르면 현행 자회사로 존재하는 대부업체가 사라지고 중개업체인 P2P 업체가 대출을 하는 여신기관으로서의 역할을 수행하기 때문에 중개업자가 대출채권의 소유권자이자 담보권자가 된다. 그러나 대출계약은 투자계약과 결합되어 있기 때문에 사실상 대출채권 및 담보권의 실질적 소유자는 투자자라고 할 수 있다. 투자자가 실질적 소유권자임을 명확히 하기 위해서 공청회에서는 대출채권 등의 소유권은 투자자에게 있음을 명시할 필요가 있다고 하고 있다.[17] 이는 대출채권의 소유권은 당연히 투자자의 재산이나, P2P 대출은 특수한 결합계약이므로, 명시적 규정이 필요하기 때문이다. 대출채권 및 담보권 등을 신탁회사 등에 신탁하는 방안도 고려할 수 있으나, 이 또한 비용이 발생할 수 있으므로 이는 낮추기 위한 것이라고 한다.

공청회에서 발표된 자료에서는 담보형 P2P 대출과 관련하여 별도의 특별한 규정을 두고 있지 않은데, 아마도 앞서 언급한 3차 'P2P 대출 가이드라인'의 부동산 PF 공시사항 등이 시행령에 포함될 것으로 예상된다. 그러나 향후 법제화 이후 시행령 제정 과정에서 중개업자의 준수사항 등을 통해서 보다 구체화될 것으로 예상된다.

17) 윤민섭, 앞의 발표자료, 13면.

Ⅲ. 담보형 P2P 대출의 사례

현재 담보형 P2P 대출의 담보물은 부동산, 동산, 채권 등으로 구분할 수 있다. 이하에서는 각 담보물의 유형에 따라 살펴보고자 한다.

1. 부동산담보대출

(1) 부동산담보대출

P2P 대출에서의 부동산담보대출은 일반 금융권에서의 부동산담보대출과 동일하다. 즉, 차입자가 대출을 신청하고, 담보물을 제공하면, P2P 대출중개업자가 투자금 모집 후 대출을 실행한다. 이후 P2P연계대부업자의 명의로 근저당권 등 담보권을 설정하게 된다. 이때 부동산을 신탁사에 신탁(처분신탁 등)하고, 해당 신탁의 수익자를 P2P연계대부업자로 설정하는 경우도 있다.

만약 채무불이행이 발생하는 경우 P2P연계대부업자는 담보권을 실행하여 정산 후 투자자에게 투자금 등을 환급한다.

일반 부동산담보대출과 차이점은 실질적인 대출승인 및 채무불이행의 위험을 투자자가 부담하지만, 담보물에 대한 권리는 P2P연계대부업자가 가지고 있다는 점이다. 또한 1·2금융권에 적용되는 LTV 등의 규제는 적용되지 않고 있어, 최근에는 아파트담보대출상품도 많이 등장하고 있다.

(2) 부동산 PF 대출

부동산 PF 대출 즉 프로젝트 파이낸싱은 현재의 가치가 아니라 프로젝트에서 발생하는 수익을 보고 대출을 실행하는 것으로 일반적으로 대규모의 자금이 필요한 석유, 탄광, 조선 등의 사업에서 사용되는 방식이다. PF 대출은 일반적으로 부동산 등이 아니라 사업 그 자체는 담보로 대출해주는 것이기 때문에 금융회사들이 개발기획단계부터 참여하는 것이 일반적이라고 할 수 있다.

국내 P2P 대출에서는 PF 대출이 주로 부동산 개발에서 활용되고 있는데, 해당 부동산 개발을 통해 발생하는 수익으로 대출의 상환이 이루어지는 것이 아니라 준공이후 금융기관으로부터 해당 부동산을 담보로 대출을 받아 상환하는 구조로 이루어지고 있다. 현재 P2P 대출에서 PF 대출은 빌라 신축, 호텔 리모델링, 펜션 신축 등 전국 각지에서 다양한 형태의 부동산 신축 및 리모델링에서 활용되고 있다.

부동산 PF 대출상품이 등장한 초기에는 차주(시공사 등)의 건설경험 등을 공개하고 해당 정보를 바탕으로 투자자가 선택하였으나, 이후 건설이 이루어지는 토지를 담보로 제공하는 등의 방법으로 신용이 보강된 부동산 PF 대출이 등장하였다.

이후 보다 안정된 담보물이라는 인상을 심어주기 위해서 차입자로 하여금 해당 토지 등을 신탁사에 위탁하도록 하고, 수익증서를 담보로 대출을 해주는 형태로 변화해왔다.

[그림 4] 신탁형 부동산 PF 대출

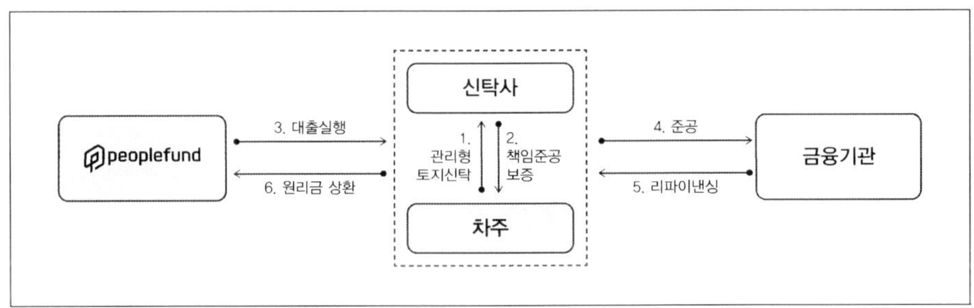

출처: 피플펀드 홈페이지

부동산 PF대출에서의 상환재원은 금융기관의 대환대출이기 때문에 만약 금융기관이 대출을 거부하는 경우 채무불이행의 문제가 발생하게 된다. 이에 일부 P2P 대출 중개업자는 금융기관의 대출확약서 등을 관련 서류로서 공개하는 경우가 있는데, 이는 법적 효력이 없는 서류로서 금융기관의 대출을 강제할 수 없다.

2. 동산담보대출

동산담보대출은 부동산 이외의 유형재산 등을 담보로 제공하는 대출계약이다. 동산담보대출과 관련하여 2012년도에 「동산·채권 등의 담보에 관한 법률」이 제정되었다.

그러나 P2P 대출에서는 동산담보법에 따른 등기를 하지 않고, 양도담보 등을 활용하여 별도 창고에 이전보관 또는 명시를 하는 방법을 활용하고 있다. P2P 대출에서 동산담보대출이 이루어지고 있는 종류는 명품·귀금속, 농축산물, 의류잡화 등 매우 다양한데, 담보물들의 특성상 유통 및 순환이 빠른 것을 특징으로 하고 있다. 또한 최근 P2P 대출과 관련된 사건으로 인하여 투자자의 성향이 장기투자보다는 단기 투자를 선호하고 있다. 이러한 담보물의 특성 및 투자자 성향에 따라 P2P 대출에서의 동산담보는 양도담보의 형태를 가지는 것이 대부분이다.

동산담보의 경우 기존 대출계약의 경우 위험을 부담하는 실질 대출자가 형식상 대출자와 일치하기 때문에 담보가치 산정의 공정성 문제가 크게 제기될 이유가 없었다. 그러나 P2P 대출에서는 형식상 대출자는 P2P 연계대부업자이지만, 실질적 대출자는 투자자로서 투자자가 모든 위험을 부담하게 된다. 또한 P2P 대출 중개업자는 투자자 유치를 위해서는 담보가치 산정의 공정성을 증명할 필요가 있다. 이에 동산담보 P2P 대출에서는 소비자가, 도매가, 담보비율 등을 공개하고 있다. 신용보강을 위해서 채무불이행시 동종업체로 하여금 매입하도록 하는 제3자 매입계약서를 첨부하는 경우도 있다.

3. 채권담보대출

채권담보대출은 차입자가 제3자 등에 대하여 가지고 있는 채권을 담보로 대출계약을 체결하는 것이다. 채권에는 현재 존재하는 채권도 있지만, 미래에 발생할 채권 즉 장래채권도 있다.

(1) 매출채권담보대출

우선 현존채권을 담보로 하는 경우는 매출채권 및 어음 등이 있다. 채권담보대출을 실행하는 P2P 대출 중개업체의 대부분은 매출채권을 대상으로 하고 있는데, 주로 중소기업이 쇼핑몰을 통해 판매한 매출채권을 정산시기 이전에 담보로 제공하고, 정산시 상환하는 방식으로 이루어지고 있다. 이는 매출이후 정산까지 1~2개월 이상이 소요되는 시간적 차이를 이용한 단기대출상품이라고 할 수 있다. 이때 온라인 판매자와 선정산업체간 채권 양수도가 이루어진다.

[그림 5] 매출채권담보대출 흐름도

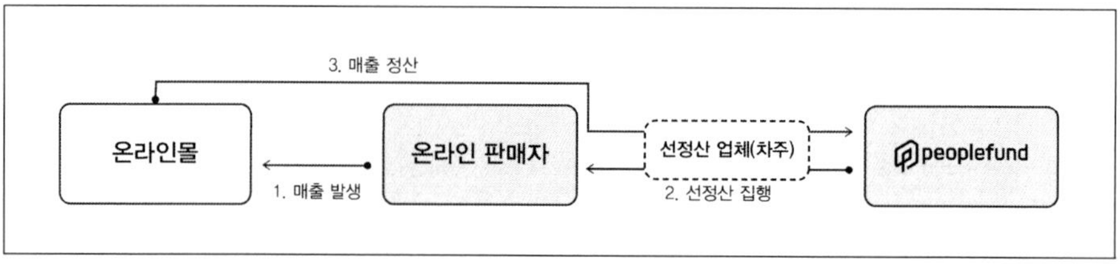

출처: 피플펀드 홈페이지

(2) 어음담보대출

어음담보대출은 중소기업이 받은 어음을 담보로 대출을 실행하는 것으로 기존의 어음할인방식과 동일하다. 그러나 모든 것이 전산으로 이루어지는 만큼 종이어음은 대상으로 하지 않고, 「전자어음의 발행 및 유통에 관한 법률」상 전자어음만을 대상으로 하고 있다. 현재 국내에서는 ㈜한국어음중개가 유일하게 해당 서비스를 제공하고 있다. P2P 연계대부업자가 전자어음에 배서를 받은 후 만기일에 소지인의 자격으로 지급을 청구하는 방식으로 대출금의 상환 등이 이루어진다.

Ⅳ. 문제점 및 개선방안

1. 문제점

담보형 P2P 대출에서만 존재하는 특수한 문제는 크게 3가지로 구분할 수 있다.

우선 대출채권 및 담보권의 소유권이 투자자에게 있지 않다는 점이 문제이다. 현재 P2P 대출은 간접대출형만 허용되어 있으며, 향후 입법도 간접대출형으로 이루어질 예정이다. 간접대출형의 경우 대출채권 및 담보권의 형식상 소유권자는 현재는 P2P 연계대부업자이며, 향후 법제화된 이후에는 P2P 대출 중개업자이다. 이에 따라 투자자는 담보물의 가치 산정, 프로젝트의 성공가능성, 담보권의 실행 등 담보와 관련된 대부분의 권리를 가지지 못하고, P2P 대출 중개업자 및 P2P 연개대부업자에게 의존하는 상황이다. 그로 인하여 P2P 대부업자의 사기 및 횡령 등의 사건이 지속적으로 발생하고 있다. 이와 연계된 문제로 중개업자가 투자자에게 고지하지 않고, 담보권을 실행하거나 하는 횡령의 문제뿐만 아니라 중개업자의 도산 및 파산시 투자자의 재산이 보호되지 않는다는 문제점도 있다.

둘째, 담보형 P2P 대출에서 가장 중요한 것은 담보물의 가치를 얼마나 공정하게 산정할 수 있는가이다. 부동산담보의 경우 가치변동성이 낮고, 시세 등을 고려하여 투자자가 판단하는 것이 가능하지만 다른 담보에 있어서는 일반투자자가 판단하는 것은 매우 어려운 일이다. 예를 들어, 부동산 PF의 경우 토지를 담보로 제공하고 있지만, 투자는 건물이 완성된 이후 장래가치를 보고 투자하는데 일반투자자가 장래가치를 예측하기는 매우 어려운 일이다. 또한 동산담보의 경우 시간의 흐름에 따른 감가상각 뿐만 아니라 시장에서의 수요 및 공급에 따른 시세변화 등을 고려하여야 한다. 전자어음의 경우에도 발행인 및 중간 배서인의 상환능력 등을 판단하여야 하는데, 일반투자자는 사실상 불가능한 일이라고 할 것이다.

셋째, 채무자의 채무불이행이 발생한 경우 채권추심을 위해 담보권을 즉시 실행하는 것이 적절한가라는 문제가 발생한다. 채무불이행의 사유 및 향후 장래가치 등을 평가하였을 때, 담보권을 즉시 실행하는 것이 부적절한 경우도 있을 수 있다. 그러한 경우 투자자의 이익을 위해서는 담보권 실행을 연기하는 즉 채무상환유예 등을 조치를 취할 필요가 있다. 그러나 이를 P2P 중개업자가 단독으로 판단하는 것은 투자자의 권리를 침해하는 것이 된다. 따라서 투자자집회 등을 통해서 이를 결정할 필요가 있는데, 이러한 절차가 부재하다.

2. 개선방안

앞서 살펴본 문제를 해결하기 위해서는 가장 우선시 되는 것은 P2P 대출에 관한 규제체계를 정비하는 것이다. 법제화를 통해서 담보물에 대한 투자자권리를 보다 명확하게 확보할 필요가 있다. 그러나 향후 어떠한 방식으로 입법이 이루어지는가에 따라 구체적인 모습은 달라지게 된다. 공청회 자료에 따르면 간접대출형으로 거래구조가 정형화될 것으로 예상된다.

간접대출형으로 입법되는 경우 형식상 담보권자는 P2P 대출 중개업자이기 때문에 현재와 동일하게 투자자보호가 문제된다. P2P 대출 중개업자가 투자자를 위해 투자자의 명의로 담보권을 설정하는 것도 이론상으로는 가능하지만, 실무상으로는 사실상 불가능한 일이다. 그러나 P2P 대출의 특성상 1(차입자) 대 다수(투자자)의 관계가 설정되기 때문에 담보권을 설정할 때 채권자의 명의로 투자자 모두의 성명 등을 기재하는 것은 어려운 일이다. 특히 부동산에 담보권을 설정하는 것은 사실상 불가능하다고 할 수 있다. 그렇다면 P2P 대출중개업자의 명의로 담보를 설정하고, 해당 담보권을 신탁하는 방안도 고려할만 하다. 신탁을 하는 경우 이와 관련된 비용이 발생하며, 해당 비용을 중개업자가 부담하더라도 이는 결국 차입자 및 투자자에게 전가될 것이며, 산업성장에 악영향을 주게 된다. 결국 공청회에서 언급된 바와 같이 채출채권 및 담보권에 있어 실질적 소유권자가 투자자임을 명시하는 방안이 적절하다 볼 수 있다.

둘째, 담보형 P2P 대출의 경우 정보제공의무를 강화하는 것이다. 청약단계에서는 담보물의 가치 등에 대해서 공시하고, 청약이후 상환이전까지는 중개업자가 담보물에 대한 상황정보를 투자자에게 주기적으로 제공하도록 할 필요가 있다.

셋째, P2P 대출 중개업자의 등록요건으로 인력요건 등을 명시하여 담보물에 대한 가치평가를 할 수 있는 인력을 필수로 갖추도록 하고, 이에 대한 외부평가 등을 의무화할 필요가 있다.

마지막으로, 차입자가 채무불이행한 경우 담보권 실행에 대하여 중개업자로 하여금 투자자들에게 평가의견을 제공하고 그에 따라 투자자집회 등을 통해서 투자자가 결정하도록 하는 프로세스를 구축할 필요가 있다.

위와 같은 개선방안은 법제화 단계에서 법률 및 시행령에 포함되어야 할 사항도 있지만, 자율규제 체계를 구축하여 통해서 P2P 대출 중개업자 스스로가 준수하도록 할 필요가 있다.

Ⅴ. 결 론

우리나라에서 P2P 대출이 등장한 것은 2007년임에도 불구하고, 2019년 현재까지 규제의 사각지대에 있었다. P2P 대출을 변종대부업이라고 보는 시선도 있었으며, 핀테크의 한 유형으로 보는 견해도 있었다. 2015년이후 P2P 대출시장이 급성장하면서 사기 등 다양한 문제점이 발생하였으며, 2018년도에는 1,000억원 사기사건이 발생하면서 사회적으로 이슈화되었다. 이에 P2P 대출에 대한 규제체계 정비논의가 2016년부터 시작되었다.

P2P 대출은 그동안 금융업계로부터 대출을 받기 어려웠던 중소기업 및 개인 등에 대해 대출을 해주는 대안금융으로서 역할을 해왔다. 특히 기존 금융권에서 활성화되지 않고 있던 동산담보대출에서 매우 유의미한 역할을 해왔다고 할 수 있다. 예를 들어, 2015년 육류담보대출 사기사건으로 인하여 전 금융권에서 육류담도대출이 금지하자, P2P 대출을 통해 육류유통업자의 자금난이 해소된 것이 대표적인 사례라 할 것이다.

국회에 발의된 법률안 및 금융위원회의 공청회 자료 등을 살펴보면, 2019년도에는 P2P 대출이 법제화될 것으로 예상된다. 문제는 공정성 및 투자자보호를 위해 여러 가지 절차와 장치를 법적으로 마련하는 경우 이 또한 비용의 문제로 전환될 수 밖에 없는 것이 현실이다. 현재 시장의 규모가 작은 상황에서 비용이 과다하게 발생한다면, 이는 P2P 대출의 대안금융로서 역할을 저해하게 될 것이다. 시장상황을 면밀히 살펴보고, 이를 반영한 유연한 규제체계가 마련될 필요가 있다.

참고문헌

고동원, "인터넷상에서의 개인 간(P2P) 금융거래에 관한 법적 연구 – P2P 대출 거래를 중심으로,「은행법연구」제8권 제2호, 은행법학회, 2015

성희활, "'P2P 대출형 크라우드펀딩'의 법적 성격과 자본시장법적 규제체계 수립에 관한 연구",「기업법연구」제30권 제4호, 한국기업법학회, 2016

윤민섭, "P2P 금융에 관한 법적 연구",「금융법연구」제9권 제2호, 한국금융법학회, 2012

윤민섭, '자금조달수단으로서 Crowdfunding에 대한 연구',「기업법연구」제26권 제2호(통권 제49호), 한국기업법학회, 2012

윤민섭,「P2P대출 법제화 관련 주요쟁점」, "P2P금융 법제화를 위한 공청회" 발표자료, 2019. 2.

금융연구원,『P2P 대출중개시장 분석과 시사점』, 조사보고서 18–02, 2018

크라우드연구소, "2018년 8월 말 기준 P2P금융 성장보고서", 18–08호, 2018. 9.

기준하, "P2P 대출의 현황과 향후 과제" NARS 현안분석 vol.6, 입법조사처, 2018.

제 2 장

주요국의 P2P 대출 거래 규제 현황

- 제1절 영국의 P2P 대출 거래 규제 – 이지은
- 제2절 미국의 P2P 대출 거래 규제 – 노태석/석지웅
- 제3절 독일의 P2P 대출 거래 규제 – 안수현
- 제4절 일본의 P2P 대출 거래 규제 – 강영기
- 제5절 중국의 P2P 대출 거래 규제 – 노은영
- 제6절 인도네시아의 P2P 대출 거래 규제 – 장순필

영국의 P2P 대출 거래 규제

이 지 은*

Ⅰ. 서 론

영국은 P2P대출(Peer-to-Peer Lending)의 선두주자로 2005년 세계 최초의 P2P 대출 플랫폼 회사인 ZOPA의 설립 이래 전세계 및 유럽의 P2P업을 선도해오면서 누적 대출액 기준으로 2013년 1월 기준 4억 파운드에서, 2014년 1월에는 10억 파운드, 2015년에는 32억 파운드로 성장했으며, 2016년에는 55억 파운드를 기록했고,[1] Morgan Stanley에 따르면 영국의 P2P대출이 2020년까지 매년 연간 대출 실행액 기준 150억 파운드의 시장규모에 달할 것으로 예측[2]되어 급속한 성장을 이루고 있다. P2P대출에 대한 법적 규제 측면에서도 영국은 자율규제를 실행해 오던 P2P업계의 선제적 규제요청에 부응하여 금융감독기관인 Financial Conduct Agency(이하 'FCA')가 P2P대출과 관련한 독립적 규제체계를 2014년부터 도입하여 감독하여 왔다. 이에 2016년 미국 최대의 P2P업체인 Lending club 대표이사가 회계부정 등 관련된 규제위반으로 사임하여 기관투자자에게 충격을 가져다 주었던 사건에도 불구하고, 영국 규제당국과 P2P업계는 2014년 도입한 P2P 대출플랫폼에 대한 광범위한 규제를 2년 전 도입하고 회계장부를 공개하여 왔기에 이러한 사건은 영국에는 없을 것이란 상대적 자신감을 보여 왔다.[3] 따라서, 현재까지 영

---

* 변호사, 법학박사.

1) http://www.altfi.com/data/indices/UKvolume. Bryan Zhang, Peter Baeck, Tonia Ziegler, Jonathan Bone, Kieran Garvey, "Pushing Boundaries, 2015 UK Alternative finance industry report", *Cambridge center for Alternative Finance, Nesta*, p. 11)

2) Morgan Stanley(2015), Global Market Place Lending: Disruptive Innovation in Financials(Morgan Stanley Blue Paper 19/05/15)

3) Huw Jones, "UK peer-to-peer lenders talk up regulation after Lending Club ruckus", 2016. 5. 11. Reuter. http://uk.reuters.com/article/uk-lendingclub-results-britain/uk-peer-to-peer-

국과 같이 민관이 협업하여 P2P 금융의 문화를 다양하고 활발하게 발전시켜 온 나라는 없는 것으로 보인다. 이러한 영국의 P2P업계와 감독당국과의 협업은 금융의 사회적 기능에 대한 재조명에 기하여 기존 대형은행(high-street bank)들로부터 대출을 받기 어려웠던 중소기업(small and medium size enterprise, SME)의 대체적 자금조달수단으로서 활용되고 있는 P2P대출에 대한 사회적 효용의 인정[4]과 상호 신뢰에 기반하는 것이다.

P2P대출은 자금수요자가 자신의 프로젝트나 사업을 인터넷 혹은 SNS를 이용하여 공개, 홍보하고 불특정 다수로부터 소액을 지원받아 원하는 금액의 자금을 모집하는 행위인 크라우드펀딩(crowdfunding)[5]의 일종으로, 기술적 발전을 통한 금융혁신과 은행 등 기존 금융기관과 차별되는 금융의 사회적 기능을 활용할 수 있는 새로운 자금조달수단으로 최근 각광받고 있다.

대출형 크라우드펀딩(이하 'P2P대출'이라 함)은 개인간 대출(peer-to-peer lending) 및 개인 및 법인대출(peer-to-business lending)을 포함하는 개념으로 과거 공정거래국(Office of Fair Trading(이하 'OFT'라 함)의 감독을 받던 소비자대출행위를 말한다. 한편, FCA는 Business-to-Business(B2B)대출을 중개하는 플랫폼에 대해서는 규제하지 않는다. P2P대출은 일정 시간이 지나면 개인이나 기관이 원금과 이자를 상환 받음에 따른 금전소득을 기대하는 투자로, 여러 경로의 재원을 통해 대출금을 형성하고 기업의 자금을 조달하는 것을 말한다. 증권형 크라우드펀딩 혹은 주식형 크라우드펀딩(equity-based crowdfunding)은 소비자들이 직접 또는 간접적으로 새로운 혹은 기존 기업의 주식이나 채권 등의 투자상품을 구매하는

---

lenders-talk-up-regulation-after-lending-club-ruckus-idUKKCN0Y12IS

4) 실제 소기업 기준으로 , 2015년 기준 p2p 대출을 통한 소기업 대출 규모는 신규 은행대출의 13.9% 규모에 달하는 것으로 추산된다(Bryan Zhang, Peter Baeck, Tonia Ziegler, Jonathan Bone, Kieran Garvey, "Pushing Boundaries, 2015 UK Alternative finance industry report", *Cambridge center for Alternative Finance. Nesta*, p. 21)

5) 윤민섭, '자금조달수단으로서 Crowdfunding에 대한 연구', 「기업법연구」 제26권 제2호(통권 제49호) (2012), 189면. 일반적인 크라우드펀딩의 유형의 분류로는 1) 기부형 및 보상형 크라우드펀딩: 자선단체 혹은 비영리단체의 기금모집 혹은 서비스나 상품(콘서트 티켓이나 새로운 혁신적 상품등)에 대한 대가로 지급되는 것, 2) 법률상 특례에 기초한 크라우드펀딩: Enterprise Investment Scheme과 같이 FCA에 의해 승인된 예외요건을 충족하는 것, 3) 대출형 크라우드펀딩, 4) 증권형 크라우드펀딩으로 나누어진다. 그 외 5) 매출채권거래 크라우드펀딩(invoice trading crowdfunding)은 온라인플랫폼을 통해 개별 혹은 집단 매출채권을 매각하는 것으로 일반적으로 투자자들은 기관이나 고액 자산가들이며 이자율은 온라인 옥션으로 진행된다. 이 중 FCA의 규제 대상은 3)과 4)에 한한다.

것으로 독자적으로 가치를 평가하거나 2차 시장에서 유통이 어려운 비상장주식을 구매함으로 사업에 투자하는 것을 말한다.

크라우드펀딩 중 대출형 크라우드펀딩인 P2P대출에 대한 규제체계를 별도로 마련한 것은 영국이 유일한 것으로 알려져 있고, 영국은 P2P대출을 증권형 크라우드펀딩에 비해 상대적으로 위험이 적다고 보아 덜 엄격한 규제를 하고 있다. 이는 P2P대출과 투자형 크라우드 펀딩은 공통점이 있기는 하나, 서로 다른 특성을 가지고 별도의 시장을 형성해왔기 때문으로,[6] FCA는 P2P대출을 증권형 크라우드펀딩에 비해 위험이 더 낮다고 보아 보다 완화된 별도 규제를 채택한 것이다.[7]

P2P 대출플랫폼은 쉽고 빠르게 현금을 원하는 차주와 돈을 투자하고자 하는 대주를 직접 연결시켜 주는 것으로, 차주와 대주 사이에서 위치하면서 마진을 수수하는 전통적 은행과는 차이가 있다. FCA는 P2P대출플랫폼을 통한 개인 차주의

---

6) FCA는 투자형과 대출형 P2P간 특성을 다음과 같이 정리하였다. 1) 자금의 상환: P2P대출과 관련, 투자자들은 현재 계좌 또는 예금계좌에 대한 즉시 접근을 통한 대출금 반환청구를 구할 수 없다. 투자자들은 일반적으로 장기대출인 대출 조건하에서 상환을 기다리거나 다른 투자자들에게 대출채권을 양도해야 한다. 투자형 크라우드 펀딩에 대해서는 투자상품을 매각해야 한다. 2) 자본 리스크: 투자형 크라우드 펀딩 플랫폼의 투자자들은 자본 리스크(최초 투자금보다 회수할 수 있는 금원이 적을 수 있는 리스크)에 노출되어 있다. 3) 유동성 리스크: 투자형 및 대출형 크라우드펀딩 플랫폼 투자자들 모두 유동성 리스크에 노출되어 있다. 4) 투자자보상기금(Financial Compensation Scheme)의 적용 여부: FSMA의 적용을 받는 영국의 모든 투자자에게 적용되는 법적 보상기금으로 크라우드펀딩 플랫폼을 통해 이루어지는 예금 및 투자의 차이를 고려할 때, 크라우드펀딩 플랫폼에 대한 투자자들은 플랫폼을 통한 지분투자의 자본금손실 혹은 차주의 채무불이행에 대한 손해에 대한 보상을 청구할 수 없다. (https://www.fca.org.uk/consumers/crowdfunding)

한편, P2P대출은 차입과 상환으로 구성된 대출행위로 이루어지고 다른 크라우드 펀딩 유형과는 다른 특성을 가지고 있다. 즉, 기부형 크라우드 펀딩은 자선의 특성을 가지며, 보상형 및 증권형 크라우드펀딩은 일종의 구매와 같은 특성을 가지고 있다. (Chris Rogers, Chris Clark (2016), 'Mainstreaming social finance: The regulation of the peer-to-peer lending marketplace in the United Kingdom', The British Journal of Politics and International Relations, Volume: 18 issue: 4, p.11)

7) FCA, "The FCA's regulatory approach to crowdfunding (and similar activities)", CP13/13(2013), P. 6. FCA는 증권형 크라우드펀딩과 대출형 크라우드펀딩을 구별하여 규제하는 바, 이는 전자의 경우 설립초기회사에 대한 투자이거나 투자실패의 확률이 높기 때문에 고위험으로 분류하는 한편, 후자는 일반적으로 3-5년간 개인에 대한 대출로 낮은 부실률을 보이기 때문이었다. FCA는 이렇게 쉽게 이익실현이 되지 않는 증권(non-readily realizable securities)에 대한 투자의 위험성이 크므로 그러한 내재적 위험을 이해하거나 금전적 손실을 감당할 수 있는 투자자(전문투자자, 자문받은 개인투자자, 기업금융 혹은 벤처캐피탈 관련 개인고객, 전문 혹은 고소득 투자자)에 한하여 투자할 수 있도록 하였다. 투자자문을 받지 않은 개인고객은 '적합성 원칙'을 통과하고 이 상품에 대한 투자가 본인 순 투자가능자산의 10%를 초과할 수 없다. 투자한도를 제한한 증권형 크라우드펀딩에 비해 P2P대출에 대해서는 소비자보호조치를 덜 엄격하게 적용하였다.

대출행위를 '비상업적(non-commercial)'이라고 보아 이에 소비자대출법(Consumer Credit Act 1974(CCA))상의 계약 관련 규제를 적용하지 않으면서 기존 P2P대출플랫폼 역시 별도의 대출중개인으로서 등록을 요구하지 않았다. 다만 P2P플랫폼이 채권관리 및 추심행위를 하는 경우 이에 대한 허가는 요구하였다.

영국이 2014년 3월 크라우드펀딩 규칙(Detailed Rules for the FCA Regime for Consumer Credit, Policy Statement, PS14/3)을 도입함에 따라 2014년 4월부터 OFT에서 FCA에게로 P2P대출업에 대한 감독권이 이관되었다. 따라서, 2014. 4. 이전 OFT 허가를 받은 회사들은 FCA의 임시허가(interim permission)를 받고 FCA의 주요 규칙을 준수하며 정식 승인(full authorization)을 기다리면서 운영할 수 있고, 2014. 4. 이후 시장에 진입한 P2P업체는 FCA 규정을 모두 준수하여야 하며, 임시승인의 장점을 누릴 수 없게 되었다.[8] 또한, FCA는 P2P투자에 대해 2016. 4.부터 도입된 Innovative Finance Individual Savings Account(IFISA)를 통한 세금혜택을 받을 수 있도록 하고, FCA의 승인을 받은 업체들은 P2P대출상품에 대해 IFISA의 혜택을 받을 수 있도록 되었다.

본 발표에서는 영국의 P2P대출법제의 도입배경, 제정 및 그 내용, 발전방향을 보다 상세하게 살펴보면서 우리나라의 P2P대출관련 법제 개선에 대한 시사점 및 개선방안을 생각해볼 것이다.

Ⅱ. 영국의 P2P 대출 규제 입법의 도입 배경 - 금융의 사회적 가치를 구현할 수 있는 대안적 금융수단의 합법화로서 건설적 규제 포획

전통적으로 영국 기업들의 은행에 대한 자금의존도는 매우 높아 중소기업 대출시장의 91%를 5개의 영국 대형은행이 점유해왔고 역사적으로 기업의 자금조달에 대한 대안적 수단의 부재가 어려움으로 지적되어 왔다.[9] 또한, 글로벌 금융위기 이후 금융기관이 보다 엄격해진 건전성 규제를 적용한 결과 중소기업의 자금

8) FCA, "A review of the regulatory regime for crowdfunding and the promotion of non-readily realisable securities by other media", 2015. 2.

9) Grant Thornton, "Alternative Lending: A regulatory approach to Peer-to-Peer Lending", (2015) p.4

난은 더욱 심화되어 왔다.

한편, 글로벌 금융위기의 원인에 대한 성찰을 통해 기존 금융기관, 관료와 규제당국, 정치인들이 광범위한 집단적 공익에 충실하기보다는 (대형 금융기관 중심의) 특정 이익을 옹호함으로써 1990–2000년대에 규제되지 않은 새도우 뱅킹(shadow banking) 영역이 널리 형성되었고, 금융기관과 감독기관간 회전문 인사 및 규제 없이 은행이 잘 운영되어왔다는 확립된 지적 패러다임에 기하여 광범위한 규제포획(regulation capture)이 이루어진 사실을 돌아보게 된 한편, 금융의 과잉과 과도한 특정한 금융 상품의 공급으로 인해 글로벌 금융위기가 초래되었을 수 있다는 비판이 있어왔다[10]. 이러한 문제의식을 토대로 2009년 FSA의 수장인 Turner는 글로벌 금융위기 이후 기존 금융규제 시스템이 금융의 사회적으로 유용한 기능인 '예금자를 생산적 투자로 연결하여 자본을 효율적으로 사용하고 자본과 거래의 흐름을 원활하게 하는(linking savers to productive investment, allocating capital to efficient use, [and] lubricating the flows of capital and trade)'을 수행하고 있는지에 대한 의문을 제기한 바 있다.[11] 이와 동일한 맥락에서 금융의 역할이 '창업을 위한 투자 및 궁극적으로 고용을 창출하는 것(what finance does for business making investment, what ultimately it means for jobs in the economy)'이 금융의 본질인지[12]에 대한 논쟁이 점화되어 영국 규제당국을 중심으로 기존 금융기관의 역할과 한계에 대한 재고가 이루어지게 되었다.

이러한 시각에서 영국 감독당국은 P2P금융이 금융의 사회적 기능인 중소기업의 자금난의 해소와 기업의 투자 및 고용창출 활성화에 기여할 수 있는 대안적 금융수단이 될 수 있을 것이라는 기대를 가지게 되었고, 상위 4개 업체(Funding Circle, Market Invoice, Ratesetter, Zopa)로 구성된 P2P업계[13]는 규제의 도입이 소비

---

10) Chris Rogers, Chris Clark, ibid, p.8

11) Adair Turner, Speech by Adair Turner, Chairman, FSA to the City Banquet, The Mansion House, London, 2009. 9. 22. http://www.fsa.gov.uk/pages/Library/Communication/Speeches/2009/0922 at.shtml

12) Philip Inham(2013), 'Mark Carney: banks need to reconnect with society', The Guardian 2013. 8. 8.

13) 2010년까지 위 4개 업체는 P2P대출의 100%를 차지해왔고, 2016. 1.에도 위 4개 업체가 시장의 70%를 차지해왔다. 영국의 Big3 P2P업체는 Zopa, Funding Circle, RateSetter를 말한다.
Zopa는 2005년 설립된 최초의 p2p대출플랫폼으로 소비자대출을 중심으로 운영해왔다. Zopa의 2016년 기준 누적 대출액이 18억 파운드가 넘고, 대주들에게 75백만 파운드의 이자를 지급하는 것을 도왔고, 2017. 5.FCA의 완전 승인을 받아 Innovative Finance ISA 상품을 판매할 수 있다. Zopa

자의 입장에서 P2P대출에 대해 정상적이고 신뢰할 수 있는 금융방식으로 인식되는 계기가 될 수 있으므로 적절한 규제의 도입을 요청해왔다. 규제에 대한 논의가 처음 시작되었을 당시P2P 대출시장의 99.8%를 차지하던 상위 3개사(Funding Circle, RateSetter, Zopa)는 규제도입에 원칙적으로 찬성하는 입장이었고, 2011년 8월 설립된 P2P대출업체들의 자율규제단체인 P2PFA(Peer－to－Peer Finance Association)는 소비자들을 위한 운영 리스크 부보를 위한 자본 유보금(capital reserve) 상한 설정, 대주를 위한 신용 리스크 평가의 건전성 기준 마련, 사기방지 조치에 대한 준수의무, 고객민원에 대한 적절한 처리의무, 회사의 운영 중지시 질서 있는 청산(orderly run－down of any firm that cease to operate)을 하는 내용을 담은 자율규칙(Operating Principle)을 마련하였다.[14)]

2012년 1월 영국 금융당국은 아직 P2P산업이 아직 규모가 작고 혁신적 시기에 규제를 너무 빨리 도입하는 것은 바람직하지 않다는 입장을 보였으나, 2013년 10월 FCA는 2014년 4월부터 FCA가 OFT가 수행하던 소비자대출관련 규제권을 이관받는 내용의 크라우드펀딩에 대한 검토보고서(Consultation Paper on crowd funding, CP 13/13)을 발표하였다. 이후 FCA는 2014년 2월 현존하던 소비자금융보호규칙을 P2P대출에 통합하여 개정안(Detailed Rules for the FCA Regime for Consumer Credit, Policy Statement, PS14/3)을 마련했다. 이는 영국 최대 P2P업체 3개사가 대주와 차

는 나아가 P2P 대출업 이외에도 예금자보호가 되는 상품을 공급하기 위해 2016년 은행업 허가를 신청한 상태이다.

Funding Circles은 중소기업에게 자금을 공급하는 사업모델을 가지고 있고, LandInvest는 2016. 7. 업계 4위로 Market Invoice를 추월했으며, 부동산을 개조하여 매각할 목적의 단기 모기지 상품에 자금을 공급하는 비즈니스를 업으로 영위한다.

14) Chris Rogers, Chris Clark, ibid, p. 15. P2PFA는 협회회원의 자격요건으로 다음 사항을 요구한다. ① 전자플랫폼을 통해 영국 내에서 채무에 기반을 둔 소매금융서비스에 종사할 것, ② 소비자 및 법인고객에 대한 대출자금공급을 위해 대출자의 자금을 사용할 것, ③ 가능한 경우 소매금융 소비자로부터 수취한 대출자금의 안전성확보, ④ 차주와 대주간 직접 대출계약을 체결하는 방식을 채택하여 운영, ⑤ 신용위험 및 운영 리스크 관리에 대한 높은 기준을 설정하고 보여줌, ⑥ 고도의 투명성과 모든 고객에 대한 명확하고 균형 있고, 공정한 정보제공, ⑦ P2PFA의 운영준칙(Operating Principle)에 대한 전적인 준수가 필요하다.

P2PFA는 Operating Principle을 통해 1) 명확성과 투명성과 관련, 구체적 공시 항목에 따른 부실채권, 채권회수율, 장부의 전면공개, 차주 및 대주에 대한 정확한 정보제공, 2)리스크관리와 관련, 신용위험관리, 자금세탁방지 및 사기방지, 고객자금관리, IT시스템관리, 장부 및 서류보관, 추심절차, 질서 있는 청산 절차, 3) 지배구조 및 통제, 4) P2PFA에 대한 정보제공의무 등을 규정하여 두었고, 보다 상세한 내용에 대해서는 아래 링크를 참조할 수 있다. http://p2pfa.info/wp－content/uploads/2016/06/Operating－Principals－vupdate2016.pdf

주의 모든 자금이 플랫폼 자체의 장부와 분리되는 '고객분리계좌(client segregated account)' 모델을 채택함에 따른 것으로 적절한 것으로 평가되었다.

2014년 3월 FCA는 P2P 플랫폼들의 기존 소비자보호기준을 담은 규정을 마련했는데 이는 기존 영국의 주요 P2P 플랫폼들이 옹호해 온 자율규제프로그램과 상당히 유사한 내용이었다. 또한, 2014년 3월 FCA는 크라우드펀딩 규제와 관련된 자문 기간(consultation period)에 발간된 보고서(The FCA's Regulatory Approach to Crowdfunding over the Internet, and the Promotion of Non-readily Realizable Securities by Other Media, Policy Statement, PS14/4(2014))를 통해 '사업 및 금융 리스크에 대한 관리 및 감시를 건전하게 할 수 있도록' 규제적 자본의 최소한을 보유하도록 하였으나, P2P 플랫폼 업체들을 포함한 여러 응답자들이 위 한도가 너무 높다고 보았거나 다른 계산방식을 채택하였으면 하는 의견을 제출함에 따라 건전성 기준을 새롭게 도입하는 회사들에게 지나치게 복잡하지 않은 건전성 규제를 강조하면서 P2P대출회사들에 대한 자본요건을 낮추는 쪽으로 방향을 선회하였다.

FCA 규제의 이러한 입장은 규제가 지나치게 과도하지 않았으면 하는 P2P 플랫폼의 우려사항을 반영한 것이었고, 또한 P2P대출플랫폼이 거래를 하지 않게 되더라도 대출채권이 계속 관리될 수 있도록 플랫폼이 갖추도록 할 새로운 규제체계는 당시 P2P 대주들이 이미 시행하고 있던 관행을 반영한 것이었다. 즉, FCA는 플랫폼들이 '이익과 규제비용에 대한 균형'을 맞추는 '균형적 체계'의 일부로 이러한 조치들을 취하는데 '합리적 단계'를 거치도록 요구한 것으로, 반드시 준수하여야 하는 법적 의무를 부과하는 것이 아니라 'P2P회사들이 그들이 수행하는 비즈니스 모델과 소비자의 필요에 부응할 수 있는 시스템과 통제체계를 설계'하도록 허용해준 것이다.[15] 특히 FCA는 P2P 대출플랫폼의 모든 커뮤니케이션이 '공정하고, 명료하고, 오인하게 하지 않도록' 하는 '공시에 기초한 체계(disclosure-based regime)'를 통해 이루어져야 함은 분명하지만, 특정한 공시 형식이나 어떠한 내용의 공시가 이루어져야 한다는 형식과 내용에 대해 규제하는 것은 아니며, 이는 각 비즈니스모델이 시장마다 다양하기 때문이라고 밝혔다.[16] 또한, 공시에서 특정 용어의 사용이 금지되는 것이 아니므로 회사가 오도를 하는 경우가 아니라면,

15) FCA, *The FCA's Regulatory Approach to Crowdfunding over the Internet, and the Promotion of Non-readily Realizable Securities by Other Media*, Policy Statement, PS14/4, (2014), p. 28

16) FCA, Ibid, p. 31

'보장되는' 혹은 '안전한' 등의 용어를 사용하는 것도 가능하다. 따라서, P2P대출업에 대해 명문화된 규제가 부재하므로, 이러한 규제체계가 영국 P2P플랫폼에 대한 실제 관행을 억압하지는 않는다고 보았다.

즉, 영국의 P2P 플랫폼을 선도해 온 회사들을 중심으로 구성된 P2PFA의 자율규제 및 업계 관행이 FCA가 새로 제정한 공식적 규제와 광범위한 유사성을 보이는 것과 P2P 규제에 대한 도입 요청이 업계로부터 시작되었음을 근거로 이를 학문적 개념의 규제포획(regulatory capture)[17]이라고 보여질 수도 있지만, P2P 대출시장은 일반적인 규제포획이 이루어지는 시장에 비해 규모가 작고 성숙되지 않아 이를 일반적 규제포획이라고 보기 어렵고, P2P 규제입법이 업계에 대해 '공식적 적법성(formal legitimacy)'를 부여함으로써 주요 감독당국이 인정한 금융의 사회적으로 유용한 목적을 달성하는데 기여하였다는 것을 볼 수 있어 이와는 차이가 있고[18] 이를 건설적 규제 포획으로 볼 수 있다고 평가된다. 즉, P2P대출은 1) Turner가 말한 '자본과 거래의 흐름을 원활하도록'하는 역할을 수행하고, 2) '예금자를 생산적 투자와 연결시키는' 전통적 금융 중개의 기능으로 대주와 차주간 금전이전을 하는 기능을 수행[19]하고, 3) '이자율 결정에서 대중의 조달역할(crowdsourcing of interest rate decision making)'로서 P2P대출의 차입 비용은 과거 소수 은행 엘리트들에게 향유되던 발권차익이 아니라 광범위한 고객의 결정에

---

17) 일반적으로 규제포획은 보다 광범위한 이익(the "have-nots")을 희생하면서 '특정한 이해당사자(the "haves")에 대해 특권을 부여(privileging of narrower interest)'하는 것으로 해석된다.(Mattli W and Woods N(2009) 'In Whose Benefit? Explaining Regulatory Change in Global Politics'. In: Mattlin W and Woods N(eds). *The Politics of Global Regulation.* Princeton & Oxford: Princeton University Press, pp. 1-43)

18) R. Aitken(2015), *Fringe Finance: Crossing and Contesting the Borders of Global Capital* Abingdon and New York: Routledge

19) 영국은행의 통계(Bank of England(2014) 'Trend in Lending')에 따르면 금융위기 이후 영국의 기업대출은 2007년 월 평균 74억 파운드의 비율에서 마이너스 11억 파운드로 떨어졌고, 개인대출의 경우 신용카드 및 기타 무담보대출을 포함한 개인대출의 성장세는 2010년 1.8%, 2011년 -0.8%, 2012년 0.3%에서 2013년 11월 3.3%로 늘어났으나 이는 2007년의 4.9%와 2008년의 5.1%에는 많이 미치지 못하였다. 특히 재정촉진을 공급하기 위해 은행의 3천7백5십억 파운드의 우량채권을 구입한 양적 완화 프로그램에도 불구하고, 2008년부터 개인이나 중소기업의 차입은 어려움이 있고 이들은 투자와 자금수요에도 불구하고 어려움을 겪고 있다. P2P대출플랫폼을 통해 2013년 개인과 기업에게 4억8천만 파운드를 중개하였고, 2014년에는 P2P를 통한 기업대출은 7억4천9백만 파운드에 달하며 개인의 경우 5억4천7백만 파운드에 달하였다. 특히 2014년 Nesta의 연구(NESTA, Understanding Alternative Finance: The UK Alternative Finance Industry Report 2014, NESTA, p.28)에 따르면, P2P대출을 이용한 기업의 1/3은 다른 어디에서도 자금을 조달하기 어려웠다고 한다.

기해 결정되며(크라우드 펀딩의 이자율 결정방식은 일종의 역 경매(reverse auction system)에 가까움[20]) 금융의 새로운 기능체계를 소개했다. 따라서, 예금주의 예금을 가지고 어떤 일을 하는지가 공시되지 않는 전통적 은행의 과점 체계와는 달리 '자금의 점진적 탈 중앙집권화'[21]의 일부로, P2P플랫폼은 대주-차주간 관계를 협상에 의해 결정하므로 기술적 인프라를 통해 일반인들에게 대출결정을 할 수 있도록 네트워크화된 정보를 제공함으로써 자금의 흐름을 촉진하는 매개체적 역할을 했다.

실제 P2P대출이 중소기업의 자금조달에 대한 대안적 금융으로써 효용을 보여왔고 금융당국의 금융의 사회적 가치에 대한 재평가를 통해 P2P을 금융혁신에 기한 사회적으로 유용한 금융수단으로 육성하고자 하는 의지를 가지고 도입하였기에 기존 금융기관의 과점에 기한 지대추구적 규제포획과는 차별화된 '건설적' 규제포획으로 볼 수 있을 것이다.[22] 특히 영국 정부는 이러한 혁신적 금융수단이 중소기업의 성장 및 생존에 중요한 역할을 할 것이라고 보고 이들에 대한 자금조달수단으로 크라우드펀딩의 육성을 지원하여 왔으며, 의회 역시 P2P와 크라우드 펀딩 플랫폼이 영국 주류은행과 경쟁하면서 이에 대한 대안으로 기능함으로 영국 소매금융시장을 개선시킬 수 있는 가능성을 가지고 있으며, 이러한 금융회사의 등장은 경쟁을 촉진시키고, 대주, 차주, 소비자 및 투자자의 선택의 폭을 넓혀준다'고 보았다.[23]

Ⅲ. 영국의 P2P금융시장의 개요

1. 영국 P2P업계의 개황

2010년까지 Zopa, Funding Circle, Market Invoice, RateSetter는 P2P대출의 100%를 차지해왔고, 2016. 1.에도 위 4개 업체가 시장의 70%를 차지해왔다. 영국의 Big3 P2P업체는 Zopa, Funding Circle, RateSetter를 말한다. Zopa는 2005년

20) 2015.9.까지 Funding Circle은 대출자들로 하여금 원하는 이자율을 제시하고 차주가 제안된 여러 대출 조건 중 최적 이율을 선택할 수 있도록 하였으므로, 결과적으로는 개인간 협상을 통해 현재 시장의 차입비용을 반영하는 대중의 자금조달(crowdsourcing)을 거쳐 이자율이 결정되어졌다.
21) Nigel Dodd(2014), *The Social Life of Money*, Princeton University Press
22) Chris Rogers, Chris Clark (2016), ibid, p.10
23) Parliamentary Commission for Banking Standards: "Changing Banking for Good"(57)

설립된 최초의 p2p대출플랫폼으로 소비자대출을 중심으로 운영해왔다. Zopa의 2016년 기준 누적 대출액이 18억 파운드가 넘고, 75백만 파운드의 이자를 대주들에게 지급하도록 하였고, 2017. 5. FCA의 완전 승인을 받아 Innovative Finance ISA 상품을 판매할 수 있게 되었다. 나아가 Zopa는 예금자보호가 되는 상품을 공급하기 위해 2016년 은행업 허가를 신청한 상태이며 인터넷은행의 형태로 사업을 영위할 예정이라고 한다. Funding Circles은 중소기업에게 자금을 공급하는 사업모델을 가지고 있고, LandInvest는 2016. 7. 업계 4위로 Market Invoice를 추월했으며, 부동산을 개조하여 매각할 목적의 단기 모기지 상품에 자금을 공급하는 비즈니스를 위주로 수행한다. 2017. 5. Funding Circle(현재 Zopa를 누적대출액 기준으로 추월하여 업계 1위가 됨)도 FCA로부터 승인을 받아 Innovative ISA에 포함되는 상품 출시가 가능하게 되었다.[24)]

2. 2015 영국Alternative Finance Industry Report에 나타난 P2P 대출관련 주요내용

영국 P2P현황과 관련한 보고서[25)]에 나타난 P2P대출과 관련된 크라우드펀딩의 현황은 다음과 같다. 우선, 1) 기업금융의 비중 증가와 관련, 약 20,000개의 중소기업들이 온라인 채널을 통해 220만 파운드의 자금을 조달하였다. P2P대출, 매출채권거래 및 채무증권을 포함한 대안적 기업금융은 총 18억2천만파운드로 영국 국내은행의 중소기업대출 중 3.43%의 규모에 달하였고, 소기업 대출의 경우, (부동산 대출을 제외한) P2P대출의 비중은 2015년 영국내 은행의 소기업에 대한 신규 대출액 기준 13.9%에 달하였다. 2) 기관투자자 참여 증가와 관련 P2P대출에 대한 기관투자자의 참여가 두드러졌고 약 45%의 플랫폼이 기관투자자의 참여를 보고하였으며, P2P 개인대출 중 32%의 대출이, P2P 기업대출 중 26%가 기관투자자에 의해 자금이 제공된 것으로 파악되었다. 3) 가장 인기 있는 단일 투자처는 부동산으로 부동산에 대한 P2P대출(부동산을 기초로 한 개인/기관 및 부동산 개발업체 등의 법인과의 대출거래) 및 부동산에 대한 증권형 크라우드펀딩(특수목적회사(SPV)에 등록된 증권의 매매를 통한 개인에 의한 부동산에 대한 직접 투자)은 2015년 기준 7억 파운드에

24) 2015년 기준 영국의 대안적 금융의 69%는 기업관련 플랫폼에서 나왔다. 아시아 태평양 지역 역시 61%의 시장규모가 기업대출과 관련되었다.

25) Bryan Zhang, Peter Baeck, Tonia Ziegler, Jonathan Bone, Kieran Garvey, Ibid, p. 11－15

달하였고, 각 6억 9백만 파운드 및 8천7백만 파운드를 차지하였다.

P2P 법인대출은 과거 법인의 거래실적에 기초한 개인/기관 및 법인간 담보 혹은 무담보부 채권거래를 말하는데, 2015년 총 14억 9천만 파운드(부동산 대출을 제외하면 8억 8천백만 파운드)에 달하여 가장 높은 비중을 차지하였다. 주목할 점은 6억 9백만 파운드의 P2P법인 대출이 부동산 분야에서 이루어진 것으로, 중소 부동산 개발회사에 대해 주거 및 상업 지역 개발에 자금조달을 한 것으로, 많은 P2P 부동산대출의 자금을 대는 대주는 기관투자자였다.

4) 현 규제체계에 대한 업계의 만족도는 90% 이상의 플랫폼이 현재 규제가 적절하고 균형잡혔다고 응답하였다. 5) 시장에서 가장 큰 리스크는 플랫폼 사기 혹은 부실운영으로 인한 실패라고 보았다.

Ⅳ. 영국 P2P 규제체계의 발전과 그 주요 내용

P2P대출관련 FCA 규제의 발전 과정

① 2013. 10. FCA는 Consultation paper 13/3을 통해 대출형 및 투자형 크라우드펀딩에 대한 규제 제안을 발의함

② 2014. 4. 1. FCA가 Office of Fair Trading에 속하던 소비자금융 규제를 이관 받고 Policy Statement 14/4를 통해 크라우드펀딩과 관련된 새로운 규칙(The FCA's regulatory approach to crowdfunding over the internet, and the promotion of non-readily realisable securities by other media, Feedback to CP13/13 and final rules)을 발의함

③ 2014. 10. 1. FCA가 임시 허가(interim permission)을 받은 회사[26]들로부터 정식 승인신청을 받기 시작함

④ 2015.2. FCA는 크라우드펀딩 및 non-readily realizable securities의 장려에 대한 규제체계 검토보고서(A review of the regulatory regime for crowdfunding and the promotion of non-readily realizable securities)를 발표하고, 급성장하는 시장에 대한 지속적 감시를 시행함

26) 2014. 4. 1. 이전 기존 Office of Fair Trading에서 대부업 허가를 받은 크라우드펀딩 플랫폼에 대해서는 FCA에 대한 정식 허가를 받기 전까지 기존 영업을 할 수 있는 임시 허가를 신청할 수 있도록 하고, 2015. 8월에서 10월 사이에 FCA에 허가를 신청하지 않으면 임시 허가의 효력이 상실되도록 하였으며, 2014. 4. 1. 이후 시장에 진입한 회사의 경우, 처음부터 FCA허가를 신청하여야 한다.

⑤ 2016. 3. FCA는 대출형 크라우드펀딩 플랫폼의 고객자금의 분리에 대한 최종규칙을 담은 Policy Statement PS16/3을 발표 ⑥ 2016. 4. FCA의 전체 소비자금융 규제가 발효되어 기존 임시 허가(interim permission) 체계를 대체함 ⑦ 2016. 7. 8. FCA는 2016. 9. 8.까지 FCA의 크라우드펀딩 규제에 대한 실행 후 검토보고서에 대한 요청(call for input to the scheduled post-implementation review of the FCA's crowdfunding rules)을 함 ⑧ 2016. 12. FCA는 검토요청에 대한 답변의 중간발표(Feedback Statement, Interim feedback to the call for input to the post-implementation review of the FCA's crowdfunding rules, FS16/13)를 통해 제기된 문제점들을 반영한 새로운 규정에 대한 자문보고서(consultation)을 발표할 것을 예고함 ⑨ 2017. 4. 1. 대출형 크라우드펀딩 플랫폼의 최저자본금요건이 20,000파운드에서 50,000파운드로 증액됨 2019 FCA가 CCA Conduct 요건에 대한 검토를 완료하고 규칙에 기반한 대안을 마련하기로 함

1. 2013. 10. Consultation Paper(이하 CP) 13/13의 주요 내용

FCA는 위 보고서를 통해 P2P대출 관련 규제안을 제시하였고, 과거 Office of Fair Trading에 의해 규제되던 P2P대출을 FCA에 의한 규제로 이관함을 밝혔다. FCA는 P2P대출플랫폼을 Financial Services and Market Act 2000(이하 'FSMA'라 함)의 Regulated Activities Order(이하 'RAO')[27] 에 규정된 Article 36H를 통해 대출과 관련된 전자시스템을 운영하는 자(operating an electronic system in relation to lending)로 정의하고, 증권형 크라우드펀딩 규제안도 포함하였다.

27) FSMA Section 19는 일반적 금지(The general prohibition)조항이라고 하는데, 영국 내에서는 허가받지 않은 자(authorized person) 혹은 예외를 받은 자(an exempt person)가 아니면 규제되는 행위(regulated activities)를 하지 못하도록 하는 금지조항으로, section 23 내지 25에서는 각종 예외 및 형사처벌을 규정하고 있으며, 또한 회사가 동 조항을 위반한 경우에 대한 시정조치도 규정하고 있다. 규제되는 행위의 개념과 구체적 유형에 대해서는 the Financial Services and Markets Act 2000 (Regulated Activities) Order 2001, SI 2001/544 (RAO)를 통해 규율하고 있고, P2P계약에 대해서는 Financial Services and Markets Act 2000(Regulated Activities)(Amendment)(No.2) Order 2013(2013 No. 1881)의 Article 36H를 통해 규제되는 행위의 일종으로 포함한 것이다.

(1) 새로운 규제체계 및 P2P의 정의규정과 관련된 해석

P2P대출은 기본적으로 FSMA상 새롭게 정의된 규제행위로 개인 차주에 대해서는 Consumer Credit Act(이하 'CCA'라 함) 및 이에 관련된 FCA Handbook이 적용된다.

P2P대출은 RAO Article 36H[28]에서 정의한 대출과 관련된 전자시스템을 운영하는 것(operating an electronic system in relation to lending)은 전자적 시스템을 통해 시스템운영자(A)가 Article 36H에서 정의한 P2P대출계약상 대주 및 차주가 될

---

28) Operating an electronic system in relation to lending

36H.—(1) Where the condition in paragraph (2) is satisfied, operating an electronic system which enables the operator ("A") to facilitate persons ("B" and "C") becoming the lender and borrower under an article 36H agreement is a specified kind of activity.

(2) The condition is that the system operated by A is capable of determining which agreements should be made available to each of B and C (whether in accordance with general instructions provided to A by B or C or otherwise).

(3) The following are specified kinds of activities if carried on by A in the course of, or in connection with, the carrying on by A of the activity specified by paragraph (1) (a) presenting or offering article 36H agreements to B and C with a view to B becoming the lender under the article 36H agreement and C becoming the borrower under the article 36H agreement, (b) furnishing information relevant to the financial standing of a person ("Y") with a view to assisting in the determination as to whether another person should (i) enter into, as the lender, an article 36H agreement with Y, or (ii) assume the rights of the lender under an article 36H agreement under which Y is the borrower, (c) taking steps to procure the payment of a debt due under an article 36H agreement, (d) performing duties, or exercising or enforcing rights under an article 36H agreement on behalf of the lender, (e) ascertaining whether a credit information agency (within the meaning given by article 89A(6)) holds information relevant to the financial standing of an individual or relevant person, (f) ascertaining the contents of such information, (g) securing the correction of, the omission of anything from, or the making of any other kind of modification of, such information, or (h) securing that a credit information agency which holds such information (i) stops holding the information, or (ii) does not provide it to any other person

(4) An "article 36H agreement" is an agreement between one person ("the borrower") and another person ("the lender") by which the lender provides the borrower with credit (within the meaning given by article 60L) and in relation to which the condition in either paragraph (5) or (6) is satisfied.

(5) The condition in this paragraph is that the lender is an individual or relevant person.

(6) The condition in this paragraph is that the borrower is an individual or relevant person

(a) the lender provides the borrower with credit less than or equal to £25,000, or

(b) the agreement is not entered into by the borrower wholly or predominantly for the purposes of a business carried on, or intended to be carried on, by the borrower.

(7) Paragraphs (5) and (6) of article 60C (exempt agreements: exemptions relating to the nature of the agreement) apply for the purposes of paragraph (6)(b).

당사자들(B와 C)간 계약체결을 중개하는 것을 말한다. 여기서 이 행위의 특징은 차주를 발굴하고, 그들의 신용상황을 확인하고, 계약서를 체결하고, 자금을 상환하고, 채권을 관리하며, 추심을 하는 것을 포함한 완전한 대출서비스의 제공을 통한 넓은 의미에서 대출 관계를 중개함에 있어 전자적 시스템을 사용하는 것을 의미한다. 플랫폼은 또한 대주와 차주를 위해 계약과 관련된 제반 사항들을 판단할 수 있어야 한다. [29)]

RAO 36H에 규정된 FCA의 규제를 받는 P2P계약은 대주와 차주간 (ⅰ) 또는 (ⅱ) 요건이 충족된 상황에서 대주가 차주에게 신용을 제공하는 계약을 말하며, (ⅰ)은 대주가 개인 혹은 이에 관련된 자(2-3명으로 이루어진 조합 혹은 비법인)이거나(대주가 개인인 경우, 차주의 차입한도가 없음), 혹은 (ⅱ) 차주가 개인 혹은 이와 관련된 자로서 (a) 대주가 (개인) 차주에게 25,000파운드 이하를 대출하거나, (b) 계약이 (개인) 차주가 전적으로 혹은 주도적으로 운영하거나 운영할 예정인 사업에 대한 대출이 아닌 경우(여기서 계약의 성격에 따른 Article 60C의 예외규정이 적용되며, 차주가 개인 사업을 위한 대출을 받더라도, FCA의 규정을 준수한다는 서약을 제공하는 경우(Art 60C(5)) 혹은 대주나 대주의 대리인 등이 대출금이 차주의 개인 사업에 이용되지 않음을 알았을 경우(Art 60C(6)에는 그 예외)에 해당되어야 한다. 만약, (ⅰ)이나 (ⅱ)의 요건이 적용되지 않는다면, 위 계약은 36H계약이 아니며, 이와 관련된 규제가 적용되지 않는다.[30)] 다시 정리하면, 36H가 적용되는 P2P대출플랫폼을 이용한 대출계약의 경우, ① 대주가 개인인 경우(Art 36H(5)), ② 대주가 개인 혹은 법인이든 관계 없이, 차주가 개인인 경우에는 ⓐ 25,000파운드 이내(Art 36H(6)(a))의 차입, 또는 ⓑ 차주의 사업자금이 아닌 경우(생활자금, 모기지 자금 등 기타 용도)(Art 36H(6)(b))에 해당된다. 다만, ⓑ의 경우에도, 계약의 성격에 따라

29) Emily Reid, Julia Black, "The Future for peer-to-peer(P2P) lending: the proposed regulatory framework for lending platforms", *Butterworths Journal of International Banking and Financial Law*, January 2014, p. 37

30) 예를 들어 자선단체(Charities)와 Appointed Representation과 같은 경우, FCA의 승인을 받을 필요가 없다. FSMA2000(Exemption)Order 2001(SI 2001/1201)의 부속 44(A1)에 규정된 Charities(Art 3)경우, 36H 계약과 관련된 행위 제한 규정이 적용되지 않는다. 또한, Appointed Representative는 FCA나 PRA로부터 직접 승인을 받고 회사를 위해 규제되는 행위를 할 수 있는 회사를 말하는 바. FSMA2000(Appointed Representative) Regulations 2001(SI 2001/1217) 2(1)에 의하면, 36H 규제행위를 수행할 수 있는 인가를 받은 회사의 대리인(appointed representative)로 행위 하는 경우, 규제의 적용을 받지 않는다.

차주의 개인사업자금 용도의 대출이더라도 FCA규정 준수에 대한 차주의 서약이 있거나, 대주가 차주의 개인사업에 이용되지 않음을 알거나 알 수 있던 경우에는 Art 36H에 의한 계약이라고 본다(Art 36H(7), Art 60 (5), (6)). 따라서, Art 36H 계약은 P2P(개인 대 개인), B2P(법인 대 개인), P2B(개인 대 법인)간 체결된 계약에 한정되며, B2B간 온라인 플랫폼을 이용한 대출계약은 FCA의 규제대상이 아니다.[31)]

영국 감독당국은 P2P대출을 증권형 크라우드펀딩보다 리스크가 낮다고 보아 별도의 규제를 두지만, 새로운 혁신적 모델에 대한 향후 발생하는 리스크를 감안하여 향후 규제방향을 점검하기로 했다. FCA는 P2P플랫폼을 다른 지정된 투자와 같이 취급하지만, P2P 대주들은 투자자보호기금인 Financial Services Compensation Scheme(이하 'FSCS'라 함)의 부보를 받지는 않는다.[32)] 다만, FCA는 공시원칙에 입각하여, 투자자들로 하여금 정확한 정보를 제공받고 투자결정을 내릴 수 있도록 공정하고, 명백하고 오도하지 않도록 요구하였고, FCA의 2가지 주요 규정으로 투자자를 위한 The Conduct of Business Sourcebook(이하 'COBS'라 함), 차주를 위한 Consumer Credit Sourcebook(이하 'CONC'라 함)이 각각 적용되며, 기타 금융상품광고와 관련된 규제도 적용될 수 있음을 밝혔다.

(2) P2P대출에 적용되는 Consumer Credit Sourcebook(CONC) 규정

살펴본 바와 같이, P2P대출 플랫폼의 차주가 개인 혹은 이와 동등한 자(2-3인으로 이루어진 조합이거나 비법인 사단)이며, 특정한 예외 규정이 없다면 규제되는

---

31) 한편, 위에서 본 RAO Art 36H계약의 정의상 FCA의 규제대상인 P2P계약은 B2P계약을 포함하지만, FCA Handbook Glossary에 규정된 P2P agreement의 정의는 B2P를 포함하지 않는 부분에서 오해의 소지가 있을 수 있다(https://handbook.fca.org.uk/handbook/glossary/G3218.html). 소비자대출규정(Consumer Credit Sourcebook(이하 'CONC')) 상 'P2P계약'은 36H계약의 하위개념으로 Handbook의 다른 부분에서 정의된 개념보다 협소한 개념이다. 이는 CONC가 차주를 위한 보호만을 규정하고 있음에 반하여, 고위경영, 시스템 및 통제규정집(Senior Management Arrangement, Systems and Controls sourcebook(이하 'SYSC'), 투자사업에 대한 임시건전성 규정집(Interim Prudential Sourcebook for Investment Businesses(이하 'IPRU(INV)')) 12, Conduct of Business Sourcebook(COBS), Client Asset Sourcebook(CASS), Supervision Manual(SUP), Dispute Resolution: Complaints sourcebook(DISP)은 일반적으로 개인이 일방당사자인 대출계약에 적용되며, 투자자가 개인인 경우 추가적 보호요건이 적용된다(Emily Reid, Julia Black, Ibid, p.38).

32) 이는 P2P대출플랫폼이 직접 대출을 실행하는 대주가 아니라 중개자에 불과하므로 이에 따른 FSCS 적용여부에 대한 논쟁의 출발은 P2P대출플랫폼회사들의 영업 행위에 대한 오해에서 비롯된 측면도 있다고 보이며(Chris Rogers, Chris Clarke, ibid, p. 13), FCA가 P2P대출플랫폼을 FSCS의 부보 대상에 포함시키지 않은 것은 중요한 정책적 결정으로 추가적 규제비용이 너무 크다는데 있었다(FCA, PS14/4, (2014), p. 18).

대출계약에 해당된다. 투자자(대주)가 개인(혹은 이와 동등한 자)에게 업으로(기관투자자의 경우 이에 해당) 대출을 해주는 경우, CCA의 전면 적용을 받으며, 투자자들은 FCA의 대주와 관련된 규제의 적용을 받아야 한다. 차주가 대출을 업무로 행하는 것이 아니라도 규제되는 대출계약에 해당될 수도 있으나, CCA상의 '비상업계약(non-commercial agreement)'에 해당될 수 있고 FCA의 승인이 필요하지 않을 수 있다. 대출이 비상업적인 경우라고 하더라도 P2P플랫폼 운영 회사들은 차주에 대한 주요 리스크를 포함하여 대출계약 체결 전 적절하고 충분한 설명을 제공해야 하며(CONC 4.3), 차주의 신용도에 대한 평가를 하고(CONC 5.5), 채무의 지연, 불이행 및 추심과 관련된 CONC규정의 준수(CONC 7.17-7.19), 차주에 대한 14일의 철회권을 제공(CONC 11.2)을 하여야 한다. 또한, P2P 계약의 광고는 투자 전 소비자들에게 리스크를 평가할 수 있도록 공정, 명료하며 오도하지 않는 방식으로 제공하여야 하며, P2P 대출계약과 관련된 차주 및 예비 차주에 대한 광고 등의 규칙 및 가이드라인도 규정하고 있다(CONC 3.7A).

(3) FCA Handbook 중 P2P대출에 대한 적용규정

FCA는 P2P대출 관련 별도의 웹페이지[33]를 통해 이에 적용되는 매뉴얼 및 규정집(sourcebook) 등을 제공하고 있는데, 그 주요 규정체계는 다음과 같다. ① 영업행위 원칙(Principle for Business(PRIN))에서는 모든 경우에 준수해야 할 기본적 의무를 담고 있다. ② 기본 준수조건(Threshold Conditions(COND))는 P2P회사가 승인을 받고 유지를 하지 위한 최소한의 법적 조건 및 이에 대한 가이드라인을 제공하고 있다. ③ 감독 메뉴얼(Supervision Manual(SUP))은 FCA와 회사들간 관계에 관련된 요건을 규정하고 있다. ④ 고위경영, 시스템 및 통제규정집(Senior Management Arrangement, Systems and Controls sourcebook(SYSC))는 승인 받은 회사들이 준수해야 할 이해관계상충, 업무위탁, 회계장부 및 자금세탁방지 등과 관련된 상위규정 등을 기술하고 있고, P2P대출플랫폼회사들의 도산시 청산계획 및 대출채권관리 등과 관련해 SYSC 4.1.8 AR에서 규정하고 있다. ⑤ 고객자산규정집(Client Asset Sourcebook(CASS))의 CASS 7은 고객자금보관과 관련된 가이드라인을 제공하며,

---

33) FCA, "Loan-based crowdfunding platforms: summary of our rules"(First published: 11/05/2015 Last updated: 07/06/2016). https://www.fca.org.uk/firms/project-innovate-innovation-hub/loan-based-crowdfunding-platforms-summary-our-rules

CASS 7.10.7 A－7.10.8은 CASS 7을 P2P대출플랫폼에 적용하는 것에 관련된 것이다. ⑥ 투자사업에 대한 임시건전성 규정집(Interim Prudential Sourcebook for Investment Businesses(IPRU(INV)))도 P2P대출회사에 적용되는데, IPRU(INV) 12는 대출 P2P 플랫폼 운영회사들에 대한 건전성 및 통지요건 등을 규정하고 있다. ⑦ 영업행위 규정(Conduct of Business Sourcebook(COBS))은 '지정투자영업(designated investment business)'을 영위하는 회사들에 대해 적용되는데, P2P대출플랫폼을 운영하는 회사들의 경우는 지정투자영업을 하는 회사의 정의에 포함된다. ⑧ 분쟁해결, 민원규정집(Dispute Resolution: Complaints sourcebook(DISP))은 금융회사들이 제공하는 금융회사의 서비스와 관련된 민원의 회사 내부의 처리 및 신속한 해결과 최소한의 요건으로 해결되도록 하는 법률상 규제인 금융옴브즈만 서비스(Financial Ombudsman Service(FOS))의 운영과 관련된 규칙과 가이드라인을 담고 있다. ⑨ 불공정계약조건규제가이드(Unfair Contract Terms Regulatory Guide(UNFCOG))는 FCA가 소비자계약과 관련된 불공정 조건을 규제하는 방향과 2015년 소비자권리법(Consumer Rights Act 2015)에 대한 접근방향을 규정한다.

(4) CP13/13의 주요내용

동 보고서를 통해 FCA가 최초 제안한 P2P대출과 관련된 규제의 주요방향은 다음과 같다.

1) 건전성 요건

P2P대출플랫폼은 사업의 영속성을 확보하기 위해 최소한의 건전성요건을 갖추어야 하고, 건전성 요건을 갖추기 위한 3년간의 경과 기간을 둔다(CP 13/13 Section 3.30 내지 3.33).

구체적으로 ① 최소자본금 및 ② 대출액에 따른 추가자금이 요구되며, ①은 2017. 3. 31.까지 2만파운드이며, 그 이후로는 5만파운드로 증액되며, ②의 경우, 대출잔액 5천만 파운드까지는 대출잔액의 0.3%, 대출잔액 5천만 파운드에서 5억 파운드 사이인 경우에는 대출잔액의 0.2%, 5억 파운드를 초과하는 경우는 0.1%를 확보하여야 한다. 회사가 하나 이상의 건전성 요건의 적용을 받는 경우(예를 들어 이미 회사가 FCA 혹은 PRA의 규제를 받는 경우), 더 높은 기준의 적용을 받도록 한다. 또한, FCA는 대출액의 총 가치가 15% 이상 증가한 경우 건전성 요건을 재점검하도록 하였다.

2) 고객자금보관(일반규정)

고객자금을 보관하는 대출자들은 Client Assets Sourcebook의 적용을 받는다. 일부 회사들은 고객의 자금을 보관하는 범위 내에서 이미 CASS의 요건의 적용을 받고 있었으며, 회사는 수탁자(trustee)로서 고객자금을 보관하며, 이에 대한 안전장치를 마련하여야 한다. FCA가 P2P대출플랫폼에 대해 반영하고자 한 CASS의 주요 요건은 회계장부작성 및 내부 조정을 위한 적절한 조직요건을 갖출 것과 CASS 청산계획서(CASS Resolution Pack)을 포함한다. 따라서, 회사들은 사기, 오용 및 부실한 회계장부관리 등으로부터 고객의 권리를 보호할 수 있는 적절한 조직요건을 갖추어야 한다.

3) 고객자금-파산시 혹은 1차 분배

플랫폼 운영자들은 플랫폼 파산시 대출채권 관리를 위한 프로그램을 만들어야 한다. CASS는 도산시에 적용되며, FCA는 플랫폼에 보관 중인 차주가 상환하였으나 투자자에게 지급되지 않은 자금이 관련된 투자자에게 반환되기 위해 파산한 플랫폼을 위한 파산관재인에 의해 지급되어야 한다고 보았다. 파산 이후 수령한 자금의 경우, 파산 전 플랫폼의 자금과는 혼장되지 않아야 하며 투자자에게 바로 반환하여야 한다. 만약 회사가 적절한 도산시 절차상 보호가 있다면, 차주에게 수령한 수수료에 기초하여 투자자에게 자금을 반환하면 된다.

4) 고객자금-제3자의 도산시

제3자(고객의 자금을 보유한 은행 등)의 도산은 2차 분배사항으로 분류된다. 회사는 은행 도산의 결과 부족해진 금액을 투자자에게 반환하거나 손실액을 계산하여 각 고객에게 반환하면 된다. 이러한 경우 도산기관이 은행인 경우 투자자들은 금융서비스보상기금(FSCS)의 적용을 받을 수 있다.

5) P2P플랫폼 운영회사의 도산시 고객 보호

FCA는 회사의 운영중단시 채권이 계속 관리될 수 있는 장치를 마련하는 규정을 제안하려고 한다. 이러한 경우, FCA는 고객의 자금이 CASS에 따라 투자자들에게 분배되는 것, 고객자금규칙에 따라 지속적으로 상환 받을 수 있는 새로운 고객은행계좌가 마련될 것, 새로운 대출이 금지되며, 기존 계약조건에 따라 기존 대출은 유효할 것, 회사가 기존 대출을 관리할 수 있도록 하고, 적절한 투자자에 대한 상환 및 지연상환에 대한 관리 등을 계속할 수 있도록 할 것을 요구한다.

6) 철회권(Cancellation Right)

격지간 마케팅 기준인 Distance Marketing Directive(이하 'DMD'라 함)를 준수하기 위해 소비자들의 철회권이 인정된다. 소비자(consumer)[34]들은 플랫폼에 대해 14일 동안 대출을 취소하거나 그들의 자금을 인출할 수 있는 권리를 가진다.[35]

7) 공시규정(disclosure rules)

소비자에게 공시된 정보는 금융 광고 규정(financial promotion rule)을 따라야 한다. 결과적으로, 예금이자율과 대출플랫폼의 이자율을 비교하는 현재 관행은 금지되며, 결과적으로 투자의 성격 및 리스크에 대한 보다 적절한 기술이 요구된다.[36]

8) FCA의 Financial Ombudsman Service를 포함한 분쟁해결관련 규정이 P2P 대출플랫폼에 적용된다.

2. 2014. 4. FCA의 CP13/13에 대한 답변 및 최종규칙(Policy Statement(이하 PS) 14/4)의 주요내용

(1) 금융서비스보상기금(Financial Service Compensation Scheme, FSCS) 적용여부

FCA는 P2P플랫폼을 통한 투자는 FSCS의 보호를 받지 못한다는 사실을 P2P플랫폼 운영회사들이 이를 잠재적 투자자에게 설명하도록 요구하며, P2P플랫폼 실패의 경우, 규제자본 및 청산계획을 통해 충분히 투자자가 보호받을 수 있다고 보아 투자자보호기금의 적용이 필요하지 않다고 보았다.[37]

(2) 건전성요건(Prudential Standard)

P2P대출플랫폼에 대한 건전성 요건은 2017. 4. 1.부터 적용되며, 업계의 요청

34) RAO Article 36J에 의하면, 소비자(consumer)는 Article 36H에 의한 P2P대출플랫폼으로부터 서비스를 제공받는 개인 차주 혹은 대주로써, Art 36J에 따른 대출계약을 체결한 자를 말한다.

35) CASS 7.3

36) COBS 2.2, COBS 14.3

37) P2P대출플랫폼이 대주가 아니라 중개자에 불과함에도 불구하고, P2P규제와 관련된 논의의 출발이 P2P플랫폼의 역할에 대한 오해에서 비롯된 경우도 많다는 지적은 타당하다. Funding Circle의 대표이사인 Andrew Muller는 한 인터뷰에서 '우리는 대출을 실행하지 않고, 대출계약은 대주와 차주간 체결되므로, 계약조건에 따른다면 차주의 채무불이행에 따른 리스크는 크다고 볼 수 없다는 것이다. Zopa 역시 계약이 대주와 차주간 체결되고 P2P대출플랫폼을 통한 거래가 중지된 경우 "예를 들어 고객의 자금이 Zopa의 사업과 전면적으로 분리되어 RBS의 신탁계정에 예치되어 대출될 예정이라면, RBS가 파산하더라도 고객의 자금은 투자자보호기금(FSCS)의 보호를 받는다"라고 설명하였다(Chris Rogers, Chris Clark, ibid, p. 13-14).

을 반영하여 최초안이 다음과 같이 수정되었는데, 플랫폼운영자는 ① 대출잔액 총액기준 5천만파운드까지는 이의 0.2%, ② 대출잔액 총액기준 2억5천파운드까지는 이의 0.15%, ③ 대출잔액 총액기준 2억5천파운드부터 5억파운드까지는 이의 0.1%, ④ 대출잔액 5억파운드를 넘는 부분은 이의 0.05% 등으로 최소자본요건을 갖추어야 한다.

P2P대출플랫폼은 2017. 3. 31.까지 FCA로부터 계속 운영을 위한 인가를 받아야 하고 동 기간 동안의 최소 건전성자본은 2만 파운드로 하되, 2017. 3. 31.이후 최소 건전성자본은 5만 파운드로 증액되어 이를 준수하여야 한다.

(3) 고객자금과 관련된 규칙(Client Money Rules)

고객자금을 보관하는 P2P대출플랫폼은 법률상 신탁으로 고객자금을 보유할 허가를 받아야 하며, CASS적용을 받는다. 다만, 법률상 신탁의 경우, 계약상 고객자금으로부터 보관수수료를 부담하므로, 이는 고객 자금 전액을 것과는 차이가 있다. 고객으로부터 담보가 설정된 자금을 수령하여 차주에게 전달하는 경우, 실제 수령한 자금에 한해서만 분리보관을 해야 하지만, 담보모델을 운영하는 회사들의 경우 역시 고객의 자금을 짧은 기간 보관하더라도 CASS는 적용된다. 플랫폼운영사의 파산시 회사가 보유한 자금의 반환과 관련, CASS 7A(고객자금분배규칙)과 같이 회사가 보유한 금전을 돌려주기에 부족한 경우, 파산관재인에 의해 계산된 바와 같이 고객에게 균분(pro rata) 반환되며 파산관재인 보수 역시 회사가 보유한 고객자금에서 균분 부담된다.

(4) 플랫폼 운영사의 파산에 대한 보호(Protections in the event of failure of the firm running the platform)

P2P대출플랫폼을 운영하는 회사의 도산이나 대출행위를 중단하는 경우에도, 이를 통해 체결된 대출계약들이 계약조건에 따라 계속 관리될 것을 보장하는 합리적 조치들이 마련되어야 한다.

(5) 철회권(Cancellation Rights)

Distance Marketing Directive(DMD)는 격지에서 체결되는(고객과 공급자 혹은 중개자가 동시에 대면하여 체결되는 것이 아닌)금융서비스계약 대부분에 대해 이유를 불문하고, 벌금 없이 일정기간에 철회할 수 있는 권리를 준다. 그러나, 상품가격이 회사의 통제밖에 있어 금융시장에 의해 결정되는 투자를 위한 격지간 계약의 경우는 철회권이 부여되지 않는다. 따라서, 2차 유통을 포함하지 않는 P2P대출플랫폼의 경우에는 철회권이 인정된다.

(6) 공시규정(Disclosure Rules)

구체적인 공시양식이나 사항을 강제하는 것은 현재 시장에서 비즈니스모델이 매우 다양하므로 적절하지 않다고 보아 회사로 하여금 투자의 성격 및 리스크, 고객에게 필요한 정보를 고려하여 적절하고 정확한 정보를 전달하도록 요구하는 원칙만 규정하였다. 다만, 회사들은 그들의 비즈니스 모델 및 대출금이 지연되거나 채무불이행이 되는 경우 대출에 대한 평가를 하는 방식등에 대해 정보를 제공하여야 한다. RAO 및 Financial Promotion Order가 Article 36H 계약에 적용되므로, 웹사이트 및 대출 상세조건은 이러한 규정의 적용을 받는 금융상품광고(financial promotion)로 본다. 과세와 관련, 회사들은 고객이 납세의무를 알 수 있도록 충분한 설명을 제공하여야 하며, 다른 투자상품과 비교하여 순 소득을 알 수 있도록 해야 한다.

(7) 분쟁해결 및 금융 옴부즈만에 대한 접근(Dispute Resolution and access to the Financial Ombudsman Service)

FCA는 업계의 요청을 받아들여 투자자들의 민원제기권을 부여하되, 1차적으로는 회사에 대해 제기하고 이후 필요하다면, Financial Ombudsman Service[38]를 이용하도록 하였다. 분쟁해결에 대한 규정은 민원이 신속하고 공정하게 처리된다면, 특정한 절차를 거쳐야 하는 것이 아니다.

(8) FCA 보고요건(FCA reporting requirement)

FCA는 회사들로 하여금 그들의 재무상태, 보유한 고객의 자금, 민원, 매 분기별 주선한 대출의 세부사항을 보고하여야 한다. 즉, 건전성 및 재무상황(prudential and financial position), 25%이상의 대출잔액 총 가치의 변동시 통지(notification of change in total value of loans outstanding of 25% or more), CASS의 중견 및 대형회사들을 위한 고객자금상태(client money position for CASS medium and large firms), 투자자의 민원제기 현황, 직전분기에 주선한 대출에 대한 정보(information on loans arranged over the previous quarter) 등을 보고하여야 하며, 이는 P2P대출플랫

38) Annex K of Appendix 2 of PS 14/3, Detailed rules for the FCA regime for consumer credit, 2014. 2.

폼을 운영하는 모든 회사들에게 2014. 10. 1.부터 적용된다.

3. 2015. 2. FCA의 크라우드펀딩 규제체계에 대한 평가보고서(Review of the regulatory regime for crowdfunding and the promotion of no-readily realizable securities by other media)

임시허가를 받은 P2P대출플랫폼 운영사들에 대한 FCA의 규제가 2014. 4. 1.부터 시작되었고, 보다 상세한 회사의 운영행위에 대한 규정은 2014. 10. 1.부터 시행되기 시작했다.

회사가 규제되는 크라우드 펀딩을 영업으로 하기 위해서는 FSMA 제19조[39] 위반을 피하기 위해 FCA의 허가를 받아야 하며, P2P대출플랫폼에 대한 허가 요건[40]은 다음과 같다. ① 적절하고 상세하게 작성된 예상 사업(과 이에 관련된 리스크), 예산 및 자원(인력, 시스템 및 자본)을 담은 규제관련 사업계획서를 제출할 것, ② 적절한 비재무적 자원(금융규제와 관련된 적절한 지식 및 경험을 가진 경영진)을 보유할 것, ③ 지원서 제출시 적정한 재무적 요건을 갖추고 있을 것(이러한 요건을 충족하기 위한 미래의 자금조달 계획으로는 부족함), ④ 회사가 승인을 받는 경우 어떻게 운영될 것인지를 보일 수 있는 현재 운영하거나 적절한 단계에 있는 웹사이트(사용자 인터페이스 및 기능이 사용자에게 제공된다는 것을 보일 수 있는 시범 운영되는 웹사이트, 앱이나 스크린 샷)를 보유할 것, ⑤ FCA승인요건 및 지원하고자 하는 허가요청서를 이해하고, 완전한 신청서를 작성할 것(회사가 운영하고자 하는 규제대상 행위의 개요를 포함)이 요청된다. 이와 같이 FCA의 승인을 받은 P2P대출플랫폼 운영회사들은 대출중개, 채권관리 및 추심업무를 하거나 대주로서 규제되는 대출계약의 당사자로 참여할 수도 있으나, 이와 관련된 별도의 허가가 필요한 경우 이를 신청하여야 한다.

FCA는 Innovate Hub를 신설하여 혁신적 금융상품이나 서비스를 공급하는 회

---

39) FSMA Section 19는 일반적 금지조항(The general prohibition)이라고 하는데, 영국 내에서는 허가 받지 않은 자(authorized person) 혹은 예외를 받은 자(an exempt person)가 규제되는 행위(regulated activities)를 하지 못하도록 하는 금지조항으로, section 23 내지 25에서는 각종 예외 및 형사처벌을 규정하고 있으며, 또한 회사가 동 조항을 위반한 경우에 대한 시정조치도 규정하고 있다. 규제되는 행위의 개념과 구체적 유형에 대해서는 RAO (the Financial Services and Markets Act 2000 (Regulated Activities) Order 2001, SI 2001/544 (RAO)에 규정되어 있다.

40) FCA, "Review of the regulatory regime for crowdfunding and the promotion of no-readily realizable securities by other media)", (2015), p.6

사들에게 승인요청신청 및 각종 허가 승인에 대한 지원을 제공하고, 해당 규제에 대한 안내자료 등을 제작해왔다.

2014년부터 시작된 크라우드 펀딩 규제와 관련, FCA는 회사의 고위경영진과 면담, 웹사이트 감시 및 매월 경영정보(Management Information, MI)를 제공받는 방식으로 투자상품의 성격 및 자산운용이 적절하게 되는지 등에 대한 금융상품 광고가 명료하고, 공정하고, 오도하지 않는지를 포함한 소비자에 대한 적절한 보호가 이루어지는지에 대한 정기적 리뷰를 통해 이를 감독해왔다. 이에 더하여 P2P대출업에 대해서는 규제의 목적과 관련된 지배구조, 경영진 및 5개의 회사에 대한 리스크를 잘 평가하기 위해 추가적인 예측을 위한 감독목적의 방문을 실시하였다. 이러한 방문을 통해 신용리스크와 자금세탁방지 및 적합성원칙(Know Your Customer, KYC)에 대한 점검이 이루어졌으며, 모든 회사들이 개인 및 기업에 대한 대출에 관심있는 개인들로 하여금 최종적으로 대출이 이루어지는 차주에 대한 리스크를 평가할 수 있는 것을 담보할 수 있는 것에 중점을 두었음을 확인했다. 특히, FCA는 플랫폼들이 잠재적 투자자 모두에게 투자여부 결정을 내리는데 관련된 모든 정보를 공개하고 있는지를 주요하게 보았다.

FCA는 P2P플랫폼 웹사이트와 광고규제에 대해서 선제적 모니터링을 실시하면서 ① 주요 리스크에 대한 적시없이 장점만 강조한 설명, ② 불충분하고 선별적 정보제공을 통해 잠재적으로 오도하거나 투자에 대해 비현실적으로 낙관적인 정보를 제공하는 것, ③ 주요한 정보의 부실기재(예를 들어 자본감소가 없다고 보아 리스크 경고의 효과가 감소되거나 실적정보에 비해 관련 리스크의 경고가 축소되어 보이는 경우) 등을 포함(①내지 ③은 COB 4.5.2 R[41])하여 ④ P2P대출을 예금 및 은행과 비교함으로써 대출 자금이 안전하다는 인상을 주는 광고, ⑤ 투자에 대한 과세와 관련된 부족한 정보제공, ⑥ 대주의 측면에서 대표 연간수익율(Representative Annual Percentage Rate(APR))의 비공개 혹은 누락, ⑦ 차주의 재정상황과 관련된

---

41) General rule COBS 4.5.2R01/11/2007RP

A firm must ensure that information: (1) includes the name of the firm; (2) is accurate and in particular does not emphasise any potential benefits of relevant business or a relevant investment without also giving a fair and prominent indication of any relevant risks; (3) is sufficient for, and presented in a way that is likely to be understood by, the average member of the group to whom it is directed, or by whom it is likely to be received; and (4) does not disguise, diminish or obscure important items, statements or warnings.

리스크를 적절히 적시하지 않고 차입의 이익에 대한 강조가 균형을 잃은 광고(COB 14. 3. 2 R, COB 14. 3. 7A G, CONC 3, CONC 4.3[42])와 관련된 이슈를 파악하였다.

한편, FCA는 2014년 8월 소셜미디어의 사용이 FSMA 2000에서 규정한 금융광고에 해당하는지 여부 및 금융광고규제의 적용을 받는지는 법률해석의 문제라고 보았다. 금융광고규제의 적용을 받기위한 요건 중 하나인 '영업으로' 이러한 커뮤니케이션을 하는지에 대한 해석은 Perimeter Guidance Manual(PERG)의 8.5장이 적용되며, PERG 8.5.3G는 창립 전 소규모회사의 경우 혹은 회사를 위한 자금모

---

42) Providing a description of the nature and risks of designated investments COBS 14.3.2 R 01/11/2007 RP

A firm must provide a client with a general description of the nature and risks of designated investments, taking into account, in particular, the client's categorisation as a retail client or a professional client. That description must: (1) explain the nature of the specific type of designated investment concerned, as well as the risks particular to that specific type of designated investment, in sufficient detail to enable the client to take investment decisions on an informed basis; and (2) include, where relevant to the specific type of designated investment concerned and the status and level of knowledge of the client, the following elements: (a) the risks associated with that type of designated investment including an explanation of leverage and its effects and the risk of losing the entire investment; (b) the volatility of the price of designated investments and any limitations on the available market for such investments; (c) the fact that an investor might assume, as a result of transactions in such designated investments, financial commitments and other additional obligations, including contingent liabilities, additional to the cost of acquiring the designated investments; and (d) any margin requirements or similar obligations, applicable to designated investments of that type.

P2P agreements OBS 14.3.7A G 06/04/2016 RP4

Examples of information a firm should provide to explain the specific nature and risks of a P2P agreement include: (1) xpected and actual default rates in line with the requirements in COBS 4.6 on past and future performance; (2) a summary of the assumptions used in determining expected future default rates; (3) a description of how loan risk is assessed, including a description of the criteria that must be met by the borrower before the operator of the electronic system in relation to lending6 considers the borrower eligible for a P2P agreement; (4) where lenders have the choice to invest in specific P2P agreements, details of the creditworthiness assessment of the borrower carried out; (5) whether the P2P agreement benefits from any security and if so, what; (6) a fair description of the likely actual return, taking into account fees, default rates and taxation; (7) an explanation of how any tax liability for lenders arising from investment in P2P agreements would be calculated; (8) an explanation of the operator of the electronic system in relation to lending's6 procedure for dealing with a loan in late payment or default; (9) the procedure for a lender to access their money before the term of the P2P agreement has expired; and (10) an explanation of what would happen if the operator of the electronic system in relation to lending6 fails, including confirmation that there is no recourse to the Financial Services Compensation Scheme.

집을 하는 경우인 일반적 크라우드 펀딩에 대한 것이었다. FCA는 2015년 하반기에 social media and consumer communication를 발간하여 최종적 규정을 제정하도록 되었다.

4. 2016. 12. FCA의 크라우드펀딩 규제에 대한 중간 답변 결과에 대한 검토보고서(Interim Feedback to the call for input to the post-implementation review of the FCA' s Crowdfunding rules FS16/13)

FCA는 2016. 12. 크라우드펀딩 규제 시행 이후 관련 업계 등으로부터 받은 중간 의견에 대한 검토보고서를 통해 현재 규정에 대한 변화 및 명확화가 필요한 사항에 대한 이슈를 정리하여 발표하였다. P2P 대출과 관련된 주요 내용을 요약하면 다음과 같다.

증권형 크라우드펀딩 및 대출형 크라우드펀딩에 공통된 우려사항으로 ① 투자자들이 복잡하고 불투명한 상품 권유에 기해 크라우드펀딩 플랫폼간 혹은 크라우드펀딩 플랫폼과 다른 자산 상품 등을 비교하기 어렵다는 점, ② 투자자들이 플랫폼을 통한 투자 리스크와 수익을 평가하기 어렵다는 점, ③ 금융광고가 '분명하고, 공정하고, 오도하지 않을 것(clear, fair and not misleading)'이란 요건을 언제나 충족하는 것은 아니라는 점, ④ 일부 회사들의 복잡한 구조로 인하여 운영 리스크나 이해상충금지가 적절히 관리되지 못할 수 있다는 점에 대한 지적이 있었다.

임시허가를 받은 P2P대출플랫폼에 대해서 FCA가 가진 우려사항은 다음과 같다. ① 투자자들에 대한 일정 요건이 적절히 공시되지 않고 투자자들이 충분히 이해하지 못할 수 있다는 점에 대해 예를 들면 P2P대출플랫폼이 중개하는 대출에 대해 P2P대출플랫폼이 명시적인 보장을 제공하는 것처럼 Provisional fund의 용도가 투자자들에 대한 잠재적 리스크를 적절히 반영하지 못할 수 있는 것, ② 플랫폼 파산시 대출채권의 만기까지 성공적으로 회수를 할 수 있는 청산계획에 대한 계획이 적절하지 않는 것, ③ 고객자금 사용기준을 개선하도록 일부 회사들에 대한 개선을 촉구한 것 등이 있었다. 상위 P2P플랫폼 운영사들의 도산 가능성을 P2P대출 분야의 지속 성장성에 대한 가장 큰 리스크로 보인다. FCA는 향후 P2P시장의 발전을 위해 보다 복잡한 모델에 대한 추가적인 규제 및 잠재적 소비자 손해에 대한 투자한도를 설정하는 것을 고려하고 있다.

P2P대출과 관련, 투자자와 관련된 증가하는 신용위험이 있고, 플랫폼에서 공급하는 상품들 중 만기불일치 상품이 있어 이러한 상품들에 대해서는 예금기간보다 길게 대출하는 은행업과 유사한 신용위험이 있다. 이러한 대출상품이 은행예금과 같다고 광고되는 것에 대한 위험이 있다고 보았다. P2P대출업계와 투자자들은 은행과 비교한 규제차익에 대해서는 만기변형이 구조적으로 일어나지는 않는 것으로 보았으며, 이는 플랫폼이 통화를 발권하거나 시스템적으로 중요하지 않기 때문이다. 나아가 투자자들은 투자원금을 화수하기 위해 불분명하거나 불공정하거나 오도하는 설명에 대한 보증을 제공하는 인상을 주거나 즉시회수가 가능하다고 보장하는 것으로 보인다는 답변을 제공하였다. FCA가 2014년부터 발효한 규제에 대한 시장의 답변에 기초하여 시장의 규모가 증가하고, 회사 구조가 복잡해졌다. 또한 비즈니스 모델은 보다 복잡해지고 규제되는 행위 하에 서로 비슷한 내용을 가지게 되어 FCA는 업계의 회신을 토대로 승인절차 및 감독행위의 일부로 P2P회사의 영업모델을 점검하도록 했다. 소비자의 손해가 예상되는 경우, FCA는 규체 차익 가능성이 있는 부분을 줄이거나 없애는 노력을 계속하기로 하였다.

기관투자자와 일반 개인투자자간 차이에 대한 검토결과, 경매시점 등과 관련하여 명시적이거나 수단적인 부분에서 대출에 대한 조기, 독점 혹은 효율적으로 독점적인 접근이 허용되는 부분, 대출플랫폼이 제공하는 차주에 대한 보다 많은 정보제공, 시장분야별로 시장 부분에 대한 대출제한 옵션의 제공 등 기관투자자들에 대한 부적절한 예들이 발견되었다. FCA는 고객에 대한 공정대우 및 이해상충에 대해 일부 회사들이 적절하지 못한 관리를 한다는 우려가 있으므로 향후 소비자보호에 중대한 해악이 발생된다고 생각되는 경우 개입할 예정이다.

FCA는 Innovative ISA를 통해 많은 투자자들이 유입될 것으로 예상되며, 투자자들이 이익을 위해 현금 ISA와 주식ISA와 경쟁할 것으로 보았다.

비상업계약(non-commercial agreement)의 정의 혹은 차주의 사업의 소유주나 대주에 의해 체결되지 않은 소비자사용계약(consumer hire agreement)의 정의는 소비자대출계약(Consumer Credit Agreement(CCA))하에 있고, 규제되는 신용계약의 형식과 내용은 CCA의 2차 규정에 반영되어 있다. FCA는 CCA규정을 검토하고 2019년까지 정부에 대해 보고서를 제출할 예정이다.

거주형 모기지계약(residential mortgage contract)에 대해서는 투자자가 영업행위로서 대출을 하는 것이 아니라면 일정한 FCA규정이 적용되지 않음에 대한 우려사항이 지적된 바 있어, FCA는 투자자나 대주가 영업으로 이를 영위하지 않고 플랫폼이 주거용 모기지계약 대출을 중개하는 경우에 대한 표준 모기지 대출 기준을 적용할 수 있도록 제안하였다.

새로운 유형의 비즈니스 모델과 관련된 리스크와 관련, ① 크라우드 펀딩 및 P2P대출회사의 장기생존에 대한 우려, ② 너무 많은 업체가 시장에 포화되어 장래 통합될 가능성 및 목적에 부합하는 정리계획 수립의 필요성(특히 ISA상품에 자금이 포함된 경우)이 있음, ③ 회사의 신용 리스크 증가를 초래할 수 있는 신용 및 심사(underwriting) 기준을 완화하는 상업적 압박 및 이해관계의 충돌, ④ 일부 회사들의 부적절한 통제가 부실한 실사 혹은 부적절한 금융광고를 야기할 수 있음, ⑤ 채무추심시스템(debt recovery system)이 모든 회사에 적합한 것은 아닐 수 있음, ⑥ 플랫폼운영회사들이 신생 업체이므로 리스크 관리에 경험이 부족할 수 있음, ⑦ 플랫폼에 대한 사이버공격가능성, ⑧ 2차 유통시장과 관련된 회사의 경우, 내부자거래나 시장남용행위(market abuse)가 가능할 수 있음, ⑨ 은행서비스의 부족이 지급서비스 회사의 경우 회사에 대한 과도한 의존을 초래할 수 있음 등의 우려사항이 업계에서 지적되어, FCA는 이에 대한 지속적 감독과 일상 감독을 하기로 했다.

증권형 크라우드펀딩과 P2P대출간의 금융광고 규제간 차이에 대한 점에 대해 FCA는 P2P대출이 '예금' 상품으로 기술되는 것은 적절하지 않으며, FSMA 21조는 일정 요건이 충족되지 않은 금융광고를 금지하며, 회사들은 이러한 법률적 요건을 충족하지 않고 투자권유를 할 수 없다.

FCA는 소셜미디어를 통한 금융상품광고에 대한 가이드라인(Social Media and Communication: the FCA's supervisory approach to financial promotions in social media, finalized guidance 15/4, March 2015)을 발표하였고, Smarter Consumer Communications (Smarter consumer communications, feedback statement 16/10, October 2016)도 이에 적용된다. FCA는 이 분야에 대해 여러 실험과 연구를 할 것이며, 업계와 새롭고 혁신적 접근과 관련된 토론도 환영한다는 입장이다.

증권형 크라우드펀딩과 관련된 규정을 P2P대출 플랫폼에도 적용되어야 하는지에 대해 대부분의 응답자들은 둘 간의 차이가 있다는 점을 인정하면서 P2P대출이 보다 단순하고 지속가능하며 투자자의 이해도 더 높다고 보았고, 리스크 경고에 대한 적절한 공시를 확보하는 쪽이 더 나은 것으로 응답했다. 이러한 응답 결과는 투자자들이 P2P대출에 대한 리스크에 대해 충분히 인지하고 있는 것으로 보인다. 다만, 보다 복잡한 사업모델에 대해 투자자가 리스크를 정확하게 알지 못하면 추가적 규정 변경 가능성이 있을 수 있다.

P2P대출이 대출시장에서 차지하는 비중이 상대적으로 낮으므로 전통적 선도주자에 대해서 미치는 직접적 영향은 적지만, 중소기업 대출과 같은 특정 분야에 있어서 빠른 성장을 보이며 이는 전통적 대주들과 경쟁이 촉진되는 효과가 있다. FCA는 소비자의 이익을 위해 효율적 경쟁을 촉진시키고자 하는 운영 목적이 있으며, 크라우드펀딩, 특히 P2P대출이 소비자 및 소규모 기업 대출에 대해 유용한 경쟁을 통한 압력을 행사할 가능성이 있다고 본다.

청산계획(wind-down plan)과 관련, FCA는 플랫폼의 파산시 대출금상환이 지속적으로 관리되어 투자자의 자금이 플랫폼의 파산과 무관하게 보호될 수 있도록 하는 청산계획을 수립하도록 요구하였고, 플랫폼 파산시 단순한 대출채권 관리를 넘어서 이에 대한 추가적 보완조치가 이루어질 수 있도록 규정강화를 할 예정이다.

일부 P2P대출플랫폼에서 대출금 투자가 다른 대출플랫폼으로 투자되는 것을 허용하는 경우가 있고, 이러한 회사는 대출을 집중하는 기능을 하는 것이지 대출금을 모집하는 것이 아니므로, FCA의 규제 목적에 부합하지 않는다. 또한, 플랫폼간 교차투자의 경우에 대해서도 한 플랫폼의 도산시 다른 플랫폼의 도산으로 리스크가 직접적으로 전이될 수 있으므로 이러한 교차투자에 대한 제한 요건을 추가적으로 도입하는 것을 고려하고 있다.

잠재적 투자자들에 대한 커뮤니케이션, 특히 금융광고와 관련, 공시기준이 기대에 미치지 못하므로 현재 규정에 대한 계속적 감독과 함께 구체적 내용과 공시시점을 담은 명시적 규칙을 논의할 예정이다. FCA는 이를 통합하여 2017년 최종규칙을 마련하여 발표할 목표를 가지고 있다.

5. 2017. 2. 28. FCA의 P2P대출회사 CEO들에 대한 서한(2017. 2. 28)

FCA는 P2P대출회사의 대표이사들에 대한 서한을 통해 P2P대출로 회사들이 대출을 받고 회사들이 이 자금을 다시 대출하는 경우, FSMA RAO 제6조 내지 제9조의 예외에 해당되거나, 이를 업무로 실행하는 경우가 아니라면, 제5조 제1항

(a)호[43]에서 금지하는 '예금 수취(accepting deposit)에 해당될 수 있고, 예금을 수취할 수 있도록 허가 받지 않은 차주가 이를 실행하는 경우, 법률 위반 및 형사처벌의 대상이 될 수 있음을 경고하였다.

RAO 제6조 내지 제9조에서 법으로 정한 예외가 규정되어 있고, FSMA의 Carrying on Regulated Activities by way of Business(BWOB) Order 2001은 '특정한 경우'에 예금을 수령하는 경우에는 이를 업으로 한다고 보지 않지만 어떤 경우가 허용되는 '특정한 경우'에 해당되는지는 그 행위의 빈도 및 그들을 서로 구별하는 특성이 있는지에 따라 달라질 수 있을 것이다(Article 2(2) BWOB Order). 이러한 예외는 차주가 다른 자들에게 대출할 목적으로 반복적으로 P2P대출플랫폼을 통해 대출금을 빌리는 경우에는 해당되지 않을 것이다.

P2P플랫폼을 이용한 차주들이 FSMA 원칙 6(고객에 대한 공정한 대우, Treating Customers Fairly) 및 2E(적정성, Suitability) 및 2F(사업모델, Business Model) 규제요건을 위반하고 있을 수 있음을 밝혔다. 따라서, FCA는 P2P회사들이 업무를 수행함에 있어 ① 예금수취를 중개하는 행위를 중단할 것, ② 향후 플랫폼이 승인되지 않은 차주의 예금수취를 중개하지 않는다는 것을 확인하기 위한 조치를 고려하고, ③ 적절한 허가 없이 차주가 플랫폼을 통해 이미 예금을 수취한 경우에 대한 후속 조치에 대해 평가 및 답변을 요청하였다.

6. 소 결

이상 P2P대출과 관련한 영국의 입법 연혁과 주요 내용 검토 결과, FCA는 업계의 P2P업계의 선제적 규제요청을 받아들여 여러 개의 검토보고서(consultation paper)와 이에 대한 업계의 회신(feedback)을 취합하여 점진적으로 이에 대한 입장을 정리하였고, 이러한 방식을 통해 업계와 전문가의 충분한 의견 수렴을 거쳐 업계의 자율규제를 바탕으로 P2P시장의 발전에 따라 나타나는 문제점을 파악하고, 소비자보호와 금융 혁신을 조화할 수 있도록 기존 FSMA하의 금융규제원칙과 P2P규제를 통합한 모범사례로 볼 수 있다.

---

43) The Financial Services and Markets Act 2000 (Regulated Activities) Order 2001(2001 No. 544) Article 5 Accepting deposits

(1) Accepting deposits is a specified kind of activity if (a) money received by way of deposit is lent to others; or

V. 국내 P2P법제에의 시사점

1. P2P대출법제를 통한 P2P대출입법의 별도 제정 필요성

(1) P2P가이드라인 및 P2P관련 단일입법 제정 현황

우리나라는 자본시장과 금융투자업에 관한 법률(이하 '자본시장법')상 증권형 크라우드펀딩을 온라인소액투자중개업자(제9조 제27항)로 보고 이를 규율하는 법제를 이미 도입하였으나, P2P대출플랫폼운영회사에 대해서는 이를 규율하는 별도의 입법이 마련되지 않고 있다.

다만, 2016. 7. 금융위원회 및 금융감독원 등 감독당국은 이러한 P2P대출과 관련된 규율방안을 고민함에 있어 ① 현상유지, ② 기존 크라우드펀딩 규제체계에 포섭, ③ 별도 입법 제정, ④ 가이드라인 제정 방안 중 투자자보호와 핀테크 육성을 조화할 수 있는 ④ 가이드라인을 마련하는 것으로 정리하여 2017. 2. 27.부터 'P2P대출가이드라인'이 적용되고 있다. 이는 P2P대출플랫폼을 운영하는 회사에 대한 것이 중심이 된다. 현행 P2P가이드라인의 주요 내용은 ① 투자자의 투자한도 설정– 연간 1업체 기준의 차입한도 및 개인, 소득요건을 갖춘 개인투자자, 법인 및 전문투자자(개인)의 투자한도를 구분 ② 투자금의 분리관리–P2P업체 명의의 투자금 보관 및 예탁금지, P2P업체 파산 등에 의한 영업중지시 투자금의 투자자우선지급, ③ 정보공시–투자, 차입에 대한 필요 최소한 정보제공[44] 및 제공 전 관련사항 확인의무를 P2P업체에게 부과하고 P2P금융협회를 통한 투자자 정보 표준안 마련 및 P2P업체 비교공시 마련, ④ 영업행위 준수(P2P업체 및 연계금융사가 직접 P2P대출 투자자나 차입자로 참여하는 것) 및 광고규제(유사수신행위에 저촉되지 않는 원금보호, 확정수익 등의 오인소지가 있는 문구 금지) 등으로 볼 수 있다.

한편, 국회에서는 2017. 7. 20. 민병두 의원이 대표 발의한 '온라인대출중개업에 관한 법률(안)(이하 '민병두 의원안'이라 함)'(의안번호 8120)이 제출되어 계류 중이다. 민병두 의원안은 P2P대출플랫폼을 온라인대출중개업자로 정의하고, 온라인

44) 투자자제공 정보–차입자 신용도, 자산부채현황, 소득, 직장정보, 연체기록, 대출목적, 상환계획 등 제공하며, 담보대출의 경우, 별도 한도를 설정하지 않되 담보(등기부등본, 감정평가서 등)에 대한 정보를 플랫폼에 공시하도록 함. P2P업체의 누적대출액, 대출잔액, 연체율 등을 플랫폼에 월별 공시하도록 함.
차입자제공 정보–차입자의 P2P대출 이용시 전체 부담금액(대출이자, 수수료 등) 명확히 제공하며, 상환방식, 연체이자, 추심절차 등에 대한 정보제공.

대출이라는 개념을 신설하여 대출플랫폼이 차주와 대출계약을 체결할 수 있는 근거를 마련하여, P2P대출의 실제를 반영하여 단일 입법을 시도하고자 한 의의가 있다. 동 법안의 주요 내용으로는 제9조에서 P2P계약의 필수적 기재사항과 계약조건에 대한 설명 및 교부의무, 제11조의 온라인대출관련 준수사항(영업행위 규제인 정보제공, 차별금지, 광고규제 등), 제13조의 투자권유제한, 제14조의 투자자정보제공 등, 제16조의 투자금 별도예치, 제18조의 투자자에 대한 손해배상, 제20조의 차입자의 대출한도, 제21조의 투자자의 투자한도, 제5장의 온라인대출중개업협회, 제6장의 감독 및 처분 규정 등을 규정하고 있다.

(2) 국내 P2P대출업의 구조 및 규제체계와 관련된 문제점

현재 국내 P2P대출플랫폼 운영회사들의 일반적 사업구조는 자회사 대부업체와 연계한 원리금수취권 매입형[45]의 구조를 취하는데, P2P플랫폼 사업을 수행하지 않는 별도 자회사를 대부업 등록 및 금융이용자보호에 관한 법률(이하 '대부업법')상 대부업체로 등록하고 자회사는 대부업 규제(대부업협회 가입, 대부업 교육 및 대부업자의 광고규제 등)를 받고, 개인정보의 수집처리에 대한 개인정보보호법, 거래기록의 보존 등과 관련된 전자상거래법, 추심 등과 관련된 신용정보법의 적용도 받는다. 이러한 구조는 플랫폼에서 투자자(대주)에게 모은 자금을 가지고 차주에게 대출을 실행하고 이를 계속적, 반복적으로 실행하는 경우 차주들이 대부업법상 대부업자로 등록을 받고 규제를 받아야 하는지에 대한 우려가 있으므로 대부업법상 대부업 허가를 받은 자회사를 통해 대출을 실행하여 대부업법 위반에 대한 이슈를 피하고자 한 것이다. 따라서, 대부분의 P2P플랫폼 운영회사들은 전자상거래법에 따른 통신판매업자로 등록하고 영업을 하면서, 대출을 실행하는 자회사는 대부업과 관련된 규제를 받고 있는 복잡한 구조를 가지고 있다. 즉, 이러한 구조는 P2P플랫폼의 주요 영업인 대주와 차주간의 중개영업은 모회사에서 이루어지나, 실제 대출은 대부업 영업허가가 필요하므로 대부업 자회사를 설립할 수밖에 없는 법적 한계를 감안하여 만들어진 것으로, 현행법상 대부업법이 적용되는 대부업체가 규제의 중심이 되기에 실제 영업의 중심인 P2P대출플랫폼에 대해서는 규제가 부재하는 현실과 규제의 불일치가 있다는 점에서 바람직하지 않다.

---

45) 금융위원회, 금융감독원, "P2P가이드라인 제정방안" 2016. 11. 4면.

[그림 1] 국내 P2P대출업의 구조[46)]

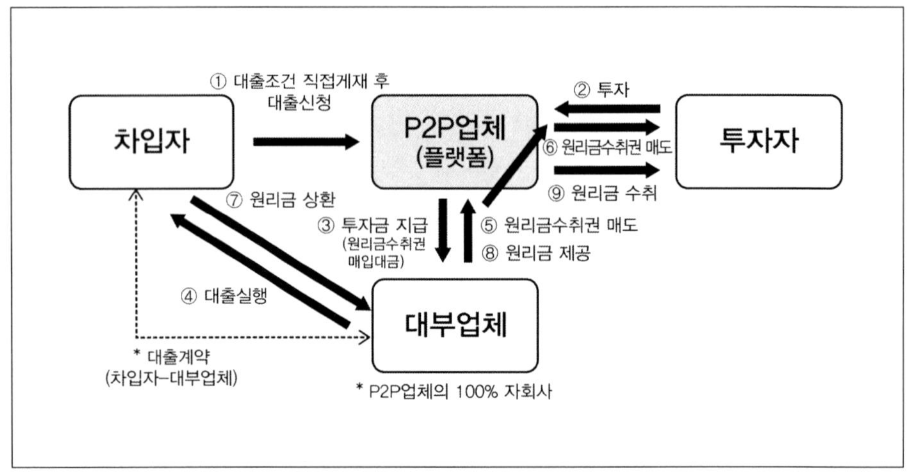

문제는 P2P대출플랫폼 업무의 핵심이 투자자(대주)에게 적절한 투자상품을 심사하여 대주인 투자자와 차주간 대출을 중개하고 대출채권계약에 따른 원리금수취권을 수령하여 분배하고, 채권을 추심 및 관리하는 업무를 수행하는 것이므로, 모회사인 P2P업체에서 이러한 업무가 실제 이루어지는 한편, 투자자들(대주)에게 모집한 금전으로 대출을 실행하는 대부 자회사는 차주와 직접 대출계약을 체결하고 이에 필요한 담보 설정의 법적 주체가 되고 대출업무는 대부업법상 규제되는 핵심 영업이므로, 자회사인 대부업체가 P2P업체인 모회사에게 업무위탁계약을 통해 대출대상(예비 차주)의 중개, 채권추심 및 관리, 투자자들에 대한 원리금수취권 분배 등과 관련된 업무를 위탁하는 구조로 설계할 수 밖에 없다. 이러한 업무위탁 구조는 P2P대출플랫폼 회사가 대출실행을 위해 만든 특수목적회사(SPC)의 성격을 가진 대부업 자회사가 오히려 규제 측면에서는 업무 위탁자가 되는 반대의 경우가 발생된다. 또한, 대부업체는 본인의 대출실행과 관련된 담보 설정 비용 등을 지출할 뿐만 아니라, P2P업무수행과 관련된 업무위탁 수수료를 모회사에게 지급하여야 하고 실질적 대주인 투자자들에게 대출계약에 따른 원리금수취권을 원래 대출계약과 동일한 조건으로 양도하여야 하므로 자체적 영업이익의 확보가 어렵고 장기적으로는 자본잠식이 불가피할 것이다. 이 경우 대부업 자

46) 금융위원회, 「P2P대출 가이드라인 제정 방안」, 2016. 11.

회사에 대한 지속적인 모회사의 증자가 필요할 것이며 이 역시 바람직한 상황이 아니다. 또한 개인 차주들의 보호를 위주로 설계된 대부업법만으로는 실질적 대주인 투자자들의 권리 보호 목적을 달성하기 어렵다. 또한, P2P가이드라인에서 요청한 고객자산에 대한 신탁계약 등의 체결도 모회사(자회사에게 대출금용도로 송금할 모집투자금을 일시 보관하고, 대출 자회사로부터 수령한 원리금을 투자자에게 분배하기까지 보관)와 자회사(대출플랫폼을 수익자로 하여 대출원리금을 보관) 각자가 금융기관과 신탁계약을 체결하는 구조[47]로 설계됨이 불가피하여 그 구조가 복잡하고 이중적 수수료 부담이 있게 된다.

2. P2P가이드라인 및 P2P대출법안과 관련된 의문점 및 이슈

(1) 행정지도의 한계 및 이중규제

P2P가이드라인은 행정지도에 해당되며, 행정지도는 구속력을 가지고 있지 않을 뿐만 아니라, 현재 대부업법 등의 기존 금융규제체계의 적용을 배제하는 것이 아니고, 대부업 자회사와 모회사인 P2P업체간 업무위수탁 등을 통한 복잡한 법률적 구조가 P2P업의 현실을 반영하지 못하고 있는 문제를 해결해줄 수 없다.

금융위원회는 P2P가이드라인의 준수를 확인하기 위해 P2P업체와 연계된 금융회사에 대해 자산관리자(대출업체, 원리금분배, 추심 등)에 대해 대부업법 시행령 개정[48]을 통해 금융위 등록을 하도록 하고, 금융감독원의 감독대상이 되도록 한

---

47) 현재 P2P업체가 P2P가이드라인에 따라 신탁계약을 체결한 은행(수탁자)과의 신탁업무협약서는 다음과 같은 구조로 설계되어 있다. 먼저, i) 위탁자로서 P2P 대출의 플랫폼업체(신탁계약 I의 위탁자)는 투자약정에 따라 투자자에 대하여 보유하는 투자금교부채권을 수탁자에게 신탁하고(이하 그에 따른 금전채권신탁거래기본약관 및 동 특약을 포괄하여 "신탁계약 I"이라 한다), P2P 대출의 대부업체를 수익자로 지정하며, 투자자가 투자약정에 따라 교부하는 투자금을 신탁계약 I을 통하여 관리하고자 한다. 또한, 위 당사자들은 투자자가 새로이 확정되어 추가될 때마다 그에 따른 투자금교부채권을 계속하여 신탁계약 I의 목적물로 추가하고자 한다. 한편, ii) 위탁자로서 P2P 대출의 대부업체(신탁계약 II의 위탁자)는, 차주로부터 지급받는 대출원리금의 입금계좌(회수금집금계좌) 예금반환채권을 수탁자에게 신탁하고(이하 그에 따른 금전채권신탁거래기본약관 및 동 특약을 포괄하여 "신탁계약 II"라 하고, 신탁계약 I 및 신탁계약 II를 포괄하여 "신탁계약"이라 한다), P2P 대출의 플랫폼업체를 수익자로 지정하며, 차주가 대출약정에 따라 상환하는 대출원리금이 입금되는 예금계좌를 신탁계약 II를 통하여 관리하고 해당 금원을 투자자에게 지급하는 구조이다.

48) 대부업법 시행령 개정안－제2조의12를 다음과 같이 신설한다.

제2조의12(그밖의 금융위원회 등록이 필요한 대부업자등) ① 법 제3조제2항제6호에서 "대통령령으로 정하는 자"란 다음 각호의 어느 하나에 해당하는 자(이하 "온라인대출정보연계대부업자"라 한다)를 말한다.

다고 예고하였지만, 현행 대부업법은 실제 P2P대출회사 영업의 특성을 반영하고 있지 못하는 한계가 있으므로 이러한 행정지도를 통한 P2P대출에 대한 감독의 실효성 및 타 법령과의 관계를 고려한 P2P업의 발전에 대한 전략적 고민이 필요하다고 생각된다. 현재 금융위원회는 거의 모든 P2P대출플랫폼 회사들이 자회사인 대부업체와 같은 공간에서 구분 없이 사업을 영위함에 따라 대부업법상 금감원 업무검사(제12조 제7항)의 결과에 따라 대부업자에 대해 시정명령 등의 부과가 가능하며, 영업정지(제13조 제1항)까지도 가능하므로 P2P가이드라인의 실효성을 확보할 수 있다는 입장인 것으로 보인다.[49] 하지만, 행정지도는 법적 구속력이 없는 권고적 효력만 가질 뿐만 아니라, P2P대출플랫폼 운영회사들은 P2P대출업의 법적 불확실성 및 중복 규제(법 인격 없는 임의단체에 불과한 한국P2P금융협회(이하 'P2P협회'라 함) 및 대부업법상 법정 단체로 대부업자회사의 가입이 강제되는 대부업법 제18조의 2의 대부업 및 대부중개업협회 가입에 따른 이중가입 문제 등)와 관련된 부담이 있다. 현재 금융감독당국은 P2P가이드라인 및 P2P투자관련 유의사항과 관련된 보도자료 등을 통해 P2P협회의 가입을 장려하는 등 P2P업계의 자율규제와 관련된 금융감독 업무의 위탁을 전제하고 있는 것처럼 보인다. 하지만, 법정단체가 아닌 현행 P2P협회가 업계를 대표할 수 있는 업체로 구성된 다른 금융업협회에 상응하는 지배구조 및 운영의 적정성을 확보하고 있는지 등에 대한 점검 및 감독을 선행한 이후, 업계 자율규제에 관한 권한 및 일부 감독권한을 위탁하는 것이 바람직할 것으로 보인다.

따라서, 영국의 P2P대출과 관련된 입법 연혁 및 현황을 고려하여, 업계의 의견수렴 및 현황에 대한 정확한 파악 및 의견교환을 토대로 규율체계를 마련함이 바람직하다. 영국의 경우, P2P대출플랫폼은 대주(투자자)와 차주간의 대출계약을 중개하는 것을 주요 업무로 함이 명확하게 정리되고 개인투자자(대주)의 P2P플랫폼을 통한 대출행위를 '비상업행위'로 보아 대부업 관련 규제의 적용을 면제하였

---

1. 대부채권으로부터 발생하는 원금과 이자의 수취만을 목적으로 하는 권리를 취득하려는 자(이하 이 영에서 "투자자"라 한다)와 대부를 받으려는 자(이하 이 조에서 "차입자"라 한다)를 온라인에서 중개하는 업자(이하 "온라인대출정보중개업자"라 한다)의 중개 행위와 연계하여 금전을 대부하는 업을 영위하려는 자
2. 그밖에 제1호의 투자자에 준하는 자와 차입자를 온라인에서 중개하는 자의 중개 행위와 연계하여 금전을 대부하는 업을 영위하려는 자로서 건전한 영업이 가능하다고 금융위원회가 정하는 자

49) 금융위원회, 금융감독원, "P2P가이드라인 제정방안" 2016. 11. 5−6면.

고, 플랫폼을 대출중개업 허가를 요한다고 보지 않았고, 기본적 P2P대출법제도 이와 같은 단순한 구조하에 설계되었기에 우리나라와 같이 자회사인 대부법인에 의한 대출실행이 불필요하므로 이에 따른 대출채권에 대한 원리금수취권의 양도 및 투자자의 대출참가 등의 구조가 단순화되어 처리되므로 이에 따른 법적 불확실성이 해소된 것으로 보인다. 국회에 계류 중인 민병두 안의 경우, 온라인대출중개업자의 대출실행과 관련된 근거규정이 마련되어 대부업 자회사의 별도 설립 등이 불필요하다는 점에 대한 부담은 덜었으나, 기존 대부업법의 적용을 배제하는 것이 아니므로 개인 투자자들이 P2P플랫폼을 통한 대출을 하는 경우, 대부업자로서 등록이 필요한지 등과 관련된 기존 대부업법상 제기될 수 있는 의문 등은 해소되지 않고 있다.

(2) 대출한도 및 투자한도와 관련된 시장 왜곡의 문제

현행 P2P가이드라인 및 민병두 의원안에서 제시된 P2P대출과 관련된 투자자 보호 등에 대한 입법 취지에 동의하며, P2P대출플랫폼에 대한 영업행위, 공시규제 등을 통한 규제가 필요하다는 것에 이견이 없다. 다만, 차주(민병두 의원안의 '차입자')가 제공한 정보를 플랫폼이 확인할 의무를 두더라도, 차주가 본인의 대출신청과 관련된 정확한 정보제공이 선행되어야 하므로 차주의 대출신청관련 정보제공의무도 규정할 필요가 있을 것으로 보인다.

한편, 투자자보호 방안 중 하나로 제시된 P2P가이드라인 및 민병두 의원안의 투자한도제한과 민병두 의원안의 대출한도 규제에 대해서는 상당한 우려가 있다. 이러한 규제는 현재 P2P업의 현황을 고려하지 못하고 있을 뿐만 아니라, P2P플랫폼을 통한 법인간 대출을 규제하지 않고, 중소기업대출이나 부동산 투자 등에 기관투자자들의 활발한 진입을 통해 P2P업의 성장을 견인하고 있는 영국의 사례 등에 비추어볼 때 직접적 투자한도(즉, 대출한도)를 제한하거나 대출한도(민병두 의원안 제20조에서는 차입자의 대출한도 규제라고 표현되어 있으나 이는 차주의 '차입한도' 제한이 보다 정확한 표현으로 보인다.)를 제한하는 것은 향후 대안적 금융시장의 발전을 심각하게 저해할 수 있다는 상당한 우려가 있다. 실제 P2P가이드라인 시행을 통한 투자한도 제한 이후 P2P대출시장의 성장속도는 급격하게 감소하였을 뿐만 아니라,[50] P2P투자제한을 통하여 부실률이 낮아진 것도 아니다.

50) P2P가이드라인 시행 후 3개월이 지난 이후 2017년 6월까지 P2P 금융 누적 대출액은 월 평균

즉, 투자자의 투자한도 제한은 대주의 대출한도 측면의 규제라고 파악될 수 있는데, 이는 기본적으로 증권형 크라우드펀딩의 투자 제한 한도를 염두에 둔 것으로 보이나, P2P대출에 대한 투자는 기본적으로 대출채권을 바탕으로 한 것으로 원리금수취권에 대한 참가를 통한 수익을 취득하는 것이고, 대출채권보다 투자원금손실가능성이 높은 주식 투자와 P2P대출은 차이가 있으며, 이에 따른 투자자의 투자위험의 차이를 고려하지 않은 제한의 도입이라고 생각된다. 또한, 대출한도(차주의 차입한도)제한은 중국의 P2P대출규제와 관련된 입법례[51)]를 참조한 것으로 보이나, 영국 및 미국 등의 경우 개인 차주 및 개인 대주(투자자)를 보호하기위한 영업행위 준칙 등에 대한 규제만이 있을 뿐, 대출한도(차입한도)규제나 법인간(B2B) 대출 등은 규제대항에서 제외되어 있어 기관투자자 및 법인 차주 등에 대한 차입제한은 규제에서 제외된다. 특히 민병두 의원안의 대출한도(차입한도) 제한의 경우[52)], 법인의 차입한도가 연간 10억원에 불과하므로, 현재 P2P의 현황상 부동산 PF 담보대출이나 브릿지론의 형태로 이용되는 경우, 한 차주 업체가 한 프로젝트에 필요한 평균대출액이 2－30억 규모의 대출이므로 현재 행하고 있는 부동산 PF관련 대출과 관련 P2P시장의 영업을 실질적으로 불가능하게 만드는 입법으로 보인다. 현재 우리나라는 2017년 8월말 기준의 P2P대출 누적대출액이 약 1조 3,300억원 수준(P2P금융협회 회원사 54개사 기준, 전체 P2P대출시장 규모는 약 1.7조 추정)에 달하고 이 중 전체 누적대출액 대비 부동산PF(건축자금) 대출 비중이

1158억원 정도씩 급증하는 추세였다가 7월부터 460억원 수준으로 급감했는데 증가율로 따져도 2016년 7월부터 올해 6월까지 1년 동안 월 평균 15.5%로 늘어온 대출액은 7월 들어 4.0% 수준으로 급감했다(이원우, "정부 등쌀에 P2P금융성장 멈춰 ...' 가이드라인 부작용', 미디어펜, 2017. 8. 9.)

51) 인터넷 대출정보 중개기구 업무활동관리 잠행방법

제17조 인터넷대출 금액은 소액위주이어야 한다. 중개기구는 자신의 위험관리능력에 근거하여 동일 차입자가 동일한 중개기구 및 다른 중개기구에서의 차입금액 상한을 통제 관리하여 대출액 집중 위험을 예방하여야 한다. 동일한 개인의 동일한 중개기구로부터의 차입금액 상한은 20만위안(약 33백만원)이며, 동일 법인 또는 기타조직의 동일 중개기구로부터의 차입금액 상한은 100만위안(약 164백만원)임. 동일한 개인이 서로 다른 중개기구로부터 차입할 수 있는 금액은 총 100만위안(약 164백만원)을 초과하지 못하며, 동일 법인 또는 기타조직은 총 500만위안(약 822백만원)을 초과하지 못한다(금융감독원 저축은행감독국 P2P감독대응반, "중국의 P2P대출(인터넷대출) 규제 도입현황 및 시사점", 2016. 10. 에서 재전게).

52) 제20조(차입자의 대출한도) ① 차입자가 온라인대출을 받을 수 있는 금액은 1년 동안 다음 각 호의 한도를 초과하여서는 아니 된다. 다만, 차입자의 특성 및 담보제공 여부 등에 따라 대출한도를 달리 정할 수 있다. 1. 차입자가 개인인 경우: 1억원, 2. 차입자가 소상공인(「소상공인 보호 및 지원에 관한 법률」 제2조에 따른 소상공인을 말한다)인 경우: 5억원, 3. 그 이외의 법인: 10억원

약 33%(약 4,470억원)로 부동산PF 대출상품 투자가 활발한 것으로 나타나 있는데, 우리나라와 마찬가지로 영국에서도 부동산을 대상으로 한 크라우드펀딩은 단일 투자분야 중 가장 인기로 2015년 기준 누적 대출액이 6억9백파운드(약 8,890억원)에 달하여, 영국P2P기업대출의 41%를 차지하고 있으며, 중소 개발회사들에 대한 대출이 시행되고 있고 Innovative Finance ISA의 도입을 통해 2016년에는 시장규모가 훨씬 증가할 것으로 예상되었다.[53] 우리나라의 부동산 PF에 대한 P2P대출은 주로 빌라나 소규모 근린시설 등을 건축하는 용도 등에 사용되고 기존 금융권에서 대출이 어려워 사채 등으로 자금을 조달해오던 차주들에 대해 P2P플랫폼을 통해 투자자금을 대출할 수 있게 된 것으로 P2P회사가 정확하게 차주의 신용 리스크를 분석하고 담보를 확보하여 투자자들에게 손해가 없도록 관리한다면 부동산 P2P도 충분히 사회적 효용을 가지는 대안적 금융수단으로 활용될 수 있다고 생각된다.

직접적인 투자한도 혹은 대출한도 제한은 기존 형성된 P2P시장의 현실을 도외시하고, 향후 기관투자자들의 P2P시장, 특히 부동산PF 등에 대한 대출참여를 제한하여 새로운 대안적 금융시장의 발전을 저해하는 것으로 생각된다.[54]

특히 P2P대출플랫폼의 업무의 핵심은 우량한 대출상품을 선정하여 투자자가 대출 참가여부, 즉 투자여부를 결정하는데 필요한 정보를 제공하는 것이므로 P2P대출과 관련된 투자대상인 개별 대출채권과 관련된 충분한 리스크 설명과 공시의무 규제 등 영업행위 규제로 충분한 투자결정에 필요한 투자자보호가 이루어질 수 있고, 고객자산과 P2P플랫폼의 자산을 분리보관 하고 P2P플랫폼의 영업중단시에도 미상환 대출채권의 계속적 관리 의무와 잔여재산에 대한 투자자에 대한 우선반환의무 및 이와 관련된 수단을 마련한다면, 선진국 수준의 충분한 리스크 관리 수단이 확보된 것으로 볼 수 있다.

---

53) Bryan Zhang, Peter Baeck, Tonia Ziegler, Jonathan Bone, Kieran Garvey, Ibid, p. 40

54) 금융감독당국이 부동산PF상품의 위험성에 대해서 지속적인 보도자료를 내놓고 있는바, 최근 p2p 협회 공시자료(2017. 10.기준)를 기준으로 본다면, 상위 연체율을 기록하고 있는 업체들의 상품구성을 보면 특별히 부동산 pf상품과 관련한 리스크로 인한 것으로 보이지 않았으며, 현재 연체율 급등으로 언론에 보도되고 있는 문제가 되는 p2p업체 등의 경우는 홈쇼핑이나 프랜차이즈 매장의 매출채권담보채권 등이 있었다.

Ⅵ. 결 론

영국의 P2P대출관련 입법 연혁 및 그 내용을 살펴보면서, 영국이 P2P업계의 선제적인 금융규제 적용요청에 응하여 민관협력으로 새로운 대안적 금융의 사회적 효용을 인정하고 이를 극대화하고 투자자 등을 보호하는 방안을 마련한 것은 이를 '건설적 규제포획'이라고 부를 만하다라고 생각된다. 특히 우리나라의 P2P 법제가 기존 금융규제와의 관계에서 야기되는 여러 불확실성과 리스크가 해소되도록 감독당국과 업계와의 협력을 통해 시장의 근본적 방향을 왜곡하거나 발전을 저해하지 않는 건설적인 방향으로 단일법제의 도입이 이루어지기를 절실하게 바란다.

참고문헌

금융감독원 저축은행감독국 P2P감독대응반, "중국의 P2P대출(인터넷대출) 규제 도입 현황 및 시사점", 2016. 10.

금융위원회, 금융감독원, "P2P가이드라인 제정방안" 2016. 11

윤민섭, '자금조달수단으로서 Crowdfunding에 대한 연구', 「기업법연구」 제26권 제2호 (통권 제49호) (2012)

Adair Turner, Speech by Adair Turner, Chairman, FSA to the City Banquet, The Mansion House, London, 2009. 9. 22.

Bank of England (2016), "Peer-to-Peer Lending and Financial innovation in the United Kingdom", Staff Working Paper No. 598.

Bryan Zhang, Peter Baeck, Tonia Ziegler, Jonathan Bone, Kieran Garvey (2016) "Pushing Boundaries, 2015 UK Alternative finance industry report", *Cambridge center for Alternative Finance, Nesta*

Chris Rogers, Chris Clark (2016), 'Mainstreaming social finance: The regulation of the peer-to-peer lending marketplace in the United Kingdom', The British Journal of Politics and International Relations, Volume: 18 issue:

Emily Reid, Julia Black (2014), "The Future for peer-to-peer(P2P) lending: the proposed regulatory framework for lending platforms", *Butterworths Journal of International Banking and Financial Law*, January 2014

Financial Conduct Authority (2013), Consultation Paper-The FCA's regulatory approach to crowdfunding (and similar activities), CP 13/13

Financial Conduct Authority (2014), A Review of the regulatory regime for crowd-funding and the promotion of non-readily realizable securities by other media

Financial Conduct Authority (2015), Policy Statement-The FCA's regulatory approach to crowdfunding over the internet, and the promotion of non-readily realizable securities by other media-Feedback to CP 13/13 and final rules

Financial Conduct Authority (2016), Call for Input to the post-implementation review of the FCA's crowdfunding rules

Financial Conduct Authority (2016), Feedback statement－Interim feedback to the call for input to the post－implementation review of the FCA's crowdfunding rules

Financial Conduct Authority (2016), Loan－based crowdfunding platforms: summary of our rules

Grant Thornton (2015) Alternative Lending: A regulatory approach to peer－to－peer lending

Huw Jones, "UK peer－to－peer lenders talk up regulation after Lending Club ruckus", 2016. 5. 11. Reuter

Mattli W and Woods N(2009) 'In Whose Benefit? Explaining Regulatory Change in Global Politics'. In: Mattlin W and Woods N(eds). *The Politics of Global Regulation*. Princeton & Oxford: Princeton University Press

Morgan Stanley(2015), Global Market Place Lending: Disruptive Innovation in Financials, Morgan Stanley Blue Paper 19/05/15

Nigel Dodd(2014), *The Social Life of Money*, Princeton University Press

Parliamentary Commission for Banking Standards: "Changing Banking for Good"(57)

Philip Inham(2013), 'Mark Carney: banks need to reconnect with society', The Guardian 2013. 8. 8.

R. Aitken(2015), *Fringe Finance: Crossing and Contesting the Borders of Global Capital* Abingdon and New York: Routledge

Tiffany NG(2017), "Regulation of crowdfunding in selected places"

UK legislation (2013) The Financial Services and Markets Act 2000

左光 敦(さみつ あつし), *P2Pレンディングの仕組みと法規制: 英国のP2Pレンディング規制を中心に*, Discussion Paper No. 2017－J－3, Institute for Monetary and Economic Studies, Bank of Japan 日本銀行金融研究所

미국의 P2P 대출 거래 규제*

노태석**
석지웅***

Ⅰ. 서 론

정보통신기술(IT)의 급속한 발달에 따라 인터넷, 소셜미디어(Social media) 등 온라인 방식을 바탕으로 P2P Lending,[1] P2P Fund, P2P insurance 등 P2P(peer to peer, person to person)[2] 금융이 전세계적으로 급격하게 성장하고 있다.[3] 다수의 투자자가 인터넷 플랫폼과 모바일 장치를 통하여 쉽게 의견을 교환할 수 있는 정보통신기술의 발전과 비대면 업무처리방식의 정착이 만들어낸 결과로 보인다.

국내에서도 온라인소액투자중개, P2P 대출 등 P2P 금융서비스가 활발하게 진행되고 있으며, 특히 P2P 대출은 급격한 성장세를 보이고 있다.[4] 전세계적으로 P2P 대출은 미국, 영국, 중국 등이 그 성장을 주도하고 있으며, P2P 대출은 새로

---

* 「성균관법학」 제30권 제4호(성균관대학교 법학연구원, 2018.12)에 게재된 글을 수정·보완한 것이다. 필자가 소속된 기관의 의견과 관련이 없음을 밝힙니다.

** 금융위원회 정책전문관/법학박사.

*** 성균관대학교 대학원, 법학 박사과정수료.

1) 전통적 의미에서 P2P Lending은 개인간 대출만을 말하고, Marketplace Lending은 기관이 개인과 함께 대출을 한다는 의미로 사용되며, P2P Lending의 발전된 형태가 Marketplace Lending으로 이해되고 있다(FDIC, “Marketplace Lending”, Supervisory Insight, Winter 2015, p. 12.).

2) 고동원, “인터넷상에서의 개인 간(P2P) 금융거래에 관한 법적 연구”, 「은행법연구」 제8권 제2호, 은행법학회, 2015.11, 5면에서 P2P 금융이란 “금융기관을 거치지 않고 인터넷이나 모바일 등 온라인에서 당사자 사이에 직접 금융 거래가 이루어지는 것”이라고 정의한다.

3) 이성복, 「P2P 대출중개시장 분석과 시사점」, 자본시장연구원, 2018.01, 25면, “글로벌 P2P 대출중개시장은 지난 5년 동안 연평균 120.6%의 높은 성장세를 보이고 있으며, P2P 대출중개 실적은 2012년에 약 62억달러에 불과했으나, 2016년에 3,237억 달러를 기록하였다.”고 한다.

4) 우리나라의 경우에는 2018년 9월말 현재 금융위에 등록된 P2P 연계대부업자는 193개사이며, 전체 누적대출액은 4.3조원, 대출잔액은 1.7조원 수준으로 파악되고 있다(금융감독원 보도자료, “P2P 대출 취급실태 점검결과 및 향후 계획”, 2018.11.20, 10면).

운 금융서비스로 자리를 잡아가고 있다. 다만, P2P 대출이 기존 금융서비스와는 다른 점이 있기 때문에 이에 대한 각 국의 규제체계도 국가마다 차이를 보이고 있다.

미국과 같이 전통적인 금융규제의 영역으로 포섭하여 기존 규제체계의 틀 내에서 규제하는 국가가 있는가 하면, 영국과 같이 P2P 대출 규제를 위한 별도의 규제체계를 마련하여 규제하고 있는 국가도 있다. 우리나라의 경우 기존 규제체계 내에 포섭하여 규제하려는 움직임[5]과 별도의 입법을 통해 새로운 규제체계를 확립해 나가려는 노력이 이어지고 있다.[6]

국내 P2P 대출시장 역시 최근 급격한 성장을 보이고 있고 아직 투자자(자금공급자)와 차입자(자금수요자)를 보호할 수 있는 규제체계가 마련되지 않아 P2P 대출중개업자의 사기나 부도, 차입자의 채무불이행, 불법적 채무 추심 등에 따른 피해가 우려되고 있다. 최근 감독당국이 P2P 대출중개업자에 대한 실태조사를 한 결과,[7] 불법적 거래로 말미암아 20개사가 검찰 수사의뢰나 경찰에 수사정보가 제공되었으며, 내부통제 미흡, 영업행태 및 투자자보호 실태 등에 있어서 다양한 문제점이 발견된 바 있어 P2P 대출시장의 건전한 발전을 위해 P2P 대출중개업자를 직접 규율하기 위한 법제화 등의 노력이 시급히 요구되고 있는 상황이다.

현재 국내 P2P 대출중개업자에 대한 규율은 2017년 2월 27일부터 시행되고 있는 「P2P 대출 가이드라인」(이하 "가이드라인"이라 한다)과 2017년 8월 개정된 「대부업법 시행령」상의 온라인대출정보연계대부업자의 금융위원회 등록을 통하여 P2P 대출에 대한 간접적인 관리를 도모하고 있으나, 가이드라인은 법적 구속력이 없는 행정지도에 불과하고, P2P 대출에 대한 법적 정의나 형태에 대한 체계적인 규제체계 없이 현재와 같은 규율방식으로는 규제공백이 발생할 수밖에 없으며,[8]

---

5) 박광온의원이 대표발의(의안번호 제11787호)한 「대부업 등의 등록 및 금융이용자 보호에 관한 법률 일부개정법률안」은 P2P 대출을 온라인대출중개업으로 정의하고 대부업법상 대부중개업에 포함하여 P2P 대출을 대부업 규제체계 내로 편입하고 있으며, 박선숙의원이 대표발의(의안번호 제15102호)한 「자본시장과 금융투자업에 관한 법률 일부개정법률안」은 P2P 대출을 자본시장법상 온라인소액투자중개업과 유사한 온라인투자연계금융업자로 정의하여 자본시장법의 규율대상으로 하고 있다.

6) P2P 대출에 관한 제정법으로 「온라인대출중개업에 관한 법률안」(민병두의원안, '17.7.20), 「온라인대출거래업 및 이용자보호에 관한 법률안」(김수민의원안, '18.2.23), 「온라인투자연계금융업 및 이용자보호에 관한 법률안」(이진복의원안, '18.4.13) 등 총 3건의 법률안이 국회에 계류되어 있다.

7) 금융감독원 보도자료, "P2P 대출 취급실태 점검결과 및 향후 계획", 2018.11.20. 1면.

8) 기준하, "P2P 대출의 현황과 향후과제", NARS현안분석 vol. 6, 2018.5.18., 12면.

이로 인한 투자자 피해 가능성이 증가하고 있으므로, P2P 대출에 대한 법적 규율 체계의 마련을 통해 새로운 산업으로서 성장할 수 있는 기반을 마련해야 할 필요가 있다.

이하에서는 현재까지 규제체계가 명확하게 확립되지 않은 P2P 대출의 건전하고 지속적인 발전이 이루어질 수 있도록 미국의 P2P 대출의 구조 및 특성, P2P 대출시장의 현황과 관련 규제체계를 살펴보고 그에 대한 시사점을 도출해보고자 한다.

Ⅱ. 미국의 P2P 대출시장 현황

1. P2P 대출거래의 유형

미국의 P2P 대출거래 유형은 크게 P2P 대출중개업자가 대출자와 차입자를 직접 중개하는 구조인 "직접대출형(Direct lending)"과 P2P 대출중개업자와 연계된 금융회사(Partner Bank)를 통해 대출을 발생시키는 "간접대출형(Indirect lending)"으로 구분해 볼 수 있다.[9]

직접대출형 대출구조의 가장 큰 특징은 은행과 같은 전통적인 금융회사의 개입없이 P2P 대출중개업자(Marketplace lender)를 통해 차입자(borrowers)와 투자자(investor)간에 대출이 이루어진다는 점이다. 이러한 직접대출형 대출구조에서는 P2P 대출중개업자가 대출을 보유하게 되며, 이에 따라 차입자의 채무불이행에 따른 신용위험을 부담하게 된다.[10] 직접대출형 대출구조에서는 예금수취기관과 연계하지 않기 때문에 P2P 대출중개업자는 일반적으로 대출을 하는 각 주(州)에서 면허를 취득하여야 하지만, 연방은행감독당국의 감독대상은 아니다.[11]

간접대출형 대출구조에서는 연계금융기관(Partner Bank)을 통해 대출이 이루어지기 때문에 P2P 대출중개업자는 각 주(州)에서 면허를 취득할 필요는 없다. 다만, P2P 대출중개업자의 수행 업무가 은행서비스회사법(Bank Service Company Act)의 은행서비스회사의 법적 정의에 해당하거나 예금수취기관의 자회사 또는

9) U.S. Department of the Treasury, "Opportunities and Challenges in Online Marketplace Lending", May 10, 2016, p. 5.

10) Congressional Research Service, "Marketplace Lending: Fintech in Consumer and Small-Business Lending", September 4, 2018, p. 3.

11) U.S. Department of the Treasury, Id, p. 5.

계열회사로서 또는 제3자로서 은행서비스회사를 위해 특정업무를 수행하는 경우 그러한 행위가 은행서비스회사가 자체적으로 수행되는 것과 동일시되는 경우에는 연방은행감독기관의 규제와 검사를 받을 수 있다.[12]

[그림 1] 미국의 P2P 대출거래 유형

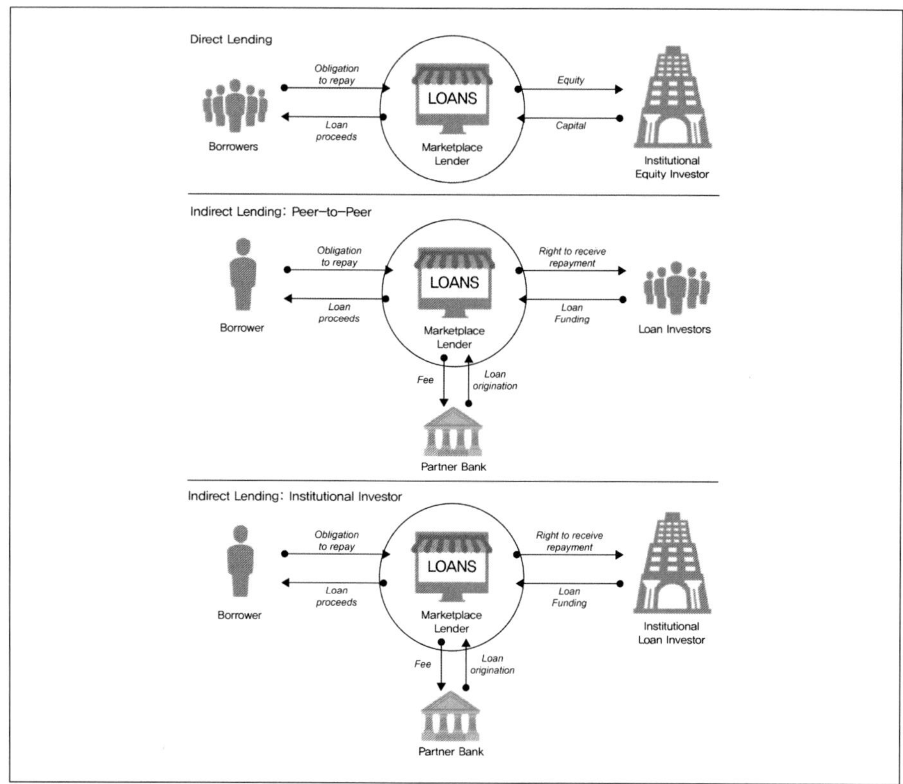

출처: Congressional Research Service, “Marketplace Lending: Fintech in Consumer and Small-Business Lending”, September 4, 2018, p. 4.

한편, 직접대출형 대출구조와 달리 간접대출형 대출구조에서 P2P 대출중개업자는 대출을 보유하는 것이 아니므로 차입자의 채무불이행에 따른 신용위험을 부담하지 않는다.[13] 이러한 간접대출형 대출구조에서 종종 “진정한 대출자(true

12) Id, p. 8.
13) Id, p. 6.

lender)"가 누구인지 여부가 법적인 쟁점이 되곤 한다.14)

미국에서는 직접대출형 대출구조보다 간접대출형 대출구조가 일반적으로 활성화되어 있으나, 시장이 발달함에 따라 직접대출형 및 간접대출형 P2P 대출중개업자는 다양한 경제적 환경의 변화에 탄력적으로 대응하기 위하여 융합형(Hybrid model)으로 진화하고 있다.15)

2. P2P 대출시장 현황

미국의 P2P 대출거래는 2006년 2월 최초로 ㈜프로스퍼(Prosper)가 대출서비스를 시작하였고, 2007년 5월 렌딩클럽㈜(Lending club)이 등장하였다. 이러한 P2P 대출중개업자의 등장 배경에는 2007년 금융위기 이후 기존 금융기관들의 급격한 대출위축으로 말미암아 마땅한 대출처를 찾지 못한 사람들을 위한 대안금융(Alternative Finance) 성격으로 나타났다.16)

미국의 조사기관(IBISWorld)의 2018년 9월 조사보고서에 따르면, 2013년부터 2018년까지 5년 동안 330억 달러 상당의 산업으로 발전했으며, 연간 성장률은 51.3% 기록하여 P2P 대출산업이 성숙단계(mature stage)에 도달하였고, 2023년까지 지속적인 성장을 할 것으로 예상된다. 또한 미국 통계조사기관인 Statista의 조사에 따르면, 2018년 P2P Platform을 통한 개인대출(marketplace lending) 건수는 약 340만 건 정도이며, 평균 대출액은 9,851 달러라고 한다. 현재 미국의 P2P 대출시장을 주도하고 있는 업체는 ㈜프로스퍼와 렌딩클럽㈜이다.

2007년 설립된 렌딩클럽㈜은 개인대출 및 중소기업(Small-and medium-sized enterprise: SME) 대출을 제공하는 세계 최대의 P2P 대출중개업자이며, 2015년에는 P2P 대출중개업자 중 최초로 뉴욕증권거래소에 상장된 바 있다. 렌딩클럽㈜은 개인대출의 경우 최저 1,000 달러에서 최고 40,000 달러의 대출을 신용도와 대출기간에 따라 연평균 5.99%~34.99% 금리로 취급하고 있으며, 사업대출(business lending)의 경우에는 사업 2년 이상, 연매출 75,000 달러 이상의 기업에 대해서 최

14) 대표적인 판결로 NRO Boston, LLC & Indelicato v. Kabbage, Inc. & Celtic Bank Corp., No. 1:17-cv-11976 (D. Mass. Oct. 12, 2017); Meade v. Avant of CO, LLC, No. 1:17-cv-00620 (D. Col. Mar. 9, 2017); CashCall, Inc. v. Morrisey, 2014 W. Va LEXIS (W. Va. May 30, 2014); Madden v. Midland Funding, LLC, 786 F.3d 246 (2d Cir. 2015) 등이 있다.

15) U.S. Department of the Treasury, Id, p. 8.

16) Bloomberg, "Peer-to-Peer Lending", 2017.6.7.

저 5,000 달러에서 최고 300,000 달러를 5.9%~25.9%의 금리로 제공하고 있다. 투자자의 경우에는 최저 25 달러를 투자할 수 있으며, 투자에 제한은 없다. 다만, 렌딩클럽㈜의 투자자가 되기 위해서는 일정한 소득기준을 충족하여야만 한다.[17]

2006년 설립된 ㈜프로스퍼는 미국 최초의 P2P 대출플랫폼 회사로 렌딩클럽㈜과 달리 개인대출만을 취급하며 2018년 상반기까지 약 130억 달러의 대출을 실행하였다. ㈜프로스퍼의 개인대출 플랫폼인 Market Place을 통해 발생된 대출은 연계은행인 WebBank[18]에서 이루어진다. 담보는 필요하지 않으나, 대출한도는 35,000 달러이며, 고정금리(연평균 5.99%~36%)와 3년 또는 5년의 대출기간만을 취급하고 있다. ㈜프로스퍼에 투자할 수 있는 투자금액은 최소 25달러 이상이며, 주(州)에 따라서는 주(州)법에서 요구하는 소득요건을 충족해야만 투자자로 참여할 수 있다. ㈜프로스퍼에서는 위험분산 차원에서 투자자가 최소 100개의 증서(note)에 투자하는 것을 권고하고 있다.[19]

미국 P2P 대출시장에서는 2016년말 기준으로 렌딩클럽㈜이 시장점유율 37%, ㈜프로스퍼는 시장점유율 9% 등 상위 5개의 P2P 대출중개업자가 P2P 대출시장의 약 80% 정도를 차지하고 있어 소수 P2P 대출중개업자들의 시장의 집중화 현상이 나타나고 있다.[20]

2013년 31.8억 달러에서 2015년 213.8억 달러까지 급격한 대출시장 규모의 증가를 보이는데 이러한 급성장의 배경은 P2P 대출의 증권화에 따라 기관투자자가 P2P대출에 투자하였기 때문이라고 보는 견해가 있다.[21] 2016년 시장 규모 증가율이 급격히 감소하는데, 이자율 제한과 관련하여 대출자가 아닌 차입자가 거주하는 주(州)의 이자제한법을 적용하게 한 Madden 판결의 영향 등 규제 강화에 따른 결과로 보인다.[22]

---

17) 렌딩클럽㈜의 투자자가 되기 위해서는 총소득이 적어도 7만 달러 이상이거나, 순자산 7만 달러 또는 총순자산이 적어도 25만 달러 이상이어야 한다("You must have a gross income of at least $70,000 and a net worth of $70,000, or you must have a total net worth of at least $250,000.")

18) 1997년 유타州에 설립된 ILC(Industrial Loan Company)로서 연방예금보험공사(FDIC)의 감독을 받는다.

19) 이에 따라 다양한 종류의 대출 유형에 투자하여 수익을 얻기 위해서는 최소 2,500 달러 이상의 투자가 필요하다.

20) 이성복, 앞의 보고서, 35면.

21) 한국소비자원, 온라인 P2P 대출 서비스 실태조사 16면. "대출의 증권화는 대출채권의 크기가 작고 유동성이 떨어져 투자하기 어려웠던 연기금이나 보험회사가 P2P대출에 투자할 수 있도록 견인함"

22) 이성복, 앞의 보고서, 28면.

[표 1] 미국의 P2P 대출시장 규모 (단위: 억달러)

2012	2013	2014	2015	2016
24.0	31.8	87.1	213.8	234.0

출처 : 이성복, 「P2P 대출중개시장 분석과 시사점」, 자본시장연구원, 2018.01.

Ⅲ. 미국의 P2P 대출거래 규제

1. 개 관

미국의 P2P 대출거래 규제의 흐름에 있어서 중요한 살펴보아야 될 것으로 2008년 미국증권거래위원회(SEC)의 P2P 대출중개업자가 발행한 약속증서(promissory note)에 대한 등록의무 부과조치와 2011년 미국 회계감사원(United States Government Accountability Office: GAO)의 P2P 대출규제에 관한 보고서(Person-To-Person Lending: New Regulatory Challenges Could Emerge as the Industry Grows)이다.

미국에서 P2P 대출시장이 급성장함에 따라 미국증권거래위원회(SEC)에서 2008년부터 P2P 대출거래에 규제 및 감독을 시작하였고, 이러한 정책규제당국의 움직임은 P2P 대출시장에 큰 영향을 끼치게 되었다. SEC의 규제는 대출자를 증권의 투자자로 판단하여, P2P 대출중개업자가 발행한 증서(note)를 1933년 증권법 적용대상인 유가증권으로 파악하고, 이를 미국증권거래위원회(SEC)의 규제대상 유가증권과 동일한 규제를 적용하는 것이 특징이다. 이러한 조치로 인하여 당시 급속하게 성장하던 P2P 대출시장에서 규제부담 등으로 인하여 대부분의 P2P 대출중개업자가 사라졌으며, 이로 인하여 P2P 대출시장이 위축되기도 하였다. 미국증권거래위원회(SEC)의 조치에 대해 새로운 유형의 사업에 대한 과도한 조치로서 관련 시장의 성장을 저해할 것이라는 비판이 제기되기도 하였다.[23)]

그러나 미국증권거래위원회(SEC)의 P2P 대출에 대한 규제조치는 그 동안 P2P 대출에 대한 규제의 모호성을 해소함으로써 오히려 P2P 대출시장의 지속적인 성장에 기여했다는 평가를 받고 있다.[24)]

---

23) Carl Smith, "If It's Not Broken, Don't Fix It: The SEC's Regulation of Peer-to-Peer Lending", 6 Am. U. Bus. L. Brief 21, 23 (2010); Andrew Verstein, "The Misregulation of Person-to-Person Lending", UC Davis Law Review, Vol. 45(2011)

24) Benjarmin Lo, "It Ain't Broke: The Case For Continued SEC Regulation of P2P Lending",

이러한 미국증권거래위원회(SEC)의 규제조치와는 별개로 2010년 7월 발효된 금융개혁법(Dodd-Frank Wall Street Reform and Consumer Protection Act) 989F(a)항에서 미국회계감사원(GAO)으로 하여금 P2P 대출시장의 규제체계, 감독책임, 개인정보보호, 위험관리 등의 문제를 다룬 보고서를 의회에 제출하도록 규정하였고, 이에 따라 P2P 대출과 관련된 연방규제 방향을 담은 보고서를 발표된 바 있다. 동 보고서에 따르면, P2P 대출시장에 대한 규제접근 방안으로 미국증권거래위원회(SEC) 중심의 규제(An SEC-centered approach)[25]와 금융소비자보호국 중심의 규제(A CFTB-centered approach)[26]을 제안한 바 있으며, 미국회계감사원(GAO)은 P2P 대출시장과 관련된 연방차원의 규제접근방식과 관련하여 P2P 대출시장의 진화 가능성을 고려하여 규제방향을 강제적으로 확정하지 않았고, 이후 미국의 P2P 대출시장에 대한 연방차원의 규제는 미국증권거래위원회(SEC)를 중심으로 한 관리·감독체계로 이루어지게 되었다. 이러한 연방차원의 규제와는 별도로 미국 내 P2P 대출중개업자는 각 주(州)에서 요구하는 규제수준도 충족하여야 한다.

P2P 대출시장에 대한 미국의 규제는 연방차원과 주(州)차원의 규제가 복합적으로 적용되고 있으며, 그 규제기관도 복잡하고 다양하게 얽혀 있기 때문에 이러한 규제체계에 대한 비판이 제기되기도 하며,[27] P2P 대출시장에 대해서 보다 명

HARVARD BUSINESS LAW REVIEW, Vol 6(2016), pp. 87-110.에서는 SEC의 지배적인 역할이 성장을 억제하고 새로운 시장진입을 막을 것이라고 우려했으나, 오히려 SEC의 규제로 말미암아 투자자보호 등의 규제 틀이 적절한 보호체계를 구성하여 시장이 성장하고 있다고 한다. 다른 견해로 서영미, "국내외 P2P 대출중개업 관련 규제 동향 및 시사점", 금융투자협회, 2015.8.5., 3면에서는 SEC의 조치로 말미암아 P2P 대출중개업자의 대출증권(notes)이 합법적 유가증권으로 인정되어 유통시장이 형성되는 등 P2P 시장 성장에 기여했다고 한다.

25) SEC 중심의 규제접근은 투자자들의 잠재적 위험이 상존하는 P2P 대출시장을 SEC가 연방차원에서 관리·감독해야 된다는 것이다("An SEC-centered approach, whereby potential risks to investors are regulated at the federal level by the SEC. Under this approach, there would be broad exemptions to individual state-level securities regulations for P2P lending platforms that are in compliance with federal regulations.").

26) 금융소비자보호국(CFPB) 중심의 규제는 도드-프랭크법으로 부르는 미국의 금융개혁법에 의해 창설된 금융소비자보호국으로 하여금 P2P 대출 및 투자를 소위 '소비자금융상품(consumer financial products)으로 간주하여, 금융소비자보호국이 P2P 대출의 투자자와 대출자, 플랫폼을 모두 관리·감독해야 한다는 것이다(A CFPB-centered approach that would bring together the monitoring of investors and borrowers under the CFPB. Instead of being federally regulated securities, P2P loans and investments in P2P loans would be "consumer financial products" and the CFPB would regulate the relationship between investors and P2P lending platforms.).

27) Paul Slattery, "Square Pegs in a Round Hole: SEC Regulation of Online Peer-to-Peer Lending and the CFPB Alternative", Yale Journal on Regulation Volume 30(2013), pp. 233-275.

확하고 엄격한 규제강화가 필요하다고 주장하기도 한다.[28] 2016년 미국의 상원 의원 3인은 미국회계감사원(GAO)에 새로운 보고서를 요청했는데, i) 2011년 보고서 이후 온라인 대출시장의 진화와 성장은 무엇이었는지, ii) 기관투자자의 참여로 인한 위험증대가 예상대로 증가했는지 여부, iii) 2011년 보고서 이후의 감독구조의 변화, iv) 규제당국의 적절한 역할이 무엇인지 등에 관한 내용을 검토해달라고 하였다.[29] 이러한 미국의 P2P 대출 규제체계는 P2P 대출 출현 이전부터 존재한 기존 규제체계로 포섭한 것이기 때문에 이러한 규제가 P2P 대출거래에 있어 어떻게 적용되어야 하고, 그것이 얼마나 효과적일지 여부에 대해서 불확실성이 존재한다.[30]

이하에서는 규제적 측면에서 투자자보호를 위한 증권의 등록 및 공시, 소비자보호와 공정대출의 준수, 주(州)차원의 규제 등 3가지 측면에서 미국의 P2P 대출 규제체계를 검토해보기로 한다.

2. P2P 대출거래와 연방 증권 규제

미국증권거래위원회(SEC)는 2008년 미국의 대표적인 P2P 대출중개업자인 ㈜프로스퍼가 투자자들에게 발행하는 '상환청구권이 없는 약속증서'(non-recourse promissory note)를 「1933년 증권법」(Securities Act of 1933)상 '증권'(security)으로 보았다.[31] ㈜프로스퍼의 대출거래 형태는 차입자가 차입금과 이자율을 중개업체에 게시하면, 투자자인 대출자들이 원하는 대출금과 이자율을 제시하여 거래가 체결되는데, 차입자는 대출자와 직접적으로 대출거래가 이루어지는 것이 아니고, 차입자는 연계은행(Partner Bank)으로부터 대출을 받고, 대출에 따른 권리를 ㈜프로스퍼가 투자자들에게 '상환청구권이 없는 약속증서'(non-recourse promissory note)

---

28) Business Inside, "The Fed just warned against 'predatory' peer-to-peer lending", 2017.11.14.

29) MERKLEY, BROWN, SHAHEEN ASK GAO FOR UPDATED REPORT ON THE FINANCIAL TECHNOLOGY MARKETPLACE. 해당 서신에 대한 원문은 https://www.merkley.senate.gov/imo/media/doc/Letter%20to%20Gene%20L.%20Dorado%204.18.16.pdf 참고.

30) Congressional Research Service, Id, p. 12.

31) SECURITIES AND EXCHANGE COMMISSION, "ORDER INSTITUTING CEASE - AND - DESIST PROCEEDINGS PURSUANT TO SECTION 8A OF THE SECURITIES ACT OF 1933, MAKING FINDINGS, AND IMPOSING A CEASE-AND-DESIST ORDER", Release No. 8984 / November 24, 2008., 증권거래위원회는 2006년 1월부터 2008년 10월 14일까지 Prosper가 발행한 약속증서를 등록하지 않았다고 하여 Prosper에 업무중지명령 결정(cease and desist order)하였다.

을 발행 · 교부한다.32)

이러한 약속증서의 발행행위에 대해서 연방증권법 규제가 적용됨에 따라 P2P 대출중개업자는 증권신고서 제출, 정기공시 등의 의무를 부담하게 되었고, 미국 증권거래위원회(SEC)의 결정에 따라 종전에 P2P 대출거래에서 발행했던 증권을 등록하지 않았던 ㈜프로스퍼, 렌딩클럽㈜ 등 P2P 대출중개업자들의 업무가 잠정적으로 중단되게 되었다. 미국증권거래위원회(SEC)는 '약속증서' 자체가 '증권'에 해당된다고 보는 것이 아니라 ㈜프로스퍼 등 P2P 대출중개업자가 발행하는 약속증서가 SEC v. W. J. Howey Co., 328 U.S. 293 (1946) 판결에서 연방대법원이 인정한 투자계약증권(investment contracts)에 해당된다고 보았으며, Reves 판결에 따라 증권거래법 제2조(a) (1)항 상의 증권으로 보았다.

그 내용을 살펴보면, ① 대출자는 ㈜프로스퍼로부터 증서를 매입하기 때문에 투자행위로 인정되고, ② 대출자는 투자로부터 발생하는 수익을 기대하고 있으며, 그 수익은 ㈜프로스퍼의 노력에 의존하고 있다는 점, ③ 대출자의 대출과 차입자의 대출금 상환은 ㈜프로스퍼에 의하여 진행되고 대부분 대출은 2인 이상이 참여하거나, 1인의 대출자가 2회 이상 대출을 진행하고 ㈜프로스퍼는 대출자와 차입자로부터 각각 수수료를 받기 때문에 공동 사업이라고 보며, ④ 마지막으로 P2P 대출과 관련된 다른 규제체계는 없다고 하였다.33)

이러한 결정에 따라 P2P 대출중개업자는 투자자에게 약속증서를 발행하는 경우 미국증권거래위원회(SEC)에 등록하고, 증권신고서 제출 및 공시의무가 발생하

32) 고동원, 앞의 논문, 14면.

33) SECURITIES AND EXCHANGE COMMISSION, "ORDER INSTITUTING CEASE - AND – DESIST PROCEEDINGS PURSUANT TO SECTION 8A OF THE SECURITIES ACT OF 1933, MAKING FINDINGS, AND IMPOSING A CEASE–AND–DESIST ORDER", Release No. 8984 / November 24, 2008., "the Prosper notes are securities under Reves because: (i) Prosper lenders are motivated by an expected return on their funds; (ii) the Prosper loans are offered to the general public; (iii) a reasonable investor would likely expect that the Prosper loans are investments; and (iv) there is no alternate regulatory scheme that reduces the risks to investors presented by the platform. As a result of the conduct described above, Prosper violated Section 5(a) of the Securities Act, which states that unless a registration statement is in effect as to a security, it shall be unlawful for any person, directly or indirectly, to make use of any means or instruments of transportation or communication in interstate commerce or of the mails to sell such security through the use or medium of any prospectus or otherwise; or to carry or cause to be carried through the mails or in interstate commerce, by any means or instruments of transportation, any such security for the purpose of sale or for delivery after sale.,

며, 대출자에게 투자설명서를 교부해야 하고, 증권이 판매되는 모든 주(州)에서 증권을 등록해야 한다.

이러한 규제방향에 대해서 과도하게 투자자 보호에 편향된 조치라고 비판하는 견해가 있으며, P2P 대출중개업자에 부담이 될 수 있고, 정보공시 의무화로 인하여 차입자의 프라이버시가 침해될 소지도 있으며, 미국증권거래위원회(SEC)의 적극적인 관여로 인한 추가적 위험 부담으로 대출자들에게 피해를 초래할 우려가 있다고 한다.[34] 그러나 이러한 우려와 달리 적극적인 규제로 투자자 보호 등의 적절한 규제의 틀이 만들어져 P2P 대출시장이 안정적으로 성장하고 있다는 주장도 있다.[35]

3. 소비자 보호 규제

위에서 살펴본 것과 같이 미국의 P2P 대출시장 규제의 특징은 증권법의 적용을 받아 증권의 발행, 모집 등의 행위 시에는 미국증권거래위원회(SEC)의 규제를 준수해야 함과 동시에 차입자와 관련해서 P2P 대출중개업자는 소비자보호 관련 법령의 적용도 받게 된다는 점이다.[36] 이에 따라 P2P 대출중개업자는 금융소비자보호국(Consumer Financial Protection Bureau; CFPB)과 연방거래위원회(Federal Trade Commission; FTC)의 감독을 받는다. 금융소비자보호국(CFPB)은 대출에 있어 불공정하고 사기적이며 남용하는 행위나 관행을 금지하고 있으며, 연방거래위원회(FTC)는 대출을 포함한 상거래에 영향을 미치거나 부당한 행위를 금지하고 있다. 또한 P2P 대출중개업자는 연방 또는 주(州) 법에서 요구하는 차입자 보호 규제가 적용되어 법정최고이자율 적용 및 소비자보호법 등을 준수하여야 한다.[37] 그리고 대출 관련 공시조건을 충족하여야 하며, 불공정약관 등 대출에 추가적인 조건을 첨가하는 것은 원칙적으로 금지되며, 연체 시 채무자에 취할 수 있는 조치도 관련 규정에 따라 제한된다. 아울러 P2P 대출은 온라인 방식으로 이루어지는 대출

34) Andrew Verstein, "The Misregulation of Person-to-Person Lending", UC Davis Law Review vol. 45, 2012, pp. 455-530.

35) Benjarmin Lo, Id, p. 110.

36) Congressional Research Service, Id, p. 14.

37) 법정 이자율 제한이 없는 유타주에서 인가를 받은 WeBank를 통해 대출을 실행하는 Lending Club과 Prosper의 경우에도 차입자의 거주지가 속한 주의 법정 최고이자율을 준수('15. 5월, Madden 사건 판결).

[표 2] P2P 대출중개업자에 적용될 수 있는 연방 규제

관련 법	관련 내용	관련 규제기관
은행서비스회사법 (Bank Service Company Act)	은행을 위한 제3자 서비스 제공자로서의 감독	FRB, OCC, FDIC, NCUA
전자자금이체법 (Electronic Fund Transfer Act)	전자자금이체의 조건에 대한 공시 비승인된 이체에 대한 소비자 책임 제한	OCC, FRB, FDIC, NCUA, FTC, CFPB
신용기회균등법 (Equal Credit Opportunity Act)	인종, 피부색, 종교, 국적, 성별, 혼인여부, 연령 또는 소득에 대한 공적 부조 여부 등에 따른 차별금지	CFPB, FRB, OCC, FDIC, NCUA, FTC, DOJ
공정신용보고법 (Fair Credit Reporting Act)	신용평가기관에 대한 정확한 정보 보고 신원도용방지를 위한 프로그램 개발 및 이행 신용보고서 정보를 거부하는 대출자에 대한 공시부과	FTC, CFPB, FRB, OCC, NCUA, FDIC
채권의 공정한 추심에 관한 법 (Fair Debt Collection Practices Act)	채권추심에 대한 지침 및 제한 사항 추심과정에서의 위협행위, 괴롭히는 행위 또는 학대행위 금지	FTC, CFPB, OCC, FRB, FDIC, NCUA
도드－프랭크법 1036조 (Dodd－Frank Act) 연방거래위원회법 제5조 (Federal Trade Commission Act) 증권법 (Securities Act of 1933)	불공정하거나 사기적 또는 남용적 영업행위 또는 관행 금지	CFPB, FTC, FRB, FDIC, OCC, CUA, SEC
금융현대화법 (Gramm－LeachBliley Financial Modernization Act)	금융기관이 제휴하지 않은 제3자에게 차입자의 비공개 개인정보 공개 제한 및 정보공유에 대한 고지, 제3자에 대한 정보공유 금지권리에 대한 안내	FTC, CFPB, FRB, OCC, NCUA, FDIC
진실대부법 (Truth in Lending Act)	대출 및 신용거래조건에 대한 이해 가능한 공시	CFPB, FRB, OCC, NCUA, FDIC, FTC
전자서명법 (Electronic Signatures in Global and National Commerce Act)	전자적 기록과 서명을 이용한 계약의 법적 구속력 및 집행력 부여	모든 규제기관
자금세탁방지법 (Bank Secrecy Act)	자금세탁방지 절차 이행	FinCEN, OCC, FRB, FDIC, NCUA

출처: Congressional Research Service, Id, p. 25; Hang Yin, “Status quo of the US and UK's P2P lending regulation”, GJEBA (2016), p. 3; U.S. Department of the Treasury, Id, pp. 38－39.

이기 때문에 전자상거래 등에 적용되는 규제도 준수해야 할 의무가 있다. 이밖에 P2P 대출중개업자와 연계된 은행은 연방예금보험공사(FDIC), 연방준비제도이사회(FRB), 전국신용조합관리청(National Credit Union Administration; NCUA), 통화감독청(Office of the Comptroller of the Currency; OCC) 등 연방감독기관의 감독 대상이 되며, P2P 대출중개업자도 소비자 보호업무와 관련하여 연방감독기관의 감독 대상이 될 수 있다.[38]

4. P2P 대출에 대한 주(州) 규제

미국 전역에서 사업을 영위하는 P2P 대출중개업자는 위에서 살펴 본 바와 같이 연방차원의 규제뿐만 아니라, 자신이 영업하는 주(州)에서도 개별 주(州)법에 따른 규제를 받는다.[39] 예를 들면, P2P 대출중개업자는 증권법에 따라 SEC에 증권을 등록해야 하는 것은 물론이고, 주(州)증권법(Blue Sky Laws)에 따라 면제 증권이 아닌 한 증권이 판매되는 모든 주(州)에서 해당 증권을 등록해야 한다. 많은 주(州)에서 주(州)증권위원회는 판매가 부적합하다고 판단되는 증권에 대한 등록을 거부할 수 있는 권한을 보유하고 있으며, 일부 주(州)에서는 등록을 거부하기도 한다.[40]

또한 P2P 대출의 영업모델에 따라서는 많은 경우 개별 주(州)법에서 요구하고 있는 면허를 취득해야 한다. 미국의 대표적인 P2P 대출중개업자인 렌딩클럽㈜의 경우 30개 주(州)에서 채권추심업, 대출업, 대출중개업, 자금이체업 등 다양한 면허를 취득하여 영업을 하고 있다(아래 표 참고). 이러한 주(州)별 규제가 불필요하고 번거로우며, 비효율적이고 잠재적으로 유익한 산업의 성장을 저해하는 경우도 있다고 주장되기도 한다.[41]

한편, P2P 대출에 있어 특정한 경우에는 연방법과 적용되는 주(州)법의 불확실성으로 말미암아 문제가 야기될 수도 있다.[42]

---

38) Congressional Research Service, Id, p. 14, GAO(2017), pp. 11－12.

39) 개별 주(州)법이 적용되기 때문에 50개의 다른 주(州)법과 규정을 준수하는 것은 불필요한 부담이 될 수 있다고 한다(Brian Knight, “Modernizing Financial Technology Regulations to Facilitate a National Market”, Mercatus Center, Mercatus on Policy Series, August 1, 2017).

40) Peter Manbeck · Marc Franson, “The Regulation of Marketplace Lending: A Summary of the Principal Issues”, Chapman and Cutler LLP, April 2018, p. 38.

41) Congressional Research Service, Id, pp. 16－17.

[표 3] 렌딩클럽㈜의 미국 주(州)별 면허취득 현황

주(州)	취득 면허
Arizona	Collection Agency License No. CA－0930471
Arkansas	Collection Agency License No. 5100
California	Finance Lender License No. 6053714
Colorado	Supervised Lender License No. 992420
Connecticut	Small Loan Company License No. SLC－167439
Idaho	Regulated Lender License No. RRL－9286
Indiana	Collection Agency License
Kansas	Supervised Loan License No. SL.0000294
Louisiana	Licensed Lender No. 167439－1118957 Collection Agency Registration No. 42045335I
Maine	Loan Broker License No. CSO13612 Debt Collector License No. DCL13609 Loan Servicer Registration No. SVR13611
Maryland	Collection Agency License No. 04－7184
Massachusetts	Debt Collection License No. DC167439
Minnesota	Collection Agency License No. 40454126
Nebraska	Collection Agency Bond Registration No. 1095
New Hampshire	Small Loan Lender License No. 20926－SM
New Jersey	Collection Agency Bond Registration No. 14696
New Mexico	Small Loan Company License No. 02053
New York	Out－of－State Lender License No. OSL 103811
North Dakota	Money Broker License No. MB102844 Collection Agency License No. CA102845
Oklahoma	Supervised Lender License No. SL008260
Oregon	Consumer Finance License No. 0421－001－C
Pennsylvania	Money Transmitter License No. 63064
South Carolina	Supervised Lenders License (website) No. S－8539 Supervised Lenders License (home office) No. S－8538
South Dakota	Money Lender License No. MYL.3173
Tennessee	Industrial Loan & Thrift License No. 3092 Collection Agency License No. 1863
Texas	Regulated Loan License No. 154127
Utah	Collection Agency No. 6411138－0131
Vermont	Lender License No. 6940
West Virginia	Credit Service Organization Number No. 372634
Wyoming	Supervised Lender License No. SL－3687

출처: 렌딩클럽㈜ 홈페이지(https://www.lendingclub.com/legal/licenses)

예를 들면, 대부분의 주(州)에서는 소비자대출에 있어 부과할 수 있는 최고이자율을 법으로 제한하고 있다. 다만, 주(州)에 따라 최고이자율 제한은 차이가 발생할 수 있는데, 온라인을 통해 영업을 하는 P2P 대출중개업자의 경우 차입자가 거주하는 주(州)에 따라 적용되는 최고이자율에 어려움을 겪을 수 있다. 또한 고리대금업법을 위반한 경우 일부 주(州)에서는 전체 대출계약을 무효로 할 수 있으며, 주(州)마다 부과되는 제재가 상이할 수도 있기 때문에 어떠한 법이 적용되는지 여부가 불확실한 경우에는 법적 안정성에 문제가 발생할 수도 있다.

Ⅳ. 우리나라 P2P 대출 규제와 비교

2007년 금융위기 이후 미국에서 P2P 대출은 대안금융(alternative finance)의 일환으로 성장하기 시작하였으며, 초기의 혼란을 극복하고 P2P 대출시장은 성숙단계에 이르고 있다. 미국에서의 P2P 대출에 대한 규제는 영국과 같이 별도의 규정·지침을 통한 규제방식을 취한 것이 아니라 기존 법규제의 틀 내에서 P2P 대출행위에 대한 적용 범위를 확대해왔다는 점이다.

앞에서 살펴보았듯이, 미국에서의 P2P 대출규제의 전환점은 2008년 미국증권거래위원회(SEC)가 P2P 대출중개업자가 발행한 증서에 대해서 1933년 증권법 적용대상인 유가증권으로 포섭함으로써 P2P 대출시장에 대한 미국증권거래위원회(SEC)의 직접 규제 대상이 되었으며, 또한 소비자보호측면에서 금융소비자보호국(CFPB)의 관리·감독 대상이라는 것이다. 이러한 미국의 P2P 대출규제는 연방차원의 규제뿐만 아니라 각 주(州)차원의 개별 규제도 적용되기 때문에 P2P 대출중개업자의 있어서 상당한 규제부담이 야기되고 있으며, 거미줄처럼 얽혀 있는 관련 법규로 말미암아 규제의 일원화가 필요하다는 비판도 있다. 특히 2016년 미국의 상원의원 3인

---

42) 대표적인 법적 문제가 "True Lender"의 문제인데, P2P 대출거래에 있어 연계은행(partner bank)을 통해 P2P 대출이 이루어지는 영업모델의 경우 P2P 대출중개업자와 연계은행 중 누가 진정한 대출자인가 여부가 매우 중요한 문제이다. 대출자가 연계은행인 경우에는 "the exportation doctrine"에 따라 다른 주에서도 합법적인 금리를 수취할 수 있으나, 비은행기관의 경우에는 이러한 원칙이 적용되지 않기 때문에 P2P 대출중개업자가 진정한 대출자로 인정되는 경우에는 개별 주(州)법에 따른 이자율 제한을 준수해야 하는 문제가 발생한다. 이러한 문제로 인하여 통상 P2P 대출중개업자들은 전국적인 영업을 영위하기 위하여 그 도관으로서 은행을 활용한다고 한다(John Hannon, "The True Lender Doctrine: Function over from As a reasonable constraint on the exportation of interest rate", DUKE LAW JOURNAL Vol. 67, 2018, pp. 1261－1295).

이 핀테크(Fintech)의 성장에 대응하여 미국회계감사원(GAO)에 요청한 질문에 대한 답변이 향후 미국의 P2P 대출규제에 대한 방향을 제시할 것으로 보인다.

국내에서는 현재까지 P2P 대출규제에 대한 명확한 법적 근거 없이 감독당국의 가이드라인에 따라 간접적 규제가 이루어지고 있어 P2P 대출시장에 대한 직접적인 규제가 이루어지고 있지 못하고 있는 실정이다. 가이드라인을 통해 투자한도, 투자금 관리, 영업행위, 투자광고, 정보공시 등에 P2P대출중개업자 및 연계금융회사 등이 준수해야 하는 사항을 규정하고 있다. 1개의 P2P 대출중개업자는 연간 투자한도를 일반개인투자자는 1천만원(동일차입자 5백만원), 소득적격 개인투자자(① 이자·배당소득 2천만원 초과 또는 ② 사업·근로소득 1억원 초과)는 4천만원(동일차입자 2천만원) 등 투자자별로 차등 관리하여야 하고[43], 투자금은 P2P 대출중개업자 등의 자산과 분리하여 은행, 상호저축은행, 신탁업자 등 공신력이 있는 기관에 예치하거나 신탁하여 고객재산을 보호해야 한다. P2P 대출중개업자와 연계금융회사 등이 P2P 대출에 투자자 또는 차입자로 참여하는 행위를 제한함으로써 다른 투자자와의 이해상충발생을 사전에 방지하고, 원금을 보장이나 확정된 수익 등 투자금 보장으로 오인할 광고는 금지한다. 그리고 투자자의 판단에 도움을 주는 투자위험, 차입자 정보, 예상수익, 계약해제·해지, 조기 상환조건 등의 정보를 홈페이지에 게재하도록 한다. 최근에 들어 P2P 대출 시장에서 P2P 대출중개업자의 불법·불건전 영업행위에 따른 투자자의 피해가 지속됨에 따라 가이드라인 개정과 법제화가 추진되고 있다.[44] PF 대출 관련 공시항목을 대폭 확대·강화하고, 불건전·고위험 영업 제한, 투자자 자금 보호를 강화하기 위해 대출상환금도 투자금처럼 연계대부업자의 고유재산과 분리하여 보관, P2P 대출중개업자의 부도 등에 대비한 처리 절차, 정보보안과 이해상충 관리를 강화, P2P 대출 판매 시 정보제공을 강화하는 방향으로 추진되고 있다.

미국의 경우 잠재적 위험으로부터 투자자를 보호하기 위하여 과감하게 규제당국이 개입하여 일시적인 시장위축을 초래하였으나, 현재에는 P2P 대출시장이 이러한 조치로 말미암아 안정적인 성장세를 기록하고 있다는 점에 비추어 보면, 국내 P2P 대출거래에 있어 규제당국의 적극적인 조치와 함께 P2P 대출에 대한

43) 법인 투자자 및 자본시장법상 전문 투자자(개인)는 별도의 투자한도 없음.

44) 금융위원회금융감독원 보도자료, "P2P대출 가이드라인 개정 방안 및 법제화 방향", 2018.12.11.

법제화가 시급히 요구된다.

현재 국회에 제출된 P2P 대출에 대한 5개 입법안을 살펴보면, 크게 P2P 대출을 새로운 금융업의 일환으로 보고, 이를 별도의 입법을 통해 입법화 하려는 방향과, P2P 대출이 그 거래구조상 자본시장법상의 온라인소액투자중개업과 동일한 것으로 보아 이를 자본시장법의 규율대상으로 하는 방안, P2P 대출의 본질적 성격과 그것이 대부중개와 다름없으므로 이를 대부업법상의 규율체계로 포섭하는 방안이 고려되고 있다.

그런데 미국의 사례에서와 같이 기존 규제의 틀 내로 P2P 대출거래를 규율하는 경우에는 규제 중복으로 인한 업자의 부담 가중, 새로운 행위유형에 대한 기존 규제의 적용 곤란 등으로 법적 불확실성이 야기될 수 있는 우려가 있다. 따라서 P2P 대출에 대한 규제체계는 새로운 법률을 제정하여 그에 대한 업 규제 및 행위 규제를 통해 소비자 보호를 도모할 필요가 있다.

한편, P2P 대출행위와 관련하여 향후 문제가 될 소지가 있는 것으로 P2P 대출중개업자가 대출중개와 함께 채권추심,[45] 신용평가,[46] 투자자문 등의 업무를 별도의 면허 없이 수행할 수 있는지 여부가 문제될 수 있다. 미국에서도 이러한 법적 문제에 대한 다양한 이슈가 제기되고 있으며,[47] 특히 연방법과 주(州) 법의 차이로 인하여 법적 소송이 빈번하게 제기되고 있는 실정이다. 우리나라에서도 이러한 문제가 발생할 소지가 매우 높으므로 향후 P2P 대출거래에 관하여 입법을 하는 경우에 P2P 대출중개업자의 업무범위 등에 대해서 이를 명확히 하여 법적 문제를 최소화하는 방안을 강구할 필요가 있다. 또한 P2P 대출거래와 관련하여 미국에서 빈번하게 제기되고 있는 문제가 P2P 대출중개업자가 대출자인지 아니면 연계은행이 대출자인지 여부가 문제되는데, 이는 결국 P2P 대출중개업자가 자기대출을 할 수 있는지 여부와 관련되는 문제로 이 부분에 있어 명확한 입법정책적 결단이 필요하다고 본다.

---

45) 채권추심업의 경우 신용정보법상의 채권추심업에 해당하는 경우 금융위원회에 별도 허가가 필요한 사항이다. 다만, 대부업법상 대부업자의 경우 대부채권매입추심업무가 가능하므로 별도의 허가가 필요한 것은 아니다.

46) P2P 대출중개업자의 영업모델을 보면, 자체적인 신용평가를 통해 차입자에 대한 신용등급을 평가하여 투자자로 하여금 그 정보를 보고 투자판단을 할 수 있게 하는데, 이러한 신용정보업을 영위하기 위해서는 원칙적으로 신용정보법상의 신용정보업 허가를 받아야 한다.

47) Peter Manbeck · Marc Franson, "The Regulation of Marketplace Lending: A Summary of the Principal Issues, Chapman and Cutler LLP, April 2018 Update, pp. 29－121 참고.

[표 4] P2P대출 관련 의원발의 법안 비교

구분 (발의일)		민병두의원안 ('17.7.20.)	김수민의원안 ('18.2.23.)	이진복의원안 ('18.4.13.)	박광온의원안 ('18.2.6.)	박선숙의원안 ('18.8.28.)
입법 형태		별도 법안 제정			기존 법안 개정	
입법안		온라인대출 중개업에 관한 법률	온라인대출거 래업 및 이용자보호에 관한 법률	온라인투자연 계금융업 및 이용자보호에 관한 법률	대부업법	자본시장법
진입규제		등록	등록	등록	등록	등록
최저 자본금		법인, 3억원 이상	법인, 3억원 이상	주식회사, 5억원 이상	법인, 3억원 이상	주식회사, 5억원 이상
영업 행위 규제	공통	차입자 및 투자자 보호 ① 과장광고규제, ② 공시규제, ③ 설명의무, ④ 신의성실의무 등			차입자 보호 중심 (이자율제한, 설명의무 등)	투자자 보호 중심 (공시규제 등)
	자기 자금 투자	제한 없이 가능	투자금 95% 이상 모집시 자기자본 내에서 투자 가능	자기자본 내에서 투자 가능	–	자기자본 내에서 투자 가능
투자 한도		시행령 위임	제한없음	제한없음	제한없음	소득 등에 따라 차등 적용
차입 한도		개인 1억원, 소상공인 5억원, 법인 10억원	제한없음	제한없음	제한없음	제한없음
이용자 보호		①투자예치금 별도보관 ②손해배상 책임	①투자예치금 및 상환금 별도보관 ②손해배상 책임	①투자예치금 및 상환금 별도보관 ②손해배상 책임	투자자 보호 규정 부재	①투자예치금 별도보관 ②손해배상 책임

출처: 금융위원회·금융감독원 보도자료, "P2P대출 가이드라인 개정 방안 및 법제화 방향", 2018.12. 11., 12면.

Ⅴ. 결 론

미국은 P2P 대출에 있어 새로운 법률을 제정하기 보다는 기존 규제체제 틀 내에서 감독당국의 적극적인 개입을 통해 규제하는 방식으로 P2P 대출거래에 대응하여 왔다. 현재까지 미국의 규제방식은 성공적인 것으로 평가받고 있으나, 연방 차원의 규제와 주(州) 차원의 규제가 복합적으로 적용되고 그 규제기관도 복잡하고 다양하게 얽혀 있기 때문에 P2P의 지속적인 성장에 장애가 되고 있다는 비판이 제기되고 있다. 이에 따라 최근에는 통화감독청(Office of the Comptroller of the Currency: OCC)은 핀테크의 안정적인 성장을 지원하기 위한 새로운 면허체계(Special purpose national bank charter: SPNB)의 도입을 고려하고 있다.

국내에서도 P2P 대출시장의 건전한 성장을 도모하기 위한 규제의 필요성이 꾸준히 제기되고 있고, 그에 따른 법제화의 움직임도 나타나고 있다. 하지만 현재까지는 감독당국은 P2P 대출거래에 대해서 적극적인 개입보다는 가이드라인을 통한 간접적 방식을 통해 규율하고 있으나. P2P 대출의 지속적인 성장을 위해서는 감독당국의 과감한 조치가 요구된다. 이러한 감독당국의 과도한 규제로 인하여 P2P 대출시장이 일시적으로 위축이 발생할 수도 있으나 장기적인 관점에서 미국의 사례와 같이 P2P 대출시장의 안정적인 성장을 위해서 P2P 대출에 대한 법제화가 필요한 시점이다.

참고문헌

고동원, “인터넷상에서의 개인 간(P2P) 금융거래에 관한 법적 연구”, 「은행법연구」 제8권 제2호, 은행법학회, 2015.11.

금융감독원 보도자료, “P2P 대출 취급실태 점검결과 및 향후 계획”, 2018.11.

금융위원회 · 금융감독원, 「중개업자 · 발행인 · 투자자를 위한 알기 쉬운 크라우드펀딩 –자본시장과 금융투자업에 관한 법률에 따른 온라인소액투자중개」 제2판, 2015.10.

금융위원회 · 금융감독원 보도자료, “P2P대출 관련 관계기관 합동 점검회의 논의 결과”, 2018.6.

기준하, “P2P 대출의 현황과 향후과제”, NARS현안분석 vol. 6, 2018.5.

서병호 · 이순호, 「P2P 대출중개에 관한 제도적 개선방안」, 한국금융연구원, 2015.12.

서승환 · 이지은, “P2P 대출 규제체계 구축을 위한 비교법제 연구”, 「글로벌법제전략연구」 17–18–⑧, 한국법제연구원, 2017.11.

이성복, 「P2P 대출중개시장 분석과 시사점」, 자본시장연구원, 2018.1.

한국소비자원 조사보고서, 「온라인 P2P대출 서비스 실태조사」, 한국소비자원, 2016.6.

FDIC, Marketplace lending, Supervisory Insight, Winter 2015.

GAO, Person–To–Person Lending: New Regulatory Challenge Could Emerge as the Industry Grows“, Report to Congressional Committees, July 2011.

GAO, Financial Technology: Information on Subsectors and Regulatory oversight, Report to Congressional Committees, April 2017.

U.S. Department of the Treasury, “Opportunities and Challenges in Online Marketplace Lending”, 2016.5.

Congressional Research Service, “Marketplace Lending: Fintech in Consumer and Small–Business Lending”, 2018.9.

Andrew Verstein, “The Misregulation of Person–to–Person Lending”, UC Davis Law Review, Vol. 45, 2012.

Paul Slattery, “Square Pegs in a Round Hole: SEC Regulation of Online Peer–to–Peer Lending and the CFPB Alternative”, Yale Journal on Regulation Volume 30, 2013.

Benjarmin Lo, "It Ain't Broke: The Case For Continued SEC Regulation of P2P Lending", HARVARD BUSINESS LAW REVIEW, Vol 6, 2016.

Brian Knight, "Modernizing Financial Technology Regulations to Facilitate a National Market", Mercatus Center, Mercatus on Policy Series, August 1, 2017.

SECURITIES AND EXCHANGE COMMISSION, "ORDER INSTITUTING CEASE - AND - DESIST PROCEEDINGS PURSUANT TO SECTION 8A OF THE SECURITIES ACT OF 1933, MAKING FINDINGS, AND IMPOSING A CEASE-AND-DESIST ORDER", Release No. 8984 / November 24, 2008.

Carl Smith, "If It's Not Broken, Don't Fix It: The SEC's Regulation of Peer-to-Peer Lending", 6 Am. U. Bus. L. Brief 21, 23, 2010.

John Hannon, "The True Lender Doctrine: Function over from As a reasonable constraint on the exportation of interest rate", DUKE LAW JOURNAL Vol. 67, 2018.

Peter Manbeck · Marc Franson, "The Regulation of Marketplace Lending: A Summary of the Principal Issues", Chapman and Cutler LLP, April 2018.

Bloomberg, "Peer-to-Peer Lending", 2017.6.

Business Inside, "The Fed just warned against 'predatory' peer-to-peer lending", 2017.11.

독일의 P2P 대출 거래 규제*

안 수 현**

Ⅰ. 서　　론

최근 각국에서 P2P대출(peer-to-peer lending)이 급성장하면서 P2P대출을 중개하는 플랫폼을 어떻게 파악하고 규율할 것인가에 관해 논의가 활발하다. P2P대출이란 기업이나 개인이 금융기관을 거치지 않고 온라인플랫폼을 통해 대출계약을 체결하도록 하는 형태의 금융서비스를 의미한다. 다수의 투자자와 다수의 차입자를 연결한다는 측면에서 대출형 크라우드펀딩이라고 불리우기도 한다. 국내 역시 P2P대출시장의 규모가 빠른 속도로 성장하고 있다.[1)]

그러나 이러한 국내·외에서의 빠른 확산과 달리 P2P대출 플랫폼사업자를 어떻게 파악하고 규율할 것인지에 관해서는 각국의 접근이 통일되어 있지 않다. 그러한 이유중의 하나는 P2P대출 플랫폼사업자의 비즈니스모델이 제각각이고 규제방식도 국가별로 차이가 있기 때문이다. 특히 각국의 규제는 이전부터 존재한 대출관련 법제의 연혁적인 규율체계와 밀접한 관련이 있다. 그리고 이러한 규율체계는 P2P대출 플랫폼에 대한 접근방식에 상당한 차이를 야기한다. 예컨대 국내의 경우 대부업법 내지 자본시장법과 같은 기존의 법률체계안에서 규율하여야 한다는 입장과 P2P대출영업의 성격을 감안하여 독자적으로 특별법[2)]을 제정하여 규율

---

* 이 글은 「증권법연구」 제19권 제3호(증권법학회, 2018. 12)에 게재된 것을 수정·보완한 것이다.
** 한국외대 법학전문대학원 교수, 법학박사.

1) 2018년 9월말 현재 금융위원회에 등록된 P2P 연계대부업자수만도 193개사이며, 전체 누적대출액은 4.3조원, 대출잔액은 1.7조원수준으로 나타나고 있다.

<표> P2P연계대부업자 금융위원회 등록현황

기준 시점	'18.3.2.*	'18.5월말	'18.9월말
등록 업체수(개사)	104	178**	193

하여야 한다는 입장으로 의견이 상이하다. 때문에 각국의 독특한 규율배경과 관련법제를 이해하는 것은 P2P대출 플랫폼산업의 발전을 가로막는 장애를 파악하고 극복하는데 필수적이라 할 것이다.[3)]

P2P대출은 차입자의 측면에서 기존 금융제도에서 소외되었던 계층에게 금융서비스를 제공하고 기존 금융권에 비해 낮은 금리의 대출을 제공하는 것으로 평가받고 있다.[4)] 그러나 국내에서 관련 법규정이 정비되어 있지 않아 P2P대출업체에 대한 감독이 미흡하고 투자자 등 이해관계자에 대한 보호와 함께 한편에서는 P2P대출이 정보기술의 발전과 금융혁신을 기반으로 등장한 신산업이라는 점에서 성장기반을 지원하는 제도가 조기에 마련되어야 한다는 목소리가 높다.[5)]

이하에서는 이러한 요구를 인식하고 새롭게 등장한 신산업으로서 P2P대출 플랫폼사업자에 대하여 어떠한 규제체계를 갖추는 것이 바람직한 것인지를 검토함에 있어서 독일의 사례를 소개하고 입법을 함에 있어서 유용한 시사점을 찾고자 한다.

누적 대출액이 1,000억원 이상인 업체는 12개사이며, 합계 2.4조원으로 전체 대출규모의 56.3%를 차지하고 있다. 자세한 것은 금융감독원, P2P대출 취급실태 점검결과 및 향후 계획－묻지마 P2P 투자 이제 그만, 공시내용 꼼꼼히 살핀 후 투자하세요!, 2018. 11.19 보도자료

2) 대표적으로 이진복의원이 대표발의한 『온라인투자연계금융업 및 이용자보호에 관한 법률』과 민병두의원이 대표발의한 『온라인대출중개업에 관한 법률』, 그리고 김수민의원이 대표발의한 『온라인 대출거래업 및 이용자보호에 관한 법률』 제정안이 이러한 입장이다. 김수민의원안은 P2P대출업을 ‘온라인 대출거래업’으로 규정하여 독자적인 정의조항을 두고 기존 금융회사들과는 다른 형태의 제도권금융으로 인정하여 금융위원회 등록의무를 부과하는 방안을 제시하고 있다.

3) 각국에서의 P2P대출산업의 발전정도는 물론 규율체계 외에도 사회, 경제, 정치, 세제, 금융교육 수준 등도 영향을 미치고 있다. 예컨대 영국의 경우 P2P대출산업이 성행하는 배경중의 하나로 영국정부의 우호적인 태도가 손꼽히고 있다. 대표적으로 영국은 2016년 투자자의 대출금에 대해 혁신금융 ISA(Individual Savings Account)를 통해 세제우대를 받을 수 있게 하고 있다. Clifford Chance& EBRD Regulating Investment and Lending－based Crowdfunding: Best Practices, October 2018, p.10. 다만 이들 영역은 본 연구에서 정한 영역외의 것으로 여기에서는 논의의 대상을 규율체계에 한정하여 살펴보기로 한다.

4) 기준하, “P2P대출의 현황과 향후과제”, NARS 현안분석, Vol. 6, 국회입법조사처, 2018. 5.18, 1면. 개인신용대출을 받는 이들 중 기존 고리의 채무를 P2P 대출을 통해 낮은 금리로 바꾸는 대환대출이나 은행권으로부터 대출을 받기 어려운 소상공인을 대상으로 하는 대출이 이루어지고 있다고 한다.

5) 기재부, 혁신성장 관련 핀테크 토론회 개최, 2018. 11.30 보안뉴스.

Ⅱ. P2P대출 영업구조와 규제모델 유형

1. P2P대출 영업의 개념과 구조[6)]

P2P대출 플랫폼은 차입자와 대부자의 자금융통의 거래를 중개하는 것이 특징으로 그 구조는 나라에 따라 차이를 보이고 있다. 그러나 크게 이들 구조는 직접중개형과 간접중개형으로 유형화된다.

우선, 직접중개형은 P2P대출 플랫폼이 차입자와 대부자의 자금융통의 거래를 직접 중개하는 구조를 말한다. 이에 반해 간접중개형은 은행 또는 대부업자 등 연계금융회사를 통해 자금융통의 거래를 중개하거나 연계 금융회사의 대출자산을 기초로 증권을 발행해 투자자를 모집하는 방식으로 자금융통의 거래를 중개한다. 전자의 유형은 대체로 영국의 P2P업체들이 채택하고 있으며 후자의 유형은 미국의 P2P업체들이 주로 이용하고 있다.

양자의 차이는 절차에서도 나타나는데, 직접중개형의 경우 P2P대출 플랫폼이 차입자의 대출신청을 받고 대출정보를 직접 심사한다. 이후 P2P 대출 플랫폼은 기한을 두고 대부자를 모집하고, 대부자는 자금을 대여할 차입자를 선택한다. 이에 따라 P2P대출 플랫폼은 자금모집방식에 따라 대출을 승인하여 실행하게 된다. 자금모집방식은 모집된 자금이 대출신청금액에 도달하지 못하더라도 모집된 자금을 대출하는 방식과 모집된 자금이 대출신청금액에 도달한 경우에만 대출하는 방식 등이 이용된다.

[그림 1] 직접중개형 대출영업구조

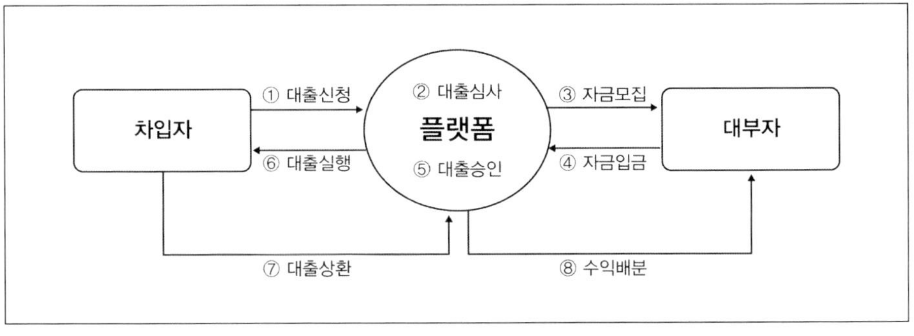

6) 이성복, 「P2P대출중개시장 분석과 시사점 - 금융중개 역할을 중심으로」, 조사보고서 18-2, 자본시장연구원, 2018, 10면 이하 참조.

이러한 직접중개형의 경우 차입자와 대부자가 대출계약의 당사자가 된다. 채무불이행이 있는 경우 원칙적으로 대부자가 직접 채권추심을 하여야 하지만 대부자가 직접 채권추심을 하는 것은 현실적으로 비용과 절차가 복잡해 P2P대출 플랫폼 또는 위탁받은 채권추심업자가 채권을 추심한다.

한편, 간접중개형도 P2P대출 플랫폼이 차입자의 대출신청을 받고 직접 대출정보를 심사하지만 직접 심사요건을 마련하여 하는 것은 아니고 연계금융회사의 대출심사요건에 맞춰 차입자의 대출신청을 심사하고 승인한다. 이후 P2P대출 플랫폼은 대출자산을 기초자산으로 하는 증권에 대한 투자청약을 받게 되며, 충분한 투자청약이 모집되면 플랫폼은 대출을 승인하고 연계금융회사에 대출실행을 요청하게 된다. 연계금융회사가 대출을 실행하면 P2P대출 플랫폼이 대출자산을 매입하고 이를 기초로 증권을 발행하여 청약한 투자자에게 매도한다.

[그림 2] 간접중개형 대출영업 구조

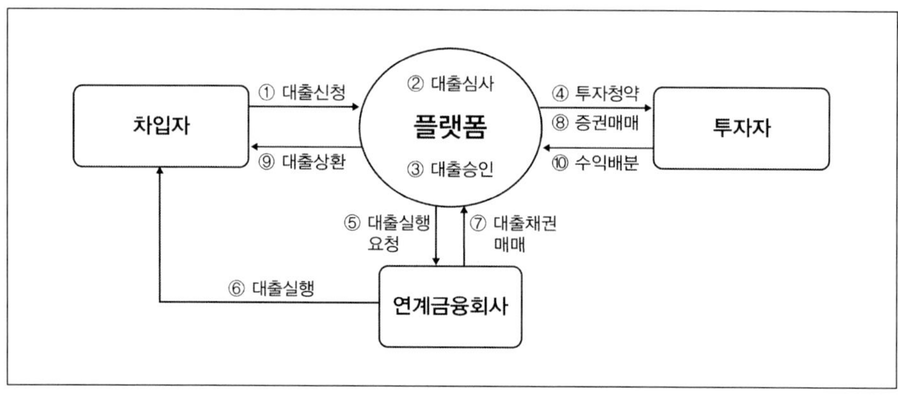

국내에서 활동하는 P2P대출 플랫폼도 대부분 간접중개형 대출중개구조를 취하고 있다고 할 수 있다.[7] 다만 외국에서 이용되는 간접중개형과 달리 국내에서

7) 국내에서의 P2P대출 영업구조는 다음과 같다.

*출처: 금융감독원

이용되는 구조는 몇 가지 점에서 차이가 있다. 즉 연계금융회사가 대출자산을 P2P대출 플랫폼에게 매도하지 않고 보유하고 있으며, 연계금융회사가 은행이 아닌 P2P대출 중개플랫폼의 자회사이며 사실상 페이퍼컴퍼니인 대부업자가 많다는 점이다. P2P대출 플랫폼은 대출채권 자체가 아닌 대출채권에 대한 원리금수취권의 매매를 중개할 뿐인데, 이때 원리금수취권은 현재 자본시장법상 증권으로 인정되지 않고 있다.[8)]

2. P2P대출 플랫폼 규제모델

위와 같은 P2P대출영업에 대하여 각국이 채택한 규제는 동일하지 않고 차이가 나는데 이중 어느 규제모델이 P2P대출산업과 시장의 발전에 가장 바람직한 것인지를 판단하기 앞서 각국이 취한 규제의 배경을 이해할 필요가 있다.

세계적으로 P2P대출영업에 대한 규제모델은 크게 4가지로 분류된다. (ⅰ) 첫번째 모델은 은행법 내지 이에 준하는 수준의 감독을 하는 접근방법이다. 대표적으로 이탈리아와 독일이 이러한 모델에 해당한다. (ⅱ) 두번째 모델은 지급결제업자로서 규율하는 접근방법이다. 대표적으로 유럽은행감독청(EBA)이 이러한 방법을 취하고 있다.[9)] (iii) 세번째는 증권법으로 규율하는 접근방법이다. 대표적으로 미국이 이에 해당한다. (ⅳ) 마지막으로 네번째 규제모델은 P2P대출에 맞춘 특별한 취급을 하는 방식이다. 이에는 영국, 프랑스, 스페인, 포르투갈이 해당된다.[10)] 이들 국가들은 새로운 유형의 중개업자를 염두에 두고 은행, 증권회사보다 완화된 진입규제와 영업규제(예컨대 차입자별 대출한도를 설정하고 기업의 경우 대출규모를 제한하며, 대부자의 경우 프로젝트 및 연도별 대출한도를 설정하는 것 등)를 하고 있다.

어떠한 규제모델을 채택하건 P2P대출영업에 관한 규제체계를 설계함에 있어서 공통적으로 요구되는 것은 무엇보다 다양한 비즈니스모델을 수용할 수 있도록 유연한 태도를 취하여야 한다는 점이다. P2P대출이 종래 대출이 취약한 분야

---

8) 상세한 소개는 이성복, 전게보고서, 14면. 이러한 원리금수취권은 미국의 P2P대출플랫폼이 발행하는 원리금수취채무증서와 동일한데 미국에서는 증권으로 규율되고 있다.

9) EBA (2015). Opinion on Lending-based Crowdfunding. EBA/Op/2015/03

10) Ferrarini, G., and Macchiavello, E. (2018). FinTech and Alternative Finance in the CMU: The Regulation of Marketplace Investing, in Danny Busch and Guido Ferrarini (eds.), Capital Markets Union in Europe (Oxford, OUP, forthcoming).

에 자금을 지원하는 순기능이 있음을 고려한다면 경직적인 접근은 바람직하지 않기 때문이다. 아울러 대부자를 어떻게 보호할 것인지 역시 중요한 설계요소가 된다. 특히 대부자가 정보에 기초하여 의사결정을 할 수 있도록 공시의무를 어떻게 설계할 것인지는 매우 중요한 과제가 된다. 아울러 대출플랫폼은 차입자에게는 이자율, 비용, 주요 계약조건 및 부도시의 결과에 대한 명확한 경고를 하는 것이 필요하다.

이하에서는 위의 규제모델 중 첫 번째 모델에 해당하는 독일의 P2P대출영업 관련 법적 규율체계와 내용을 살펴보고 시사점을 찾기로 한다.

Ⅲ. 독일의 P2P대출 개관

1. P2P대출/크라우드대출(Crowdlending)의 정의

독일 연방금융감독청인 BaFin(Bundesanstalt für Finanzdienstleistungsaufsich)은 P2P대출이라고 부르지 않고 크라우드대출(Crowdlending)이라는 용어를 사용하고 있다. 즉 Crowdlending에 대해 BaFin은 독일은행법 제32조 제1항에 의해 허가를 받은 여신기관과 대출을 요하는 차입자인 고객을 중개하는 자라고 정의하고 있다.[11]

여신기관은 대부계약으로부터 발생한 원리금상환청구권을 분할채권의 형태로 대부자(투자자)에게 채권매매계약을 통해 매각하는데 이 경우 채권을 매수하기로 하는 계약하에 당해 채권을 일반대중에게 양도한다. 통상 대부계약에서 발생한 분할채권은 대중들에게 직접 내지 중개기관을 통해 매수권유가 이루어진다. 이처럼 독일의 P2P대출거래의 경우 은행법상 허가를 받은 여신기관이 관여하고 있는 것이 특징인데, 이는 독일이 P2P대출에 대해 은행법을 통해 규율하기 위함이다.

2. P2P대출 거래구조

독일 연방금융감독청인 BaFin이 한 P2P대출의 정의에서 나타나듯이 독일에서는 P2P대출 플랫폼이 은행법 제32조 제1항에 따른 허가를 받거나 허가를 받은 여신기관을 통해 대출을 하는 구조만 이용이 가능하다.

---

11) https://www.bafin.de/EN/Aufsicht/FinTech/Crowdfunding/Crowdlending/crowdlending_artikel_en.html

그러나 현재 P2P대출 플랫폼이 직접 은행법 제32조 제1항의 허가를 받고 운영하는 사례는 없는 것으로 나타나고 있다.[12] 때문에 독일의 대출형 크라우드펀딩 플랫폼은 은행법상의 허가를 받은 여신기관을 통하여 실질적인 대부자와 차입자를 연결하여 대출을 중개하는 형태를 이용하고 있으며, 이 경우 다음의 두가지 거래유형이 일반적으로 쓰이고 있다.[13] (ⅰ) 이중 첫 번째 유형은 대출 플랫폼이 중개기관 없이 여신기관을 통해서 대출을 중개하는 방식이다. 이 방식은 다음의 세 단계를 거쳐 대출이 이루어진다. 즉 ① 차입자가 플랫폼에 대출(투자)과 관련한 자신의 의사를 제공하면 대부자(투자자)는 자신이 자금을 제공할 프로젝트를 선택한다. ② 실제 자금을 제공할 대부자(투자자)가 충분한 경우 플랫폼은 차입자와 여신기관 간에 대부계약의 체결을 중개한다. ③ 대부계약의 당사자인 여신기관은 대부계약으로부터 발생한 원리금상환청구권을 분할채권의 형태로 실질적인 대부자(투자자)에게 채권매매계약을 통해 매각함으로써 채권을 양도한다.

[그림 3]

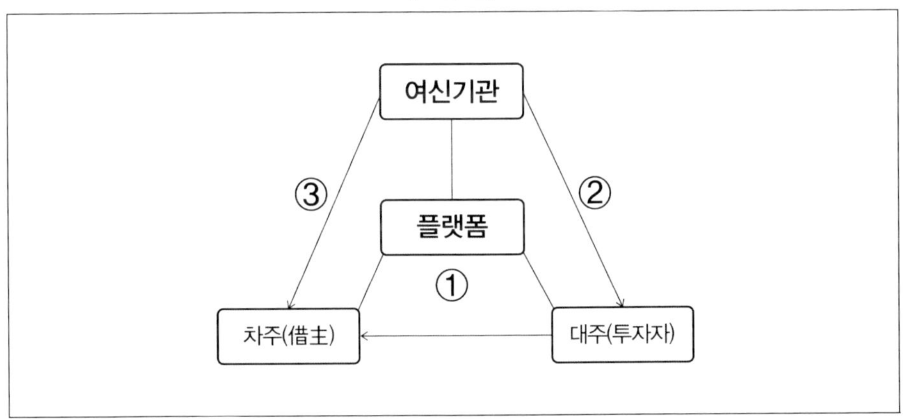

출처: BaFin

12) 서승환·이지은, 「디지털사회 법제연구(III)-P2P대출 규제체계 구축을 위한 비교법제 연구」, 법제연구원, 2017, 88면; European Crowdfunding Network, Review of Crowdfunding Regulation 2017: Interpretations of existing regulation concerning crowdfunding in Europe, North America and Israel, Brussels 2017, p. 238.

13) https://www.bafin.de/DE/Aufsicht/FinTech/Crowdfunding/Crowdlending/crowdlending_artikel.html; 국내에서의 소개는 최문희, "독일의 핀테크(Fintech)의 현상과 규제-대출형 크라우드(Crowdlending)에 대한 법적 쟁점을 중심으로", 「강원법학」 제49집, 2016년, 149면~151면 참고.

(ⅱ) 두 번째 모델은 플랫폼이 지분 100%를 소유한 자회사형태의 중개기관이 거래구조에 참가하는 것으로, 첫 번째 모델의 ①, ②의 프로세스 외에 여신기관이 실제 자금제공자에게 채권을 양도하는 과정에서 플랫폼의 자회사인 중개기관이 여신기관으로부터 원리금상환청구권을 1차적으로 인수한 후 이를 다시 대부자에게 제공하는 점에서 차이가 있다.

[그림 4]

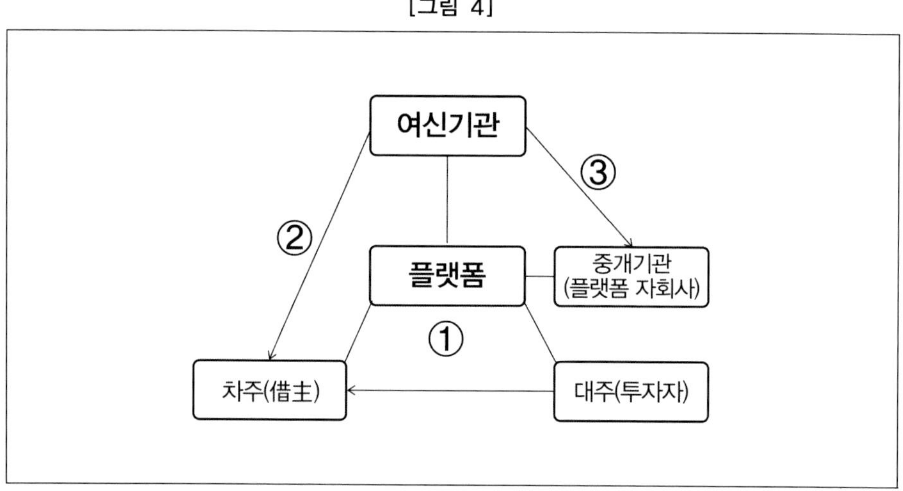

출처: 최문희, 독일의 핀테크(Fintech)의 현상과 규제 – 대출형 크라우드(Crowdlending)에 대한 법적 쟁점을 중심으로, 151면.

이 경우 중개인은 차입자를 여신기관에 매개하는 역할을 한다. 여신기관은 대출 실행 후 차입자의 동의를 얻어 그 상환청구권을 플랫폼운영자의 자회사인 중개인을 통해 개인들에게 매도한다.

3. 독일의 P2P대출산업 현황

독일에서 크라우드펀딩 플랫폼이 등장한 시기는 자료마다 다소 차이가 있지만 대체로 2007년에 처음 시작한 것으로 소개되고 있다. 이는 eLolly, Smava, Auxmoney가 사업을 시작한 날이 2007년이기 때문인 것으로 추측된다. 이후 2012년 P2P대출업계는 Auxmoney, Lendico, Zencap, Smava, Finmar, Rocket Internet, Funding Circle, Kapilendo 등 다양한 플랫폼이 왕성하게 활동한 것으로 나타나고 있다. 알려진 바에 의하면 2014년 1월 기준으로 업계를 리드하는 Auxmoney는 자영업자에게 신용을 중개하며 3,021개의 프로젝트를 중개하였고 평균 9,450 유로의 여신을 제공하며 총 거래규모는 28,6 Million Euro를 기록하였으며 2018년 2월 기준으로 매월 16,5 Million Euro를 중개하고 있다.14) 반면, Zencap은 2014년 기준으로 120개의 프로젝트를 중개하였으며 여신규모는 6,9 Million Euro에 달하고 있다.

그런데 현재 이들 업계는 투자형 크라우드 플랫폼과 달리 운영이 투명하지 않고 공시도 잘 안되어 있다는 비판을 받고 있다.15)

[표 1] 독일의 주요 P2P대출업체 현황

platform 명칭	영업개시일	월간 신용중개규모	이자율
Auxmoney	2007.3	대략 15 Mio Euro	5~16%
Funding Circle	2014.3	대략 2.0 Mio Euro	4~15%
Kapilendo	2015.7	대략 1.0 Mio	3~11%
Lendico	2013.12	대략 1 Mio	2~14%
Smava	2007.3	대략 0.4 Mio	
Crosslend	2013.12	대략 0.15 Mio	

한편, 감독방침에 따라 거래구조상 P2P대출 플랫폼사업자는 은행을 끼고 영업을 할 수밖에 없기 때문에 Auxomoney는 SWK은행과, Lendico와 Zencap은 Wirecard Bank와, Smava와 Finmar는 Fidor은행을 파트너로 하고 영업을 수행하고 있다.

4. 은행업계의 반응

독일 내의 자국 은행들은 P2P대출업체의 등장에 크게 위협을 느끼지 않으며16)

14) https://www.fuer-gruender.de/fileadmin/mediapool/Unsere_Studien/Crowdfinanzierung_Deutschland_2014_Fuer-Gruender.de_Dentons.pdf#search=%27smava+finmar%27

15) http://p2p-anlage.de/p2p-plattformen/

16) 실제 최근 한 연구결과에 의하더라도 은행에게 큰 위협이 되지 않는다고 한다. 딜루이트는 2018년 10월 발표에서 중소기업들이 P2P대출을 통한 자금조달에 큰 관심을 보이고 있지 않다고 분석하였는데, 그 이유는 은행과의 장기적 관계가 중요시되고 문제가 없는 은행과 지속적으로 관계를 맺는 것이 명성에 영향을 미친다고 보기 때문이라고 한다.

P2P대출비즈니스에 진출할 의욕과 관심이 없는 것으로 알려져 있다. 그 이유는 은행들의 경우 표준화된 절차와 상품에만 주력하려고 하기 때문이다. 실제 P2P대출은 구조화채권과 거의 유사하며[17] 이미 독일 내 은행들은 겸업주의(universal banking)를 채택하고 있기 때문에 증권을 인수할 수 있어 자체적으로 얼마든지 P2P대출을 직접 수행할 능력과 기법을 보유하고 있는 것도 큰 관심을 기울이지 않는 이유라고 할 수 있다.

이처럼 독일 대부분의 은행들은 P2P대출비즈니스에 관심을 보이고 있지 않지만 일부 매우 조심스럽게 협업을 시도하는 경향이 없지 않다. 대표적으로 Fidor은행은 온라인 은행계좌를 통해 P2P대출에 투자하는 기회를 제공하고 있다. 이러한 서비스는 고객의 입장에서는 매우 편리한데, 왜냐하면 P2P대출 플랫폼에 별도로 계좌를 설정, 등록할 필요가 없기 때문이다. 최근에는 은행이 P2P대출업체를 인수하는 경우도 나타나고 있다.[18]

Ⅳ. P2P대출관련 금융감독법상의 이슈

1. 개 관

현재 독일의 P2P대출 플랫폼사업자들에 대해서는 별도의 규제가 없다고 해도 과언이 아니다. 그 이유는 P2P대출이 이루어지기 위해서는 여신기관이 반드시 관여해야 하고 이들이 감독기관의 허가나 대출관련 위험에 대한 법규 준수부담을 지고 있기 때문이다. 위에서 소개된 비즈니스모델에서 보여지듯이 P2P대출 플랫폼 자체는 대출과 관련하여 중개기관에 불과하고 아무런 위험을 자체적으로 지지 않고 있다. 공식적으로 예금을 수취하는 것도 아니기 때문에 진입규제와 건전성규제를 엄격히 할 필요도 없다. 다만 상법상의 진입규제만 적용될 뿐이다. 대표적으로 영업규제법(Gewerbeordnung) 제34c조[19], 제34f조[20]가 해당한다. 여기에

---

17) 차이가 있다면 P2P대출은 구조화된 채권의 발행보다 더 규모가 작은 소규모채권들을 자동화된 절차로 판매하고 있다고 할 수 있다.

18) ING－DiBa가 P2P대출업체인 Lendico를 인수하였다(자세한 것은 .https://www.crowdfundinsider.com/2018/08/137697－schwarmfinanzierung－deloitte－study－on－crowdlending－in－germany－says－banks－win/ 참고)

19) 동 규정은 부동산중개업자, 대출중개인, 건설시공업자, 주택임대차관리업자 등에게 적용되는 규정이다.

20) 동 규정은 금융투자중개인에게 적용되는 규정이다.

P2P대출 특유의 성격과 위험에 맞는 별도의 조치가 추가되어 있는데, 예컨대 P2P대출이 갖는 위험에 대하여 대부자인 투자자에게 경고하는 것 등이 요구되고 있다. 종래 이러한 보호가 어떠한 법률 혹은 어느 규정에 의해서 효과적으로 행해질 수 있는가가 독일에서는 주된 이슈대상이었다.

2. P2P대출 플랫폼 사업자의 법적 지위

(1) 은행업/지급결제업자로서 허가를 받아야 하는지 여부

독일에서 은행업 또는 금융서비스를 업으로 영위하는 자 또는 영업이 상인적 방법으로 영위할 정도에 해당하는 경우에는 은행법 제32조 제1항에 따라 허가를 받아야 한다. 아울러 지급결제서비스를 제공하고자 하는 경우에는 지급결제서비스감독법(Zahlungsdiensteaufsichtsgesetz: ZAG) 제8조 제1항에 따라 허가를 얻어야 한다. P2P대출 플랫폼이 증권 또는 자산투자(Vermögensanlagen)를 발행하는 경우 플랫폼사업자는 은행법에서 규정한 금융서비스를 제공하는 것이 되기 때문에 감독관청인 BaFin의 허가를 사전에 얻지 않으면 안 된다.

다만 이에는 다음과 같은 예외가 인정되고 있다. 즉 플랫폼사업자가 단순히 ① 투자중개(Anlagevermittlung) 또는 체결중개(Abschlussvermittlung)만을 수행하는 경우, ②자산투자법(Vermögensanlangengesetz)에서 정한 자산투자를 신규로 발행하는 경우, ③그리고 고객의 자산 내지 주식에 대하여 지분 내지 소유권을 보유하지 않은 경우가 이에 해당한다. 이러한 경우 플랫폼사업자는 영업규제법상의 허가만 받으면 된다.

따라서 P2P대출 플랫폼과 중개인의 업무가 순수하게 (ⅰ) 대출신청자(차입자)와 여신을 제공하는 금융기관사이의 여신계약의 체결중개에 한정되거나 (ⅱ) 여신기관과 다수의 투자자 사이의 채권 양도계약체결의 중개에 국한되는 경우는 원칙적으로 P2P대출 플랫폼이 은행업 또는 결제서비스를 영위하는 것에 해당하지 않는다[21]. 즉 은행법상 은행업 또는 금융서비스업에 해당하지 않아 금융감독청인 BaFin으로부터 허가를 요하지 않는다. 이에 따라 독일 대부분의 P2P대출 플랫폼들은 은행법상의 허가를 받지 않는 예외취급을 통해 혜택을 누리고 있다.[22]

---

21) BT-Drukcs. 18/3994, S.39

22) 실제로는 P2P대출 플랫폼이 익명조합에의 지분 참여를 권유하는데(투자중개) 이러한 점에서 여신기관이 투자자로부터 자금을 모아서 차입자에 대해 직접 대출을 하는 영업자가 되고 투자자는 익

아울러 독일법상 은행만 대출을 할 수 있기 때문에 P2P대출업체는 은행을 파트너로 해서 여신을 제공하며 플랫폼을 통해 투자자에게 원리금상환청구권의 분할채권을 매도하는 형태로 하지 않을 수 없다. 투자자와 차입자간에 직접적으로 계약관계가 존재하지 않는 구조를 만들어야 하기 때문이다. 후순위채권(Nachrangdarlehen)의 중개 역시 영업규제법상의 라이센스를 얻어 할 수 있다. 즉 전자상거래업자수준의 규제만 준수하면 중개는 얼마든지 가능하다.

한편, 지급결제업자로서 규율받아야 하는 지와 관련하여 한 때 문제된 바 있는데, 즉 P2P대출 플랫폼에서 대부자와 차입자를 위한 지급이 이루어질 수 있음을 고려하여 대출 플랫폼에 대하여 지급결제서비스감독법상의 지급결제관련 진입규제가 행해져야 하는지가 문제되었다. 지급결제서비스감독법상의 예외규정인 상사대리인으로서 한 것으로 인정을 받아 적용대상에서 벗어날 수 있는 길이 없지 않은데,[23] 참고로 연방감독청인 BaFin은 P2P대출 플랫폼을 지급결제서비스감독법의 적용대상이 아니라고 판단한 바 있다.[24]

(2) 은행법상의 허가를 요하는 경우

그러나 대출중개만 하는 P2P대출플랫폼 사업자도 고객으로부터 자산을 받거나 조건 없이 상환하기로 하는 자금을 대중으로부터 수취한 경우에는 은행법 제1조 제1항 제2문 제1호의 예금수취비즈니스(Einlagengeschäft)를 수행하는 것으로 간주된다.[25] 아울러 대출플랫폼이 은행법 제1조 제1a항 제2문 제1b호에서 정한 다자간거래시스템(multilateralen Handelssystems)을 운영하는 경우에는 관련 규정들을 준수하여야 한다. 예컨대 일정한 규칙에 따라 주식 기타 금융상품의 매매주문을 받고 계약체결이 이루어지게 하는 거래소와 유사한 거래를 플랫폼이 운영하

명조합원이 되어 영업자와의 사이에서 익명조합계약을 체결하는 것으로 볼 수 있다. 여신기관이 차입자에게 하는 대출은 익명조합계약상의 영업이고 영업자는 자금을 제공한 투자자인 익명조합원에 대해 그 영업으로부터 생긴 이익을 분배하기로 약속한 것으로 볼 수 있다. 이 경우 우리나라에서는 자본시장법상 지분증권에 해당한다(동법 제2조 제2항 제2호; 제2조 제4항).

23) European Crowdfunding Network, Regulation of Crowdfundign in Germany, the UK, Spain and Italy and the Impact of the European Single Market, June 2013, at 12.

24) BT–Drukcs. 18/3994, S.39(https://www.bafin.de/EN/Aufsicht/FinTech/Crowdfunding/Crowdlending/crowdlending_artikel_en.html)

25) 이 경우 상환청구권이 무기명증권 내지 지시식증권으로 발행되는 경우에는 적용되지 않는다. 그러나 플랫폼 운영자가 구체적으로 계약의 체결 이전에 자금(그 자금을 갖고 플랫폼을 통해 프로젝트 파이낸싱을 하고자 하는 경우)을 갖고 있는 경우에는 허가를 받아야 할 수도 있다.

는 경우가 이에 해당된다.

(3) 은행법상의 팩토링업 여부

은행 등 여신기관이 그 채권을 P2P대출 플랫폼 사업자의 자회사에게 매도하는 경우 팩토링에 해당하는지 여부가 문제된다. 위에서 소개한 두 번째 거래구조에서 중개인이 그 경우에 해당하는데 대출채권을 매수하는 중개인이 영업적으로 사업을 영위하거나 상인적 방법으로 설비를 갖추어 영업을 영위하는 경우에는 팩토링업(은행법 제1조 제1a항 제2문 제9호)에 해당할 수 있기 때문이다.[26] 즉 계약에 의하여 계속적으로 채권을 매입하는 경우 팩토링에 해당한다.

이 경우 중개인은 계약의 내용 여하에 따라 금전소비대차 및 수신행위(여수신행위)를 하는 것으로 볼 수 있다. 왜냐하면 부진정팩토링(매입채권의 채무자가 지급불능인 경우 채권매입자는 채권의 매도인인 팩토링고객에게 상환청구권을 행사할 수 있는 것으로서 매입채권의 채무자의 지급불능위험을 채권매입자가 인수하지 않는다)의 경우 소비대차에 해당하기 때문에[27] 은행법상의 여신행위(은행법 제1조 제1항 제2문 제2호)로 볼 수 있다.

(4) 자산투자법(Gesetz über Vermögenanlagen; VermAnlG)[28]의 적용

금융기관이 채권매매계약을 통해 여신채권의 분할채권에 대한 매수청약을 하는 경우에는 원칙적으로 자산투자법 제1조 제2항 제7호의 자산투자에 해당한다. 그리고 이러한 자산투자는 은행법 제1조 제11항에서 말하는 금융상품(Finanzinsturment)에 해당한다. 금융상품에는 유가증권, 자산투자, 투자재산이 포함되는데, 익명조합, 향익권은 일찍부터 자산투자법상의 자산투자에 포함되어 금융상품에 해당된다고 해석되어 왔다.

3. P2P대출 플랫폼 사업자의 진입규제와 재무규제

독일에서 P2P대출 플랫폼은 대부분 중개서비스만 수행하지만 플랫폼사업자의 재정상태가 부실하거나 사기 내지 사이버공격에 의해 IT시스템이 작동하지 않는

26) BaFin, Merkblatt zum Tatbestand des Factoring

27) 독일의 통설과 판례라고 한다. Kümpel/Wittig, Bank- und Kapitalmarktrecht, Verlag Dr. Otto Schmidt Köln, 4. neu bearbeitete Auflage, 2011, S.65; 최문희, 전게논문, 160면.

28) 자산투자법은 증권규제나 펀드규제를 목적으로 하지는 않지만 투자자보호 등을 위해 증권규제와 유사하면서도 보다 완화된 규정을 담고 있다.

등 사업의 지속에 위협이 되는 다양한 위험요인을 고려하지 않을 수 없다. 더구나 대출영업은 대출 개시부터 원금과 이자의 지급 및 채권추심 등 대출 생애 전반에 걸치게 되는데 P2P대출 플랫폼에 부실이 발생한 경우 이들 서비스들이 제대로 수행되지 않을 가능성이 크다. 때문에 각국의 감독기관들은 P2P대출 플랫폼 사업자에 대한 인가시 대출 플랫폼사업의 지속성을 담보할 장치를 마련하도록 요구하고 있다. [29)]

그러나 독일의 경우 P2P대출 플랫폼사업자는 금융기관과 차입자를 중개하는데 그치기 때문에 P2P대출 플랫폼사업자에 대해서는 특별히 플랫폼의 지속성과 관련하여 엄격한 요건을 갖추도록 요구하고 있지는 않다. 마찬가지 이유에서 자본규제도 두고 있지 않다. 이러한 것은 대부분의 국가에서 최소한의 자본규제를 두고 있는 것과는 차이를 보인다.[30)] P2P대출 플랫폼사업자의 재무상태가 안 좋은 경우 제공되는 대출서비스의 질과 이행 여부는 물론 법규 준수 등에도 부정적인 영향을 미칠 수 있다는 점에서 최소한의 기본 자본을 요구하는 것이 바람직할 것으로 보인다.[31)]

4. P2P대출플랫폼 사업자의 지배구조 규제

독일에서 대출을 업으로 하거나 투자중개를 업으로 하는 경우 각각 CRD(Capital Requirements Directive) Ⅳ[32)] 또는 MiFID2(Markets in Financial Instruments Directive2)에서 정한 임직원의 적격성요건(fit and proper)을 충족하여야 한다. 그러나 P2P대출 플랫폼 사업자의 경우 여신금융기관과 차입자를 중개하는데 그쳐 특별한 요건이 요구되고 있지 않다.

이러한 취급 역시 다른 나라와 차이를 보이는데, 그러한 이유에는 고객의 자

---

29) 예컨대 영국은 재무건전성기준을 준수할 것을 요구하고 있으며 대출플랫폼이 부실한 재정상태가 된 경우에는 강제적으로 관리대상이 된다. 영국의 경우 대출플랫폼에게 요구되는 자본요건은 사업범위에 따라 5만유로에서 73만유로가 요구되는 등 차등화되어 있다. Clifford Chance & EBRD, Id., p. 15.

30) 예컨대 미국의 경우 최소 5,000달러를 요건으로 하고 있고, 영국 역시 5만유로를 기본적으로 요구하고 있다.

31) P2P대출 플랫폼이 금융기관과 차입자를 중개하는데 그친다고 하더라도 적어도 기본자본을 요구하는 것이 바람직하다는 견해로는 Clifford Chance & EBRD, Id., p. 19.

32) CRD의 목적은 바젤 III를 EU법에 반영하기 위함이다. 상세한 내용에 대해서는 EY, EU CRD IV Country by Country Reporting－ Insights and Challenges, August 2013.

산을 P2P대출 플랫폼 사업자가 보유하는가 여부와 밀접한 관련이 있어 보인다. 대표적으로 미국의 경우 증권형 크라우드펀딩과 P2P대출형 크라우드펀딩 모두 플랫폼사업자가 브로커·딜러(broker-dealer)인 경우 그 임직원에 대해 증권자격증을 보유하도록 요구하고 있는 데 반해 고객의 자산을 보유하지 않는 단순한 펀딩포탈의 경우에는 요구하고 있지 않다. 또한 P2P대출 플랫폼 사업자에게 다양한 업무가 허용된 영국의 경우에도 경영진과 임원에 대한 적격성요건을 엄격하게 요구하고 있는데, 특히 경영진은 사전에 금융감독청인 FCA의 사전 승인을 얻어야 하며 고객과 시장 내지 플랫폼에 상당한 영향을 미치는 직원의 경우에는 매년 플랫폼에 의한 인증을 받도록 요구하고 있다.[33]

이러한 점에 비추어 볼 때 독일의 경우 P2P대출 플랫폼은 중개기능만 수행하고 있지만 적어도 경영진에 대해서는 P2P대출 플랫폼이 그 역할과 책임을 다할 수 있도록 최소한의 적격성요건을 요구하는 것이 바람직할 것으로 보인다.

5. 이해상충 규제

P2P대출 플랫폼이 이해상충행위를 하는 경우 이는 금융소비자에게 불리한 영향 및 손해로 이어질 수 있다. 이해상충방지를 위한 방안은 여러 가지가 있을 수 있으나 대체로 이해상충이 되는 정보를 고객에게 제공하는 방법이 이용되는 경향이 있다. 특히 대출중개수수료의 경우 많은 국가에서 사전에 차입자와 대부자 모두에게 수수료 및 비용과 관련하여 산정방법과 금액을 알려주도록 하고 있다. 그러나 독일에서는 P2P대출 플랫폼 사업자에 대하여 이러한 정보를 명확하게 제공하도록 직접적으로 요구하고 있지는 않다.

한편, 개인대부자에 비해 기관대부자를 우대하는 것도 이해상충행위에 해당되는데, 예컨대 보다 우량한 차입자의 경우 기관투자자에게만 접근을 허용하거나 우량한 지 여부에 대한 정보를 기관투자자에게만 제공하는 경우가 이에 해당된다. 이에 대해 독일의 금융감독법은 특별한 조치를 마련하도록 요구하고 있지 않다.

그밖에 P2P대출 플랫폼이 자체적으로 플랫폼에 게시된 차입자에게 투자하거나 대출하는 경우 역시 이해상충의 가능성이 크다.[34] 그러나 이에 대하여 독일의

33) Clifford Chance & EBRD, Id., p. 20.
34) 국가에 따라서는 투자자와의 이해가 일치되는 면에서 소규모인 한 허용하는 경우도 없지 않으나 이해상충의 가능성으로 시장참가자들의 의견을 들어 면밀한 검토를 요한다는 신중론이 적지 않다.

금융감독법은 특별한 조치를 두고 있지 않다.

6. 금융소비자 보호

(1) 여신행위 여부

독일 은행법상 여신기관이 여신을 실행하고 자금제공자에게 단지 원리금상환청구권을 양도한 경우, 즉 채권을 양도한 것에 지나지 않는 경우에는 자금제공자는 여신업을 영위한 것으로 보지 않는다. 자금제공자는 은행이 대주인 소비대차의 원리금상환청구권을 취득한 것에 불과하고 스스로 여신을 한 것이 아니기 때문이다.[35] 다만 자금제공자가 소비대차의 변제기한을 연장하는 등 독자적으로 여신의 판단을 하는 경우 여신행위에 해당할 수 있다.[36]

(2) 투자자로서 보호장치

1) 보호필요성

P2P대출 플랫폼이 비록 중개기능만 수행한다고 해서 대부자의 보호가 필요하지 않은 것은 아니다. 왜냐하면 대부자는 차입자의 채무불이행의 가능성으로 인하여 원금과 이자를 상환받지 못할 위험에 상시 노출되기 때문이다. 또한 유동성이 떨어진 채권을 다른 사람에게 쉽게 양도할 수 있는 시장이 형성되어 있지도 않아 유동성위험이 있다.

그러나 이러한 위험에 대해 대부자인 투자자들은 대체로 차입자 내지 플랫폼사업자보다 잘 알지 못한다. 더구나 플랫폼사업자가 다양한 업무를 수행하는 경우(예컨대 대부자의 자금을 보유하는 경우 등)에는 더욱 정보비대칭이 심하다. 이러한 정보비대칭의 문제를 고려할 때 대부자에게 충분한 정보를 제공하여 보호하여야 한다는 것은 P2P대출 사업자가 단순히 중개기능만을 수행하는 독일에서도 이견은 없어 보인다.

한편, 대부자의 보호는 단순히 정보의 제공만으로 충분하지 않다. 즉 정보의 제공 외에도 다양한 방법이 강구되는 경향이 있다. 이에는 투자위험의 경고, 투자한도의 제한, 적합성테스트, 청약철회권의 부여 등이 해당된다. 이하에서는 독일

이러한 입장으로는 Clifford Chance & EBRD, Id., p.40.

35) 최문희, 전게논문, 162면.

36) BaFin, Merkblatt zum Tatbestand des Kreditgeschäfts, 2016. 2.5(https://www.bafin.de/SharedDocs/Veroeffentlichungen/DE/Merkblatt/mb_090108_tatbestand_kreditgeschaeft.html)

에서 P2P대출을 하는 투자자를 보호하는 장치로서 마련된 것들을 간략히 살펴보기로 한다.

2) 정보제공을 통한 투자자 보호

정보비대칭을 시정하는 방법으로 투자자에게 정보를 제공하는 방법은 여러 가지가 있을 수 있다. 우선 투자하기 전에 투자위험을 경고하는 것을 들 수 있다. 이와 관련하여서는 P2P대출 사이트에 정형화된 문언으로 게시하는 방법을 사용하는 것이 권고된다.

독일의 경우 P2P대출의 경우 자산투자법상 제공이 의무인 투자정보서류에 "이 투자자산의 취득은 상당한 위험을 수반하며, 투자자산의 완전손실에 이를 수 있다"는 투자경고문구를 첫페이지에 표시하도록 하고 있다.[37] 아울러 이러한 경고를 이해했는지 투자자가 확인하여 서명하도록 하고 있다.

한편, 대출의 특징과 구조 및 원금상환조건 등에 관한 정보를 제공하는 것도 투자자에게는 유용한 정보가 된다. 독일에서 이러한 정보의 제공과 관련하여 대부자인 투자자보호[38]를 위하여 다음의 방법이 이용된다.

하나는 원리금상환청구권의 분할채권을 플랫폼을 통해 공모청약하게 하는 경우 이러한 채권은 자산투자법(VermAlG) 제1조 제2항에서 규정하고 있는 자산투자에 해당하기 때문에 투자설명서 제공이 의무가 된다(Prospecktpflicht). 이처럼 자산투자법은 독일 내에서 공모로 이루어지는 자산의 투자에 적용된다.

자산투자란 투자설명서법(Wertpapierprospektgesetz: WpPG)상의 증권으로 화체되어 있지 않고, 자본투자법(Kapitalanlagegesetzbuch: KAGB)상 투자재산 지분에 해당하지 않는 일정한 투자지분을 말하는 것으로 금전 수취가 은행법 제1조 제1항 제2문의 예금의 수취에 해당하지 않는 것을 말한다. 이자 및 원금상환청구권이 부여된 그 밖의 투자는 자산투자에 해당한다(자산투자법 제7호). 따라서 여신기관 내지 중개인이 원리금상환청구권을 분할채권으로 매각하는 경우 그 분할채권에 대한 투자는 자산투자법상의 자산투자에 해당한다.

이처럼 자산투자에 해당하는 경우 공모시 투자자에 대하여 자산투자정보서류(Vermögensanlagen-Informationsblatt: VIB)와 자산투자설명서(Vermögensanlagen-

37) 자산투자법 제13조 제4항.
38) 독일에서 투자를 규율하는 법률로는 증권거래법, 자산투자법, 소액투자자보호법 등 다수의 법률이 있다.

Verkaufsprospekt) 등 일정한 정보제공이 의무이다. 전자의 서류에는 투자에 관한 요약정보(Kurzinformation)[39]를 담고 있다. 자산투자법 제13조에 따라 모집하는 자는 자산투자에 관하여 중요사항을 기재한 서류를 작성하여야 한다. 이 서류에는 자산투자에 관한 중요한 모든 사항을 포함하여야 하고 A4지 3면을 초과하지 못한다(동법 제13조 제2항). 이는 투자자가 다른 금융상품과 당해 투자를 비교할 수 있도록 하기 위함으로 자산투자의 투명성을 기하기 위함이다.[40] 아울러 투자자들은 반드시 경고문구를 이해하였음을 자필로 서명하여야 한다.[41]

또한 자산투자법 제6조에 따라 투자설명서도 제공하여야 한다. 투자설명서는 공모시에 공모자가 작성, 제공하는 것으로 P2P대출 플랫폼사업자는 통상 원본상환채권의 공모자는 아니므로 투자설명서 제출의무는 없다. 자산투자법상 자산투자지분의 발행인이란 공모에 의해 자산투자지분을 발행한 개인 또는 회사가 되고(동법 제1조 제3항), P2P대출에서는 통상 차입자가 여기에 해당한다. 즉 대출을 하는 여신기관은 발행인에 해당하지 않는다.[42] 중개인이 관여한 경우에도 마찬가지이다.

다만, 일정한 경우에는 자산투자법상 투자설명서 제출이 면제되는데(동법 제2a조), 이에는 ①모집의 총액이 250만 유로미만이고 ②인터넷상의 플랫폼을 통해 모집이 행해져야 하며, ③특정 발행인에 대한 투자자 1인당 투자액은 1,000 유로 이하이며(다만 예금과 금융상품등 보유하고 있는 투자가능재산이 10만 유로를 초과하거나 투자액이 2개월 월수입을 초과하고 있지 않음을 신고한 경우 투자상한은 투자자 1인당 1만유로까지 증액된다) ④모집을 하는 플랫폼이 은행법 내지 영업규제법상의 허가를 받은 경우이어야 한다.

그러나 이 경우에도 자산투자법상의 자산투자정보서류(VIB)의 제공의무를 준수해야 한다(동법 제13조).[43] 자산투자정보서류는 투자설명서에 비해 간소하지만

---

39) 투자정보서류에는 다음의 사항이 기술되어 있다. 이에는 투자자산의 종류와 이름, 발행인에 관한 정보, 투자전략, 투자정책 및 투자목적, 투자기간 및 이자, 상환조건, 투자와 관련된 위험, 발행량, 지분의 종류와 수, 최근 사업년도의 실적, 다른 시장조건에서의 이자기급 및 상환에 관한 예상, 투자와 관련된 수수료 및 보수 등, 크라우드펀딩과 발행인에게 투자설명서 제출 면제와 관련된 다툼이 있는 경우 발행인에 대한 직간접적인 관련 영향의 부재가 그것이다.

40) 이는 EU의 PRIP(Pakaged Retail Investment Product) 규정을 독일법에 반영한 것이다.

41) 자산투자법 제15조 제2항.

42) BT-Drucks. 18/4708, S. 58.

43) 이 정보서류는 연방금융감독청인 BaFin에 제출된다.

소액투자자보호법의 영향으로 증권발행인의 최근 부채자본비율과 투자기간 및 해약고지기간을 기재하게 하는 등 기재사항이 추가되었다.[44]

많은 국가에서 증권을 공모로 발행하는 경우 투자설명서의 제공이 의무이지만 투자설명서의 강제 교부는 공모인과 플랫폼사업자에게 부담과 비용을 야기하는 점에서 균형을 이룰 필요가 있다. 특히 자금을 요하는 차입자가 중소기업인 경우 투자설명서의 작성 및 교부는 대출금액을 고려할 때 상당한 부담이 될 수 있다. 이러한 점을 고려하여 독일의 P2P대출 플랫폼 사업자들은 차입자에게 요구되는 투자설명서 제공의 면제범위를 보다 확대하여야 한다고 주장하고 있다.[45] 기본적으로 이러한 주장의 배경에는 플랫폼 웹사이트에서 프로젝트나 차입자를 평가할 수 있고 그에 관한 정보나 견해들을 공유할 수 있는 크라우드펀딩의 성격을 감안하여야 한다는 인식이 깔려있다. 특히 P2P대출 플랫폼은 단순히 투자자와 차입자를 중개하는데 그치지 않고 대출계약서 초안을 마련하는 등 전문성을 가지고 있기 때문에 이러한 전문성이 발휘되도록 강제화된 규정의 개입은 최소화하여야 한다고 주장한다. 그리고 이러한 경우에만 잠재적으로 경제적 효과를 기대할 수 있다고 보고 있다[46].

그러나 투자설명서 제공의 면제범위를 일률적으로 확대하기 보다는 정보비대칭을 보완하는 장치와 연계하여 면제하는 방법을 강구하는 것이 보다 바람직할 것으로 보인다. 예컨대 프랑스에서는 P2P대출 플랫폼 웹사이트에서 일정한 정보에 대하여 이해하였다고 클릭하지 않는 이상 상세 대출정보리스트에 접근하지 못하도록 하고 있는 것을 참고할 수 있다.

3) 발행한도와 투자한도

이외에 자산투자법에서는 차입자에 대한 발행한도와 투자자의 투자한도도 마련하고 있다. 차입자의 발행한도는 총 250만유로로, 이 금액은 연간금액이 아니라 동일 발행인이 조달할 수 있는 총액이 된다. 또한 자산투자법은 동법 제2조 제1항 제3호에 따라 투자설명서를 제출하지 않고 사모발행을 하였거나 사모발행

---

44) 松尾健一, ＥＵにおける投資型クラウドファンディング規制, 日本証券経済研究所, 平成 28年 5月, 13面.

45) Gregor Dorfleitner, Lars Hornuf, The FinTech Market in Germany, Final Report, Oct. 17, 2016, at 33.

46) 이러한 견해로는 대표적으로 Lars Klöhn, Lars Hornuf, Tobias Schilling, The Regulation of Crowdfunding in the German Small Investor Protection Act– Content, Consequences, Critique, Suggestions, at.13 (https://www.ssrn.com/abstract=2595773)

을 통해 조달한 자금을 완전히 상환하지 않으면 규제 특례를 적용받지 못하도록 하고 있다(제2a조 제4항).

한편 투자자에 대해서도 투자한도를 두고 있는데, 이러한 투자한도의 제한은 투자위험을 알지 못한 채 투자경험이 적은 일반투자자들이 위험하고 유동성이 떨어지는 P2P대출시장에 참여하는 것을 우려한 조치이다. 독일의 경우 투자자의 투자한도는 그의 가용재산 내지 월 순소득에 따라 차등화되어 있다. 즉 가용재산이 10만유로 이상이면 1만유로가 상한이 되며, 가용재산이 10만유로 미만이면 최대 1만유로 이내에서 월 순소득의 2배까지 투자가 허용된다. 이 경우 어느 경우이든 1만유로가 상한이 된다. 다만 투자자가 가용재산이나 수익에 대하여 증명을 하지 않은 경우에는 총 1천유로까지만 투자가 가능하다. 이러한 투자자의 투자한도는 연간한도가 아니고, 프로젝트별 투자가능총액을 말한다. 즉 연간한도에 대한 제한은 없다. 이는 전문투자자인지를 묻지 않고 적용된다. 반면에 법인에 대해서는 투자한도를 두고 있지 않다. 이러한 투자한도에 대한 모니터링책임은 중개업체에게 있다.

이처럼 투자한도를 획일적으로 정한 것과 관련하여서는 지나치게 법률이 개입한다는 비판이 있다. 그러나 적어도 투자분산을 하게 한다는 점에서 이점이 없지 않고 차주에 관한 정보 공시가 매우 미약하고 그 품질에 관한 신뢰성이 약하며 투자위험성은 높다는 점에서 정당화되고 있다. 또한 대다수 창업기업이 차입자인 점, 투자자들이 위험을 과소평가하는 경향이 있고 P2P대출시장의 버블이 없지 않은 점 등도 이러한 조치를 마련하게 된 배경이라고 할 수 있다. 반면, 증권투자의 경우 일반투자자보호를 위하여 요구되는 적합성원칙과 같은 것은 P2P대출의 경우에는 채택되어 있지 않다.

4) 소액투자자보호법의 영향

소액투자자보호법(Kleinanlegerschutzgesetz)[47]의 제정 이후 동법은 자산투자법을 개정하는 방법으로 크라우드 펀딩에 적용되고 있다. 동법은 2014년 5월 22일 소액투자자의 보호를 위하여 입법이 추진된 것으로 특히 크라우드펀딩 유형과 상관없이 모두(P2P대출 플랫폼 포함)에 적용되는 법률이라는 점에서 의미가 있다.[48]

---

47) 소액투자자보호법은 2015년 4월 23일 의회에서 통과되었다.

48) 동법 제정 전까지 독일 내에서 투자형 크라우드펀딩이나 대출형 크라우드펀딩은 특별히 규제되지 않았다. 단지 본문에서 소개한 은행법, 자본시장법, 영업규제법 등에 따른 규율만 있을 뿐이었다.

이 법은 독일 내에서 공모한 자산투자(Vermögensanlagen)에 적용되며 이에는 이익참가부소비대차(partiarische Darlehen)와 후순위소비대차(Nachrangdarlehen), 향익권(Genussrechte) 등이 포함된다. 따라서 이들 채권을 발행, 양도하는 P2P대출의 경우 당연히 적용대상이 된다.

2014년 이전에는 독일에서 익명조합을 활용한 P2P대출의 이용이 많았는데 발행한도의 제한으로 후순위대출채권을 선호함에 따라 후순위대출채권시장이 형성되었다. 즉 익명조합을 이용할 경우 자산투자법상 연간 10만유로 이상을 조달하는 경우 증권신고서의 제출이 의무이기 때문에 사실상 10만유로까지만 조달할 수밖에 없었다. 이에 따라 당시 자산투자법의 적용대상이 아니었던 후순위대출채권을 이용하여 발행한도(차입한도) 없이 자금을 조달하는 방식으로 시장이 형성된 것이다. 후순위 이익참가부소비대차를 이용하는 경우 이자율이 차입자의 소득이나 이익에 연동되고, 대부자에게는 차입자의 경영에 대하여 어떠한 권리를 부여하지 않는다. 따라서 차입자의 손해와 관련하여 어떠한 위험에도 노출되지 않으나 차입자의 파산시에는 열위에 놓이게 된다. 그런데 2014년 이전에는 이익참가부소비대차는 자산투자법상의 투자에 해당하지 않았기 때문에 이들은 투자설명서 없이 무한대로 발행이 가능하였다. 때문에 이러한 증권의 발행이 대규모로 행해졌는데, 대표적으로 스타트기업인 Protonet은 2012년 11월 29일 불과 48분 만에 200,000 유로규모의 대출을 하는데 성공하였다. 이후 Prokon사가 파산하면서 75,000명의 투자자들이 유로기준으로 1.4 million의 피해를 입게 되면서 소액투자자의 보호가 문제로 제기되었고, 이는 결국 소액투자자보호법이 입법화되는 계기가 되었다.

그러나 여전히 일정한 경우에는 앞에서 설명한 바와 같이 소액투자자보호법상의 공시의무(제6조)가 면제된다. 즉 일정한 요건을 충족한 경우 투자설명서의 제공이 면제된다. 이처럼 공시의무가 면제되는 것을 활용하여 소액투자자 보호를 위한 취지가 정확히 실현되지 못한다는 비판이 제기되고 있다. 또한 증권신고서의 규제를 받는 익명조합과 실제 후순위소비대차와 구분이[49] 어렵다는 비판도

이에 관해서는 Lars Klöhn, Lars Hornuf, Tobias Schilling, Id., at. 4. (https://papers.ssrn.com/sol3/papers.cfm?abstract_id=2595773)

49) 이들의 구분에 대해서는 Weitnauer/Parzinger, Gesellschafts- und Wirtschaftsrecht 2013, 153, 154 f.

있다.

한편, 광고시 투자정보서류에 게시된 투자손실위험을 함께 알려주도록 하고 있으며[50], 광고시 확정되지 않은 투자수익을 제공하는 경우 약속된 수익은 보장하지 않는다는 점도 함께 알리도록 하였다. 그밖에 소액투자자보호법은 위법한 광고의 경우 금지할 수 있는 권한을 금융감독청인 BaFin에게 부여하고 있다.

이처럼 P2P대출에 대해 소액투자자보호법이 적용되는 것에 대해서는 대출형 플랫폼사업자들의 불만이 적지 않은데, 왜냐하면 이 법은 성격상 대규모자본에 투자하는 소액투자자에게 적용되는 것인 반면 P2P대출은 소기업을 대상으로 소규모의 여신을 제공하는 것이라는 이유에서이다.[51]

5) 채권의 실행과 집행 등

P2P대출 플랫폼의 역할이 비록 차입자와 대부자를 중개하는데 그친다 하더라도 채권의 추심과 집행에 있어 투자자의 보호를 위하여 대출플랫폼의 역할은 중요하다. 왜냐하면 채권의 추심과 집행을 순전히 개인인 대부자에게 맡기는 것은 너무나 비효율적이고 비현실적이기 때문이다. 채권의 추심과 집행과 관련하여 누가 하는지는 대부자에게 매우 중요한 사항이다. 따라서 이러한 정보를 대부자에게 알려줄 필요가 있다. 아울러 채권의 추심과 집행을 제3의 독립된 허가받은 기관에게 위탁하는 경우 그에 관한 정보와 비용을 대부자에게 제공할 필요가 있다.

독일의 경우 이러한 역할을 P2P대출 플랫폼이 할 수 있는지는 명확하지 않다. 다만 P2P대출 플랫폼은 차입자와 대부자를 중개하는 역할만 한다는 점을 감안할 때 이러한 역할은 제한되는 것으로 해석된다.

7. 기 타

P2P대출 플랫폼의 경우 순수하게 차입자와 여신금융기관을 중개하기 때문에 직접적으로는 자금세탁방지법상의 규율대상에 해당하지 않는다. 그러나 자금세탁방지법상의 규율대상인 여신금융기관이 거래에 참여하고 있어 사실상 자금세탁방지법의 규율을 받고 있다고 할 수 있다.

---

50) 소액투자자보호법 제정 당시 원안에는 광고를 엄격히 규제하는 것으로 하였으나 입법과정에서 이러한 입장은 철회되었다.

51) 플랫폼사업자인 Zencap은 이러한 문제점을 지적하고 있다. (http://www.lending-school.de/blog/kleinanlegerschutzgesetz-zeigt-erste-negative-auswirkungen-auf-crowdlending/)

최근의 연구[52]에 의하면 크라우드펀딩이 자금세탁과 테러자금에 사용될 수 있는 취약점이 있음을 고려할 때 적어도 P2P대출 플랫폼이 자금세탁방지법상의 규제사각지대에 놓이지 않도록 방안이 보완될 필요가 있다.

V. 시사점 - 결론에 갈음하여

P2P대출영업은 온라인을 통해 이루어지는 거래의 특성상 기술적 위험을 포함하여 고객의 데이터 보안과 개인정보 보호 등 온라인거래에 수반되는 일반적인 위험이 상존한다. 이 외에 자금을 제공하는 거래로서 대부자는 자신이 소비대차를 하는 것으로 인식하기 때문에 원본을 상실할 위험이 없고 정해진 이자수익을 얻을 수 있다고 생각할 가능성이 크다.

그러나 통상 P2P대출을 신청하는 차입자의 경우 유동성이 떨어지는 중소기업이 많아 적지 않은 투자위험이 있으며 이러한 채권은 양도가 가능한 유통시장이 갖추어져 있지 않아 회수가 쉽지 않다. 더구나 채권추심과 집행과 관련해서 이들 서비스의 제공이 용이한 환경이 갖추어져 있지 않은 경우 개인 대부자에게는 매우 불리하다. 여기에 차입자가 지급불능인 경우 그 지급불능위험을 누가 지는지, 그리고 대부자가 피해를 보는 경우 어떻게 하여야 하는지 등에 대해서도 사전에 충분히 알려주지 않는 경우가 일반적이다.

그런데 이러한 위험이 있는 P2P대출 플랫폼의 영업과 관련하여 독일에서는 앞서 살펴본 바와 같이 금융감독법상 어떠한 규제도 특별히 하고 있지 않다. 즉 진입규제와 재무규제 그리고 지배구조규제와 이해상충 규제 등과 관련하여 명시적으로 규제를 하고 있지 않다. 이와 관련해 이러한 조치들이 없음은 최근에 크라우드펀딩을 염두에 두고 제정된 소액투자자보호법의 치명적인 실수라는 비판도 없지 않다.[53] 독일의 경우 투자정보의 제공과 투자한도의 제한 및 투자손실에 대한 경고 외에는 별도로 투자자 보호를 위한 조치를 두고 있지 않기 때문이다.

---

52) European Commission, Supranational Risk Assessment Report from the Commission to the European Parliament and the Council on the Assessment of the Risks of Money Laundering and Terrorist Financing affecting the Internal Market and relating to cross-border Activities, 26 June 2017.

53) Lars Klöhn, Lars Hornuf, Tobias Schilling, The Regulation of Crowdfunding in the German Small investor Protection Act- Content, Consequences, Critique, Suggestions, at 19.

또한 광고규제 역시 엄격하지 않고 불공정하고 사기적인 광고시 감독기관의 규제를 통해 탄력적으로 대응하고 있는데 그치고 있다. 투자제한을 하는 것과 관련하여서는 투자자가 일반투자자인지 전문투자자인지는 구분하고 있지 않다. 다만 법인은 제한 없이 투자가 가능하게 한 점에서 지나치게 규제대상이 좁거나[54] 한편으로 넓다는[55] 비판을 받고 있다.

이처럼 P2P대출의 전 과정을 보면 다수의 자가 관여하지만 독일의 경우에는 특히 여신기관의 존재 없이는 P2P대출을 중개하는 플랫폼사업을 영위하는 것이 불가능하다. 즉 P2P대출과 관련하여 우려되는 위험과 법적 부담은 기본적으로 금융감독청의 허가를 받은 여신금융기관이 커버하는 것으로 하고 플랫폼사업자는 업과 관련해서는 상법 수준의 규율만 받는 것으로 하고 있다. 다만, P2P대출의 특유의 위험을 고려하여 투자자보호방안으로 자산투자법상의 정보제공의무와 투자한도 및 투자손실경고를 통해 일부 보호하고 있다.

이러한 독일의 P2P대출영업에 대한 법적 규율은 은행법상의 감독을 받는 여신금융기관이 개입하는 구조를 취하도록 함으로서 적어도 이러한 여신금융기관이 관여하는 상황에서는 별도로 P2P대출 플랫폼사업자를 강하게 규율할 필요는 없다고 본 것으로 이해된다. 이러한 점에서 P2P대출을 중개하는 플랫폼사업자에 대한 규율체계는 EU 내에서 P2P대출 잔액이 가장 큰 영국[56]과 비교할 경우 외형상으로는 상대적으로 매우 약한 규제를 한다고 할 수 있다.

그러나 실상은 그렇지 않은데, 그 이면에는 감독기관으로부터 허가받은 여신금융기관을 개입시켜 새로 등장한 비즈니스의 위험에 대한 비용과 부담을 여신금융기관으로 하여금 감당하도록 하고 있다는 점을 간과해서는 안 될 것이다. 즉 외국의 입법례를 참고함에 있어서 양적인 규제만 단순히 비교하여 보기보다는 규제전략과 규제수단을 포함하여 규제 전반을 종합적으로 이해하는 것이 필요하다.

어느 나라의 규제전략이 우수하고 바람직한 것인지 단언하기는 어렵지만 적

---

54) 왜냐하면 법인이 아닌 한 엔젤투자나 벤처캐피탈 펀드에게도 투자제한이 적용되기 때문이다. Lars Klöhn, Lars Hornuf, Tobias Schilling, Id., at.18

55) 법인인 한 전문투자자인지 묻지 않고 투자가 가능하기 때문이다.

56) 영국의 경우 플랫폼사업자에 대해 소비자신용법이 적용되어 자문소개(referral)와 신용평가의무화, 청약철회권 등을 인정하고 있으며, 플랫폼에 의한 차주 실사(due diligence)는 단순히 선택기준만 공시하고 있고 투자 전 추가로 실사할 필요가 있다고 주의를 당부하는데 그치고 있다. 다만 소비자신용법에서 명문으로 플랫폼에 대하여 신용평가의무를 부과하는 경우에는 그렇지 않다.

어도 P2P대출영업에 대한 독일의 규제전략은 같은 EU권역 내 다른 국가들과 비교해 볼 때 기존 금융법제의 틀 안에서 P2P대출영업을 규제하려는 시도를 하고 있고 매우 제한된 사업범위를 영위하는 P2P대출영업만 전제하고 있다는 점에서 P2P대출 사업자에 대한 규제모델로서는 제한적인 의미가 있다고 평가할 수 있다. 독일 내 P2P대출산업의 규모가 크지 않은 것도 이러한 규제모델과 상관이 없지 않아 보여진다.[57] 향후 P2P대출영업에 관해서는 P2P대출플랫폼이 영위하는 사업범위에 따라 위험에 기초한 유연한 규제전략을 취하는 것이 바람직할 것으로 생각된다. 이는 투자자보호장치를 마련함에 있어서도 마찬가지인데, 즉 P2P대출 플랫폼이 영위하는 사업범위가 확대될수록 투자자에 대한 정보제공을 통한 보호 외에도 P2P대출 플랫폼사업자에 대한 재무규제와 지배구조규제 그리고 이해상충 방지 등에 대한 규제 등 전체적으로 충실한 투자자보호가 이루어지도록 설계될 필요가 있다.

57) 그 외에 독일에서 고리대금업을 금지하고 있어 최대 가능한 이자율이 대략 16%에서 18%인 시장 평균 2배 이상인 연이율이 금지되는 것도 영향을 주고 있다고 할 수 있다. 자세한 것은 손영화, "P2P대출에 대한 합리적인 규제", 「한양법학」, 27집 3호, 2016.8, 150면.

참고문헌

고동원, 인터넷상에서의 개인간(P2P) 금융거래에 관한 법적 연구– P2P대출거래를 중심으로, 「은행법연구」 제8권 제2호, 은행법학회, 2015. 11

기준하, P2P대출의 현황과 황후과제, NARS 현안분석, Vol. 6, 국회입법조사처, 2018. 5.18

서병호·이순호, P2P 대출중개에 관한 제도적 개선방안, 연구용역보고서, 금융연구원, 2015

서승환·이지은, 디지털사회 법제연구(III)–P2P대출 규제체계 구축을 위한 비교법제 연구, 법제연구원, 2017

손영화, P2P대출에 대한 합리적인 규제, 「한양법학」, 27집 3호, 한양법학회, 2016.8

윤민섭, P2P금융에 관한 법적 연구, 「금융법연구」 제9권 제2호, 금융법학회, 2012

이성복, P2P대출 중개시장 분석과 시사점–금융중개 역할을 중심으로–, 조사보고서 18–2, 자본시장연구원, 2018

최문희, 독일의 핀테크(Fintech)의 현상과 규제–대출형 크라우드(Crowdlending)에 대한 법적 쟁점을 중심으로, 「강원법학」 제49집, 강원대학교 비교법학연구소, 2016

금융감독원, P2P대출 취급실태 점검결과 및 향후 계획–묻지마 P2P투자 이제 그만, 공시내용 꼼꼼히 살핀 후 투자하세요!, 2018. 11.19

松尾健一, ＥＵにおける投資型クラウドファンディング規制, 日本証券経済研究所, 平成28年 5月

Kümpel/Wittig, Bank– und Kapitalmarktrecht, Verlag Dr. Otto Schmidt Köln, 4. neu bearbeitete Auflage, 2011

BaFin, Merkblatt zum Tatbestand des Factoring

BaFin, Merkblatt zum Tatbestand des Kreditgeschäfts

European Crowdfunding Network, Review of Crowdfunding Regulation 2017: Interpretations of existing regulation concerning crowdfunding in Europe, North

America and Israel, Brussels 2017

EY, EU CRD IV Country by Country Reporting— Insights and Challenges, August 2013

Ferrarini, G., and Macchiavello, E. (2018). FinTech and Alternative Finance in the CMU: The Regulation of Marketplace Investing, in Danny Busch and Guido Ferrarini (eds.), Capital Markets Union in Europe (Oxford, OUP, forthcoming)

Klöhn, Lars Hornuf, Tobias Schilling, The Regulation of Crowdfunding in the German Small investor Protection Act— Content, Consequences, Critique, Suggestions (https://papers.ssrn.com/sol3/papers.cfm?abstract_id=2595773)

Gregor Dorfleitner, Lars Hornuf, The FinTech Market in Germany, Final Report, Oct. 17, 2016

Clifford Chance, Regulating Investment and Lending-based Crowdfunding: Best Practices, October 2018

BA, Opinion on Lending-based Crowdfunding. EBA/Op/2015/03, 2015

European Commission, Supranational Risk Assessment Report from the Commission to the European Parliament and the Council on the Assessment of the Risks of Money Laundering and Terrorist Financing affecting the Internal Market and relating to cross-border Activities, 26 June 2017

European Crowdfunding Network, Regulation of Crowdfunding in Germany, the UK, Spain and Italy and the Impact of the European Single Market, June 2013

일본의 P2P 대출 거래 규제*

강 영 기**

Ⅰ. 들어가며

최근에는 핀테크(FinTech)를 이용한 서비스들이 계속해서 등장하고 있는데, 핀테크는 Finance와 Technology가 결합된 신종 용어로서 통상 "IT를 활용한 혁신적 형태의 금융서비스사업"으로 이해할 수 있다. IT가 종전부터 이용되기는 했지만 새로운 기술의 발전과 모바일 기기보급의 확대 등으로 금융서비스분야에서도 보다 적극적인 활용노력이 나타나고 있다. 금융서비스분야에서 핀테크가 주목을 받은 원인 중 하나는 글로벌 금융위기로 촉발된 종래의 금융기관에 대한 불신이라고 할 수 있는데, 전통적 금융기관을 대체하지는 못하더라도 금융의 문제점을 보완하고 개선하는데 IT를 활용한 핀테크 서비스영역의 하나가 크라우드펀딩(crowd funding)이라고 할 수 있다. 주요 각국에서 크라우드펀딩이 활발하게 논의되고 성장과 관련된 규제의 움직임이 나타나고 있는 것은 물론이다. 본고에서는 크라우드펀딩의 전반적인 내용보다는 그중의 하나인 P2P lending(대출)에 관하여 살펴보려 하는데, 우선 P2P lending(P2Pレンディング)의 일반적인 개념을 비롯하여, 일본에서의 P2P lending 비즈니스의 현황과 관련 법 규제에 대하여 검토하고 정리해보고자 한다. P2P lending은 광의의 크라우드펀딩 중에서 대출형 크라우드펀딩을 가리키며, 온라인상의 플랫폼을 이용하여 자금의 제공자가 될 일반투자자와 자금차용자가 될 개인이나 중소기업 등을 연결시켜 주는 형태이다.[1] 이러한

---

* 「상사판례연구」 제31집 제2권(한국상사판례학회, 2018.6)에 "일본에서의 P2P lending 비즈니스와 법적 규제에 대한 고찰"이라는 표제하에 실린 글을 수정 및 보충한 것이다.

** 고려대학교 법학연구원 연구교수, 법학박사.

1) 기존의 대출형태와는 달리 핀테크 기업이 제공하는 새로운 대출서비스를 Alternative lending 이

구조는 자금차용자에게는 은행이나 대금업자로부터 자금을 빌리는 종래의 방법 이외의 자금조달수단을 이용할 기회를 제공하는 것은 물론, 일반투자자에게도 소액으로 일정한 수익성이 예상되는 투자기회를 제공하는 것이기 때문에 주목을 받고 있는 것이다. 더구나 온라인상의 플랫폼을 이용하기 때문에 절차가 간소하고 자동화된 자금조달이 가능하며 투자비용도 낮출 수 있는 장점이 있다. 최근에 주요국가의 P2P lending 시장이 확대되는 경향이고 일본에서도 마찬가지로 시장이 확대되고 있다는 평가가 있는데, 일본에서의 P2P lending의 전개상황은 어떠한지 그리고 이와 관련된 비즈니스 모델과 법적 규제는 어떠한지 등에 대하여 살펴보는 것은 매우 유의미한 일이라고 생각한다. 일반적으로 일본에서는 대금업법과 금융상품거래법 등에 따른 제약이 많은 것으로 알려져 있는데, 이하에서 일본에서의 P2P lending(대출) 시장의 현황과 법적인 구성과 제약 등에 관하여 살펴보고자 한다.

Ⅱ. P2P lending의 개요

1. P2P lending(대출)과 크라우드펀딩

크라우드펀딩이란 crowd와 funding이 결합된 용어인데, 자금이 필요한 개인사업자나 초기창업자의 물건제조 및 서비스 또는 아이디어의 실현 등의 목적을 위하여 인터넷을 통해 불특정다수의 자금제공자로부터 출자와 협력을 이끌어내는 형태를 가리킨다. 크라우드펀딩의 장점은 자금제공자가 자신이 원하는 자금수요자에게 자금을 제공할 수 있다는 측면이라고 할 수 있는데, 크게 투자형, 대출형, 기부형, 사전구입형 등의 형태로 나뉜다. 본고에서 다루는 P2P lending(대출)은 자금제공자로부터 자금을 모아서 대출을 해주고 반대급부로서 운영업자를 통해 변제원리금의 일부를 분배하는 형태인 대출형 크라우드펀딩의 하나에 포함된다. 즉, social lending(ソーシャルレンディング)이라고도 불리는 P2P lending은 자금제

라고 하는데, 그중 하나인 P2P lending은 point to point 즉, 수요자와 대출자를 직접 이어준다는 의미이고, 종래의 대출과 달리 은행 등의 금융기관을 거치지 않는 구조를 가진 서비스로서 종래의 여신(얼마나 대출이 가능한지와 신용의 평가)관련 확인을 과거의 거래나 수입에 관한 정보뿐만 아니라 social media 등에서의 활동기록을 포함하여 인공지능으로 분석하는 등 새로운 기법도 활용하기도 하며, social lending으로도 불린다.

공자(일반투자자)와 자금의 대출을 원하는 중소기업이나 개인 등의 자금수요자를 온라인상에서 연결시키는 형태로서, 각 기업에 따라 서비스가 다르지만 온라인상의 플랫폼을 제공한다는 점에서 공통된다. 자금수요자와 자금제공자를 옥션 형식 등으로 직접 연결해주는 P2P lending으로 대출을 받는 경우에는 일반 금융기관으로부터 대출을 받는 경우에 비하여 자금수요자가 낮은 금리로 자금을 조달할 수 있다. 자금제공자의 입장에서는 은행금리가 제로에 가까운 상황에서 금융기관에 예금하는 것보다는 높은 수익을 실현할 수 있다는 장점이 있다. 하지만 P2P lending 기업들이 제공하는 이자율이 다르고 기업에 따라 여러 가지 면에서 차이가 있다고 한다. 본고가 대상으로 하고 있는 일본기업에 의한 P2P lending(대출) 서비스의 특징과 구조 등에 대해서는 후술하기로 한다.

2. P2P lending의 성장배경

국제증권관리위원회기구(International Organization Of Securities Commissions: IOSCO)의 Staff Working Paper(E. Kirby and S. Worner[2014])에 따르면, 세계 전체의 P2P lending 시장은 지속적으로 성장하고 있으며, IOSCO 조사국(Research Department)이 집계한 세계의 주요 9개 P2P lending 사업자가 2013년에 대출해준 금액이 2012년의 2.5배인 28억 달러라고 한다. 그리고 P2P lending을 포함하여 인터넷을 통한 대출의 세계적인 동향에 대해 모건 스탠리(Morgan Stanley)가 실시한 조사에서는 2020년까지의 대출규모가 1500～4900억 달러에 이를 것이라고 예상하고 있다. 국가별로 볼 때, 미국의 2014년 인터넷을 통한 대출규모가 120억 달러 중에서 소비자대상이 70억 달러, 중소기업대상이 50억 달러로 미국전체 대출규모 중에서는 1%이지만 2020년까지는 10%에 이를 것이라고 예상하고 있는데 대하여, 일본의 P2P lending 사업자는 9개사 정도이고 이들 사업자에 의한 누적 대출금액은 2015년 6월 시점에서 430억 엔이라고 한다. 이처럼 종래의 은행과 같은 금융기관을 경유하지 아니하고 인터넷을 통해 자금을 조달하는 사례가 증가하고 있는 배경을 보면, 첫째로 인터넷 이용자의 증가를 들 수 있다. 기업이 인터넷을 이용하여 자금을 조달하려는 움직임이 1990년대 중반의 미국에서도 있었지만, 요즘은 모바일 단말기의 보급으로 인터넷이용자가 훨씬 많이 증가하고 쇼핑이나 자산운용에 활용하는 경우가 늘고 있는 점에서 당시와는 다르다고 할 수 있다. 둘째로는, 인터넷을 이용한 정보통신의 발달로 인해 인터넷플랫폼에서 불특정다수의 자금제공자가 자금수요자에게 필요자금을 제공하는 구조의 구축이 가능해졌다. 이러한 구조가 구축됨으로써 수많은 자금제공자와 자금수요자가 P2P lending에 참가할 수 있게 되었다. 그리고 P2P lending 사업자는 자금수요자의 대출신청을 인터넷으로 받고 대출심사를 신속하게 진행함으로써 신청부터 실행까지 단기간에 처리하고 있는데, 이는 대출심사에서 컴퓨터기술을 이용하여 종래의 은행심사에서는 활용되지 않았던 자금수요자의 정보를 분석하는 것이 가능해졌기 때문이다. 셋째로는, 금융위기의 영향을 들 수 있는데, 영국과 미국의 경우에 자금공급자 측은 금융위기의 영향으로 전통적인 은행을 경유한 자금공급이 감소하였고, 금융위기 후에 바젤Ⅲ 등의 규제가 도입됨으로써 은행이 중소기업이나 개인에게 대출을 하기가 어려워진 상황에서, P2P lending 사업자를 통한 대출이 증가하였다고 한다. 한편, 자금수요자 측은 전통적인 은행을 경유한 자금공급이 감소함으로써 하나의 공급자에 의존하는 경우의 리스크를 고려하여 자금공급자를 분산시키려는 움직임으로 이어질 것으로 보고 있다. 참고로 국가에 따라서는 정부가 P2P lending 사업자를 지원하려는 움직임도 나타나고 있는데, 이러한 경우에는 P2P lending의 성장에도 영향을 줄 수 있다.

3. 일본의 P2P lending 시장 현황

(1) 일본의 P2P lending 시장의 전개상황

유럽과 미국 등에서는 인터넷을 이용하여 개인 간에 이루어지는 대출의 형태가 많은데, 이를 P2P lending(peer to peer lending)이라고 부르고 Social lending과 동의어처럼 쓰이고 있다.[2)] 현재에도 개인 사이의 투자 내지 대출이 Social lending 시장의 중심을 차지하고 있고, 개인이 Social lending site를 매개로 자금의 수요자나 공급자가 될 수 있다.

---

2) 인터넷을 통해 불특정다수의 사람과의 대출거래를 가능하게 한 P2P lending은 개인 간의 대출을 지원하는 중개서비스라고 할 수 있다. 수요자가 빌리고 싶은 금액과 조건을 입력하고 그 조건에 빌려주겠다는 공급자가 합의하면, 대출계약이 성립하며, 수수료가 낮은 결제서비스를 이용하여 등기절차가 이루어지고 변제도 인터넷을 통한 결제서비스로 이루어지므로 매우 낮은 비용으로 대출이 가능해진다. 이러한 P2P lending과 social lending은 기본적으로 같은 의미이지만, P2P lending이 주로 개인 간의 대출을 대상으로 한 것이고 social lending은 기업과 개인 사이의 대출도 대상으로 한 것이라고 이해되고 있다. 미국에서는 개인 간의 대출인 P2P lending이 발달되었지만 일본에서는 금리의 차이나 모르는 사람에게 돈을 빌려주는 것에 대한 저항감 등의 국민성향 때문인지 개인 사이의 대출은 좀처럼 활발하지 않고, 개인과 기업을 연결하는 social lending이 증가하고 있다.

일본의 경우도 이와 마찬가지로 Social lending이 개인을 대상으로 한 대출사업의 형태로 시작되었는데, 현재 일본 Social lending업계에서 가장 규모가 큰 maneo가 2008년에 처음 Social lending 서비스를 시작할 때에는 유럽과 미국 등의 Social lending을 모델로 하여 개인과 개인 사이의 대출의 형태로 사업을 진행하였다. 그러나 이용자의 수가 적고 변제가 지연되는 사례가 다수 발생하였기 때문에, 2011년에는 개인을 대상으로 한 대출사업을 접게 되었다.[3] maneo의 개인대상 대출사업이 활성화되지 못한 이유로는 복합적인 원인이 있겠지만, 시장 환경의 측면을 생각할 때 기존의 개인대상 대출서비스의 인프라가 유럽이나 미국보다 발달되어 있었다는 점이 작용한 것으로 생각된다. 실제로 일본에서는 소비자금융 및 카드대출 등 개인이 자금을 빌릴 수 있는 인프라가 잘 정비되어 있다. 특히 카드대출은 카드만 만들 수 있다면 얼마든지 자금을 빌릴 수 있으므로 자금수요자인 개인이 Social lending을 이용할 필요성이 그다지 크지 않았을 것이다. 따라서 Social lending이 개인 간 융자로 인식되는 유럽이나 미국과 같은 이미지는 일본에서는 적용되지 않는다고 보는 것이 타당할 것이다. 물론 일본의 Social lending에도 약간 변형된 형태의 개인 대상 대출이 있다. 즉 개인을 대상으로 한 융자를 해주는 Social lending 사업자는 2017년 8월 현재 SBI Social Lending과 Crowdcredit의 2개 사업자가 그 것이다. 하지만 SBI의 경우는 같은 그룹의 SBI증권의 고객을 대상으로 한 증권담보대출만 취급하다가 2018년 9월까지만 운용하기로 하였으며, Crowdcredit의 개인대상대출은 투자자로부터 모은 자금으로 펀드를 설립하고 해외의 Social lending 인프라를 이용하여 개인에게 융자하는 형태이므로 투자자가 직접 개인에게 빌려주는 것과는 커다란 차이가 있다. 따라서 이하에서 언급하는 P2P lending의 내용에는 개인을 대상으로 한 대출은 거의 없다고 보아도 무방하다고 할 수 있다.[4]

maneo는 개인 대상 대출사업을 접었지만, 그 이후에 시작한 사업성 대출이 활발하게 진행되어 현재 Social lending업계에서 가장 규모가 큰 사업자의 지위를

3) 일본에서는 신용카드도 일시불이용의 경우가 많고, 개인대출금리도 낮은 편이어서 개인을 대상으로 한 P2P대출의 수요가 매우 적다. 실제로 maneo나 Crowd Bank 등 대표적인 업체들이 법인대상대출에 전념하는 이유이다. 荻生泰之·鈴木顕英·藤岡信也, "フィンテックの基礎知識 第5回 P2Pレンディングとは", 地銀協月報 684号, 全国地方銀行協会, 2017.6, 38頁.

4) SocialNote, "【実態はどうなのか】ソーシャルレンディングで個人間融資はできるのか？その現状·実態を調査", 2018.7.10. CROWD NEWS(https://www.crowdport.jp/news/3478/#i－3)

차지하고 있다. 현재 일본의 Social lending시장은 그 대출대상을 개인에서 법인으로 전환함으로써 성장하고 있으며, 특히 부동산대출을 중심으로 하여 일본의 Social lending시장이 활성화되고 있다. 본래 부동산사업은 매매나 개발의 상황에서 매우 다양한 자금이 필요하다는 특성을 가지고 있는데, 버블경제의 붕괴에 이은 2000년대 초반의 금융위기와 리먼 브라더스의 도산으로 촉발된 글로벌 금융위기를 거친 이후에는 부동산에 대출을 해주는 금융기관이 급격히 감소하게 된다. 더구나 종래의 부동산대출은 주로 Non－Bank의 대출이었는데, 근래에는 대부분의 Non－Bank가 은행계열사로 편입되었으므로 현재의 부동산관련 자금수요에 대해서 기존의 금융기관만을 통한 조달로는 충분한 자금이 공급되기 어렵다. 이러한 상황 속에서 때마침 Social lending시장이 일본에서 형성되었고, 종전에 Non－Bank가 담당하던 역할의 일부를 Social lending이 대체하는 형태로 그 시장이 확대된 측면이 있다. 그리고 일본의 Social lending은 글로벌 금융위기 이후에 등장하였고 경기가 회복되는 시기에 부동산수요가 왕성하게 증가하는 시기가 맞아떨어졌기 때문에 Social lending의 수요가 커진 측면도 있다. 이와 같이 종전의 부동산금융의 주역이 없어진 상황에서 부동산시황의 회복기와 Social lending시장의 등장시기가 맞물리면서 일본의 Social lending 시장이 부동산관련 대출을 중심으로 성장한 것은 자연스런 일이라고 본다.

(2) 일본의 Social lending시장의 규모

일본의 Social lending의 시장규모와 관련하여 야노경제연구소(矢野経済研究所)가 발표한 자료를 보면, 일본의 크라우드펀딩 전체의 신규프로젝트지원금액(시장규모)이 2012년도에 71억 6천 1백만 엔, 2013년도에 124억 2천 9백만 엔, 2014년도에 216억 1천만 엔, 2015년도에 363억 3천 4백만 엔, 2016년도에 477억 8천 7백만 엔이다. 이 중에서 2016년도의 금액은 발표 당시 예상수치였으므로 2015년도의 전체 크라우드펀딩의 규모를 기준으로 생각해 보면, 대출형(Social lending)이 88.7%, 구입형이 9.0%, 투자형(펀드형)이 1.9%, 기부형이 0.4%이므로 크라우드펀딩 시장의 대부분은 Social lending이라는 것을 알 수 있다. 근래에는 일본의 Social lending은 개인투자자로부터 소액의 자금들을 모아 자금이 필요한 기업에 대출하는 법인대출의 형태로써 시장규모가 성장하고 있는데, 2015년도의 Social lending 시장의 규모는 약 325억 엔, 2016년도에는 약 533엔, 2017년도에는 1316

억 엔으로서 성장세가 계속되며 시장규모가 확대경향에 있다.

시장규모의 확대와 더불어 Social lending 사업자도 증가하고 있는데, 2014년에 6개, 2015년 10개, 2016년에는 20개 등이었고, Social lending 사업자에 대한 상세한 자료는 공표되어 있지 않지만, 크라우드포트가 조사한 바에 따르면 현재 23개의 Social lending 사업자가 활동하고 있다. 그런데, 상장기업이 Social lending사업에 진출하거나 Social lending 사업과 다른 사업을 겸영하면서 상장하는 기업은 있어도, 미국의 LendingClub과 같이 Social lending을 전업으로 하는 상장기업은 아직 없다. 여하튼 시장규모와 사업자 수의 확대를 배경으로 Social lending 사업자의 종류와 시장도 조금씩 다양화되고 있고, 일본의 Social lending 시장은 1조 엔 정도의 펀드가 존재하는 투자신탁시장에 비하면 아직 작다고 할 수 있지만, 투자자의 수요에 맞추어 순조롭게 성장하는 중에 있다고 할 수 있다.[5)]

Ⅲ. P2P lending의 리스크와 대표적인 비즈니스 모델

1. P2P lending의 일반적 수익구조와 특징

은행 대출과 P2P lending을 통한 대출을 비교해보면, P2P lending의 경우가 업자에 의한 심사가 신속하게 진행되므로 대출의 신청부터 실행까지 소요되는 기간이 짧고 은행대출에 비하여 대출금리도 낮지만, 대출리스크가 높다는 특징이 있는 것 외에도 대출프로세스와 수익구조 등에서도 차이가 있다.[6)]

(1) P2P lending 사업자의 수익구조

P2P lending 사업자는 자금의 수요자와 공급자로부터 수수료를 받으면서 비즈니스를 수행하며, 구체적으로는 보통 자금수요자로부터는 대출에 소요되는 수수료를 받는데, 계좌관리에 소요되는 수수료와 변제가 지연되는 경우에 자금수요자가 자금공급자에게 지불하는 지연손해금의 일부를 받는 사업자도 있다. 한편, 자금공급자로부터는 계좌관리에 소요되는 수수료를 받거나, 자금공급자가 미리 설정한 조건에 따라 자동적으로 대출을 해주는 서비스를 계약하고 있는 경우에

5) クラウドポート編集部, “入門講座　【最新版】　日本のソーシャルレンディング市場規模と歴史”, 2018.04.20. (https://www.crowdport.jp/news/3472/)

6) 左光　敦, “P2Pレンディングの仕組と法規制: 英国のP2Pレンディング規制を中心に”, Discussion Paper No.2017－J－3, 日本銀行金融研究所, 2017, 10－11頁.

는 그 서비스의 수수료를 받거나 한다. 이러한 수수료를 받는 대신에 P2P lending 사업자는 자금수요자로부터 자금을 회수하는 일과 자금수요자의 신용도를 조사하는 일을 수행한다.[7] 사업자에 의한 자금수요자의 신용도조사는 사업자가 제출받은 신청서나 계약서에 따라 신용정보기관에 신용정보를 조회하고 그것을 참고로 하여 사업자가 종합적으로 신용도를 평가하고 대출의 적합성여부를 판단한다.[8]

(2) P2P 대출프로세스의 특징

대출을 받으려는 자금수요자에 관한 정보수집과 대출여부에 대한 의사결정, 대출실행 후의 감시(monitoring)의 주체에 대해서 살펴보면, 은행의 대출에서는 은행이 대출신청자의 정보를 수집한 다음에 대출여부를 결정하고 대출 후에 감시를 하는 것과 달리, P2P lending에서는 대출신청자에 대한 심사는 P2P lending 사업자가 수행하지만 대출여부에 대해서는 자금제공자가 결정을 내린다. 그리고 대출해준 이후의 감시는 기본적으로 P2P lending 사업자가 수행할 것으로 보이지만 실제로는 어느 정도 체크하고 있는지 알 수 없다.[9]

2. P2P lending이 안고 있는 리스크

P2P lending은 자금수요자와 자금제공자 등에게 유리한 측면도 있지만, 자금제공자가 P2P lending 사업자를 통해 대출을 하는 경우에 여러 가지 리스크가 존재할 수 있기 때문에 이러한 리스크를 파악하고 이용하는 것이 중요하다. 이하에서는 P2P lending 사업자와 자금수요자의 리스크에 대하여 유럽은행감독기구(European Banking Authority)의 대출형 크라우드펀딩에 관한 의견서[10]를 토대로 정리하고, 자금제공자의 리스크에 관하여 IOSCO의 staff working paper[11]를 토대로 정리한 내용이 있어서 이를 소개한다.

---

7) 左光 敦, 앞의 논문(주 6), 12頁.
8) 신용정보기관의 역할과 정보공시절차 등에 대해서는 지정신용기관인 JICC(주식회사 일본신용정보기구)의 웹페이지(https://www.jicc.co.jp) 참조.
9) 左光 敦, 앞의 논문(주 6), 11－12頁.
10) European Banking Authority[2015], “Opinion of the European Banking Authority on lending－based crowdfunding”, EBA/Op/2015/03 26 February 2015.
11) Eleanor Kirby and Shane Worner, “Crowd－funding: An Infant Industry Growing Fast”, Staff Working Paper[SWR3/2014], Staff Working Paper of the IOSCO Research Department.

(1) P2P lending 사업자의 리스크

자금수요자의 신용도가 낮아지고 대출에 대한 채무불이행의 위험이 예상범위를 벗어나 상승하면, P2P lending 사업자의 신뢰도가 낮아지면서 P2P lending 사업자의 도산으로 이어질 수 있는 리스크가 있고, 정보보안의 취약성을 노린 해커의 공격을 받을 염려도 있으며, P2P lending 사업자에 대한 규제가 제대로 이루어지지 않으면 자금세탁(money laundering)에 이용될 위험성도 있다.[12)]

(2) 자금수요자의 리스크

P2P lending 사업자가 입·출금 및 고객자금의 처리를 적절하게 수행하지 못하는 경우에는 자금제공자의 자금을 자금수요자가 수령할 수 없는 상황에 처할 수가 있으며, P2P lending 사업자가 자금제공자로부터 모은 자금을 수령할 시점에 대한 결정이 제대로 이루어지지 않은 경우에는 대출이 결정된 후의 적절한 시점에 자금을 수령하지 못하는 상황이 될 위험성도 있다.[13)]

(3) 자금제공자의 리스크

1) 채무불이행(default)의 리스크

일반적인 은행대출과 마찬가지로 P2P lending에서 자금수요자의 채무불이행에 관한 리스크는 자금제공자가 부담하는데, 주택구입 등을 위한 대출인지 혹은 사업성의 대출인지를 불문하고, P2P lending 사업자를 통한 대출은 무담보로 진행되는 경우가 많으며, 자금제공자가 우선적으로 변제를 받도록 하는 구조도 아니다. 또한 자금제공자가 P2P lending을 이용하는 경우에는 채무불이행이 발생할 확률을 고려할 필요가 있는데, 아직 P2P 사업자들이 창업한지 얼마 되지 않은 경우가 대부분이므로 채무불이행 확률을 산출하기 위한 자료도 충분하지 못한 상황이다.[14)]

2) 플랫폼의 폐쇄 리스크

P2P lending 사업자가 운영하는 플랫폼이 폐쇄된다면 대출에 제공된 자금이 회수되지 않아서 대출자금이 변제되지 않을 위험이 있다. 실제로 영국의 Quackle이 운영하는 P2P lending 플랫폼이 2011년에 갑자기 폐쇄되자 ① 자금을 빌린 자

---

12) 左光 敦, 앞의 논문(주 6), 15頁.
13) 左光 敦, 앞의 논문(주 6), 15頁.
14) 左光 敦, 앞의 논문(주 6), 13頁.

와 자금제공자에 관한 정보가 사라져서 계약에 따른 채무의 이행을 할 수 없게 되었기 때문에 거의 100%에 가까운 채무불이행이 발생하였지만 ② 금융서비스보상제도(Financial Services Compensation Scheme)에 의한 보상의 대상이 아니었으므로 자금제공자는 100%에 가까운 손실을 입었다고 한다.[15)]

3) 사기 등의 리스크

P2P lending 사업자가 운영하는 플랫폼이 인터넷의 웹사이트 만으로 운영되는 경우가 많은데, P2P 사업자에 의한 자금수요자의 본인확인이 불충분한 때에는 자금제공자가 사기를 당할 위험성이 높아진다. 그리고 P2P lending에도 전통적인 금융기관의 경우처럼, 자금세탁이나 소비자프라이버시의 침해, 데이터의 유출 등 다양한 위험이 도사리고 있다.[16)]

4) 정보비대칭성의 리스크

P2P lending에서는 자금수요자의 신용도나 수입 등의 정보가 부족한 경우가 많고, 자금제공자가 판단의 근거로 활용할 수 있는 자금수요자에 관한 정량적인 정보는 사실상 P2P 사업자가 자금수요자에게 요구한 금리밖에 없다. 결국 자금제공자는 불확실한 정보를 토대로 투자의사를 결정할 수밖에 없어서 위험성이 높다고 할 수 있다.[17)]

5) 대출채권의 유통관련 리스크

대부분의 P2P lending 플랫폼에는 대출채권의 유통시장이 없어서 포지션을 청산하고자 해도 어찌할 수가 없는 위험이 있다. 또한 유통시장이 존재하여 대출채권을 매각할 수 있는 경우에도 일단 대출을 해준 이후에는 상당한 디스카운트 없이 대출채권을 매각하기는 어렵다고 한다.[18)]

6) 사이버공격의 리스크

P2P lending은 인터넷을 이용하기 때문에 사이버공격을 받을 염려가 있다. 이러한 사이버공격은 플랫폼에 과도한 부하가 걸리도록 하는 경우도 있고 매우 유사한 사이트를 만들어서 개인정보를 편취하는 경우를 포함하여 다양한 형태가

15) 左光 敦, 앞의 논문(주 6), 13頁.
16) 左光 敦, 앞의 논문(주 6), 14頁.
17) 左光 敦, 앞의 논문(주 6), 14頁.
18) 左光 敦, 앞의 논문(주 6), 15頁.

있을 것이다.[19]

3. 일본의 대표적인 기업의 비즈니스 모델의 특징

이하에서는 일본의 대표적인 기업들의 비즈니스모델의 특징을 총출자액, 등록자수, 이율, 수수료, 최소출자액, 기업의 독자적인 서비스, 대출구조 등을 살펴본다.

(1) maneo

maneo는 2008년 10월에 사업을 개시하여 등록이용자수가 4만 명 이상이고 누적출자액(2016년 12월 현재)이 600억 엔을 넘는 일본 최대의 Social lending 기업이다.[20] maneo는 "열정을 가진 사업자에게 투자자가 안심하고 투자할 수 있는 인프라의 제공"을 비전으로 내세우는 등 자금수요자는 물론 자금제공자의 안심도 중시하고 있다. 자금수요자에 관한 정보의 투명성이 높은 것이 특징의 하나인데, Social lending은 규제에 있어서 자금수요자의 구체적인 회사명 등이 비공개이지만, maneo에서는 대출자금의 용도, 보장과 담보의 내용, 사업자의 내용, 해당사안 담당자의 코멘트를 공개하는 등 투자판단에 필요한 정보의 공개도가 높은 편이다. 그리고 maneo의 가장 큰 특징은 투자자로부터 수수료를 전혀 받지 않는다는 점인데, 사업자에 대한 이자와 자금수요자에 대한 이자의 차이를 3%가 되도록 설정하고 그 차이를 이익으로 하면서 다른 수수료는 투자자로부터 전혀 받지 않는다. 이러한 특성으로 인한 투자자의 신뢰덕분에 600억 엔을 넘는 운용실적을 이루었다. 또한, maneo는 심사를 다른 기관에 위탁하고 있는데, 대출희망사업자에게 결산서와 자금조달상황표 등을 제출하도록 하고 그것을 지정된 신용정보기관에 조회하여 대출여부를 판단하는 구조를 가지고 있다. 한편, maneo에서는 재생가능에너지에 대한 투자에 특화시킨 Green Infra lending 이라는 서비스를 제공하고 있는 등 독자적인 서비스가 있다.[21]

---

19) 左光 敦, 앞의 논문(주 6), 15頁.

20) maneo market 주식회사의 등록상태는 웹페이지(https://www.maneo.jp)에도 표시되어 있는데, 금융상품거래업자 등록번호는 '金融商品取引業者' 関東財務局長(金商)第2011号, 대부업등록은 '貸金業登録番号' 東京都知事(4)第30795号이다.

21) 富永和宏 · 遠藤正之, "日本におけるP2Pレンディングビジネスの考察", 2017年春季全国研究発表大会, 2017, 26頁.

(2) SBI social lending

SBI social lending은 SBI Holdings가 100% 출자하여 P2P lending 서비스만을 수행하는 기업으로서[22] 2011년 3월에 사업을 개시하였고 누적출자액(2016년 12월 현재)이 100억 엔이 넘는다. 투자자가 리스크를 컨트롤할 수 있는 다양한 서비스를 제공한다는 점이 특징인데, 이율이 2.0%~5.0%로 1구좌 1만 엔부터 출자할 수 있는 펀드도 있고, 1구좌 5만 엔으로 이율이 3.5%~6.5%로 비교적 이율이 높은 것도 있으므로, 자신의 자금상황에 맞는 투자계획을 투자자가 선택할 수 있다. 펀드의 운용기간은 4개월부터 2년까지 다양한데, 리스크가 낮은 펀드가 많고 이율은 다른 기업에 비하여 전반적으로 낮은 편이다. 그리고 출자자가 부담하는 수수료가 연 1.5%~2.2%로서 출자자수수료 부담이 없는 maneo와 비교하면 투자자의 부담이 크다고 할 수 있다.[23]

(3) CrowdBank

CrowdBank는 1997년 설립된 '㈜일본 크라우드증권'을 CrowdBank의 현 경영진이 2013년에 매수한 이후에 사업을 개시하여 운영하고 있는 P2P lending 서비스인데, 스타트시점부터 9개월 만에 10억 엔의 출자액을 달성하였고, 누적 응모금액이 2016년 12월 현재 100억 엔에 이르고 있다. 1구좌에 1만 엔부터 출자가 가능하고 이율은 5.0%~7.0%이며 출자자의 수수료는 연 1.5%이다. 운용기간은 5개월부터 2년까지 선택의 폭이 넓지만, 최저운용기간이 5개월이므로 다른 기업에 비하여 다소 긴 편이다.

CrowdBank는 증권회사의[24] 형태로 운영하고 있지만 상장주식은 전혀 취급하지 아니하고 P2P lending과 크라우드펀딩 서비스만을 제공하고 있다고 한다.[25]

(4) AQUSH

AQUSH는 2009년 12월 1일부터 서비스를 시작한 기업으로 총출자액(2016년 2

---

22) SBI social lending 주식회사의 등록상태는 웹페이지(https://www.sbi-sociallending.jp)에도 표시되어 있는데, 금융상품거래업자 등록번호는 '第二種金融商品取引業' 関東財務局長(金商)第2663号, 대부업등록은 '貸金業登録番号' 東京都知事(3)第31360号이다.

23) 富永和宏·遠藤正之, 앞의 논문(주 21), 26-27頁.

24) 그룹인 크라우드뱅크 주식회사의 등록상황을 보면, crowd bank financial services 주식회사가 貸金業 東京都知事(2)第31567号, 日本クラウド証券(일본 크라우드증권)주식회사의 등록번호가 第一種·第二種金融商品取引業 関東財務局長(金商)第115号이다.

25) 富永和宏·遠藤正之, 앞의 논문(주 21), 27頁.

월 현재)이 약 14억 엔이다.[26] 1구좌 1만 엔부터 출자가 가능하지만 5만 엔 이상의 입금이 필요하다는 조건이 붙어있다. AQUSH는 글로벌펀드이지만 우선 그룹회사에 대출을 해주고, Hedge Agent를 통해 미국의 Lending Club에 투자하기 때문에, 투자자는 일본 엔으로 거래를 할 수 있는 구조를 가지고 있다. 이 기업은 글로벌펀드나 무담보대출 등 개성이 강한 다양한 서비스를 전개하고 있는데, 무담보대출의 경우는 담보가 없는 대신에 최대이율이 15%의 높은 형태로 설정되는 등 고위험·고수익의 펀드라고 볼 수 있다. 이렇게 다양하고 개성적인 서비스가 강점이었지만, 2016년 현재 AQUSH의 모든 서비스가 종료되고 개점휴업상태에 있다가 2018년 6월 1일에는 AQUSH의 익명조합계약 신규모집을 종료하는 등의 모습을 보였는데, 그러한 상황이 된 이유는 투자자에게 변제되는 기일이 불명확하고 투자자에 대한 배당이 지연되는 등의 문제점이 있었기 때문일 것이라고 한다.[27]

이상 4곳의 P2P 금융업체들을 간단히 비교하면 다음 표와 같다.

	maneo	SBI social lending	CrowdBank	AQUSH
사업개시	2008.10.1.	2011.3.1.	2013.12.1.	2009.12.1.
총출자액	600억 엔	100억 엔	100억 엔	14억 엔
출자자 수수료	없음	연1.5~ 2.2%	연1.5%	연1.5%
최저출자액	1만 엔	1만 엔	1만 엔	1만 엔
운용기업	㈜maneo	㈜SBI social lending	㈜일본 크라우드증권	㈜exchane corporation
설립일	2007.4.1.	2008.1.1.	1997.7.1.	2008.3.1.
자본금 (단위: 1000엔)	80,000	10,000	110,000	499,000

출처: 富永和宏·遠藤正之, "日本におけるP2Pレンディングビジネスの考察", 2017年春季全国研究発表大会, 2017, 28頁에서 발췌(또 다른 비교내용으로는 http://sociallending-hikaku.jp/archives/51610669.html 또는 http://ソーシャルレンディング比較.com/hikaku/#i-11 참조)

26) AQUSH의 등록상황은 웹페이지(https://www.aqush.jp)에도 표시되어 있는데, 등록번호는 貸金業東京都知事(2)第31529号, 第二種金融商品取引業 関東財務局長(金商)第2149号, 個別信用購入斡旋業関東(個)第86号이다.

27) 富永和宏·遠藤正之, 앞의 논문(주 21), 27頁.

Ⅳ. 일본에서의 P2P lending의 법적 구성과 규제

P2P lending에 관한 법률구성은 각국에서 다르겠지만, 여기서는 은행과 같은 전통적인 금융 중개기관을 경유하지 아니하고 인터넷을 통하여 개인 등의 자금 제공자가 개인이나 중소기업 등의 자금수요자에게 대출을 해주는 형태들을 P2P lending이라고 정의하고 이에 대한 법적 구성을 정리해본다.

1. P2P lending에 적용되는 법적 규제의 기본구성

FinTech는 금융에 관한 것으로서 법적 규제의 대상이 되는데, P2P lending도 법률에 따라 사업을 운영해야 하기에 이에 적용되는 기본적 법률구성을 살펴볼 필요가 있다.

일본에서는 자금제공자와 자금수요자가 직접 대출거래계약을 체결하는 형태가 아니고, P2P lending 사업자가 직접 자금수요자에게 대출을 하며, 그 자금은 투자자로부터 익명조합계약[28]에 따른 출자를 통해 조달하는 구조가 일반적이다.

본래 일본에서는 대금업법에 의해 금전의 대여 또는 금전대차의 매개를 업으로 하는 자는 등록을 하여야만 하는데[29], 업으로 한다는 것은 반복적이고 계속적으로 수행하며 사회통념상 업무의 수행으로 볼 수 있는 정도의 것을 가리킨다고 이해되고 있다.[30] 따라서 자금제공자가 여러 차례 P2P lending에서 대출을 하는 것이 대금업법에 해당된다고 평가될 수 있는 가능성을 부정할 수 없어서, 현행 규제에서 P2P lending으로 자금제공자로부터 자금수요자에게 직접 대출을 하기는 어렵다. 그러므로 일본에서는 자금제공자의 대출행위가 대금업법에 해당되지 않도록 자금제공자가 투자자로서 익명조합에 출자하고 대금업등록을 한 사업자(익명조합의 영업자)가 자금수요자에게 대출을 하는 형태를 취한다. 또한, 투자자의 출자가 대금업에 해당되는 것을 피하기 위해서 P2P lending 사업자는 자금수요

28) 익명조합계약은 "당사자의 일방이 상대방의 영업을 위하여 출자를 하고, 그 영업에서 발생하는 이익을 분배하기로 약속하는" 계약을 가리킨다(일본 상법 제535조).

29) 일본 대금업법 제3조 제1항.

30) 반복적이고 계속적인 의사로 자금을 대여하면 충분하고 반드시 보수이익을 취득하려는 의사나 실제로 그러한 이익을 얻은 사실은 요구되지 아니하고 자금대여의 상대방이 불특정다수일 것도 요구되지 아니한다고 이해되고 있다(最判昭29年11月24日刑集8巻11号1860頁, 最判昭30年7月22日刑集9巻9号1962頁).

자를 구체적으로 공시하지 아니한 채, 동일한 익명조합계약을 통해 조달한 자금을 여러 명의 자금수요자에게 대출하는 형태로 설계되어 있다.[31]

그리고 원칙적으로 P2P lending(특히 social lending)은 2가지 법률의 적용을 받으며 비즈니스를 하는데, 그 필요성을 이해하기 위해서는 특히 social lending의 구조를 올바로 이해할 필요가 있다. 통상 개인으로부터 최소 1만 엔 이상의 자금을 모아 금액규모가 커지면 자금이 필요한 기업에 대출하는데, social lending 사업자는 자금을 모아 대출을 행하는 플랫폼으로서 수요자인 기업에게서 수수료를 받는다. 제공자인 투자자와 수요자인 기업을 연결하는 성격에 따라 각각에 대한 법적 규율이 적용되는데, 자금을 모집한다는 점에서 금융상품거래법(金融商品取引法)[32], 자금을 대출하는 점에서 대금업법(貸金業法)[33]의 적용을 받으면서 비즈니스를 수행하게 된다. 실제로 금융상품거래법은 "국민경제의 건전한 발전 및 투자자의 보호에 기여하는 것을 목적"으로 하고 있고, 대금업법은 "대금업(貸金業)을 영위하는 자의 업무의 적정한 운영의 확보 및 자금수요자 등의 이익보호를 도모하면서, 국민경제의 적절한 운영에 기여하는 것을 목적"으로 하는 등, 양자 모두 투자자보호 등을 비롯한 목적을 가지고 있는데, 원칙적으로 두 법률에 따라 일본에서의 social lending 사업자는 '제2종 금융상품거래업자' 및 '대금업자'로서의 등록을 마쳐야만 사업을 운영할 수 있다.

social lending 사업자의 웹사이트에는 회사개요 등에 금융상품거래업자 및 대금업자로서의 등록번호가 기재되어 있다. 일단 자금의 모집업무를 하는 회사는 모두 이 금융상품거래업자에 해당하므로, 법률에 따라 감독관청의 감시를 받아야 하며, 제2종 금융상품거래업자로서의 등록을 위해서는 자본금과 등록면허세 등이 필요한데, 자세한 내용은 금융청과 관동재무국(関東財務局)의 홈페이지에서 확인할 수 있다. 한편, social lending 사업자나 펀드에 의해 수요자인 기업의 비즈니스모델과 수지(収支)의 개요 등이 기재되기는 하지만, 기업명과 소재지, 대표자

31) 左光 敦, 앞의 논문(주 6), 9頁.

32) 금융상품거래법은 투자성을 가진 금융상품을 거래하는 경우의 이용자보호와 투명하고 공정한 시장을 형성하기 위하여 만들어졌다. 이 법률에 따라 금융상품거래업자는 등록을 하도록 하는 등록제를 취함으로써 내각총리대신에게 신청하고 등록한 업자만이 금융상품의 거래업무를 취급할 수 있다.

33) 대금업법은 대금업을 영위하는 자에 대해서 등록제도를 실시하고 그 사업에 대해 필요한 규제를 행하는 것을 목적으로 한 법률(대금업법 제1조)이기 때문에, 대금업(대금업법 제2조 제1항)을 영위하고자 하는 자는 등록을 하여야 한다(대금업법 제3조 제1항).

등 기업을 특정할 수 있는 정보는 공시되지 않으며, 하나의 펀드가 대출해주는 대상기업의 수는 복수(複数)일 것이 요구되는데, 이는 대금업법(貸金業法)에 의한 요청에 따른 것이다. 대상기업이 하나이고 기업이 상세하게 공개되는 경우에 실질적으로는 투자자가 대상기업에 1대1로 대출하는 것과 마찬가지로서 대손(貸損)이 발생하면 투자자가 대상기업에게서 직접 징수할 가능성이 있기 때문에, 대금업법의 관점에서 social lending에서는 대출대상기업의 복수화(複數化) 및 익명화(匿名化)가 필요하다. 이처럼 social lending은 2가지 법률의 규제를 받으며 비즈니스를 수행해야 하는데, 비교적 새로운 금융상품이므로 비즈니스모델에 따라서 규제내용이 달라질 가능성도 있다.[34] 이하에서는 P2P lending 사업자 등에 대한 규제에 대해서 살펴본다.

2. P2P lending에 대한 법적 규제내용

(1) P2P lending 사업자에 대한 규제

전술한 것처럼 일본에서는 P2P lending 사업자가 자금수요자에게 대출을 하고 그 자금은 투자자와 익명조합계약을 체결함으로써 조달하는 구조가 일반적이다. 이에 따라 P2P lending 사업자는 자금수요자에 대한 대출에 대해서는 대금업법의 규제대상이 되고, 투자자에 대해서는 익명조합계약의 체결을 권유하는 것에 대해서 금융상품거래법의 규제대상이 된다. 그래서 익명조합의 출자를 받아 대출을 실행하는 사업자(대금업자)와 익명조합계약의 체결을 권유하는 사업자(금융상품거래업자)를 별도의 법인으로 하고, P2P lending 비즈니스를 하는 경우도 있다고 한다. 여하튼 이러한 구조를 구체적으로 보면, 자금수요자와의 관계에서는 대금업법에 의해, 해당 사업자에 대해서 수금행위의 규제[35]나 각종 서면교부의 규제[36]는 물론, 이자와 보증료 등에 관한 제한[37]이나 과잉대출의 금지[38] 등에 관한 규제가 부과되고 있기 때문에, 자금수요자보호의 관점이 강한 규제라고 할 수 있다. 자금제공자와의 관계에서는 금융상품거래법에 따라 해당 사업자에 대해서 분별

34) クラウドポート編集部, "ソーシャルレンディングに関する法的規制とは？ビジネスモデルから解説", 2017.08.31. CROWDPORT NEWS(https://www.crowdport.jp/news/4489/)
35) 대금업법 제21조.
36) 대금업법 제16조의2, 제17조.
37) 대금업법 제12조의8.
38) 대금업법 제13조의2.

관리의 확보를 위한 체제[39], 판매 · 권유규제[40], 자본규제[41] 등이 마련되어 있는 등 자금제공자를 보호하기 위한 체제가 갖추어져 있다.[42] 이하에서는 특히 ① P2P lending 사업자가 도산한 경우의 취급에 관한 규제 ② 자금제공자에 대한 정보제공에 관한 규제 ③ 자본규제 등에 대해 살펴본다.

1) P2P lending 사업자가 도산한 경우의 취급에 관한 규제

일본에서는 P2P lending 사업자가 도산한 경우에는 자금제공자의 보호가 충분하게 이루어지지 않을 가능성이 있는데, 상법상의 익명조합계약에서는 익명조합원의 출자가 영업자의 재산으로 귀속된다.[43] 그리고 익명조합의 영업자에 대해서 파산절차개시 결정이 내려지면 익명조합계약이 종료하게 되고[44], 계약이 종료된 경우에는 익명조합원인 투자자가 출자가액반환청구권을 가지게 되는데[45], P2P lending 사업자가 만일 도산한 경우에는 투자자가 P2P lending 사업자에 대해 가지는 출자가액반환청구권이 파산채권 등의 일반채권에 불과하고, P2P lending 사업자에 대한 다른 일반채권자와 평등한 비율로만 반환을 받게 될 우려가 있다는 지적이 있다.[46] 아무튼 익명조합계약을 채용하는 현재의 P2P lending의 구조에서는 자금제공자의 자금이 익명조합의 영업자의 재산이 되기 때문에 익명조합의 영업자가 파산할 가능성을 완전히 배재하지 않는 한, 자금제공자는 영업자의 도산리스크로부터 자유로울 수가 없다.[47] 그리하여 여러 가지 대응방안이 논의되는 것으로 본다.

2) 자금제공(대여)자에 대한 정보제공에 관한 규제

일본에서는 정보공시와 관련하여 P2P lending 사업자에 대해서 금융상품거래

---

39) 금융상품거래업자는 집단투자스킴(펀드)지분에 대해서 분별관리가 확보되어 있지 않은 경우에, 그 판매 및 권유를 금지하고 있으므로(금융상품거래법 제40조의3, 금융상품거래업 등에 관한 내각부령 125조), 판매업자를 통해 간접적으로 분별관리가 확보되는 구조라고 할 수 있다.

40) 계약체결 전 교부서면의 교부의무(금융상품거래법 제37조의3 제1항) 등.

41) 금융상품거래법 제29조의4 제1항 제4호 イ.

42) 左光 敦, 앞의 논문(주 6), 29頁.

43) 일본 상법 제536조 제1항.

44) 일본 상법 제541조 제3호.

45) 일본 상법 제542조.

46) 西村総合法律事務所編, 『ファイナンス法大全(下)』, 商事法務, 2003, 547頁; 弥永真生, 『リーガルマインド商法総則 · 商行為法(第2版補訂版)』, 有斐閣, 2014, 173頁에서는 익명조합원의 출자가액반환청구와 관련하여, 익명조합원이 영업자의 일반채권자와 동 순위로 변제를 받는다고 하고 있다.

47) 左光 敦, 앞의 논문(주 6), 31－32頁.

법의 규제가 적용된다. 익명조합계약에 따른 권리에 대해서 원칙적으로 공시규제는 적용되지 않지만, 금융상품거래업자 등에 대한 행위규제에 있어서 계약체결 전 교부서면의 교부의무가 규정되어 있다. 계약체결 전 교부서면의 기재사항에 대해서 보면, 고객이 행하는 금융상품거래행위에 대해서 해당 금융상품거래업자 등 기타의 자의 의무 또는 재산상황의 변화를 직접적인 원인으로 하여 손실이 발생할 염려가 있는 때에는, 그러한 사항을 기재할 필요가 있다고 보기 때문에 자금수요자의 신용리스크나 P2P lending 사업자의 도산리스크에 대해서, 계약체결 전 교부서면의 교부와 함께 투자자에게 설명이 되는 것으로 본다. 이처럼 일본에서는 대출구조에 관한 정보나 자금수요자의 정보를 공시하는 것은 법제도상 요구되지 않는데, 자금제공자가 충분한 정보를 바탕으로 의사결정을 하는 등 자금제공자보호의 관점에서 그러한 정보가 P2P lending 사업자에 의해 자금제공자에게 공시되도록 담보하는 제도의 설계가 필요할 수 있다. 이러한 정보공시는 사업자와 자금제공자 사이의 신뢰관계형성으로 이어지고 P2P lending 사업자로서도 더 많은 자금제공자를 획득하는데 도움이 되기 때문이다. 그리고 P2P lending 사업자의 자금제공자에 대한 정보공시방법으로 웹사이트에 의한 정보공시의 확충을 생각해볼 수 있는데, 투자형 크라우드펀딩에 대해서는 2014년의 금융상품거래법 개정에 의해 웹사이트에 의한 정보공시가 확충되었다. 여기서는 웹사이트의 열람방법에 의해 유가증권모집의 취급 등을 업으로 하는 것을 전자모집취급업무로 하고, 금융상품거래업자가 일정한 유가증권의 발행자의 상호, 사업계획의 내용 및 자금용도, 사업계획 등의 심사를 하기 위한 조치의 개요 및 해당조치의 실시결과의 개요 등에 대해서 웹사이트 상에서 정보제공을 할 의무를 규정하였다. 이러한 규제가 마련된 취지를 보면, 공시규제가 적용되지 않는 유가증권에 대해서 인터넷의 특성에 따라 "투자자가 충분한 정보를 얻지 못한 채 의사결정을 하는 것을 막기 위해 중개자인 금융상품거래업자 등의 웹사이트에서 투자의사결정에 영향을 미칠만한 정보를 투자자가 열람할 수 있는 상태에 둘 필요성이 높다"고 하고 있다. 이러한 취지에 비추어 보면, 비록 P2P lending 사업자는 유가증권의 공시규제가 적용되지 않는 익명조합계약 출자지분의 모집을 인터넷을 경유하여 모집을 하면서도 웹사이트 상에서 정보를 제공할 의무가 부여되어 있지는 않지만, 인터넷을 경유한 자금조달임에는 틀림이 없고 인터넷의 특성상 충분한 정보를 얻지 못한 채 의사결정을 할 가능성이 있기 때문에, P2P lending 사업자가 수행하는 익명조합계약 출자지분[48]의 모집에 대해서도 웹사이트 상에서 정보를 제공할 의무를 부과하는 것이 바람직해 보인다.[49]

3) 자본규제

일본의 P2P lending 사업자의 비즈니스모델을 보면 자금수요자와의 관계에서는 대금업법이, 투자자와의 관계에서는 금융상품거래법이 적용되는데, 사업자의 자본규제의 경우에는 대금업법에 의해 최저순자산액인 5,000만 엔이 적용되고[50], 금융상품거래법에 의해 제2종 금융상품거래업자의 최저자본금인 1,000만 엔이 적용될 것이다[51]. 본래 일본의 대금업자에 대한 자본규제는 대금업의 업무를 적정하게 영위하는데 충분한 재산적 기초가 없는 자를 배제하기 위해 마련된 것이고, 금융상품거래업자에 대한 자본규제는 금융상품거래업자의 재산적 건전성을 확보하기 위한 규제로서 업자의 규모를 불문하고 일률적으로 필요한 최저 순자산액 또는 자본금의 액수가 규정되어 있는 것으로서, 현재 대금업법에 의한 최저순자산액 5,000만 엔이라는 자본규제가 적용되므로 P2P lending 사업자가 대금업을 영위하는 한, 해당 최저순자산액이 요구된다. 한편, 금융상품거래법과의 관계에서 보면 2014년의 금융상품거래법의 개정으로 Risk Money의 공급촉진을 도모하기 위해 투자형 크라우드펀딩의 중개자가 되려는 자가 될 수 있으면 용이하게 참가할 수 있도록 하는 제도로 만든다는 관점에서, 제2종 금융상품거래업의 특례로서 제2종 소액전자모집취급업무가 정의되고 그러한 업무를 수행하는 사업자의 등록에 필요한 최저자본금의 액수가 1,000만 엔에서 500만 엔으로 인하되고[52] 있다는 점에 비추어볼 때 P2P lending 사업자에 대한 자본규제에서도 고려할 만한 사항이라고 생각된다.

4) 일본에서 실무상 가능한 Scheme에 대하여

현재 일본에서는 익명조합을 이용한 구조를 현실적인 선택지로 보는 것이 주

---

48) 금융상품거래법에서 말하는 간주유가증권(みなし有価証券)에 해당한다고 할 수 있는데, 구체적으로는 증권 또는 증서에 표시되는 권리 이외의 권리이지만 금융상품거래법의 규제를 받는 것이 마땅하기 때문에 유가증권으로 보는 것으로서, 조합계약, 익명조합, 투자사업 유한책임조합계약, 유한책임사업조합계약상의 권리 등도 이에 해당되기 때문이다.(金融商品取引法 第2条 第2項5号)

49) 左光 敦, 앞의 논문(주 6), 35-37頁.

50) 일본 대금업법 제6조 제3항 및 대금업법 시행령 제3조의2.

51) 금융상품거래법 제29조의4 제1항 제4호イ 및 금융상품거래법시행령 제15조의7 제1항.

52) 左光 敦, 앞의 논문(주 6), 38-39頁.

류로 보이며, 국내에서의 대출에 대해서는 대금업등록을 마친 운용법인이 자금수요자에 대한 대출을 실행하고 투자자는 운용법인에 대해서 상법 제535조 이하의 익명조합출자의 형태로 자금을 제공하는 구조가 그것이다. 이렇게 함으로써 개별 투자자에 대해 개별적으로 대금업등록을 하지 않아도 되는데,[53] 투자자는 직접적인 대출자는 되지 않지만, 대출자가 되는 운용법인에 대하여 익명조합출자를 하고 운용법인에 의한 대부사업의 손익이 투자자에게 귀속됨으로써 경제적으로는 투자자가 자금수요자에 대해서 직접 대출을 해준 것과 같은 효과를 누릴 수 있다. 다만, 익명조합출자와의 관계에서 익명조합출자지분의 판매에 대해 금융상품거래법에 따라 제2종 금융상품거래업의 등록이 필요해지므로, 운용법인이 제2종 금융상품거래업의 등록을 하고 스스로 자금을 모집하거나 별도로 제2종 금융상품거래업의 등록을 한 제3자가 운용법인의 위탁을 받아 익명조합출자지분의 모집을 수행할 필요가 있다. 그리고 운용법인에 의한 익명조합사업으로서의 사업내용은 금전대부가 되고, 운용법인이 금융상품거래법상의 유가증권을 취득하는 것은 상정되어 있지 않으므로, 모집을 한 경우에도 금융상품거래법 제3조 3호イ에 따라 해당 익명조합출자지분에는 금융상품거래법상의 공시규제가 적용되지 않는다. 따라서 공시규제를 회피하기 위해서 투자자의 수를 제한할 필요가 없다. 또한, 투자자 중에서 적어도 1명이 적격기관투자자일 것 및 적격기관투자자 이외의 일반투자자의 수가 49명 이하일 것 등이 요건이 되는데, 종래에는 금융상품거래법 제63조에 따른 적격기관투자자 등 특례업무의 특례를 이용함으로써 제2종 금융상품거래업의 등록을 하지 않고도 가능하였지만, 2016년 3월 1일부터 시행된 금융상품거래법의 개정에 따라 적격기관투자자 등 특례업무의 특례를 이용하는 경우에 투자를 할 수 있는 일반투자자의 범위가 대폭적으로 제한되었으므로, P2P lending에서 상정하고 있는 불특정다수의 일반투자자를 대상으로 하는 비즈니스 모델에는 적합하지 않게 되었다.[54]

53) P2P대출에 관한 각국의 법규제는 서로 상이한 모습을 보이는데, 영국에서는 대출자와 차입자가 직접융자계약을 체결하지만 미국과 일본은 중개자가 개입되는 형태이다. 특히 일본에서는 대출행위가 대금업에 해당하면 자금제공자는 모두가 대금업등록을 할 필요성이 있어서 현실적으로 활성화가 어렵기 때문에 익명조합계약을 사용한 구조가 일반적이다. 荻生泰之·鈴木顕英·藤岡信也, 앞의 논문(주 3), 38頁.

54) 石田康平, "P2Pレンディング(ソーシャル金融)を日本で実現するための一考察", 法と経済のジャーナル 2016.10.26., 2-3頁.

(2) 금융청의 견해

금융청은 익명조합을 이용한 구조의 경우에는 대금업법상의 규제를 빠져나가는 것을 막기 위해 ① 특정한 자금수요자의 명칭 등의 정보를 투자자에게 공시하지 않을 것 ② 자금수요자가 여러 명일 것 등의 요건을 충족하지 않는 한, 투자자로부터 운용법인에 대한 익명조합출자에 대해서 대금업등록이 필요하다는 입장이다. 그러나 자금수요자의 보호라는 대금업법의 취지는 운용법인이 대금업등록을 한 상황에서 대금업법을 준수하여 대출을 하는 한 충족되는 것이며, 운용법인에 더하여 개별 투자자까지 대금업등록을 요구할 필요가 없다는 견해가 있다.[55]

(3) P2P lending 사업자에 대한 기타 규제 및 감독기관, 위반 시의 처분 등

운용법인으로부터의 대출행위부분은 대금업법에 따른 '대출'이 되므로 동법상의 각종 규제의 대상이 되며, 서면교부의무는 물론, 자금수요자가 개인인 경우에는 원칙적으로 자금수요자의 연간수입에 따른 차입금액의 제한(총량규제)이 적용되며, 이자제한법에 의한 상한금리의 제한이 적용된다.[56]

P2P lending(social lending) 사업자는 금융상품거래업자로서 금융청의 지방업무를 담당하는 재무국의 감독을 받고, 대금업자로서의 등록을 각 광역자치단체(都道府県)에서 하는 경우가 많기에 그 자치단체의 감독을 받게 된다. 대금업자의 영업소나 사무소가 하나의 광역자치단체(都道府県) 내에 있는 경우는 그 자치단체에서 대금업자로서 등록을 하고, 둘 이상의 광역자치단체(都道府県)에 있는 경우는 대금업자가 국가기관인 재무국에서 대금업자로서의 등록을 하고 재무국의 감독을 받는데, 실제로는 지방에 지점 등을 두고 있는 사업자가 거의 없고 대금업자로서는 도쿄도(東京都)의 감독을 받는 회사가 많다. P2P lending 사업자는 제2종 금융상품거래업자로서 재무국에 등록을 하는데,[57] 제2종 금융상품거래업은 2007년 9월에 시행된 금융상품거래법에 의해 도입된 내용으로서 신규진입을 촉진할 목적으로 제1종 금융상품거래업보다도 등록요건이 완화되어 있고, 주식회사

---

55) 石田康平, 위의 논문(주 54), 3頁.

56) 石田康平, 위의 논문(주 54), 3頁.

57) 증권회사가 되면 제1종 금융상품거래업자로서 재무국이 아닌 금융청에 사전등록을 하여야 하는데, 제1종 금융상품거래업자로서 등록을 하기 위해서는 ①자본금이 5천만 엔 이상 ②자기자본비율이 120% 이상 ③주식회사일 것 등의 요건이 필요하고 주요주주에 관한 규제도 있는 등 제2종 금융상품거래업자인 P2P lending(social lending) 사업자보다도 규제가 강하며, 감독관청의 감시도 엄격하다.

가 아닌 개인이나 특정단체도 제2종 금융상품거래업자로서 등록이 가능하며, 모회사에 관한 규제나 겸업 등에 대한 제한이 있는 제1종 금융상품거래업자와는 달리, 제2종 금융상품거래업자에게는 그러한 제한이 없다.

P2P lending(social lending) 사업자가 금융상품거래법에 따라 적절한 업무를 수행하는지 여부에 대한 확인은 금융청에 속해 있는 증권거래 등 감시위원회(証券取引等監視委員会)의 현장검사를 통해 정기적으로 이루어지는데, 검사에서 문제가 발견되면 증권거래 등 감시위원회(証券取引等監視委員会)가 각 재무국에게 행정처분을 하도록 권고하며, 각 재무국이 이를 확인한 다음에 업자에 대해 업무개선명령 등의 행정처분을 내린다. 업무개선명령을 받으면 P2P lending 사업자는 지정된 날까지 재발방지대책과 개선사항 등이 포함된 실시상황보고서를 각 재무국에 제출하여야 한다. 증권거래 등 감시위원회의 검사로 위법행위 등이 발견되면 재무국으로부터 업무정지명령을 받는 경우도 있는데, 업무정지명령을 받으면 P2P lending 사업자는 고객과의 거래를 끝내기 위한 처리 등을 제외하고 모든 금융상품거래업 또는 일부의 업무를 일정기간 수행할 수 없게 된다. 그리고 검사의 기피나 공익을 해칠 수 있는 행위가 확인되면 최악의 경우에는 금융상품거래업의 등록이 취소될 수도 있다. 금융상품거래업의 등록취소처분을 받으면 사업자는 투자자로부터 자금을 모을 수가 없게 된다.

대금업자로서는 도쿄도(東京都)의 감독을 받는 P2P lending 사업자가 많기 때문에 도쿄도 산업노동국(産業労働局)의 현장검사를 받는 경우가 있다. 대금업자의 감독에 관하여 도쿄도는 경시청(警視庁)과 밀접하게 연계하고 있고 산업노동국에 의한 현장검사 등에서 문제가 있으면 대금업법에 따른 행정처분을 실시한다. 도쿄도로부터 업무개선명령을 받으면 대금업자는 지적사항과 문제에 대한 재발방지조치를 강구하여야 하며, 검사에서 심각한 문제가 확인된 대금업자에 대해서 업무정지처분이 내려지는 경우에는 대금업자로서의 업무를 일정기간 할 수 없게 된다. 도쿄도에 의한 검사를 방해하는 등의 기피행위가 있으면 등록취소처분이 내려지기도 한다. 이처럼 금융상품거래업자와 대금업자로서의 등록을 마친 P2P lending 사업자에 대해서 감독관청은 정기적으로 현장검사를 하여 투자자의 자산보전노력여부와 적절한 대출실시여부를 감시하고 있으며, 커다란 문제가 있으면 업무정지나 등록취소 등의 엄격한 행정처분을 받기 때문에, 사업자는 법규를 준수하면서 적절한 업무수행을 하여야 한다.[58]

(4) 업무개선명령을 받은 social lending 사업자의 사례

2017년 3월 30일에는 social lending 사업을 운영하는 ㈜'민나노 크레디트(みんなのクレジット)'가 금융청으로부터 1개월의 업무정지 및 업무개선명령을 받았다. 복수(複數)의 부동산사업회사 등에 대해 대출을 예정하고 있는 것과 같은 표시를 하면서 대부분이 모회사 혹은 그룹회사에 융자를 하였다. 그리고 업무운영에 대해서 투자자보호의 문제가 인정되는 상황이 있었다는 기재가 있고 관리태세에 문제가 있다는 지적이 있었다. 고객의 소중한 자금을 관리하는 금융상품거래업자인 이상, 벤처기업이기 때문이라는 이유로 용서받을 수는 없다. ㈜'민나노 크레디트(みんなのクレジット)'는 즉시 업무관리태세를 개선하고 기업의 체질을 포함한 근본적인 의식개혁과 체제정비를 할 필요가 있다. 이러한 문제를 어느 특정기업의 문제로 치부한다면 또 다시 같은 문제가 반복될 우려가 있다. 이 문제의 배경, 특히 권고내용에 나타난 '금융상품거래계약의 체결 또는 권유 시에 중요한 사항에 대해 오해를 불러일으킬 수 있는 표시를 하는 행위'[59]에 대해서는 social lending의 법규제가 깊이 관계되어 있을 수 있다.

현재 social lending을 포괄하는 하나의 법을 통한 규제는 없고 금융상품거래법과 대금업법의 2가지 법률의 적용을 받으며 서비스가 이루어지며, 금융상품거래법은 투자자보호의 관점에서, 대금업법은 채무자보호의 관점에서 사업자를 규제한다. 지금은 대금업측면의 요청이 우선되어 social lending 사업자는 대출대상자의 정보를 익명화 및 복수화(複數化)하고 펀드의 모집권유를 하는데, 펀드의 대출대상자 정보가 공시된 상태에서 1대1의 투자가 가능하면, 실질적으로 투자자가 대금업을 영위하는 것과 같아서, 투자자가 대금업 등록을 할 필요가 생긴다는 것이 감독당국의 인식이다. 대출대상자의 익명화에 대해서는 이전부터 업계 내에서 논의가 있었지만, 어느 정도까지 대출대상자 정보를 공시해도 좋을지에 대해서 감독규제당국에서도 견해가 갈리고 있고, 일부 사업자로부터는 대응이 힘들다는 목소리도 있다. '민나노크레디트사(みんなのクレジット社)'의 사례에서도 "익명화를 추구한 나머지 동일한 투자대상자인데도 불구하고 복수의 사업자에 분산투자한 것처럼 보였다"고 하는 의견이 있었다.[60] 투자대상을 익명화 및 복수화 하지 않

58) http://social-lending-ranking.com/kisei
59) https://www.fsa.go.jp/sesc/news/c_2017/2017/20170324-1.htm
60) クラウドポート編集部, "白石代表が辞任へ° 今後の運営体制への言及も° みんなのクレジット独占イ

으면 개인이 무면허로 대금업과 같은 행위가 이루어지게 될 것이라는 감독당국의 우려는 이해할 수 있지만, '대출형 펀드의 모집을 하는 때에 출자자에게 대출대상자 정보를 공개해서는 아니 된다"는 법률상 규정이 있는 것도 아니고, 익명화를 추진함으로써 거꾸로 이를 악용하는 사업자의 진입이 증가할 가능성이 있으며, 무엇보다도 자금이 어떻게 사용되는지 알고 싶은 투자자에 대한 배려가 부족하다는 생각도 든다. 실제로 수많은 social lending 사업자의 대표자가 대출대상자를 공시하는 것이 옳다는 견해를 자신의 블로그나 세미나 등에서 피력하였는데, 제도를 악용하기 쉬운 금융서비스이기에 모든 가능성을 고려한 신중한 제도설계와 엄격한 운용도 중요하며, 실태에 맞는 형태로 제도를 진화시키면서 업계의 건전한 발전을 도모하는 것이 필요하다. 모든 우려를 불식시키는 해결책을 찾기는 어렵겠지만, 현황에 맞는 적절한 제도설계를 위해서는 사업자, 투자자, 규제당국, 업계단체 등이 활발한 논의가 있어야 한다.61)

Ⅴ. 맺으며

지금까지 일본의 P2P lending과 관련된 내용을 살펴보았다. P2P lending은 자금제공자가 수요자에게 계속적으로 대출하는 것이기 때문에 대금업에 관계되는데, 자금제공자인 개인이 대금업등록을 하기는 어렵다. 대금업등록을 하기 위해서는 5천만 엔 이상의 자기자본이 필요하고 자격시험에 합격한 대금업무취급담당자가 있어야 하는 등의 진입규제도 있으며, 이러한 중개를 하는 경우에도 대금업등록이 필요하기 때문이다. 따라서 일본의 P2P lending은 투자자로부터 자금을 모집하는 회사가 금융상품거래법상의 금융상품거래업의 등록을 하고 자금모집은 익명조합계약(일본상법 제535조)에 따른 출자의 형태를 취하고 있다. 익명조합이란 당사자의 일방(익명조합원)이 상대방(영업자)의 영업을 위해 출자를 하고 그 영업에서 발생한 이익을 분배하기로 하는 계약형태인데, 익명조합은 단체가 아니고 법적으로는 영업자와 익명조합원 사이의 쌍무계약에 불과하다. 익명조합원의 출자는 영업자의 재산이 되고 익명조합원은 영업자의 행위와 관련하여 제3자에 대

ンタビュー【完全版】", 2017.08.30. CROWDPORT NEWS(https://www.crowdport.jp/news/2220/)

61) 藤田 雄一郎, "【融資先匿名化を取り巻く議論】ソーシャルレンディングが抱える制度的課題", 2017. 4.20. CROWDPORT NEWS (https://www.crowdport.jp/news/2285/)

해서 어떠한 권리·의무도 없다. 익명조합원은 일반적으로 해당 영업에 관한 거래상대방에 대해 이름이 드러나지 않아서 익명이라 부르며, 익명조합계약에 따른 이익을 전부 익명조합원에게 분배할 수도 있고, 손해가 발생해도 출자액 이상으로 손실을 입는 일은 없다. 이러한 익명조합계약을 활용함으로써 투자자(출자자)의 대금업 등록을 회피할 수 있는데, 익명조합의 모집에서는 금융상품거래법상의 규제를 받기에, 익명조합계약 외에도 계약체결전의 교부서면이나 각종 서면의 교부의무가 있지만 인터넷상에서 해결하고 있다. 대출대상자에게 대출해주는 자(익명조합계약의 영업자인 회사)는 모집한 자금을 계속적으로 복수(複數)의 대상자에게 대출하게 되므로 대금업등록을 하는데, 자금을 모집한 회사를 모집대행회사로 하고 대출자(영업자)와 분리하는 경우와 하나의 회사가 모집과 영업(대출)을 하는 경우가 있다.

한편, P2P lending에서는 자금수요자에 대한 상세한 정보가 공시되지 않기 때문에, 투자자는 수요자에 대해 잘 모르는 상태에서 영업자인 회사나 투자펀드를 선택하여야 하는데, 수요자의 정보가 명시된 상태에서 개인이 P2P lending투자를 하는 행위는 실질적으로 개인이 무등록상태에서 대금업을 영위하는 것과 마찬가지라는 것이 감독당국의 인식이기 때문이다. 만일 자금수요자의 연체가 있거나 대손(貸損)이 발생하는 경우에 투자자가 불법하게 추심행위를 할 가능성이 있기 때문에 감독당국은 사업자에 대해서 대출대상자를 익명화하도록 하고 있는데, 익명성으로 인하여 P2P lending에서는 최종적인 자금수요자의 구체적인 정보를 모른 채 투자자는 P2P lending 사업자를 믿고 투자할 수밖에 없다. 따라서 사업자가 악의를 가지고 익명성을 이용한 경우에 투자자가 보호받기는 어려운데, P2P lending업계가 주목을 받으면서 진입하는 사업자가 늘어나고 있어서 이러한 악덕사업자의 진입가능성에 대한 대책이 없는 상황에서 익명화에 대한 비판이 있는 것도 사실이다. 익명화 부분은 일본과 한국의 P2P lending에서 차이가 있는 부분이라고 할 수 있는데, 한국의 경우는 투자자가 자금수요자에 대한 정보를 알고 투자하는 경우가 많기 때문에 익명화와 관련된 문제는 없었을 것이다.

여하튼 P2P lending 투자를 하는 경우에도 투자원금의 손실가능성이 있다는 점에서 어느 정도의 투자자보호 장치가 필요하기는 하지만, P2P lending 제도를 도입할 필요성 내지는 목적과 투자자보호의 관점에 대한 균형적인 시각이 필요할 것이라고 본다. 새로운 투자형태로써 P2P lending이 주목을 받고 있다고는 하지만 인지도도 아직 충분하지 않은 상황에서 투자자보호를 지나치게 강조하다 보면 제도의 활성화와 시장의 확대는 어렵게 될 수 있기 때문이다. P2P lending 투자가 활성화되기 위해서는 운영자인 사업자와 자금제공자인 투자자 사이의 신뢰관계의 구축이 중요한데, 투자자보호를 강조하다보면 사업자의 운신의 폭이 좁아지고 건전한 투자문화의 정착은 요원해질 것이다. P2P lending 투자가 일반적인 금융상품투자와 다른 측면을 고려한다면[62] 통상적인 금융상품에 대한 투자자 보호와 동일시하는 시각은 바람직하지 않고, 손실발생가능성에 대한 우려를 불식시키기 위한 필요최소한의 투자자보호 장치만 두면 될 것으로 본다. 물론 투자자가 주로 소액투자자인 개인이지만 투자상품에 해당하므로 적절한 투자자교육을 통해 성숙한 투자문화의 정착을 도모하는 것이 바람직하다. 그리고 앞으로 P2P lending에 대해서 어떠한 새로운 규제가 필요하고 제도화가 필요한지 여부는 기존의 법 규제 하에서의 운용실태나 투자자보호의 상황 등을 적절히 고려하여 검토하여야 한다. 또한 금융기술의 발달로 인하여 P2P lending과 같은 새로운 금융거래는 앞으로도 생겨날 것으로 생각되는데, 해당 거래의 리스크를 고려하고 투자자보호의 관점과의 균형 속에서 적절한 규제와 감독을 하는 것이 무엇보다도 중요하다고 본다.

62) P2P lending 투자의 특징은 소액으로 투자를 할 수 있다는 점과 단기적인 안건이 많아서 초보투자자에게도 적합하다는 점이다.

참고문헌

원동욱, “크라우드펀딩 도입방안에 대한 법적 검토”, 금융법연구 제11권 제1호, 2014.

윤민섭, “자금조달수단으로서의 Crowdfunding에 관한 연구”, 기업법연구 제26권 제2호, 한국기업법학회, 2012.

有吉尚哉, “クラウドファンディングの類型と規制の適用関係”, 「NBL」 No.1009(2013年9月15日号), 商事法務, 2013.

石田康平, “P2Pレンディング(ソーシャル金融)を日本で実現するための一考察”, 法と経済のジャーナル 2016.10.26.

荻生泰之·鈴木顕英·藤岡信也, “フィンテックの基礎知識 第5回 P2Pレンディングとは”, 地銀協月報 684号, 全国地方銀行協会, 2017.6.

片岡治樹, “資金調達や資産運用の新たな選択肢, ソーシャルレンディングの仕組を解説”, パイルズガレージ編集部' 2017 (https://piles-garage.com)

金融審議会, 新規·成長企業へのリスクマネーの供給のあり方等に関するワーキング·グループ報告 (http://www.fsa.go.jp/singi/singi_kinyu/tosin/20131225-1.html), 2013.12.25.

クラウドポート編集部, “入門講座 【最新版】 日本のソーシャルレンディング市場規模と歴史”, 2018.04.20. CROWDPORT NEWS(https://www.crowdport.jp/news/3472/)

クラウドポート編集部, “ソーシャルレンディングに関する法的規制とは？ビジネスモデルから解説”, 2017.08.31. CROWDPORT NEWS (https://www.crowdport.jp/news/4489/)

クラウドポート編集部, “白石代表が辞任へ° 今後の運営体制への言及も° みんなのクレジット独占インタビュー【完全版】”, 2017.08.30. CROWDPORT NEWS(https://www.crowdport.jp/news/2220/)

左光 敦, “P2Pレンディングの仕組と法規制: 英国のP2Pレンディング規制を中心に”, Discussion Paper No.2017-J-3, 日本銀行金融研究所, 2017.

左光 敦, “P2Pレンディングの仕組みと投資家保護の在り方：英米日の法律構成の比較を踏まえて”, Research LAB No.17-J-2, 日本銀行, 2017年9月28日.

富永和宏·遠藤正之, “日本におけるP2Pレンディングビジネスの考察”, 2017年春季全国研究発表大会, 2017.

西村総合法律事務所編,『ファイナンス法大全(下)』, 商事法務, 2003.

藤田 雄一郎, “【融資先匿名化を取り巻く議論】ソーシャルレンディングが抱える制度的課題”, 2017.4.20. CROWDPORT NEWS (https://www.crowdport.jp/news/2285/)

森田 果, “ソーシャル・レンディングの機能ーmaneoの事例を題材に”, GEMC Journal No.3, 2010.

弥永真生,『リーガルマインド商法総則・商行為法(第2版補訂版)』, 有斐閣, 2014.

European Banking Authority[2015], “Opinion of the European Banking Authority on lending-based crowdfunding”, EBA/Op/2015/03 26 February 2015.

Eleanor Kirby and Shane Worner, “Crowd-funding: An Infant Industry Growing Fast”, Staff Working Paper[SWR3/2014], Staff Working Paper of the IOSCO Research Department.

중국의 P2P 대출 거래 규제*

노 은 영**

Ⅰ. 서 론

'爆雷(bao lei)'. 이는 2017년 하반기 중국의 P2P금융[1] 관련 기사에서 가장 많이 나오는 용어로 P2P금융 플랫폼이 경영난으로 인하여 투자자에게 원리금 상환이 불가능하여 영업정지 혹은 대표자의 '야반도주'가 지뢰가 터지듯 폭발적으로 발생하는 현상을 의미한다. 중국의 핀테크[2] 시장조사기관인 <P2Peye>의 발표에 따르면, 2018년 6월 이후 약 2개월 동안 영업정지 등의 문제플랫폼 수는 총 385개이며, 이중 6월에 84개의 문제플랫폼이 등장하였고, 7월 한 달에는 그 수가 크게 증가하여 253개의 문제플랫폼이 발생하였다. 이처럼 2018년 하반기 중국 내에서 약 2개월 동안 발생한 문제플랫폼의 폭발적인 증가로 인한 미상환금액은 약 4천억 인민폐(약 65조원)에 달한 것으로 추정되고 있다. 이러한 이유로 기존의 중산층으로 분류되었던 많은 가정들이 하루아침에 '금융난민(金融难民)'이 되었다는 신조어까지 등장한 바 있다.

---

* 「상사판례연구」 제31집 제3권(한국상사판례학회, 2018. 9)에 게재된 논문을 수정·보완한 것이다.

** 성균관대학교 중국대학원 대우교수, 법학박사.

1) 중국 내에서 핀테크에 관한 첫 번째 법규라 할 수 있는 「인터넷금융의 건강한 발전에 관한 지도의견(关于促进互联网金融健康发展的指导意见)」(이하 「인터넷금융 지도의견」)에서는 P2P금융을 P2P网络借贷(P2P网贷), 즉 P2P온라인대출이라는 용어로 사용하고 있다. 한국에서는 P2P금융, P2P대출 등으로 표현되고 있으나, 본 고에서는 P2P금융으로 통일하고자 한다.

2) 중국에서는 핀테크에 대한 개념을 크게 두 가지로 분류하여 사용하고 있다. 우선 기존의 금융기관이 아닌 인터넷 기업이 제공하는 금융서비스는 인터넷금융(互联网金融, Internet Finance)이란 용어로 사용하고 있다. 반면 금융기관과 인터넷기업이 혁신적인 정보통신기술을 금융 분야에 활용하여 IT기술에 더 중점을 두는 경우를 금융과학(金融科技), 즉 Finance와 Technology의 합성어인 FinTech로 표현하고 있다. 본 고에서는 용어 사용의 혼란을 줄이기 위해 중국 내에서 사용하는 인터넷금융이라는 표현을 사용하고자 한다.

중국 최초의 P2P금융 서비스 업체인 '파이파이따이(拍拍贷)'가 2007년 설립된 이래 그 동안 국유기업에 밀려 상대적으로 제도권을 통한 자금조달이 어려웠던 중소형기업과 개인의 투자수단 등으로 관심을 받기 시작한 P2P금융은 중국 정부의 인터넷금융 지원정책과 함께 빠르게 성장하였으나, 그 법적지위가 불명확하고 관련 규제 등이 여전히 미비하여 최근의 '爆雷'현상이 이어지고 있는 상황이다. 이러한 이유로 최근에는 중국의 인터넷금융 분야에서 P2P금융이 가장 집중적으로 그 규제에 대한 논의가 이루어지고 있다. 이에 본 논문은 P2P금융의 최신 규제이슈를 살펴봄으로써 향후 중국의 규제방향에 대하여 전망해보고 우리나라에 대한 시사점을 도출해보는 데 그 목적이 있다. 이를 위하여 중국 P2P금융의 개념과 특징, 시장현황에 대해 살펴보고(Ⅱ), P2P금융에 대한 중국의 법제 현황 및 쟁점사항에 대하여 고찰할 것이다(Ⅲ). 그리고 최근 발생한 부실플랫폼 문제를 해결하기 위한 중국의 최신 규제내용에 대하여 살펴보고자 한다(Ⅳ).

Ⅱ. 중국의 P2P금융 개관

1. 개념 및 특징

중국에서 인터넷금융에 대한 최초의 법규는 2015년 7월 인민은행 등 10개부서[3]가 공동으로 제정한 「인터넷금융 지도의견」에서 처음으로 P2P금융에 대한 법률적 개념정의를 확정하였다. 「인터넷금융 지도의견」에서 정의하는 P2P금융이란, 개체(个体)와 개체가 온라인 플랫폼을 통하여 진행하는 직접적인 대출을 의미하며 계약법과 민법통칙 상의 규제대상이라고 명시하고 있다. 또한 인터넷기업이 본인이 지배하는 소액대출회사를 통하여 온라인을 이용하여 고객에게 소액대출서비스를 제공하는 온라인 소액대출도 P2P금융의 한 형태로 보고 있다. 일반적으로 P2P금융은 대출형 크라우드펀딩[4]의 한 형태로 보기도 한다. 크라우드펀딩이란 군중을 의미하는 'Crowd'와 자금제공을 뜻하는 'Funding'의 합성어로써 다수

---

3) 10개 기관은 다음과 같다. 중국인민은행, 공업정보화부, 공안부, 재정부, 국가공상총국, 국무원법제판공실, 중국은행업감독관리위원회(이하 은감회), 중국증권업감독관리위원회(이하 증감회), 중국보험업감독관리위원회(이하 보감회), 국가인터넷정보판공실 등이다. 이들 기관은 중국의 인터넷금융에 대한 감독업무를 수행하는 감독기관이기도 하다. 올 해 초 진행된 국무원 조직개편에 따라 은감회와 보감회가 합병되어 은행보험감독관리위원회(이하 은보감회)로 명칭이 변경되었다.

4) 일반적으로 크라우드펀딩은 대출형, 지분형, 보상형, 기부형 등 4가지 형태로 나뉜다.

의 군중들에게서 재정적 지원을 받는 행위로 해석 할 수 있다.[5] 최근 크라우드펀딩이라는 용어를 사용할 때에는 '온라인을 이용한', '소액자금 조달'이라는 해석이 추가적으로 인식되고 있는 데, 이는 미국 JOBS법[6]의 TITLE Ⅲ, SEC 301에서 Crowd Funding Act를 다른 이름으로 "온라인 자금조달 법[7]"이라고 하는 것과도 일맥상통하는 것이다.[8]

중국의 경우, 인민은행의 「중국금융안정보고(2014)」와 「인터넷금융 지도의견」에서는 P2P금융을 크라우드펀딩의 한 유형으로 구분하고 있지만, 인터넷금융의 한 형태로써의 크라우드펀딩은 지분형 크라우드펀딩만 해당한다고 정의하고 있다.[9] P2P금융과 지분형 크라우드펀딩은 모두 온라인 플랫폼을 통한 자금조달의 한 형태라는 공통점이 있으나 P2P금융은 개인과 개인 간의 대출계약의 일종으로 금리와 상환날짜를 양자 간의 계약을 통해 약정한 것으로 반대급부가 상대방의 성과와는 무관하지만 지분형 크라우드펀딩은 회사 지분에 대해 투자를 진행함으로써, 투자회사의 경영 실적에 따라 높은 금리를 받을 수도 있고, 손해를 볼 수도 있는 구조인 것이다.[10]

2. 시장현황

중국의 P2P금융 시장은 매년 빠르게 성장하고 있으며 2018년 시장규모는 한화 510조원 규모에 달할 것으로 전망되고 있다.[11] 중국의 인터넷금융 시장조사기관인 <P2Peye>는 그동안 중국에서 총 6,561개의 P2P금융 플랫폼이 설립되었고 이

5) 윤민섭, "자금 조달 수단으로서 Crowdfunding에 관한 법적연구", 「기업법연구」 제26권 2호, 한국기업법학회, 2012, 189면.

6) The Jumpstart Our Business Startups Act of 2012.

7) Capital Raising Online While Deterring Fraud and Unethical Non-Disclosure Act of 2012.

8) 노은영·국정훈, "중국의 지분형 크라우드펀딩 규제에 관한 연구", 「중국연구」 제66권, 한국외국어대학교 중국연구소, 2016, 247면.

9) 지분형 크라우드펀딩(股权众筹)이란 온라인을 통하여 공개적으로 진행하는 소액지분금융을 의미한다. 「인터넷금융 지도의견」 제9조.

10) 노은영·국정훈, 앞의 논문, 249면 참조.

11) 이는 한국 P2P금융 시장(2.3조원)의 222배가 넘는 규모이다. 일본의 경우 Social lending은 개인투자자로부터 소액의 자금들을 모아 자금이 필요한 기업에 대출하는 법인대출의 형태로써 시장규모가 성장하고 있는데, 2015년도의 Social lending 시장의 규모는 약 325억 엔, 2016년도에는 약 533엔, 2017년도에는 1316억 엔으로서 성장세가 계속되며 시장규모가 확대경향에 있다. 강영기, "일본에서의 P2P Lending 비즈니스와 법적 규제에 대한 고찰", 「상사판례연구」 제31집 제2권, 한국상사판례학회, 2018, 243면. 중국 P2P금융 시장규모 수치는 중국 시장조사기관인 iReasearch의 자료임. iResearch, 「中国网络借贷行业研究报告」, iResearch, 2017, 6면.

중 문제플랫폼이 4,643개(2018.8.31.기준)로 전체 플랫폼 대비 부실률이 70.7%에 달한다고 기록하고 있다. 2018년에 중국 내에서 발생한 문제플랫폼은 총 999개로 이중 6월에서 8월까지 3개월 동안에만 약 45%에 달하는 451개의 문제플랫폼이 집중적으로 발생하였다. 8월 31일 현재, 중국에서 정상 운영 중인 P2P금융 플랫폼 수는 1,918개이며 6월 한 달 동안의 대출액은 1,723억 위안(약 29조원)을 기록하였으나, 이는 전년 대비 22% 가량 하락한 규모이다. 지역적으로 세분화하여 살펴보면 중국의 1선 도시로 분류되는 베이징, 상하이와 그 외 광둥성, 저장성에 가장 많은 플랫폼이 등록되어 있으며 이들 4개 지역에서 설립된 플랫폼이 전체의 68% 가량을 차지하고 있다.

[그림 1] 중국 P2P금융 문제플랫폼 수 추이 (단위: 개)

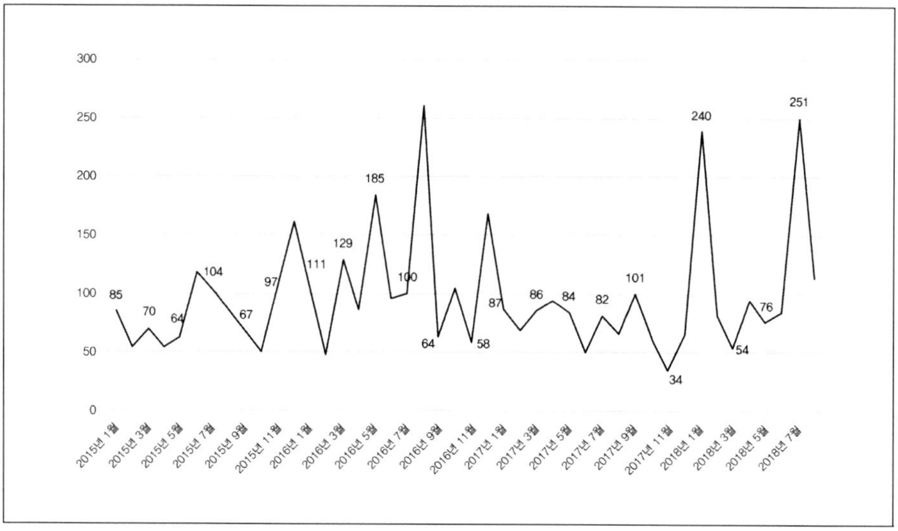

자료: P2Peye

위의 [그림 1]에서 보듯이, 2015년과 2016년도에도 중국에서는 P2P금융의 문제플랫폼이 크게 증가한 바 있는데 당시 1년 동안 나타난 문제플랫폼 수는 1,409개로 최대치를 기록하기도 하였다. 2018년도의 문제플랫폼 증가와 2015년, 2016년에 발생한 문제플랫폼은 일정 기간 동안 수량이 크게 증가하였다는 공통점이 있으나, 문제플랫폼으로 분류된 기준에 있어서는 약간의 차이가 있다. 우선 2015년의 경우 대부분의 플랫폼들이 경영자의 악의적인 사기행위로 인하여 문제가 발생하였으며[12], 2016년은 플랫폼 자체의 경영난으로 인해 자체적으로 영업을 정지하는 비중이 높은 편이었다. 하지만 작년에 발생한 문제플랫폼 증가가 유독 이슈가 되고 문제시 되는 이유는 중국 금융당국의 지속적인 규제에도 불구하고 발생 원인이 앞서 문제가 되었던 경영자의 사기행위와 플랫폼의 경영난 등을 포함하여 더욱 다양화되었기 때문이다. 이로 인해 2018년 7월, 베이징대학 국가발전연구원(国家发展研究院, National School of Development)은 국민의 인터넷금융에 대한 정서지수가 측정 이래 최저점을 기록하였다고 발표하기도 하였다. 현재 중국에서 문제플랫폼을 확정하는 기준은 법적으로 규정되어 있지는 않지만, <P2Peye>는 플랫폼 연결 불능(平台失联), 투자자의 자금인출 어려움(提现困难), 플랫폼 사기(平台诈骗), 경찰조사 개시(警方介入), 운영정지(暂停运营), 플랫폼 경영진 도주(跑路平台), 분쟁발생 플랫폼(争议平台), 플랫폼 청산(平台清盘), 원리금상환 연장(平台展期) 등의 9가지의 문제플랫폼 분류기준을 두고 분류하고 있다.

3. 성장배경

지속적인 문제플랫폼 등장에도 불구하고 중국 P2P금융은 매년 성장을 이어오고 있다. 중국에서 P2P금융의 발전은 인터넷금융의 혁신과도 밀접하게 관련되어 있기에 이하에서는 그 성장배경을 수요조건의 변화에 대한 대응, 공급조건의 변화에 대한 대응, 그리고 규제의 회피라는 경제학 이론[13]을 통하여 살펴보고자 한다.

우선 중국 인터넷금융에 대한 수요를 변화시킨 중요한 변화로는 새로운 금융투자 상품에 대한 수요 증가와 개인과 중소형기업 자금조달의 어려움[14]으로 인한 새로운 자금조달 수단의 필요성 등을 대표적으로 꼽을 수 있을 것이다. 이런 금융환경의 변화로 인하여 대규모 자본을 바탕으로 한 기관투자자 중심의 기존

12) 대표적인 사례는 2015년 12월에 발생하였던 e주바오(e租宝)사건이다. P2P금융 플랫폼을 이용한 피라미드 형태의 사기로 약 90만 개의 ID가 연관되어 있었고 600억 위안에 달하는 모집자금 중 15억 위안 가량을 플랫폼 경영자인 丁모씨가 불법 점유하여 개인적인 용도로 사용한 사건이다. 수많은 피해자와 막대한 피해액이 발생했을 뿐만 아니라 피해지역도 중국의 전 지역에 해당하여 큰 이슈가 되었다. 이후 2017년 4월 진행된 재판에서 베이징시 제1중급인민법원은 당해 사건에 가담하였던 24명에 대하여 가담형태와 비중에 따라 3년에서 15년의 징역형을 선고하고 정치권리 박탈 및 벌금을 부과하게 된다. 그리고 e주바오 사건을 계기로 중국 금융당국은 인터넷금융이라는 명목으로 불법적인 자금 모집 행위에 대하여 엄격한 규제를 가하게 된다. e주바오 사건개요는 邢会强, 「互联网金融的法律与政策」, 中国人民大学出版社, 2017, 29면 참조.

13) F.S.Mishkin, 「화폐와 금융(11판)」, 퍼스트북, 2017, 285면 참조.

14) 중국에서는 이를 '융자하기 어렵고, 융자하기 비싸다(融资难´ 融资贵)'라고 한다.

금융시장에서 마땅한 투자경로를 찾지 못한 소액 투자자들과 국유기업이나 대형 기업 중심으로 대출이 진행되던 제도권 금융에서 자금조달이 힘들었던 개인 창업자나 중소형기업들이 인터넷금융 시장으로 몰리게 되었다고 볼 수 있는 것이다.

두 번째는 금융시장의 공급조건 변화에 대한 대응에서 성장이유를 살펴볼 수 있다. 중국의 금융시장에서 인터넷금융이라는 혁신을 탄생시킨 중요한 공급조건의 변화에는 Tencent, Alibaba, Baidu(TAB)으로 대표되는 중국 인터넷기업을 통해 살펴 볼 수 있다. 이들 기업은 급속한 ICT기술 발달과 기존에 운영해오던 전자상거래, 인터넷 검색, 소셜 네트워크 사업 등을 통해 자금제공자와 자금수요자에 대한 빅데이터를 축적할 수 있었다. 이러한 변화는 투자자의 니즈(needs)를 반영한 다양한 금융상품 개발을 용이하게 하였으며[15] 금융거래를 수행하는 비용도 대폭으로 낮출 수 있게 된 것이다.

세 번째는 규제의 회피에 대한 것이다. 중국 정부는 그림자금융에 대하여 매우 엄격한 규제를 가하고 있지만, 사실상 그림자금융의 한 형태라 할 수 있는 인터넷금융에 대해서는 규제완화를 넘어 정책적 지원을 하고 있기 때문에 그림자금융 하의 자금이 모두 인터넷금융으로 몰리며 시장이 더욱 활성화되는 것으로 이해할 수도 있을 것이다.[16]

Ⅲ. 중국 P2P금융의 법제 현황

1. 감독원칙

2014년 중국인민은행은 「금융안정보고」에서 당시 중국 정부의 ‘인터넷금융 지원’이라는 정책기조에 따라 향후 인터넷금융을 규제하는 데 있어 반드시 적용해야 할 다섯 가지 원칙을 발표한 바 있으며 다음과 같다. 첫째, 인터넷금융은 실물경제를 지원하는 금융서비스이다. 둘째, 금융안정은 금융혁신에 우선하여야 한다. 셋째, 금융소비자 보호를 위한 제도적 기반을 구축하여야 한다. 넷째, 공정한 인

15) 대표적으로 2013년 6월 아리바바가 출시한 위어바오(MMF상품)는 알리페이 이용자의 계좌에 예치된 잔액을 자산운용사에 위탁 운용하여 투자 수익을 돌려주는 것으로 중국의 인터넷기업이 판매하는 펀드상품의 대부분은 위어바오의 모델을 기반으로 하고 있다.

16) 노은영, “중국의 지분형 크라우드펀딩 법제현황과 시사점”, 「경제법연구」 제16권 3호, 한국경제법학회, 2017, 58면.

터넷금융 시장을 형성하도록 한다. 다섯째, 인터넷금융협회를 설립하고 이를 통한 자율규제시스템을 구축한다. 중국인민은행이 명시한 인터넷금융에 대한 다섯 가지 감독원칙은 현재 점진적으로 진행되고 있는 인터넷금융 관련 법안의 입법 원칙으로 활용되고 있다.

P2P금융과 관련하여서 은감회는 2014년 4월 불법자금모집 관련 회의에서 P2P 금융 플랫폼은 "중개역할만을 수행해야 하며, 자체적으로 담보를 제공할 수 없으며, 모집한 자금으로 캐시 풀링(Cash Pooling)[17]할 수 없고, 대중으로부터 불법 자금 모집을 금한다"라는 플랫폼에 대한 4가지 의무 사항과 열 가지 감독원칙을 발표하기도 하였다.[18] 은감회가 발표한 P2P금융 감독의 10가지 원칙에는 다음의 내용을 포함하고 있다.[19] ① 실명제를 시행한다. ② P2P플랫폼은 투자자의 자금을 보유할 수 없으며, 캐시 풀링 시스템을 구축할 수 없다. ③ P2P플랫폼은 정보 중개기관이다. ④ P2P금융 플랫폼에는 진입장벽이 필요하다. ⑤ 불법 자금모집을 방지하기 위해 대출자와 투자자의 자금은 제3자가 보관하여야 한다. ⑥ 플랫폼은 자체적으로 담보를 제공할 수 없다. ⑦ 자금 수납 시스템을 보유하여야 한다. ⑧ 충분한 정보공개가 이루어져야 한다. ⑨ 업계 자체적인 기준을 구축하고 정보를 공유하도록 한다. ⑩ 소액금융을 유지하고 보혜금융[20]을 실현하여 개인 및 중소형기업을 지원할 수 있도록 한다. 이러한 10대 감독원칙은 P2P금융에 대한 규제 법령이 아닌 주요 리스크에 대한 예방 차원에서의 설명에 지나지 않아 강제성이 있던 것은 아니었다. 하지만 현재 중국의 P2P금융 규제내용을 보면 당시의 감독원칙이 반영되고 있음을 알 수 있다. 이하에서는 중국 P2P금융 법제 현황에 대하여 살펴볼 것이다.

2. 법제 현황

중국의 인터넷금융 규제를 위한 가이드라인이라 할 수 있는 <인터넷금융 지

---

17) 캐시 풀링이란 계열사 간에 단기여유자금을 순환시키는 자금의 통합관리기법을 가리킨다. 중국에서는 资金池(zi jin chi)라고 표현한다.

18) 노은영, "중국 인터넷금융의 감독법제에 관한 연구", 「증권법연구」 제16권 제2호, 한국증권법학회, 2015, 296면.

19) http://www.ebrun.com/20150724/142004.shtml

20) 보혜금융이란 그동안 중국 금융시스템의 불합리성으로 인하여 원활한 금융서비스를 제공받지 못했던 사회계층에게 제공되는 금융서비스를 의미하는 것으로 창업, 혁신, 중소·벤처기업 및 삼농 등이 중점 적용 대상이다. 中国人民银行, 「推进普惠金融发展规划(2016—2020年)」, 2016.

도의견>이 제정된 이래, P2P금융에 대한 법제는 '1+3'의 체계를 구축하고 있다. '1+3'이란, '하나의 방법과 3개의 지침'이란 의미로 <온라인대출 정보중개기관 업무활동 관리에 대한 임시방법(网络借贷信息中介机构业务活动管理暂行办法)>(이하 온라인대출 임시방법)과 <온라인대출 정보중개기관 업무활동에 대한 정보공개 지침(网络借贷信息中介机构业务活动信息披露指引)>(이하 온라인대출 정보공개지침), <온라인대출 정보중개기관 서류등록 관리지침(网络借贷信息中介机构备案登记管理指引)>(이하 온라인대출 서류등록지침), <온라인대출 자금 예치업무 지침(网络借贷资金存管业务指引)>(이하 온라인대출 예치업무지침)을 포함한다. 이하에서는 중국 P2P금융의 법제현황을 이해하기 위해 중국의 법원(法源)에 대해 간략하게 검토한 후, 주요 규제내용에 대해 검토해 보고자 한다.

(1) 중국의 법원(法源)

중국의 법원은 크게 입법기관이 제정하는 법률과 국무원 및 지방인민대표대회가 제정하는 법규, 국무원 산하기관과 지방정부가 제정하는 규장으로 구분할 수 있다. 법률과 법규, 규장은 모두 「중화인민공화국입법법(中华人民共和国立法法)」에서 제정절차와 효력순위 등을 규정하고 있다. 이 외에 실무에서 모호한 법률

[그림 2] 중국의 법원(法源)

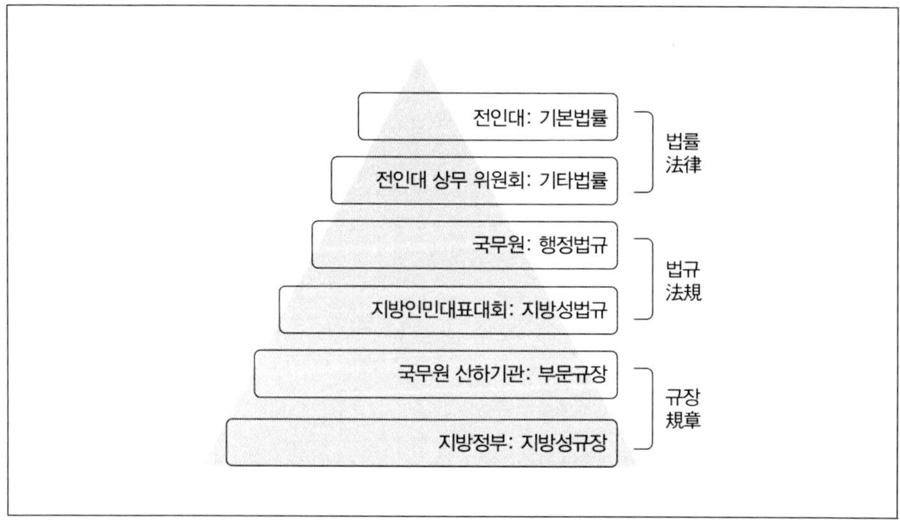

출처: 노은영, 앞의 논문, 2017, 62면

조항에 대하여 구체적인 해석 기준을 제시하는 최고인민법원과 최고인민검찰원의 사법해석도 법적 효력을 지니고 있으며, 재판 과정에서 매우 중요한 법원(法源)으로 작용하고 있다.[21)]

(2) 「인터넷금융 지도의견」

중국정부가 인터넷금융의 진입장벽 미비, 규제 미비, 감독 미비의 '3미비(三缺)' 현상을 해소하기 위하여 제정한 「인터넷금융 지도의견」은 비록 법률의 형태는 아니지만, 「인터넷금융 지도의견」은 현재 중국의 인터넷금융 법제 전반에 있어서 일종의 '기본법'으로 여겨지고 있으며 보혜금융 실현을 위한 제도적 초석으로 작용하고 있다.[22)] 「인터넷금융 지도의견」의 규정은 P2P금융 규제와 관련하여 다음의 몇 가지 측면에서 매우 중요한 의미가 있다.

첫째, P2P금융을 인터넷금융의 한 영역으로 규정하고 개체와 개체가 온라인 플랫폼을 통하여 진행하는 직접대출, 인터넷기업이 지배하는 소액투자회사의 온라인 소액대출을 포함한다는 개념정의를 내리고 있다.

둘째, P2P금융은 온라인을 이용한 '소액' 대출이라는 점을 분명히 하고 있다. 인터넷금융의 서비스 분야 별로 소액의 범위는 다르게 규정하고 있는 상황이다. P2P금융의 경우에는 「온라인대출 임시방법」에서 대출한도를 정하고 있다.

셋째, '적격투자자(合格投资者)'개념을 채택하고 있으며 이를 위해 적격투자자 요건으로 '리스크 이해(了解风险)' 및 '리스크 통제(控制风险)'의 두 가지 기준을 규정하고 있다.

넷째, 플랫폼에 대해서는 투자자와 차입자 간의 직접금융 거래에 대한 정보교환 등의 중개역할 만을 하도록 규정하고 있으며 담보제공이나 불법 자금 모집 등은 금지하고 있다.

다섯째, 은감회(현 은보감회)를 P2P금융의 감독기관으로 명시하고 있다. 중국의 경우 금융시장에 대하여 분업감독을 시행하고 있기 때문에 인터넷금융의 각 분야에 대한 감독기관을 명확하게 하는 것은 규제의 효율성을 제고시키기 위해 매우 중요한 요소이다.

---

21) 노은영, 앞의 논문, 2017, 61면.

22) 杨东 · 文诚公, 「互联网＋金融＝众筹金融」, 人民出版社, 2015, 5면 참조. 노은영, 앞의 논문, 2017에서 재인용.

여섯째, 플랫폼들이 자신들이 개설한 계좌로 투자금을 받아 개인 용도로 사용하는 행위를 제한하기 위하여 은행업 금융기관만이 청약증거금관리기관 역할을 할 수 있도록 규정하고 있다.

(3) 「온라인대출 임시방법」

2016년 8월 17일, 은감회를 주축으로 국무원 산하의 공업정보화부, 공안부, 국가인터넷정보판공실이 공동으로 제정하였으며 온라인대출 플랫폼에 대한 업무활동 규제와 온라인대출 산업 발전을 목적으로 제정되었다. 총 8장 47조로, 1장 총칙, 2장 비안관리, 3장 업무규칙 및 리스크 관리, 4장 차입자와 대여자 보호, 5장 정보공개, 6장 감독관리, 7장 법률책임, 8장 부칙으로 구성되어 있다.

「온라인대출 임시방법」에서 정의하는 온라인대출이란 「인터넷금융 지도의견」과 달리 개체[23]와 개체 간에 인터넷 플랫폼을 바탕으로 이루어지는 직접 금융만을 의미하며 온라인소액대출은 포함되지 않는다. P2P금융과 관련하여 가장 먼저 제정되었던 「온라인대출 임시방법」은 중국 P2P금융 규제를 위한 법적 가이드라인을 제시하고 있으며, P2P금융 규제 분야에 있어 다음의 몇 가지 중요한 의미를 갖는다.[24]

첫째, 「온라인대출 임시방법」은 P2P금융에 대하여 서류등록 시스템 구축, 중앙과 지방정부의 공동책임제도(双负责制), 정보공개, 자금예치, 플랫폼과 차입자, 대여자의 금지행위를 나열한 네거티브 규제, 투자자보호 등으로 대표되는 새로운 감독시스템을 확정하였다.

둘째, 「온라인대출 임시방법」의 제정은 e주바오(e租宝)사건으로 문제가 드러난 중국 P2P금융 분야의 규제 미비를 어느 정도 해소했다고 평가받는다.

셋째, 「온라인대출 임시방법」은 중국의 기타 인터넷금융 분야에 대한 규제 마련에 있어 가이드라인을 제공하고 있다. P2P금융의 경우 P2P금융 플랫폼이 정보중개기관이기는 하지만 플랫폼이 제공하는 정보가 금융정보에 해당하므로 그 감독시스템 구축이 쉽지 않은 편이다. 이러한 문제를 해결하기 위해 「온라인대출 임시방법」에서는 중앙 정부와 지방 정부의 금융감독당국이 공동으로 감독을 진행하는 새로운 감독시스템을 제시하고 있으며, 이는 다른 인터넷금융 분야의 규

23) 개체란 자연인, 법인 및 기타조직을 의미한다. 「온라인대출 임시방법」 제2조 2항.
24) 杨东 · 文诚公, 「互联网金融风险与安全治理」, 机械工业出版社, 2016, 90면 참조.

제마련에도 영향을 주고 있다. 이하에서는 「온라인대출 임시방법」의 규제내용에 대하여 세부적으로 살펴보도록 하겠다.

1) 개념 및 설립절차

「온라인대출 임시방법」 제2조 2항에서는 P2P금융 플랫폼에 대하여 전문적으로 온라인대출 중개 업무를 영위하는 금융정보중개회사라고 정의하며, 온라인대출 플랫폼은 인터넷을 주된 수단으로 활용하여 차입자와 대여자 간의 직접금융거래를 중개하기 위하여 정보수집, 정보공개, 정보교환 등의 서비스를 제공하도록 하고 있다.

온라인대출업무를 영위하고자 하는 온라인대출정보중개기관은 법인 설립 이후 영업허가증(营业执照)을 취득하여, 10영업일 이내에 관련 서류를 준비하여 공상등기등록지인 지방금융감독부서[25]에 등록을 완료하여야 한다. 이후 통신주관부서에 정보통신업무와 관련한 경영허가증(ICP)을 신청하여야 하며 그렇지 않은 경우 온라인대출 정보중개업무를 수행할 수 없다.[26] 즉, 「온라인대출 임시방법」은 P2P금융 플랫폼에 대하여 사전허가제도 포기, 시장진입요건 포기, 엄격한 심사제도 포기 등 '3개의 포기(三个放弃)'를 통해 P2P금융 플랫폼이 용이하게 시장에 진입할 수 있도록 하였다.[27] 또한 지방금융감독부서의 관련 규정에 따라 플랫폼 평가 기준, 등급 분류 등 세부적인 내용은 각 지역에 따라 별도의 규정을 마련하도록 하고 있다.[28]

2) 의무규정 및 리스크 관리

「온라인대출 임시방법」 제3장에서는 플랫폼과 차입자, 대여자의 의무사항에 대하여 구체적으로 나열하고 있는데, 우선 플랫폼의 경우 총 10가지 사항에 대하여 의무적으로 이행할 것을 규정하고 있으며 대략적으로 살펴보면 다음과 같다. ① 차입자와 대여자에게 직접대출에 관한 정보의 수집, 정리, 홈페이지 공고 등의 서비스를 제공, ② 차입자와 대여자의 자격요건, 제출자료, 프로젝트에 대한 진실성 및 합법성에 대한 심사, ③ 사기행위 방지를 위한 시스템 구축, ④ 온라인대출

---

25) 지방금융감독부서(地方金融监管部门)란 각 성급(省级) 인민정부에서 지방금융감독업무를 수행하는 부서를 지칭한다. 「온라인대출 임시방법」 제2조 3항.

26) 「온라인대출 임시방법」 제5조 4항.

27) 杨东 · 文诚公, 앞의 책, 2016, 93면.

28) 「온라인대출 임시방법」 제5조 5항.

관련 정보 제공 및 리스크 교육활동 진행, ⑤ 데이터 통계국에 관련 법률법규와 규정에 따른 정보 제공, ⑥ 차입자와 대여자의 자료 및 거래정보 보관, ⑦ 고객 신분 식별 및 보관 등 자금세탁 및 협박성 융자행위 방지, ⑧ 관련 부서와 공동으로 금융범죄 예방 업무 진행, ⑨ 온라인 정보 보호, ⑩ 국무원 은감회, 공상등기 등록지의 성급 인민정부가 규정한 기타 의무.

그리고 차입자에게는 자금조달을 위한 정확한 정보의 제공을 핵심으로 하는 차입자의 의무사항들에 대해 규정하고 있으며, 대여자에게는 투자자금의 합법성, 투자로 인해 발생할 수 있는 리스크에 대한 이해 및 수용, 투자손실에 대한 부담 등의 의무를 부과하고 있다.

P2P금융으로 인한 리스크를 최대한 해소하기 위하여, 「온라인대출 임시방법」에서는 대출은 반드시 '소액'에 한정하여 진행되도록 하고 있으며, 동일인이 동일 플랫폼 및 서로 다른 플랫폼에서 투자할 수 있는 상한액을 규정하고 있다. 우선 동일 플랫폼의 경우, 동일인이 투자 할 수 있는 금액은 20만 위안 미만이며, 동일한 법인 혹은 기타 조직의 경우에는 100만 위안미만 으로 제한하고 있다. 서로 다른 플랫폼에 대한 투자 상한액은, 동일인의 경우 전체 투자액이 100만 위안 미만이어야 하며, 법인 혹은 기타조직의 경우에는 500만 위안 미만으로 제한하도록 규정하고 있다.[29] 플랫폼의 경우에는 동일한 프로젝트에 대한 자금모집 기간을 최장 20영업일 미만으로 하고 있다.

3) 감독관리

「온라인대출 임시방법」 제33조에서는 국무원 산하의 은행업감독관리기관 및 그 파견기관으로 하여금 중국 P2P금융의 발전정책 및 감독시스템을 구축하고 플랫폼에 대한 일상 감독을 진행하도록 하고 있으며, 각 지방금융감독부서에게 해당 관할 지역 내의 P2P금융 플랫폼에 대한 감독과 등록 관리 등의 업무를 진행하도록 하고 있다. 이를 중국에서는 중앙과 지방이 공동으로 감독한다는 의미에서 '이원적 책임제(双负责制)'라고 한다. P2P금융 플랫폼에 대한 사전감독은 진행하지 않고 있지만 이원적 책임제의 도입으로 사중 및 사후 감독체제를 마련하고 있다.

또한 2015년 12월 설립된 중국인터넷금융협회(中国互联网金融协会)(이하 인터넷금융협회)의 자율관리에 대한 내용도 규정하고 있는데, 인터넷금융협회는 다음의

29) 「온라인대출 임시방법」 제17조 2항.

역할을 수행할 수 있다. ① 자율규칙, 경영세칙, 업계 기준 등의 제정, 회원 플랫폼의 법규 준수를 위한 교육활동 진행, ② 회원의 합법적 권익 보호 및 업계 정보 제공, 법률자문, 분쟁조정 등 진행, ③ 관련 신고 및 고발사항 접수 및 자율조사 진행, ④ P2P금융 전문위원회 설립, ⑤ 법률법규 및 기타 감독규정이 정하는 기타 사항.

만약 차입자와 플랫폼 혹은 차입자와 대여자, 대여자와 플랫폼 사이에 분쟁이 발생할 경우에는 자체협상, 업계 자율조직에 의한 조정, 중재기관에 중재신청, 인민법원에 소송제기 등의 절차를 채택할 수 있다.[30]

(4) 「온라인대출 서류등록지침」

2016년 11월 은감회와 공업정보화부, 공상총국 등은 공동으로 플랫폼에 대한 사중, 사후 감독관리 강화와 통계정보 관리를 위하여 온라인대출 정보중개기관의 「온라인대출 서류등록지침」을 제정하였다. 서류등록 절차는 「온라인대출 임시방법」상의 내용과 기본적으로 동일하며 지방금융감독부서에 제출해야 하는 서류에 대한 내용을 명시하였다.[31]

(5) 「온라인대출 예치업무지침」

2017년 2월, 은감회는 온라인대출 자금에 대한 「온라인대출 예치업무지침」을 제정하였다. 온라인대출 기관은 반드시 상업은행을 통해 자금을 관리하도록 하고 있으며, 상업은행은 보증이나 담보제공을 할 수 없도록 하고 있다. 현재 중국 내에서 온라인대출 기관의 자금관리 업무를 영위할 수 있는 상업은행은 5개 대형상업은행과 12개 주식제 상업은행, 도시상업은행 등에 한정되며 세부적인 지침은 각 상업은행이 자율적인 기준을 마련하도록 독려하고 있다.

(6) 「온라인대출 정보공개지침」

2017년 8월, 중국의 은감회는 P2P금융 플랫폼에 대한 「온라인대출 정보공개지침」을 발표하였다. 총4장 28조로 구성되어 있으며, 정보공개란 온라인대출 정보중개기관이 온라인상에서 대출 중개와 관련한 기본정보, 운영정보, 프로젝트

30) 「온라인대출 임시방법」 제29조.

31) 금융감독부서에 제공해야하는 서류에는 온라인대출 정보중개기관의 상호, 주소지, 조직구조 등의 기본정보, 주주 혹은 출자자 명부 및 지분구조, 경영발전전략과 계획, 경영허가서, 기업법인 영업허가증 복사본, 법정대표인 및 이사, 감사, 경영진 정보, 자회사 상호 및 주소지, 홈페이지 주소 및 APP 명칭, 지방금융감독기관이 요구하는 기타 서류 등이 있다.

정보, 리스크 정보, 소비자 문의 및 신고 방법 등에 대한 정보를 공시하는 행위라고 정의하고 있다.

「온라인대출 정보공개지침」 제7조에서는 플랫폼이 반드시 공시해야 하는 기본사항으로 ① 지방금융감독부서에 등록한 온라인대출 정보중개기관 정보, ② 정보통신업무 경영허가 정보, ③ 온라인대출 정보중개기관은 자금예치 정보, ④ 공안기관이 발급한 홈페이지 로고 및 발급번호, ⑤ 온라인대출 정보중개기관의 리스크 관리 정보 등을 규정하였다. 특히 공개하는 정보의 중요도 및 공개내용에 따라 공개시간 및 공개횟수를 달리하고 있다. 이는 온라인대출 활동에 필요한 정보공개 기준과 근거를 명확히 하였다는 데 큰 의미가 있는 것으로 평가되고 있다. 주요내용은 다음과 같다.32)

첫째, 소비자 보호를 위해 정보공개에 대한 기본개념과 원칙을 명시하였다. 정보공개란 온라인대출 정보중개기관이 온라인상에서 대출 중개와 관련한 기본정보, 운영정보, 프로젝트 정보, 리스크 정보, 소비자 문의 및 신고 방법 등에 대한 정보를 공시하는 행위라고 정의하고 있다. 또한 대출계약 당사자 및 감독기관 등에 대하여 정보공개의 기본원칙으로 진실성, 정확성, 완정성, 시의성의 4대 원칙을 두고 있다.

둘째, 정보공개 방법과 기준을 규정하고 있다. 「온라인대출 정보공개지침」 제정 전 의견수렴을 통해, 온라인대출 중개기관, 감독기관, 협회 등에서 공통적으로 의견을 제기하였던 부분인 정보의 개념과 범위, 통계 작성 기준 등을 명확히 하기 위해 동등한 효력을 지닌 「정보공개내용설명(信息披露内容说明)」을 함께 발표하였다.

셋째, 공개해야 하는 정보를 명확히 한 것뿐만 아니라, 공개주체에 대한 책임 및 관리에 관한 사항도 규정하고 있다.

이 외에도 기관의 조직구조 정보와 플랫폼에 대한 심사 정보 등을 공시하도록 하고 있으며 기본 사항에 대해서는 매년 1월 10일 이전에 해당 내용을 공개하여야 한다. 또한 모든 온라인대출 정보중개기관은 매월 5영업일 이내에 대출규모, 대출 잔액, 차입자와 대여자 수 등 전월의 온라인대출 현황에 대한 내용을 공개

32) 国务院办公厅，信息披露指引出台网贷行业“1＋3”制度体系完成，http://www.cbrc.gov.cn/chinese/home/docView/DEAF23AEBF564ABEB8479FEA4E25F185.html

하여야 하며, 공개된 모든 내용은 서면형태로 공시한 날로부터 5년 이상 보관하도록 하고 있다.

Ⅳ. 중국 P2P금융의 최신 규제 이슈

1. 규제내용

과거에도 중국에서는 몇 차례 P2P금융 문제플랫폼이 급속하게 증가하는 현상이 발생하였으며, 이는 P2P금융의 운영방식과 규제에 대한 사회적 관심을 불러일으키기도 하였다. 2016년 10월, 중국의 국무원은 당시 급증하던 문제플랫폼 사태의 심각성을 인식하고 중국인민은행을 중심으로 '인터넷금융 리스크 전담관리 업무조직(互联网金融风险专项整治工作领导小组)'(이하 인터넷금융 리스크 관리조직)을 설립하였으며, 국무원 판공청이 발표한 「인터넷금융 리스크 전담 관리업무 실시방안(互联网金融风险专项整治工作实施方案)」에 따라 핀테크 전 분야에 대한 실태조사 및 정리 업무를 진행하였다.

하지만 최근 연이어 발생한 문제플랫폼 증가로 인해 당시 진행된 실태조사에 대해 여러 문제점이 있다는 의견이 제기되고 있다. 이에 따라 인터넷금융 리스크 관리조직 산하의 'P2P 온라인 대출 리스크 전담관리 업무조직(P2P网络借贷风险专项整治工作领导小组)'(이하 P2P리스크 관리조직)에서는 8월 13일 「P2P 온라인대출기관 조사업무에 대한 통지(关于开展P2P网络借贷机构合规检查工作的通知)」(이하 P2P금융통지)를 발표하였으며, 「온라인대출 정보중개기관 조사내용 목록(网络借贷信息中介机构合规检查问题清单)」(이하 조사내용 목록)을 함께 공표하였다.[33] 「조사내용 목록」의 경우, 상하이시 금융감독부서가 7월에 발표하였던 자체 조사규정인 「상하이시 온라인대출 정보중개기관의 적법성 심사 및 개선조사에 관한 지침표(上海市网络借贷信息中介机构合规审核与整改验收工作指引表)」의 내용을 토대로 작성된 것이다.[34]

「P2P금융통지」와 「조사내용 목록」이 공개된 이후 문제플랫폼이 가장 많이 발생하였던 베이징, 상하이, 광둥, 절강 등 지역을 중심으로 중국 지방에서는 해당

33) <조사내용 목록>은 총 108가지 사항에 대한 내용을 포함하고 있어 최근 중국에서는 <108조>라는 이름으로 불리고 있다.

34) 상하이시가 발표한 조사규정은 「조사내용 목록」이 규정하는 108가지 사항보다 많은 168개의 조사내용을 포함하고 있다.

지역 상황에 부합하는 P2P금융 플랫폼에 대한 조사방침을 「P2P금융통지」와 「조사내용 목록」에서 정한 기본방침에 따라 보다 엄격한 자체적인 조사규정을 제정하였다.[35]

최근의 '爆雷'현상으로 인하여 등장한 「P2P금융통지」는 전국적으로 동일한 조사기준을 제시하여 그동안 각 지역에서 상이한 감독 관리로 인하여 발생해온 규제차익 문제를 해소하는 데 의미가 있다고 볼 수 있다.[36] 그리고 2019년 1월 21일, 2018년 하반기에 문제플랫폼 급증으로 인하여 진행된 온라인대출 중개 플랫폼에 대한 실태조사 이후, 조사업무를 총괄하였던 인터넷금융 리스크 관리조직과 P2P리스크 관리조직은 공동으로 「온라인대출기관 분류처리 및 리스크예방 업무에 관한 의견(关于做好网贷机构分类处置和风险防范工作的意见)」(이하 175호 문건[37])를 발표하였다. 이하에서는 「P2P금융통지」와 「조사내용 목록」의 주요내용에 대해 살펴본 후, 관련 쟁점사항을 검토하고 「175호 문건」의 주요내용을 살펴보고자 한다.

(1) 「P2P금융통지」

이번에 발표된 「P2P금융통지」는 P2P금융이 온라인상에서 전국적으로 사업을 전개한다는 특징을 가지고 있기 때문에 각 지역의 금융감독부서가 일관된 규제기준을 수립하기 힘들고 해당 지역 상황에 적응하는 데에도 한계가 있다는 기존에 꾸준히 제기되어 왔던 문제점을 일부 해소할 수 있을 것으로 기대되고 있다. 따라서 P2P금융의 '1+3'규제체계 내용 범위 내에서 '감독기준 통일'이라는 조사원칙을 수립하고 있다. 이와 같은 실태조사는 금융소비자 보호라는 목적 하에 진행되는 바, 플랫폼과 차입자의 위법행위에 대한 조사뿐만 아니라 투자자 교육을 위한 시스템 구축을 위한 사전조사 형식의 의미도 내포하고 있는 것이다. 유럽과 미국 등 핀테크 선진국의 경험에서 볼 수 있듯이, 금융소비자 보호는 금융시장 안정의 가장 기본이 되는 사항으로 P2P금융에 대한 실태조사를 통하여 금융소비

35) 베이징의 경우, 8월 25일 베이징시 금융업무국은 홈페이지를 통해 「베이징에 등록한 P2P온라인대출기관 자율조사업무에 대한 통지(关于启动在京注册P2P网络借贷机构自查工作的通知)」를 발표하였으며, 쓰촨성의 경우 8월 28일 쓰촨 지역의 온라인대출기관에 대한 조사업무를 시작한다고 공고하기도 하였다.

36) 吴卫明·陈伟, "关于网贷机构合规检查内容之重点解读", 互联网金融法律, 2018.8.26. https://mp.weixin.qq.com/s/m_n_goHcruvHkqbx1tS1rg

37) 「온라인대출기관 분류처리 및 리스크예방 업무에 관한 의견」은 整治办函(2018) 175호로 공표되어 현재 중국에서 175호 문건으로 불리고 있다.

자 교육의 시스템화를 촉진하고 이를 통해 P2P금융의 다양한 리스크에 대하여 대응할 수 있을 것이다.[38]

「P2P금융통지」에서는 온라인대출 정부중개기관에 대한 중점 조사내용으로 다음의 10가지 사항을 포함하고 있다. ① 정보의 중개기관이 맞는 지 여부(신용중개기관은 아닌지 확인), ② 캐시풀 존재 여부, ③ 플랫폼이 차입자로 가장하여 대출금 수납 여부, ④ 직간접적인 담보제공 여부 및 원리금 보장 여부, ⑤ 대여자에 대한 지급보증 실행 여부, ⑥ 대여자에 대한 리스크 평가, 등급 분류 및 관리 여부, ⑦ 대여자에게 차입자의 리스크 정보에 대한 공개 여부, ⑧ '다수에 대한 소액대출'이라는 온라인대출의 기본원칙 준수 여부, ⑨ 자산관리상품 판매를 통한 자금모집 여부, ⑩ 높은 이자수익 보장을 통한 투자자 유치 여부 등. 이는 앞서 살펴본 2014년 은감회가 발표한 바 있는 P2P금융의 10대 감독원칙과도 일맥상통하는 것이다.

또한 「P2P금융통지」에서는 각 성(구, 시, 계획단열시)에 P2P온라인 대출 리스크 전담 작업사무실을 조직하여 등록하도록 하고, 해당 지역 내의 온라인대출 기관에 대한 자체 조사를 시행하도록 하고 있다. 그리고 이러한 조사를 바탕으로 플랫폼이 제출한 자료를 대조한 후 고의적으로 사실을 은폐하려는 정황이 발견된 플랫폼에 대하여 엄격한 관리와 함께 책임추궁을 단행할 것임을 명시하고 있다. 특히 「P2P금융통지」를 근거로 한 금번의 조사업무는 2016년 진행되었던 실태조사와 비교하여 조사방식에 있어 보완이 이루어진 것으로 볼 수 있다. 이번 조사업무의 경우 총 3단계의 절차를 거치도록 하고 있는데, 첫 번째는 P2P금융 플랫폼이 자신이 가지는 주요 문제점, 그에 대한 개선계획, 대출규모 및 리스크 해소방안 등에 대하여 자체적으로 조사를 진행하여 지역 P2P 업무조직에 보고하도록 하고 있다.

두 번째 단계는 각 지방금융감독부서가 지정한 지방성 인터넷금융협회 혹은 관련 기관에서 조사내용, 지역 별 P2P금융 플랫폼 현황, 주요 문제점, 잠재 리스크, 감독 관리를 위한 건의 사항 등에 대하여 자체적인 조사를 실시하여 보고하여야 한다.

세 번째 단계에서는 각 지역의 P2P 업무조직이 1단계에 해당하는 플랫폼의

38) 杨东 · 文诚公, 앞의 책, 2016, 40면 참조.

자체조사와 2단계인 지방감독부서가 지정한 기관 자율조사 내용의 진실성 여부에 대하여 검사를 진행하는 방식이다. 3단계에 걸친 조사내용은 각 지역 P2P 업무조직에서 종합하여 다음 단계의 감독계획을 수립하는 데이터로 활용하도록 하는 것이 이번에 발표된 「P2P금융통지」의 주요 내용이며, 2018년 12월 말까지 모든 업무를 완료하는 것을 목표로 한 바 있다.

(2) 「조사내용 목록」

「P2P금융통지」의 부록 형식으로 발표된 「조사내용 목록」은 총 108개 사항에 대한 조사내용을 포함하고 있으며, 각 조사내용에 대한 법적 근거로 「온라인대출임시방법」의 관련 조항을 함께 명시해 놓고 있다. 「조사내용 목록」상의 108가지 조사내용은 크게 6개 분야로 구분할 수 있다.

첫째, 금지규정 위반 여부에 대한 조사. 금지규정은 주로 플랫폼이 차입자로 위장하여 투자자의 투자금을 수납하거나 오프라인으로 투자자를 만나 프로젝트에 대한 별도의 추천을 진행하였거나, 자산관리상품 판매를 통하여 투자금을 유치하였거나, 허위사실 유포를 통하여 투자자를 유치하였거나, 지분형 크라우드펀딩 프로젝트를 진행하였는지 여부 등의 사항들에 대하여 조사할 수 있도록 세부적인 조사기준을 규정하고 있으며, 총 31가지 조사기준을 두고 있다.

둘째, 법정의무 위반 및 리스크 관리 요건 위반에 대한 조사. 21가지 사안으로 분류하였으며 플랫폼의 사기행위, 협박성 융자행위, 실명등록 현황, 소액대출 현황, 정보안전 보장에 관한 관리 현황, 모집기간 설정 현황, 신용평가 시스템 협업 현황, 전자서명, 자료보관 현황 등에 대한 세부적인 조사기준을 의미한다.

셋째, 차입자와 대여자 보호의무 이행 여부에 대하여 조사할 수 있도록 그 기준을 마련하고 있으며 총 16가지 상황이 이에 해당한다.

넷째, 정보공개 관련 위반 여부에 대한 조사. 플랫폼의 정보공개 관리 및 정보공개 시간에 대하여 총 18가지 조사기준으로 분류하고 있다.

다섯째, 중점 영역과 관련한 감독규정 위반 여부에 대한 조사. 위법 업무 진행 현황, 이율과 수수료 수취 현황, 고객 보호 현황 등으로 구분되며 총 20가지 사안으로 구분된다.

여섯째, 관련 법률법규 및 감독규정 위반에 대한 기타조사. 대출 규모에 대한 통제 현황과 회사의 내부통제 관리 현황에 대한 2가지 사안이 이에 해당한다.

[표 1] 「조사내용 목록」의 주요 내용과 법적근거

번호	조사항목	주요조사내용	법적근거
1	금지규정 위반 (违反禁止性行为)	플랫폼이 차입자로 위장하여 투자자의 투자금 수납, 자산관리상품 판매를 통한 투자금 유치, 허위사실 유포를 통한 투자자 유치, 지분형 크라우드펀딩 프로젝트 진행 여부 등 31가지	「온라인대출 임시방법」 제3조, 제10조, 제16조, 제28조 등
2	법정의무 위반 및 리스크관리 (违反法定义务及风险管理要求)	플랫폼의 사기행위, 협박성 융자행위, 실명등록 현황, 소액대출 현황, 모집기간 설정 현황, 신용평가 시스템 협업 현황, 전자서명, 자료보관 현황 등 21가지	「온라인대출 임시방법」 제9조, 제18조, 제19조, 제21조, 제22조, 제23조 등
3	차입자와 대여자 보호의무 이행 (未履行对出借人与借款人的保护义务)	차입자와 대여자에 대한 리스크 공지, 관련 정보 보관 및 관리, 투자자 자금 관리 현황 등 16가지	「온라인대출 임시방법」 제9조, 제26조, 제27조 등
4	정보공개 위반 (违反信息披露相关要求)	플랫폼의 정보공개 관리, 정보공개 내용 및 시간 준수 현황 등 18가지	「온라인대출 임시방법」 제3조, 제9조, 제30조 등
5	중점 영역과 관련한 감독규정 위반 (违反重点领域相关监管要求)	위법 업무 진행 현황, 이율과 수수료 수취 현황, 고객보호 현황 등 20가지	은감회가 제정한 기타 규정
6	기타 위반 사항 (其他违反有关法律法规、监管规定的情形)	대출 규모에 대한 통제 현황, 회사의 내부통제 관리 현황 등 2가지	「온라인대출 임시방법」 제9조

2. 쟁점사항

중국 P2P금융의 법제 현황에서 검토해 보았듯이, 중국 내에서 P2P금융 플랫폼에 대한 관리감독 체계는 그 틀이 마련된 상태이지만 '1+3'의 모든 항목에서 등장하는 플랫폼의 등록면허권자인 지방금융감독부서가 안고 있는 문제점에 대한 지적도 잇따른다. 2016년에 한 차례 문제플랫폼 문제가 부각되었을 때 중국당국은 인터넷금융 전반에 대하여 대대적인 실태조사와 정리업무를 단행하였으나 최근의 '爆雷'현상은 이러한 당국의 감독·관리에 빈틈이 있음을 반증하는 것이라 할 것이다. 특히 P2P금융 플랫폼을 관리하는 지방금융감독부서에 대한 법적 지위가 모호하고 실질적으로 법을 집행할 수 있는 권한에 대한 범위가 마련되어 있지 않으며, P2P금융이라는 신산업에 대한 전문성을 가진 인력이 부족하다는 문제점 또한 부각되고 있다. 나아가 지방금융감독부서 내에서도 명확한 역할 분담이 이루어지지 않아 규제 사각지대가 발생하고 문제가 발생할 경우 책임을 회피하려는 현상이 빈번하게 발생하고 있다는 것이 최근 일련의 문제플랫폼 급증을 초래한 원인으로 꼽히기도 한다.

3. 「175호 문건」

2019년 1월 21일, 인터넷금융 리스크 관리조직과 P2P리스크 관리조직은 공동으로, ① 업무기준(总体工作要求), ② 온라인대출기관 분류(有效分类), ③ 분류처리지침(分类处置指引), ④ 관련요건(有关要求) 등 네 부분으로 구성된 「175호 문건」을 발표하였다. 해당 문건은 온라인대출기관의 리스크 현황을 총 6가지 종류로 분류하고 문제플랫폼에 대한 퇴출업무에 관한 사항을 주요내용으로 규정하고 있으며, 이르면 2019년 3월까지 관련 업무를 마무리 짓는다는 계획을 세웠으나, 4월 말 현재까지 P2P금융 문제플랫폼 처리 문제에 관한 업무보고는 없는 상황이다.

「175호 문건」에서 분류하고 있는 온라인대출기관 플랫폼 분류를 구체적으로 살펴보면 다음과 같다. 우선 온라인대출기관을 크게 '리스크가 이미 발생한 기관(已出险机构)'과 '리스크가 발생하지 않은 기관(未出险机构)'으로 구분하고 있다. 그리고 이 두 가지 분류에서 세부적으로 6가지 유형으로 재분류된다.

(1) 리스크가 이미 발생한 기관

리스크가 이미 발생한 기관이란, 원리금 상환이 불가능한 경우 혹은 기타 중대한 리스크가 잠재되어 있거나 이미 발생하여 정상적인 운영이 불가능한 플랫폼을 의미하며 공안부에 입안(立案)[39]되었는지 여부에 따라 다음의 유형으로 재

39) 입안제도는 중국의 독특한 소송절차 중 하나이다. 입안이란 인민법원이 접수된 안건에 대하여 재판을 진행할 것인지 여부를 결정하는 제도이다. 따라서 중국에서는 법원에 소송을 제기한다고 하여 반드시 재판으로 이어지는 것은 아니다.

분류된다.

① 입안된 기관: 공안부에서 안건을 접수 한 후 범죄사실이 드러나 형사처벌이 필요한 경우이다.

② 입안되어 있지 않은 기관: 입안되지 않은 기관은 다시 2가지 유형으로 구분된다. 첫째, 악의적인 퇴출기관으로 경영자가 연락이 되지 않거나 연락이 되더라도 해당 지역 정부에 합당한 리스크 처리업무를 진행하지 않은 기관이다. 둘째, 자발적으로 대외에 플랫폼 폐쇄공고를 하고 해당 지역 정부의 감독 하에 관련 절차를 진행하는 기관을 가리킨다.

(2) 리스크가 발생하지 않은 기관

리스크가 발생하지 않은 기관은 다음의 3가지로 분류된다.

① 좀비 기관: 새로운 프로젝트가 발생한지 3개월이 초과되었거나 모집공고를 폐쇄한 경우, 프로젝트 진행을 위한 플랫폼 운영이 비정상적이라 여겨지는 경우이다.

② 규모가 작은 기관: 각 성에서는 지역 현황에 따라 차입금의 원리금 상환액과 차입자 수 등을 종합하여 리스크 수준을 확정한다.

③ 규모가 큰 기관: 규모가 큰 기관의 경우에는 리스크 현황에 따라 다음의 2가지 유형으로 분류된다. 첫째, 고위험 기관으로 다음 중 하나에 해당할 경우를 가리킨다. ⅰ) 자기투자, 사기 프로젝트가 존재하거나 자금이전이 불투명한 경우, ⅱ) 연체금액 비중이 10%를 초과한 경우, ⅲ) 부정적 여론과 민원이 많은 경우, ⅳ) 리스크 해소 요구를 거절하거나 태만히 한 경우. 둘째, 정상기관으로 위험요소가 발견되지 않은 기관을 뜻한다.

「175호 문건」에서는 위와 같이 6가지 유형의 플랫폼에 따라 관련 처리절차도 함께 규정하고 있다. 특히 문제플랫폼으로 인하여 전체 금융기관에 리스크가 확산되는 것을 방지하기 위하여 현재 운영 중인 고위험 기관에 대하여 '4불허(四不准)' 요건을 규정하고 있다. '4불허'란, 금융기관에 대하여 4가지를 불허한다는 것으로 금융기관의 온라인대출기관을 통한 자금조달 불허, 온라인대출기관에 대한 담보 제공 불허, 온라인대출기관의 투자 유치 불허, 온라인대출기관의 상품 판매 불허 등이다.

이 외에도 해당 문건은 각 지역에 설립된 온라인대출기관에 대한 정보공개 규정도 포함하고 있는데, 중국인터넷금융협회에 가입한 회원의 경우에는 P2P리스크 관리조직과 인터넷금융협회가 공동으로 정보공개 관련 사항을 감독하도록 하고 있으며, 회원이 아닌 경우에는 해당 지역의 관련 부서에서 진행하거나 인터넷금융협회에 위탁하여 진행하도록 규정하고 있다. 이에 따라 플랫폼의 정보공개에 대한 사항은 지난 2016년 처음 실태조사를 실시한 이후 지방금융감독부서에 대한 통계 자료 집계와 절차 등의 단일기준이 마련되지 않아 한 차례 연기된바 있으며, 2018년 4월에도 동일한 이유로 통계 정보에 대한 의무보고를 다시 연기한다고 밝힌 바 있다. 그리고 「175호 문건」 내용을 통해 인터넷금융협회에 가입된 회원 기관이 아닌 대다수 플랫폼의 경우는 사실 상 2019년 3월로 세 번째 연기를 한 것으로 볼 수 있다.

Ⅴ. 향후전망 및 결론

중국 P2P금융의 대출 잔액은 약 1.3조 위안(약228조원)으로 중국 상업은행 대출 잔액의 1% 가량에 그치고 있지만, 향후 P2P금융 업체들이 신용대출에 국한하지 않고 부동산대출이나 자동차대출 등으로 사업영역을 확장해 나갈 경우 금융시스템의 불안정성을 초래할 수 있는 잠재적인 요인으로 자리 잡을 가능성도 제기되고 있다.[40)]

특히 2018년 하반기 중국 전 지역에서 폭발적으로 나타난 플랫폼 리스크는 그 원인이 매우 다양하다는 특징이 있었다. 중소형 기업에서 많이 발생하는 경영자의 도주, 자체적인 파산 선언이나 투자자의 고발로 인한 경찰조사를 받게 되어 문제플랫폼으로 분류되는 등 매우 다양한 형태를 보이고 있다. 최근에는 주로 투자자의 자금인출 어려움으로 인한 문제플랫폼 비중이 약 50%에 가까운 수치로 가장 높게 나타나고 있으며 플랫폼과 연락이 닿지 않는 경우 등에 집중되어 있다. 이 외에도 플랫폼 자체적으로 대출자에 대한 리스크 관리 능력 부족이나 대출자의 허위정보 제공 등으로 인한 채무불이행 문제도 심각한 상황이다. 또한 P2P금융이라는 명패를 내세운 사기 플랫폼이나 불법적인 예금 유치 플랫폼도 존재하고 있다.

40) 자본시장연구원, “중국 온라인 P2P 대출업체 파산 증가 및 시사점”, 2018.

2015년 12월 설립된 인터넷금융협회는 문제플랫폼으로 증가로 인한 리스크를 해소하기 위하여 매년 P2P금융 플랫폼에 대한 정보공개 기준을 발표하고 있다. 또한 정기적으로 경영정보 공개를 요구하고 있으며 기한 내에 정보를 보내지 않은 플랫폼의 명단을 공개하고 있다. 2018년 12월 31일 기준, 운영 중인 P2P금융 플랫폼은 1,609개이며 이중 협회에 가입한 플랫폼은 139개로 전체의 9%에 미치지 못하고 있는 실정이다.

중국의 P2P금융 규제체계에 많은 빈틈이 있음을 시사하는 최근의 리스크 집중 발발 현상은 급성장해왔던 중국 인터넷금융에 대한 비관론과 함께 중국 금융시스템 자체에 대한 회의적인 시각으로 이어지고 있다. 다른 한편에서는 현재의 '연쇄적인 지뢰폭발' 현상으로 인해 규제가 강화되고 투자심리가 위축되어 P2P금융 자체의 정상적인 발전에 영향을 주는 것 아니냐는 우려의 목소리도 제기되고 있는데, 실제로 2018년 6월 한 달 동안 중국의 10대 P2P금융 플랫폼의 투자자 수는 전월 대비 1.7만 명가량 증가하였으나, 7월 말에는 6월 대비 투자자 수가 12.4만 명가량이나 급감하였다.[41]

이러한 현상은 중국 P2P금융 시장의 대부분을 차지하고 있는 건전한 플랫폼들에게도 막대한 부정적 영향을 끼쳐 업계 전체에 치명적인 타격을 입힐 것으로 예상되어 향후 중국 정부의 규제 방향에 관심이 집중되고 있는 상황이다. 현재 중국 P2P금융에 대한 법제와 최근 발표된 일련의 규제들을 살펴보면, 크게 다음의 몇 가지 사항에 대한 규제변화가 진행될 것으로 판단된다.

우선, 중국 인터넷금융협회의 권한 강화이다. 현재는 150여개의 플랫폼만 회원 가입되어 있지만, 이를 모든 온라인대출 플랫폼들이 모두 의무적으로 중국 인터넷금융협회에 가입하도록 하여, 「온라인대출 임시방법」과 「온라인대출 정보공개지침」등에서 요구하는 정보공시를 전체 플랫폼으로 확대할 것으로 예상된다. 더불어 투자자 보호에 주력하기 위하여, 인터넷금융협회를 통하여 문제플랫폼의 이상 변화를 투자자가 직접 실시간으로 알릴 수 있도록 하고, 투자자 교육을 위한 체제 구축과 감독기능이 강화될 것으로 보인다.

두 번째는 플랫폼의 시장진입에 대한 것이다. 현재 중국 정부는 P2P금융 플랫폼 운영을 위한 영업허가증 발급을 현재의 등록제에서 허가제로 변경하는 방안

41) 중국인터넷금융협회, 쑤닝금융연구원(苏宁金融研究院).

도 검토 중이다. 하지만 P2P금융에 대해서 기존 금융기관과 같은 허가제 형식의 영업허가증을 발급하는 방향으로 규제를 강화할 경우 혁신 산업 성장에 제동을 가할 수 있다는 우려도 있는 만큼 플랫폼의 진입장벽을 높이기보다는 사중, 사후 감독·관리를 더욱 강화할 것으로 판단된다.

세 번째는 현재 많은 논의가 이루어지고 있는 플랫폼들의 시장퇴출제도를 확립하는 것이다. 지난 1월 발표된 「175호 문건」은 온라인대출중개기관의 시장퇴출 관련 내용을 담고 있는데 중국의 P2P금융 플랫폼 중 문제플랫폼을 총 6가지로 분류하고 이에 대한 유형별 처리절차를 규정하고 있다. 특히 「175호 문건」은 퇴출 업무 진행에 있어 엄격한 기준에 따라 적격하다고 판명된 기관을 제외한 나머지 기관에 대해서는 '퇴출할 수 있는 곳은 반드시 퇴출시키고, 폐쇄해야 하는 곳은 반드시 폐쇄시킨다(能退尽退, 应关尽关)'는 기본원칙을 두고 있어 공표된 이후, 중국 P2P금융 플랫폼의 '生死 지침'이라 불리고 있다.[42] 일부 전문가는 「175호 문건」을 통해 대부분의 온라인대출기관이 퇴출될 경우, 약 100여 개의 플랫폼만이 살아남을 것이라고 예상하기도 한다.[43]

또한 은보감회는 최근 중국의 4대 자산관리회사와 회의를 개최하고, 상업은행의 부실채권을 담당하는 4대 자산관리회사[44]를 관재인으로 지정하여 P2P금융 플랫폼에 대한 청산을 담당하도록 하는 방안을 논의하고 실행방안을 강구하고 있다.

우리나라의 경우 P2P금융 시장의 누적 대출액이 2.4조원을 넘어서며 꾸준히 성장하고 있으나 대부분 가이드라인 형태로 규제가 이루어지고 있으며 관련 법제는 마련되지 않은 상황이다. P2P금융의 제도화에 있어서 가장 쟁점이 되는 사항은 투자자금의 분리보관 방법, 투자한도 설정, 정보공시 내용, 플랫폼 인가요건 등이 있을 것이다. 중국의 경우, '1+3'법 체계를 통하여 이들 쟁점사항에 대한 법적 기반을 구축한 상황이다. 또한 최근 지속적으로 발생하는 문제플랫폼에 대하여 대대적인 실태조사를 진행하고 있으며, 중국의 금융감독당국은 이러한 실태조사를 바탕으로 현행 법제를 공고히 하여 법적 안정성을 제고시키겠다는 입장을

42) http://www.sohu.com/a/290753542_114778

43) 肖飒, "两高一部新意见, 对非法集资案有何影响", 互联网金融, https://mp.weixin.qq.com/s/OcLVnvjjzrZSYcdRxWHv3A

44) 4대 자산관리회사는 공상은행의 부실채권을 담당하는 화룽(华融), 건설은행의 부실채권 담당인 신다(信达), 농업은행을 담당하는 창청(长城), 중국은행의 부실채권 담당인 동방(东方)자산관리회사를 의미한다.

밝히기도 하였다. 따라서 중국의 문제플랫폼 발생원인과 P2P금융 규제 현황, 최근의 실태조사 등에 대한 연구는 우리나라에서 활발하게 논의가 이루어지고 있는 P2P금융 입법에 있어 시사하는바가 클 것이라 생각한다.

참고문헌

강영기, “일본에서의 P2P Lending 비즈니스와 법적 규제에 대한 고찰”, 「상사판례연구」 제31집 제2권, 한국상사판례학회, 2018.

노은영, “중국의 지분형 크라우드펀딩 법제현황과 시사점”, 「경제법연구」 제16권 3호, 한국경제법학회, 2017.

______ · 국정훈, “중국의 지분형 크라우드펀딩 규제에 관한 연구”, 「중국연구」 제66권, 한국외국어대학교 중국연구소, 2016.

______, “중국 인터넷금융의 감독법제에 관한 연구”, 「증권법연구」 제16권 제2호, 한국증권법학회, 2015.

윤민섭, “자금 조달 수단으로서 Crowdfunding에 관한 법적연구”, 「기업법연구」 제26권 2호, 한국기업법학회, 2012.

자본시장연구원, “중국 온라인 P2P 대출업체 파산 증가 및 시사점”, 2018.

F.S.Mishkin, 「화폐와 금융(11판)」, 퍼스트북, 2017.

国务院办公厅, 信息披露指引出台网贷行业“1＋3”制度体系完成, http://www.cbrc.gov.cn/chinese/home/docView/DEAF23AEBF564ABEB8479FEA4E25F185.html

杨东 · 文诚公, 「互联网金融风险与安全治理」, 机械工业出版社, 2016.

杨东 · 文诚公, 「互联网＋金融＝众筹金融」, 人民出版社, 2015.

吴卫明 · 陈伟, “关于网贷机构合规检查内容之重点解读”, 互联网金融法律, 2018.8.26.

肖飒, “两高一部新意见, 对非法集资案有何影响”, 互联网金融, https://mp.weixin.qq.com/s/OcLVnvjjzrZSYcdRxWHv3A

邢会强, 「互联网金融的法律与政策」, 中国人民大学出版社, 2017.

中国人民银行, 「推进普惠金融发展规划(2016—2020年)」, 2016.

iResearch, 「中国网络借贷行业研究报告」, iResearch, 2017.

인도네시아의 P2P 대출 거래 규제*

장 순 필**

Ⅰ. 서 론

금융소외(financial exclusion)란 정상적인 사회생활을 영위할 수 있도록 해주는 제도권 금융기관의 서비스 및 상품을 이용할 수 없는 것이고, 금융포용(financial inclusion)이란 이를 해결하거나 최소화하는 것을 말한다.[1] 현재 인도네시아의 금융업은 연 5%대의 GDP성장 및 중산층의 성장세에 힘입어 금융포용 차원에서 빠르게 성장하고 있다. 금융서비스가 채워나가야 할 기본적인 공백 자체가 매우 크기 때문이다. 구체적으로는 은행계좌를 지닌 15세 이상의 인구가 2014년 기준 전체인구의 36%에 불과하던 수준에서 2017년 기준 48.9%로 급증하였다.[2]

이 같은 금융산업 전반의 급속한 성장 속에서 핀테크(FinTech) 산업 또한 빠르게 발전하고 있다. 핀테크란 금융(Financial)과 기술(Technology)의 합성어로써 금융분야의 기술적인 혁신을 뜻한다. 주식매매 관련 모바일 어플리케이션과 홈페이지, 대출에 입찰을 유도하여 이자를 줄이는 P2P대출, 포트폴리오 관리를 위한 알고리즘을 제공하는 Robo adviser, 온라인 개인 금융관리 툴 등이 여기에 해당한다.

본 연구의 목적상 P2P대출시장만 보아도, 그 빠른 성장세를 충분히 짐작할 수 있다. 인도네시아 내 P2P대출업의 연원이자 크라우드펀딩의 시초는, 2011년 서부

---

* 본 논문은 한국상사판례학회, 상사판례연구 제31권 제2호에 개제된 논문을 수정·편집한 것입니다.

** NY주 변호사.

1) European Commission, Financial Services Provision and Prevention of Financial Exclusion, March 2008, 9쪽.

2) Jonathan Keane, “Indonesia is Priming Itself for a Fintech Future” IDG 2015.12.09, 논평. Next Billion, “Global Findex: Indonesia leads East Asia and the Pacific in financial inclusion progress”, 2018.04.25, 기사.

자바의 한 이슬람 기숙학교 학생들이 사업 아이디어에 재원을 마련코자 설립한 BursaIde.com으로 알려져 있다.3) 웹페이지에 학생들이 아이디어를 게재하고 이를 본 사람이 돈을 빌려주거나 기부하면 학생들이 프로젝트의 세부적인 진행과정을 보고하는 방식이었다.4) 그로부터 불과 7년이 지난 현재는 Investree, Modalku, Zidisha, Koinworks, Amartha 등 총 54여 P2P금융업체가 설립되어있고 이 외에도 2018년 현재 34사의 승인 · 인가가 진행 중에 있다.5) 2018년 5월 말 누적대출액은 총 3조 5천억 루피아(약 2,762억 원)로,6) 같은 시기 한국의 누적대출액(총 2조 2093억원)의 약 1/10수준으로 성장했다.7)

그러나 이러한 핀테크 산업발전의 배경에는 차이가 있다. 한국의 경우에는 이미 선진국 반열에 접어들었으며 전국에서 인터넷 접속이 빠르고 자유롭게 가능한 상황에서 이룬 발전이다. 반면, 인도네시아는 펀더멘털이라 불리는 경제기초여건 자체가 건실하다고 보기에 아직 어렵고 기본적인 인터넷 인프라가 널리 확산되어 있지 않은 가운데 일구어낸 성장이다. 특히 P2P대출업은 서민들의 금융부담을 해소할 새로운 대안인데, 인도네시아 전문가들은 인도네시아의 경제기초여건이 빠르게 발전하고 인터넷 인프라 공백 또한 급속도로 매워지고 있는 점, 인구가 2억6천만에 이르다는 점 등에서 장기적으로 큰 모멘텀을 기대하고 있다.8)

한국 내 P2P금융시장이 활성화 된 이유로 거래비용 절감을 통한 중금리 시장개척이 꼽히는데, 인도네시아의 두터운 금융소외 계층에게는 바로 이 같은 시장수요가 더더욱 크고 절실한 것으로 보인다. 전문가들은 제1금융권뿐만 아니라 금융서비스 자체를 누리지 못하는 80%에 가까운 인구를 P2P금융업의 성장가능성으로 치환하기도 하고,9) 성인 1000명당 소액창업 수가 다른 아시아 신흥시장 대

---

3) Nadine Freischald, 'Five crowdfunding sites in Indonesia', TechinAsia, 2015.05.01, 기사. (https://www.techinasia.com/bursaide-com-the-first-indonesian-crowdfunding-site)

4) Julian Sukmana Putra, 'Bursalde.com, the First Indonesian Crowdfunding Site,' TechinAsia, 2011.04.04, 기사. (https://www.techinasia.com/bursaide-com-the-first-indonesian-crowdfunding-site)

5) Mochamad Januar Rizki, "This 'Leaked' Contents OJK Regulations About Fintech", Hukumonline, 2018.06.05. 기사.

6) Fathiya Dahrul, "Indonesia set to issue stricter regulations for fintech sector", Bloomberg, 2018.05.14.

7) 한국P2P금융협회, P2P대출취급액월간공시. (http://p2plending.or.kr/public/)

8) "Indonesia comes out with regulations for P2P lending platforms," Deal Street Asia, 2017.01.05, 기사.

9) Oxford Business Group, "Indonesian FinTech Start-ups Raise Stakes for Banks" 2015.06.15.

비 현저하게 많다는 점을 들어 미래수요가 훨씬 크다고 분석하기도 한다.[10]

이 같은 시장의 수요와 성장을 반영하듯, 업체들간 자정기능과 입법기관과의 조율을 담당하는 단체도 자발적으로 설립되었다. 한국에서는 P2P금융업체들이 2017년 1월 P2P금융협회를 설립한 반면, 인도네시아에서는 P2P금융업체뿐만 아니라 다양한 핀테크 회사들이 연대하여 2015년 9월 Fintech Indonesia를 설립하였다.[11]

그러나 이 같은 성장과 가능성 뒤로 위험도 현저하다. 무담보 소액대출이 사업으로 악용될 경우 문제의 소지가 높고, 특히 유사수신행위업체 내지 부동산 투기업체의 온라인 플랫폼으로 전락할 가능성도 현저하다. 제도권 금융으로부터 대출을 받지 못하는 층이 더 넓은 반면 유사수신행위에 대한 별도의 규제가 아직 없는 인도네시아에서는 더욱 그러하다. 예금자보호법의 보호를 받지 못하는 투자자에게 위험이 확산될 우려가 높다.

실제로 한국에서도 크라우드펀딩이 발전한 시기인 2015년~2016년 유사수신행위가 대폭 증가하고 P2P금융 내지 크라우드펀딩을 가장하는 등 수법도 더욱 다양화·지능화되는 점이 지적된 바 있다.[12] 이에 따라 한국은 신종 불법사금융행위에 대한 규제 근거를 마련하고 있다.[13] 세계최대의 P2P금융시장이 된 중국 역시 온라인 소액대출의 이자가 너무 높거나, 유동성 문제를 겪거나, 금융사기 등 불법행위에 연루된 부실 플랫폼이 증가하는 등의 부작용이 발생하였다.[14] 2016년 「인터넷 대출정보 중개기관 영업활동관리 임시방법」을 발표한 뒤 인터넷 P2P대출기업

기사.

10) 2014년 기준 성인 1000명당 소액창업업체의 수는 중국 100, 말레이시아 116, 필리핀 58, 인도 57인 반면 인도네시아는 무려 358에 이른다. Jason Ekberg, et.al. “Time for Marketplace Lending Addressing Indonesia's Missing Middle,” Oliver Wyman, 2016, 3쪽.

11) 금융감독청(Otoritas Jasa Keuangan)장 및 주요 금융인사들이 참석한 가운데 발족한 본 협회는 정부정책 및 입법기관과의 조율 및 연구, 핀테크 교육 프로그램, 캠페인, 대화의 장을 마련하며 현재는 총 120사의 스타트업 핀테크 회사 외에도 각종 금융회사, 법률·회계·컨설팅 법인 등이 가입해 있다.

12) “P2P금융, 크라우드펀딩, 가상화폐 투자를 가장하는 등 그 수법도 더욱 다양화 지능화 [⋯] 핀테크 활성화 등 최근 추세를 반영한 다양한 불법 사금융행위로 소비자들의 피해 확대가 우려되는 상황” 금융위원회 금융감독원, 2016.08.19 보도자료.

13) 위의 자료.

14) Juheng Li, China's Lending Crackdown is Notable for Three Reasons, Bloomberg, 2017.11.30, 기사; Emily Feng, China toughens regulations on payday lenders, Financial Times, 2017.12.01, 기사; KDB산업은행, 중국P2P대출규제 강화와 향후전망, Weekly KDB Report 2016.09.05, 기사.

1000여 곳을 퇴출시켰으며, 2017년 중앙은행인 인민은행이 P2P대출의 신규설립을 잠정중단하고 기존 소액대출회사도 신규지역 확장을 금지한 바 있다.[15]

그러나 인도네시아의 P2P금융시장은 그 개관을 다 열지도 않은 시작단계이므로, 어떻게 시장을 성장시키면서 동시에 위험을 관리·감독할 것인지가 매우 중요하다. 이 같은 점들을 종합적으로 고려하여 인도네시아 금융감독청은 2016년 12월 28일 "정보테크놀로지에 기반한 자금 대출 및 대여서비스에 대한 2016년 제77번 규정(Nomor 77/POJK. 01/2016)"(이하 "P2P대출업 규정")을 도입하였다. 그리고 같은 해 중앙은행에서는 이른바 '규제 샌드박스'를 제공하려는 목적으로 'Fintech Office'라는 산하기구를 설립하였고 금융감독청에서는 핀테크를 육성하기 위한 최소한의 규제를 하기 위하여 'Fintech Hub'라는 산하기구를 만들었다.[16] 반면 기술적인 부분의 규제는 정보통신부가 담당케 했다.[17]

이 같은 P2P대출시장의 성장과는 대조적으로, 크라우드펀딩 중 다른 하나인 증권형 크라우드펀딩의 경우에는 2017년에 두 업체가 등장하였으나 같은 해 모두 사업을 접었다. 현재에는 사업자도 없고 아무런 관련규정도 없다. 금융감독청이 현재 규정을 만드는 중이지만, 자세한 내용에 대해서는 아직 예고한 바가 없다.

아래에서는 인도네시아의 크라우드펀딩의 규제와 현황에 대하여 자세히 논의한다.

Ⅱ. 크라우드펀딩의 유형

1. 서 설

크라우드펀딩은 '자금수요자가 자신의 프로젝트나 사업을 인터넷 및 SNS를

---

15) 위의 자료.

16) Otoritas Jasa Keuangan(또는 OJK)는 금융감독청으로 번역한다. 2013년까지 재무부 산하에 있던 자본시장감독청을 독립시킨 뒤 은행업 감독기능을 이전시켜 현재는 은행, 보험, 자본시장, 비은행을 감독하는 기구로 기능하고 있다.

17) 이를 두고 중앙은행, 금융감독청, 정보통신부(Kementerian Komunikasi dan Informatika)가 제각기 다른 비전을 갖고 파편화된 규제의 잣대를 들이민다는 비판이 일었다. Alisha Sulisto, "Who owns Fintech?" the Jakarta Post, 2016.12.13, 기사. 실제로 IT기술의 혁신에 강조를 두는 정보통신부와 금융산업의 안정에 초점을 두는 금융감독청은 각각의 입장이 생리적으로 다를 수밖에 없다. 한국에서도 IT기술의 발전과 새로운 산업이 가져올 혜택을 생각하여 규제를 완화하자는 이른바 '메기론'이 화자 되듯이 인도네시아에서도 유사한 주장이 제기되고 있는데, 이는 금융건전성 및 소비자보호를 위한 금융당국의 목적과 상호 배치되는 면이 있다.

통하여 공개 및 홍보하고, 불특정다수 각자로부터 소액을 지원받아 원하는 금액의 자금을 모집하는 행위'라고 할 수 있다.[18] 보다 자세히는 "제도권 금융에 접근하기 어려운 창업초기 기업이나 영세 중소기업, 예술가, 사회운동가 등이 특정 사업의 수행을 위하여 소비자, 후원자, 추자자 등 불특정 일반대중으로부터 소액의 자금을 십시일반으로 웹사이트 등 인터넷을 통하여 모집하는 행위"라고 할 수도 있다.[19]

크라우드펀딩은 통상 기부형(Donation), 후원형(Reward), 선구매형(Pre-purchase), 대출형(Lending), 증권형(Equity)으로 유형화된다.[20] 이 중 기부형 후원형 선구매형은 통상적인 자선이나 소비의 영역에 머물러서 금융의 기능이 크지 않으므로 별도의 규제가 필요하지는 않다. 반면, 증권형의 경우 자본시장의 자금조달 수단인 증권을 이용함으로써 금융의 기능이 극대화되는 만큼 투자자보호 등의 별도의 규제필요성이 크다. 또, 대출형의 경우에도 최근 눈에 띄게 급성장하여 소액 여유자금뿐만 아니라 법인 자금 등 상대적으로 큰 규모의 투자금도 유입되고 있으며, 사기 가능성도 농후하여 별도의 관리감독이 필요하다.

2. 증권형 크라우드펀딩

크라우드펀딩 중에서도 기업이 주식이나 사채 등 증권을 발행하여 여러 투자자로부터 자금을 조달하는 형태를 증권형 크라우드펀딩이라고 한다. 증권(securities)과 지분(Equity)은 다른 개념이나 증권형에 대해 영문으로는 이미 Equity crowdfunding이라는 용어가 널리 쓰이고 있다. 한국에서는 자본시장법 개정을 통해 "온라인소액투자중개"라는 명칭을 쓰나, 인도네시아에서는 이 같은 입법이 도입되지 않았으므로 여기서는 "증권형 크라우드펀딩"이라 한다.

P2P대출업 규정은 "P2P대출업자는 국가 경제의 공정과 발전을 고려하여 대출자와 차입자가 대출하는 이자율을 정하여야 한다"(제17조)고 정하고 대출자와 차

18) 윤민섭, "자금조달 수단으로서 Crowdfunding에 관한 법적 연구", 「기업법연구」 제26권 제2호 (한국기업법학회, 2012.6), 188쪽.

19) 성희활, "지분투자형 크라우드펀딩(Crowdfunding)의 규제체계 수립에 대한 연구," 증권법 연구 제14권 제2호 (2013), 393쪽.

20) 김은비 · 주성환 "P2P대출의 법적 구조 분석과 규제 방안 연구 -미국과 영국의 P2P대출사례 연구와 국내 P2P대출규제가 나아갈 방향을 중심으로," 「2016년도 금융경제법 연구논문 현상공모 수상논문집」 한국은행, 2016.12, 100~103쪽.

입자가 약관에 대출이자를 반드시 명기하도록 함(제19조 제2항 내지 제5항, 제20조)으로써, 대출형 크라우드펀딩만 규정하고 있다. 나아가 출자자를 '투자자'가 아닌 '대출자'로 정의하였으며, 증권(예컨대 지분증권, 수익증권, 투자계약증권, 파생결합증권, 증권예탁증권 등)을 발행하여 소액투자자로부터 자금을 조달하는 방식 또한 정하지 아니하였으므로 증권형 크라우드펀딩이 규율되지 않음은 더욱 분명하다.

이처럼 인도네시아 P2P대출업 규정이 증권형 크라우드펀딩을 규정하지 않은 것은, 입법 당시 증권형 크라우드펀딩 사업자가 나와있지 않았기 때문이다. 2017년 초 Akseleran, Crowdo 등 소수의 업체가 증권형 크라우드펀딩을 개시하였고, 동년 말 OJK가 증권형 크라우드펀딩 규제안을 본격적으로 연구하기 시작하였다.[21] 그러나, 동년 말 양사 모두 증권형 크라우드펀딩업을 접고 대출형 크라우드펀딩업에만 집중하면서 2018년 2월 현재 시점에 인도네시아에서 증권형 크라우드펀딩을 영위하고 있는 사업체는 없는 상태이다.

3. 대출형 크라우드펀딩

대출형 크라우드펀딩은 Peer to Peer 또는 P2P대출이라고도 한다. 이하에서는 인도네시아에서 보다 널리 쓰이는 용어인 "P2P대출"이라 한다.

P2P대출은 다시 대출중개업자의 중개를 통하는 유형과 대출중개업자를 통하지 않고 대출자와 차입자가 직접 거래하는 유형으로 나뉜다. 전자의 경우는 다시 대출중개업자를 통한 직접 대출형 거래와 기존 법률에서의 제한을 해결하기 위해 변형된 간접 대출형 거래로 나뉜다.[22] 한국에서는 대출자와 차입자 사이의 대출형 거래를 직접 중개하려면 「대부업 등의 등록 및 금융이용자 보호에 관한 법률」상 대부중개업 등록을 해야 하는데, 미등록대부업자에게는 대부 중개를 할 수 없도록 되어있어서 사실상 영업을 할 수 없는 문제가 발생하였다. 즉, 대출중개업자의 중개를 통한 직접 대출형 거래를 할 수가 없었기 때문에, 변형된 간접 대출형 거래가 발생했다.[23]

---

21) Dinda Audriene Muthmainah, "Mitigasi Risiko, OJK Siapkan Beleid Equity Crowdfunding," CNN Indonesia, 2017.11.17 (https://www.cnnindonesia.com/ekonomi/20171117101354-92-256279/mitigasi-risiko-ojk-siapkan-beleid-equity-crowdfunding)

22) 고동원, "인터넷상에서의 개인간(P2P) 금융거래에 관한 법적연구 -P2P대출거래를 중심으로-," 「은행법연구」 제8권 제2호, 은행법학회, 2015.11, 17쪽.

23) 위의 논문. 18-23쪽. 한국에서는 이 같은 문제로 이른바 원리금수취권매입형 거래가 등장하였다.

반면 인도네시아에서는 이 같은 문제가 없기 때문에 구태여 불경제적인 간접 대출형 거래를 고안해 낼 필요가 없었다. 자연스레 인도네시아 P2P대출업계에는 직접 대출형 거래가 주류로 부상하였고 이러한 배경에서 P2P대출업 규정은 중개업자를 통한 직접 대출형 거래만 규율하였다.

(1) 대출중개업자의 중개를 통한 대출형 거래

P2P대출업 규정은, P2P대출업을 "정보통신에 기반한 자금대출 서비스 제공업"이라 칭하고 "인터넷 네트워크를 사용한 전자적 시스템을 통하여 루피아 화폐로 자금대출 및 차입계약을 맺게 하고자 대출자와 차입자를 연결시키는 금융서비스의 제공"으로 정의하고 있다(제1조 제3항).[24)]

여기서 자금대출 및 차입계약이라 함은 금전소비대차계약을 말한다. 금융기관과의 대출계약이 아니고, 개인 사이의 대출 계약이 되므로 기본적으로 민법 제3장 제13절의 금전소비대차 조항이 적용된다.[25)] 인도네시아에는 별도의 이자제한법이 없다. 「고리대금방지에 관한 1938년 524번 규정」의 불공정한 법률행위 내지 폭리행위가 적용될 수 있을 뿐이다.[26)]

P2P대출중개업자는 차입자가 제출한 자료를 토대로 하여 차입자의 대출금 상환 가능성 등을 분석한 후 그러한 정보를 대출자에게 제공하고, 계약 체결 이후 자금이전 및 이자상환 등의 업무를 수행하고, 대출자와 차입자로부터 수수료를 각각 징수한다.

인도네시아에서는 반드시 대부업자나 상호저축은행 등의 금융기관에게 대출을 중개할 필요가 없어서 크라우드펀딩 웹페이지를 통해 직접 대출업자와 차입

대출자에게 차입자에게 직접 대출을 하는 구조가 아니고 대부업자나 금융기관이 차입자에게 대출을 하고 대출자가 그러한 대출계약에 참가하여 대출계약에 따른 원리금 수취권을 매입하는 거래 구조이다.

24) 원문은 다음과 같다: "Layanan Pinjam Meminjam Uang Berbasis Teknologi Informasi adalah penyelenggaraan layanan jasa keuangan untuk mempertemukan pemberi pinjaman dengan penerima pinjaman dalam rangka melakukan perjanjian pinjam meminjam dalam mata uang rupiah secara langsung melalui sistem elektronik dengan menggunakan jaringan internet."

25) Geldeschieters Ordonantie. S.1938－523 (Undang－undang Pelepas Uang). 참고로 인도네시아 공화국이 성립되기 전 네덜란드 통치하에서 만들어진「금전소비대차에 관한 1938년 523번 규정」은 오늘날 사문화되어서 사용되지 않는다. 2016년 No.71/Pdt.BTH/2016/PN.Sby사건에서 원고가 해당 규정을 위반하였다고 주장하였으나, 대법원이 이 주장에 대하여 아예 답변을 하지 않고 무시하였다.

26) Woekerordonnantie 1938, Stb. 1938 No. 524; Ordinance of No. 524 of 1938 on Combating Usury.

자간 중개를 할 수 있었다. 현재 인도네시아 금융감독청에 신고하고 P2P대출업을 영위하는 대부분의 사업체는 본 P2P대출업 규정에 따라 직접 대출형 거래를 중개하고 있다.

P2P대출업 규정은 대출형 크라우드펀딩에 대해서만 규율하며 그 중에서도 대출 중개업자의 중개를 통한 직접 대출형 거래만을 규율한다. 간접 대출형을 별도로 규정하지 않았다. 사견으로는 간접대출형은 다양한 유형을 취하고 자금공급자·자금수요자·중개인의 법적지위가 각기 다 다르므로, 하나의 간결한 유형으로 정리하여 당사자들의 법적지위를 명확히 한 P2P대출업 규정이 보호체계 설계 면에서 탁월하다고 생각한다.[27]

(2) 대출중개업자의 중개를 통하지 않은 직접 대출형 거래

직접체결형은 중개인 및 금융기관이 존재하지 않고, 자금수요자가 직접 자금공급자를 모집하여 금전소비대차계약을 체결하게 된다. 직접체결형은 자금수요자의 상환가능성 및 신용에 대하여 평가해줄 수 있는 기관이 없으며, 자금수요자가 대외적으로 인지도가 높지 않은 경우 자금수요자와 인적관계자가 없는 사람들이 자금공급자로 참여할 가능성이 매우 낮다.[28] 앞서 설명한 BursaIde.com이 바로 그 예시이다.

그러나 이 같은 중개를 통하지 않은 직접 대출형 거래는, 대출자가 차입자의 신용을 개별적으로 파악하는 것이 쉽지 않기 때문에 현재에는 거의 사용되지 않는 것으로 파악된다. BursaIde.com도 현재는 폐쇄되었다.

현재 P2P대출중개업자는 대출업자나 차입자로 직접 참여하는 것이 금지된다(제43조 제b항). 대출중개업자의 직접 참여금지에 대해서는 입법이유를 밝히지 않고 있다. 일반적인 개인거래로는 허용되나, 업으로 하는 행위는 금융업의 허가를 받지 않고는 불가능한 것으로 사료된다.

27) 같은 의견으로 윤민섭, "대출형 크라우드펀딩의 개선방안," 「은행법연구」 제6권 제2호, 은행법학회, 2013. 11, 98쪽. 간접대출형에서는 채권의 소유권이 금융기관에 있기 때문에 자금수요자가 파산하는 경우 투자자가 채권행사를 1순위로 할 수 없게 된다는 점, 금융기관 및 중개인의 추심 또는 담보실행이 늦어지는 경우 투자자에게 예측하지 못한 피해가 발생할 수 있다는 점, 직접대출형의 경우 간접대출형보다 금리를 더 낮출 수 있기 때문에 자금수요자에게 대안금융으로 더 효과가 높다는 점을 든다.

28) 위의 논문, 84쪽.

Ⅲ. 인도네시아 증권형 크라우드펀딩 실패의 원인

1. 인도네시아 증권형 크라우드펀딩 사업의 실패

Akseleran은 증권형 크라우딩을 다루는 업체로서는 최초로 금융감독청으로부터 인가를 받은 업체였다.[29] 증권형 크라우드펀딩 사업을 막고 있었던 인도네시아의 법률적인 문제를 Allen & Overy의 변호사였던 Ivan Nikolas Tambunan가 해결을 시도하면서 2017년 회사를 설립했다. 그러나 같은 해 10월, 법률상의 문제를 해결하지 못하고 대출형에만 집중하는 것으로 결정하였고, 증권형 크라우드펀딩사업은 접게 되었다. 이와 유사하게 싱가포르와 말레이시아에서도 증권형과 대출형 크라우드펀딩을 운영하고 있는 Crowdo 역시 초기 계획과는 달리 인도네시아에서는 증권형을 도입하지 못하였다. 이로써 현 시점에 인도네시아에는 증권형 크라우드펀딩 사업을 하는 업체가 사실상 없는 상태이다.

후술하듯이 인도네시아는 비효율적인 법률로 인해 증권형 크라우드펀딩이 발전하기가 매우 어렵고, Akseleran의 모델 또한 이를 극복하고자 외국의 모델과 매우 다르게 기형적으로 만들어졌다. 왜 인도네시아에서는 증권형 크라우드펀딩의 운영이 어려운지를 보여주는 예시로써, 소멸한 Akseleran의 인도네시아 증권형 크라우드펀딩 구조를 간략하게 소개한다.

2. 100% Rule

일반적 증권발행의 특징인 목표도달형을 차용했다. 60일 내 투자자가 청약한 금액의 합이 모집예정금액에 미달하는 경우 발행 전체를 취소하고 청약증거금을 반환해야 한다. 이는 집단지성을 이용하는 미국의 All or Nothing형이 도입한 것으로, 모집예정금액의 100%에 도달하면 시장의 투자자들이 해당 기업의 사업전망을 신뢰한다고 보는 것이다.[30]

후술하듯이 인도네시아에서는 증권형 크라우드펀딩에 대한 투자유인이 매우 적어서 목표 투자금액의 100% 도달하는 것이 어려운 것은 사실이지만, 이것이

29) Achmad, 'Ivan Nikolas Tambunan, Co-Founder dan CEO Akseleran: Selalu Ingin Bantu Usaha Kecil', Koran Jakarta, 2017.12.02 기사.

30) 석지웅, 증권형 크라우드펀딩제도 (온라인소액투자중개) 도입현황 및 시사점, 정보통신방송정책, 제28권 10호 통권 624호, 16쪽.

증권형 크라우드펀딩의 성공에 있어서 결정적인 문제는 아니다. 100% Rule을 적용했다고는 하지만, 이는 어디까지나 운영초기 시점의 내부적인 정책에 불과하므로 개별건마다 기준을 완화하거나 예외를 두는 것이 가능하기 때문이다. 예컨대 모집예정금액에 부족한 금액에 대한 조달 세부계획을 마련하여 투자자 모두의 동의를 얻는다면 예정금액의 감액도 충분히 가능한 것이다. 한국의 경우에도 80%룰을 적용하고 있다.[31] 즉, 반드시 100%를 달성해야 투자자가 사업전망을 신뢰한다고 볼 것은 아니다.

3. 법적구조 및 문제점

Akseleran의 가장 큰 특징은 Akseleran이 설립한 회사(이하 "㈜Akseleran"라고 한다)가 투자자들에게서 모집한 금액을 출자하여 타겟회사의 주주가 되고 투자자에게는 계약을 통해 일정한 권리를 부여한다는 점이었다. Akseleran의 사업구조를 간략하게 도식화하면 아래 [그림 1]과 같다.

[그림 1] Akseleran의 사업구조

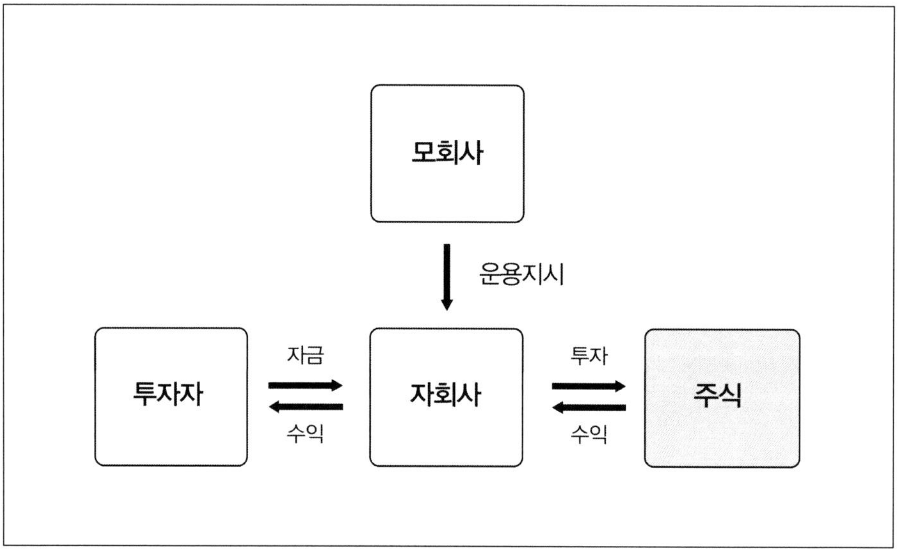

31) 위의 논문.

개별 투자자들의 자금으로 ㈜Akeseleran가 타겟회사의 주주가 되기는 하지만, 투자자는 ㈜Akseleran의 주주가 되는 것은 아니므로 타겟회사의 주주가 되는 것은 아니다. 또, 투자계약 상 개별 투자자가 가진 Akseleran에 대한 권리는 당사자 간 별도의 정함이 없으면 제3자에게 양도할 수 없으므로 자유로이 매매할 수가 없다. 따라서 투자자가 투자자금을 회수할 수 있는 기회는 (ⅰ) 전략적 투자자가 타겟회사의 주식 대부분을 Buy-out하는 경우; (ⅱ) 회사가 주식시장에 상장하는 경우; 또는 (ⅲ) ㈜Akseleran의 지분이 매각되는 경우뿐이다.[32] 지분매각 전에는 이익잉여금이 있다면 배당을 얻을 수는 있으나, 신생회사가 사업확장보다 배당을 위한 이익잉여금이 발생하는 데는 일반적으로 오랜 시간이 걸리기 때문에 주된 투자 목적이 되기 어렵다고 생각한다.

Akseleran은 개별 투자자를 위한 증권임치계정을 두어 타겟회사의 배당금을 투자자에게 배분하고 스스로를 관리인(kustodian)이라 불렀으며, 투자자를 위하여 주주결의서/정관개정/회사관리부 등록/법무인권부 신고 기타 행정을 대신 해주는 것을 장점으로 소개했다.

투자심사역이 잠재력있는 신생기업을 분석하고 출자자로부터 투자재원을 모집하는 벤처캐피탈(2008년 20번 중소기업창업지원법 및 금융감독청 2015년 34 내지 37번 규정)과 유사하지만, 온라인 플랫폼을 통해 불특정다수로부터 투자금을 모집한다는 점에서 차이가 있다. 벤처캐피탈은 대중으로부터 직접 자금을 융통하는 것이 금지된다(금융감독청 No.35/POJK.05/2015규정 제53조 제a목).

투자자로부터 모은 집합투자금을 주식에 대신 투자하여 운용한 후 그 결과를 투자자에게 돌려주는 주식형 펀드(1995년 8번 자본시장법 및 Bapepam-LK Rule[33])

---

32) (https://www.akseleran.com/pertanyaan-umum/investasi)

33) 적용되는 규제가 매우 많다. Bapepam Rule No. IX.C.4 on Registration Statement for a Public Offering of an Investment Fund in the form of a Corporation; Bapepam-LK Rule No. IX.C.5 on Registration Statement for a Public Offering of an Investment Fund in the form of a Collective Investment Contract; Bapepam Rule No. IX.C.6 on Form and Content of a Prospectus for a Public Offering of an Investment Fund; Bapepam Rule No. IV.A.1 on Application Procedures for Obtaining a Business License as a Corporate Investment Fund; Bapepam Rule No. IV.A.2 on Guidelines for Articles of Association of a Corporate Investment Fund; Bapepam Rule No. IV.A.3 on Management Guidelines of a Corporate Investment Fund; Bapepam Rule No. IV.A.4 on Guidelines of Management Contracts of a Corporate Investment Fund; Bapepam Rule No. IV.A.5 on Guidelines of Custodian Contracts of Corporate Investment Fund's Assets; Bapepam-LK Rule No. IV.B.1 on Guidelines for the Management of Investment Fund in the

와도 유사하다. 불특정 다수로부터 모금한 실적 배당형 투자라는 점에서는 유사하나, 특정하고 단일한 비상장 소형회사에 투자를 한다는 점, 온라인 플랫폼을 통해 투자자를 모집하는 점, 증권회사 등을 통하지 않고 구매한다는 점 등에서 차이가 있다.

결국 어느 업종에도 해당하지 않는 Akseleran의 증권형 크라우드펀딩 구조는 자본시장법 위반 소지가 높다. 투자자가 사실상의 주주의 지위에 있다고 본다면, 비상장주식의 매매거래를 하려는 투자자의 주문을 받아 매매조건 및 거래의사 확인 후 당사자 간 매매체결을 중개하는 행위는 자본시장법 상 거래소 유사시설 개설 금지, 장외거래방법 위반 소지가 있다. 또, 그 중개에 따른 증권과 대금의 수수를 이행하는 것은 매출행위로써 증권신고서 제출의무를 위반할 소지가 높다.

설사 위 자본시장법 위반이 아니라 할 경우에도 여러 문제가 산재해있다. 먼저, 투자청 규정인 BKPM Regulation 6 of 2016 제25조 제3항 및 제3a항에 따라 지분소유자가 아니라도 간접적인 소유가 인정된다. 따라서 모집 투자자 가운데 외국인이 단 한 명에 불과하더라도 타겟회사 및 그 자회사는 외국인직접투자회사(이른바 PMA회사)로 전환하여야 하며, 관련 규제를 받게 된다.[34] Akseleran은 온라인 회원가입 시 인도네시아 국적만 선택 가능하게 함으로써 이 문제를 해소하였으나, 결국 유력한 투자자 층이 줄어들게 되었다.

또, 2017년말에 OJK가 관련 규제도입을 예고한 것과 같이 위 거래를 새로운 법률로써 규제할 별도의 업종으로 파악한다면, 관련규제가 없는 상황에서는 투자자를 어떠한 법리로도 충분히 보호하기 어려워진다. 투자자와 ㈜Akseleran의 관계에 대해서 (ⅰ) ㈜Akseleran을 신탁자로 보고 투자자를 수익자로 보는 신탁관계, (ⅱ) ㈜Akeseleran이 투자자를 위해 일정한 주주의 권리를 대리하는 Proxy관계, (ⅲ) 출자금 회수시점에 확정적으로 ㈜Akseleran을 상대로 발생하는 채권에 대하여 ㈜Akseleran이 매입한 타겟회사 지분이 담보로 제공된 담보부 출자관계, (ⅳ) 주주결의서/정관개정/회사관리부등록/법무인권부 신고 기타 주주로써의 각

form of Collective Investment Contracts; Bapepam-LK Rule No. IV.B.2 on Guidelines for Contract of Investment Fund in the form of the Collective Investment Contracts; Bapepam-LK Rule No. IV.B.3 on Exchange Traded Fund; Bapepam Rule No. X.D.1 on Mutual Fund Reporting.

34) 인도네시아는 회사를 외국인 직접투자회사(PMA)와 순수회사(PMDN)로 나누어 각각 다른 업종별 투자제한 및 기타 법규를 적용한다.

종 행정업무 및 출자금 회수를 대리해주는 대리관계, (ⅴ) 투자자가 ㈜Akseleran의 지분을 담보로 조건부 투자금반환청구권을 갖는 예탁관계 등으로 포섭하기 어렵기 때문이다.

투자법 제33조 제1항이 지분명의신탁을 금지하고 있으므로 투자자를 타겟회사의 실질주주로 보는 대리관계 내지 Proxy관계가 성립하기는 어렵다. 특히 의결권 위임장(Proxy)과 관련하여, 인니판례상 주주권 행사는 포괄적으로 위임할 수 없고 상이한 수개의 의안에 대해 기간을 정하여 의결권을 각각 위임하여야 한다. 위임은 본인이 철회하면 그만인데, 본건에서는 임의적으로 권리를 철회할 수도 없고 포괄위임도 불가능하므로 Proxy로 보기는 더욱 어렵다.

주식을 담보로 제공하지 않는 한 담보관계도 성립하기 어렵다. 질권설정의 경우에도 (ⅰ) 질권설정의 합의, (ⅱ) 주권의 교부, (ⅲ) 회사에 대한 통지, (ⅳ) 질권자의 성명과 주소를 주주명부에 기재하여야 입질의 효력이 발생하는데, 위 계약에서 이 같은 효력요건이 구비되지 않는다. 참고로 인도네시아에서는 특이하게도 주식을 동산(Benda bergerak)으로 보기 때문에(인니회사법 제60조 제1항) 동산양도담보(Fidusia)로 제공할 수도 있다.[35] 당연히 입질보다는 양도담보가 담보권자 보호를 위해 더 유리한데, 인니양도담보에서 요구되는 엄격한 형식요건[36]을 갖추기 어려우므로 본 건에서는 해당이 없다.

인도네시아에서 신탁법리가 일반적으로 인정되고 있지 않다는 점에서 영미법

---

35) (1) 인니회사법이 제60조 제1항에서 주식을 동산(Benda bergerak)으로 보기 때문에 동산담보(Gadai)에 대한 인니민법 제1150조 내지 제1153조가 적용되고, (2) 양도담보(Fidusia)에 대해서는 1999년 양도담보에 관한 법률이 적용되기 때문에, 2007년 회사법을 만들 때 양자를 모두 흡수하기 위하여 둘 중 하나를 택하도록 한 것으로 생각된다.
양도담보는 담보물의 소유권을 채권자에게 이전하고 일정한 기간 내에 채무자가 변제하지 않으면 채권자는 그 목적물로부터 우선변제를 받게되지만, 변제하면 그 소유권을 다시 채무자에게 반환하는 담보제도이다(1999년 양도담보법 제1조). 외부적으로만 양도담보권자에게 이전되는 것이지, 실제로는 담보권의 실행에 이르러 해당 목적물을 환가(換價) 및 정산(精算)하여 채권의 만족을 얻고 남은 금액이 있으면 양도담보 설정자에게 지급하는 것이다. 따라서 양도담보권자는 그 이전에 해당 목적물을 임의로 처분할 수 없다는 점에서 한국과 동일하다.
Fiduciary의 사전적인 의미는 "신탁"이지만, 실제로 담보신탁과는 차이가 있다. 담보신탁은 예컨대, 대출을 받기 원하는 자가 신탁회사에게 담보제공을 목적으로 소유권을 이전하고 이에 대한 담보신탁증서를 발급받아 금융기관에 이를 담보로 제공하는 것을 말한다. 소유권이 채권자가 아니라 제3자에게 이전한다는 점에서 다르고, 이는 영어로는 Fiduciary가 아니라 Trust라고 한다.

36) 공증인의 별도 증서구비, 양도담보등기소(Kantor Pendaftaran Fidusia)의 등기부등본(Buku Daftar Fidusia) 등록 등

상 논의를 그대로 가져오는 것 역시 타당하지 않고 투자자 보호도 어렵다.

결국 독자적 무명계약이 되고, 투자자는 일반채권자의 지위에 있게 된다고 볼 수 있다. 계약의 형평성이 문제가 되는데 P2P대출업 규정의 표준약관 사용이 증권형 크라우드펀딩에도 적용되지 않는다. P2P대출에 비해 현금회수의 기회가 좁을 뿐만 아니라, 타겟회사의 채무불이행 외 ㈜Akseleran 내지 Akseleran사업에 문제가 생기는 경우에도 운영리스크를 안게 된다.

이러한 점들을 고려했을 때 인도네시아 내 증권형 크라우드펀딩은 투자자에게는 투자유인이나 보호가 부족할 뿐만 아니라, 사업을 운영하는 자에게는 자본시장법 위반 소지 등의 문제가 발생하게 된다.

4. 회사법 상의 문제점

인도네시아에서의 지분투자는 매우 경제적이지 못하다. 작은 회사를 설립하려해도 그 설립회사의 주주 중 1인이라도 외국인이 있으면 100억 루피아(한화 약 8억원)의 최소설립자본금이 필요하다. 내국인주주만으로 이루어져있더라도 최소 5억 루피아의 최소설립자본금이 필요하다. 지분투자를 하려고 하면 상당한 시간, 노력, 비용이 소요된다. 예컨대 소규모 회사에 대한 투자에도 30일 기간을 지켜 신문공시를 해야 한다거나, 계약 시 일일이 인도네시아어로 번역을 해야 한다거나, 공증을 한다거나, 투자청으로부터 투자받는 허가를 얻어야 한다거나, 회사 관련 변화를 일일이 법무인권부에 등록 내지 통지해야 한다거나, Legalisasi라는 과정을 통해 공문서화 한다는 등의 행정비용과 시간소요가 크다. 특히 폐쇄회사의 비상장 지분을 매입하려면 이 모든 행정들을 직접 담당해야 하므로 불경제가 크다.

크라우드펀딩업은 사모펀드나 자산운용회사처럼 투자자가 거액을 투자하고 수수료를 주면서 몇 년간 기다려주는 사업이 아니다. 소형회사에게 소규모 자본을 융통하는 것을 도와줄 뿐이다. 결국 위 법률조건을 모두 만족시키면서 투자를 하려면 크라우드펀딩업 입장에서나 투자자입장에서나 비용이 효용을 압도한다. 예컨대 수 백명이 총 10억 루피아의 투자를 하는 프로젝트에 100억 루피아의 최소자본금 및 기타 설립운영비가 들고 투자가 온전히 완료되는 데만 수개월씩 걸린다면 누가 투자나 중개를 하겠는가?

더군다나 P2P대출업 규정이 허용하는 대출금액 최대치가 20억 루피아이고 다른 나라들도 일반적으로 증권형 크라우드펀딩에 대한 투자제한이 있다. 추후에 증권형 크라우드펀딩에 대한 규제가 도입되어 같은 수준으로 투자수준을 제한을 한다고 하면 더욱 경제성이 없어진다. 결국 인도네시아에서는 다수의 사람에게서 소규모의 자금을 융통할 때는 대출을 받는 것이 훨씬 경제적이다.

Ⅳ. 인도네시아 대출형 크라우드펀딩 규제의 주요내용

1. P2P대출중개업자

P2P대출업 규정은 P2P대출중개업자를 "정보통신에 기반한 자금대출차입서비스 제공자"로 칭하고 "정보통신에 기반한 자금대출 서비스를 설립·운영·관리하는 인도네시아 법인"이라고 정의한다(제1조 제6항).

P2P대출중개업자는 정확한 정보를 제공하여 대출을 중개만 할 수 있을 뿐, P2P대출에 대해 투자자 또는 차입자로써 참여하는 것은 엄격하게 금지된다(제43조 제b항). 엄격하게 말하면 P2P대출중개업자와 그 설립인이나 주주와는 법인격이 다르지만, 입법의 취지 상 본인 프로젝트의 자금을 모집하기 위해 직접 P2P대출중개업체를 설립할 수 없다고 해석해야 할 것으로 생각한다.

이외에도 중개업자의 성격을 넘어서는 행위, 차입자의 부채 등에 대한 보증행위, 사채를 발행하는 행위, 특정한 대출건에 대하여 추천하는 행위, 불만접수 및 대응을 이유로 별도의 금액을 청구하는 행위 등이 금지된다(제43조 이하).

(1) 법인의 형태

P2P대출중개업자는 주식회사(Perseroan Terbatas: 이하 "PT") 또는 협동조합(Koperasi)의 형태로만 설립 가능하다. (P2P대출업 규정 제2조 제2항)

본래 인도네시아에서는 사업을 영위할 수 있는 조직으로 조합(Persekutuan Perdata), 합명회사(Firma),[37] 익명조합(Commanditaire Vennotschap: 이하 "CV"),[38] 협

---

37) Firma는 법인격 여부가 불분명하다. 등기와 공시를 한 후 상행위에 대하여 직접 책임을 지는 반면, 재산이 그 구성원의 재산과 분리되어 있지 않은 점을 들어 법인이라고 볼 수 없다는 의견도 있다. 이승민, "인도네시아 법률해설," 「한인뉴스」 2016.01, 67쪽. 미국에서도 합명회사에 해당하는 General Partnership은 법인격이 인정되지 않는다. 임재연, 『미국회사법』, 박영사, (2006, 수정2판). 31쪽.

38) Persekutuan komanditer(Commanditarie Vennotschap: 이하 "CV")은 현재까지 합자회사로 오역(誤譯)되는 경우가 대부분이다. 이는 인도네시아 법이 네덜란드 법을 계수하면서 가져온 CV가 오늘날 유럽에서 합자회사로 운영되고 있고, 이와 유사한 미국의 Limited Partnership 역시 법인격이

동조합(Koperasi), 주식회사(PT)만을 인정하고 있는데, 이 중 법률이 분명하게 법인격을 인정하는 단체는 주식회사와 협동조합뿐이다. 따라서, 주식회사(PT) 또는 협동조합(Koperasi)의 형태로만 설립 가능하게 한 것은 P2P대출중개업자에게 법인일 것을 요구한 것이라고 해석된다.

일본의 경우, P2P대출을 하기 위해서는 대금업법에 의한 대금업의 등록을 회피하기 위하여 상법상 익명조합 형태를 취하는 경우가 일반적이다.39) 인도네시아에는 현재까지 익명조합인 CV로 운영하는 P2P대출업은 없으며, OJK 등록업체 및 허가업체 상 주식회사를 설립하는 경우가 일반적인 것으로 나타난다.40)

1) 주식회사

인도네시아의 PT와 한국의 유한책임회사는 모두 영문으로는 Limited Liability Company라고 빈번히 번역하다 보니, PT를 직역하여 유한책임회사라 잘못 사용되는 경우가 많다. 또, PT를 문자 그대로 직역하면 유한(Terbatas)회사(Perseroan)이므로 유한회사라는 오해를 사는 경우도 있다. 오늘날 인도네시아 PT는 유한회사도 아니고 유한책임회사도 아니다.41) 주식회사일 뿐이다.

인도네시아에서는 외국인 직접투자의 경우 주식회사에만 투자할 수 있다. (인도네시아 투자법 제5조 제2항)

인정되어 합자회사로 번역되기 때문으로 사료된다. 즉, 외국인이 인도네시아에 회사를 설립했다 하면 외국인 투자법에 의해 주식회사(PT)만 설립하고 사실상 CV는 사용되지 않다 보니 다른 나라의 CV와의 차이를 굳이 이해할 필요가 없는데 기인하지 않았나 생각된다. 한국의 익명조합, 합자회사 및 인도네시아 CV의 차이를 간단히 도식화하면 아래와 같다.

	한국의 익명조합	한국의 합자회사 (유럽형 CV)	인도네시아 CV
무한책임 영업자와 유한책임 출자자로 구성되어 있는가?	O	O	O
법인격이 있는가?	X	O	X
설립 시 등기를 반드시 해야 하는가?	X	O	X

39) 左光 敦, P2Pレンディングの仕組みと法規制：英国のP2Pレンディング規制を中心に, 日本銀行金融研究所/金融研究/2018.1, 116－118面; 손영화, "P2P대출에 대한 합리적인 규제," 「한양법학」제27권 제3호, 2016, 148쪽.

40) "Baru 32 Fintech P2P Lending yang Terdaftar di OJK," Tribunbisnis, 2018.01.31. 기사.

41) PT/유한책임회사/Limited Liability Company는 이름은 직역하면 의미가 모두 같은 것 같지만 과세책임, 기관 및 운영방식 및 기타 규정의 적용이 완전히 다른 실체들이다. 따라서 직역 시 오해의 소지가 있다. 많은 유럽국가가 주식회사를 영문으로는 직역하여 Limited Liability Company라고 부르고 있다. 예컨대 핀란드는 Limited Liability Company(Osakeyhtiö). 자세히는 Soonpeel Edgar Chang, Indonesian Company Law, 2018, Routledge, 6쪽.

2) 협동조합

협동조합(Koperasi)이라 함은 “협력을 기반으로 가족의 원칙에 입각한 사회경제 활동을 근거로 두는 Koperasi 법인 또는 그러한 개개인을 구성원으로 하는 사업조직”(인도네시아 1992년 제25번 협동조합법 제1조 제1항)이다.[42] 주식회사와 같이 회사에 대해 그 출자금액을 한도로 하는 간접적 유한책임을 지는 조합원만으로 조직되며, 분화된 기관을 가지고 있는 점에서 주식회사와 비슷하다. 그러나 복잡하고 엄격한 규정이 완화되고 지분의 양도가 자유롭지 못한 점, 1주1의결권이 아닌 1인1의결권이 적용되는 점, 인적회사와 비슷한 폐쇄적·비공개적인 성격을 가지고 있다는 점에서 주식회사와 구분된다.

P2P대출업이 등장하기 전부터 협동조합은 무담보소액대출(Microcredit)업체가 많이 사용하던 법인이다. 한국에서도 2012년 1월 26일 협동조합기본법을 제정한 이래 주 사업 이외의 사업으로 정관으로 정하는 바에 따라 사회적 협동조합 중 일부가 조합원을 상대로 소액대출을 하고 있다.[43] 이들은 이익추구보다 사회 피

---

42) 협동조합은 2008년 국제금융위기 이후 전세계적으로 대안적 경제모델로 주목 받은 모델이다. 이는 협동조합이 이용자 소유기업으로서 단기적인 이윤추구보다는 장기적인 이익을 추구하고, 자본이 아닌 인적자원을 중심으로 운영되기 때문이었다. 이에 따라 UN은 2009년 UN 136호 결의문(Resolution 64/136, Cooperatives in Social Development)을 채택하였고 우리나라는 2012.1.26 협동조합기본법을 제정하였으며 2012.12.1부터 시행되었다. 물론 종래에도 농업협동조합(농협), 수산업협동조합(수협), 신용협동조합(신협), 소비자생활협동조합(생협), 새마을금고 등의 협동조합들이 있었으나, 이러한 협동조합들은 각 개별특별법에 의하여 엄격한 요건을 갖춘 경우에만 설립될 수 있었다. 이에 비하여 2012년 협동조합기본법에 의한 협동조합이라 함은, 설립 목적에 동의하고 의무를 다하고자 하는 5인 이상의 조합원만 있으면 쉽게 설립할 수 있는 것으로 기존의 협동조합과는 구별된다.

반면 인도네시아는 1992년 일찍이 협동조합법을 계수하였으며, 2012년 Koperasi 법률이 새로 제정되었으나 Gotong-royong 원칙에 위배된다는 2013년 인니 헌법재판소 판결(No.28/PUU-XI2013)에 따라 파기되어, 현재까지 1992년 법률이 유효하게 시행되고 있다. Koperasi와 관련한 인니표현 중 “조합원으로부터, 조합원에 의해, 조합원을 위한(dari anggota, oleh anggota, untuk anggota)”라는 말이 널리 화자되는 만큼, 법률과는 별도로 사회적으로 공동체적인 정신을 발휘할 것이 기대되는 것으로 보인다. 예컨대 무담보소액대출(Microcredit), 농장운영, 폐품재활용 등 지역사회의 뒷받침 역할을 해주는 업무와 관련되어 Koperasi를 많이 운영하고 있는 것으로 알려져 있다.

이 같은 사회적 협동조합들만 있는 것은 아니고, 영리활동도 충분히 향유할 수 있다. 세계적인 음료회사 썬키스트와 웰치스, 세계3대 통신사의 하나인 AP통신, 스페인의 명문 축구단 FC 바르셀로나, 그리고 세계적인 보험회사인 알리안츠, 우리나라의 대표적인 우유브랜드인 서울우유는 모두 협동조합이다. (강희철, 새로운 공동기업 형태의 활용, 법무법인 율촌, 2014, 25쪽.) 인도네시아의 경우에도 영리를 목적으로 할 수도 있는데, 그렇다고 해도 적어도 인도네시아에서는 Koperasi는 구성원의 복리증진과 상호부조가 주목적이며 영리는 부차적인 목적이라고 보아야 할 것이다.

43) 협동조합 기본법 제94조(조합원에 대한 소액대출 및 상호부조) 제1항 “사회적 협동조합은 (중략)

라미드의 최하층을 경제적으로 돕는 것이 주 목적이다. 인도네시아는 이 같은 사회 취약계층의 지원을 위한 업체와 산업이 발전해왔다.

인도네시아 성인 인구의 20%가 협동조합에 속해있고,[44] 200,000여 인도네시아 협동조합 중 가장 흔한 목적이 저축과 대출이다.[45] 구체적인 내규는 다르지만 일반적인 운영의 형태는 대개 동일하다. 조합원에 대해 공동기금의 창설, 유지를 위해 일정한 조합비와 기부금의 지출이나 조직활동 참여를 의무화 하고, 대신 사망, 질병, 노령 등에 대한 혜택을 청구할 권리를 부여한다. 따라서 보험사업이 이 같은 상호부조 시스템으로 이익을 창출하고 있다.

Amartha의 경우 현재는 주식회사(PT Amartha Mikro Fintek)의 형태로 운영 중이지만, 기존에는 협동조합(Koperasi Amartha)으로 운영하다가 P2P대출업의 확장 및 외국인 지분소유 한도규정에 따라 변경된 사례이다. 또, 기존 오프라인 협동조합에 대하여 신규 P2P대출업이 온라인 플랫폼을 제공하는 형식으로 운영되기도 한다.[46]

(2) 외국인 지분소유

외국인 지분소유 한도란, 외국인 직접 투자제한 업종별로 외국인이 지분을 소유할 수 있는 한도를 말한다. 인도네시아에서는 외국인 직접투자의 경우 주식회사에만 투자할 수 있으므로 (인도네시아 투자법 제5조 제2항) 협동조합에는 해당이 없다.[47]

외국인은 P2P대출업을 영위하는 주식회사의 지분을 최대 85%까지 소유할 수 있다. (P2P대출 규정 제3조 제2항)

상호복리 증진을 위하여 주 사업 이외의 사업으로 정관으로 정하는 바에 따라 조합원을 대상으로 납입출자금 총액의 한도에서 소액대출과 상호부조를 할 수 있다. 다만, 소액대출은 납입 출자금 총액의 3분의 2를 초과할 수 없다."

44) Grameen Foundation. Assessing the role of cooperatives in mobile financial services in Indonesia. (2014). Washington, DC: Grameen Foundation. (https://emitraindonesia.files.wordpress.com/2014/05/e-mitra-grameen-foundation-research.pdf)

45) Makarim, & Taira. (2013). "Indonesia: The new cooperatives law" [blog post]. Mondaq. (http://www.mondaq.com/x/237616/Financial+Services/The+New+Cooperatives+Law)

46) Komida, 'Kerjasama Mekar dengan Komida bisa memberdayakan kaum perempuan di desa untuk menjalankan usaha' 2017.03.01; (http://mitradhuafa.com/?p=108)

47) 주식회사가 아닌 다른 법인의 형태를 사용할 경우 법인 및 지분소유자는 행정처벌의 대상이 된다. (인도네시아 자본투자법 제34조) 또, 산업별 지분율을 우회하려는 지분명의신탁은 절대적 무효이다. (동법 제33조 제2항)

이를 두고 규제간 형평성 논란이 있다. 예컨대 전자상거래업은 외국인이 지분을 100%소유해도 되는 반면에, P2P대출업의 경우에는 85% 외국인 출자제한을 두고, 같은 핀테크임에도 불구하고 지급결제 업체의 경우에는 외국인 지분소유를 20%로 둔 것은 타당하지 않다는 것이다.

인도네시아에서 업종간 외국인 출자제한은 빈번하게 변경되며, 유사산업 간 외국인 출자제한의 형평성 문제 역시 오랫동안 있어왔던 것이다. P2P대출업 및 유사업계의 형평성 논의에 앞서 인도네시아 내 외국인 출자제한 변경 정책과 관련한 본질적인 문제가 있으나 본 연구의 목적 상 생략한다.[48)]

(3) 인허가 및 출자요건

금융감독청에 신고 및 등록한 뒤, 등록일로부터 1년 내에 사업 인허가를 받아야 한다.

P2P대출중개업체의 주주가 변경될 때에도 금융감독청의 사전허가를 받도록 하고 있는데(제12조), 이는 P2P대출중개업체도 금융업체로 파악을 하고 이 같은 금융업의 주인이 될 자에게 적격성이 있는지를 사전에 검토하기 위함이다.

P2P대출중개업을 영위하는 주식회사 및 협동조합은 설립 시에 최소한 10억 루피아의 인수납입자본이 있어야 하며, 사업 인허가 신청 시에는 최소 25억 루피아로 증액하여야 한다(P2P규정 제4조).

한국은 2009년에 법정최소설립자본금제도를 폐지한 반면에 인도네시아는 현재까지도 최소설립자본금 규정을 두고 있다. 업종별 규정을 제외하고 일반적으로 최소 설립자본금은 100억 루피아(내국인주주만 있으면 5억 루피아)이고 사업 인허가 신청 시에는 최소 25%만 인수·납입했음을 증빙하면 되기 때문에(회사법 제33조 제1항) 이 같은 실무를 반영한 것으로 파악된다.

(4) 종업원 및 경영진의 자격요건

P2P대출업자는 반드시 (ⅰ) 1년 이상 IT업계에서 종사하였거나 적절한 자격증명이 있는 IT전문가; 및 (ⅱ) 금융업에서 최소 1년이상의 경험이 있는 1명 이상의 이사 와 감사를 각각 둘 것을 요구한다. P2P대출업자의 종업원이 금융감독청 산하의 교육 및 연수지원을 받도록 하여야 한다.

48) 자세한 내용은 Soonpeel Edgar Chang, Indonesian Company Law, Routledge, 2018. 155쪽.

2. 대여인 및 차입자

(1) 국 적

대출을 받는 사람은 반드시 인도네시아 국적이어야 하는 반면, 자금을 대여해 주는 자는 외국인도 가능하다(P2P규정 제15조).

(2) 차입금액한도: 20억 루피아

차입금액한도란, 단일 P2P대출 플랫폼을 통해서 개인이나 기업이 대출을 받을 수 있는 인당 최대금액, 즉 동일 차입자에 대한 총 누적금액한도를 말한다. (P2P대출업 규정 제6조) 과다부채에 따른 채무자의 불이행으로 채권자가 거액의 손실을 보는 것을 사전에 막기 위한 규정이다.

P2P대출업 규정은 대출금액한도를 20억 루피아(약 1억6천만원)로 정하였다. 본 P2P대출업 규정이 시행되기 전 기왕에 20억 루피아를 초과하여 이행된 대출은 해당 대출이 만기가 될 때까지만 유효한 것으로 하였다. 대출금액에 있어서 한국이나 미국과 달리 소득요건을 구비한 개인투자자나 법인투자자, 전문투자자 등을 별도로 구분하지 않았다.

1개 P2P대출중개업자를 기준으로 한정한 것은 별도의 중앙기록관리기관이 없기 때문에, 1인 채무자를 기준으로 한정하면 여러 업체에서 대출받은 총 누적 대출액이 얼마인지 효율적으로 파악하기 어렵기 때문인 것으로 사료된다.

'어느 정도의 차입금액 한도액이 적정하느냐'의 문제 이전에 '차입금액에 한도를 설정하는 것 자체가 타당한가'가 문제된다. P2P대출의 시초인 영국에서는 아예 차입한도 없이 업계자율에 맡기고 있으며, P2P대출업 법규를 시행한 아프리카와 아시아 국가들을 비교·분석한 2017년 연구에 따르면,[49] 22개 조사대상국 중에 차입금액제한을 둔 나라는 중국과 인도네시아뿐이기 때문이다.

나아가 채권자를 보호하는 데는 정보 투명성을 강화하고 금융사기를 사전에 차단하는 등 다른 방법들도 있다. 예컨대 케냐의 경우 P2P플랫폼을 통해 신용대출 한 자 가운데 상환이 연체된 자를 규제당국의 블랙리스트에 올려 업계가 즉시 알 수 있도록 하였다.[50] 대출자의 신용기록뿐만 아니라 대출내역, 포트폴리오에

---

49) C. Leigh Anderson, et. al. "Digital Credit Regulation in Selected Countries in Africa and Asia," Evan School Policy Analysis and Research, University of Washington, 2017.04.11.

50) 위의 자료. 14쪽.

서 분석 가능한 패턴 등 다양한 정보를 검토하는 것도 방법이다. 실제로도 한국이나 인도네시아의 P2P대출은 이미 신용등급, 소득증명과 같은 정형화된 대출평가가 아니라 실질소득, 사업경력, 월 매출 지속성 등 유연한 조건으로 대출을 평가하고 있다.[51] 이를 온라인으로 자동화할 경우 빅데이터 및 개인정보활용과 관련된 전혀 다른 논의로 이어지므로 여기서는 생략하기로 한다.

크라우드펀딩 체계를 따르되, 스타트업 주식투자와 대출의 리스크 차이, 현행 투자수준 등을 감안한 한국과는 고려사항이 다른 것으로 파악된다.[52] 인도네시아 중앙은행의 고려사항은 아래와 같다.[53]

1) 현행 제1금융권의 신용대출 한도

신용대출 한도란「상업은행의 단기성 대출에 관한 중앙은행 규정(No.10/30/PBI/2008)」제4조 제3항 제c목 및 제e목 및 은행법 1998년 제10번 개정안에 따른 것으로, 동일 채무자에게 신용으로 대여할 수 있는 한도를 말한다. 기존 금융권에서도 동일인 신용대출한도가 있다면, P2P업체에게 대출한도가 부여되는 것은 필연적이다.

2) 기존 금융기관과의 금융소비층 분리

금융시장의 안정성 차원에서 기존 금융기관과의 갈등을 피하기 위해 중소기업·협동조합부(部)와 기타 부처, 비즈니스 관계자들의 논의결과 20억 루피아로 확정하였다.

해당 논의에 따르면 인도네시아 중견기업이 필요로 하는 자본은 보통 20~100억 루피아로, 기존 금융기관에서 신용으로 대여하고자 하나 은행권에서 취급이 어려운(unbanked) 기업을 위해 공백을 메우자는 것이다.[54][55]

---

51) 이현일, "진화하는 P2P대출 심사 기법," 한국경제 2017.03.05, 기사.

52) P2P대출 가이드라인 제정 방안. 금융위원회 금융감독원. 2016.11.

53) Fajar Sulaiman, "Ini Alasan OJK Batasi Pinjaman Fintech P2P Lending Cuma Rp 2 Miliar," Warta Ekonomi, (https://www.wartaekonomi.co.id/read126944/ini-alasan-ojk-batasi-pinjaman-fintech-p2p-lending-cuma-rp2-miliar.html)

54) 위의 자료.

55) 중국 은행감독관리위원회 역시 2015년 12월 발표한「P2P대출종합규제법안인 온라인 신용대출 정보 중개기업 업무활동 관리에 관한 장정 방법」에서 1인당 개별 플랫폼 차입 한도를 두고 P2P대출을 소액민간대출로 정하였다.

(3) 이자율

P2P대출업 규정에서는 이자율에 대해서는 별도의 정함이 없다. 따라서 앞에서 서술하였듯이, 개인 사이의 대출 계약이 되므로 기본적으로 민법 제3장 제13절의 금전소비대차 조항이 적용된다. 인도네시아에는 별도의 이자제한법이 없다. 「고리대금방지에 관한 1938년 524번 규정」의 불공정한 법률행위 내지 폭리행위가 적용될 수 있을 뿐이다.

동 규정에 따르면 "계약당사자간 상호 의무가 존재하며 일방의 의무가 과도할 경우에는 판사가 손해를 입은 당사자의 요청을 받거나 판사 스스로의 재량으로 그 의무를 낮추거나 계약전체를 무효하다고 정할 수 있다. 단, 그 계약이 체결된 상황에서 이 같은 의무를 완전히 계산할 수 없었거나 궁박, 경솔 또는 무경험으로 인한 것이 아닐 경우에는 그렇지 아니하다." 단, 본 조와 관련하여 특정한 이자율을 제한한 사례가 없으며, 이자율이 특정되지 않은 경우에 법원이 6%의 인도네시아 민법에서 정한 법정이자율 또는 평균은행이자율을 적용하고 있다.[56)]

3. 운영과 관련한 준수사항

(1) 에스크로 계정(Escrow Account) 및 가상계좌(Virtual Account)

차입자의 상환금은 반드시 에스크로 계정에 예치하도록 하였고(제24조 제1항) 대출자의 자금은 반드시 가상계좌에 예치되도록 하였다(제24조 제2항). 또, 상환시에는 차입자의 에스크로 계정에서 대출자의 가상계좌로 직접 이체되도록 하였다(제24조 제3항).

가상계좌라 함은 다수의 고객을 보유한 기업이 자금의 입금 및 출금을 용이하게 하고자 고객에게 부여하는 입금확인번호로, 입금자 및 입금액 등의 정보가 미리 설정되어있는 계좌를 말한다. 따라서 입금자 및 입금액이 등록된 정보와 다를 경우에는 입금이 되지 않는다.

P2P대출업 규정 해설서에 따르면, 이 규정의 취지는 P2P업체가 자기 명의로 투자자의 투자금이 예치하는 것을 막기 위함이다. 즉, P2P대출중개업자 명의로 투자자의 투자금이 예치되면 업체의 도산·횡령 등의 문제에 대해 투자금 보호가

56) Ibrahim Sjarief Assegaf, et. al. Loans & Secured Financing (Indonesia), Law Business Research, 2017.08. (https://gettingthedealthrough.com/area/79/jurisdiction/42/loans-secured-financing-indonesia/)

미흡하게 될 수 있으므로, 은행 등 공신력 있는 기관에 예치·신탁토록 하여 P2P 업체가 투자금을 인출하여 유용하는 행위를 사전에 차단하는 것이다. 또, P2P대출중개업자가 파산 등으로 영업을 지속할 수 없을 경우에는 투자금을 투자자에게 우선하여 지급할 수 있도록 조치한 것이다.

(2) 계약조건 및 정보공시

P2P대출중개업자는 대출자에게 표준약관을 쓰도록 하고(제36조) 해당 표준약관에는 최소한 계약번호, 계약일, 계약당사자, 권리·의무, 대출액, 이자율, 수수료, 기간, 관련 비용명세, (필요시) 위약금, 분쟁해결절차(제19조 제2항) 및 대출자에 대한 통지와 불만접수 등의 운영절차(제38조)에 대하여 명확하게 넣도록 법정하였다. 또 계약에 넣을 수 없는 조건으로, 권리·의무를 양도할 수 있다는 조항, P2P대출중개업자가 일방적으로 계약내용을 변경할 수 있다는 조항을 삽입하지 못하도록 하였다(제36조 제2항).

나아가 P2P대출중개업자는 반드시 대출자에게 차입자의 총 누적대출액, 대출목적, 약정 이자율 및 소비임대차기간·상환일을 제공하도록 하였다(제19조 제5항). 단, 차입자의 신원은 제공하지 않도록 하였다.

대출자와 차입자간 직접 체결하는 계약에는 필요 시 담보조건도 필히 작성토록 하였다. 단, 담보에 대하여 어느 정도로 자세히 서술해야 하는지 언급이 없다. 예컨대 담보에 대한 감정평가서, 등기부등본까지 작성할 것이 요구되지 않는다. 나아가 정보공시를 통해 P2P업체가 자율적으로 선순위채권등을 고려하여 담보물 회수예상가액을 초과하지 않는 범위 내에서 담보를 취급하도록 유도하여야 할텐데, 이에 대한 내용이 없다.

이 같은 정보들은 모두 읽고 이해하는데 어려움이 없도록 평범한 인도네시아어로 제공되어야 한다(제32조 제1항).

정보제공 조항을 둔 것은, P2P업체, 투자위험, 차입자, 수익률 등에 대한 정보를 충분히 인지하지 못한 상태에서 투자의사 결정을 할 경우 불완전 판매 등으로 투자자 피해가 우려되기 때문이다. 그러나 본 조항은 대출자에게 충분하지 않을 것으로 사료된다. 투자자 입장에서는 차입자 신용도, 자산/부채 현황, 소득/직장 정보, 연체기록 등 채무불이행 가능성을 검토하기 위해서 필요한 정보들이 많다. 나아가 P2P 업체의 누적 대출액, 대출잔액, 연체율 등도 대단히 중요한 정보이다.

투명성 원칙(제29조 제a목) 및 정보가 거짓이거나 오인하게 해서는 안 된다는 원칙(제30항, 제43조 제f목)의 취지를 살리기 위해서라도 차입자와 P2P업체에 대한 추가 정보가 요구될 것으로 생각한다.

(3) P2P대출중개업자의 개인정보사용

P2P대출 정보기술의 질적인 향상을 위하여 P2P대출중개업자는 다른 P2P대출중개업자와 자료를 공유할 수 있는데(제23조), 여기서 P2P대출 정보기술이라 함은, 빅데이터, Aggregator, Robo advisor, Blockchain을 포함한다(P2P대출업 규정 조문해설).

P2P대출이 기존의 금융기관의 대출 등과 차이를 보이는 것은, 대출을 실행함에 앞서 차입자의 신용도 등을 조사함에 있어 빅데이터 등을 활용한다는 점이다. 이런 방식은 P2P대출이 온라인을 통하여 이루어지기 때문에 가능하게 된 것으로, 기존에 분석하지 않았던 다양한 정보를 활용함으로써 대출의 가능여부와 이자 등을 산출하는 데 있어 신속과 정확을 기할 수 있다. 그런데 이와 같은 빅데이터의 활용과 대출업체간의 공유를 이처럼 허락하면 개인정보에 관한 다양한 문제가 제기될 수 있다. P2P대출중개업자의 기밀보호 의무(제26조)와 상충되는 문제가 발생할 수도 있다. 본 연구에서는 이에 대한 논의는 생략하기로 한다.

(4) 금융감독청 보고의무 및 미준수 시 관리방안

P2P대출업 규정의 실효성을 확보하는 방안으로, P2P대출중개업자에게 월별 보고서와 연차 보고서를 제출하도록 하였다(제44조). 기존 법률 상 금융감독청에게 P2P대출중개업자에 대한 검사 감독권한이 없었으므로 해당 권한을 부여한 것이고, 정기적으로 P2P대출업 규정의 준수여부를 확인하려는 취지이다.

미준수 관리방안으로 금융감독청이 서면경고, 벌금, 영업활동 제약 및 사업허가 취소를 할 수 있도록 하였다(제47조).

(5) 데이터센터 및 재난복구센터 설립 의무

P2P대출중개업자는 인도네시아 영토 내에 데이터센터와 재난복구센터를 설립하여야 한다. 해당 센터는 위험관리, 세이프가드, 전송관리 등 IT업계의 최소표준을 만족하여야 한다. 여기서 세이프가드라 함은 오작동·고장·자료손실 등에 대비한 시스템과 절차를 말한다. 또, 정보보안에 대한 취약성을 상시 감독하여야 한다. (제25조 및 28조) 인니중앙은행에 따르면 핀테크의 규제 샌드박스 도입과 관련

하여 해킹과 같은 사이버 공격으로 민감한 금융정보의 보안이 취약해질 수 있는 점은 중요한 고려사항이라 한다.[57)]

나아가 전자시스템 절차 전체에 걸쳐서 감사증적 또는 감사추적이라 불리는 Audit Trails을 반드시 준비하여야 한다(제27조). 감사증적이라 함은, 적절한 정책이나 표준에 따라 기록 관리가 이루어졌는지를 검사하기 위하여, 기록관리 과정에서 기록에 대하여 행해진 조치를 처음부터 끝까지 기록하여 기록 자체와 함께 남기는 정보를 말한다. 접근을 포함하여 기록에 대하여 행해진 모든 조치를 취한 시간, 수행한 주체, 그리고 수행된 행위의 유형에 대한 정보를 포함하는 것이다. 여기서 감사라 함은, 외부회계감사 외에도 내부감사 기타 과거흔적을 조사하기 위한 증거를 남기는 것이다. 수기로 작성되던 정보가 전산화 및 자동화되면 감사증적이 줄어들어 추적이 어려워지는 문제가 있으므로 이를 방지하기 위한 것으로 사료된다.

V. 결 론

2016년 P2P대출업 규정은 대출형 크라우드펀딩을 하나의 간결한 유형으로 정리하여 당사자들의 법적지위를 명확히 하였으므로, 보호체계 설계 면에서 탁월하다고 생각한다. 특히 중국이나 한국처럼 P2P금융시장이 훨씬 큰 국가들이 자체법규를 완비하기도 전에 대출금액한도, 에스크로 계좌, 계약조건, 정보공시 등 중요한 부분들을 파악하고 만든 입법으로써는 훌륭하다 생각한다. 단, 앞서 살펴본 바와 같이 담보여부 내지 투자자의 종류에 따른 대출금액한도의 차등화, 공시할 정보의 구체적인 내용 등 개선할 부분이 일부 존재한다. 2018년 6월 현재까지도 P2P대출업 법이 시행되지 않은 한국에서는, 시장규모도 훨씬 작은 개발도상국에서 이미 수년 앞서 이 같은 규정을 완비했다는 사실이 시사하는 바가 크다고 사료된다.

과다채무자가 제도권 금융기관에게 대출을 받기 어렵고, 이들을 위한 금융부담을 해소하기 위한 새로운 대안 금융 중 하나가 크라우드펀딩이라는 점에는 의심의 여지가 없다. 그러나 무담보 소액대출이 사업으로 악용될 경우 문제의 소지

---

57) Bank Indonesia, 「Kajian Stabilitas Keuangan」No.28, 2017.03, 175쪽.

가 높고, 위험이 투자자에게 확산될 우려가 높다. 인도네시아는 유사수신업이나 부동산투기에 대한 규제도 아직까지 발달하지 않았다. 절대적 기준으로 보나 상대적 기준으로 보나 저소득층과 금융소외계층이 한국보다 넓고 이러한 계층만을 위한 소액대출(Microcredit)에 특화한 업체들이 많기 때문에 부실위험이 더 높다. 물론 낮은 연체율을 자랑하는 우수한 P2P대출업체도 있지만, 현재 우후죽순으로 등장하는 신규 P2P대출업체의 수를 볼 때 유동성 문제를 겪거나 부실 플랫폼이 증가할 확률 또한 매우 높다. 따라서 부실위험에 비례하여 시장의 관리·감독기능이 더욱 중요하다고 생각된다. 이 점은 현재 입법을 준비하고 감독기능을 정비하고 있는 한국에서도 중요한 점이다.

반면, 인도네시아에서 증권형 크라우드펀딩업은 발달했다고 보기에는 어렵고, 어떤 규제를 해야 할지 연구가 필요한 것이 사실이다. 그러나 그 이전에 인도네시아 증권형 크라우드펀딩이 처한 회사법 상의 비용 문제와 기존 자본시장법 및 하위 법령에서 정한 규정과의 문제를 어떻게 해결할지에 대한 연구가 선행되어야 한다. 특히 현재의 회사법에서 요구하는 회사설립 및 지분발행과 관련한 비용, 시간 및 각종 행정업무는 소규모의 투자금을 다수의 사람에게서 조달하는 중소기업에게 지나친 부담이다. 이를 해결하지 못하면 증권형 크라우드펀딩 산업 자체가 인도네시아에 등장하기 대단히 어려울 것으로 분석된다.

참고문헌

고동원, “인터넷상에서의 개인간(P2P) 금융거래에 관한 법적연구 －P2P대출거래를 중심으로－”, 「은행법연구」 제8권 제2호, 은행법학회, 2015.11.

금융감독원 금융위원회, “P2P 대출 가이드라인 제정 방안” 2016년 11월 보도자료.

윤민섭, “자금조달 수단으로서 Crowdfunding에 관한 법적 연구”, 「기업법연구」 제26권 제2호, 한국기업법학회, 2012.6.

윤민섭, “대출형 크라우드펀딩의 개선방안”, 「은행법연구」 제6권 제2호, 은행법학회, 2013. 11.

성희활, “지분투자형 크라우드펀딩(Crowdfunding)의 규제체계 수립에 대한 연구”, 「증권법 연구」 제14권 제2호 (2013).

석지웅, “증권형 크라우드펀딩제도(온라인소액투자중개) 도입현황 및 시사점”, 「정보통신방송정책」 제28권 10호 통권 624호.

손영화, “P2P대출에 대한 합리적인 규제”, 「한양법학」 제27권 제3호, 2016.

서영미, “국내외 P2P 대출중개업 관련 규제 동향 및 시사점”, 금융투자협회 2015년 08월 05일자 보도자료.

이승민, “인도네시아 법률해설,” 「한인뉴스」 재인도네시아한인회, 2016.01.

한국산업은행, 중국P2P대출규제 강화와 향후전망, Weekly KDB Report, 2016년 09월 05일자 보도자료.

Soonpeel Edgar Chang, Indonesian Company Law, Routledge (2018).

C. Leigh Anderson, et al. “Digital Credit Regulation in Selected Countries in Africa and Asia,” Evan School Policy Analysis and Research, University of Washington (11 April 2017).

左光　敦, P2Pレンディングの仕組みと法規制：英国のP2Pレンディング規制を中心に, 日本銀行金融研究所/金融研究/2018.1.

Bank Indonesia, “Kajian Stabilitas Keuangan No.28” (March 2017).

Crowd Institute, “Peer to Peer Finance Growth Report” (11 January 2018): http://post.naver.com/viewer/postView.nhn?volumeNo=12010273&memberNo=3045295

3&navigationType=push, accessed on 28 February 2018.

Dodi Esvandi, "Baru 32 Fintech P2P Lending yang Terdaftar di OJK," Tribunbisnis (31 January 2018): http://www.tribunnews.com/bisnis/2018/01/31/baru-32-fintech-p2p-lending-yang-terdaftar-di-ojk, accessed on 28 February 2018

European Commission, "Financial Services Provision and Prevention of Financial Exclusion" (March 2008).

Grameen Foundation "Assessing the role of cooperatives in mobile financial services in Indonesia" (2014).

Ibrahim Sjarief Assegaf, et. al. "Loans & Secured Financing (Indonesia)," Law Business Research (August 2017): https://gettingthedealthrough.com/area/79/jurisdiction/42/loans-secured-financing-indonesia/ accessed 28 February 2018.

International Monetary Fund, "IMF Country Report No.17/152, Indonesia," (June 2017)

Jason Ekberg, et.al. "Time for Marketplace Lending Addressing Indonesia's Missing Middle," Oliver Wyman (2016)

Michael Mori and Trevor Zimmer, "Mobilizing Banking for Indonesia's Poor," Innovations, Vol.10 No.1-2. (2015).

제 3 장

P2P 대출 거래 규제의 입법 방향

- 제1절 P2P 대출 거래 규제의 방향 – 고동원
- 제2절 P2P 대출 거래 규제의 법제화 방안 – 윤민섭
- 제3절 P2P 대출 거래 규제의 입법안 검토 – 이지은

P2P 대출 거래 규제의 방향*

고 동 원**

Ⅰ. 머리말

우리나라에서 정보통신망을 이용하여 당사자 사이에 직접 대출 거래가 이루어지는 P2P(Peer－to－Peer) 대출 거래(이하 "P2P 대출 거래"라 한다)의 규모가 커지고 있다. 2015년부터 거래 규모가 커지기 시작하더니 2016년과 2017년에 급격히 증가했으며, 2018년 9월말 기준으로 누적 대출액이 4.3조 원에 달하고 있어[1] 증가 속도가 급격히 빨라지고 있다. 반면에 정보통신망에서 P2P 대출 거래를 중개하는 중개운영업자(platform 회사를 말한다)(이하 "대출중개업자"라 한다)의 사기(詐欺) 행위나 직원의 횡령 등에 의한 사고 규모도 커지고 있어 투자자들의 피해가 발생하고 있는 문제점도 노출되고 있다. 이는 아직 대출중개업자에 대한 규제 체계가 정립되어 있지 못해서 무분별하게 대출중개업자가 영업을 하는 것도 이유 중의 하나이다. 바로 대출중개업자에 대한 규제를 할 필요가 있다는 점을 말한다. 금융감독당국에 대한 등록제를 통하여 규제 체계 안에 들어오게 할 필요가 있는데, 이를 위해서는 등록제에 대한 법적 근거를 만들 필요가 있다. 현행 법률로 규제할 수 없는 이유 중의 하나이다. 그리고 차입자(borrower)와 투자자인 대출자(lender)를 보호하기 위한 장치도 마련하여야 한다. 이렇게 해야 건전한 P2P 대출 거래가 형성되어 이 산업이 발전할 수 있기 때문이다.

이렇게 하기 위해서는 결국 새로운 법률을 제정하는 것이 가장 효율적인 방법

---

* 「은행법연구」 제8권 제2호(은행법학회, 2015. 11)에 게재되었고, 「금융법의 이론 실무」(은행법학회 편, 피앤씨미디어, 2016. 11)에 수정되어 실린 글 중 일부분을 발췌하여 수정·보완한 것이다.

** 성균관대학교 법학전문대학원 교수, 법학박사.

1) 금융위원회, "P2P대출 가이드라인 개정 방안 및 법제화 방향," 보도자료, 2018. 12. 11, 2면.

이다. 현행 법률로는 규제에 한계가 있기 때문이다. P2P 대출 거래 및 중개업은 새로운 유형의 금융업으로 보아야 하지 대부업이나 대부중개업으로 보아 「대부업 등의 등록 및 금융이용자 보호에 관한 법률」(이하 "대부업법"이라 한다)로 규제하기에는 적절하지 않다. 증권형 P2P 금융 거래를 규율하는 「자본시장과 금융투자업에 관한 법률」(이하 "자본시장법"이라 한다)의 규제를 받도록 하는 것도 적절하지 않다고 본다. 기업이 아닌 개인이 증권을 발행할 수 있는지에 관한 근본적인 문제가 제기될 수 있고, 자본시장법은 강한 규제를 하고 있어 P2P 대출 거래의 성장에도 걸림돌이 될 수 있기 때문이다. 그래서 바람직한 방향은 새로운 법률을 제정하여 대출중개업자에 대한 등록제 도입, 투자자 및 차입자를 보호하기 위한 규정, 현행 법률에 저촉되는 법적 문제의 해결 등에 관한 내용을 포함시킬 필요가 있다.

그래서 이 글은 P2P 대출 거래에 관한 새로운 법률 제정의 필요성과 새로운 법률에 담아야 할 내용에 대한 분석을 하고 있다. Ⅱ.에서는 관련 법제의 필요성에 대하여 간단히 살펴보고, Ⅲ.에서는 새로운 법률에 담아야 할 사항을 제안하고 있다.

Ⅱ. 관련 법제 정비의 필요성

P2P 대출 거래가 저소득층 등 금융 소외 계층을 위한 대안 금융이 될 수 있다는 점에서 이 거래를 활성화시키는 방안을 강구할 필요가 있다. 더욱이 정보 기술이 발전하면서 비대면 금융 거래가 보편화되는 추세를 고려할 때 P2P 대출 거래는 미래의 주요 금융 거래가 될 가능성도 있다. 금융기관을 거치지 않은 거래라 기본적으로 거래 비용이 적게 드는 장점이 있다. 차입자 입장에서 보아도 낮은 금리로 자금을 조달할 수 있는 장점이 있고, 투자자인 대출자 입장에서는 다른 금융상품에 비하여 비교적 높은 이자 수익을 올릴 수 있다. 물론 대규모 금융 거래가 일어나기는 쉽지 않겠지만, 그래도 기존 은행 등 금융기관이 취급할 수 없는 분야의 금융 거래가 이루어질 수 있다는 점에서 P2P 대출 거래의 활성화가 필요하다. 특히 기술력은 있지만 기존 금융기관으로부터 차입이 어려운 창업 기업에 대한 자금 조달 수단으로 제도화된다면 기술 산업의 발전에도 도움이 될 수 있다.

그런데 우리나라의 P2P 대출 거래의 현실을 보면 여러 가지 법적인 불안정성에 노출되어 있어 거래 활성화에 장애 요인이 되고 있다. 원래 의미의 직접 대출형 거래가 이루어지지 않고, 대부업자나 상호저축은행 등 금융기관이 개재된 변형된 간접형 P2P 대출 거래가 이루어지고 있다. 그만큼 비용이 많이 드는 문제점이 있다. 그리고 P2P 대출 거래를 활성화시키려면 투자자인 대출자를 보호하고 동시에 차입자인 자금 수요자도 보호해야 하는 것이 중요한데도 불구하고, 이에 관한 법제가 불완전하다. 차입자의 부실 정보 제공에 의한 투자자의 손실 위험을 막을 제도적인 방안이 필요하고, 차입자를 보호하기 위한 설명 의무의 도입 등 제도적 정비가 필요한데, 이에 관한 법제가 미비하다. 결국 법제 정비 방안을 마련하는 것이 긴요하다는 결론이 된다.

그러면 어떻게 관련 법제를 정비하느냐의 문제이다. 여러 가지 견해가 있을 수 있다. 해당 관련 법률들을 일일이 개정하는 방안을 생각할 수 있고, 유사한 관련법인 대부업법을 개정하여 관련 조항을 정비하는 방안도 검토할 수 있고, 증권형 P2P 금융거래를 규율하고 있는 자본시장법을 개정하는 방안도 고려할 수 있겠고, 정보통신망에서 영업을 한다는 점에서 「전자금융거래법」을 개정하는 방안도 검토할 수 있고, 아니면 새로운 법률을 제정하는 방안을 생각할 수도 있다. 이 중에서 새로운 법률을 제정하는 방안이 타당하다고 본다.

Ⅲ. P2P 대출 거래의 규제 방안

1. 서 설

관련 법률들을 정비하는 방안은 모든 규제 법률들을 찾아내어 각 관련 법률들에 반영하여야 한다는 점에서 번거롭다. 그리고 모든 관련법들에 필요한 부분만 반영하기 때문에 P2P 대출 거래를 위해서 일일이 이러한 관련법들을 검토해야 한다는 점도 비효율적이고 체계적이지 못하다는 단점이 있다. 예를 들어, 대부업법, 자본시장법, 자금세탁 방지 관련 법률들 등 여러 가지 법률들을 개정해야 하는 문제가 있다. 대부업법 개정 방안도 대부업의 특성과 P2P 대출 거래의 특성이 다르다는 점에서 좋은 방안은 아니다. 자본시장법 개정 방안도 대출 거래를 증권 규제를 기본으로 하는 법에 반영하는 것이라 좋은 방법이라고 보이지 않는다. 「전자금융거래법」 개정 방안도 이 법이 전자 자금 이체 및 거래에 관련된 법이라 적

절하게 보이지 않는다.[2)]

그렇다면 체계성을 갖추면서 규제의 명확성을 도모하여 효율적인 규제를 할 수 있는 방법은 단일 법률을 새로 제정하는 방안이다.[3)] 물론 새로운 법률을 제정하는 것이 절차 면에서 개정 방법보다도 까다롭고 번거로운 일일 수는 있겠지만, P2P 대출 거래를 활성화시킨다는 면에서는 거쳐야 할 과정이라고 본다. 「전자상거래 등에서의 소비자 보호에 관한 법률」(이하 "전자상거래법"이라 한다)의 개정을 통한 입법 정비를 주장하는 견해도 있지만,[4)] 금융거래라는 특성상 물품이나 용역 거래가 전제되는 전자상거래법[5)]의 개정 방안은 그렇게 적절하게 보이지 않는다. 더욱이 P2P 대출 거래에 적용될 수 없는 전자상거래법의 내용을 일일이 검토하여 배제 조항을 두는 것도 번거로운 일이다. 또한 전자상거래법에 반영하게 되면 전자상거래법의 관할 부처인 공정거래위원회의 규제를 받아야 하는데, P2P 대출 거래는 금융 거래이어서 금융감독당국인 금융위원회 및 금융감독원이 담당하는 것이 타당하므로 이러한 점에서도 전자상거래법 개정 방안은 부적절해 보인다. 그것보다는 관련 법률을 별도로 제정하는 방안이 더 나을 것이다. 이 경우 법 명칭은 "정보통신망을 이용한 직접 대출 거래 및 중개에 관한 법률"을 고려할 수 있을 것이다. 그렇다면 단일 법률을 새로 제정할 때 어떤 내용이 들어가야 할지를 생각해보아야 하는데, 이하에서 논의하기로 한다.

---

2) 대부업법 개정이나 자본시장법 개정 방안을 제시하는 견해는 서병호, "P2P 대출시장 분석 및 시사점," P2P 대출시장 발전방안 공청회 발표 자료, 한국금융연구원, 2015. 11. 13, 65면.

3) "국내의 금융관련 법체계상으로 다수의 대출신청자와 자금제공자가 경매방식을 통해 법적 효력을 가진 대출계약을 체결하는 것이 불가능하므로 P2P금융에 관한 법률을 신설하여 이러한 계약의 체결에 관한 사항을 새롭게 규정할 필요"가 있다는 주장은 이건호, "P2P금융의 현황 및 법제도적 개선방안," 국회입법조사처 간담회 자료, 2011. 1. 10, 28면.

4) 김정주·김애진, 「비투자형 크라우드펀딩 법제화의 쟁점과 입법적 개선과제」, 국회 입법조사처 현안보고서 제239호, 2014. 9. 11, 58면. 그 근거로 "① 대출형 크라우드펀딩이 온라인을 통해 이루어지고 있고, 금전대차거래 역시 현행 「상법」 제46조에서 정하고 있는 기본적 상행위에 해당하고, ② 전자거래라는 거래방식으로부터 현재의 대출형 크라우드펀딩이 가진 문제점이 파생되는 측면이 크므로 「전자상거래법」을 기본적인 규제틀로 활용하는 것이 바람직[하다]"라고 하고 있다.

5) 전자상거래법 제1조의 목적 조항은 "전자상거래 및 통신판매 등에 의한 재화 또는 용역의 공정한 거래에 관한 사항을 규정함으로써. . ."라고 하고 있어서, 비록 "전자상거래"가 "전자거래 . . . 의 방법으로 상행위(商行爲)를 하는 것"(제2조 제1호)이어서 금전대차거래도 상행위의 하나에 속하지만(상법 제46조 제4호), 재화나 용역의 거래에 해당하는 전자상거래로 한정한다고 보는 것이 타당할 것이다.

2. 새로운 법률에 반영되어야 할 사항

새로 제정되는 법률에는 우선 앞서 본 것처럼 법적인 논란이 있는 사항에 대한 배제 조항을 두거나 명확하게 하는 조항을 둠으로써 법적 불안정성을 해소하는 것이 필요하다. 또한 P2P 대출 거래가 활성화되기 위해서는 투자자인 대출자와 소비자인 차입자를 동시에 잘 보호함으로써 P2P 대출 거래의 신뢰성을 확보하여야 하므로 이에 관한 추가 조항을 두면서, 대출중개업자의 영업에 대한 규제 조항을 신설하는 것이 필요하다.

(1) 관련 법률들의 적용 배제 또는 적용 조항

1) 「대부업의 등록 및 금융이용자 보호에 관한 법률」의 적용 배제 조항

첫째, 투자자인 대출자가 2회 이상 대출을 하는 경우에 대부업을 영위하는 것으로 볼 수 있다는 법적 논란이 제기되므로 이를 명확히 해야 한다. 특히 투자자가 개인인 경우 대부업자로 규제할 실익이 크지 않다는 점에서 대부업자에서 제외하는 조항을 신설해야 할 것이다. 이는 개인인 대출자는 대출을 영업으로 하려는 의사보다는 단지 투자의 수단으로 생각한다는 점에서 굳이 영업성을 인정할 필요가 없기 때문에 대부업의 정의에서 배제할 필요가 있다. 물론 개인이 아닌 법인 등 사업자가 대출을 하는 경우에는 그러한 법인 등을 대부업자에서 배제할 필요는 없을 것이다. 사업자인 경우에는 규제할 필요가 있기 때문이다.

둘째는 대출중개업자가 대부업법상의 대부중개업을 영위하는 지에 대해서는 법적 논란이 제기되므로 이를 해결할 필요가 있다. 대출중개업자도 대부중개업을 영위하고 있다고 보는 것이 타당하게 보이므로 새로운 법률에 이를 명확히 할 필요가 있는데, 정보통신망상에서 전산운영체계(platform)를 운영하는 대출중개업자의 특성을 고려할 때 일반 대부중개업자와 동일하게 규제할 필요는 없다고 본다. 따라서 대출중개업자에 대해서는 대부업법 적용을 배제하고 대출중개업자의 특성을 반영한 별도의 규제 조항, 즉 대출중개업자에게 금융감독기관에 등록을 하도록 하는 제도가 바람직할 것이다.

2) 「자본시장과 금융투자업에 관한 법률」의 적용 배제 조항

대출채권이 자본시장법상의 채무증권에 해당하는지에 관한 쟁점도 해결해야 할 어려운 문제 중의 하나이다. 물론 이론의 여지가 없는 것은 아니지만, 자본시장법상의 금융투자상품의 정의, 증권의 정의 및 채무증권의 정의에 비추어 문리적 해석을 해보면, 대출채권도 채무증권으로 볼 여지가 있다.[6] 그렇다면 자본시장법 적용 대상이 되는데, P2P 대출 거래를 자본시장법 적용 대상으로 포섭해야 할지는 고민할 필요가 있다. 증권형 P2P 금융 거래가 자본시장법 적용을 받는다는 점, 다수로부터 자금을 조달하므로 P2P 대출 거래가 증권 발행과 성격이 유사하다는 점, 단지 대출의 형태이므로 자본시장법 적용을 배제한다는 것이 합리적이지 않다는 점 등을 고려하면 자본시장법을 적용해야 한다는 주장이 타당할 수도 있다. 특히 미국의 경우도 증권법의 규제 대상이라는 점에서 설득력이 있을 수 있다.

그러나 증권 발행에 의한 자금 조달과 차입에 의한 자금 조달이 방식 면에서 차이가 있다는 점, 증권 중 주식 발행에 의한 자금 조달과 차입에 의한 자금 조달은 그 성격이 완연히 다르다는 점(주식 발행은 자본 항목, 차입은 부채 항목에 해당한다), 대출채권이 채무증권의 범위에 포함되지 않는다는 견해에 따르면 자본시장법 적용이 타당하지 않을 수 있다는 점, 미국의 경우도 증권법 규제 대상이 되는 것에 대한 비판적인 견해가 있다는 점 등을 고려하면, P2P 대출 거래를 자본시장법 적용 대상으로 하여 규제할 필요가 없다고 볼 수 있다. 특히 개인인 차입자와 대출중개업자에게 금융감독기관에 대한 증권 발행 신고서 제출 및 공시 의무를 적용하게 되면 거래 비용과 부담이 늘어나 P2P 대출 거래의 활성화에 장애 요소가 될 수 있다는 점도 고려해야 한다. 이 점이 미국에서도 P2P 대출 거래를 증권법상의 규제 대상으로 하는 것에 대한 주요 비판적인 근거 중의 하나이었다. 그렇다면 P2P 대출 거래의 대출채권을 자본시장법상의 채무증권으로 보지 않는다는 조항을 신설하여 법적 논란을 해소시키고 자본시장법 적용을 배제하는 방향이 바람직할 것이다.

3) 「유사수신행위 규제에 관한 법률」의 적용 배제 조항

차입자의 차입 행위가 「유사수신행위 규제에 관한 법률」상의 해석상 유사수신행위로 보지 않는 것이 타당하다고 판단되지만,[7] 그 반대의 견해도 있다는 점을 고려하면, 이를 명확히 할 필요가 있다. 그래서 유권해석을 통해 이를 명확히

---

6) 자세한 사항은 이 책 제1장 제2절 참조.
7) 자세한 논의는 이 책 제1장 제2절 참조.

하거나, 아니면 차입자의 차입 행위가 유사수신행위에 해당하지 않는다는 조항을 새로운 제정 법률에 추가하는 것도 고려하여야 한다.

4) 자금 세탁 방지 관련 법률의 적용 조항

P2P 대출 거래가 자금 세탁에 이용될 가능성도 있기 때문에 이를 방지하기 위한 법제 정비도 필요하다. 자금 세탁 방지 관련 법률인 「특정 금융거래정보의 보고 및 이용 등에 관한 법률」 상의 규제 대상이 될 수 있도록 대출중개업자를 "금융회사 등"의 범위에 포함시키는 조항을 새로운 법에 두는 것이 필요하다. 또한 관련 법률인 「범죄수익은닉의 규제 및 처벌 등에 관한 법률」과 「공중 등 협박목적을 위한 자금조달행위의 금지에 관한 법률」의 경우도 마찬가지이다. 대출중개업자를 이들 법률상의 "금융회사 등"의 범위에 포함시키는 조항을 새로운 법에 두어 이 법률들의 규제 대상이 되도록 하여야 한다.

5) 금융 분쟁 조정 제도의 적용 조항

대출중개업자와 차입자 또는 대출자 사이에 발생하는 분쟁과 관련해서는 「금융위원회의 설치 등에 관한 법률」에 따르면 금융감독원 금융분쟁조정위원회의 조정 대상이 되지 않는다.[8] 결국 「소비자기본법」에 의한 한국소비자원의 소비자분쟁조정위원회의 분쟁 조정 대상이 될 수밖에 없는데, 소비자분쟁조정위원회는 모든 소비자 분쟁에 관련된 분쟁 조정을 하므로 아무래도 금융에 관한 전문성이 떨어져 효율적인 분쟁 조정이 되기가 어렵다. 따라서 금융분쟁조정위원회의 분쟁 조정 대상이 될 수 있도록 새로운 법에 규정하여야 할 것이다.

(2) 차입자 보호 내용

차입자에 대한 보호 조치도 마련되어야 한다. 결국 소비자인 차입자에 대한 보호 장치가 있어야 P2P 대출 거래가 활성화될 수 있다.

1) 대출중개업자의 대출 계약 주요 내용 설명 의무

대출중개업자가 대출 중개를 하면서 대출 계약의 체결 전에 차입자에게 차입에 따른 위험 등 대출 계약의 주요 내용을 설명하거나 고지하도록 하는 의무 규정을 둘 필요가 있다. 그렇게 함으로써 차입자가 대출 계약의 중요 내용을 이해하고 계약 체결의 여부를 결정할 수 있기 때문이다. 특히 차입자가 채무 불이행

8) 자세한 논의는 이 책 제1장 제2절 참조.

을 했을 때 차입자의 신용도가 떨어질 수 있다는 점과 다른 금융기관에게 연체 사실을 통보할 수 있다는 내용, 그리고 담보부 차입의 경우에는 담보 목적물이 경매 등을 통하여 처분될 수 있다는 사실을 차입자에게 미리 고지하도록 하는 조항도 두어야 한다.

2) 대출중개업자의 연체 사실 통지 의무

차입자가 원리금을 제때에 지급하지 않아 연체될 때는 대출중개업자가 즉시 연체 사실을 차입자에게 통지하도록 하는 조항도 두어야 한다. 차입자가 연체 사실을 모를 수도 있기 때문이다.

3) 연체 차입자에 대한 채무 조정 상담 의무화

차입자가 연체한 경우에는 채무 조정에 관한 상담을 관련 기관으로부터 무료로 반드시 받도록 하는 조항도 둘 필요가 있다. 이를 통해서 차입자가 채무 조정에 따른 회생을 도모할 수 있는 방안을 모색하도록 할 필요가 있기 때문이다.

(3) 투자자 보호 내용

투자자인 대출자를 보호하는 장치도 마련되어야 한다. 대출자 입장에서는 투자하는 것이므로 투자에 대한 신뢰가 있어야 P2P 대출 거래가 활성화될 수 있기 때문이다.

1) 차입자의 신용 등급 제시를 필수적인 요소로 의무화

P2P 대출 거래에서 차입자의 신용 등급 제공을 필수적인 요소로 할지도 중요한 쟁점 중의 하나이다. P2P 대출 거래가 주로 저소득층이나 저신용자 등의 금융소외 계층이 이용하고 있는 실정을 보면 신용 등급 제시를 필수적인 요소로 했을 때 '포용금융'(inclusive finance)으로서 기능을 다하지 못하는 문제도 있을 수 있지만, P2P 대출 거래의 활성화 필요성을 생각하면 신용 등급 제시를 필수적인 요소로 할 필요가 있다. 이렇게 해야 P2P 대출 거래의 신뢰가 쌓여 건전한 P2P 대출 거래가 형성되고, 궁극적으로 대출자를 보호하게 될 것이다. 물론 현재도 대부분의 대출중개업자는 차입자의 신용 등급을 필수적인 요소로 하고 있지만 법률에 반영할 필요가 있다.

2) 차입자의 거짓 정보 제공에 대한 제재

차입자가 거짓 정보를 제공하여 대출을 받을 때 제재를 할 수 있는 근거 조항

이 필요하다. P2P 대출 거래의 특성상 차입자의 신용 등급을 게시하기는 것 이외에도 차입자의 자산과 부채 내역, 소득 금액, 직업 등 개인 신상 정보를 게시한다. 더 나아가서 차입이 불가피한 사유 등을 게시하여 투자자의 감정에 호소하는 경우도 있다. 대출중개업자가 이러한 차입자의 정보를 확인하기가 어렵다. 그래서 차입자가 거짓 정보를 제공할 가능성이 크다. 따라서 차입자가 제공한 거짓 정보를 신뢰하여 대출자가 대출을 함으로써 입게 되는 손해의 발생을 막을 필요가 있다. 차입자가 그러한 거짓 정보를 제공했을 때 형사 처벌 등 제재를 할 수 있는 조항을 신설함으로써 거짓 정보의 제공 유인을 미리 차단할 필요가 있다. 거짓이라는 사실이 밝혀졌을 때 모든 P2P 대출 거래를 다시 하지 못하도록 하거나 금전적 제재금 부과를 신설하는 것도 생각할 수 있다.

3) 채권 추심 위임 조항

P2P 대출 거래에서 투자자의 대출 금액이 소액인 경우가 많다. 그래서 대출자가 차입자로부터 상환을 받지 못하는 경우에는 상환 청구권 행사 비용과 시간 때문에 상환 청구를 포기하게 되는 유인이 강하다. 그래서 대출채권의 추심을 대출중개업자나 제3의 채권추심업자에게 위임하도록 하는 조항을 둘 필요가 있다.

4) 대출자의 투자 자금을 신탁 설정이나 예치기관에 예치

P2P 대출 거래에서 대출자의 대출(투자) 자금은 대출중개업자를 통해서 차입자에게 전달된다. 이 때 자금이 대출중개업자에게 머무르는 동안 대출중개업자가 파산하게 되면 대출자의 자금을 충분히 보호받지 못할 수가 있다. 이를 막기 위한 방법은 신탁을 활용하는 것이다.[9] 대출 자금을 신탁 자산으로 하여 수탁자에게 맡김으로써 대출중개업자의 파산 등의 위험에서 대출자의 자금을 안전하게 지킬 수 있게 된다. P2P 대출 거래의 신뢰성을 쌓을 수 있는 방법이다. 신탁 설정 방법이 법적으로 투자자의 자산을 보호할 수 있는 보다 완벽한 방법일 수 있으나, 비용이 다소 높다는 점을 고려하면, 다른 방법으로서 은행 등 제3의 기관인 예치기관에 투자자의 자금을 예치(escrow account)하도록 하는 방법도 고려할 수 있다.

9) 증권형 P2P 금융거래의 경우에도 투자자의 청약증거금을 은행 또는 증권금융회사에 예치 또는 신탁되도록 하여(자본시장법 제117조의8 제2항) 투자자의 투자 자금이 안전하게 보호되도록 하고 있다.

(4) 대출중개업자에 대한 규제 내용

1) 금융감독기관에 대한 등록제

대출중개업자를 어떻게 규제해야 할 것인가의 문제도 중요하다. 현재 대출중개업자는 전자상거래법에 따른 전자상거래업이나 통신판매업 등으로 등록하여 영업을 하고 있는 실정이며,[10] 관할 부처인 공정거래위원회의 규제를 받는 정도이다. 그런데, 대출중개업자가 사실상 금융 중개 기능을 한다는 점에서 넓은 의미의 금융기관으로도 볼 수 있고, 그렇다면 금융감독기관에 의한 규제를 받도록 하는 것이 타당하다. 인가를 받도록 하는 방법도 있으나, 인가 제도가 규제의 강도가 강하고 진입 규제가 까다롭다는 점에서 그보다 규제의 정도가 약한 등록제를 도입하는 것이 나을 것이다.

2) 최저 자본금 등 자본 건전성 규제 적용

대출중개업자의 자본금 규제 등 자본 건전성 규제도 적용해야 한다. 대출중개업자가 파산 등의 사유로 영업이 중단되면 대출자와 차입자 등 거래 당사자가 피해를 입을 수 있다. 따라서 대출중개업자의 건전성 유지도 중요하다. 이를 위해서 최저 자본금 유지 조건 등 자본 건전성 규제를 할 필요가 있다.

3) 금융감독기관에 대한 정기적인 보고 의무

금융감독기관이 P2P 대출 거래와 대출중개업자의 영업에 대한 현황을 파악할 필요가 있다. 그래야 감독의 방향을 설정할 수 있다. 자본금 현황, 중개 대출 취급 실적, 연체율, 민원 제기 현황 등에 관한 내용을 정기적으로 금융감독기관에게 보고하도록 하는 조항을 두어야 한다.

4) 대출중개업자의 업무 및 재산 현황에 대한 금융감독기관의 검사권

금융감독기관이 대출중개업자에 대한 검사권을 갖는 조항도 필요하다. 금융감독기관이 대출중개업자의 업무와 재산에 관한 직접 검사권을 갖고 있어야 효율적인 감독이 이루어질 수 있다.

5) 투자 권유 내지 광고 규제

대출중개업자가 정보통신망에 게시하는 투자 권유 내지 광고 내용에 대한 규제도 있어야 한다. 대출자가 대출중개업자의 사실과 다른 대출 광고 내지 과장

---

10) 서병호, 앞의 공청회 발표자료, 21면.

광고(예를 들어, 높은 이자율 수익을 올릴 수 있다는 내용, 정확하지 않은 실제 및 예상 부도율 등)에 현혹되어 대출을 결정하는 경우가 있을 수 있으므로 이를 막기 위한 규제가 있어야 한다. 차입자도 낮은 이자율로 차입할 수 있다는 광고 내용에 현혹되어 차입 결정을 할 수도 있다. 대출중개업자의 광고 내지 투자 권유에 관한 기준과 내용을 제시할 필요가 있다.

6) 금융 민원 제기 및 분쟁 조정 신청에 관한 고지 의무

대출자나 차입자는 P2P 대출 거래 관련 분쟁 발생 시 우선 해당 대출중개업자에게 민원을 제기할 수 있고, 거기에 만족하지 못한 경우에는 법이 정한 금융 분쟁 조정 제도를 이용할 수 있다는 사실을 대출중개업자로 하여금 대출자와 차입자에게 개별적으로 고지하도록 하고 정보통신망에도 공지하도록 해야 한다.

7) 대출중개업자의 영업 중단 시 대출 계약의 계속적 유지 필요

대출자와 차입자가 대출중개업자의 영업에 영향을 받지 않고 약정 기간 동안 계속 거래 관계를 유지하도록 하기 위하여, 대출중개업자가 파산 등의 사유로 영업을 계속하지 못하는 상황이 되더라도 기존의 대출 계약이 계속 유지되고 관리될 수 있도록 하는 조항을 두어야 한다.

8) 대출보증보험 판매 업무 허용

P2P 대출 거래에서 대출자가 상환을 받지 못할 위험은 항상 존재한다. 이 경우 대출자가 보증보험을 이용하면 어느 정도 위험을 감소시킬 수 있다. 대출자가 별도로 보증보험에 가입하는 것은 번거로운 일이다. 대출중개업자가 보증보험 판매 업무를 한다면 훨씬 용이한 방법이 될 수 있을 것이다. 영국의 대출중개업자인 ㈜조파가 대출보증보험 판매 업무를 하고 있는 것을 참고할 수 있다.[11)]

(5) 차입자의 범위를 기업으로 확대

원래 의미의 개인 사이의 금융거래라는 특성에서 나아가 차입자를 창업 기업 등 일반 기업으로 확대할 필요가 있다. 물론 이렇게 되면 개인 사이의 금융거래라는 정의를 넘어서는 것이 되지만 반드시 개인에 한정할 필요는 없다고 본다. 신생 창업 기술 기업들이 낮은 이자율로 자금 조달을 할 수 있도록 해서 기술 산업의 발전을 도모할 필요가 있다. 그렇게 되면, 이미 입법화된 증권형 P2P 금융

---

11) 산은경제연구소, "인터넷을 이용한 개인간(P2P) 대출 중개 서비스," 2007. 7. 25, 13면.

거래 제도와 함께 다양한 자금 조달 수단이 되어 창업 기업의 활성화에 도움을 줄 수 있을 것이다.[12] 더 나아가서는 산업의 성장 추이를 보면서 기업의 규모 등의 제한을 없애어 자금 수요가 필요한 기업이면 누구나 P2P 대출을 이용할 수 있도록 하는 것도 검토할 필요가 있다.

(6) 차입자의 신용정보를 종합신용정보집중기관의 집중 대상에 포함 필요

P2P 대출 거래에서 차입자의 차입 정보는 「신용정보의 이용 및 보호에 관한 법률」상 종합신용정보집중기관에 집중되어 관리되지 않고 있다.[13] 따라서 종합신용정보집중기관으로부터 신용정보를 제공받는 신용조회회사는, 대출중개업자가 직접 신용조회회사에게 차입자의 차입 정보를 제공하지 않는 한, 차입자의 신용 정보를 파악할 수가 없게 된다. 그러면 차입자에 대한 정확한 신용 평가를 하기가 어렵게 된다. 신용 평가의 사각 지대가 되는 셈이다. 새로운 법에 이에 관한 조항을 추가해야 할 것이다.

(7) 대출피해보상기금의 설치

P2P 대출 거래에서는 대출자가 차입자로부터 상환을 받지 못할 위험이 상존한다. 차입자에 대한 신용정보를 정확히 파악하여 신용 등급이 일정한 수준 이상인 차입자에게만 대출을 해주는 방법도 생각할 수 있지만, 이 경우 P2P 대출 거래를 활성화시키는 데는 한계가 있다. 그렇다면 신용 등급이 낮은 차입자에게 대출을 하는 경우도 발생할 수 있는데, 이 경우에는 아무래도 부실 발생률이 상대적으로 높게 된다. 그렇게 되면 P2P 대출 거래의 신뢰성이 상실되어 거래 시장이 위축될 수 있다. 이를 보완할 수 있는 방안으로서 부실 대출 발생에 대비한 '대출피해보상기금'을 설치하는 것을 고려할 수 있다. 즉 대출중개업자가 대출자와 차입자로부터 받는 수수료 수익 중 일정 비율을 기금에 출연하도록 하여 기금을 적립한 후 대출자의 피해 발생 시 피해 금액의 일정 비율 또는 일정한 금액을 보상해주도록 하는 것이다. 이 기금의 설치 및 운영은 대출중개업자의 단체인 협회에게 맡기는 방안을 생각할 수 있다.

---

12) 같은 취지의 주장은 연태훈, "P2P금융: 전망과 과제," 「주간금융브리프」 제21권 제19호, 한국금융연구원, 2012. 5. 5 ~ 5. 11, 11면.

13) 자세한 논의는 이 책 제1장 제2절 참조.

3. 기타 검토 사항

(1) 차입자의 차입 금액 제한 문제

차입자의 차입 금액을 제한할 것인가의 문제가 있다. 소액 대출 거래라는 특성을 고려하면 차입 금액을 제한할 필요성이 있다고 할 여지도 있지만, 차입자의 상황에 따라 차입 금액이 커질 수도 있고, 특히 기업이 차입자인 경우에는 사업의 성격상 보다 큰 금액을 조달할 필요성도 있기 때문에 굳이 법이 개입함으로써 규제의 경직성을 가져올 필요는 없다고 본다. 대출중개업자의 자율에 맡겨두는 것이 바람직하다고 본다. 현재도 대부분의 대출중개업자는 약관을 통해서 차입 금액을 제한하여 운영하고 있다.

(2) 대출(투자) 금액의 제한 문제

투자자를 보호하기 위해서도 대출자의 대출(투자) 금액을 제한할 필요가 있는지도 쟁점이다. 차입자의 신용 등급을 필수적인 요소로 하지 않을 때 부실 대출 발생률이 커진다는 점을 보면 대출자를 보호하기 위해서 대출 금액을 일정한 금액 이하로 제한하는 방안도 생각할 수 있지만, 법에서 굳이 규제할 필요는 없다고 본다. 대출중개업자가 자율적으로 판단해서 결정해도 충분하다고 본다. 그리고 투자(대출) 위험은 대출자가 떠안는 것이므로 대출자가 그러한 위험 감수 능력이 있다면 굳이 이를 막을 필요는 없다고 본다. 현재도 대부분의 대출중개업자는 약관을 통해서 1인당 투자(대출) 금액을 제한하고 있는 점을 볼 때 자율적으로 결정하도록 하는 것이 좋을 것이라고 본다.

(3) 투자자의 범위 제한 문제

투자자의 범위를 개인으로만 한정할 것인가 아니면 일반 법인이나 대부업자나 은행 등 금융기관도 허용할 것인가의 문제도 생각해볼 필요가 있다. 원래의 의미의 P2P 대출 거래를 생각하면, 개인으로만 한정하는 것이 타당할 수도 있지만, 정보통신망상의 금융 거래라는 면에서 보면 개인으로만 한정할 필요는 없을 것으로 본다. 일반 법인 또는 대부업자나 금융기관도 대출중개업자를 통해서 대출을 할 유인이 있을 수 있으므로 굳이 이를 규제할 필요는 없다고 본다.

(4) 직접 대출형 거래만 허용할 것인가의 문제

관련 법제를 정비할 때 P2P 대출 거래의 원래의 의미에 충실하게 대출중개업자의 중개에 의하여 차입자와 대출자가 직접 금전소비대차계약을 체결하는 직접 대출형 거래만 허용해야 할지 여부가 문제될 수 있다. 이에 대해 현재 이루어지고 있는 원리금수취권매입 거래나 현금담보제공형 거래 형태 등[14]도 다 허용해서 시장이 판단하도록 하면 된다는 견해가 있을 수도 있다. 그러나 원리금수취권매입 거래나 현금담보제공형 거래 등 간접 대출형의 경우 대부업자, 상호저축은행, 일반은행 등 금융기관이 개재되기 때문에 금융기관이 수취하는 수수료 내지 이자를 생각하면 차입자가 부담하는 이자가 높을 수밖에 없다. 그만큼 거래 비용이 많이 소요되는 구조가 될 수밖에 없고, 따라서 비효율적이다. 직접 대출형 거래의 경우 법률 관계가 명확하고 단순하여 투자자인 대출자를 더욱 잘 보호할 수 있고, 차입자도 보다 낮은 이자율로 자금을 조달할 수 있어 효율적인 거래가 된다. 특히 간접 대출형 거래를 취할 수밖에 없는 이유 중의 하나가 법적 불안정성을 해결하기 위한 것이라는 점에서 새로이 법제 정비를 할 때 이러한 법적 불안정의 문제를 해소한다면 직접 대출형 거래를 하지 않을 이유도 없다. 그렇다면 법제 정비를 할 때 직접 대출형 거래만 허용하는 방안이 바람직할 것이다.[15]

Ⅳ. 맺음말

P2P 대출 거래에 관한 법률을 제정할 필요가 있음을 지적하면서 거기에 반영되어야 할 내용들을 살펴보았다. 새로운 법률에 포함되어야 할 내용을 정리하면 다음과 같다. 우선 대부업법상의 법적 문제를 없애야 한다. 즉 개인인 대출자가 2회 이상 대출을 했을 때 대부업으로 볼 수 있는 가능성을 없애야 하고, 대출중개업자가 대부중개업에 해당한다고 볼 여지가 있으므로 이를 배제하는 조항을 두

14) 대부업자, 상호저축은행 또는 일반은행 등이 대출 기관으로서 차입자에게 대출을 해주고 거기서 발생하는 원리금수취권을 대출자가 매입하는 구조를 원리금수취권매입형 거래라고 하며, 투자자인 대출자가 대출중개업자에게 현금을 담보로 제공하고, 대출중개업자는 그러한 현금을 대출자인 상호저축은행 등에게 보증을 제공해 주어 그러한 보증을 토대로 상호저축은행 등 대출금융기관이 차입자에게 대출을 해주는 거래인 현금담보제공형 거래 형태가 있다. 이들 거래 유형에 대한 자세한 분석은 이 책 제1장 제2절 참조.

15) 윤민섭, 「크라우드펀딩의 제도화와 소비자보호방안 연구」, 정책연구 보고서 13-17, 한국소비자원, 2013, 181면도 "대출형 크라우드펀딩을 정형화할 유형이 결정되면, 해당 유형만을 등록할 수 있도록 하고, 그 외의 유형에 대해서는 규제를 강화하여 시장에서 교란행위가 발생하는 것을 예방할 필요가 있다"고 하여, 직접 대출형 거래만을 염두에 두고 서술한 것으로 보인다.

어야 한다. 대출채권이 자본시장법상 금융투자상품인 채무증권으로 볼 수 있는 여지가 있으므로 이 문제를 입법적으로 해결하여야 한다. 자금 세탁 관련 법률들이 대출중개업자에게도 적용될 수 있도록 하여 이 거래가 자금 세탁에 이용되는 것을 막아야 한다. 대출중개업자가 차입자의 신용정보를 종합신용정보집중기관에게 제공하도록 하여 차입자의 신용정보를 공유하는 체계를 만들어야 한다. 금융감독원의 금융분쟁조정위원회에 의한 금융 분쟁 조정 제도도 이용할 수 있도록 근거 규정을 두어 분쟁 해결을 쉽게 할 수 있도록 해야 한다.

이외에도 차입자와 대출자를 보호하기 위한 규정도 마련하여야 한다. 차입자를 보호하기 위한 조치로서 대출중개업자가 차입자에게 대출 계약에 따르는 위험 등 계약의 중요한 내용을 반드시 설명하거나 고지하도록 하는 규정, 차입자의 연체 사실을 즉시 차입자에게 통지하도록 하는 규정, 차입자의 연체 시 채무 조정 상담을 받도록 하는 의무 규정 등을 두어야 한다. 또한 투자자를 보호하기 위한 조치로서 차입자의 신용 등급 제시를 필수적인 요소로 하는 규정, 대출채권 추심의 위임을 반드시 의무화 하는 규정, 차입자의 거짓 정보 제공에 대한 제재 규정, 대출자의 대출(투자) 자금을 신탁자산으로 설정하거나 별도의 예치기관에 예치하도록 하는 규정 등을 두어야 한다.

더 나아가 금융감독기관이 대출중개업자에 대한 규제 감독을 하도록 하여 건전한 거래 질서를 확보할 필요도 있다. 이를 위해서, 금융감독기관에 대한 등록제, 자본금 등 자본 건전성 규제, 금융감독기관에게 검사권 부여, 금융감독기관에 대한 정기적인 보고 의무, 광고 및 투자 권유에 관한 규제, 민원 제기 및 금융 분쟁 조정 절차에 관한 고지 의무, 대출중개업자의 영업 중단 시 대출 계약의 계속적 유지 체계 마련 등의 근거 규정도 두어야 한다. 그리고 투자자의 피해를 보상하기 위한 대출피해보상기금을 설치할 필요도 있다. 이러한 내용들이 잘 반영되어야 투자자를 보호하고 건전하게 이 산업이 성장할 수 있는 밑거름이 될 수 있을 것이다.

참고문헌

금융위원회, “P2P대출 가이드라인 개정 방안 및 법제화 방향,” 보도자료, 2018. 12. 11.

김정주 · 김애진, 「비투자형 크라우드펀딩 법제화의 쟁점과 입법적 개선과제」, 국회 입법조사처 현안보고서 제239호, 2014. 9. 11.

산은경제연구소, “인터넷을 이용한 개인간(P2P) 대출 중개 서비스,” 2007. 7. 25.

서병호, “P2P 대출시장 분석 및 시사점,” P2P 대출시장 발전방안 공청회 발표 자료, 한국금융연구원, 2015. 11. 13.

윤민섭, 「크라우드펀딩의 제도화와 소비자보호방안 연구」, 정책연구 보고서 13-17, 한국소비자원, 2013.

연태훈, “P2P금융: 전망과 과제,”「주간금융브리프」제21권 제19호, 한국금융연구원, 2012. 5. 5 ~ 5. 11.

이건호, “P2P금융의 현황 및 법제도적 개선방안,” 국회입법조사처 간담회 자료, 2011. 1. 10.

P2P 대출의 법제화 방안*

윤 민 섭**

Ⅰ. 서　　론

크라우드펀딩은 "자금수요자가 자신의 프로젝트나 사업을 인터넷 및 SNS를 통하여 공개 및 홍보하고, 불특정 다수 각자로부터 소액을 지원받아 원하는 금액의 자금을 모집하는 행위"라고 할 수 있다.[1] 크라우드펀딩은 일반적으로 반대급부의 유형에 따라 분류되는데, 기부형, 보상형, 대출형, 증권형 등 4가지 유형으로 구분된다.[2] 4가지 유형 중 증권형은 2015년 7월 「자본시장과 금융투자업에 관한 법률」(이하 '자본시장법') 개정으로 2016년 1월 25일부터 시행되고 있다. 또한 기부형과 보상형의 경우에도 「기부금품의 모집 및 사용에 관한 법률」 및 「전자상거래 등에서의 소비자보호에 관한 법률」등에 의하여 일부 규율되고 있다.[3] 그러나, 대출형의 경우 이에 적합한 법률이 부재하여, 규제가 이루어지지 않고 있는

* 「경제법연구」 제16권 제3호(한국경제법학회, 2017. 12)에 게재된 논문을 수정·보완한 것이다.

** 한국소비자원 책임연구원, 법학박사.

1) 윤민섭, "자금조달 수단으로서 Crowdfunding에 관한 연구"(이하 '윤민섭 논문 1'이라 함), 「기업법연구」 제26권 제2호(한국기업법학회, 2012), 189면.

2) 윤민섭, 「크라우드펀딩의 제도화와 소비자보호방안 연구」(이하 '윤민섭 보고서'라고 함), 정책연구보고서 13-17(한국소비자원, 2013), 42면. 윤민섭 논문 1, 192면에서는 기부형, 대출형(P2P금융형), 증권매매형으로 구분하고 있는데, 보고서에서는 기부형을 분류하였던 것을 기부형과 보상형으로 세분화하고, 증권매매형을 투자형으로 명칭을 변경했다. 미국에서 이 분야에 선도적인 연구를 수행한 Bradford 교수는 Donation, Reward, Pre-purchase, Lending, Equity Model 이렇게 5가지로 분류하기도 한다(C. Steven Bradford, "Crowdfunding and the Federal Securities Laws", 2012 Colum. Bus. L. Rev. 1, 2012, at 14-15). 그러나 Bradford 교수도 Reward와 Pre-purchase를 반대급부의 실물성을 기준으로 구분하고 있을 뿐 법률관계는 동일하게 보고 있어, 사실상 기부형, 보상형, 대출형, 투자형 4가지로 구분하고 있다.

3) 기부형과 보상형에 관한 법적 쟁점을 윤민섭, "非금융형 크라우드펀딩의 법적 제문제와 개선방안"(이하 '윤민섭 논문 2'이라고 함), 「저스티스」 통권 제142호(한국법학원, 2014). 참조.

상황이다.

대출형 크라우드펀딩은 'P2P 금융' 또는 'P2P 대출'이라고 일컬어지고 있는데, 최근에 P2P 보험이 등장하고 있고, 그 거래의 실질이 대출과 동일하다는 점을 고려하면 'P2P 대출'이 보다 정확한 용어일 것이다. P2P 대출은 금융기관을 중개기관으로 하지 않는 개인간 직접금융거래라고 할 수 있다.[4] P2P 대출은 영국의 'Zopa.com'이 2005년 세계에서 처음으로 시작하였으며, 2007년 미국 렌딩클럽 등을 통해서 전세계적으로 확산되기 시작하였다. 우리나라에서는 2007년 '머니옥션', 팝펀딩 등이 P2P 대출을 시작하였고, 2010년 이후 유시민펀드 등 정치인펀드를 통해 조금씩 알려지기 시작하였다. 그러나 우리나라의 P2P 대출시장이 급성장하기 시작한 것은 2015년 증권형 크라우드펀딩에 대한 자본시장법이 통과된 이후이다.[5] 이는 시장규모의 통해서도 알수 있는데, 2015년 P2P 대출의 누적 대출액은 393억원이었으나,[6] 한국P2P금융협회의 공시자료에 따르면 2017년 9월말 기준으로 누적 대출액은 1조 4,738억원에 이르고 있다.[7] 중개업체의 수도 2015년말 12개사에서 2017년 9월말 기준으로 약 170여개에 이르고 있다.

시장규모가 커지면서 투자자피해도 나타나고 있는데, 지난 2016년 중국 e쭈바오 사기대출 사건[8] 및 미국 렌딩클럽의 부정대출 사건[9] 등이 대표적인 사례이다. 우리나라의 경우 펀딩플랫폼이라는 중개업자는 2016년 부동산 PF 대출(약 13

4) P2P 라는 용어는 원래 컴퓨터간 직접 연결을 뜻하는 'Peer-to-Peer'인데, 중개금융기관이 없이 직접적인 대출계약이 이루어진다는 점에서 해당용여가 차용되었으며, 오늘날에는 개인간 거래라는 점에서 'Person-to-Person'의 약자로도 사용되고 있다. P2P 대출에 관한 정의와 관련해서는 고동원, "인터넷상에서의 개인 간(P2P) 금융거래에 관한 법적 연구 – P2P 대출 거래를 중심으로, 「은행법연구」 제8권 제2호 (은행법학회, 2015), 4-5면.; 성희활, "'P2P 대출형 크라우드펀딩'의 법적 성격과 자본시장법적 규제체계 수립에 관한 연구", 「기업법연구」 제30권 제4호(한국기업법학회, 2016), 49-50면.; 윤민섭, "P2P 금융에 관한 법적 연구"(이하 "이하 윤민섭 논문 3"이라고 함), 「금융법연구」 제9권 제2호(한국금융법학회, 2012), 452-453면. 참조

5) 필자가 조사한 바에 따르면 2015년 7월 이전에는 언론기사 등에서 P2P 대출에 대한 기사가 찾아보기 어려웠으나, 증권형 크라우드펀딩이 통과된 이후부터 관련 기사가 증가하였다.

6) 파이낸셜뉴스, "급성장하는 P2P금융 안전한 투자 방법은", 2016. 10. 4. (인터넷판).

7) 2017년 9월 기준이더라고 이는 한국P2P금융협회에 가입된 회원사를 기준으로 하고 있는 것으로, 회원사자 전체 중개업자의 약 3분의 1인점을 감안하면 시장규모는 더욱 클 것으로 예상된다.

8) e쭈바오는 연 14.6% 고수익을 보장해주겠다며 90만명을 500억 위안(약 9조원)의 다단계 사기 금융 행각*을 벌이다 중국 사법 당국에 적발되었는데, 조사 결과 e쭈바오가 투자했다고 밝힌 기업 207곳 중 실제로 대출이 이뤄진 곳은 한 곳에 불과했다.

9) 렌딩클럽은 대출상품에 대한 정보를 조작하여 대출상품의 위험도는 낮게 표시하고 약 2,200만 달러(약 256억원)의 부정대출중개를 하였는데, 이후 해당 채권을 회수하여 금리 및 위험도를 수정하여 기관투자자들에게 매각하는 방법으로 해결하였다.

억원, 기간 10개월)을 하였는데, 만기일이 되어서야 공사가 진행되지 않았음을 투자자에게 알렸었고, 펀듀의 경우 차입자의 대출상황기간을 분할하여 지속적으로 대환대출을 실시하여 결국 차입자의 채무불이행으로 투자자에게 손실을 입힌 사례 등이 등장하고 있다.

P2P 대출에 대한 관심이 높아지고, 시장규모가 성장함에 따라 제도화에 대한 요구가 증가하기 시작하였고, 금융위원회는 2016년 말에 「P2P 대출에 관한 가이드라인」(이하 'P2P 대출 가이드라인')을 공표하고 2017년 2월부터 시행하였다. 또한 P2P 금융에 대한 감독을 위해 지난 8월에는 「대부업 등의 등록 및 금융이용자 보호에 관한 법률」(이하 '대부업법') 시행령을 개정하여, 2018년 2월 시행을 앞두고 있다. 국회에서도 P2P 대출의 제도화를 위한 움직임이 시작되고 있는데, 2017년 7월 「온라인대출중개업에 관한 법률안」(이하 'P2P 대출 법률안')을 민병두의원이 대표발의 하였으며, 김수민의원도 P2P 대출에 관한 법률안을 발의할 것으로 알려졌다.

P2P 대출과 관련된 해외법제도에 관한 연구는 어느 정도 이루어져 있어, 본 연구에서 국내 규제와 방향성에 집중하기로 한다.[10] 이에 P2P 대출의 국내외 유형을 간략하게 소개하고, P2P 대출에 관한 국내 규제현황 및 발의안을 검토하여 향후 법제를 위한 방안을 제시하고자 한다.

Ⅱ. P2P 대출의 유형

P2P 대출은 금융에 관한 각국의 규제방법에 따라 그 유형이 매우 다양하다. 우선은 직접대출형과 간접대출형으로 구분할 수 있는데, 직접대출형은 거래관계에서 금융기관 등의 개입이 없는 유형이며, 간접대출형은 금융기관 등이 거래관계에 개입하는 유형으로 세부적으로 구분하면, 원리금수취권매매형, 담보제공위탁계약형, 증권매매형 등으로 구분할 수 있다. 이하에서는 해당 유형에 관해서 간략하게 살펴보고자 한다.[11]

---

10) 해외제도와 관련된 사항으로는 윤민섭 논문 3, 고동원, 전게논믄, 성희활 전게논문, 최문희, "독일의 핀테크(Fintech)의 現狀과 規制 : 대출형 크라우드(Crowdlending)에 대한 법적 쟁점을 중심으로", 강원법학 제49권(강원대학교 비교법학연구소, 2016.) 등 참조.

11) P2P 대출의 유형의 계약관계 및 법률관계에 관한 내용은 고동원, 전게논문, 성희활 전게논문, 윤민섭 논문 3, 윤민섭 보고서 등에서 상세히 설명하고 있다.

1. 직접대출형

직접대출형은 자금수요자(이하 '차입자')와 자금공급자(이하 '투자자')[12]가 소비대차계약 또는 대출계약의 당사자가 되는 유형으로 중개업자의 존재 유무에 따라 직접체결형 또는 중개형으로 구분할 수 있다. 그러나 차입자가 정치인 또는 연예인 등과 같이 대외적으로 인지도가 높은 경우가 아니면 실현가능성이 매우 낮아 일시적인 거래는 가능하더라도 하나의 업종으로 형성되기 어려운점이 있다. 이에 현재 직접대출형은 중개인이 차입자와 투자자를 중개하는 중개형으로 이루어지고 있다.

직접대출형은 거래당사자간 소비자대차계약이 체결되는데, 소비자대차계약의 법률적 성격에 대해서 자본시장법상 채무증권에 해당하는가에 대해서 긍정론[13] 및 부정론[14]이 존재하고 있다. 긍정론에 따라 자본시장법상 채무증권에 해당하면 중개업자는 금융투자상품을 중개하는 투자중개업자에 해당하고, 차입자는 발행자에 해당한다. 반면 부정론에 따르면 자본시장법이 아닌 민법 등이 적용되며, 중개업자는 온라인 플랫폼을 활용하여 소비대차계약의 중개서비스를 제공하는 중개업자로서 「전자상거래 등에서의 소비자보호에 관한 법률」(이하 '전자상거래법') 상 통신판매업자에 해당한다.

직접대출형에서 중개업자는 차입자와 투자자가 거래하는 시장을 개설하는 업무를 주로 수행하는데, 투자자를 대신하여 차입자의 신용을 조사하는 역할을 수행하며, 차입자에게는 자금을 공급해줄 수 있는 투자자 Pool을 제공하는 역할을

---

12) 엄격하게 말하면 소비자대차계약 또는 원리금수취권 등을 매매하는 자금공급자이나, 현재 일반적으로 투자자라고 일컬어지고 있으며, P2P 대출 가이드라인 및 P2P 대출 법률안에서도 투자자라는 용어를 사용하고 있어, 본 연구에서도 투자자라고 한다.

13) 윤민섭, 논문 3, 482면은 직접체결형 P2P 대출의 소비자대차계약이 지명채권이라고 하더라도 대량으로 발행되며, 거래가능성이 존재하고, 개별 소비대차계약이 동일기회에 동일한 내용으로 이루어지기 때문에 자본시장법상 채무증권의 유사성이 인정된다고 한다. 고동원, 전게논문, 24-26면은 자본시장법에서 요구하는 투자성, 집단성, 정형성 및 대량성 등의 요건을 충족한다고 보고 있다. 김연미, "벤처창업과 크라우드 펀딩(Crowdfunding)", 「정보법학」 제16권 제2호(한국정보법학회, 2012), 11면은 금전소비자대차계약이라고 하더라도 다수의 투자자를 대상으로 하기 때문에 사채 발행과 유사한 것으로 채무증권으로 인정될 위험이 있다고 본다.

14) 성희활, 전게논문, 52-53면은 소비대차계약은 원칙적으로 민법상 지명채권이며, 유통성과 투자성이 모두 결여되어 있고, 유가증권성이 결여되어 있어, 자본시장법상 증권으로 인정하기 어렵다고 한다.

수행한다. 그 외에도 자금의 이전 및 분배 등과 같이 계약을 관리하는 업무도 수행하고 있다. 직접대출형에서 채무불이행이 발생한 경우 차입자와 투자자는 계약 당사자이기 때문에 투자자가 차입자에 대하여 직접 추심이 가능하며, 소송을 통한 강제집행도 가능하다. 그러나 대부분의 경우 투자자가 다수이고, 각 투자자의 투자금액이 소액인 경우가 많아 중개업자가 추심권한을 위임받거나, 제3의 추심업자에게 추심권한을 위임하는 내용이 중개업자의 약관에 포함되어 있는 경우가 대부분이다.

현재 직접대출형은 영국에서만 활용되고 있는데, 우리나라에서는 2007년 팝펀딩에서 팝다이렉트라는 명칭으로 직접대출형으로 P2P 대출을 운영하였었으나, 활성화되지 않았다. 이후 정치인펀드 등에서 직접대출형이 간혹 활용되다가 2015년 2월 8퍼센트라는 P2P 중개업체에서 직접대출형으로 P2P 대출을 운영하려 시도하였다. 그러나 방송통신위원회는 금융감독당국의 요청에 따라 홈페이지 폐쇄하였다.[15] 이후 8퍼센트는 대부업 및 대부중개업 등록을 하였고, 거래구조를 후술하는 간접대출형 중 원리금수취권매매형으로 변경하였고, 현재까지 영업 중이다. 현행 법률체계하에서 P2P 대출의 유형 중 어떠한 유형이 가능한 것인가에 대한 간접적인 유권해석이라고 할 수 있다.

2. 간접대출형

간접대출형은 법률적 제약으로 직접대출형 거래구조를 만드는 것이 어려운 경우 각국의 법체계에 맞게 금융기관 등이 거래관계에 포함되는 유형을 말하는 것이다. 직접대출형은 차입자의 계약상대방이 투자자인 반면, 간접대출형에서 차입자의 대출계약 상대방은 금융기관 등이다. 우리나라에서 간접대출형만이 활용되고 있는 이유는 대부업법 제2조제1호에서 대부업의 정의를 '금전의 대부를 업으로 하는 것'으로 정의하고 있고, 투자자가 이익을 취할 목적으로 직접대출형 P2P 대출로 차입자에게 자금을 대여하는 것은 투자자가 대부업자에 해당할 위험이 있어[16] 이를 회피하기 위함이다. 간접대출형은 원리금수취권매매형, 담보제공

15) 조선비즈, 2015년 2월 4일자 기사, "금감원, P2P대출업체 8퍼센트 폐쇄조치"

16) 투자자가 대부업자에 해당하는가를 판단하기 위해서는 투자행위가 '업'의 요건을 충족하고 있는가를 살펴볼 필요가 있다. 대법원은 '업으로' 한다는 것의 의미를 "같은 행위를 계속하여 반복하는 것을 의미하고, 여기에 해당하는지 여부는 단순히 그에 필요한 인적 또는 물적 시설을 구비하였는

위탁계약형 및 증권매매형으로 구분할 수 있는데, 현재 우리나라에서는 원리금수취권매매형과 담보제공위탁계약형만이 활용되고 있다.[17]

(1) 원리금수취권매매형

원리금수취권매매형은 대부업자가 실행한 대부채권에서 원리금수취권을 분리하여 투자자에게 매각하는 거래구조를 가지고 있어, 차입자의 계약상대방은 대부업자이다. 다음의 그림과 같은 대출구조로 거래가 이루어진다.

[그림 1] 원리금수취권매매형 P2P 대출구조[18]

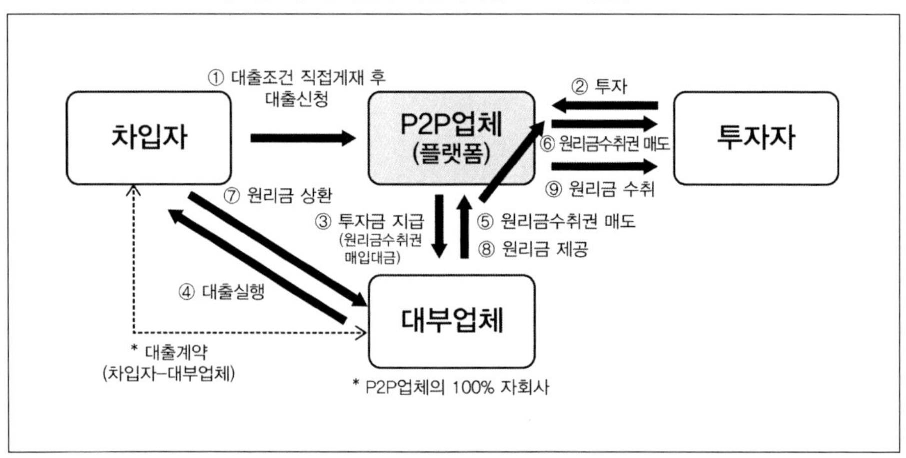

위 그림의 거래순서에서 투자란 차입자에 대한 대출실행 이전에 이루어지는 행위이기 때문에 원리금수취권매입의 예약이라고 할 수 있다. 그러나 해당 투자예약은 대부업자 및 차입자를 강제하지 않으며, 만약 대출계약이 성립되지 않으면 투자예약의 효력은 소멸한다. 즉, 투자는 대출실행을 정지조건으로 하는 법률행위라고 할 수 있다.

지 여부와는 관계없이 금전의 대부 또는 중개의 반복·계속성 여부, 영업성의 유무, 그 행위의 목적이나 규모·횟수·기간·태양 등의 여러 사정을 종합적으로 고려하여 사회통념에 따라 판단하여야 한다."고 판시하고 있다(대법원 2012. 7. 12. 선고 2012도4390 판결; 대법원 2012. 3. 29. 선고 2011도1985 판결; 대법원 2008.10.23. 선고 2008도7277 판결.).

17) 국내에서 운영중인 P2P 대출의 유형을 원리금수취권매매형 및 담보제공위탁계약형 이외에도 집합투자형(포트폴리오형) 및 부동산담보대출형 등에 대해서도 설명하고 있는 경우(성희활, 전게논문)도 있는데, 구체적으로 살펴보면 결국 원리금수취권매매형과 동일하다.

18) 금융위원회, 「P2P 대출 가이드라인 제정 방안」, 2016. 11.

원리금수취권매매의 법적성격에 관해서 대출참가계약설과 증권매매설로 구분할 수 있다. 우선 대출참가계약설은 원리금수취권매매를 대출채권의 유동화방식으로 국제금융시장에서 가장 널리 활용되는 방식인 대출참가(loan participation)로 보는 설이다.[19][20] 동 설에 따르면 원리금수취권매매형은 대출참가계약과 구체적인 내용에 있어 차이가 있지만, 차입자-금융기관-투자자의 3자 관계의 대출계약 구조가지고 있다는 점, 투자자는 차입자에 대하여 직접적인 청구권을 가지지 못한다는 점 등에서 동일한 구조로 보고 있다. 이에 따르면 원리금수취권은 일반채권이기 때문에 자본시장법 등의 적용대상이 되지 않는다.

증권매매설은 원리금수취권이 자본시장법상 증권 중 지분증권, 채무증권 또는 투자계약증권에 해당한다고 보는 학설이다.[21] 원리금수취권을 자본시장법상 증권으로 보면, 대부업자는 발행인에 해당하고, 중개업자는 투자중개업자에 해당하게 된다.[22] 그러나 원리금수취권은 대출계약에서 파생된 채권이며, 미국처럼 '이익기대 가능성'이 아닌 '원본손실가능성'을 투자성으로 정의하고 있어 원리금수취권을 자본시장법상 증권으로 보는 것은 적절하지 않은 것으로 판단된다. 미국에서처럼 투자성을 '이익기대 가능성'으로 본다면 원리금수취권도 증권에 해당할 수 있을 것이다.[23] 현재 금융감독당국도 원리금수취권을 증권으로 보지 않고 있어, 자본시장법이 아닌 대부업법 등으로 규율하려고 한다.

원리금수취권매매형은 후술하는 담보제공위탁계약형과 달리 중개업자가 대부업자와 제휴를 하는 것만으로도 가능하기 때문에 우리나라 P2P 대출의 대부분이 원리금수취권매매형을 활용하고 있다.

---

19) 윤민섭, 논문 3. 466면.

20) 대출참가에 관한 상세한 내용은 한민, "신디케이티드 대출에 관한 법적 검토", 『법학논집』 제16권 제4호(이화여자대학교 법학연구소, 2012). 반기로·박훤일, "대출참가거래의 법적 성질 및 거래상 유의점", 「산은조사월보」 제483호(한국산업은행, 1996. 2), 참조

21) 고동원, 전제논문, 27면.; 성희활, 전게논문, 58-59면.은 원리금수취권매매형에서 투자자는 대출채권상의 원리금수취권에 대해 지분적으로 투자를 한 것으로 평가할 수 있으므로, 결국 중개자와 자금공급자 간에 상법상 익명조합계약 또는 비전형적 투자계약이 체결된 것으로 보고 있어, 자본시장법상 증권에 해당할 수 있다고 할 수 있다.

22) 증권매매설의 경우 미국의 증권매매형과 유사한 것으로 판단할 수 있지만, 법률구조에 있어 상당한 차이가 있다. 증권매매형에 관해서는 후술하기로 한다.

23) J. Thomas Cookson, "Loan Participation Agreements as Securities: Judicial Interpretations of the Securities Act of 1933 and the Securities Exchange Act of 1934", William & Mary Law Review, Volume 24, Issue 2, 1983, p.322.

(2) 담보제공위탁계약형

담보제공위탁계약형은 투자자가 원리금수취권을 매매하는 것이 아니라 차입자를 위한 담보를 제공하고, 이를 담보로 하여 금융기관이 차입자에게 대출을 실행하는 간접대출형이다. 보통의 경우 투자자가 현금을 담보로 제공하기 때문에 현금담보제공형이라고도 한다. 원리금수취권매매형의 대부분이 중개업자가 대부업자를 자회사로 소유하고 있는 반면, 담보제공위탁계약형은 저축은행 등 금융기관과 제휴를 통한 거래구조를 가지고 있다. 과거 팝펀딩이 담보제공위탁계약형의 거래구조를 취하면서 저축은행과 제휴를 했고, 최근에는 피플펀드가 전북은행과 제휴하여 P2P 대출을 운영하고 있다. 다음의 그림과 같은 대출구조로 거래가 이루어진다.

[그림 2] 담보제공위탁계약형 P2P 대출구조[24)]

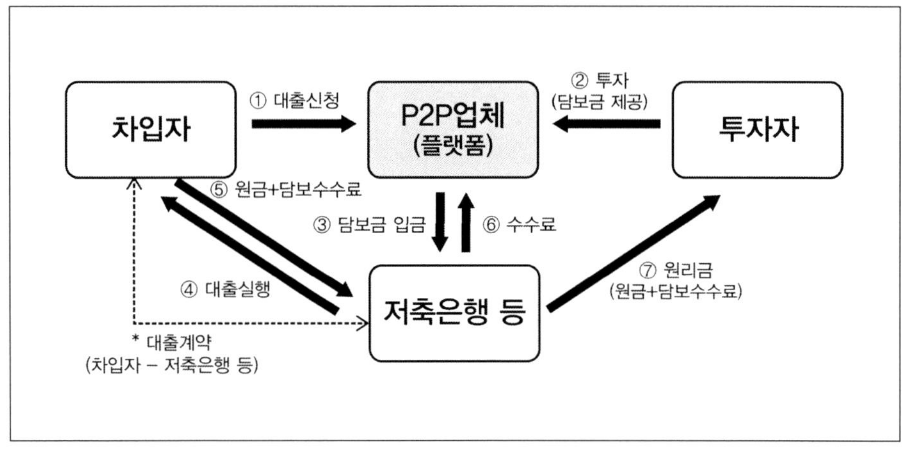

담보제공위탁계약형은 중개업자가 계약관계에서 중개역할을 하는 것에 그치지 않고, 담보금을 제휴금융기관 등에 제공함에 있어 투자자의 명의가 아닌 중개업체의 명의로 예금을 하고 이를 담보로 실시한다. 이때 차입자는 채무자, 금융기관은 채권자, 중개인은 연대보증인, 투자자는 부보증인[25)]의 지위에 서게 된다.[26)] 위와 같은 복잡한 법률관계로 구성된 이유는 보증에 관한 대부업법상 규정 때문

24) 금융위원회, 「P2P 대출 가이드라인 제정 방안」, 2016. 11.
25) 보증채무를 주채무로 하여 다시 보증하는 것을 말한다.
26) 윤민섭, 논문 3. 464－465면.

이다. 대부업법 제6조의2 제2항은 보증계약의 경우 보증인이 자필로 중요사항을 기재하도록 하여야 하는데, 투자자가 다수이며 전국 각지에 분산되어 있어, 자필 기재는 사실상 불가능하다. 때문에 중개업자가 투자자로부터 담보금을 수령하여 이를 금융기관에 현금담보로 제공하고 있다.

이러한 담보제공위탁계약형에 관해서 보증계약설과 증권설이 존재한다. 보증계약설은 차입자과 투자자간 소비자대차계약이 아닌 담보제공계약이 성립하며, 투자자는 채권자가 아니라 수탁물상보증인의 지위에 서게 되며, 차입자에 대한 직접청구권을 가지지 못하여 민법상 보증계약에 해당한다는 설이다.[27]

증권설은 채무증권 또는 투자계약증권으로 보는 학설인데, 대출에 관한 실질적 승인을 투자자가 한다는 점 등을 고려하여 채무증권으로 볼 수 있다는 견해[28]와 중개업자의 연대보증행위를 보증업으로 보면 투자자가 부보증인으로서 중개업체의 보증보험업에 기여하는 것은 투자계약증권으로 볼 수 있다는 견해[29]가 있다.

(3) 증권매매형

증권매매형은 P2P 대출에 있어 증권이 발행되는 유형이다. 현재 렌딩클럽 및 프로스퍼 등 미국의 P2P 대출 중개업자가 활용하는 유형이다. 미국의 프로스퍼는 2007년 P2P 대출의 법적구조와 사업모델이 법률에 저촉되는 점이 있는가에 대해서 SEC의 No−Action Letter를 요청하였으나, 이에 대해서 답변하지 않았다. 이후 SEC는 2008년 11월에 프로스퍼에 영업정지를 하였는데,[30] 그 근거는 프로스퍼가 발행하는 Notes는 Securities Act of 1933 §2(a)(1)에서 정의하는 증권에 해당한다는 것이다.[31] 이후 렌딩클럽 및 프로스퍼 등 미국의 P2P 대출 중개업자는 SEC에 증권의 발행인으로 등록하고 있다.[32] 증권매매형의 대출구조는 다음의 그림과 같다.

---

27) 윤민섭, 논문 3. 482−483면.
28) 고동원, 전게논문, 28면.
29) 성희활, 전게논문, 64−65면.
30) Prosper Marketplace, Inc., Exchange Act Release No. 8984, 2008 WL 4978684, 2008. 11. 24, at 1, available at http://www.sec.gov/litigation/admin/2008/33−8984.pdf.
31) id. at 3.
32) See LendingClub Corp., Registration Statement (Form S−1) (June 20, 2008), available at http://www.sec.gov/Archives/edgar/data/1409970/00008916180800 0318/f41480orsv1.htm.

[그림 3] 증권매매형 P2P 대출구조[33)]

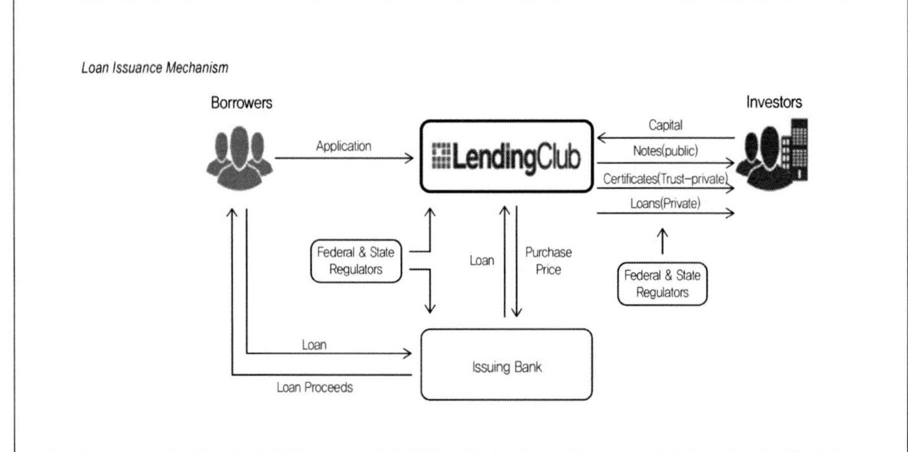

증권매매형을 우리나라의 법률체계로 분석하면 투자자들로부터 중개업자가 금전신탁을 받아, 투자자의 투자지시에 따라 차입자에 대한 대출채권을 매입하는 것이라고 할 수 있고, 이는 우리나라에서는 특정금전신탁에 해당한다. 즉, 현재 우리나라에서는 신탁업자만이 가능한 영업형태라고 할 수 있다.

Ⅲ. 우리나라의 P2P 대출 규제현황

핀테크 열풍에 힘입은 P2P 대출은 시장의 급속한 성장하고 있으며, 거래구조상 중개업자가 채무불이행의 리스크를 부담하지 않고 있다는 점을 고려하면, 투자자보호를 위해 규제방안을 마련할 필요가 있다. 금융감독당국은 2015년부터 P2P 대출시장에 대하여 조사를 시작하였다.[34)] 2016년 하반기에는 「P2P 대출 시장 가이드라인」작성을 위한 T/F팀을 구성하였고, 동년 11월에 동 가이드라인을 발표하였다. 이후 가이드라인의 실효성을 제고하기 위해 2017년 대부업법 시행령을 개정하였다.

국회에서도 P2P 대출에 관한 법제화를 위한 노력을 시작하였고, 2017년 7월

33) 렌딩클럽 홈페이지

34) 금융위원회는 2015년 금융연구원에 「P2P 대출중개에 관한 제도적 개선방안」이라는 연구용역을 발주하였다.

「온라인대출중개업에 관한 법률안」을 민병두의원이 대표발의 하였으며,[35] 김수민의원도 P2P 대출에 관한 법률안을 발의할 것으로 알려졌다.

이하에서는 P2P 대출 가이드라인, 대부업법 시행령 및 P2P 대출 법률안의 규제에 관해서 살펴보고자 한다.

1. P2P 대출 가이드라인[36]

(1) 제정 경과

금융위원회는 2016년 7월 1일 '제5차 금융개혁 추진위원회'에서 P2P 대출 규율방안에 대해 논의하고, 'P2P 대출 가이드라인'을 제정하기로 결정하였다. 이후 P2P 대출 가이드라인 제정을 위한 T/F팀 구성하고, 2016년 7월 25일 첫 회의를 개최한 이후 약 3개월간 논의를 거친 후 동년 11월 2일 P2P 대출 가이드라인을 발표하였다. 동 가이드라인은 2017년 2월말부터 시행하였다. 동 가이드라인은 1년을 한시적으로 운용하고, 시장현황에 따라 보완 개선하기로 하였다.

(2) P2P 대출 관련 정의

P2P 대출을 규율하기 위해서 P2P 대출 가이드라인은 업태 및 참여자들에 대해서 정의하고 있다. 우선 P2P 대출은 "차입자를 위해 담보를 제공하고 수수료를 수취하거나 차입자에 대한 대출채권으로부터 발생하는 원리금을 수취할 수 있는 권리를 매입하려는 자(이하 '투자자')의 자금을 기초로 온라인 플랫폼을 통해 대출을 받으려는 자(이하 '차입자')에게 지급된 대출"라고 정의하고 있다. 이는 우리나라의 P2P 대출이 현재 간접대출형(원리금수취권매매형 및 담보제공위탁계약형)으로만 이루어지고 있다는 점을 고려한 것으로 직접대출형의 거래구조가 법률의 제·개정없이는 어렵다는 점이 반영된 것이다.

그리고 P2P 대출의 중개를 P2P 대출의 투자자와 차입자에 대한 대출정보 중개로 정의하고 있다. 이는 P2P 대출에서 중개업자의 주된 역할이 투자자와 차입자를 매칭시켜주는 것이라는 점에 초점을 맞춘 것이다. 반면, 중개업자로 하여금 후술하는 바와 같이 투자자의 자금을 예치하는 등 자금관리업무를 하지 못하도

35) 의안번호 8120, 온라인대출중개업에 관한 법률안(민병두의원 대표발의), 2017년 7월 20일 발의
36) 해당 가이드라인의 내용은 2016년에 제정된 제1차 P2P 대출 가이드라인의 내용으로, 본글은 2017년 한국경제법학회에서 발표된 논문을 수정한 것이므로 제1차 P2P 대출 가이드라인의 내용만을 담고 있다. 2019년1월 1일부터는 제3차 P2P 대출 가이드라인이 시행되고 있다.

록 하기 위한 것으로 판단된다. 그러나 P2P 대출에서 중개업자의 핵심적인 업무는 단순히 정보 및 계약을 중개하는 것이 아니라 투자금의 이전 및 분배, 채권의 추심 등과 같은 계약관리업무인데, 이와 관련된 사항에 관해서 정의규정에는 포함되어 있지 아니하며, 다른 규정에서도 명시하고 있지 아니하다.

이외에도 연계금융회사에 관해서 규정하고 있는데, 이에 따르면 연계금융회사는 "P2P 대출정보 중개업자와 연계하여 대출실행업무를 수행하는 '대부업 등의 등록 및 금융이용자 보호에 관한 법률 제2조제1호'에 따른 대부업자 또는 여신금융기관"으로 정의하고 있다.

(3) 투자한도

P2P 대출이 크라우드펀딩의 한 유형이며, 현재 증권형 크라우드펀딩에서 투자자의 투자한도를 설정한 것을 차용하여 P2P 대출 가이드라인에서도 투자한도를 규정하고 있다.

[표 1] P2P 대출 가이드라인의 투자한도

구 분		1회 한도	연간 누적 한도
개인투자자	일반투자자	5백만원	1천만원
	소득요건[37] 구비 개인투자자	2천만원	4천만원
법인투자자 및 전문투자자[38]		제한없음	

P2P 대출 가이드라인이 투자한도를 규정하고 있지만, 증권형 크라우드펀딩과 달리 중앙기록관리기관이 없어 중개업자별 자율적으로 준수하여야 한다. 또한 P2P 대출은 만기가 1년 미만의 단기인 경우도 많아, 누적한도는 투자금액 총액이 아닌 잔여금액을 기준으로 하고 있다.

(4) 투자금의 분리관리

P2P 대출은 투자자의 청약만으로는 투자실행을 담보할 수 없어, 청약과 동시에 투자금을 예치하는 절차가 필요하다. 그렇기 때문에 투자자의 자산보호를 위

37) ⅰ) 이자·배당소득 2천만원 초과 또는 ⅱ) 사업·근로소득 1억원 초과

38) ⅰ) 금융투자업자에 계좌를 개설한지 1년이 지나고, ⅱ) 금융투자상품 잔고가 5억원 이상으로, ⅲ) 소득액 1억원 또는 재산가액 10억원 이상

해서는 중개업자의 재산과 투자자의 재산을 분리하여 보관할 필요가 있다. 이를 위해 P2P 대출 가이드라인은 은행, 저축은행 등 공신력 있는 기관에 예치·신탁하도록 하고 있다. 현재 실무에서는 전자상거래에서의 결제대금예치제도 및 은행의 신탁제도를 활용하여 분리보관하고 있다.

(5) 정보제공

P2P 대출 가이드라인은 중개업자에게 정보제공의무를 규정하고 있는데, ① 사업정보, ② 차입자에 대한 정보제공 ③ 투자자에 대한 정보제공 등으로 구분하여 규정하고 있다.

1) 사업정보 제공

우리나라의 P2P 대출은 새로운 영업방법으로 중개업자는 이시간에도 생겨나고 있으며, 업력도 짧아 투자자들이 중개업자를 선택함에 있어 제대로된 정보가 제공되고 있지 않다. 일반투자자들은 기사 또는 인터넷 카페 등을 통해 중개업자에 대한 정보를 얻고 있는데, 이러한 경우 부정확한 정보로 인하여 부실한 중개업자를 선택할 가능성도 있다. 이에 P2P 대출 가이드라인은 투자자이 중개업자를 선택하는데 있어, 도움을 주기 위해서 P2P 대출의 구조, 전월말 기준으로 누적대출금액, 대출잔액, 연체율 등을 홈페이지에 게시하도록 하고 있다.

현재 중개업자들의 홈페이지를 보면 연체는 채무불이행 기간이 30일 이상 90일 미만 경우를, 부실은 채무불이행이 90일 이상 지속되는 경우를 의미하고 있다. 그러나 연체율 및 부실률 등을 산정함에 있어, 누적대출금액과 잔대출잔액금액중 어떠한 것을 기준으로 하는지 정하고 있지 않다.

2) 차입자에게 제공되는 정보

P2P 대출도 차입자의 입장에서는 대출로서 투자자 등에 대하여 채무를 부담하는 법률행위이다. 이에 차입자에게도 대출계약과 관련된 정보를 충분히 제공하여 보호를 할 필요가 있다. 다만, 투자자와 달리 관련정보는 홈페이지 등에 게시될 필요가 없고, 차입자와 중개업자가 P2P 대출에 관한 협의시 제공되어야 한다. P2P 대출 가이드라인은 중개업자로 하여금 다음과 같은 정보를 제공하도록 하고 있다.

〈차입자에게 제공해야 할 정보〉

1. 대출이자에 관한 사항
2. 수수료 등 부대비용에 관한 사항
3. 차입자가 상환·납입해야 하는 전체 금액
4. 상환방식에 관한 사항
5. 차입자가 유의하여야 할 사항(계약의 해제·해지에 관한 사항 및 지연배상금률·지연배상금액·추심절차에 관한 사항을 포함한다)
6. 그 밖에 계약의 주요내용

3) 투자자에게 제공되는 정보

우리나라의 P2P 대출은 간접대출형이라고 하더라도 거래의 실질은 직접대출형과 동일하기 때문에 중개업자는 투자자에게 차입자에 대한 정보를 정확히 제공할 필요가 있다. 이에 P2P 대출 가이드라인은 투자자가 쉽게 이해할 수 있도록 다음과 같은 정보를 홈페이지에 게재하도록 하고 있다.

〈투자자에게 제공해야 할 정보〉

1. 투자에 따르는 위험
2. 차입자에 관한 사항(대출목적, 사업내용, 신용도, 재무현황, 상환계획, 담보가치 및 추심절차 등을 포함)
3. 예상수익률 산정에 관한 사항(수수료, 세율·세금 등 부대비용에 관한 사항을 포함)
4. 투자자가 유의하여야 할 사항(계약의 해제·해지에 관한 사항 및 조기상환조건에 관한 사항을 포함)
5. 그 밖에 계약의 주요내용

또한 투자자보호를 위해서는 차입자가 제공하는 정보에 대한 신뢰를 확보하기위해 중개업자로 하여금 다음과 같은 정보를 확인하도록 하고 있다.

〈확인해야 할 차입자 정보〉

1. 개인 신용대출 : 차입자 신용등급, 대출목적, 자산 및 부채현황, 최근 1년간 대출 연체기록, 파산 또는 개인회생 등 채무불이행 기록, 소득 및 직장 정보, 상환계획
2. 법인 및 개인사업자 신용대출 : 대표자의 신용등급, 대출목적, 직전년도 결산 재무제표, 자산 및 부채현황, 매출현황, 연대보증 유무, 상환계획
3. 담보대출 : 담보물에 대한 감정평가서, 선순위 채권 현황, 선순위 채권 등을 고려한 담보물 회수예상가액, 주소·등기·소유권이전 사항, 상환계획, 담보처분 계획

P2P 대출의 투자는 대면방식이 아닌 온라인플랫폼을 통해서 이루어지기 때문에 투자자가 제공받은 정보를 확인하였는가에 대해서 서명(전자서명법 제2조에 따른 전자서명 포함), 전자우편, 그 밖에 이에 준하는 방법으로 확인하도록 하고 있다. 현재 P2P 대출 중개업자의 홈페이지에서는 투자청약시 '동의함'이라는 글자를 입력하도록 하고 있다.

일반적으로 금융상품거래시 투자자등에게 금융상품에 대해서 설명의무를 부여하고 있는데, 해당 금융상품의 거래가 대면거래가 아닌 온라인거래의 경우 정보제공이 있으면 설명의무를 이행한 것으로 하고 있다.

(6) 영업 규제

P2P 대출 중개업자의 영업과 관련하여 ① 투자광고, ② 영업행위 등에 관해서 일정한 규제를 하고 있다.

우선 투자광고와 관련하여 다음과 같은 사항을 준수하도록 하고 있다.

〈투자광고 규제〉

1. 거짓 또는 과장된 내용을 알리는 행위를 하지 아니할 것
2. "원금보호", "원금보장형", "확정수익", "수익률보장" 등 불확실한 사항에 대하여 단정적인 판단을 제공하거나 확실하다고 오인하게 할 소지가 있는 내용을 알리는 행위를 하지 아니할 것
3. 그 밖에 투자자를 오인 또는 오해하게 할 우려가 있는 행위를 하지 아니할 것

광고규제의 내용 구체적이지 않고, 원칙적인 내용만 규정하고 있다. 이는 P2P 대출의 원리금수취권 또는 담보제공위탁계약을 자본시장법상 금융투자상품으로 보지 않고 있으며, 그 실질을 대출계약으로 보고 있기 때문이다. 만약, P2P 대출의 계약내용을 금융투자상품으로 보았다면, 중개업자가 아닌 차입자 또는 연계금융회사 등이 발행자가 되기 때문에 투자광고 규제는 차입자 또는 연계금융회사 등에 적용되어야 할 사항이다.

중개업자의 영업행위와 관련해서는 다음과 같이 규정하고 있다.

〈영업행위 규제〉

1. P2P 대출에 투자자로서 참여(연계 금융회사로 우회하는 방식 포함)하는 등의 행위를 하지 아니할 것
2. 자기가 이익을 얻기 위해 P2P 대출을 이용 하지 아니할 것
3. P2P 대출에 연체가 발생하는 경우 연체사실과 그 사유를 투자자에게 지체없이 알릴 것

1호의 내용은 자기투자를 금지하는 것으로 선대출행위 즉, 대부업자 등이 투자자를 모집하기 전에 자기자본으로 대출하고, 이후 해당 대출채권의 원리금수취권을 투자자들에게 분할매각하는 행위를 금지하기 위함이다. 선대출의 거래구조는 사실상 자산유동화에 해당하여 투자자 모집행위가 선행되는 크라우드펀딩의 한 유형인 P2P 대출에는 개념상 적합한 거래방법이 아니다. 또한 선대출은 대부업자가 채무불이행가능성이 높음 대출계약만을 투자자에게 이전하는 것이 가능하기 때문에 대부업자와 투자자간 이해상충의 문제가 발생할 가능성도 있다.

2호는 중개업자가 자신의 이익을 위해 P2P 대출을 이용하는 것을 금지하고 있는데, 1호의 규정과의 관계를 살펴보면, 차입자의 자격으로 P2P 대출이용을 금지하는 것으로 해석하여야 할 것이다. 그러나 자기중개만을 금지하고, 다른 중개업자의 P2P 대출을 이용하는 것도 금지하는 것인지는 명확하지 않다.

3호는 영업행위 규제로 규정하고 있지만, 이는 정보제공의 영역에도 해당하는 것이다.

2. 대부업법 시행령 개정

(1) P2P 대출 가이드라인의 한계

P2P 대출은 새로운 영업방식으로 현행 법률체계로는 규율하기 어려운 점이 있다. 특히 중개업자의 경우 차입자와 투자자의 계약 또는 정보를 온라인으로 중개하는 것을 영업으로 하고 있어 현행 법률 중에서는 전자상거래법상 통신판매업자[39]에 해당하여 동 법률만이 적용된다. 그러나 전자상거래법은 일반 물품 및 용역의 거래를 전제로 하고 있어, 금융거래로 볼 수 있는 있는 P2P 대출에 관해 적절히 규제하기 어렵다. 따라서 현행 P2P 대출 가이드라인으로는 중개업자를 직접적으로 규율하는 것은 법률상 불가능하다.

그러나 우리나라 P2P 대출은 간접대출형이기 때문에 제휴 금융기관등을 규제함으로서 중개업자를 간접적으로 규제할 수 있다. 원리금수취권매매형의 경우 대부업법에 따라 대부업자를 규제하고, 현금담보제공위탁계약형의 경우 저축은행 및 은행의 부수업무에 관한 승인을 취소하는 방법으로 중개업자의 행위를 규율

39) P2P 대출 중개업자는 엄격히 보면 통신판매중개업자이지만, P2P 대출에서 차입자와 투자자는 통신판매업자가 아니기 때문에 통신판매업자가 아닌 자 사이의 통신판매중개를 하는 자를 통신판매업자로 본다는 전자상거래법 제3조제2항의 규정에 따라 통신판매업자에 해당한다.

하는 것이다.

그럼에도 불구하고, 간접적 규제는 한계를 가지고 있는데, 특히 원리금수취권 매매형의 경우 그 한계가 명확하다. P2P 대출에 관여하는 대부업자 대부분이 지자체에 등록되어 있어, 지자체가 감독권한을 가지고 있으며, 규제의 대상이 되는 행위는 대부행위에 관한 것으로 중개업자의 행위는 규제대상이 아니기 때문이다. 즉, 대부업자의 차입자에 대한 위법행위는 규제가 가능하지만, 중개업자의 투자자에 대한 위법행위에 대해서는 규제가 불가능하다.

(2) 대부업법 개정사항

이에 금융위원회는 P2P 대출 가이드라인의 실효성을 높이기 위해 대부업법 시행령을 개정하여 P2P 대출에 관여하는 대부업자를 금융위원회에 등록하도록 하였다.

[표 2] P2P 대출 관련 대부업법 개정 규정

대부업 시행령	제2조의4(금융위원회 등록이 필요한 대부업자등) 법 제3조제2항제6호에서 "대통령령으로 정하는 자"란 다음 각 호에 해당하는 자의 정보를 온라인에서 게재하는 자와 연계하여 대부업을 하려는 자를 말한다. 1. 대부채권으로부터 발생하는 원금과 이자의 수취만을 목적으로 하는 권리를 취득하려는 자(이하 "자금제공자"라 한다) 2. 대부를 받으려는 자 제4조의4(총자산한도) ① 법 제7조의3제1항에서 "대통령령으로 정하는 배수"란 10배를 말한다. ② 법 제7조의3제2항의 총자산한도는 「상법」 제30조제2항에 따른 대차대조표상 자산을 기준으로 산정한다. 다만, 법 제3조제2항제6호 및 이 영 제2조의4에 따라 금융위원회에 등록한 대부업자가 보유 대부채권의 전부에 대하여 원금과 이자의 수취만을 목적으로 하는 권리를 자금제공자에게 이전한 경우 해당 대부채권은 총자산한도 산정 시 총자산에 포함하지 아니한다.
대부업 감독규정	제10조(등록요건등) ② 시행령 제2조의11제1항제5호의 "금융위원회가 정하여 고시하는 업"이란 다음 각호에 따른다. 1. 법 제3조제2항제6호 및 시행령 제2조의4에 따른 대부업 (이하 이 규정에서 "온라인대출정보연계대부업"이라 한다)을 영위하는 경우 온라인대출정보연계대부업 이외의 대부업 및 대부중개업 2. 대부업자가 온라인대출정보연계대부업 이외의 대부업 및 대부중개업을 영위하는 경우 온라인대출정보연계대부업

1) P2P 대출 중개업자에 관한 정의

대부업법 시행령 제2조의4조는 제1호에서 투자자를 “대부채권으로부터 발생하는 원금과 이자의 수취만을 목적으로 하는 권리를 취득하려는 자”로, 제2호에서 차입자를 “대부를 받으려는 자”로 정의하고 있다. 이와 동시에 중개업자를 “투자자 및 차입자의 정보를 온라인에 게재하는 자”로 정의하고 있다. P2P 대출에 있어 투자자의 정보는 온라인에 게재되지 않고, 차입자의 정보만이 게재된다. 따라서 원칙적으로 정의는 “대부를 받으려는 자의 정보를 온라인에 게재하는 방법으로 대부채권으로부터 발생하는 원금과 이자의 수취만을 목적으로 하는 권리를 취득하려는 자에게 제공하는 자”라고 변경되는 것이 P2P 대출에 적합한 정의일 것이다. 시행령에서 중개업자에 대해서 정의를 하고 있지만, 해당 정의가 대부업법에 정의되지 않는 이상 중개업자에 대해서 대부업법을 적용할 수 없고, 결국 대부업자를 통해 간접적으로 규제할 뿐이다.

2) P2P 대출 대부업자의 금융위원회 등록 및 총자산 산정 기준

대부업법 시행령에 따라 P2P 대출의 대부업자는 3억원 이상의 자기자본을 가지고 금융위원회에 등록하여야 한다. 금융위원회 등록대상 대부업자는 대부업법 제7조의3에 따라 자기자본의 10배의 범위내에서만 대부가 가능하다. 동 규정에 따라 금융위원회 등록대상 대부업자는 자기자본을 대출잔액 대비 10%이상으로 유지하여야 하기 때문에 대출잔액이 증가할수록 자기자본도 증가하여야 한다. 이는 차입에 의존한 대출을 제한하기 위함이다. 그러나 P2P 대출은 대출채권의 원리금수취권이 투자자에게 이전하기 때문에 동 규정을 그대로 적용하면, 다른 대부업자와 달리 자기자본은 그대로 보관하고 있어야 한다는 문제가 발생한다. 즉, 일반 대부업자는 자기자본이 100억이 있으면 1,000억 이내에서 자기자본 및 차입금으로 대출을 실행할 수 있지만, P2P 대출의 대부업자는 1,000억을 대출하기 위해서는 자기자본 100억원 이상을 그대로 보관하고 있어야 한다. 이러한 불합리한 점을 방지하기 위해 대부업법 시행령 제4조의4제2항에서는 P2P 대출의 대부업자가 원리금수취권을 매도한 경우 해당 대부채권은 총자산한도 산정에서 제외하는 것으로 규정하고 있다.

3) 겸영금지

금융위원회는 대부업법 시행령을 개정함과 동시에 대부업감독규정도 개정하였는데, 이에 따르면 P2P 대출의 대부업자는 P2P 대출외의 일반 대부업 및 대부중개업을 겸영하는 것을 금지하고 있다(감독규정 제10조제2항). 이는 기존의 대부업자가 자신의 부실위험채권을 투자자에게 이전시킬 목적으로 P2P 대출을 악용하는 것을 방지하기 위함이다.

Ⅳ. 「온라인대출중개업에 관한 법률안」 검토

1. 서 설

금융위원회는 P2P 대출을 규제하기 위해 P2P 대출 가이드라인 제정, 대부업법 시행령 및 감독규정 개정 등을 하였으나, 중개업자를 직접적으로 규제할 수 없다는 한계를 극복할 수 없었다. 또한 현재 P2P 대출에서 간접대출형이 활용되는 것은 편법에 불과하여, 투자자보호에 취약점이 존재하고 있다. 이러한 문제를 해결하기 위해서는 관련 법률의 제정 또는 개정이 필요하여 국회에서도 관련 법률이 발의되고 있다.

2017년 7월 민병두의원은 P2P 대출에 관한 법률인 「온라인대출중개업에 관한 법률안」(이하 '법률안')을 대표발의하였다. 김수민의원도 P2P 대출관련 법률을 준비 중인 것으로 알려졌는데, 11월 1일 현재까지는 발의되지 않았다. 이하에서는 민병두 의원의 법률안을 중심으로 살펴보고자 한다.

2. 법률안의 개요

법률안은 총 8개장 39개 조항으로 다음과 같이 구성되어 있다.

[표 3] P2P 대출 법률안의 구성

구분	내용
제1장 총칙	제1조~제2조 : 법률의 목적 및 용어 정의 규정
제2장 온라인대출중개업자의 등록 등	제3조~제8조 온라인대출중개업자의 등록요건, 일반적인 의무사항 및 이용료 관련 규정
제3장 온라인대출계약	제9조~제11조 중개업자와 차입자간 관계 등에 대해서 규정
제4장 온라인대출에 대한 투자	제12조~제22조 투자권유, 정보제공, 채권추심, 대출한도 및 투자한도 등 규정

제5장 온라인대출중개업협회	제23조~제26조 협회의 설립 및 운영관련 규정
제6장 감독 및 처분	제27조~제29조 금융위원회의 감독 및 행정처분
제7장 과징금	제30조~제36조 과징금
제8장 벌칙	제37조~제39조 법률위반에 관한 벌칙

법률안은 P2P 대출을 직접대출형으로 규정하고 있다는 점이 가장 큰 특징하고 있으며, 증권형 크라우드펀딩에 관한 자본시장법의 규정과 유사하게 차입한도 및 투자한도를 설정하고 있다. 상세한 내용은 후술하기로 한다.

3. P2P 대출의 정의

법률안 제2조제1호는 P2P 대출을 "온라인 상에서 온라인대출중개업자를 통해 투자자로부터 조달한 자금을 차입자에게 제공하는 행위"로 정의하고 있다. 동 정의에 따르면 법률안이 P2P 대출을 직접대출형인지, 간접대출형인지 명확하지 않다. 법률안 제9조제1항에서 대출계약의 당사자가 차입자와 중개업자로 규정하고 있어, 간접대출형으로 해석될 가능성이 있다. 그러나 법률안 제2조제2호에서 투자자를 "온라인대출을 목적으로 차입자에게 자금을 제공하는 자"로 정의하고 있고, 간접대출형으로 보는 경우 상법상 익명조합, 자본시장법상 신탁업 등과 충돌하는 문제가 발생한다는 점[40]을 고려하면 직접대출형을 전제로 정의하고 있는 것으로 해석하여야 한다.

법률안 제2조제1호의 규정은 투자자로부터 자금조달을 선행행위로, 조달자금의 차입자에 대한 제공을 후행행위로 규정하고 있어, 동 규정상으로는 선대출행위는 금지되는 것으로 판단된다.

P2P 대출의 정의와 관련하여 몇 가지 살펴볼 사항이 있는데, 우선 현행 간접대출형을 허용할 것인가에 대한 문제가 있다. 그러나 P2P 대출을 법제화하는 만큼 현행 편법적 거래구조는 지양해야할 것으로 판단된다. 둘째, 정의규정상 선대출이 금지되는 것으로 해석하더라도 법률안 제11조제1항은 중개업자의 자기투자

40) 간접대출형으로 해석하는 경우 중개업자가 채권자가 되는 법률구조가 형성되는데, 이때 중개업자와 투자자간 법률관계를 상법상 익명조합으로 보면, 투자자는 익명조합의 지분을 취득하는 것으로서 자본시장법상 공모절차를 거쳐야 한다. 익명조합으로 보지 않고, 일반적인 법률관계만을 살펴보아도, 투자자들의 자금을 모아서 자신의 명의로 투자자들이 지정한 자에게 대출을 실행하는 것은 특정금전신탁과 사실상 동일하다.

행위를 허용하고 있고, 이때 자기투자분의 매도를 허용하는 경우 사실상 선대출이 허용되는 문제가 발생한다. 이는 정의개념에 따라 선대출을 방지하는 방향으로 시행령이 마련되어야 할 것으로 판단된다.

4. 거래 참여자의 요건

법률안에 따르면 P2P 대출의 참여자는 자는 투자자, 차입자, 중개업자 등이다.

(1) 투자자

투자자에 대해서는 법률안 제21조에서 투자한도를 규제할 뿐 투자자의 자격요건에 대해서는 규정하고 있지 않다. 따라서 개인 및 법인 모두 가능하다. 다만, 법률안에서 대부업법의 적용을 배제하고 있지 않아, 투자자가 대부업 등록을 해야하는 것으로 해석될 여지가 있다.

(2) 차입자

증권형 크라우드펀딩에서 발행인의 자격을 제한하고 있는 것과 달리 법률안은 차입자의 자격요건에 대해서 별다른 규정을 두고 있지 아니하다. 따라서 업종에 관계없이 개인 및 법인은 차입자가 될 수 있다. 다만, 법률안 제11조제2항에서 중개업자는 차입자가 되어서는 아니되는 것으로 규정하고 있어, 이는 본인을 차입자로 하여 스스로 중개하는 자기중개를 금지하는 것으로 다른 중개업자의 P2P 대출에서는 차입자가 될 수 있는 것으로 보아야 할 것이다.

(3) 중개업자

중개업자는 법률안 제4조에서 규정하는 법인, 자기자본(3억원 이상), 고정사업장, 이해상충방지체계, 내부통제장치 등과 같은 등록요건을 갖추어 제3조에 따라 금융위원회에 등록하여야 한다. 금융위원회에 등록한 중개업자는 법률안 제23조에 따라 설립될 온라인대출중개업협회에 의무적으로 가입하여야 한다(법률안 제25조). 중개업자는 영업행위, 광고 등에 관해서 규제를 받게 되는데, 이에 대해서는 후술한다.

5. P2P 대출계약

P2P 대출은 1. 차입자의 중개의뢰(대출신청), 2. 대출계약조건의 중개업자 홈페이지 게시, 3. 투자자의 투자행위(청약), 4. 차입자와 투자자간 대출계약 성립, 5.

자금의 이전, 6. 차입금 상환 등의 순서로 이루어진다. 이와 관련된 법률안의 규정을 살펴보기로 한다.

(1) P2P 대출계약의 신청

차입자가 중개업자에게 대출을 신청하면 중개업자는 차입자와 대출조건 등에 관하여 협의를 실시하여야 한다. 그러나 법률안 제9조는 중개업자와 차입자간 대출계약이 성립되는 것으로 규정하고 있는데, 법률안 제11조제1항에 따르면 대출의 실행여부는 투자자가 결정하도록 규정하고 있고, 앞서 정의규정에서 살펴본 바와 같이 직접대출형이기 때문에 대출계약의 당사자는 차입자와 투자자이다. 따라서 대출계약의 당사자를 중개업자와 차입자로 규정하고 있는 법률안 제9조은 명백한 오류이다.[41] 따라서 법률안 제9조는 대출계약의 체결이 아니라 온라인대출계약의 신청이며, 동조제1항의 교부서류에 포함될 내용[42]은 온라인대출계약서가 아닌 온라인대출신청서에 포함되어야 할 내용으로 수정되어야 할 것이다. 이때 중개업자는 법률안 제20조에서 규정하는 차입한도 준수여부를 확인하여야 한다.

(2) 홈페이지의 정보게시

차입자의 대출계약 신청에 대해서 중개업자의 1차 심사를 통과하면, 투자자 모집을 위해 중개업자의 홈페이지에 게시한다. 정보게시에 대해서는 중개업자의 정보제공의무에서 살펴보기로 한다.

---

41) 오류인지 여부에 관해서는 민병두의원실 비서관 인터뷰를 통해 확인한 사항이다. 이하 이글에서 오류라고 하는 것도 동일하게 확인한 사항이다.

42) P2P 대출 법률안 제9조(온라인대출계약의 체결 등) ① 온라인대출중개업자는 차입자와 대출계약을 체결하는 경우에는 다음 각 호의 사항이 적힌 계약서를 차입자에게 교부하여야 한다. 다만, 차입자의 동의를 얻은 경우에는 모사전송, 전자우편, 전자문서(「전자문서 및 전자거래 기본법」 제2조제1호에 따른 전자문서)로 교부할 수 있다.

1. 온라인대출중개업자 및 차입자의 명칭 또는 성명 및 주소 또는 소재지
2. 계약일자
3. 대출금액
4. 대출이자율 및 연체이자율
5. 부대비용
6. 변제기간 및 변제방법
7. 손해배상액 또는 강제집행에 관한 약정이 있는 경우에는 그 내용
8. 채무의 조기상환 조건
9. 보증계약을 체결한 경우에는 그 내용
10. 그 밖에 차입자를 보호하기 위하여 필요한 사항으로서 대통령령으로 정하는 사항

(3) 투자자의 투자행위(청약)

투자자의 투자에 관한 규정은 없지만, 법률안 제21조에서 투자자의 투자한도를 규정하고 있는 만큼 중개업자는 투자한도를 초과하는 청약이 이루지지 않도록 해야할 것이다. 현재 법률안에서는 청약의 철회와 관련된 규정이 없는데, P2P 대출이 모집금액의 달성 등을 계약성립조건으로 하고 있는 만큼 그 이전까지는 언제든 청약철회가 가능한 것으로 보아야 할 것이다. 다만, 중개업자의 청약철회 방해행위를 방지하기 위해서는 증권형 크라우드펀딩과 같이 청약철회에 관한 규정을 마련하는 것도 고려할 필요가 있다.

(4) 대출계약의 성립

법률안 제11조제1항은 "온라인대출중개업자가 대출 실행 여부를 결정하여서는 아니 된다. 다만, 온라인대출중개업자가 투자자가 되어 대출에 참여하는 경우에는 그러하지 아니한다."라고 규정하고 있다. 이를 반대로 해석하면, 대출의 실행여부의 결정은 투자자가 하는 것이다. 그러나 대출의 실행은 대출계약이 성립한 후 이루어지는 사실행위로서 동 규정을 대출계약의 성립이라고 해석한다면, 부족한 사항이 많다.

우선, 투자자의 투자행위는 대출계약에 관한 청약에 해당하는데, 차입자의 승낙이 불필요한 사항인가라는 점은 고려하고 있지 않다. 또한 투자자 모집기간 동안 차입자도 대출계약신청을 철회할 수 있는가에 대해서도 명확하지 않다. 대출계약신청이 상대방이 있는 의사표시에 해당하면 의사표시의 철회는 제한되기 때문이다.

둘째, P2P 대출도 크라우드펀딩의 한 유형으로 증권형 크라우드펀딩과 유사하게 기간의 종료, 모집금액의 달성 등과 같은 사항을 조건으로 할 수 있는데, 이에 관한 규정이 없다.

그 외에도 대출계약의 성립과 관련하여, 초과청약 허용여부, 청약미달시 대출계약 성립여부 등에 대해서도 명확하게 규정하고 있지 않다.

(5) 대출계약의 성립 후 행위

대출계약이 성립하면, 중개업자는 차입자 및 투자자에게 대출계약서류를 교부하여야 할 것이다. 법률안 제15조제1항에서 중개업자가 투자자와 투자관련 계약을 체결하는 경우 투자자에게 상품설명서, 투자약관 등 계약서류를 교부하도록 규정하고 있는데, 동 규정 또한 오류라고 할 수 있다. 투자관련 계약이라고 하는 것은 P2P 대출 실무에서는 회원가입계약이라고 할 수 있을 것이고, 상품설명서는 개별 대출계약신청에 관한 사항이라고 할수 있다. 즉, 중개업자와 투자자의 중개 및 계약관리 등에 관한 계약서류와 P2P 대출계약에 관한 서류를 혼동하고 있는 것이다.

따라서 법률안은 제15조제1항의 규정은 차입자과 투자자간 대출계약이 성립한 경우 중개업자가 양 당사자에게 계약서류 등을 교부하도록 하는 방향으로 수정되어야 할 것이다.

6. 중개업자에 대한 규제

법률안은 앞서 살펴본 자기투자제한, 자기중개금지 등외에도 정보제공의무, 사실확인의무, 투자광고 및 투자권유 규제 등과 같이 중개업자의 행위를 규제하고 있다.

(1) 정보제공의무

P2P 대출의 투자자모집은 온라인으로 이루어지기 때문에 투자자보호를 위해서는 유의미한 정보가 정확하게 제공되는 것이 중요하다. 이에 법률안은 중개업자 및 차입자에 관한 정보, 투자관련 사항 등에 관한 정보를 홈페이지에 공개하도록 하고 있다.

우선, 법률안 제7조는 온라인대출중개업 거래 구조, 누적 대출액, 대출잔액, 연체율 등의 사업정보 및 대출이자에 관한 사항, 수수료 등 부대비용에 관한 사항, 상환방식에 관한 사항 등 온라인대출 이용에 도움을 줄 수 있는 사항을 홈페이지에 공개하도록 규정하고 있는데, 이는 투자자 및 차입자가 중개업자를 선택하는데 도움을 주기 위함이다. 정보공개 사항 중 온라인대출중개업 거래 구조가 포함되어 있는데, 이는 P2P 대출이 일반화되어 있지 않을 뿐만 아니라, 기본 거래구조가 동일하더라도 중개업자 마다 차입자의 유형, 거래방법 및 담보의 유무 등의 세부적인 내용에 차이가 있을 수 있어 이를 포함하는 것으로 보아야 할 것이다.

둘째, 법률안 제12조 및 제14조는 중개업자는 투자자의 투자에 도움이 될 수 있도록 중개업자로 하여금 투자자에게 다음과 같이 정보를 제공하도록 규정하고 있다.

[표 4] P2P 대출 법률안 정보제공의무 규정

구분	내용
제12조	온라인대출의 내용, 투자에 따르는 위험, 그 밖에 대통령령으로 정하는 사항
제14조	1. 투자에 따른 위험 2. 예상 수익률 3. 수수료 4. 이자소득세율 5. 투자자가 수취하는 순수익률의 구체적 산정내역 6. 상환 일자·일정·금액 7. 추심절차 8. 그 밖에 투자자 보호를 위하여 필요한 정보로서 대통령령으로 정하는 사항

법률안 제12조는 P2P 대출에 관한 일반정보로, 제14조는 개별 P2P 대출상품에 관한 정보로 구분할 수 있다고 하더라도 사실상 중복된 규정으로 판단된다.

(2) 사실확인의무

법률안 제10조는 중개업자에게 차입자의 소득·재산 및 부채상황 등에 관한 정보에 대해서 사실을 확인하도록 의무를 부여하고 있다(제10조). 법률안의 사실확인의무의 목적이 차입자 보호를 위한 KYC 룰(Know－Your－Customer Rule)인지 투자자보호를 위한 원칙인지 불분명하다. 일반적으로 KYC 룰은 일반적으로 금융기관을 거래상대방으로 하는 소비자를 보호하기 위한 규정인데, 차입자의 재무건전성은 투자자보호에도 유리한 측면이 있다. 따라서 법률안 제10조의 사실확인의무는 차입자 및 투자자 양자 모두를 위한 원칙으로 이해하여야 하여야 할 것이다. 다만, 사실확인의무를 차입한도와 연계하여, 차입기준을 기존의 신용평가제도 등과 연계하도록 시행령에서 규정하는 경우 대안금융으로서 기능이 제한될 우려가 있다.

(3) 투자권유 제한

법률안 제13조제1항은 각호의 행위를 금지하는 형식으로 규정하고 있는데, 이는 오류이며, 열거적 허용으로 보아야 할 것이다. 동 규정은 증권형 크라우드펀딩의 청약권유행위를 규정하고 있는 자본시장법 제117조의7제10항과 유사하다.

〈투자권유 규제〉

1. 차입자가 게재하는 내용을 자신의 인터넷 홈페이지에 게시하는 행위
2. 자신의 인터넷 홈페이지를 통하여 자신이 중개하는 대출 또는 차입자에 대한 투자자들의 의견이 교환될 수 있도록 관리하는 행위. 다만, 온라인대출중개업자는 자신의 인터넷 홈페이지를 통하여 공개되는 투자자들의 의견을 임의로 삭제하거나 수정하여서는 아니 된다.
3. 차입자가 게재하는 내용을 전자우편 등을 통하여 투자권유의 요청을 한 투자자에게 전송하는 행위

투자권유와 관련하여 투자자에게 P2P 대출상품에 대한 선택권 확보를 위해서는 협회 등에 상품에 대한 정보가 공유되도록 하는 것이 적절하고 이와 관련된 보완이 필요하다. 또한 현재 P2P 스타앱이라는 어플의 경우 P2P 대출상품의 정보를 한 곳에 모아 제공하고 있는데, 현행 법률안에 따르면 위법행위가 되는데 이에 대한 보완이 필요하다.

(4) 투자광고 규제

법률안 제11조제5항은 중개업자의 광고행위에 대한 금지사항 다음과 같이 규정하고 있다.

〈투자광고 규제〉

1. 사실과 다르게 광고하거나 사실을 지나치게 부풀려 광고하는 행위
2. 사실을 은폐하거나 축소하는 등의 방법으로 광고하는 행위
3. 비교 대상 및 기준을 분명하게 밝히지 아니하거나 객관적인 근거 없이 유리하다고 광고하는 행위
4. 다른 업자 등에 관하여 객관적인 근거가 없는 내용으로 광고하여 비방하거나 불리한 사실만을 광고하여 다른 업자 등을 비방하는 광고 행위
5. 그 밖에 건전한 거래질서를 위하여 필요한 경우로서 대통령령으로 정하는 광고 행위

동 규정에서는 허위광고 등만을 금지하고 있어, P2P 대출상품 및 중개업자에 대한 광고가 허용되어 있다. 현재, 증권형 크라우드펀딩, 대부업 및 저축은행의 대출관련 광고 등은 일정부분 제한되어 있는데 이와 균형을 맞출 필요가 있다.

7. 한도규제

법률안도 P2P 대출 가이드라인 및 증권형 크라우드펀딩과 유사하게 차입한도

(제20조) 및 투자한도(제21조)를 규정하고 있다.

(1) 차입한도

법률안 제20조는 차입자가 1년 동안 차입할 수 있는 한도를 다음과 같이 규정하고 있다.

[표 5] 차입한도 규제

차입자 자격	한도
개인	1억원
소상공인(개인 및 법인)	5억원
일반 법인	10억원

이에 따르면 개인은 1억원이지만, 소상공인인 경우 5억원까지 가능하며, 그 외의 법인은 10억원까지 가능한 것으로 규정하고 있다. 동 규정에 따르면 소상공인이면 법인이더라도 차입한도는 5억원이다.

그러나 법률안 제20조제1항 단서는 "다만, 차입자의 특성 및 담보제공 여부 등에 따라 대출한도를 달리 정할 수 있다."라고 규정하고 있는데, 이는 동항 본문에 대한 예외규정이기 때문에 금융위원회가 각호의 한도를 초과하여 결정하는 것이 허용되는 것으로 해석할 수 있다. 다만, 차입한도의 경우 투자자보호를 위해 한도준수 및 중복대출방지를 위한 시스템을 구축할 필요가 있다. 현재 증권형 크라우드펀딩에서 운영 중인 중앙기록관리기관을 활용하는 방안도 고려할만 하다.

[표 6] 차입한도관련 해외 사례[43]

국가명	차입한도
프랑스	• 프로젝트당 1백만유로
스페인	• 프로젝트당 2백만 유로 • 적격투자자만을 대상으로 하는 경우 5백만 유로
포르투갈	• 프로젝트당 1백만 유로
일본	• 규제없음

43) 윤민섭, "크라우드펀딩 산업 활성화를 위한 제언", '크라우드펀딩 활성화 방안' 토론회(김수민의원실, 2017. 3), 발표 자료, 15면.

미국	• 규제없음
영국	• 규제없음 • 다만, 개인차입자의 대출규모가 25천파운드 이상인 경우 규제대상에서 제외
중국	• 개인 2십만 위안 – 동일인이 다른 플랫폼도 이용하는 경우 총 합산 1백만 위안 • 법인: 1백만 위안 – 동일법인이 다른 플랫폼도 이용하는 경우 총 합산 5백만 위안

(2) 투자한도

법률안은 제21조에서 투자한도를 규정하고 있으나, 구체적인 금액기준을 제시하지 않고, 금융위원회에 위임하고 있다. 다만, 위험감수능력이 있는 투자자의 경우 한도가 없다.

향후 법률안 제21조가 수정없이 제정되는 경우 투자목적, 재산상황 및 투자경험 등을 고려하도록 되어 있는데, 이를 어떠한 방법으로 설계할 것인가가 쟁점사항이 될 것이다.

참고로 P2P 대출에서의 투자한도에 관한 해외사례를 살펴보면 다음과 같다.

[표 7] 투자한도관련 해외 사례[44)]

국가명	투자한도
프랑스	• 건별 한도 1,000유로 * 개인투자를 기준으로 하는 것으로 판단됨
스페인	일반투자자 • 건별 한도 3,000유로 • 연간한도 10,000유로 적격투자자 • 한도없음 – 적격투자자요건 가. 기관투자자 나. 법인 : 자산 1백만 유로또는 매출 2백만유로이상 또는 자본 3십만유로 이상인 법인 다. 개인 : 연 수입 5만유로 또는 금융자산 1십만유로 이상

44) 윤민섭, 전게 발표자료, 16면.

포르투갈	• 건별 한도 3,000유로 • 연간 총한도 10,000유로 * 증권형과 동일하며, 개인투자자에게만 적용됨
일본	• 규제없음
미국	• 규제없음 * 중개업자가 발행자이기 때문에 증권형 크라우드펀딩에 해당하지 않아, 이와 관련된 투자한도 규제 적용되지 않음
영국	규제없음
중국	규제없음

8. 기타 투자자보호 규정

법률안은 앞서 살펴본 규정들 이외에도 투자금의 별도예치(제16조), 손해배상책임(제18조) 등과 같은 투자자보호장치를 마련하고 있는데, 제19조에서 채권의 추심과 관련하여 규정하고 있는 것이 독특하다.

법률안 제19조는 "온라인대출중개업자는 온라인대출에 관한 권리를 추심함에 있어서 「신용정보의 이용 및 보호에 관한 법률」 제4조제1항제3호에 따른 채권추심업을 허가받은 자에게 위임하여 추심할 수 있다."고 규정하고 있는데, 동 규정에 따르면 중개업자가 당연히 추심권한을 가지고 있는 것으로 볼 수 있다. 만약 동 법률안이 간접대출형을 전제로 하고 있다면 중개업자가 채권자에 준하는 관계에 있기 때문에 직접추심할 수 있고, 동 규정은 불필요한 규정이다. 그러나 법률안은 직접대출형을 전제로 하고 있고, 직접대출형에서 중개업자는 채권자가 아니기 때문에 추심권한을 못하며, 투자자로부터 추심권한을 위임받아야 추심이 가능하다.

중개업자가 추심권한을 위임받는 경우 중개업자가 신용정보법상 채권추심업 허가없이 추심이 가능한가에 대해서는 검토가 필요하나, 단순히 추심권한만 위임받아 채권을 추심하기 위해서는 채권추심업 허가를 받아야 한다.

따라서 투자자보호를 위해서는 투자자로부터 추심권한을 위임받은 경우 중개업자가 추심업무를 수행할 수 있도록 규정의 내용을 수정할 필요가 있다.

V. P2P 대출 법제화를 위한 입법적 제언

본 연구에서는 P2P 대출의 유형에 대해서 간략하게 살펴보고, 우리나라의 규제현황에 대해서 살펴보았다. 금융위원회의 P2P 대출 가이드라인의 경우 관련 법률의 부재에도 불구하고 현행 법체계내에서 P2P 대출시장을 건전하게 하려는 노력이 돋보였다. 민병두의원의 「온라인대출중개업에 관한 법률안」은 P2P 대출을 법제화하기 위한 첫 발의안이라는 점에서 의미를 찾을 수 있다. 또한 투자자보호 및 P2P 대출의 활성화 등을 관한 상세한 규정을 담고 있었다. 그러나 법률안의 전체적인 규정 내용을 살펴보면, 아쉬운 점이 있다. P2P 대출을 직접대출형으로 할 것인가, 간접대출형으로 할 것인가에 대해서 명확함이 부족한 것이 주된 원인이며, 이해관계자들의 목소리는 모두 담고자 한 것도 하나의 원인으로 볼 수 있다. 그럼에도 불구하고, 투자자보호를 위해 필요한 규제의 대부분을 포함하고 있다.

1. P2P 대출의 유형 결정

P2P 대출의 유형을 결정하는 것이 최우선으로 이루어져야 한다. 법률을 제정 또는 개정함에 있어 거래구조를 결정하는 것은 선결과제이다. 선결되어야 한다. P2P 대출은 직접대출형이든 간접대출형이든 거래구조에 관계없이 투자자가 최종적인 위험을 부담한다. 중개업자는 스스로 위험을 부담하기로 결정하지 않는 이상 차입자의 채무불이행으로 인한 위험은 모두 투자자의 몫이다. 또한 어떠한 유형이든 중개업자가 수행하는 업무 및 역할은 대동소이하다. 다만 간접대출형의 경우 대부업자가 채권자이기 때문에 채무불이행이 발생한 경우 대부업자가 직접 추심권한을 갖고 있다는 점이 장점이라고 할 수 있다. 그러나 직접대출형에서도 추심에 관한 특칙을 규정하거나, 투자자가 추심업자에게 추심권한을 위임하는 것이 가능하다. 그렇다면 간접대출형이 특별한 법률적 경제적 이익을 가지지 못하는 이상 법률관계를 단순화시키는 것이 필요하다. 미국에서 직접대출형이 아닌 증권매매형태의 간접대출형이 활용된 것은 새로운 법률의 제정 또는 개정 없이도 증권관련 법률로서 P2P 대출을 규율할 수 있었으며, 투자자보호도 가능하였기 때문이다. 따라서 현재 P2P 대출에 관한 규율체계가 미흡한 우리나라에서는 직접대출형으로 하는 것이 적합하다고 생각한다.

2. P2P 대출 법률의 제정

P2P 대출의 유형을 직접대출형으로 결정하였다면 해당 유형에 적합한 방법으로 법률을 제·개정하여야 한다. P2P 대출은 크라우드펀딩의 한 유형이기 때문에 증권형 크라우드펀딩과 같이 자본시장법을 개정하는 방안, 개별 법률을 제정하는 방안 등을 고려할 수 있다.

우선 자본시장법을 개정하는 방안은 매우 어려울 것으로 판단된다. 자본시장법에 P2P 대출을 포섭시키려면 차입자를 증권을 발행인으로 보아야 하는데, 현재 자본시장법의 체계상 발행인은 법인만 가능하다. 따라서 개인차입자도 포함되는 P2P 대출을 자본시장법으로 포섭하기 위해서는 기업의 자금조달에 관한 법률이라는 기본원칙을 수정해야 한다. 또한 자본시장법은 규제가 매우 강한 수준으로서 자본시장법 체계에 P2P 대출을 포함시키면 P2P 대출시장은 활성화되지 못할 가능성이 높다.

개별 법률을 제정하는 방안을 살펴보면, 매우 현실성이 높은 것으로 판단된다. 우선 민병두의원의 P2P 대출 법률안도 P2P 대출만을 규율하는 법률안이다. 개별 법률로 제정하는 경우 증권형 크라우드펀딩도 포함하여 금융형 크라우드펀딩에 관한 법률안으로 제정하는 방안도 고려할만하다.

개별 법률로 제정할 때 고려해야 할 사항으로 우선 다른 법률간의 관계를 명확히 할 필요가 있다. P2P 대출 법률안의 경우 다른 법률의 적용을 제한하는 규정을 두고 있지 않아, 투자자가 대부업등록이 필요한가에 대해서 명확하지 않다. 또한 현재 실무에서 이루어지고 있는 법률관계를 반영하여야 하는데, 그러나 실무의 모든 거래구조를 반영하는 것은 사실상 불가능한 일이다. 당사자간의 법률관계가 단순하고 명확하게 설명될 수 있도록 하는 것이 거래참여자 보호에 도움이 될 것으로 판단한다. 또한, P2P 대출의 기본 개념에 충실한 방향으로 법률관계를 규정하여야 하여야 할 것이다. 예를 들어 선대출행위의 경우 일부 중개업자들은 필요성을 주장하고 있으나, 이는 투자자의 대출결정권 등을 침해하는 행위로서 인정되어서는 안 된다고 생각한다. 미국의 렌딩클럽에서 선대출이 이루어지고 있다고 하더라도 미국의 경우 P2P 대출이라고 일컬어지고는 있지만, 그 법률관계는 우리나라의 특전금전신탁과 유사한 거래구조이기 때문에 가능한 사항이다. 또한 미국의 렌딩클럽은 증권을 발행하는 발행주체로서 발행신고서 등을 제출하는 등 미국 증권법체계에서 요구하는 발행공시 등을 준수하고 있다.

3. 규제의 유연성

P2P 대출에 관한 법률을 제·개정하여 규제를 마련할 때, 규제의 유연성을 확보할 필요가 있다. 예를 들어, 현행 P2P 대출 가이드라인은 투자자의 투자한도를 규정함에 있어, 금액을 모두 동일하게 규정하고 있다. 투자자로 하여금 분산투자를 하도록 강제하고 있는 것인데, 예상외로 투자자의 피해를 유발하는 역할도 있다. 특히 누적 대출잔액의 한도를 1천만원으로 한정하고 있어, 투자자가 우량 중개업자의 P2P 대출상품에 더 투자하고 싶어도 투자가 제한되어, 결국 투자를 포기하거나 다른 중개업자의 P2P 대출상품에 투자를 하게 만들었다. 이러한 현상으로 인하여 중개업자들이 상품성으로 경쟁하기보다는 이벤트 또는 리워드 등으로 투자자를 현혹하는 사례 등이 등장하고 있다. 예를 들어, 최근 메디펀드라는 중개업자는 1천만원 투자시 약 21.9%의 이자지급 및 300만원 상당의 회원권을 지급하는 것으로 회원권을 금액으로 환산하여 51.9%의 수익이 발생하는 것으로 광고를 하고 있다.

또한 중개업자의 건전한 영업을 확보하기 위해서는 우량 중개업자에게 인센티브를 제공할 필요가 있는데, 규제의 유연화를 통해 인센티브와 동일한 효과를 가져올 수도 있다. 예를 들어, 중개업자의 연간 중개실적 등을 고려하여 연체 및 부실이 없는 경우 해당 중개업자의 P2P 대출상품에 대하여 차입한도 및 투자한도를 증액하는 방법도 고민할 필요가 있다. 규제 유연성에 대한 해외사례로는 우선 독일은 증권형 크라우드펀딩에 있어 1회 투자한도만을 규정하고 있는데, 투자한도는 투자자의 월급여의 2배로 소득에 따라 투자한도가 변화하도록 규정하고 있는 것이다. 영국의 경우 중개업자의 자기자본을 대출잔액에 따라 증감하도록 규정하고 있다.

규제의 유연성은 차입 및 투자한도 뿐만 아니라 투자광고, 자기자본규제 등 다양한 영역에서 필요하며, 향후 P2P 대출시장이 건전하게 성장하는데 기여할 것으로 생각한다.

4. P2P 대출채권의 제한적 연대채권화

연대채권은 현행 민법 제413조 이하에서 규정하는 연대채무와 유사한 것으로 "수인의 채권자가 같은 내용의 급부에 관하여 각자 독립하여 채무자에게 전부의 급부청구권을 가지고, 그 중의 1인이 급부를 수령하면 모든 채권자의 채권이 소멸하는 채권"이라고 할 수 있다. 연대채권은 우리나라 민법에서는 규정하고 있지 않으나, 사적자치원칙에 따라 성립될 수 있고, 상법 등 개별 법률에서 연대채권성을 인정하고 있는 사례가 있다. P2P 대출의 거래구조 및 투자자보호를 위해서는 P2P 대출에서 발생하는 채권을 연대채권화할 필요가 있다.

우선 거래구조의 관점에서 살펴보면, P2P 대출에서는 일반적으로 차입자는 1인인 반면, 투자자 즉 채권자는 다수가 존재한다. 기존 대출거래에서 보증 등으로 인하여 채무자가 다수가 존재하는 연대채무와 정반대의 상황이 발생하는 것이다. 또한 P2P 대출에서의 채권의 내용은 구체적인 금액에 차이가 있을 뿐 그 외의 내용은 동일하다. 이러한 P2P 대출계약의 당사자관계와 가장 유사한 것은 상법상 사채 또는 파산재단의 일반채권이라고 할 수 있다.

둘째, 투자자보호의 관점에서 살펴보면 P2P 대출에서 동일 대출채권을 보유한 투자자들 각각이 권리행사를 할 수 있도록 하는 경우 투자자간 이해상충의 문제가 발생할 가능성이 있다. 예를 들어, 차입자의 채무불이행시 차입자가 자신과 친분이 있는 투자자 일부에게만 우선 변제하는 경우 차입자의 적극재산이 감소하게 되어, 다른 투자자의 이익에 손해를 주게 된다. 뿐만 아니라 거래과정에서 차입자 또는 중개업자 등이 P2P 대출의 거래과정 즉, 투자자모집단계에서 투자성공율를 높이기 위해 바람잡이 등을 활용할 가능성도 존재하게 된다.

민법에서 연대채권에 관해서 규정하고 있지 않기 때문에 P2P 대출채권을 연대채권화하는 경우 관련 규정을 법률단계에서 명시할 필요가 있다. 연대채권화를 하는 경우 개별투자자의 권리행사를 제한하게 될 수 있어, 이를 반영한 권리관계를 명확하게 하여야 할 것이다. 또한 P2P 대출의 투자자들은 전국적으로 흩어져 있고, 채권관리에 적극적인 투자자도 있는 반면, 그렇지 않은 투자자도 있어, 이를 관리하기 위해 단체법적 성격도 포함되어야 할 것이다. 결국 민법상 연대채무 관련 규정 및 상법의 사채권자 관련 규정을 적절히 조율하여야 할 것이다.

연대채권화와 관련하여 정책적으로 고려해야할 사항이 있는데, P2P 대출 투자자들의 권리행사를 돕는 자를 누구로 하여야 하는가이다. 즉 상법 제480조의2 등에서 규정하는 사채관리회사의 업무를 누구에게 하도록 하여야 하는가이다. 현행 상법 제480조의3은 사채관리회사의 자격을 은행 등 금융회사로 한정하고 있는데, 주로 회사의 주거래은행이 사채관리회사업무를 수행하는 일반적이다. 그렇다면, P2P 대출에서 차입자와 투자자간 거래관계를 잘 알고 있으며, 관련 정보를 가지고 있는 P2P 대출중개업자가 P2P 대출채권을 관리하는 업무를 수행하는 것이 가장 적합할 것으로 판단된다. 현재 실무에서도 P2P 대출중개업자가 계약의 중개업무 뿐만 아니라 투자이익금의 분배 등과 같은 계약관리업무를 수행하고 있다.

5. 차입자 보호 수단 마련

P2P 대출 가이드라인 및 법률안은 투자자보호에 중점을 두고 있는 반면, 차입자보호를 위한 방안으로는 미흡한 점이 존재한다. 보통 P2P 대출은 대안금융적 효과를 가지고 있고, 대출계약이라는 특성상 차입자보호의 필요성도 제기된다. 예를 들어, 대출신청의 철회 및 계약취소권 등이 차입자 보호를 위해 필요한 사항이다. 대출계약의 성립조건을 모집금액의 도달과 기간의 종료 중 어떠한 것으로 할 것인가 등에 관해서도 명확히 할 필요가 있는데, 투자자모집 중에 차입자가 대출신청을 철회할 수 있도록 철회권을 보장할 필요가 있다. 또한 대출계약의 성립조건이 충족하더라도 차입자가 계약의 체결을 원하지 않는 경우 대출계약을 취소할 수 있도록 하는 계약취소권이 도입될 필요가 있다. 다만, 취소권의 행사기간을 장기간으로 설정하는 경우 투자자의 신뢰라는 법익을 침해할 가능성이 있으므로 적절한 조화가 필요하다.

6. 파산 등 중개업자의 신용위험 대책 마련

앞서 언급한 바와 같이 중개업자의 주된 업무 중 하나는 대출계약의 관리이다. 즉, 대출계약이 유지되는 기간 동안 차입자로부터 원리금 등을 수령하고, 수령금액을 투자자의 투자금액비율에 맞게 분배하는 역할을 중요한 업무 중 하나이다. 그런데 중개업자가 파산, 영업정지 등과 같은 사유가 발생한 경우 계약관리업무도 정지될 위험이 있어 투자자 및 차입자 보호를 위해 계약관리이전제도 등과 같은 제도가 도입될 필요가 있다.[45] 유사한 제도로 보험업법 제140조의 계약이전제도가 있는데, P2P 대출과는 차이가 있다. 보험업법상 계약이전제도는 보험료가 지속적으로 납입되기 때문에 계약을 인수하는 보험회사에게도 이익이 된다. 그러나 P2P 대출에서 중개업자는 수수료를 대출계약체결시에 수취하면, 계약관리를 인수하는 중개업자의 경우 수수료를 차입자 등으로부터 수수료를 수령할 수 없어 중개업자에게 인수할 유인이 없다. 따라서 계약관리를 인수하는 중개업자에게 인센티브를 부여하거나, 협회로 하여금 계약관리를 인수하도록 하는 방안을 함께 고려하여야 할 것이다.

7. 분쟁조정제도 보완

금융거래의 분쟁은 금융기관과 소비자간 분쟁이었으나, P2P 대출에서의 분쟁은 차입자와 투자자간 분쟁이 발생할 가능성이 높다. 그런데, 차입자와 투자자간 분쟁은 일반적인 B2C관계의 분쟁이 아니기 때문에 한국소비자원 및 금융감독원 등에서 분쟁을 다루는 것은 현행 법체계에서는 불가능하다.[46] 예를 들어, 최근 펀듀에서 손해를 입은 투자자들은 금융감독원에 분쟁해결을 위한 집단민원을 제기하였지만, 법률상 권한이 없어, 분쟁조정을 할 수 없는 것으로 알려져 있다. 또한 P2P 대출중개업자들의 임의적인 협회인 한국P2P금융협회서는 회원사에서 제명시키기만 할 뿐 분쟁해결을 위한 노력을 전혀 하고 있지 않다. 해당 사안을 분석하면, 투자자가 한국소비자원에 펀듀를 피신청인으로 하여 분쟁조정을 신청할 수는 있지만, 이는 중개업자인 펀듀가 준수사항 및 약관의 내용을 제대로 지키지 않았는가에 대해서만 피해보상을 받을 수 있을 뿐이고, 주채무자와의 직접적인 분쟁을 해결하는 수단으로는 적합하지 않다. 따라서 차입자, 투자자 및 중개기관 등 P2P 대출거래에 관여한 관계자들 간에 분쟁이 발생한 경우 분쟁조정업무를 특정기관에서 수행하도록 지정하는 절차가 필요하다. 예를 들어, 분쟁조정을 1차적으로 협회에서 하도록 하고, 협회에서 분쟁이 해결되지 않은 경우 한국소비자

45) 투자자의 자금이 제3자에게 예치 또는 신탁되어 보관되고 있어, 투자자의 자금이 안전하게 보호되는 것으로 판단될 여지가 있으나, 대출계약이 성립되면, 투자자금은 차입자에게 이전되어, 보호받지 못한다.

46) 한국소비자원의 분쟁조정은 사업자와 소비자간 분쟁을 대상으로 하고 있는데, 이때는 사업자와 소비자의 지위는 소비성 거래를 전제로 하고 있어, 차입자와 투자자간 분쟁은 그 요건을 충족하지 못한다. 또한 금융감독원의 분쟁조정은 금융위원회의 감독대상인 금융기관과 소비자간 분쟁만을 다루도록 법률에서 정하고 있기 때문에 권한이 없다.

원이나, 금융감독원 등 공공기관에서 분쟁조정을 하도록 하는 방안을 고려할만하다.

Ⅵ. 결 론

현재 대안금융, 금융시장의 혁신 등 핀테크에 대한 일반적인 시선은 매우 우호적인 것으로 생각된다. 전 세계적으로도 핀테크 산업을 지원하기 위해 기존 규제의 적용을 일시적으로 배제하는 규제샌드박스를 도입하는 등 적극적으로 움직이고 있다. 우리나라도 규제 샌드박스, 오픈 API(Application Program Interface) 등을 통해 핀테크 산업을 지원하고자 노력하고 있다. 그러나 P2P 대출거래에 대한 금융당국의 반응은 소극적인 자세를 보여왔다. 생각건대, P2P 대출에 관한 규제체계를 마련하는데, 현재까지 3번의 기회가 있었다. P2P 대출이 등장한 2007년, 정치인 펀드 등이 유행한 2010년부터 2012년, 증권형 크라우드펀딩에 대한 법률안 등이 발의된 2013년 등이다. 그러나 금융당국은 P2P 대출을 일시적인 현상으로만 일축한 것으로 판단된다. 2008년 미국이 렌딩클럽 등 P2P 대출 중개업자가 증권발행형 P2P 대출사업구조를 시작하자, 이를 법률적으로 판단하여 영업구조를 승인하는 등 빠르게 대응했던 것과는 차이가 있다.

금융당국은 2015년 금융연구원에 P2P 대출에 관한 연구용역을 발주하면서 P2P 대출에 관하여 관심을 가지기 시작한 것으로 판단된다. 이후 2016년 하반기부터 규제체계 마련을 위한 테스크포스를 운영하기 시작하였고, 그 결과물로 2017년 2월부터 P2P 대출 가이드라인을 운영하고 있다. 이후 가이드라인의 효율성을 높이기 위해 P2P 대출 중개업자와 연계된 대부업자를 금융위원회 등록대상으로 전환하도록 대부업법 시행령을 개정하였다. 이와 연계하여 국회에서도 P2P 대출을 법제화하기 위한 노력을 시작하였다.

이에 본 연구에서는 현재 P2P 대출 규제체계를 살펴보고, 미흡한 부분에 대한 입법적 방안을 제시하고 있다. 구체적으로는 P2P 대출의 거래구조 특정, 대출채권의 연대채권화, 유연한 규제, 차입자 보호 수단 마련, 중개업자의 신용위험 대책 마련, 분쟁조정제도의 보완 등이다. 향후 P2P 대출에 관한 규제체계가 구축되기까지는 상당한 시간 소요될 것으로 판단된다. 그 과정에서 많은 쟁점이 등장할 것으로 예상되는 바, 본 연구가 법제화 과정에 도움이 되기를 바란다.

참고문헌

고동원, “인터넷상에서의 개인 간(P2P) 금융거래에 관한 법적 연구 – P2P 대출 거래를 중심으로, 「은행법연구」 제8권 제2호, 은행법학회, 2015.

김연미, “벤처창업과 크라우드 펀딩(Crowdfunding)”, 「정보법학」 제16권 제2호, 한국정보법학회, 2012.

반기로 · 박휜일, “대출참가거래의 법적 성질 및 거래상 유의점”, 「산은조사월보」 제483호, 한국산업은행, 1996.

성희활, "‘P2P 대출형 크라우드펀딩’의 법적 성격과 자본시장법적 규제체계 수립에 관한 연구“, 「기업법연구」 제30권 제4호, 한국기업법학회, 2016.

윤민섭, “자금조달 수단으로서 Crowdfunding에 관한 연구”, 「기업법연구」 제26권 제2호, 한국기업법학회, 2012.

_____, 「크라우드펀딩의 제도화와 소비자보호방안 연구」, 정책연구 보고서 13–17, 한국소비자원, 2013.

_____, “非금융형 크라우드펀딩의 법적 제문제와 개선방안”, 「저스티스」 통권 제142호, 한국법학원, 2014.

_____, “P2P 금융에 관한 법적 연구”, 「금융법연구」 제9권 제2호, 한국금융법학회, 2012.

최문희, “독일의 핀테크(Fintech)의 現狀과 規制 : 대출형 크라우드(Crowdlending)에 대한 법적 쟁점을 중심으로”, 강원법학 제49권, 강원대학교 비교법학연구소, 2016.)

한민, “신디케이티드 대출에 관한 법적 검토”, 『법학논집』 제16권 제4호, 이화여자대학교 법학연구소, 2012.

금융위원회, 「P2P 대출 가이드라인 제정 방안」, 2016. 11.

C. Steven Bradford, “Crowdfunding and the Federal Securities Laws”, 2012 Colum. Bus. L. Rev. 1, 2012.

Prosper Marketplace, Inc., Exchange Act Release No. 8984, 2008 WL 4978684, 2008. 11. 24.

P2P 대출 거래 규제의 입법안 검토

이 지 은*

Ⅰ. P2P 대출의 기본개념 및 의의, 특성

P2P라는 용어는 컴퓨터간 직접 연결을 뜻하는 'Peer－to－Peer'를 말하며, 중개금융기관 없이 직접적인 대출계약이 이루어진다는 점에서 해당용어를 차용한 것으로 개인간 거래라는 점에서 'Person－to－Person'의 약자로도 사용되고 있다.[1] 현재 2017. 2. 27.부터 시행 중인 금융위원회의 P2P대출가이드라인에서 정의한 P2P 대출은 차입자를 위해 담보를 제공하고 수수료를 수취하거나 차입자에 대한 대출채권으로부터 발생하는 원리금을 수취할 수 있는 권리를 매입하려는 자(이하 '투자자')의 자금을 기초로 온라인 플랫폼을 통해 대출을 받으려는 자(이하 '차입자') 에게 지급된 대출을 말한다.

P2P대출은 자금수요자가 자신의 프로젝트나 사업을 인터넷 혹은 SNS를 이용하여 공개, 홍보하고 불특정 다수로부터 소액을 지원받아 원하는 금액의 자금을 모집하는 행위인 크라우드펀딩(crowdfunding)[2]의 일종으로, 기술적 발전을 통한

---

* 변호사, 법학박사.

1) P2P 대출에 관한 정의에 대해서는 고동원, '인터넷상에서의 개인 간(P2P) 금융거래에 관한 법적 연구 － P2P 대출 거래를 중심으로', 「은행법연구」 제8권 제2호 (은행법학회, 2015), 4－5면; 성희활, 'P2P 대출형 크라우드펀딩'의 법적 성격과 자본시장법적 규제체계 수립에 관한 연구' , 「기업법연구」 제30권 제4호(한국기업법학회, 2016), 49－50면.; 윤민섭, 'P2P 금융에 관한 법적 연구', 「금융법연구」 제9권 제2호(한국금융법학회, 2012), 452－453면.

2) 윤민섭, '자금조달수단으로서 Crowdfunding에 대한 연구', 「기업법연구」 제26권 제2호(통권 제49호) (2012), 189면. 일반적인 크라우드펀딩의 유형의 분류로는 1) 기부형 및 보상형 크라우드펀딩: 자선단체 혹은 비영리단체의 기금모집 혹은 서비스나 상품(콘서트 티켓이나 새로운 혁신적 상품 등)에 대한 대가로 지급되는 것, 2) 법률상 특례에 기초한 크라우드펀딩: Enterprise Investment Scheme과 같이 FCA에 의해 승인된 예외요건을 충족하는 것, 3) 대출형 크라우드펀딩, 4) 증권형 크라우드펀딩으로 나누어진다. 그 외 5) 매출채권거래 크라우드펀딩(invoice trading crowdfunding)

금융혁신과 은행 등 기존 금융기관과 차별되는 금융의 사회적 기능을 활용할 수 있는 새로운 자금조달수단으로 투자자에게는 새로운 투자처를 제공하고, 차입자에게 보다 낮은 금리로 자금을 조달할 수 있는 대안금융으로 발전가능성을 보여준 것으로 평가되고 있다.

P2P대출업의 특성을 기존 금융업과 비교한다면, ① 은행업(인터넷전문은행 포함)의 경우 은행의 자기자본을 이용하여 대출을 실시하고, 수신원리금에 대해 상환의무를 지는 것과 달리 P2P대출업은 투자자의 투자금으로 대출을 실시하고, 투자금에 대한 상환의무를 지지 않는다. ② 대부업·여신전문금융업의 경우 이자수익이 금융회사에 귀속되는 반면, P2P대출업은 이자수익은 투자자에게 귀속되고 P2P대출업체는 중개수수료를 수취한다. ③ 대부중개업과의 차이는 대부중개업자는 대부계약 체결 이후에는 수행하는 역할이 없는 반면, P2P대출업체의 경우 대출계약 체결 이후에도 채권추심 및 원리금 배분 등의 역할을 수행한다. ④ 금융투자업(크라우드펀딩 포함)의 경우 투자자의 투자대상이 증권·파생상품 등 금융투자상품인데 비해, P2P대출업을 통한 투자대상인 원리금수취권은 그 성격이 금융투자상품인지에 관해 논란의 여지가 있다.[3]

[표 1] 기존 금융업과 P2P대출업의 비교

비교대상	해당 금융업	P2P대출업
은행업	<은행법 적용> ■ 은행의 자기자본으로 대출 ■ 은행이 수신원리금 상환의무 부담	■ 투자자의 투자금으로 대출 ■ P2P대출업체가 수신원리금 상환의무 부담하지 않음
대부업, 여신전문 금융업	<대부업법·여전법 적용> ■ 금융회사 자기자본으로 대출 ■ 이자수익이 금융회사에 귀속	■ 투자자의 투자금으로 대출 ■ 이자수익이 투자자에게 귀속

은 온라인플랫폼을 통해 개별 혹은 집단 매출채권을 매각하는 것으로 일반적으로 투자자들은 기관이나 고액 자산가들이며 이자율은 온라인 옥션으로 진행된다(이지은, '영국의 P2P대출 관련 입법 현황 및 국내 법제에의 시사점', 2017. 11. 10. 경제법학회 학술대회 발표원고).

3) 전상수, "온라인 대출거래업 및 이용자 보호에 관한 법률안, 온라인투자연계금융업 및 이용자 보호에 관한 법률안에 대한 검토보고－<P2P대출업 관련 특별법 제정> 김수민 의원 대표발의(의안번호 제12093호),이진복 의원 대표발의(의안번호 제13052호)", 2018. 7. 국회 정무위원회 검토보고서, 제11면

대부중개업	<대부업법 적용> ■ 대부계약 체결 이후에는 대부업자가 채권자 권리행사 ■ 대부업자에게만 수수료 수취 가능(대부업법 제11조의2)	■ 대부계약 체결 이후에도 채권추심 및 원리금 배분 역할 ■ 투자자·차입자 양측에서 수수료 수취 가능
금융투자업	<자본시장법 적용> 증권·파생상품에 투자 ※ 크라우드펀딩: 채무·지분·투자계약 증권에 투자	대출채권으로부터의 원리금수취권에 투자

Ⅱ. 국내 P2P대출관련 현황 및 규제의 발전 경과

1. P2P대출의 영업 형태 및 현황

우리나라의 P2P대출시장은 2006년 일부 업체가 영업을 시작하면서 시장에서 자생적으로 성장해왔다. 한국의 P2P대출은 시장에서 다양한 구조를 모색한 결과 형성된 것으로, 금융법상 다른 금융업(은행, 증권, 보험, 여신금융업, 상호저축은행 등)과 달리 개별 금융규제법에 의해 사업, 영업구조가 창설된 것이 아니며 여러 시행착오를 거쳐 P2P플랫폼의 대부업 자회사인 '연계대부업자'가 대출을 실행하고 투자자는 '원리금수취권'에 투자하는 구조가 표준으로 자리 잡으면서, 대부업 자회사는 대부업 등의 등록 및 금융이용자 보호에 관한 법률(이하 '대부업법')의 적용을 받는다. 즉, 현재 국내 P2P대출의 구조는 대부업법상 차입자(대부를 받으려는 자)와 자금제공자(투자자)를 연결하는 P2P업체(플랫폼)가 대출실행을 위한 대부업체(통상 100%자회사)를 별도 설립하는 형태로 이루어진다(대부업법 시행령 제2조의 4).

일반적인 현재 국내 P2P대출의 프로세스는 ① 차입자가 P2P업체의 온라인 플랫폼에서 대출신청을 하면, ② 자금제공자(투자자)는 차입자가 게재한 조건을 토대로 자금제공 결정, ③ P2P업체는 모집된 자금을 P2P 연계 대부업체(온라인대출정보연계대부업자)로 전달하고, ④ 대부업체의 대출 실행, ⑤, ⑥ 대부업체는 대출채권의 원금 및 이자를 수취할 권리를 자금제공자(투자자)에게 매도, ⑦－⑨ 차입자의 원리금 상환에 따라 자금제공자가 투자수익을 얻는 과정으로 이루어진다(2017. 8. 28. 금융감독원 보도자료, '대부업 등의 등록 및 금융이용자 보호에 관한 법률 시행령 및 감독규정 시행').[4]

[그림 1] 국내 P2P대출의 프로세스[5)]

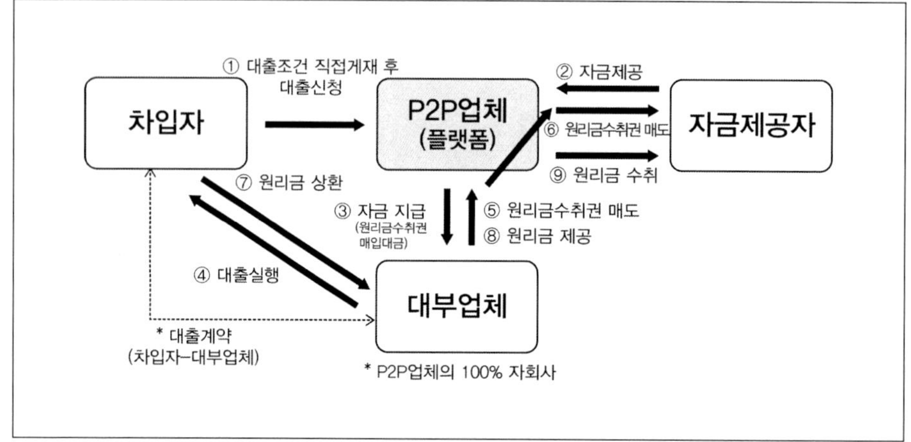

2015년 이후 P2P대출이 대표적 핀테크 산업으로 각광받으면서 급격한 투자 및 대출규모의 증가가 이루어지면서 P2P대출시장의 규모는 ① 업체 수 기준으로 2015년 말 27개사에서 2016년 말 125개사, 2017년 말 183개사, 2018. 5. 기준 금융위원회 등록 기준 178개사에 이르며, ② 누적대출액 기준으로는 2015년 말 0.04억원에서 2016년 말 6천억원, 2017년 말 2.3조원, 2018. 5. 기준 3.5조에 이르게 되었다.[6)]

크라우드연구소에서 파악한 P2P대출의 현황을 본다면, 2018년 7월 말 기준

4) 한편, P2P업체가 P2P 가이드라인에 따라 신탁계약을 체결한 은행(수탁자)과의 신탁업무협약서는 다음과 같은 구조로 설계되어 있다. 먼저, ⅰ) 위탁자로서 P2P 대출의 플랫폼업체(신탁계약 I의 위탁자)는 투자약정에 따라 투자자에 대하여 보유하는 투자금교부채권을 수탁자에게 신탁하고(이하 그에 따른 금전채권신탁거래기본약관 및 동 특약을 포괄하여 "신탁계약Ⅰ"이라 한다), P2P 대출의 대부업체를 수익자로 지정하며, 투자자가 투자약정에 따라 교부하는 투자금을 신탁계약Ⅰ을 통하여 관리하고자 한다. 또한, 위 당사자들은 투자자가 새로이 확정되어 추가될 때마다 그에 따른 투자금교부채권을 계속하여 신탁계약Ⅰ의 목적물로 추가하고자 한다. 한편, ⅱ) 위탁자로서 P2P 대출의 대부업체(신탁계약 II의 위탁자)는, 차주로부터 지급받는 대출원리금의 입금계좌(회수금집금계좌) 예금반환채권을 수탁자에게 신탁하고(이하 그에 따른 금전채권신탁거래기본약관 및 동 특약을 포괄하여 "신탁계약Ⅱ"라 하고, 신탁계약Ⅰ 및 신탁계약Ⅱ를 포괄하여 "신탁계약"이라 한다), P2P 대출의 플랫폼업체를 수익자로 지정하며, 차주가 대출약정에 따라 상환하는 대출원리금이 입금되는 예금계좌를 신탁계약Ⅱ를 통하여 관리하고 해당 금원을 투자자에게 지급하는 구조이다(서승환, 이지은, "디지털사회 법제연구(III) – P2P대출 규제체계 구축을 위한 비교법적 연구", 2017. 11. 15, 한국법제연구원, 제103면).

5) 2018. 6. 14. 금융감독원 "P2P대출 관련 관계기관 합동 점검회의" 보도자료.

6) 2018. 6. 14. 금융감독원 "P2P대출 관련 관계기관 합동 점검회의" 보도자료.

총 누적대출액 3조 8,793억원 중 신용대출이 14.29% 담보대출이 85.71%을 차지하고 있다.

[그림 2] P2P대출의 현황[7)]

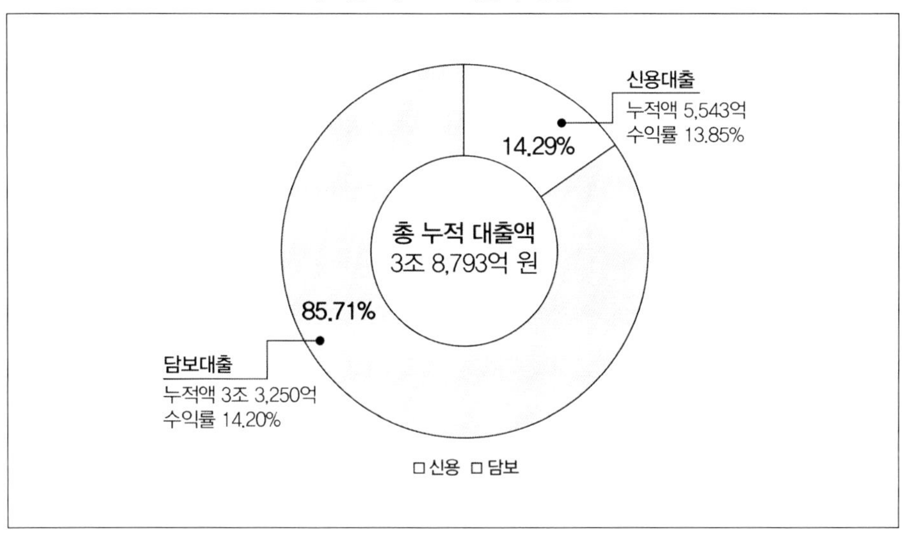

상품별로는 9가지 상품별 분류를 한 취급액 및 수익률 현황은 아래와 같다.[8)]

순위	분류	취급액	수익률
1	건물토지	885억	13.69%
2	PF	589억	16.31%
3	상품	271억	13.1%
4	채권	224억	13.82%
5	개인신용	185억	15.44%
6	기계	46억	14.92%
7	법인사업자	28억	13.14%
8	개인사업자	26억	13.8%
9	차량	4억	13.82%

7) 크라우드연구소, 2018년 7월말 기준 P2P금융성장보고서, https://post.naver.com/viewer/postView.nhn?volumeNo=16431580&memberNo=30452953&navigationType=push

8) 2018. 8. 3. 크라우드연구소, “2018년 7월 말 기준 P2P금융 성장보고서”, https://post.naver.com/viewer/postView.nhn?volumeNo=16431580&memberNo=30452953&navigationType=push

2. 국내 규제의 발전 경과 및 주요 내용

현재 P2P대출에 직접 적용되는 법률은 대부업법, 이자제한법 및 채권의 공정한 추심에 관한 법률 등이다. 2010년 국회입법조사처에서는 정책연구용역을 통해 P2P금융의 현황 및 법, 제도적 개선방안에 대한 연구[9]를 최초로 실시하였으나, 금융감독당국은 P2P대출에 대해 2015. 8. 최초의 유권해석을 한 이래 2018. 6.까지 총 11개의 유권해석을 내려왔고, P2P대출시장의 급성장에 따라 금융당국이 사적거래에 불과하던 P2P대출거래에 대해 최소한의 금융규율을 적용하기 시작한 것은 2017. 2. 27. 행정지도 형태의 '가이드라인'을 제정한 것이 시발점이었다. 이후 금융당국은 2018. 2. 27. P2P가이드라인 개정안을 통해 1년 연장시행을 함과 동시에 2018. 3. 2.부터 개정 대부업법 시행령을 시행하면서 지방자치단체 등록, 감독대상이었던 '연계대부업자'를 금융감독당국의 직접 관할로 변경하였다.

(1) 금융위원회의 유권해석

금융위원회와 금융감독원이 운영하는 금융규제포털 사이트에서 P2P와 관련하여 공개되어 있는 금융위의 유권해석 및 비조치의견서 등을 조사한 결과, 기존 금융기관들을 규율하는 개별법인 은행법, 자본시장과 금융투자에 관한 법률(이하 '자본시장법'), 여신전문금융업법, 상호저축은행법, 신탁업법 및 대부업법 등의 해석 등과 관련된 P2P대출의 다양한 이슈에 대한 유권해석은 2018. 6.까지 총 11개에 이르렀으나, 대부분의 유권해석이 법률에 명시적 규정이 없다면 할 수 없다고 보는 열거주의적(positive)방식의 기존 금융개별법 해석의 한계를 넘지 못하고 기존 금융기관의 P2P대출플랫폼과 관련된 업무 영위 및 협업 등에 소극적 태도를 보여 온 것으로 평가된다. 이하 주요한 유권 해석 몇 가지를 소개한다.

즉, 최초의 P2P대출과 관련된 유권해석은 저축은행의 P2P업무와 관련된 사안으로, 1) 2015. 8. 28. 저축은행의 P2P대출 플랫폼 사업 영위 가부에 대한 사안으로, 금융위는 상호저축은행법 제11조 제1항에 따른 예금수입, 자금대출 등의 업무를 조직적, 계속적으로 하려는 자를 상호저축은행법의 규율대상으로 하고 있는데, P2P대출은 이에 해당되지 않고 상호저축은행법에 별도로 정한 바가 없다는

---

9) 이건호, "P2P 금융의 현황 및 법, 제도적 개선사항", NARS정책연구보고서, 2010. 12. 24, 국회입법조사처.

간단한 회신을 하였다.

다음으로 은행의 P2P플랫폼과의 업무협약구조와 관련된 사안은 2) 2015. 12. 24. 은행과 P2P대출플랫폼과 관련된 업무제휴 비즈니스모델 개발, 시행과 관련, ① P2P대출중개업자가 차입자와 투자자를 상호 연결하는 서비스를 제공하고, 은행은 대출업무(계약체결 및 실행)를 담당하는 구조에서 대출이자는 중개업자가 수취하고, 은행은 정산수수료를 수취하는 구조에서 은행의 정산수수료 수취가 은행법상 은행업무나 부수업무에 해당하는지, ② P2P대출운용사업자가 대부중개업 등록을 해야 하는지, ③ P2P운용사업자가 은행과 업무협약을 체결하여 대출신청 접수 및 해당대출에 대한 담보를 제공하는 경우, P2P운용사업자가 해당 대출신청자의 신용정보를 활용하여 산출한 금융거래조건(담보이용한도 및 금리)을 산출하고 이를 다시 신청자에게 제고하는 것이 신용조회업에 해당되는지에 대한 것이었다. 감독당국은 ① 대출자금조달방법이 은행법 제27조 제1항에 해당되지 않고, 차입자에 대한 신용평가실시 및 대출조건(만기, 금리)을 P2P 업자가 담당하는 등 은행이 대출관련 실질업무를 수행하지 않고 은행내부 여신정책상 대출취급 가부만 판단하는 구조이므로, 이는 은행법 제27조 제2항 제2호의 자금대출과 유사하기는 하지만 내용상 이와 구별되는 부수업무로 판단되므로, 은행의 P2P대출업무(차주와 계약체결, 대출 및 원리금상환 등 실행) 관련 정산수수료 수취는 은행법 제27조 제2항 본문에 따라 업무운영일 7일 전까지 금융위원회에 신고하여 수행할 수 있는 부수 업무에 해당된다고 보았으나, 은행의 경영건전성, 금융시장의 안정성을 해치거나 은행이용자(투자자, 차입자)의 보호에 지장을 가져오는 경우, 금융위가 해당 부수업무의 운영을 제한하거나 시정명령을 할 수 있으므로 이러한 한계 내에서 업무를 수행하도록 하였고, ② P2P대출을 규제하는 단일법 체계가 없으므로 투자형 크라우드펀딩은 자본시장법이 적용되며, 불특정다수인에게 자금조달을 하면서 사실상 원금보장약정을 하는 경우 유사수시행위규제에 관한 법률상 유사수신행위 해당우려가 있고, 투자자와 차입자간 대출계약 중개시 대부업법상 대부(중개)업 등록여부 등 다양한 법적 문제가 발생될 수 있으며, 실제로 대부업, 대부중개업을 운영하는지 여부에 따라 사안별 판단이 필요하다고 하며 대부업법 제3조에 따른 등록의무를 지는지를 보아야 한다는 입장이었고, ③ 신용정보법에 따라 허가가 필요한 신용조회업무는 법 제2조 8호에서 정하는 바와 같이 신용정보를 수집, 처리하는 행위, 신용정보주체의 신용도, 신용거래 능력을 나타내는 신용정보를 만들어내는 행위, 의뢰인의 조회에 따라 신용정보를 제공하는 행위를 말하는데, P2P업체가 담보제공자로 개인신용정보를 대출신청자본인 또는 신용정보조회사로부터 제공받고 이를 근거로 금융거래조건을 산정하여 대출신청자에게 제공하는 행위는 신용정보제공, 이용자로서 개인신용정보를 금융거래 등 상거래관계의 설정을 위해 이용하는 경우로 판단되어 신용조회업에 해당되지 않는다고 보았다.

신용카드회사의 P2P대출과 관련된 유권해석사안으로는 3) 2016. 5. 2. 신용카드업자가 P2P대출업체를 통해 개인투자자들로부터 투자금을 받아 대출업무를 영위할 수 있는지에 대해 여신전문금융회사는 제46조에 따라 대출업무를 영위할 수 있지만, P2P플랫폼을 통한 자금모집이 여신전문금융업법 제47조에서 열거하고 있는 자금조달방식에 해당되지 않는다는 이유로 여신전문금융회사는 위 상품을 취급할 수 없다는 답변이 있었다.

4) 2017. 5. 24. 예금담보대출형 P2P업체와 기관투자자간 투자와 관련된 법령해석요청과 관련된 사안에서, 감독당국은 은행연계형 예금담보대출 P2P모델(이하 'B2P대출')에서 상호저축은행, 여신전문금융회사, 집합투자기구, 보험회사(이하 '상호저축은행 등')이 P2P업체에 제공하는 담보금을 차입자에 대한 대출재원으로 사용하고, 차입자의 대출상환시 상호저축은행 등이 수수료를 가산한 담보금을 회수하는 구조의 예금담보참가형태의 투자가 가능한지에 대한 질의에 대해 이러한 행위는 불가능하며, 이 경우 P2P업체 또는 상호저축은행 등이 대출업무의 전부 또는 일부를 대신하여 수행하게 된 것이므로 금융기관의 업무위탁 등에 대한 규정 제3조에 위반될 소지가 있다고 보았다. 즉, 상호저축은행의 경우 상호저축은행법 제18조의 2 제3호에 따라 담보제공이 원칙적으로 금지되며, 여신전문금융회사의 경우 담보금 제공은 일종의 금융업무인데 위와 같은 투자형태는 여신전문금융업법 제46조 제1항 1호내지 7호, 시행령 제16조에서 허용된 금융업무에 해당되지 않고, 보험회사의 경우, 보험업법 제113조에 따라 타인을 위해 소유자산을 담보로 제공하거나 채무보증을 제공하는 것에 해당(보험업법 시행령 제57조의 2의 예외에도 해당되지 않음)되어 불허되며, 전문투자형 사모집합투자기구에서 금전대여 방식의 집합투자재산운용이 가능하나 '전문투자형 사모펀드의 금전대여업무 가이드라인'에서 개인대출이 금지되는데 구체적 투자구조가 사실상 개인에 대한 대출인 경우 허용될 수 없으므로 이에 해당되는 것으로 보아 이를 금지된다고 하였다.

5) 2017. 8. 29. P2P대출 투자구조 관련 질의는 증권사의 P2P대출관련 투자에 대한 것이 주된 것으로, ① 펀드가 SPC(상법상 일반법인)를 통해 자금대여, 어음수취 등으로 P2P대출에 투자(담보제공)한 후, SPC가 보유자산을 유동화한 뒤 펀드에 대한 채무를 ABS로 상환(펀드자산교체: 어음－>ABS)하는 방식의 투자가 가능한지, ② 증권사가 P2P대출에 투자(담보제공)하고 만기시 지급받을 금전을 기초자산으로 DLS발행 후 펀드가 위 DLS를 편입할 수 있는지, ③ 증권사가 P2P대출에 투자(담보제공)하고 만기시 지급받을 금전을 기초자산으로 DLS발행할 수 있는지, ④ 기관, 개인 등 투자자가 특정금전신탁을 통해 P2P대출에 담보로 제공할 수 있는지, ⑤ 투자자가 특정금전신탁을 통해 P2P중개업자의 대부자회사가 발행한 기업어음에 투자하고 동 투자금을 P2P대출에 담보로 제공하는 것이 가능한지에 대한 질의였고 이에 대해 금융감독당국은 모두 부정적인 의견을 주었다. 그 이유는 ①의 경우, 자금흐름상 펀드투자(담보제공)를 전제로 P2P대출수요자(개인차주 포함)에 대해 대출을 일으키는 것이므로 이는 개인에 대한 대출을 금지하는 사모펀드 금전대여 가이드라인(금융위 행정지도) 위반에 해당된다는 입장이었다. 또한, 자산유동화법 제2조 및 동법 감독규정 제2조는 자산보유자 요건으로 금융기관, 공기업, BB 등급 이상 법인 및 주권상장법인으로 제한하고 있는데 이 경우 자산보유자인 상법상 일반법인이 서류상 법인인 SPC이므로 자산유동화법상 자산보유자 요건에 해당되지 않고, 자산유동화법 제13조상 자산보유자의 자산양도가 매매 또는 교환에 따른 진정양도(true sale)에 해당되어야 하는 요건에 대해서도 동 거래구조는 기초자산인 P2P대출채권이 양도없이 'P2P투자금관리서비스계약'을 통해 차입자의 신용위험이 ABS투자자에게 이전되는 구조이므로 진정양도요건에도 위반될 소지가 있다고 보았다. ②, ③에 대해서는 증권사의 개인(투자자) 신용공여는 관련 법규(자본시장법 제72조, 동법 시행령 제69조, 금융투자업규정 제4－21조)상 청약자금대출, 신용거래융자(신용거래대주) 및 예탁증권담보융자만 가능하며, P2P투자는 법규상 허용되지 않는 개인에 대한 신용공여로 볼 소지가 있고, 타 금융권역의 규제회피수단으로 활용이 될 소지가 있으므로 증권사가 P2P대출에 투자(담보제공)하고 만기시 지급받을 금전을 기초자산으로 하여 DLS를 발행하는 것은 허용되지 않는다고 보았다. ④의 경우, 자본시장법 제105조 제1항에서 신탁재산에 속하는 금전은 증권, 파생상품, 금전채권매수 등으로 제한적 운용만이 가능하며, 투자자가 특정금전신탁을 통해 P2P대출에 투자하는 것은 실질적으로 대출기관에

대한 담보제공행위에 해당하며 '담보제공'은 자본시장법상 열거된 금전신탁재산의 운용방법에 포함되지 않는다는 해석이었고, ⑤의 경우, 특정금전신탁을 통해 P2P대출 목적으로 발행한 기업어음에 투자하는 것은 P2P대출에 담보 제공하는 것을 우회하는 것이므로 투자의 실질이 담보제공행위에 해당되므로 역시 자본시장법상 허용되지 않는다고 보았다.

다만, 6) 금융위원회는 2017. 1. 11. 은행이 부수업무신고를 하고 예금담보위탁형(또는 현금담보제공형)으로 수행하는 P2P대출투자금관리서비스가 신탁업무에 해당되는지에 대해서는 은행이 해당자금에 대한 별도 운용을 하지 않고 단순히 자금을 보관, 이체하는 행위만을 하는 등 신탁에 해당되는 업무를 하지 않는 경우 이에 해당되지 않는다는 답변을 하였다. 즉, 본 사안에서 은행이 투자자의 자금을 은행명의 통장으로 수취 받아 관리하고, 투자의사가 확정되면 사업회사가 담보예금을 은행에 제공하고 은행이 담보로 대출자에게 실행하는 과정에서 은행이 투자금을 은행 명의의 계좌에서 P2P중개업자의 명의로 이체한 후 은행명의 별단예금계정에 자금을 보관하여 담보를 취득하는 P2P대출투자금관리서비스를 제공하는 모델이었다. 자본시장법상 신탁업은 신탁을 영업으로 하는 것으로 정의하며, 신탁의 개념은 신탁법 제2조에서 정의하고 있는데 신탁 설정자(위탁자)와 신탁 인수자(수탁자)간 신임관계에 기해 위탁자가 수탁자에게 특정 재산을 이전하거나 담보권설정 또는 그 밖의 처분을 하고 수탁자로 일정한 자(수익자)의 이익 또는 특정 목적을 위해 그 재산의 관리, 처분, 운용, 개발, 그 밖에 신탁목적 달성을 위해 필요한 행위를 하게 하는 법률관계를 말한다. 이에 따르면 신탁에 해당되려면 재산권을 수탁자에게 이전하고 수탁자는 수탁자의 이익을 위해 해당 재산권을 관리, 처분, 운용, 개발 등의 행위를 하고 그에 따른 수익을 수익자에게 지급하는 등의 법률관계가 있어야 하는데 은행이 위 신탁에 해당되는 업무를 하지 않는 본건의 경우 이에 해당되지 않는다고 보았다.

마지막으로 7) P2P대출플랫폼의 업무와 관련, 2016. 8. 5. 금융당국은 ① P2P플랫폼 서비스 이용수수료를 대부 이용자로부터 지급받는 경우 대부중개수수료와 동일하게 보아 대부업법에 위반되는지 여부, ② P2P플랫폼의 자회사에서 대부(대출)가 아닌 대부중개만 진행한 경우 대부업법 제7조의 2의 총 자산한도 규제가 적용되는지 여부, ③ 대출금 이자의 일부를 카드사의 선포인트제도와 유사하게 포인트로 대신 지불하는 것이 대부업법상 가능한지 여부를 질의한 사안에 대해 다음과 같은 답변을 하였다. ①에 대해서는 P2P플랫폼 운영, 대부업, 대부중개업 영위방식, 플랫폼 수수료 산정방식 및 기준이 통일되어 있지 않으므로 일률적 답변이 어렵고 개별사안에 따라 실질적 판단이 달라질 수 있다는 입장이었고, ② P2P플랫폼 자회사가 금융위 등록대상 대부업자에 해당하는 경우 대부업법 제7조의 3에 따른 총 자산한도 규제가 적용될 수 있으나, P2P대출을 영위하는 대부업체의 경우 대출채권 원리금 수취권을 투자자에게 양도하는 등 일반적 대부업체와 다른 대출구조를 가지고 있으므로 개별적 사업모델에 따라 달라질 수 있다는 입장, ③ 대부업법상 금전의 정의는 별도로 없으나 국가가 인정하여 강제통용력을 가지는 법화를 말하는 것으로 보지만, 금융이용자 보호를 위한 대부업법 입법취지상 신용카드 포인트의 경우에도 실질상 대부업상 사용되는 금전적 성격을 가진다면 대부업법에 따른 법정 최고금리 규제가 적용될 가능성이 있으며, 이에 대해 구체적 영위방식이 특정되어 있지 않으므로 해당사실관계 특정에 따라 여신전문금융업법 등 타법 위반 여부가 문제될 수 있다고 하였다. 또한, P2P플랫폼이 대부중개업을 영위하는 경우 대부업법 제11조의2 제2항에 따라 거래상대방인 대부이용자로부터 중개수수료를 수취할 수 없으며, 대부업자는 가상 포인트와 같은 지급수단을 창출하여 대부이용자에게 상환을 요구하는 경우에도 대부업법상 금전대부와 동일한 규제를 받아야 할 것으로 보인다는 입장이었다.

(2) 금융위원회의 P2P대출 가이드라인의 제정

국내 P2P대출업 시장의 급속한 성장에 따라 P2P대출의 사업모델의 법적 구성 및 P2P대출업에 대한 법제화 논의가 본격화되면서 2016. 7. 1. 5차 금융감독당국은 P2P 대출 규율방안에 대해 1) 현행 유지, 2) 자본시장법상 크라우드펀딩에 포섭, 3) 별도 법률제정, 4) 행정지도인 가이드라인 제정 방안 중 논의를 한 결과, 최종적으로 4)안을 채택하였다. 이에 따라 2017. 2. 27. P2P대출가이드라인은 3개월의 유예기간을 거쳐 2017. 5. 27.부터 본격 시행되었다.

P2P대출가이드라인은 비록 비구속적 행정지도의 형태이기는 하지만, 최초로 금융감독당국이 P2P대출관련 정의 및 규제를 체계화한 시도로서 의미가 있었다. 즉, 현행 P2P대출모델에 따른 구조상 금융규제가 직접 적용되는 대상은 P2P대출이 직접 이루어지는 대출을 실행하는 자회사인 대부업자임에도 불구하고, 간접적으로 P2P대출을 중개하는 핵심업무인 플랫폼 비즈니스에 대해서 규제하려는 것

이 목적이었다. 우선, ① P2P 대출의 정의에 대하여, 차입자를 위해 담보를 제공하고 수수료를 수취하거나 차입자에 대한 대출채권으로부터 발생하는 원리금을 수취할 수 있는 권리를 매입하려는 자(이하 '투자자')의 자금을 기초로 온라인 플랫폼을 통해 대출을 받으려는 자(이하 '차입자')에게 지급된 대출이라고 정의하고, ② P2P 대출정보 중개업을 P2P 대출 투자자와 차입자에 대한 대출정보 중개를 업으로 하는 것으로 보았다. ③ P2P 플랫폼을 운영하는 자를 P2P 대출정보 중개업을 영위하는 자, ④ 연계 금융회사를 P2P 대출정보 중개업자와 연계하여 대출실행 업무를 수행하는 '대부업 등의 등록 및 금융이용자 보호에 관한 법률 제2조제1호'에 따른 대부업자 또는 여신금융기관을 의미한다고 정의하였다.

투자자 보호 등을 위한 필수사항 중심으로 제정된 P2P대출가이드라인의 주요 내용은 다음과 같다.

① 투자 한도 설정의 경우, 투자전문성 및 위험감수 능력 등 투자자의 보호 필요 수준에 따라 차등적인 기준을 두어 i) 일반 개인(동일차입자 500만원, 연간 누적 1000만원), ii) 일정 소득요건을 구비한 개인(동일차입자 2000만원, 연간 누적 4000만원), iii) 전문투자자(개인) · 법인 등의 경우는 투자한도 제한의 예외를 두었다.

② 투자금의 분리보관의무의 경우, P2P 업체가 투자금을 보관 및 예탁을 받을 수 없도록 규정하고, 투자자의 투자금을 은행 등 공신력 있는 기관에 투자자의 재산임을 밝히고 예치 · 신탁해야 하며, 해산결의나 파산선고 등 영업을 지속할 수 없는 중대한 사유가 발생한 경우 예치 또는 신탁된 투자금이 투자자에게 우선하여 지급될 수 있도록 하였다.

③ 투자자공시사항과 관련, P2P 업체는 투자자와 차입자의 투자 · 차입 결정을 위해 필요한 충분한 정보 및 주요사항을 플랫폼에 공시하고, 제공 전 관련사항 확인의무가 있도록 규정하였다. 즉, 차입자의 신용도, 자산 · 부채 현황, 소득 · 직장 정보, 연체기록, 대출목적 및 상환 계획 등을 투자자에게 제공하도록 하였다.

④ 영업행위 준수사항으로는 P2P업체가 자신의 P2P대출에 대해 투자자나 차입자로 참여하는 것을 금지하고, 영업 또는 광고시 중립적 중개업체로서 준수해야 할 사항 등을 규정하였다. 이를 통해 P2P 업체(플랫폼)가 가이드라인을 지키지 않을 경우, 연계 금융회사(대부업체, 은행 등)를 통해 준수를 유도하되 연계금융회사 관리감독을 위한 관계법령인 대부업법 시행령 등에 대한 개정을 추진하는 것을 계획하고 있었다.

감독당국은 2018. 2. 27. P2P대출가이드라인을 개정하고 1년 연장 시행을 발표하였는데, 주요 개정 내용은 다음과 같다. 우선, 1) 정보제공 강화방안으로, ① P2P대출플랫폼의 건전성 등을 확인할 수 있도록 재무현황(정보의 객관성, 공정성 확보를 위해 외부감사법인의 외부감사 보고서에 대해 공시 의무화) 및 대주주현황에 대한 정보 제공 의무화, ② 부동산PF 공시 구체화로서 부동산 건설 사업의 복잡성을 감안하여 관련 리스크 요인을 점검할 수 있는 공시항목을 차주의 자기자본투입 여부·비율, 월별 대출금 사용내역, 월별 공사진행 상황 등을 공개하도록 하고, ③ 대출자의 대출현황 공시 강화로서 대출자가 동일 P2P플랫폼을 통해 복수의 대출을 받은 경우 그 사실과 모든 대출현황을 공시하도록 하고, 2) 투자한도 규제 개선을 통해 ① 일반투자자의 경우 투자한도를 현행 1천만원에서 2천만원으로 확대하고, ② 소상공인 대출 투자 유도와 부동산 쏠림 현상 완화를 위해 非부동산 관련 대출에 한해서만 1천만원 추가 투자 허용을 하는 것이 골자였다.

2018. 12. 금융당국은 P2P대출가이드라인에 대한 2차 개정안[10]을 발표하였고, 2019. 1. 1. 부터 2차 개정된 P2P대출가이드라인이 금감원 행정지도 심의위원회 의결을 거쳐 시행 중이다. 2019년부터 시행중인 개정안의 주요 내용은 1) P2P업체의 공시의무 대폭 강화로서 ① P2P 대출 공시항목 확대(현 공사진행상황, 차주의 자기자본투입, 대출금 사용내역 등), ② PF대출 주요사항(부동산 물건의 실재여부, 담보권 및 대출계약 주요내용)에 대한 변호사 등 외부 전문가 검토 및 검토내용 공시, ③ PF 등 부동산 P2P대출 상품은 판매 전 2일(48시간) 이상 공시(선 공시, 후 모집)하도록 하여 투자자의 숙고기간 제공, ④ 연체율 산정방식의 명확화(연체율 장단기 총 연체잔액/총 대출잔액), 기타 대출 등 대출유형별 연체율, 연체 건수 등 세부공시, ⑤ 차입자 위험도(차입자에 대한 총 대출금액, 대출잔액, 최근 대출실적 등), ⑥ P2P업체 전문성(여신심사역 수, 법률, 회계 등 전문가 보유 등), ⑦ NPL 매각정보 공시 등 판단을 위한 공시내용 강화, 2) 자금 돌려 막기 등 불건전, 고위험 영업 제한으로 ① 단기조달을 통해 장기 운용하는 만기불일치 자금운용 원천 금지, ② 만기연장 재대출, 분할 대출(총 대출금액이 예정되어 있고 수회에 걸쳐 각 대출이 실행되는 경우 (예) 부동산 PF 총 대출 예정금액 10억(1차 4억, 2차 3억, 3차 3억)), 3) 투자자 자금보호

10) 금융위원회, 2018. 12.12. 보도자료, "P2P대출가이드라인 개정방안 및 법제화 방향−P2P대출시장의 소비자 보호를 강화하고 핀테크 산업으로 건전하게 육성해 나가겠습니다."

제도 강화로서 ① 대출 상환금을 투자금과 동일하게 연계대부업자의 고유재산과 분리하여 보관, ② P2P업체 부도, 청산 등에 대비한 채권추심 및 상환금 배분업무 등을 법무법인 등 외부기관에 위탁하는 등 청산업무절차 마련, ③ 연체발생채권에 대한 추심현황 및 관리실태 공시 등, 4) 정보보안 및 이해상충 관리 강화로서 ① 외부 전문기관(전자금융감독규정 제37조의 3에 따른 전자금융기반시설 취약점 분석, 평가 전문기관)을 통한 연 1회 이상 개인정보 등 보안 관리체계 점검 및 3개월 내 공시(방송통신위원회의 '온라인 개인정보보호 자율점검 체크리스트' 등을 참조), ② P2P업체 직원 등을 P2P대출이 제한되는 이해상충범위에 포함, 5) 플랫폼 업체의 P2P대출 판매시 정보제공 강화로서 P2P업체가 아닌 다른 플랫폼을 통해 P2P상품을 광고, 판매하는 경우에도 투자자에 대해 충분한 정보를 제공(해당 상품이 P2P대출상품인 점, 투자계약은 P2P업체와 진행된다는 점, P2P대출상품은 위험성이 있다는 점, P2P업체의 사업정보 등을 확인할 수 있는 방법 등 고지)하도록 하였다.

(3) 대부업법 시행령, 감독규정 등 개정안

P2P대출을 규율하는 법규는 대부업 관련 법규로 P2P대출업과 통상의 대부업간 구분을 두지 않고, 금융당국은 P2P대출과 관련된 체계적 감독 근거가 부재하였기에 금융감독당국은 2017. 8. 23. P2P대출과 연계된 대부업자에 대한 금융감독 근거를 명확화한 개정 대부업 관련 규정을 마련하였고 6개월 유예기간을 두고 2018. 3. 2.부터 시행하였다.

대부업법 시행령 개정의 주요 내용은 다음과 같다.

우선, ① P2P연계대부업자의 등록의무와 관련, P2P대출과 연계된 대부업자에 대한 감독근거(동법 시행령 제2조의4)를 마련하여 P2P업체(플랫폼)가 대출을 실행하기 위하여 연계하는 대부업자를 '온라인대출정보연계대부업자'로 정의하면서 금융위원회 등록의무를 부과하고[11], 대부업법상 금융위(원)에 등록하지 않고 P2P

---

11) 제2조의4(금융위원회 등록이 필요한 대부업자 등) 법 제3조제2항제6호에서 "대통령령으로 정하는 자"란 다음 각 호에 해당하는 자의 정보를 온라인에서 게재하는 자와 연계하여 대부업을 하려는 자를 말한다. 1. 대부채권으로부터 발생하는 원금과 이자의 수취만을 목적으로 하는 권리를 취득하려는 자(이하 "자금제공자"라 한다), 2. 대부를 받으려는 자.

다만, 동법 시행령에서는 '온라인대출정보 연계대부업자'라는 용어가 직접 사용되지 않고, '자금제공자(투자자)와 대부를 받으려는 자(차입자)의 정보를 온라인에서 게재하는 자와 연계하여 대부업을 하려는 자'라고만 기술하였고, 하위규정인 대부업 등 감독규정 제10조에서 1. 법 제3조제2항제6호 및 시행령 제2조의4에 따른 대부업 (이하 이 규정에서 "온라인대출정보 연계대부업"이라 한다)에서 최초로 '온라인대출정보 연계대부업'이란 용어를 사용하였다.

연계대부업을 영위하는 자는 5년 이하의 징역 또는 5천만원 이하의 벌금을 부과하도록 하였다(제19조 제1항 제1호).

② 다음으로, 금융위원회 등록대상 대부업자는 대부업법 제7조의3에 따라 자기자본의 10배의 범위 내에서만 대부가 가능하다. 금융위원회 등록대상 대부업자는 자기자본을 대출잔액 대비 10% 이상으로 유지하여야 하기 때문에 대출잔액이 증가할수록 자기자본도 증가한다는 점[12]을 고려하여, P2P대출연계 대부업자에 대한 총자산한도 적용 완화(동법 시행령 제4조의4) 등을 도입하였다

③ P2P대출 연계 대부업자로 등록한 경우 일반 대부업과의 겸업 금지조항을 신설하여, P2P대출이 아닌 일반적인 대부영업을 하는 것은 금지함(대부업법 감독규정 제10조 제2항)으로써 P2P대출업과 기존 대부업간 겸영을 제한하고 각 업태간의 구분을 명확화 하도록 하였다.[13]

동 대부업법 시행령 및 감독규정의 문제점은 "온라인대출정보 연계 대부업자"라는 정의조차 하위규정인 감독규정에서 '자금제공자(투자자)와 대부를 받으려는 자(차입자)의 정보를 온라인에서 게재하는 자와 연계하여 대부업을 하려는 자'로 규정하였을 뿐, P2P 대출업의 본질이 무엇인지에 대해서는 침묵하고 있을 뿐만 아니라, P2P대출 플랫폼인 P2P 대출정보 중개업에 대해서는 제대로 된 정의 규정이 없다. P2P대출정보중개업은 대부업법 시행령 제2조의4(금융위원회 등록이 필요한 대부업자 등)에서 '1. 대부채권으로부터 발생하는 원금과 이자의 수취만을 목적으로 하는 권리를 취득하려는 자(이하 "자금제공자"라 한다), 2. 대부를 받으려는 자의 정보를 온라인에서 게재하는 자'로 유추하여 해석될 수 있을 뿐이고, P2P대출정보 중개업자의 권리, 의무, 책임 등에 대해서는 전혀 다루고 있지 않다.

---

12) 윤민섭, "P2P 대출의 법제화에 대한 연구", 경제법연구(제16권 제3호), 한국경제법학회(2017), 제96면

13) 금융당국에 따르면, 기존 대부업과 상이한 P2P대출업의 영업특성과 기존 대부업자 등의 규제우회나 신용질서 저해 등에 대한 다음의 우려를 방지하기 위해 동 규정을 둔 것이라고 한다. 우선, ① 기존 대부업자가 자금조달수단으로 P2P대출업을 겸업하는 경우, 유사수신행위 금지(유사수신행위의 금지에 관한 법률 제3조) 및 공모사채 발행 제한을 둔 은행법을 우회할 수 있다는 소지를 감안 유권해석을 통해 대부업자의 공모사채 발행을 제한하고, ② 기존 대부업자가 대출모집수단으로 P2P대출업을 겸업하는 경우, 사실상 P2P플랫폼을 대출 모집 창구로 활용하는 것을 막고, ③ 기존 매입채권추심업자가 P2P대출업을 겸업하는 경우, P2P 대출업 본연의 취지와 무관하게 NPL매입자금 조달수단으로 P2P를 활용하는 것을 막고자 하였다는 것이다.

Ⅲ. P2P대출가이드라인의 분석 및 문제점

금융감독당국의 P2P대출가이드라인 제정 및 대부업법 개정을 통한 P2P대출 규제 도입은 1) 행정지도의 사실상 강제력 및 그 한계에 따른 문제점, 2) P2P대출중개업자에 대한 직접 감독권의 부재, 3) 투자자보호에 중점을 둔 P2P대출가이드라인과 차주 보호에 방점을 두고 있는 대부관련법 체계와의 상충가능성 등에 대한 문제를 드러내고 있다.

1. 행정지도의 사실상 강제력 및 그 한계에 따른 문제점

금융감독당국은 2006년부터 시작된 국내 P2P대출업에 대한 규제를 2017년에서야 비구속적 행정지도인 가이드라인의 형태로 만들었다. 행정지도는 "행정기관이 그 의도하는 바를 실현하기 위하여 행하는 조언, 권고, 요망 등의 비권력적 행정작용" 또는 "행정기관이 일정한 공적 목적을 달성하기 위하여 상대방의 일정한 행위를 기대하여 행해지는 비강제적 사실행위"[14]를 말한다. 이는 금융감독당국이 P2P대출과 관련한 현행 사업 구조상 P2P대출 자회사에 대해서만 대부업법 적용을 하면서 P2P대출 플랫폼 운영회사들이 직면한 여러 법적 문제와 투자자보호를 위한 공식적 규제를 마련하지 않은 미봉책에 불과하며, 금융위원회 스스로도 비공식적 규제인 행정지도를 최소화하겠다는 '금융규제 운영규정'[15]을 만든 취지에도 반하는 것으로 볼 수 있다. 즉, 2018. 3. 대부업법 시행령 개정으로 P2P대출

14) 김남진, 김연태, 「행정법 Ⅰ」, 407면.

15) 금융위원회는 2007년부터 행정지도 남용 방지 및 예측가능성 제고 등 금융감독행정의 투명성을 강화하기 위하여 행정지도 운영규칙을 제정하면서 상시적으로 금융회사의 업무를 제한하거나 국민의 권리, 의무 또는 소비자 보호와 관련되는 사항은 원칙적으로 법규로서 제정함이 바람직하다고 규정하면서 행정지도를 최소화하여 관리하겠다는 방침을 밝혔고, 2010년 발표한 행정지도 운영투명화 방침, 2014. 12. 30. 금융혁신위원회에서도 全 금융권의 모범규준·가이드라인, 지침, 공문·구두지도를 일괄 정비하여 금융행정의 투명성을 제고하여 가이드라인은 최소화하겠다는 방침 및 '금융규제 운영규정'을 제정·시행'(15.12.31)하여, 비공식적으로 금융회사 등을 규율하는 금융행정지도의 원칙·방식·절차를 마련하고, 상시적 관리를 통해 금융행정지도의 발령은 지양하고 사후관리를 강화해 왔음에도 금융회사 등에 실질적 부담을 주는 금융행정지도가 보이지 않는 그림자 규제로 작용하여 금융산업의 혁신을 저해하는 문제점이 여전히 존재하고 있다는 반성 하에 금융행정지도 발령시 금융당국의 사전적인 심의절차를 강화하고 금융행정지도 연장횟수를 명확히 규정하는 등 금융행정지도의 운영상 미흡한 점을 개선함으로써 금융규제 제도의 운영상 투명성을 높이고 금융산업의 자율과 경쟁을 촉진하려고 다시 한번 '금융규제 운영규정'을 개정하였다(금융위원회 보도자료, 2019. 1. 25. '보이지 않는 그림자 규제 방지를 위한 「금융규제 운영규정」 개정·시행).

플랫폼과 연계된 연계대부업자의 등록이 의무화되기 전까지는 P2P대출 플랫폼과 관련된 법적 요건이나 진입제한이 전무함에 따라 P2P업체의 난립 및 대출부실의 확대, 투자자와의 분쟁 증가등의 부작용, 허위 대출이나 자금횡령 등 P2P대출이 사기수단으로 악용된다는 우려가 커지게 되었음에도 입법 조치 등을 미루고 P2P 대출가이드라인을 통한 P2P대출업의 규제를 도입한 것은 행정지도의 최소화라는 취지에도 반하며, 산업 전체의 불신을 초래하고 직접 P2P대출업 자체를 규율하는 기본법이 없으므로 법적 분쟁이 발생한 경우, 금융관련 법이 아닌 형사벌이 바로 적용되게 되는 과잉 형사화의 우려도 있다.

(1) 행정지도의 사실상 강제력

행정지도란 행정절차법 제2조 제3호에서 "행정기관이 그 소관 사무의 범위 안에서 일정한 행정 목적을 실현하기 위하여 특정인에게 일정한 행위를 하거나 하지 아니하도록 지도·권고·조언 등을 하는 행정 작용"으로 정의하고 있다. 행정지도는 행정청이 행정 목적 달성을 위하여 상대방인 국민의 임의적인 협력을 구하는데 특징이 있고, 사실상의 강제력에도 불구하고 행정지도 자체만으로 직접 법적 효과를 가져오는 것이 아니므로 비권력적 사실행위로 보며[16], 판례도 원칙적으로 행정지도의 처분성을 부정한다.[17] 행정지도는 그 자체만으로는 직접 법적 효과를 가져오지 않기 때문에 행정지도를 사실행위로 본다. 법적으로 행정지도의 상대방은 행정지도에 따르지 않을 수 있기 때문에, 행정지도에 따르지 않는다고 하여도 행정지도가 강제되거나 그 것만을 근거로 불이익이 주어지지는 않다. 따라서 행정지도는 비권력적 행위이다. 그러나 현실에 있어서 행정지도는 사실상 강제력을 가지는 경우가 많고, 특히 금융감독당국의 행정지도의 경우, 검사를 받는 수검기관인 금융기관에 대해서는 행정지도를 따르지 않을 경우의 실질적 불이익에 대한 두려움은 더욱 크고, 그림자 규제로 인한 부작용이 심각하였기 때문에 '금융규제 운영규정'이 제정되었고, 한미 FTA에서도 특히 금융감독원(FSS)의 행정지도에 대한 운영지침(the Operational Rule on Administrative Guidance)[18]의 채

16) 박균성, 「행정법론(상)」, 박영사, 2017, 461면.

17) 대법원 1996. 3. 22. 선고 95누9099 판결; 대법원 1995. 11. 21. 선고 95누9899 판결; 대법원 1980. 10. 27.선고 80누395 판결.

18) 2007년 7월 20일 「행정지도 운영규칙」은 금융감독위원회 규정으로 제정되었으나, 2016년 12월 1일 개정된 「금융위원회운영규칙 일부개정 규칙안」(금융위원회 고시 제2016-43호)에서는 (별표) 52를 신설하고 '금융위원회의 행정지도 실시' 및 '금융위원회 감독행정작용의 실시' 등과 같은 사항

택 및 비조치의견서 제도(the no-action letter mechanism)의 도입에 주목하면서, 투명성 확대 및 증진을 위하여 대한민국이 진행중인 이니셔티브를 환영한다는 입장을 보이기도 한 것이다.[19] 이처럼 외국과의 협정문에 우리나라 금융분야에 대한 투명성 이행방안과 관련하여 행정지도의 관행적 성격을 인정하면서도 투명성을 확보할 수 있는 구체적 방안을 제시하고 있는 것은 금융감독당국의 행정지도가 우리나라 금융감독 체계에서 차지해 왔던 종래 위치와 중대한 영향력을 보여주는 것이다.[20]

(2) 과잉 형사화 및 이에 따른 형사적 문제점

금융감독당국은 P2P업체의 난립에 따른 업체의 도산, 사기, 횡령 등 불법행위 근절을 위해 개최한 2018. 6. P2P대출 관련 관계기관 합동 점검회의에서 P2P 연계 대부업자에 대한 실태조사를 3분기 중 완료하고, 불법행위 발견시 수사기관에 즉각 통보한다는 입장을 취하였다. 금융감독당국은 P2P업체의 주요 불법행위 유형으로 1) P2P연계 대부업자가 금융위에 등록을 하지 않고 P2P대출을 하는 행위(무등록 영업), 2) 허위 사업장이나 허위 차주에 대한 대출 명목으로 자금을 모집하여 실제 대출을 실행하지 않고 대출금을 유용한 행위, 3) 실제 대출금보다 많은 금액을 모집하여 차액을 유용한 행위, 4) 투자자로부터 모집된 자금을 P2P연계 대부업자가 아닌 P2P업체 대표 등 타인 명의로 대출하거나 담보권을 설정한 행위, 5) 차입자에게 법정 최고금리(24%) 이상의 비용을 부과하거나 대부업법 또는 채권의 공정추심에 관한 법률(이하 '공정추심법')에 위반한 불법 추심 등을 들고

을 [위원장에 대한 권한위임사항]으로 규정하였으며, 해당 규정은 2017년 1월1일부터 시행되어 오고 있다.

19) 제13장 [금융서비스]의 부속서 13-나 [구체적 약속] 제4절[투명성]. (Free Trade Agreement between the Republic of Kora and the United States of America Chapter Thirteen [Financial Services] Annex 13-B [Specific Commitments] (Section D: Transparency))

미합중국은 특히 금융감독원(FSS)의 행정지도에 대한 운영지침(the Operational Rule on Administrative Guidance)304)의 채택 및 비조치의견서 제도(the no-action letter mechanism)의 도입에 주목하면서, 투명성 확대 및 증진을 위하여 대한민국이 진행중인 이니셔티브를 환영한다. 대한민국은 실행가능한 한도에서 금융기관 또는 국경간 금융서 비스 공급자에 대하여 서면으로 행정지도를 내리던 기존의 관행을 지속한다. 영향을 받은 당사자의 요청이 있는 경우, 대한민국은 제공된 모든 구두 행정지도를 서면으로 하고 공개 인터넷 사이트에 게재한다. 이전에 내려진 행정지도를 재심하는 과정에서, 대한민국은 이해당사자에게 그 지도에 대하여 의견을 제시할 수 있는 기회를 제공한다. 대한민국은 실행가능한 한도에서 금융기관 또는 국경간 금융서 비스 공급자에 대하여 서면으로 행정지도를 내리던 기존의 관행을 지속한다.

20) 김명아, "금융감독 시범사업 수행에 관한 법제 개선방안 연구", 2017. 10., 법제연구원, 제286면.

있다. 위 5가지 유형의 불법행위 중 1)과 5)는 현행 대부업법 및 공정추심법의 위반 행위이므로 명확한 위법행위이나, 2), 3), 4)의 경우는 현행 금융법 체계상 적용할 규제조항이 없으므로 일반적 형사 책임의 성부에 따라 죄책을 물을 수밖에 없는데 사실상 P2P대출업체의 경우, 일단 기소가 되는 경우만으로도 영업에 심각한 타격을 입을 수밖에 없다. 보다 구체적으로는 P2P업체(및 차주(공모 공동정범의 경우))의 대출금에 대한 횡령(형법 제355조 제1항), (용도)사기(형법 제347조) 혹은 배임죄(형법 제355조 제2항)의 적용에 대한 문제가 될 것이다. 특히 P2P대출의 대출구조 특성상 차주의 대출금 유용시 직접 피해자는 투자자가 아닌 P2P플랫폼이지만, 궁극적 피해자는 투자자들이므로, P2P플랫폼이 직접적으로 투자금을 유용한 것이 아니라 차주가 대출금을 용도 이외에 유용한 경우에는 이와 관련한 P2P 대출플랫폼의 관리책임의 한계 및 공범 책임의 성부 등이 문제될 수 있으며, 이의 기준이 되는 적법 영업행위의 기준과 과잉 형사화 문제에 대해서도 생각해 보아야 할 것이다. 즉, P2P 대출중개업자나 연계대부업자가 직접 대출금을 유용한 것은 아닐지라도, 특정 용도로 대출을 받은 차주가 대출금을 용도 이외에 사용하여 차주의 대출금 유용이 용도 사기에 해당되는 경우, 관련 P2P대출을 중개한 P2P 대출플랫폼 혹은 P2P연계대부업자의 대출실행 및 관리와 관련된 관리책임의 기준, 이에 따른 형사적 공범 책임의 성립 여부에 대한 이슈를 검토할 필요가 있으며, 사실은 이러한 P2P대출의 특성에 맞춘 대출 실행 및 관리기준에 대한 입법적 규율이 이러한 논란을 방지할 수도 있던 상황이었다고 볼 것이다.

일반 금융기관에서 실행한 대출자금에 대한 차주의 대출목적용도 외 유용의 경우, 현재 일반금융기관은 자신의 재산으로 대출한 직접 피해자이므로, 이를 사기로 의율한 판례(대법원 1995. 9. 15 선고 95도707 판결, 대법원 2016. 10. 13 선고 2015도11200 판결)[21] 등이 확립되어 있다. 하지만, P2P대출의 경우, 차주의 용도사기에

21) 대법원 1995. 9. 15 선고 95도707 판결. 사기죄의 실행 행위로서의 기망은 반드시 법률행위의 중요 부분에 관한 허위표시임을 요하지 아니하고 상대방을 착오에 빠지게 하여 행위자가 희망하는 재산적 처분행위를 하도록 하기 위한 판단의 기초가 되는 사실에 관한 것이면 충분하므로, 용도를 속이고 돈을 빌린 경우에 만일 진정한 용도를 고지하였더라면 상대방이 빌려주지 않았을 것이라는 관계에 있는 때에는 사기죄의 실행행위인 기망은 있는 것으로 보아야 한다'라고 판시하여, 용도 기망 사기죄의 성립을 인정하였다.

대법원 2016. 10. 13 선고 2015도11200 판결. 사기죄의 요건인 기망은 널리 재산상의 거래관계에서 서로 지켜야 할 신의와 성실의 의무를 저버리는 모든 적극적 또는 소극적 행위를 말하는 것으로서, 반드시 법률행위의 중요부분에 관한 것이어야 할 필요가 없으며, 상대방을 착오에 빠지게

대한 직접 피해자는 형식상 대출을 해 준 P2P대부업체임에도 실제 해당 손실은 P2P대부업체에 귀속되는 것이 아니라 P2P투자자에게 궁국적으로 귀속되므로 P2P대출차주의 대출금 유용 등을 용도사기로 의율할 경우, P2P대출중개업자 등이 공범으로서 형사적 책임을 부담하는지가 문제되며 이는 구체적 사실관계에 따라 달라질 수 있을 것이다.

즉, P2P대출차주의 용도사기에 대한 P2P대출중개업자의 공범 책임이 인정되기 위해서는 P2P대출중개업자가 사기죄에 있어서 기망의 고의를 가지고 있다고 인정되어야 할 것이며, 판례의 기준에 의하면 기망의 고의를 판단하는 시점은 대출실행당시를 기준으로 판단하기 때문에,[22] ① P2P대출중개업자가 차입신청자의 대출신청을 P2P플랫폼에 올릴지 여부를 결정하는데 있어 차입신청자의 신용정보 등을 비롯한 채무상환능력에 대한 심사(underwriting)[23]을 하였는지, ② 차주가 제

하여 행위자가 희망하는 재산적 처분행위를 하도록 하기 위한 판단의 기초사실에 관한 것이면 충분하다(대법원 2009. 10. 15. 선고 2009도7459 판결 등 참조). 기망행위를 수단으로 한 권리행사의 경우 권리행사에 속하는 행위와 수단에 속하는 기망행위를 전체적으로 관찰하여 그와 같은 기망행위가 사회통념상 권리행사의 수단으로서 용인할 수 없는 정도라면 권리행사에 속하는 행위는 사기죄를 구성한다(대법원 1997. 10. 14. 선고 96도1405 판결 등 참조).

공사의 도급 또는 하도급계약에서 공사대금을 기성고 비율에 따라 산정한 기성금으로 분할 지급하기로 약정한 경우에 수급인 또는 하수급인이 시공물량을 부풀려 기성금을 청구하고 이를 지급받는 행위가 거래관계에서 신의와 성실의 의무를 저버리는 것으로서 사회통념상 권리행사의 수단으로 용인할 수 없는 정도에 이르렀다고 볼 수 있다면 사기죄로 인정할 수 있다. 이때 그와 같은 행위가 사회통념상 용인할 수 있는지 여부는 설계물량과 시공물량 사이의 차이, 물량 차이의 발생원인, 기성고 비율의 산정방식, 약정공사대금의 결정방식과 설계변경에 따른 계약금액의 조정 가능성 등을 종합하여 판단하여야 한다.

22) 사기죄에 있어서 기망행위란 사람을 착오에 빠뜨리게 하는 행위를 말하는데, 단순히 사람을 착오에 빠뜨리게 하였다는 것만으로 기망이 있었다고 할 수는 없고, 적어도 그것이 거래관계에 있어서 신의칙에 반하는 정도에 이르러야 한다. 그리고, 차용금의 편취로 인한 사기죄의 성립여부는 금원 차용 당시를 기준으로 판단해야 하므로, 금원 차용 당시에는 사업이 정상적으로 운영되었고 차용금 변제의 의사와 능력이 있었으나 그 후 경제사정의 변화로 이를 변제할 수 없게 된 때에 단순한 민사상의 채무불이행에 불과할 뿐 사기죄는 성립하지 않는다(대법원 1998. 1. 20. 97도2630 판결 등).

23) P2P대출중개플랫폼의 핵심업무는 차주의 상환능력에 대한 심사이지만, 이는 차주의 대출신청을 플랫폼에 올릴지 여부를 결정하는 수준의 것으로, 최종적으로 공시된 차주의 차입신청관련 정보를 보고 투자결정을 하는 것은 투자자이므로 상환능력의 심사정도는 초기심사(initial underwriting)의 정도에 해당하는 것이다. 또한, P2P대출중개플랫폼으로 하여금 차주의 상환능력에 대한 상세한 심사 결과를 공시할 것을 의무로 하는 경우, 기존 여신금융기관의 업무 및 자본시장법상 허가가 필요한 신용평가업무를 수행하는 것으로 해석될 수 있고 이와 관련된 법률위반 소지가 있다는 지적이 있으므로, 이에 대한 유권 해석을 통한 명확화 또는 입법적 해결방안이 필요한 상황이기도 하다. 한편, 영국의 P2P자율규제단체인 P2PFA의 운영준칙(Operating Principle) 2.2.에서는 '온라인대출플랫폼은 적극적 신용 리스크 관리의무가 있으며 차주가 상환할 능력이 있는지에 대한 신중한 평가를 하여야 한다. 위 목적은 플랫폼이 공시한 예상 손실률에 부합하도록 하여야 한다. 다만, 예

공한 정보의 진실성을 확인하는 의무를 다했는지가 가장 중요한 평가기준이 될 것이며, ③ 대출 실행 이후에도 P2P연계대부업자가 P2P대출차주의 대출자금의 용도 외 유용을 방지하고 관리할 수 있었는지 여부 역시 참조 요소가 될 것으로 보인다.

참고로, 2018. 9. 금융감독당국은 은행권 및 상호금융기관에 대한 차주의 대출금 용도 외 사용에 대한 사후점검조치를 도입하여, 대출계약서상 불이익조치 편입 및 설명의무, 사후적 점검기준을 마련하도록 했다.[24] 개별 금융법에 근거하여 규율 되는 기존 금융기관에서도 차주의 대출금 용도외 사용에 대한 특별한 관리기준이 확립되어 있지 않았음에도 불구하고, 차주의 대출금 유용방지와 관련하여 새로운 핀테크 업종인 P2P대출중개업체에게만 지나치게 높은 기준의 사후적 채권관리 의무를 부과하는 것은 부당한 차별이며 이를 바로 형사법적 처벌로 규율하는 것은 바람직하지 않다 할 것이며 조속한 입법적 기준을 마련하여야 할 것이다. 즉, 금융감독당국은 P2P대출과 관련된 입법의 미비로 인한 이용자에 대한 규제체계를 마련할 부담을 업체에게만 지우고 P2P대출업 전반에 대한 금융규제 측면에서 실효적 이용자 보호체계 마련을 지연함으로써, P2P대출업 전체에 대한 불신을 야기하고 있는 규제 형평성 측면에서도 바람직하지 않다.

비차주에 대한 신용 리스크 심사는 대출신청단계에서 연성으로 이루어짐에 불과하다(operating principle 2.4. Only soft credit risk searches should be performed on prospective consumer borrowers at initial application stage)'라고 하여 P2P대출플랫폼의 차입신청자에 대한 대출능력심사의무에 대한 규정을 두고 있으나 연성(soft) 심사의무라는 것을 확인하고 있고, 유럽 P2P자율규제 단체인 EAPPL의 영업행위준칙(Code of Conduct) Section 1. Dealing with Customers의 Section 1. 4에서도 동일한 내용으로 온라인대출플랫폼의 차입자의 초기 대출능력 심사와 관련된 의무를 규정하고 있다. (이지은, "온라인 대출거래업 및 이용자 보호에 관한 법률안 제정 초안 검토보고서", 2018. 1. 19., 제8면 각주 10).

24) 최근 금융감독원은 개인사업자대출이 급증함에 따라 개인사업자 대출의 자금용도 외 유용을 사후적으로 점검하기 위한 행정지도 형태의 점검기준(금융감독원, 2018. 9. 27. "상호금융업권 개인사업자대출 자금 용도 외 유용 사후 점검기준 10. 1.일 시행" 보도자료)을 2018. 8. 부터 은행권부터 시행하고, 10. 1. 부터 상호금융업권까지 시행하도록 하여 이를 전 금융권에 도입하였다. 이러한 차주의 대출금 유용과 관련된 사후 점검기준의 도입을 P2P대출과 관련한 차주의 대출금 유용에 대한 P2P대출중개업자의 책임 범위 설정과 관련해서 참조해 볼 필요가 있다. 위 사후 점검기준은 기존 금융기관에서도 대출금의 자금용도 외 유용에 대한 사후점검이 체계적으로 이루어지지는 못하였던 것을 보완하여, ① 차주의 대출금의 용도 외 사용에 대해 금융기관의 점검방식은 현장점검에 불과하던 것을 서면점검 원칙(증빙첨부를 의무화)하고, ② 기존 대출약정서상 대출금의 대출목적 이외 사용시 불이익조치(신규대출 제한)를 기재하지 않았던 것을 이를 기재하여 설명하도록 하고, ③ 차주의 대출자금용도 사용내역에 대한 관리가 없던 것을 시스템을 만들어서 관리하도록 하였다.

2. 간접적 감독의 한계 등

비록 P2P대출가이드라인에서 P2P대출 플랫폼에 대한 규제사항인 투자금의 분리보관, 투자자의 투자한도설정, 차주에 대한 공시사항, 투자자에 대한 공시사항 및 광고 규제 등을 규정하고 있음에도 불구하고, 대부업법 시행령 및 감독규정 개정 내용에서도 보았듯이 대부업법 규제로 규율되는 P2P연계대부업자와 달리 모회사인 P2P대출 플랫폼 자체는 비금융기관(통신판매업)으로 P2P대출플랫폼에 대한 금융규제법적 측면의 법적 규율은 부재한다. 금융위원회는 거의 모든 P2P 대출플랫폼 회사들이 자회사인 대부업체와 같은 공간에서 구분 없이 사업을 영위함에 따라 대부업법에 기한 금감원 업무검사(제12조 제7항)의 결과에 따라 대부업자에 대해 시정명령 등의 부과가 가능하며, 영업정지(제13조 제1항)까지도 가능하므로 P2P가이드라인의 실효성을 확보할 수 있다는 입장인 것으로 보인다. 하지만, 행정지도는 법적 구속력이 없는 권고적 효력만 가질 뿐만 아니라, P2P 대출 플랫폼 운영회사들은 P2P 대출업의 법적 불확실성 및 중복 규제(법인격 없는 임의단체에 불과한 한국P2P금융협회(이하 'P2P협회'라 함)) 및 대부업법상 법정 단체로 대부업자회사의 가입이 강제되는 대부업법 제18조의 2의 대부업 및 대부중개업 협회 가입에 따른 이중가입 문제 등과 관련된 부담도 있다. 즉, 금융감독당국의 직접 감독대상이 아닌 P2P대출중개업자의 가이드라인 미준수시 연계금융업자인 금융기관이나 대부회사를 통해 준수를 유도한다고 하고 있지만, 직접 투자자와 계약을 맺고, 투자자를 위한 공시사항 등을 게시하는 P2P대출중개업자인 온라인 플랫폼 자체에 대해 감독할 수 없고, 대출을 실행하는 P2P연계대부업자에 대한 감독이나 제재를 통해 간접적인 감독만을 시행할 뿐이다. 나아가, 행정지도의 비구속적 속성상 대부업체에 대해 가이드라인 미준수를 이유로 제재를 할 수 있는 수단은 없고, 개정 대부업법 시행령에 따라 금융위의 등록대상이 된 P2P연계 대부업자에 대해 가이드라인을 준수하지 않을 경우 대부업체에 대한 시정명령 등 감독상 조치를 취할 수 있을 뿐이라고 하나, 역시 가이드라인의 비구속적 속성상 대부업 자회사의 구체적 법률 위반 행위가 없는 경우, 어떠한 제재조치를 취할 수도 없는 것이기 때문이다.

특히 최근 발생하는 P2P대출업체의 사기사건 등에 따라 2018. 6. 14. 금융감독당국이 P2P대출가이드라인의 강화 및 입법 추진, 검경과의 공조강화를 밝힌 것은 국무총리 지시에 의한 보여주기 식의 후속대응에 불과하다는 지적[25]도 있다. 즉, 금융감독원의 P2P대출업체에 대한 현장조사는 이미 예정되어 있던 것이었고, 사기행위에 대해 검찰, 경찰이 기소하는 것은 당연한 사항일 뿐만 아니라, "금융위, 금감원-검찰-경찰 합동 점검회의"에서 실제 참석한 사람은 검찰이 아닌 법무부형사기획과, 상사법무과가 참석하였고, 만약 금융감독당국기관의 기존 주장대로 금융감독당국이 P2P대출중개업자에 대한 관할권이 없다면 전자상거래법상 통신판매업자인 P2P대출중개업자에 대한 감독권한을 가진 공정거래위원회가 포함되었어야 하나 공정거래위원회를 포함하지 않은 것을 본다면 여전히 금융감독당국이 실효적인 P2P대출규제 및 감독을 위한 공조를 위한 노력이 부족하다고 보인다는 지적[26]은 타당하다.

3. 개정 P2P가이드라인의 공시 강화와 대부업법 체계와의 충돌가능성

나아가 투자자보호를 중심으로 마련된 P2P대출가이드라인의 개정 내용 중 차주의 자금사용정보공개 등과 관련된 사항과 대부업 자회사를 규율하는 대부업법상 차주 보호 위주의 규범체계가 상충되는 내용이 있고, 차주의 자금 내역 사용 등에 대한 공시의무 부과에 대한 규범적 실효성 측면에서도 문제가 있다.

즉, 현행 P2P대출업의 간접대출형 모델은 대부업자회사와 차주간 법적 대출계약관계가 있고, 투자자와 P2P대출플랫폼간 투자약관상 P2P대출채권의 원리금 수취권에 대한 대부업체의 추심위임을 포함한 투자약관상 계약관계로 구성되어 있는 구조에서, 차주는 채권의 공정한 추심에 관한 법률(이하 '공정추심법'이라 함)의 적용을 받는다. 특히 공정추심법 제8조의 3(관계인에 대한 연락금지)에서 채권추심자는 채권추심을 위하여 채무자의 소재, 연락처 또는 소재를 알 수 있는 방법 등을 문의하는 경우를 제외하고는 채무와 관련하여 관계인을 방문하거나, 관계인에게 말, 글, 음향, 영상 또는 물건을 도달하게 하여서는 아니되며(제1항), 채권추심자는 제1항에 따라 관계인을 방문하거나 관계인에게 말, 글, 음향, 영상 또는 물건을 도달하게 하는 경우, 다음 각 호에 해당하는 사항(채권추심자의 성명, 명칭 및 연락처, 채권자의 성명, 명칭, 방문 또는 말, 글, 음향, 영상, 물건을 도달하게 하는 목적)

25) 윤민섭, "P2P대출 관련 법률안 비교 분석", 2018. 7. P2P금융법연구회 발표자료, 제3면.
26) 윤민섭, 각주 23, 제4면.

을 관계인에게 밝혀야 하며, 관계인이 채무자의 채무내용 또는 신용에 관한 사실을 알게 하여서는 아니된다(제2항)는 규정에 의하면, 차주의 지인 등에게도 차주의 채무상황을 알리면 1천만원 이하의 과태료를 부과하도록 규정한다. 위 공정추심법의 취지상 P2P 대출투자자와 차주는 직접 대출계약을 체결한 당사자가 아니고 제3자에 해당하므로, P2P대출업체가 직접 투자자에게 차주의 정보를 공개하거나 직접 추심을 허용하는 것은 금지된다고 해석된다.

(1) 개정 P2P대출가이드라인상 추가된 투자자 공시사항에 대한 검토

특히 2018년 개정된 P2P대출가이드라인상 투자자에게 제공하는 정보에 대한 공시사항 중 새롭게 추가된 사항은 부동산 PF와 관련된 5항 및 동일차주 대출현황과 관련된 6항이며 2019년 추가된 개정사항은 7항으로 투자자 재모집 또는 분할모집의 고위험에 대해 알리는 고지사항으로, 이는 다음과 같다.

(투자자에게 제공하는 정보) 투자판단에 도움을 줄 수 있는 다음의 정보를 투자자가 쉽게 이해할 수 있도록 홈페이지에 게재

1. 투자에 따르는 위험
2. 차입자에 관한 사항(대출목적, 사업내용, 신용도, 재무현황, 상환계획, 담보가치 및 추심절차 등을 포함)
3. 예상수익률 산정에 관한 사항(수수료, 세율·세금 등 부대비용에 관한 사항을 포함)
4. 투자자가 유의하여야 할 사항(계약의 해제·해지에 관한 사항 및 조기상환조건에 관한 사항을 포함)
5. <u>부동산 PF대출 투자상품의 경우 부동산 물건 존부여부, 담보권 설정여부, 대출계약서 내용 등에 대한 외부전문가(변호사, 회계사, 감평사 등)로부터 검토받은 사항과 <별표>에서 정하는 항목별 필수 공시사항</u>
6. <u>동일차주* 대출현황(동일차주에 대한 대출만기연장 등 투자자 재모집 상품인 경우 그 사실 포함)* 상호저축은행법 제2조제8호나목에 따른 동일차주를 말함</u>
7. 투자자 재모집 또는 분할모집(타사 대출이 있는 경우 포함) 상품 등 고위험 상품의 경우 연장 또는 추가모집이 안될 경우 부실 가능성이 높다는 경고 문구
8. 그 밖에 계약의 주요내용

1) 부동산 PF관련 공시사항과 관련된 이슈-대출신청자 혹은 차주의 개인정보, 신용정보 제공 등과 관련된 이슈

위와 같이 P2P대출가이드라인에서 규정한 투자자를 위한 정보공시의 목적은 P2P대출투자자의 투자 여부를 결정하기 위한 사전 판단자료로 기능하는 것이라고 봄이 일반적인데, 종전 2018년도 개정 P2P대출가이드라인에서는 제5항에서,

부동산 PF의 공사진행상황이나 대출금사용내역 등을 공시하도록 하였는데, 이는 사전적 투자판단을 위한 정보 제공 측면이라고 보기보다 이미 투자한 채권에 대한 관리현황의 공시로서, 대출채권관리 내역에 대한 공시는 투자자들의 투자판단에 필요한 사전 정보사항에 대한 공시와는 다른 성격이어서 이에 대한 의문이 있었으나 이후 2019년 개정 P2P대출가이드라인을 통해 재차 개정되었다.

2018년 P2P대출가이드라인 제5항의 개정이유는 2017. 9. 22. 금융감독당국은 보도자료[27])를 통해 P2P대출을 통한 부동산 PF상품에 대한 투자시 리스크 요인 점검사항을 가이드라인에 반영한 것으로 보인다. 금융당국은 부동산 PF상품 투자시 투자자들이 유의할 사항으로 1) 차주의 자기자본 투입 비율, 2) 자금집행상황이나 공사진행상황 등을 얼마나 투명하게 공시하는지, 3) P2P대출업체의 연계대부업체가 금융위원회 등록업체인지(신규업체는 17년 8월말까지, 기존업체는 18년 3월부터 등록 의무화) 확인할 것, 4) 부동산 PF대출상품의 고수익률은 리스크 프리미엄으로 고위험 상품이라는 것을 주지할 필요가 있다고 보았다.

금융감독당국은 위 보도자료를 통해 차주, 시행사, 시공사, 상환계획, 자금관리 등 체크리스트를 기준으로 업체에 적극 문의하도록 하였다. 하지만, 앞서 본 바와 같이 현행 공정추심법상 채무자의 채무내용 또는 신용에 대한 사항을 제3자에게 공개할 수 없고 채권추심의 법적 한계가 분명하게 적용되고 있음에도 이러한 금융감독당국의 방침은 P2P대출중개업자과 P2P대부업자가 분리되어 있어 P2P대출투자자와 차주간 계약관계가 없는 특수한 구조상, 차주의 제3자에 대한 신용정보나 개인정보 등의 제공 및 추심방식의 한계에 대한 현행법적 해석이 선행되어야 하는 부분으로, 대출계약상 차주의 협력이나 자발적 동의를 얻는다는 전제 하에서도 P2P대출업체가 합법적으로 투자자에게 제공할 수 있는 차주와 관련된 정보의 범위(사전적으로는 투자판단에 필요한 정보공시, 사후적으로는 채권관리에 관련된 정보공시, 추심과 관련된 정보공시 등)에 대한 과제를 남겨 두었다. 특히, 현행 P2P대출의 사업모델 및 P2P대출신청자의 자발적 의사를 이유로 광범위한 대출신청자의 신용정보를 아무런 직접 계약 관계가 없는 투자자에게 공개하는 것이 정당화될 수 있는지, 특히 대출신청자의 신용정보를 보기 위한 투자자 지위의 획득

27) 2017. 9. 22. 금융위원회 보도자료, “P2P대출을 통해 부동산 PF상품에 투자시 리스크 요인을 반드시 점검하세요”.

은 단순히 P2P대출중개사이트에 회원등록만 하면 가능하다는 점에서 대출신청자의 개인정보, 신용정보 등의 수집만을 목적으로 투자자등록을 하거나 투자자 자격으로 접근가능한 대출신청자의 신용정보를 악의적으로 활용한 경우 P2P대출중개업자가 면책되는 것이 타당한지에 대해서는 이미 2011년 국회입법조사처의 P2P법제 연구용역보고서에서 대출신청자 관련 소비자보호와 관련된 문제점으로 지적된 바 있다.

이와 관련된 구체적인 문제점들을 이하에서 살펴보면 다음과 같다.

우선 1) P2P투자자들의 사전적 투자판단에 필요한 정보를 제공하기 위해 공시가 필요한 예비 채무자(혹은 시공사, 시행사 등 이해관계자)의 개인정보 및 신용정보 등의 범위는 어디까지 허용될 수 있는 것인지가 문제될 수 있다. 이는 P2P대출중개업자조차도 별도의 자회사인 P2P연계대부업자가 보유한 차주의 신용정보나 개인정보에 대한 신용정보의 이용 및 보호에 관한 법률이나 개인정보보호법에 따라 직접 접근하는 것은 제한되며 신용정보의 분리 보관 등이 강제되고 있는데, P2P투자자들은 P2P대출중개업자와의 계약관계가 있고 P2P대부업체가 차주와 맺은 대출계약상 채권자가 아닌 제3자에 불과한 지위에 있을 뿐이어서, P2P투자자들에게 연계대부업자가 보유한 차주의 사업이나 자금사용내역, 상환계획 등에 대한 정보 등을 차주의 동의나 협력이 없이 제공하는 것은 현행법적으로 불가능하다.

다음으로, 2) 투자자의 자금으로 P2P연계대부업자를 통해 차주에게 대출이 이루어진 이후에는 P2P연계대부업자와 차주와의 관계에서는 차주 보호에 방점을 둔 대부업법이 적용되는 관계이므로, 차주의 협력이나 동의 없이 차주의 구체적 대출자금 내역사용, 공사 진행상황에 대해 공시하도록 차주에게 이를 법적으로 강제할 수 있는 방안이 없고, P2P대출투자자약관을 통해 P2P대출투자자로부터 대출채권관리 및 채권추심을 위탁 받은 P2P연계대부업자는 대출계약상 채무불이행이 없는 경우에는 만기가 도래하지 않은 채무에 대해서는 상환을 종용할 수 없다. 나아가 P2P연계 대부업자 소속직원이 아닌 P2P대출 중개업자 소속직원이 직접 채권추심 업무를 수행하는 경우에도 신용정보법 제27조(무허가 채권추심의 금지) 등과 관련된 현행법 위반 소지가 있어 금지되고 있는데, 만약 P2P대출중개업자가 차주의 개인정보 및 차입과 관련된 정보를 무분별하게 P2P투자자들에게 공개하는 경우 차주는 P2P 투자자들에 의한 불법적 집단 추심의 위험에 노출될 수도 있다는 문제가 상존한다.

다음으로 현실적인 문제점으로 3) 2018. 3. 이후 개정 P2P대출가이드라인에서 도입된 적시성 있는 차주의 공시관련 정보 제공의무를 P2P연계대부업자와 차주 간 채무불이행 특약사항으로 넣어, 차주의 대출계약 특약사항 위반시 즉시 채무불이행 선언을 한다고 하더라도, PF 목적물의 완공 후 분양대금이나, 대환대출 등으로 상환재원을 마련하는 PF대출의 속성상 차주에 대한 즉시 채무불이행 선언은 되도록 신중할 수밖에 없는 현실적인 한계가 있다. 즉, 차주의 적시성 있는 공시 정보제공 불이행만을 이유로 한 채무불이행 선언은 PF 공사 중단에 따른 시공사변경이나 기존 공사대금채권 정리 등으로 복잡한 변수 등이 발생함이 필연적이며, 경미한 사유 PF사업 중단 및 변경이 궁극적으로 투자자보호에 큰 도움이 되지 않을 수 있는 문제를 담고 있다.

결론적으로, PF대출 상품에 대한 2018년 개정 P2P가이드라인상 공시사항의 경우, 사전적 투자판단을 돕기 위한 측면보다는 투자자를 위한 채권관리 측면에서의 공시사항을 추가한 것이지만, 차주 보호를 위한 대부업법 체계와 투자자보호를 위한 P2P대출가이드라인의 정보공시사항 등은 상충되는 측면이 있으므로, P2P대출을 이용하는 차주의 책임과 P2P대출중개업자의 심사의무기준, 관리감독 책임의 근거를 명확하게 설정할 필요가 있다. 특히 이러한 차주정보 공개에 대한 법률상 한계를 악용한 일부 P2P플랫폼업체가 허위 매물 등을 등록한 사례들도 나타나 투자자 피해가 초래되었다. 따라서, P2P대부업의 특성을 고려한 차주의 정보 공개는 입법적 해결사항임에도 불구하고, 법률상 명확한 예외규정을 두지 않고 행정지도에 불과한 P2P가이드라인상 공시사항으로 현행법상 상충될 소지가 있는 의무를 부과한 것은 금융감독당국이 P2P대출 중개업자 및 투자자 등 이해관계자들에게 혼란을 주고 투자자 피해를 최소화할 입법적 의무를 다하지 못한 것이다.

금융감독당국은 2018. 6. 보도자료를 통해 연체발생 채권에 대해서는 주기적(최소 월 1회)으로 채권추심현황과 관리실태를 투자자에게 안내하도록 의무화하여 P2P업체의 채권추심노력을 유도한다고 발표하였으나 이는 사후적 연체발생 이후에 대한 관리방안이므로, P2P대출 투자자 보호 측면에서는 사전적으로 차주의 정확한 신용정보, 상환계획 및 재원, 정확한 서류 제공의무, 차주의 대출금 용도에 맞춘 사용 등에 대한 공시의무, 차주의 부실고지에 따른 법적 책임에 대한 명확한 법제화가 선행되어야 할 필요가 있어 보인다.

이후 2019년 개정 P2P대출가이드라인에서 금융당국은 <별표>를 통해 부동산 PF공시항목을 구체적으로 정리하였는데 이는 기존 2018년도 보도자료를 통해 사전적 투자판단사항을 넘어선 채권관리 측면의 사후 공시사항에 대한 혼선을 사전적 투자 판단을 위한 구체적 항목으로 한정하여 정리한 것으로 보이며, 기존 보도자료에서 야기한 문제점이 개선된 것으로 보인다.

[표 2] 부동산 PF 공시 항목

<table>
<tr><th>구 분</th><th>공시사항</th><th>내 용</th></tr>
<tr><td>사업내용</td><td>사업개요</td><td>· 사업에 대한 개요(사업목적, 공사대상지역, 공사기간, 담보가치, 자금관리체계, 예상수익률, 위험도, 수수료 등)</td></tr>
<tr><td rowspan="2">차주</td><td>차주 정보</td><td>· 대출목적, 신용도, 재무현황, 대출기간, 상환일 등(가이드라인 '차입자에 관한 사항' 참조)</td></tr>
<tr><td>자기자본투입 비율</td><td>· 차주의 자기자본 투입 여부 및 비율</td></tr>
<tr><td rowspan="2">시행사</td><td>사업실적</td><td>· 시행사의 과거 부동산PF 사업 실적</td></tr>
<tr><td>진행중인 사업지</td><td>· 복수의 사업을 동시에 시행 시 해당 사업지 정보</td></tr>
<tr><td rowspan="3">시공사</td><td>재무건전성</td><td>· 최근 3개년 재무정보</td></tr>
<tr><td>시공능력</td><td>· 유사 건축물 시공실적</td></tr>
<tr><td>진행중인 사업지</td><td>· 복수의 사업을 동시에 시공 시 해당 사업지 정보</td></tr>
<tr><td rowspan="2">대출자금</td><td>자금용도</td><td>· 대출자금의 사용 용도(토지매입비, 건축자금 등)</td></tr>
<tr><td>자금관리체계</td><td>· 대출된 자금의 관리주체(신탁사, 자산운용사 등) 및 집행 프로세스</td></tr>
<tr><td>상환계획</td><td>상환계획 및 재원</td><td>· 대출금 상환계획, 상환예정일 및 재원 등*
* 분양수익 : 사업지 입지, 분양가, 인근 사업장 분양률
금융권 대환: 준공 후 금융권의 대출 예정 금액 및 LTV 등</td></tr>
<tr><td>법률관계 입증 서류 등</td><td>소유권, 담보권 등을 확인할 수 있는 서류 등</td><td>· 건축 대상 부지에 관한 매매계약서, 등기부등본 등 소유권 관련 서류
· 해당 사업부지에 관한 권리관계(채권, 채무 등)
· 건축허가증 등</td></tr>
</table>

2) 동일차주에 대한 정보공개

다음으로 제6항의 경우, 동일차주에 대한 정보공개의 범위는 상호저축은행법상 동일차주의 개념을 차용하였다. 이는 금융기관의 건전성 규제측면의 입법정책적 고려에서 비롯된 것으로 보이나, P2P대출을 규제하는 대부업법 규제를 넘어서 상호저축은행법을 차용한 것은 모법규정인 상위법인 대부업법상 규정하고 있지 않은 사항이므로 동일차주에 대한 정보공개의 위임입법체계에 근거가 명확하지 않다.

Ⅳ. P2P대출 관련 법안의 주요 내용

현재 국회에 P2P대출과 관련하여 계류 중인 법안은 1) 온라인대출중개업에 관한 법률안(민병두 의원 대표발의, 의안번호 제8120호, 이하 '민병두 의원안'이라 함), 2) 온라인 대출거래업 및 이용자보호에 관한 법률안(김수민 의원 대표발의, 의안번호 제12093호, 이하 '김수민 의원안'이라 함), 3) 온라인 투자연계금융업 및 이용자보호에 관한 법률안(이진복 의원 대표발의, 의안번호 제13052호, 이하 '이진복 의원안'이라 함), 4) 대부업법 개정안(박광온 의원 대표발의, 의안번호 제11787호, 이하 '박광온 의원안'이라 함), 5) 자본시장법 개정안(박선숙 의원 대표발의, 의안번호 제15102호, 이하 '박선숙 의원안'이라 함)이 있다. 금융감독당국은 2019년 P2P가이드라인 개정안을 발표하면서 정부차원에서 종합적 대안을 마련하고 2019년 상반기에 신속한 법제화를 추진하겠다는 입장을 밝혔다.

1) 내지 3) 법안의 경우, P2P대출과 관련된 단일법을 제정한 법안이며, 4) 및 5)의 경우, 기존 대부업법과 자본시장법을 개정한 것으로, 본 원고에서는 기존 금융법을 개정한 4)와 5)의 안건의 주요 내용을 간략하게 소개한 뒤 3개의 단일법 제정안에 대해 비교하기로 한다.

[표 3] P2P대출관련 의원발의 법안 비교[28)]

구분 (발의일)	민병두案 ('17.7.20.)	김수민案 ('18.2.23.)	이진복案 ('18.4.13.)	박광온案 ('18.2.6.)	박선숙案 ('18.8.28.)
입법형태	별도 법안 제정			기존 법안 개정	기존 법안 개정
입법안	온라인대출 중개업에 관한 법률	온라인대출 거래업 및 이용자보호에 관한 법률	온라인투자 연계금융업 및 이용자보호에 관한 법률	대부업법	자본시장법

28) 금융위원회, "금융혁신지원특별법 시행 준비 등 핀테크 활성화 추진" 보도자료, 2019. 1. 2., 제12면.

진입규제		등록	등록	등록	등록	등록
최저 자본금		법인, 3억원 이상	법인, 3억원 이상	주식회사, 5억원 이상	법인, 3억원 이상	주식회사, 5억원 이상
영업행위규제	공통	차입자 및 투자자 보호 ① 과장광고규제, ② 공시규제, ③ 설명의무, ④ 신의성실의무 등			차입자 보호 중심 (이자율제한, 설명의무 등)	투자자 보호 중심 (공시규제 등)
	자기자금 투자	제한 없이 가능	투자금 95% 이상 모집시 자기자본 내에서 투자 가능	자기자본 내에서 투자 가능	–	자기자본 내에서 투자 가능
투자한도		시행령 위임	제한없음	제한없음	제한없음	소득 등에 따라 차등 적용
차입한도		개인 1억원, 소상공인 5억원, 법인 10억원	제한없음	제한없음	제한없음	제한없음
이용자 보호		① 투자예치금 별도보관 ② 손해배상 책임	① 투자예치금 및 상환금 별도보관 ② 손해배상 책임	① 투자예치금 및 상환금 별도보관 ② 손해배상 책임	투자자 보호 규정 부재	① 투자예치금 별도보관 ② 손해배상 책임

1. 대부업법 개정안(박광온 의원안)

박광온 의원이 2018. 2. 6. 대표발의한 대부업법 개정안은 P2P대출업을 "온라인대출중개업"으로 정의하고, 온라인대출중개업을 대부업법상 대부중개업에 포함되는 것으로 규정하며, 온라인대출중개업을 하려는 자는 금융위원회에 등록하도록 하는 법적 근거를 마련하였다.

> 대부업법 제2조(정의)
> 1의2. "온라인대출중개"란 정보통신 플랫폼(온라인대출 이용을 위한 것으로서 정보처리 능력을 가진 전자적 체계를 말한다)을 제공하여 자금을 대출받으려는 자, 투자자 및 대부업자등(이하 "거래자등"이라 한다)을 중개하는 행위를 말한다.
> 2. －－－－－－－－－－－－－－－－－대부중개(온라인대출중개를 포함한다)－－－－－－－－－－－－－－－－－－－－－－.

> 제3조(등록)
> 6. 온라인대출중개업을 하려는 자로서 금융이용자 보호를 위한 일정 규모의 자기자본 등 대통령령으로 정하는 요건을 갖춘 자

이는 현재 법률상 온라인대출 및 온라인대출중개에 대한 규정이 부재하기 때문에 온라인대출업을 하려는 개인의 경우 대부업자에 해당하지 않으면서 대부업을 할 수 있고, 온라인대출을 위한 플랫폼만 제공하는 사업자의 경우 대부업 또는 대부중개업에 해당하는지 여부가 불분명하여 규제 공백이 발생하고 있으므로, 온라인을 통한 개인 간의 대출거래 행위 및 이를 중개하는 업종에 대한 법적 근거를 마련한 것이다(대부업법 개정안 제2조제1호의2 및 제3조제2항제6호 신설 등).

이에 대해 국회 정무위원회의 검토보고서[29]에 따르면, 동 개정안은 P2P대출업체에 대한 직접적인 규제 근거를 법률 수준에서 마련함으로써 규제의 공백을 보완하고 P2P대출업 이용자를 보호하려는 입법취지는 타당하지만, 차입자 보호장치만을 마련하고 있는 대부업법 체계와 달리 P2P대출업은 투자자 보호장치가 함께 필요하므로, P2P대출업에 대한 포괄적 규율체계를 마련하는 데 있어 대부업법 체계상 적합하지 않고, 개정 대부업 법안에서 P2P대출업체는 투자자와 차입자 간 중개 역할에 그치고 투자자와 차입자가 직접 대출계약의 당사자가 되므로 차입자가 다수 투자자로부터의 추심에 노출될 수 있어 차입자 보호가 어려울 뿐만 아니라, 미등록대부업자에 대한 대부중개를 금지하는 현행 대부업법 제11조의2(중개의 제한 등) 제1항에서 대부중개업자는 미등록대부업자에게 대부중개를 하는 것을 금지한 규정의 취지에 따라 P2P대출업을 이용하려는 개인 투자자들이 모두 대부업자로 등록해야만 투자할 수 있게 되므로 P2P대출에 대한 투자가 상당히 위축될 우려가 있다는 점 등의 문제가 있음이 지적되었고, 이는 앞서 살펴본 바와 같이 차주보호 위주의 대부업법 체계와 투자자보호 필요성이 높은 P2P대출업의 특성이 상충하는 등의 이슈로 본질적 해결은 아니다.

2. 자본시장법 개정안(박선숙 의원안)

P2P대출채권 투자에 대해 자본시장법을 적용하는 박선숙 의원의 입법안은

---

29) 전상수, "대부업 등의 등록 및 금융이용자 보호에 관한 법률 일부개정법률안, (박광온 의원 대표발의(의안번호 제11787호))에 대한 검토보고서", 2018. 7. 정무위원회.

2018. 8. 28. 발의되었는데, 그 입법 취지는 미국의 경우 P2P대출에서 발행하는 원리금수취권을 증권의 개념으로 포섭하며 증권법(Securities Act of 1933)에 따라 투자계약증권으로 인정하고 있으며, 영국은 P2P대출이 크라우드펀딩과 본질적으로 다르지 않다고 보고 P2P 대출에 크라우드펀딩 규제를 적용하고 있으므로 P2P 대출이 현행법상 온라인소액투자중개와 본질적으로 유사하다는 점에서 P2P대출에서 차입자와 투자자를 중개하는 자를 온라인투자연계금융업자로 규정하여 금융투자업자로 포섭하고 온라인소액투자중개에 준하는 규율을 하고자 하였다.

동 개정 법안의 주요 내용은 다음과 같다.

1. 대출에 관한 증권의 모집 또는 사모에 관한 중개를 영업으로 하는 투자중개업자를 온라인투자연계금융업자로 규정함(안 제9조제30항 신설).
2. 온라인투자연계금융업자가 되고자 하는 자는 금융위원회에 등록하도록 함(안 제117조의18 신설).
3. 온라인투자연계금융업자의 자기 계산으로 하는 투자의 한도, 투자자에 대한 설명 의무, 증권 발행한도·투자한도 준수를 위한 조치 의무 및 청약의 권유 방법 등 영업행위에 관한 규제를 도입함(안 제117조의20 신설).
4. 투자자 보호를 위한 홈페이지 게재 사항, 차입자의 지분 매도 제한, 투자자의 투자한도, 증권의 예탁·보호예수 및 전매 제한 등 증권 모집에 관한 사항을 규정함(안 제117조의21 신설).
5. 온라인투자연계금융업자의 차입자에 관한 사실 확인 의무를 규정함(안 제117조의22 신설).
6. 온라인투자연계금융업자는 투자자와 연계된 신용공여를 영위할 수 있도록 하되, 그 대주주 및 특수관계인에 대하여는 이를 할 수 없도록 함(안 제117조의23 신설).
7. 금융위원회의 등록 취소, 의무 위반에 대한 벌칙 및 과태료를 규정함(안 제421조제1항, 제444조부터 제446조까지 및 제449조제1항·제3항)

P2P대출을 자본시장법으로 편입하는 본 개정방안은 P2P대출업체가 투자자에게 판매하는 원리금수취권을 자본시장법상 증권발행규제를 통해 규율하는 것으로, 특이한 점은 제117조의 23에서 온라인투자연계금융업자가 자본시장법 및 타 금융법의 적용을 배제하고 투자자와 연계된 신용공여를 영위할 수 있도록 하였고(제1항) 다만 대주주 및 특수관계인에 대해서는 이를 원칙적으로 금지하였다(제2항). 이러한 개정안은 종래 P2P대출에 대해 자본시장법을 적용하더라도, 차입자에 대한 대출은 여신금융기관에 대한 타 금융법(은행법, 상호저축은행, 대부업법, 여신전문금융업법) 중 적합한 규정에 한해 P2P대출업체에 대해 적용하는 방식으로 규제체계를 마련할 수 있도록 했던 기존의 논의와는 차이가 있다. 즉, 동 법안에

서는 신용공여와 관련된 여신 규제체계 및 차주보호 등과 관련된 사항에 대해서는 전혀 다루지 않고 타법을 배제하는 것만으로만 규율하고 있으므로 P2P대출에 대해 자본시장법을 적용하고자 했던 기존 논의의 장점 중 하나인 차입자, 투자자 측면에 대한 포괄적 규율이 가능하다는 점[30]과는 달리 본 개정안은 차주와 여신에 대한 측면의 규율이 없다는 문제를 가지고 있는 것이다. 또한, P2P대출에 대한 자본시장법 적용의 단점으로 지적된 증권발행규제의 엄격성으로 인해 현재 운영 중인 P2P대출업체의 영업이 위축될 우려[31] 역시 여전히 해소되지 않은 문제가 있다.

특히 보다 근본적으로 P2P대출채권에 대한 원리금수취권의 성격이 자본시장법상 정의된 증권에 해당하는지 여부에 관해 확립된 견해가 없기 때문에, 자본시장법상 투자계약증권(특정 투자자가 그 투자자와 타인 간의 공동사업에 금전 등을 투자하고 주로 타인이 수행한 공동사업의 결과에 따른 손익을 귀속 받는 계약상의 권리가 표시된 것)에 해당한다는 견해[32]도 있으나, 원리금수취권은 자본시장법상 금융투자상품의 요건인 투자성(거래가격 변동 등 시장위험에 의한 원본손실가능성)을 충족하지 못한다는 견해, 금전소비대차형 P2P대출은 개별채권관계를 전제로 하고 이에 대한 원리금수취권은 비록 원본손실가능성에 따른 투자성을 인정할 수 있더라도, 자본시장법이 인정하는 대량 발행, 거래 대상으로서의 증권성이 인정되지 않아 증권이 아닌 대출채권 매매에 해당한다는 견해[33]로 나뉘는데, 현재 P2P대출계약상 원리금수취권은 개별 소비대차계약에 근거할 뿐만 아니라, P2P대출채권의 원리금 수취권에 대해 증권성을 인정하려면, 해당 P2P대출과 관련된 공시한 계약상 담보에만 추심재원이 국한됨이 원칙일 것이나, 실제로는 해당 소비대차계약상 차주의 채무불이행시 추심가능한 차주의 재원은 해당 P2P대출투자 모집시 공시한 담보만이 아니라, 차주 개인의 기타 재산, 즉 전체 재산에 대해 추심이 가능하므로, 일반적인 대출계약채권의 성격을 가진다고 보는 후자의 견해가 타당하다고

30) 전상수, 각주 3, 정무위원회 검토보고서 제15면.

31) 전상수, 각주 3, 정무위원회 검토보고서 제15면.

32) 성희활, "P2P대출형 크라우드펀딩의 법적 성격과 자본시장법적 규제체계 수립에 관한 연구", 2016. 12, 기업법연구 제30권 제4호(통권 제67호), 제60면.

33) 윤민섭, "P2P금융에 관한 법적 연구", 2012, 금융법연구 제9권 제2호 제477면; 고동원, "인터넷상에서의 개인 간(P2P) 금융거래에 관한 법적 연구 – P2P 대출 거래를 중심으로", 2015, 은행법연구 8권 2호, 통권 16호 제11면.

보인다.

특히 박선숙 의원안의 입법 취지에서 영국의 P2P법제에서 크라우드펀딩안과 P2P대출법을 다르지 않다고 본 것은 영국 P2P대출법제와 관련, 증권형 크라우드펀딩과 대출형 크라우드펀딩에 대한 별도 규율체계를 마련한 입법 연혁을 잘못 이해한 것으로 보인다.[34] 즉, 영국의 금융감독기구인 Financial Conduct Authority는 투자형과 대출형 P2P간 특성을 다음과 같이 정리하였다. ① 자금의 상환: P2P 대출과 관련, 투자자들은 현재 계좌 또는 예금계좌에 대한 즉시 접근을 통한 대출금 반환청구를 구할 수 없다. 투자자들은 일반적으로 장기대출인 대출 조건하에서 상환을 기다리거나 다른 투자자들에게 대출채권을 양도해야 한다. 투자형 크라우드펀딩에 대해서는 투자상품을 매각해야 한다. ② 자본 리스크: 투자형 크라우드펀딩 플랫폼의 투자자들은 자본 리스크(최초 투자금보다 회수할 수 있는 금원이 적을 수 있는 리스크)에 노출되어 있다. ③ 유동성 리스크: 투자형 및 대출형 크라우드펀딩 플랫폼 투자자들 모두 유동성 리스크에 노출되어 있다. ④ 투자자보상기금(Financial Compensation Scheme)의 적용 여부: FSMA의 적용을 받는 영국의 모든 투자자에게 적용되는 법적 보상기금으로 크라우드펀딩 플랫폼을 통해 이루어지는 예금 및 투자의 차이를 고려할 때, 크라우드펀딩 플랫폼에 대한 투자자들은 플랫폼을 통한 지분투자의 자본금손실 혹은 차주의 채무불이행에 대한 손해에 대한 보상을 청구할 수 없다.[35]

따라서, 현재 투자자보호와 차주보호를 균형 있게 조화할 수 있는 단일법 제정을 통해 해결하는 것이 보다 근본적인 해결방안으로 보인다.

---

34) 영국은 P2P 대출이 증권형 크라우드펀딩에 비해 상대적으로 위험이 적다고 판단하여 보다 완화된 규제를 하고, 증권형 크라우드펀딩과 대출형 크라우드 펀딩을 별도로 규율하고 있다. 이처럼 대출형 크라우드펀딩인 P2P 대출에 대한 규제체계를 별도로 마련한 것은 주요국 중 영국이 유일하다. P2P 대출플랫폼은 쉽고 빠르게 현금을 원하는 차주와 돈을 투자하고자 하는 대주를 직접 연결시켜주는 것으로 전통적 은행과는 차이가 있다. P2P 대출은 차입과 상환으로 구성된 대출행위로 이루어지고 다른 크라우드 펀딩 유형과는 다른 특성을 가지면서 별도의 시장을 형성해왔다. (Chris Rogers, Chris Clarke, Mainstreaming social finance: The regulation of the peer-to-peer lending marketplace in the United Kingdom, The British Journal of Politics and International Relations, Vol 18 Issue 4, June 2016, pp. 930-945; FCA, The FCA's regulatory approach to crowdfunding (and similar activities)", CP13/13, October 2013, P. 6.)(서승환, 이지은, 각주 4, 제57면).

35) 서승환, 이지은, 각주 4 전게 보고서, 제58면.

3. P2P대출관련 단일법안의 비교분석

앞서 살펴본 바와 같이 기존 대부업법이나 자본시장법을 개정한 입법안은 현재 P2P대출업에 대한 규제방안으로는 한계를 보이고 있으므로, 단일법 제정을 통한 P2P대출에 대한 규제방안 도입이 바람직할 것으로 보이는데 현재 국회에 계류 중인 3개의 단일법 제정안들은 P2P대출플랫폼에 대해서, 온라인 대출중개업(민병두 의원안), 온라인 대출거래업(김수민 의원안), 온라인투자연계금융업(이진복 의원안) 등으로 용어의 정의도 다를 뿐만 아니라 P2P대출의 중개양식 등 내용에 있어서도 차이를 보이므로, 각 법안의 비교를 통해 주요 내용의 차이점을 살펴보도록 한다.

[표 4] P2P대출관련 발의 법률안의 주요 쟁점 비교[36)]

구분	온라인대출중개업에 관한 법률안(민병두의원)	온라인 대출거래업 및 이용자보호에 관한 법률안(김수민의원)	온라인투자연계금융업 및 이용자보호에 관한 법률안(이진복의원)
중개양식	혼합	직접중개형	간접중개형
투자한도	대통령령에 위임(제21조)	없음	없음
자기자본대출	–	제한, 다만 95% 모집완료시 자기자본규모내에서 허용(제12조)	대출목적 투자를 허용, 총 투자금액을 자기자본 이내로 규정(제15조)
차입자한도	개인1억원, 소상공인 5억원, 그 이외 법인 10억원(제20조)	–	–
수수료	대통령령에 따라 서비스 이용료 수취가능(제8조)	대통령령에 따라 수수료 수취 가능(이자와 수수료 구분을 명시)(제14조)	서비스 이용료 수취 가능(이자와 수수료 구분을 명시)(제11조)
이자소득 간주	투자이익을 소득세법에 따른 이자소득으로 간주(제22조)	–	–

36) 기준하, "P2P대출의 현황과 향후 과제", NARS 현안분석보고서, Vol 6, 2018. 5. 18, 국회입법조사처, 제9면.

정보공개	거래구조, 대출잔액, 연체율 등 업자 정보제공(제7조), 투자위험, 추심절차 등 투자자제공정보(제14조)	거래구조, 대출잔액, 연체율 등 사업정보 공개(제10조), 거래위험, 추심절차 등 온라인 대주를 위한 정보공개(제19조)	거래구조, 대출잔액, 연체율 등 업자 정보 공개(제10조), 투자위험, 추심절차 등 투자자에 대한 정보제공(제19조)

(1) P2P대출과 관련된 법적 구조

민병두 의원안은 제2조에서 '온라인 대출'이란 온라인 상에서 온라인대출중개업자를 통해 투자자로부터 조달한 자금을 차입자에게 제공하는 행위(제1호)라고 정의하고, '온라인 대출중개업'이란 정보통신플랫폼을 통해 자금을 대출받으려는 차입자와 투자자를 중개하는 행위를 업으로 하는 것을 말한다고 규정하고 있다. 제9조(온라인대출계약의 체결) 제1항에서는 온라인 대출중개업자는 차입자와 대출계약을 체결하는 경우 소정사항을 적은 계약서를 교부할 의무를 규정하고 있다.

즉, 제2조 정의규정상으로는 직접 대출방식을 채택한 것으로 보이나, 제9조의 규정은 중개업자와 차입자가 대출계약을 체결하는 형식으로 되어서 정확하게 어떤 구조를 채택한 것인지 불명확하며 이에 따라 전체적 규정이 다소 혼란스럽다.[37]

김수민 의원안의 경우, 영국 P2P입법을 참조하여 직접대출형 모델을 채택한 것으로, 제2조에서 '온라인 대출'이란 온라인 대출 플랫폼을 통해 온라인 대주로부터 모집한 자금을 기초로 온라인 대출플랫폼을 통해 자금을 차입하려는 자에게 대한 대출을 제공하는 행위(제1호)로 규정하고, '온라인 대출거래업'은 이 법에 따라 온라인 대출플랫폼을 운영하면서 ① 온라인 차주가 되려는 자의 신용정보 및 대출 신청 게시 여부에 필요한 정보 수령, ② 온라인 차입 신청의 온라인 대출 플랫폼 게시 여부 판단을 위한 온라인 차입 신청자의 재무 및 신용정보 등의 확인 및 심사, ③ 온라인 대출 플랫폼상 온라인 차주의 차입 신청 게시 여부 결정, ④ 온라인 대출 계약의 금리 결정 및 온라인 대출계약서 및 관련 담보 계약 등 대출관련 서류 작성, ⑤ 온라인 대출을 하려는 자의 대출 여부 판단에 필요한 온라인 차주의 주요 재무 및 신용정보, 온라인 대출 계약의 주요 조건을 온라인 대출 플랫폼에 게시, ⑥ 온라인 대출 계약 체결의 중개 및 주선, ⑦ 온라인 대출채권의 이자 및 원금 상환 등 자금 입출금 관리, ⑧ 온라인 대주를 위한 온라인 대

37) 윤민섭, 각주 23, 제7면.

출 채권의 상환 관리 및 추심 업무, ⑨ 온라인 대출거래와 관련된 고객 상담 및 온라인 대주 및 차입자의 정보관리 등 온라인 대출플랫폼 운영과 관련된 부수업무 등을 하는 것으로 온라인대출플랫폼의 역할을 구체적으로 열거하여 정의하고, 온라인 대출계약 체결의 중개 및 주선이 핵심 역할임을 밝히고 있다. 또한, 제20조에서 온라인대출거래업자(즉, 온라인 대출플랫폼)는 온라인 대주와 온라인 차주간 대출계약 체결시 계약상대방임을 확인하고, 온라인 대주 및 온라인 차주가 온라인 대출계약의 내용을 이해하였고 이에 따른 온라인 대출계약 체결내용에 동의한다는 것을 서명(전자서명법상 전자서명 등)으로 확인을 받아야 한다고 규정하였다.

동 법안은 3개의 법률안 중 규정 내용이 가장 깔끔하게 정리되어 있다고 평가[38]되는데, 직접대출형을 중심으로 정의규정과 계약체결규정이 정리되어 있다. 또한, P2P대출업의 핵심인 온라인 대출플랫폼의 업무를 구체적으로 열거하여 둔 점이 의의[39]가 있다.

이진복 의원안은 제2조에서 '온라인투자대출연계금융업'이란 투자자가 대출목적투자로 투자한 자금을 기초로 차입자와 투자연계대출을 하는 행위(제1호), '대출목적투자'란 투자자가 온라인투자연계금융업자가 홈페이지 등에 게재한 차입자의 대출정보에 기초하여 온라인투자연계금융업자와 차입자간의 대출에 대출참가

38) 윤민섭, 각주 23, 제7면.

39) 동 업무는 영국 P2P플랫폼의 업무행태를 참조하여 작성된 것이다.

이에 추가하여 중국의 "인터넷 대출정보 중개기구 업무활동관리 잠행방법" 에서 규정한 온라인 대출플랫폼의 업무범위는 상당히 광범위 하며, 신용평가 및 융자자문, 유선 쟁의해결 등이 포함됨이 이색적임을 참조할 필요가 있다.

1) 법률, 법규 및 계약 약정사항에 의거하여 대출자 및 차입자를 위해 직접 대출차입정보를 수집, 정리, 감별, 선별하고 인터넷상 공표하며, 신용평가, 대출차입의 중개, 융자자문, 유선쟁의해결 등 관련 서비스를 제공함, 2) 대출자 및 차입자의 자격요건, 정보의 진실성, 융자항목의 진실성, 합법성에 대해 필요한 확인업무 수행, 3) 사기행위 예방조치 및 사기행위 또는 기타 대출자의 이익을 해하는 상황을 발견한 경우 즉시 이를 공고하고 해당 대출차입업무를 종료시킴, 4) 인터넷대출 지식보급 및 위험교육활동을 지속하고, 정보공시업무를 강화하며, 대출자가 소액분산투자하도록 지도하여 대출자가 대출에 따른 위험성을 충분히 인지하도록 조치, 5) 법률, 규정 및 인터넷 대출차입관련규정상 정보보고규정에 기하여 인터넷대출차입 관련 채권, 채무데이터 등 정보는 통계부서에 즉시 보고, 6) 대출자 및 차입자 자료 및 거래정보에 대한 보관의무, 대출자 및 차입자 기본정보 및 거래정보의 삭제, 무단수정, 불법매매, 누설금지, 7) 고객신분 식별의무, 의심거래보고, 고객신분자료 및 거래기록 보관 등 자금세탁방지 및 반테러자금방지를 위한 의무, 8) 유관부서와 협력하여 금융위법 및 범죄행위 예방 및 적발의무, 9) 관련규정에 의거하여 인터넷 정보내용 관리, 인터넷망 및 정보의 안전관련 업무, 10) 기타 규제기관 규정상 의무 (이지은, 각주 21, 제1면).

방식으로 참여하는 것(제3호), '투자연계대출'이란 온라인투자연계금융업자가 홈페이지 등을 통해 차입자에 대한 대출을 목적으로 투자에 참여한 투자자의 자금을 기초로 차입자에게 대출하는 것(제4호), '대출참가방식'이란 투자자가 온라인투자연계금융업자와 차입자간의 대출금의 일부 또는 전부에 상당하는 금액(이하 투자금)을 온라인 투자연계금융업자가 차입자로부터 회수하는 원금과 이자를 전체 대출금 대비 투자금에 비례하여 지급받는 것(제5호)으로 정의하였다.

동 법안에서는 제2조 제3호 및 5호의 규정상, 선대출이 기본구조로 중개업자가 우선 대출을 한 후 해당 대출금에 대해 투자자가 일부를 지급하는 방식이나, 동 법률안 제2조 제1호 및 제12조 제1항[40]에 따르면, 해당투자자의 자금모집이 완료된 후 대출이 중개업자 명의로 이루어지는 구조로 이해되므로 선대출을 기본으로 하고 있지 않은 것으로 볼 수 있으므로 혼란이 있다. 또한, '대출참가방식'이라는 용어를 기준으로 보면, P2P대출관련 투자의 법적 성격을 원리금수취권 매매[41]로 볼 수도 있으나, 제2조 제1호의 규정상 투자자들이 차입자와 투자연계대출을 하는 것을 업으로 한 익명조합을 구성한 것으로 판단될 수도 있고, 투자금의 별도 예치를 규정한 법률안 제22조를 보면 투자금을 별도 예치 또는 신탁하도록 하여, 준 위탁매매로 볼 수도 있으며 이는 익명조합으로 보는 근거가 될 수도 있다.[42]

(2) 한도규제

민병두 의원안은 P2P대출 관련 단일법안 중 유일하게 대출한도(제21조, 투자자의 투자한도) 및 차입한도(제20조, 차입자의 대출한도) 규제를 두었는데, 이는 금융감독당국이 P2P가이드라인에서 규정하고 있는 투자한도 제한을 둔 것에서 나아가

---

40) 제12조(온라인투자연계금융업 관련 준수사항)
1. 온라인투자연계금융업자는 차입자가 요청한 대출금액 상당의 투자금의 모집이 완료되지 않은 경우 투자연계대출을 실행하여서는 아니된다. 다만, 제15조에 따라 자신의 계산으로 대출목적 투자를 실행하는 경우에는 그러하지 아니하다.

41) 원리금수취권의 성격을 '대출참가계약'(loan participation)으로 보는 견해와 관련, 대출참가계약(loan participation agreement)은 대출에는 참가하되 참가인이 차주에 대하여 직접적인 권리를 가지지 않고, 대주는 차주로부터 변제 받은 금액에 한하여 차주에게 금전을 지급하면 된다는 점을 특징으로 하고 있으며, 이 점은 P2P 대출 구조에서 설명하는 '원리금 수취권'의 매매계약과 그 본질적인 특징을 같이 한다고 볼 수 있다. (주성훈, "'P2P 대출의 법제화에 대한 입법적 제안'에 대한 토론문(P2P 대출에 관한 법제화의 방향)", 2017. 11. 10., (사)한국경제법학회 2017 추계학술대회, 제4면).

42) 윤민섭, 각주 23, 제8면.

차입자가 온라인대출을 받는 것에 대한 차입한도 제한까지 둔 것이다. 최근 일련의 P2P대출과 관련된 사기 등에 따른 문제가 발생됨에 따라 기존 금융감독당국의 입장을 반영하여 한도제한이 도입될 것으로 예상되기는 하지만, 이러한 직접적 한도규제에 대해 각국의 입법례[43]를 참조하여 유연하게 반영할 필요가 있으며, 투자자의 보호를 위해서 차입자의 차입한도와 투자자의 투자한도를 법령에서 도입하는 것은 법을 통하여 시장의 을 통제하겠다는 것으로 해당 산업의 발전에 중대한 제한 요소에 해당하는 바, 자율규제 등을 종합적으로 고려한 후 비로소 마지막으로 법률상 한도규제 도입 여부를 검토할 필요(사적거래 규제의 보충성)가 있다는 지적[44]이 타당하다.

(3) 자기자본투자

민병두 의원안에서는 제11조(온라인대출 관련 준수사항)에서 온라인대출중개업자가 대출실행여부를 결정하여서는 안된다고 규정하되, 다만 온라인대출중개업자가 투자자가 되어 대출에 참여하는 경우에는 그렇지 않다는 예외(제1항)를 두고 있다. 즉, 온라인대출중개업자가 투자자가 되어 대출에 참여하는 경우라는 문언의 해석상 온라인대출중개업자의 자기자본대출을 허용한 것으로 볼 수도 있을 것으로 보인다.

김수민 의원안의 경우, 제12조에서 원칙적으로는 온라인 대출거래업자, 대주주 및 특수관계인이 온라인 대출거래의 온라인 차주가 됨을 금지(제1항)하고, 온라인대출거래업자가 자기계산으로 대출을 할 수 없도록 금지하였으나, 100분의 95까지 대출금모집이 완료된 경우에는 예외적으로 자신의 계산으로 온라인대출을 할 수 있도록 허용한 예외를 두었다(제2항). 즉, 원칙적으로 자기자본대출은 금지된다.

이진복 의원안의 경우, 제15조에서 온라인투자연계금융업자는 대통령령이 정한 방식으로 자신이 실행하는 투자연계대출에 자신의 계산으로 대출목적투자를 할 수 있도록 허용(제1항)하되, 총 투자금액을 자기자본의 범위 내로 제한하였다.

---

43) 미국, 일본, 영국은 P2P대출과 관련된 차입한도나 투자한도에 대한 규제가 없으며, 프랑스의 경우 프로젝트당 1백만유로의 차입한도, 건별 1000유로의 투자한도를 두었고, 스페인, 포르투갈이 차입과 투자한도 제한을 두었으며, 중국은 개인 20만위안, 법인 100만위안의 투자한도를 두었을 뿐이다(윤민섭, 각주 23, 제10-11면).

44) 주성훈, 각주 39, 제6면.

금융당국이나 한국대부금융협회 측은 P2P대출업의 자기자본대출을 금지해야 한다는 입장으로, 그 논거는 ① 자기자금으로 대출을 실행하는 것은 금전대부업을 영위하는 것과 동일하여 "중개"로서의 P2P대출 본질에 부합하지 않고, 기능적으로 은행업(불특정 다수로부터 조달한 자금을 대출하는 것을 업으로 하는 것) 또는 대부업을 영위하면서 공모를 통해 자금조달을 하는 경우[45]와 구분이 어려워질 수 있어 타 업권과의 형평성 문제가 있고, ② 자금모집을 성공시킬 목적으로 자금을 투입하는 경우 투자상품의 위험도 등에 대한 정보를 왜곡하여 합리적인 투자판단을 저해할 우려 등이 있으므로 자기자금 투자를 전면 금지해야 한다는 의견이며, 이에 따라 현행 "P2P대출 가이드라인"에서는 자기자금 대출을 전면 금지하고 있다.

한편, 한국P2P금융협회 등에는 P2P대출업자의 투자금 선회수 금지, 투자한도 설정, 이해관계인 대출 금지, 투자정보 공시의무 부과 등의 규제를 병행하는 경우[46], ① 대출업체의 자기자본이 투입된 대출은 일반 투자자 입장에서 오히려 대출금 미상환에 따른 투자손실 위험이 적은 상품이 되므로 자기자금 투자를 적절히 활용하면 위험도를 다변화한 다양한 상품의 출시가 가능해져 업권의 건전한 발전에 기여할 수 있고, ② 합리적 투자판단 저해 우려 문제는 공시의무 등 영업규제가 완비된다면 시장원리를 통해 자연스럽게 해소될 수 있으므로 예컨대 자기자금 투자가 이루어진 상품의 부실률을 공시하도록 하면, 온라인 대출거래업자가 투자한 상품이 일반 투자자가 투자한 상품보다 부실률이 현저히 낮은 업체에 대해서는 일반 투자자의 투자가 감소할 수 있으므로, 자기자본 투자 제한은 과도하다는 의견을 보이고 있다.[47]

P2P대출플랫폼의 역할과 본질은 P2P대출에 대한 투자자와 차입자를 연결하고 대출을 중개하는 것이 핵심이라는 점에서 대출중개업자가 자기자본대출을 하는 것은 중개업의 본질에 맞지 않는다는 문제가 있으므로 원칙적으로는 이를 허용하지 않음이 타당하다고 보인다.

---

45) 현재 대부업체에 대해서는 공모사채 발행 등 불특정 다수로부터 자금을 조달하는 행위가 금지되어 있음(2007년 금융위원회의 유권해석).

46) 이진복 의원안에서는 선회수 금지(제16조제1항), 투자한도 설정(제15조제2항), 이해관계인 대출 금지(제16조제2항), 투자금액 공시의무(제15조제3항) 등의 규정을 두고 있음.

47) 전상수, 각주3, 제41－42면.

(4) 선대출

각 법안의 선대출 관련된 명시적 규정은 존재하지 않는데, 선대출은 자기자본으로 우선 대출하고 해당 대출채권을 투자자들에게 매각하는 방식으로 진행되므로 선대출이 허용되려면 자기자본에 의한 전액을 대출하는 것 및 위 자기자본대출 채권에 대한 매각이 허용되어야 한다. 따라서, 다른 투자자들과 동일한 위치에서 투자를 허용하는 제한적 자기자본투자와 선대출은 구분된다.

민병두 의원안의 경우, 제11조에서 자기자본대출을 허용한 취지상 대통령령 내용에 따라 선대출이 허용될 수도 있을 것으로 보이며, 이진복 의원안의 경우, 동 법안의 정의규정 및 행위규제 간 불일치로 인하여 불분명한 점이 있지만, 논리적으로 투자금 모집이 선행되어야 하므로 대통령령의 규정에 따라 선대출 허용여부가 결정될 수 있을 것이다. 다만, 김수민 의원안의 경우는 법률상 선대출이 금지되지만, 자기자본대출로 인한 채권매각은 별도 사항으로 해당 채권의 매매가 금지되지 않으므로 이를 매매할 수 있을 것으로 보인다.[48)]

(5) 수수료

민병두 의원안의 경우, 제8조에서 온라인대출중개업자는 온라인대출실행과 관련한 이용료를 대통령령에 따라 수취할 수 있다.

김수민 의원안의 경우, 제14조에서 수수료의 종류를 ①온라인 차주로부터 받는 온라인 대출플랫폼 이용수수료, ②온라인 대주로부터 받는 온라인대출플랫폼 이용수수료, ③ 온라인 대출채권의 관리에 필요한 비용, ④ 온라인 대출채권의 추심에 필요한 비용으로 각각 구별하여 대통령령으로 정하는 바에 따라 수수료를 수취할 수 있도록 되어 있다.[49)]

이진복 의원안의 경우, 제11조에서 온라인투자연계금융업자는 대출목적투자와 투자연계대출의 실행과 관련하여 서비스 이용료를 수취할 수 있으며(제1항),

---

48) 윤민석, 각주 23, 제13－14면.

49) 김수민 의원안의 입법 모델이 된 영국 P2P대출업의 대표적 기업인 Zopa의 약관(principle)은 수수료를 세분화하여 다음과 같은 수수료 항목을 별도로 부과하고 있다. 1) 차입비용－개인차입요청시 사안마다 다를 수 있음, 2) 급행수수료, 3) 대출수수료, 4) 안전투자비용(safeguard contribution), 5) 지연수수료－잔액 22.5%, 추심대리인선임시 40% 이내, 6) 매입수수료, 7) 기타－① 추심비용: 25파운드, ② 문서복구 및 복사비용: 35파운드, ③ 채무조정 상담비용: 80파운드, ④ 소송비용, 8) 관리비용－ ① 연도별 공시 제공비용, ② 조기상환에 따른 채권이전비용, ③ 개인정보데이터 관리비용.
이렇게 세분화된 영국의 수수료 규정을 국내 p2p업체가 바로 채택하는 것은 무리가 있으므로 포괄적 규정으로 처리한 것이다(이지은, 각주 21, 제6면)

온라인투자연계금융업자의 이자는 대부업법 제15조상 규정된 최고 이자를 초과한 이자 수취가 금지되나 1항에서 규정된 수수료는 제외하도록 하고(제2항), 서비스 이용료 부과기준 등을 공시하도록 되어 있다(제3항).

민병두 의원안을 간접대출형으로 볼 경우, 중개업자가 대출을 실행하는 자가 되므로 자신의 대출행위를 위한 자금모집에 대해 차입자로부터 수수료를 받는 것은 사실상 대부업 및 기타 금융업자에 대한 차별이 되는 것이라는 지적이 있고, 이진복 의원안 역시 동일한 문제를 가지고 있다.[50)]

국회 정무위원회 보고서에서는 김수민 의원안의 수수료에 대한 대통령령 위임이 정부의 수수료 수준에 개입하는 근거로 오해될 소지가 있으므로 재검토가 필요[51)]하며, 김수민 의원안과 이진복 의원안에서 이자율 산정시 수수료를 제외하도록 하는 것은 이자제한법상 간주이자규제(제4조)에 대한 특례를 인정하고자 하는 취지[52)]이나 전 금융권에 적용되는 간주이자규제에 대해 P2P대출업에만 특례를 인정하는 것은 규제 형평성이나 차입자보호를 위한 최고금리규제 취지에 부합하지 않는다는 지적도 있으므로, 입법정책적 고려가 필요하다는 입장이다.[53)]

(6) 정보공개

P2P대출업체가 제공하는 정보공개는 투자자에게 제공하는 정보와 차입자에게 제공하는 정보로 나눌 수 있다.

민병두 의원안에서는 제14조에서 투자자에게 투자위험, 예상수익률, 수수료, 이자소득세율, 투자자가 수취하는 순 수익률의 구체적 산정내역, 상환일자 및 금액, 추심절차, 그 밖의 투자자보호를 위한 사항을 공시하도록 되어 있다.

김수민 의원안에서는 제19조(온라인 대출계약 체결을 위한 정보제공)에서 온라인 대출계약 체결 여부를 판단하는데 필요한 ① 온라인대출계약의 주요 조건, ② 온라인 대출거래에 따른 위험, ③ 예상수익률, ④ 수수료, ⑤ 이자소득세율, ⑥ 온라

---

50) 윤민섭, 각주 23, 제15면.

51) 동 조항에 대해 공정거래위원회는 온라인대출시장에서 정부가 가격을 직접 규제하는 것은 사업활동 및 시장참여자의 선택을 과도하게 제한할 우려가 있다는 입장이며, 금융위원회는 수수료 수취와 관련하여 대통령령 위임 규정을 두는 것은 불필요하다는 입장이다(전상수, 각주 3, 제46면).

52) 만기 1년이내의 단기대출에 대한 정액수수료 부과시 최고이자율 초과에 대한 우려, P2P대출업체가 차주의 조기상환시 은행과 대부업체와 달리 대출심사 및 상환관리 등에 따른 비용회수의 어려움에 기인한다(전상수, 각주 3, 제47면).

53) 전상수, 각주 3, 제48면.

인 대주가 수취하는 순수익률의 구체적 산정내역, ⑦ 온라인 대출채권의 상환일자, 일정, 금액, ⑧ 온라인 대출채권과 관련된 담보, ⑨ 온라인 대출채권의 추심절차 및 추심위임에 관한 사항, 기타 온라인 대주 보호를 위한 정보를 공시하도록 규정한다.

이진복 의원안의 경우, 제19조에서 공시하도록 한 사항은 민병두 의원안의 내용과 동일하다.

위 3개의 법률안의 중개업자에 대한 정보 및 대출상품, 즉 차입자에 대한 정보의 공개범위는 비슷하지만, 정보공개의 주체가 누구인지에 따라 정보공개의 범위 및 책임여부에 대해 달라질 수 있다.

즉, 민병두 의원안의 경우, 간접대출형으로 본다면 차입자의 성명 등을 자신의 책임하에 비공개 할 수 있겠지만 직접대출형이라면 공개해야 한다. 또한, 중개업자는 간접대출형이라면 정보공개에 대한 책임을 본인이 부담한다.

김수민 의원안의 경우, 직접대출형을 채택하였으므로 차입자의 개인정보를 공개함이 원칙일 것이지만, 중개업자가 차입자가 제공한 정보에 대한 확인 및 심사를 진행하여 대출플랫폼에 차입신청 게시 여부를 결정(제17조, 온라인 차주에 대한 정보확인, 심사, 통지의무)하므로 정보를 제한할 수 있을 것으로 해석된다. 또한, 직접대출형의 특성상 비공개 정보에 대해서는 자신의 책임이나 기타 위험에 대한 정보는 중개인으로서 책임을 부담할 수 있다. 참고로, 김수민 의원안의 제11조(온라인 차주의 정보제공의무)에서는 온라인 차주가 되고자 하는 자는 본인의 소득, 재산 및 부채상황, 담보, 대출목적 등 대통령령이 정하는 바에 따른 온라인 대출계약 체결에 필요한 정확한 정보를 온라인대출거래업자에게 제공하여야 한다.[54)]

이진복 의원안의 경우, 간접대출형이므로 중개업자가 차입자의 정보공개를 자신의 책임하에 비공개할 수 있고, 대출상품정보인 차입자의 개인정보와 관련된 사항은 본인의 책임이다.[55)]

(7) 채권추심

P2P대출의 특성은 간접대출형이나 직접대출형이나 실질은 차입자와 다수의

---

54) 중국 P2P규제인 "인터넷대출정보중개기구 업무활동관리잠행방법" 제12조에 의하면 차입자는 진실한 정보를 제공할 의무가 있으며, 제13조에서는 차입자의 사기 차입을 포함한 금지행위를 상세하게 규정하고 있다(이지은, 각주 21, 제5면).

55) 윤민섭, 각주 23, 제17면.

투자자(대출자)로 구성이 되는 관계인데, 간접대출형의 경우는 중개업자가 직접 추심할 수 있으나, 직접 대출형의 경우에는 중개업자의 직접 추심을 허용하는 법률규정이 없다면 P2P대출플랫폼 즉, 중개업자의 차입자에 대한 추심은 불가능하다. 따라서 민병두 의원안 제24조 및 김수민 의원안 제24조의 P2P대출중개업자의 직접 추심 혹은 신용정보법상 추심업자에 대한 위임을 허용한 규정은 의미가 있다. 하지만, 이진복 의원안의 추심관련 규정은 불필요한 규정이다.

최근 경기 악화 등에 따라 P2P대출 차입자들의 대출계약상 채무불이행이 있더라도 채무유예나 채무재조정 등이 필요한 상황이 다수 발생되고 있음에도 불구하고, P2P대출의 경우, 기존 금융기관들이 행하는 채무유예나 채무재조정은 원칙적으로 해당 대출상품에 대한 투자자 전원의 동의가 원칙[56]이므로 기존 금융기관이 시행하는 것과 같은 채무유예나 채무상환일정의 조정이 불가능하다. 따라서, 차입자 및 투자자보호를 위해 기존 금융기관이 하는 정도의 채무재조정을 허용하기 위해서 상법상 사채권자 집회(제490조 이하) 등을 참조하여 P2P 투자자집회 등을 통한 차입자에 대한 채무재조정 등을 시행할 수 있도록 입법적 보완을 할 필요가 있다.

(8) 손해배상

민병두 의원안 제18조, 김수민 의원안 제25조, 이진복 의원안 제26조에서는 손해배상규정을 각각 두고 있는데, 민법상 불법행위 책임과 큰 차이가 없으며, 입증책임 전환 규정 등도 없다.

56) 기존 P2P대출채권에 대해서 신용회복위원회의 채무조정제도를 이용하기 위해서는 서민금융법에 따라 채무자가 개인이어야 하고 일정한 요건을 갖추어야 하는데, 채무자가 법인인 경우에는 신용회복위원회의 채무조정제도를 이용하기는 어렵다. 또한, 신용회복위원회의 채무조정제도 이외에 채무자와의 사적 계약에 따른 대출채권에 대한 채무재조정을 할 수는 있을 수 있으나, 다만 이 경우 투자자의 원리금수취권의 내용을 변경하기 위해서는 개별 투자자 전원과의 계약 또는 동의가 필요할 것으로 보인다. 즉, 사적 채무재조정 등에 대한 계약 내용의 변경을 위해서는 P2P대출 투자자 약관의 변경 혹은 개별적 계약의 변경을 통해서 가능한데, 전자의 경우, 투자자 이용약관을 채무조정제도 등을 이용할 경우 투자자 동의가 필요하지 않는 것으로 약관이 개정하더라도, 일반적으로 개정약관의 소급 적용은 불가능하며, 해당 규정을 개정하여 소급 적용하는 것으로 약관을 개정한다 하더라도 이러한 약관은 고객에게 부당하게 불리한 조항으로 약관규제법에 따라 무효가 될 가능성이 상당하다. 따라서 개별 투자자 전원의 동의를 전제로 개별 투자자 전원과의 계약 변경이 필요한 것으로 보수적으로 봄이 타당할 것이다.

V. P2P대출과 관련된 바람직한 입법 방향에 대한 제안

정부는 2019년 1월 현재까지 계류 중인 의원별 법안, 업계 의견 등을 고려하여 P2P 산업 발전과 소비자보호 달성을 위한 종합적 대안(P2P대출 거래 구조, 진입요건, P2P업체 자기자금 투자, 중개수수료 수취, 대출 및 투자한도 등을 포함)을 정부차원에서 마련하겠다는 입장을 발표했다.[57)]

이는 P2P대출관련 규제를 계속 금융감독당국의 행정지도에 맡겨 두는 것은 그 한계가 명백하며, 투자자와 차입자를 동시에 보호하고 P2P대출 업무 방식의 특수성을 기존의 법 체계로 규율하는 것은 부적절하다는 것을 인식하였기 때문이라고 보인다. 즉, 기존 대부업법은 차입자 보호를 위주로 구성되어 투자자보호에 부족하고, 자본시장법은 증권의 유통가능성을 전제로 한 시장위험을 보호하기 위한 규제체계이기 때문이다. 즉, P2P대출의 원리금수취권은 전통적인 증권의 개념과 상이할 뿐만 아니라, P2P대출업체는 투자자, 차입자를 모집하여 중개하는 것뿐만 아니라 원리금수취권을 발행하고, 채권관리 등을 수행하기 때문에 차입자에 대한 P2P업체의 설명의무 및 손해배상책임을 부담한다. 따라서, P2P대출관련 법제를 기존 대부업법이나 자본시장법을 개정하여 규제하는 것도 P2P대출업의 특성을 반영하지 못하는 여러 한계가 있으므로 단일법 제정을 통한 별도의 입법체계를 마련할 필요가 있다.

금융감독당국이 밝힌 향후 법제화의 주요 쟁점 사항으로는 1) 직접대출형(차입자와 투자자간 직접 대출계약을 체결하는 형태) 혹은 간접대출형(차입자와 P2P업체간 계약), 2) 인허가 및 등록규제 등 P2P대출업 진입요건, 3) P2P업체의 자기자금투자로서 직접 P2P업체가 투자자로 참여할 수 있는지, 참여방식과 관련된 이슈, 4) P2P업체의 수수료 수취와 관련된 규제방식 및 최고금리 산정시 수수료를 포함할지 여부, 5) 대출한도 및 투자한도, 6) 기존 금융회사들의 P2P대출에 대한 투자자 참여 가부 및 참여 방식, 7) 대부업법, 신용정보법[58)], 자본시장법 등 기존 법률조

---

57) 금융위원회, 각주 8, 보도자료.

58) P2PFA의 Operating Principle 2.2.에 의하면 온라인대출플랫폼은 적극적 신용 리스크 관리의무가 있으며 차주가 상환할 능력이 있는지에 대한 신중한 평가를 하여야 한다. 위 목적은 플랫폼이 공시한 예상손실률에 부합하도록 하여야 한다. 다만, 예비차주에 대한 신용리스크 심사는 대출신청단계에서 연성으로 이루어짐에 불과하다(operating principle 2.4. Only soft credit risk searches should be performed on prospective consumer borrowers at initial application stage).

항의 적용여부 및 적용 범위, 8) 광고규제의 내용 및 수준, 9) P2P대출 원리금수취권 거래의 제3자 양도 가능성 및 방식, 10) 손해배상책임, 불공정경쟁규제, P2P협회의 업무 등이 있을 수 있다고 보았다.

이에 더하여 현재 국회에 계류 중인 3개의 P2P대출과 관련된 단일 법안의 내용을 비교한 결과, 보완해야 할 과제들로는 다음과 같은 것들이 남아있다고 보인다.

1. 채무재조정 및 도산절차상 특칙과 관련된 이슈

우선, P2P대출계약상 원리금수취권의 법적 성격의 명확화를 통한 투자자와 차주와의 관계 정리가 선행되어야 하며, 나아가 투자자들과 차주간 채무재조정을 위한 절차까지도 고려하여야 할 것이다. 즉, 현실적으로 현재 P2P대출계약의 구조상 P2P대출채권의 채권자는 P2P대부업자이며, 투자자들은 직접적으로 차주와 계약을 맺고 있지 않으므로, 차입자가 만약 신용회복위원회의 절차를 신청하는 경우, 이 절차에 의하여 산정된 채무조정안에 대하여 P2P플랫폼은 임의로 동의를 할 수 없다. 즉, P2P대출채권의 법률상 채권자는 P2P대부업자이므로 신용회복위원회 절차의 당사자는 P2P대부업체가 될 것이지만, 경제적 계산상으로는 채권자는 투자자들이기 때문에 투자자들의 전원의 동의를 얻는 것은 이론상으로 가능하고 도덕적으로 바람직하겠지만, 이는 현실적으로 불가능하기 때문이다. 이에 P2P대출채권에 대한 채무재조정 절차에 상법이 인정한 사채권자집회(제490조 이하)를 준용할 수 있는지에 대해 살펴본다면, 투자자와 투자계약을 체결한 P2P플랫폼이 채무를 직접 부담하는 것이 아닌 상황에서는 (사채권자집회에 준하는 투자자집회에 관한 사항을 약관에 포함시키는 것은 별론으로 하더라도) 투자자 다수결로 동의를 의제할 수 없을 것이기 때문에 일반 채권과 다른 P2P대출채권의 특성상 투자자의 전원이 동의하지 않으면 채무재조정이 불가능하다고 해석될 소지가 높다. 그러나, 현실적으로 채무불이행 차주에 대한 채무재조정 등이 차주와 투자자보호를 위해 바람직하고 필요한 경우가 있음에도 불구하고, 금융기관과는 달리 채무

EAPPL Code of Conduct Section 1. Dealing with Customers의 Section 1. 4에서도 동일한 내용으로 온라인대출플랫폼의 차입자의 초기 대출능력 심사와 관련된 의무를 규정하고 있음.

온라인 대출플랫폼의 핵심업무는 차주의 상환능력에 대한 심사이나 이를 온라인플랫폼의 의무로 하는 경우, 기존 여신금융기관의 업무 및 자본시장법상 신용평가업을 수행하는지에 대한 법률위반 문제 소지가 있으므로 이에 대한 유권 해석을 통한 명확화 또는 입법적 해결방안이 필요한 상황임.

재조정이 불가능한 현실적 문제가 심각하며, 일반적인 금융기관의 채무재조정 요건을 감안하여 이를 준용할 필요가 있다는 현실적 실무적 필요를 위 법안들은 반영하고 있지 못하다. 따라서, 원리금 수취권의 법적 성격을 명확하게 하고, 이에 따른 채무재조정의 요건 등을 법률적으로 보완할 필요가 있다고 보인다. 또한, 채무재조정과 더불어 부실 P2P대출채권을 매각하여 회수할 수 있는 매각가능 요건도 정리할 필요가 있다. 이는 투자자보호를 위한 도산절차상 특칙 마련과도 연결하여 검토해야 할 필요가 있다.

2. P2P대출플랫폼의 책임 범위와 차주의 진실정보 제공의무

P2P대출 플랫폼의 책임과 관련, 최근 EU의 플랫폼의 책임범위에 대한 Uber case에서 나타난 플랫폼의 하자담보책임의 요건을 참조해볼 필요도 있을 것이다. 또한, 차입자의 대출신청과 관련된 정보공개 및 투자자에게 공시하는 정보의 범위에 대해 고민할 필요가 있으며, 앞서 살펴본 중국의 입법례와 같이 차입신청자의 진실된 정보제공의무를 부과할 필요가 있을 것으로 보인다. 즉, 중국 P2P규제인 "인터넷대출정보중개기구 업무활동관리잠행방법" 제12조에 의하면 (1) 진실, 정확, 완전한 차입자 정보 및 융자정보의 제공, (2) 모든 인터넷 대출 중개기구에서 차입자가 미상환한 차입금 관련 정보를 제공할 것, (3) 융자항목의 진실, 합법성, 그리고 약정용도에 차입자금이 사용되는 것을 보장하여야 하며, 대출 등 다른 목적으로 사용되어서는 아니됨, (4) 대출자의 권익에 영향이 있거나 영향이 있을 만한 중대한 정보를 약정에 따라 대출자에게 제공할 것, (5) 차입자 자신이 차입금에 상응하는 상환능력을 확보하고 계약 약정에 따라 상환할 것, (6) 대출, 차입계약 및 관련 합의상 기타 의무 등을 부담한다. 또한, 동 규정 제13조에서는 차입자의 금지행위로서 (1) 고의로 신분을 변경하거나 융자항목을 날조하거나 융자항목의 수익배경을 과장하는 방식으로 사기적으로 차입하는 행위, (2) 동시에 다수의 중개기구업체를 통하거나 융자항목의 이름을 변경하는 방식, 융자항목 내용의 비실질적 변경 등을 통해 하나의 동일한 융자항목으로 중복된 융자받는 행위, (3) 중개기구 이외의 공개장소에서 동일 융자항목에 대한 정보를 공표하는 행위, (4) 중개기구가 제공한 서비스 중 제10조에 해당되는 내용을 발견하고도 거래를 지속하는 행위, (5) 관련 법률, 법규 등에서 금지하고 있는 기타 행위 등을 규정하고 있다. 따라서, 차주의 진실된 정보제공의무 및 공시의무위반과 관련된 직접 책

임을 보다 분명하게 규정하는 것이 P2P 플랫폼운영자의 중개업자의 책임의 범위에 대해서도 보다 명확한 접근을 할 수 있을 것으로 보인다.

3. P2P플랫폼의 부수업무인 채권관리 및 추심업무 수행범위

플랫폼의 부수업무로써 채권관리 및 추심업무 수행 범위에 대해서도 보다 구체적인 규정이 필요할 것으로 보인다. 특히 직접대출형의 경우, 대출채권관리에 포함되는 담보물관리에 대한 플랫폼의 역할과 관련된 입법적 고민이 필요하다. 즉, 현재 부동산등기 실무상 다수의 온라인대출자가 직접 차주의 담보권자로서 담보 등기를 설정하는 것은 어려움이 있을 뿐만 아니라, 직접 플랫폼이 온라인대출채권의 담보권자가 되는 것은 민법의 부종성 원칙의 예외가 되는 것으로서, 판례도 이를 예외적으로 인정하고 있다(대법원 2009. 11. 26. 선고 2008다64478판결). 따라서 현행 법률 및 부동산등기 실무를 고려해 입법을 통한 담보설정에 관한 부분의 예외를 고민해보아야 할 것이며, 영국은 security agent(trust, 신탁)을 이용하여 플랫폼이 담보관리를 하는데 법적인 어려움이 없으나 한국은 등기명의가 채권자가 아닌 제3자(플랫폼)의 명의로 등기하여 관리하는 것이 어려움이 있고, 별도 신탁을 통해 담보관리를 하는 방안을 생각해볼 수 있을 것이다. 특히 P2P플랫폼이 다수 대출자를 대신하여 담보물의 관리를 대신하는 경우, 채권자(대출자)가 아닌 제3자(플랫폼) 명의로 등기를 하는 것에 대한 민법상 부종성의 문제가 있고, 판례도 제한적으로 인정하고 있음(대법원 2009. 11. 26. 선고 2008다64478판결)에 따라 부동산등기법 및 현행법상 다수 대출자를 직접 담보권자로 등기하기 어려운 문제를 해결하기 위해서는 ① P2P플랫폼이 담보신탁을 설정(현재 신탁법 개정으로 부동산을 포함한 대부분의 기초자산이 신탁의 대상이 될 수 있을 것이지만, 일부 새로운 자산의 경우 불가능할 수도 있음)하고 대출자들에게 수익권을 주는 방안, ② 대출자들과 P2P 플랫폼이 하나의 vehicle을 만들되 P2P플랫폼의 지분을 0으로 하는 방안 등이 고려될 수 있을 것이다. 즉, ① 및 ② 모두 P2P 플랫폼이 투자자를 모집하여 대출을 실행하는 것으로 보여 자본시장법상 집합투자업에 해당한다고 보일 우려가 있으므로, P2P대출플랫폼을 통한 담보관리에 대해 투자자보호 및 편리성을 조화할 수 있는 법률적 모색이 필요하다. 영국의 경우 P2P플랫폼을 Security Agent(trust의 수탁자)로 선임하여 P2P금융업자가 투자자로부터 직접 담보권관리를 위탁 받을 수 있도록 하였으나, 한국의 경우 이러한 시도가 법적으로 가능할

것인지에 대해 의문이 있다.[59)]

특히, 투자자권리 보호와 균형을 맞춘 기존 대부업법 및 공정추심법과의 관계, 특히 차입자의 개인정보 노출과 관련된 집단추심의 제한에 대한 사려 깊은 고민이 필요할 것이다. 마지막으로, 플랫폼의 도산과 관련된 투자자보호 이슈에 대해서는 별도의 도산절차법상 고려가 보완되어야 할 것으로 보인다.

59) 이지은, 각주 21, 11면.

참고문헌

고동원, '인터넷상에서의 개인 간(P2P) 금융거래에 관한 법적 연구 – P2P 대출 거래를 중심으로',「은행법연구」 제8권 제2호(은행법학회, 2015).

김남진, 김연태,「행정법 Ⅰ」.

김명아, "금융감독 시범사업 수행에 관한 법제 개선방안 연구", 2017. 10., 법제연구원.

박균성,「행정법론(상)」, 박영사, 2017.

성희활, 'P2P 대출형 크라우드펀딩'의 법적 성격과 자본시장법적 규제체계 수립에 관한 연구',「기업법연구」 제30권 제4호(한국기업법학회, 2016).

윤민섭, 'P2P 금융에 관한 법적 연구',「금융법연구」 제9권 제2호(한국금융법학회, 2012).

윤민섭, '자금조달수단으로서 Crowdfunding에 대한 연구',「기업법연구」 제26권 제2호 (통권 제49호) (2012).

윤민섭, "P2P 대출의 법제화에 대한 연구", 경제법연구(제16권 제3호), 한국경제법학회(2017).

윤민섭, "P2P대출 관련 법률안 비교 분석", 2018. 7. P2P금융법연구회 발표자료.

이건호, "P2P 금융의 현황 및 법, 제도적 개선사항", NARS정책연구보고서, 2010. 12. 24, 국회입법조사처.

이지은, "온라인 대출거래업 및 이용자 보호에 관한 법률안 제정 초안 검토보고서", 2018. 1. 19., 이지은, '영국의 P2P대출 관련 입법 현황 및 국내 법제에의 시사점', 2017. 11. 10. 경제법학회 학술대회 발표원고.

서승환, 이지은, "디지털사회 법제연구(III)–P2P대출 규제체계 구축을 위한 비교법적 연구", 2017. 11. 15, 한국법제연구원.

전상수, "온라인 대출거래업 및 이용자 보호에 관한 법률안, 온라인투자연계금융업 및 이용자 보호에 관한 법률안에 대한 검토보고–<P2P대출업 관련 특별법 제정> 김수민 의원 대표발의(의안번호 제12093호), 이진복 의원 대표발의(의안번호 제13052호)", 2018. 7. 국회 정무위원회 검토보고서.

크라우드연구소, "2018년 7월 말 기준 P2P금융 성장보고서". https://post.naver.com/viewer/postView.nhn?volumeNo=16431580&memberNo=30452953&navigationType=push, 2018. 8. 3.

금융감독원, “P2P대출 관련 관계기관 합동 점검회의” 보도자료, 2018. 6. 14.
금융위원회 보도자료, 2019. 1. 25. ‘보이지 않는 그림자 규제 방지를 위한「금융규제 운영규정」개정 · 시행.
금융감독원, 2018. 9. 27. “상호금융업권 개인사업자대출 자금용도외 유용 사후 점검기준 10. 1.일 시행” 보도자료.
금융위원회 보도자료, 2017. 9. 22. “P2P대출을 통해 부동산 PF상품에 투자시 리스크 요인을 반드시 점검하세요”.
금융위원회, 2019. 1. 2. “금융혁신지원특별법 시행 준비 등 핀테크 활성화 추진” 보도자료.

부 록

P2P 대출 거래 규제 5개 입법안 전문

1. 온라인대출 중개업에 관한 법률 제정안(민병두의원案, 17.7.20.)
2. 김수민 의원 온라인대출거래업 및 이용자보호에 관한 법률 제정안(김수민의원案, '18.2.23.)
3. 이진복 의원 온라인투자연계금융업 및 이용자보호에 관한 법률 제정안(이진복의원案, '18.4.13.)
4. 박선숙 의원 자본시장과 금융투자업에 관한 법률 개정안(박선숙의원案, '18.8.28.)
5. 박광온 의원 대부업법 개정안(박광온의원案, '18.2.6.)

온라인대출중개업에 관한 법률안
(민병두의원案, 17.7.20.)

제1장 총칙

제1조(목적) 이 법은 정보통신망을 이용하여 자금의 모집 및 대출을 중개하는 온라인대출중개업자에 관한 사항을 규정함으로써 온라인대출 이용자와 투자자를 보호하고 온라인대출중개업의 건전한 발전을 통해 국민의 금융편의를 도모함을 목적으로 한다.

제2조(정의) 이 법에서 사용하는 용어의 정의는 다음과 같다.

1. "온라인대출"이란 온라인 상에서 온라인대출중개업자를 통해 투자자로부터 조달한 자금을 차입자에게 제공하는 행위를 말한다.
2. "투자자"란 온라인대출을 목적으로 차입자에게 자금을 제공하는 자를 말한다.
3. "차입자"란 자금을 대출받으려는 자를 말한다.
4. "온라인대출중개업"이란 정보통신 플랫폼(온라인대출을 위한 것으로서 정보처리 능력을 가진 전자적 체계를 말한다)을 제공하여 자금을 대출받으려는 차입자와 투자자를 중개하는 행위 등을 업으로 하는 것을 말한다.
5. "온라인대출중개업자"란 온라인대출중개업에 대하여 제3조에 따라 금융위원회에 등록한 자를 말한다.
6. "대주주"란 다음 각 목의 어느 하나에 해당하는 주주를 말한다.
   가. 최대주주: 온라인대출중개업자의 의결권 있는 발행주식 총수 또는 출자지분을 기준으로 본인 및 그와 대통령령으로 정하는 특수한 관계에 있는 자(이하 "특수관계인"이라 한다)가 누구의 명의로 하든지 자기의 계산으로 소유하는 주식 또는 출자지분을 합하여 그 수가 가장 많은 경우의 그 본인
   나. 주요주주: 다음의 어느 하나에 해당하는 자
      1) 누구의 명의로 하든지 자기의 계산으로 온라인대출중개업자의 의결권 있는 발행주식 총수 또는 출자지분의 100분의 10 이상의 주식 또는 출자지분을 소유하는 자
      2) 임원의 임면 등의 방법으로 대부업자등의 주요 경영사항에 대하여 사실상의 영향력을 행사하는 주주 또는 출자자로서 대통령령으로 정하는 자

7. “자기자본”이란 납입자본금·자본잉여금 및 이익잉여금 등의 합계액으로서 대통령령으로 정하는 금액을 말한다.

제2장 온라인대출중개업자의 등록 등

제3조(온라인대출중개업자의 등록) ① 온라인대출중개업을 하려는 자는 금융위원회에 등록하여야 한다.

② 제1항에 따라 등록을 하려는 자는 다음 각 호의 사항을 적은 신청서와 대통령령으로 정하는 서류를 첨부하여 금융위원회에 제출하여야 한다.

1. 상호 및 주된 사무소의 소재지
2. 주주 또는 출자자(대통령령으로 정하는 기준 이하의 주식 또는 출자지분을 소유하는 자는 제외한다)의 성명 또는 명칭, 주소와 그 지분율
3. 임원의 성명과 주소
4. 경영하려는 온라인대출중개업의 내용 및 방법
5. 자기자본

③ 금융위원회는 제2항에 따라 등록신청을 받은 경우 신청인이 제4조의 요건에 맞는 경우에는 지체 없이 등록을 하고 그 사실을 신청인에게 통보하여야 한다.

④ 금융위원회는 제2항에 따라 제출받은 서류에 잘못되거나 부족한 부분이 있는 경우에는 서류를 제출받은 날부터 10일 안에 보완을 요구할 수 있다.

⑤ 제1항부터 제4항까지의 규정에 따른 등록 등의 구체적인 절차는 대통령령으로 정한다.

제4조(등록의 요건) ① 제3조제1항에 따라 등록하려는 자는 다음 각 호의 요건을 갖추어야 한다.

1. 신청인이 법인일 것
2. 3억원 이상으로서 대통령령으로 정하는 자기자본을 갖출 것
3. 거래자의 보호가 가능하고 온라인대출중개업을 수행하기에 충분한 인력과 전산설비, 그 밖의 물적 설비를 갖출 것
4. 대통령령으로 정하는 고정사업장을 갖출 것
5. 대표자, 임원 등이 제5조제1항에 적합할 것
6. 이해상충을 방지하기 위한 체계를 갖출 것
7. 위험관리와 금융사고 예방 등을 위한 적절한 내부통제장치가 마련되어 있을 것
8. 대주주(최대주주가 법인인 경우에는 그 법인의 주요경영상황에 대하여 사실상 영향력을 행사하고 있는 주주로서 대통령령으로 정하는 자를 포함한다)가 대통령령으로 정하는 사회적 신용을 갖출 것

9. 기타 재무건전성 등 온라인대출중개업자의 건전한 자산운영을 위하여 대통령령으로 정하는 요건을 갖출 것

② 제1항의 등록요건에 관한 구체적인 사항은 대통령령으로 정한다.

제5조(임원의 결격사유) ① 다음 각 호의 어느 하나에 해당하는 사람은 온라인대출중개업자의 대표자 또는 임원이 되지 못한다.

1. 미성년자·피성년후견인 또는 피한정후견인
2. 파산선고를 받고 복권(復權)되지 아니한 사람
3. 금고 이상의 실형을 선고받고 그 집행이 끝나거나(집행이 끝난 것으로 보는 경우를 포함한다) 집행이 면제된 날부터 5년이 지나지 아니한 사람
4. 금고 이상의 형의 집행유예를 선고받고 그 유예기간 중에 있는 사람
5. 이 법 또는 금융관계법령에 따라 벌금 이상의 형을 선고받고 그 집행이 끝나거나(집행이 끝난 것으로 보는 경우를 포함한다) 집행이 면제된 날부터 5년이 지나지 아니한 사람

② 온라인대출중개업자의 대표자 또는 임원으로 선임된 사람이 제1항제1호부터 제5호까지의 어느 하나에 해당하게 된 경우에는 그 직(職)을 잃는다.

제6조(신의성실의무) ① 온라인대출중개업자는 신의성실의 원칙에 따라 온라인대출중개업을 영위하여야 한다.

② 온라인대출중개업자는 온라인대출중개업을 영위함에 있어서 정당한 사유 없이 거래자 등의 이익을 해하면서 자기가 이익을 얻거나 제3자가 이익을 얻도록 하여서는 아니 된다.

제7조(온라인대출중개업자의 정보 제공) ① 온라인대출중개업자는 자기자본 규모, 온라인대출중개업 거래 구조, 누적 대출액, 대출잔액, 연체율 등의 사업정보 및 대출이자에 관한 사항, 수수료 등 부대비용에 관한 사항, 상환방식에 관한 사항 등 온라인대출 이용에 도움을 줄 수 있는 사항으로 대통령령으로 정하는 정보를 인터넷 홈페이지를 통하여 공개하여야 한다.

② 제23조에 따른 온라인대출중개업협회는 거래자 등에게 정보를 제공하기 위하여 온라인대출중개업협회에 가입한 온라인대출중개업자들의 제1항에 따른 정보를 인터넷 홈페이지에 공개할 수 있다.

제8조(온라인대출중개업자의 이용료 수취) 온라인대출중개업자는 온라인대출의 실행과 관련하여 대통령령으로 정하는 바에 따라 이용료를 수취할 수 있다.

제3장 온라인대출계약

제9조(온라인대출계약의 체결 등) ① 온라인대출중개업자는 차입자와 대출계약을 체결하는

경우에는 다음 각 호의 사항이 적힌 계약서를 차입자에게 교부하여야 한다. 다만, 차입자의 동의를 얻은 경우에는 모사전송, 전자우편, 전자문서(「전자문서 및 전자거래 기본법」 제2조제1호에 따른 전자문서)로 교부할 수 있다.

1. 온라인대출중개업자 및 차입자의 명칭 또는 성명 및 주소 또는 소재지
2. 계약일자
3. 대출금액
4. 대출이자율 및 연체이자율
5. 부대비용
6. 변제기간 및 변제방법
7. 손해배상액 또는 강제집행에 관한 약정이 있는 경우에는 그 내용
8. 채무의 조기상환 조건
9. 보증계약을 체결한 경우에는 그 내용
10. 그 밖에 차입자를 보호하기 위하여 필요한 사항으로서 대통령령으로 정하는 사항

② 온라인대출중개업자는 제1항에 따라 대출계약을 체결하는 경우에는 차입자에게 제1항 각 호의 사항을 모두 설명하여야 한다.

③ 온라인대출중개업자가 대출계약과 관련하여 보증계약을 체결하는 경우에는 다음 각 호의 사항이 적힌 보증계약서 및 제1항에 따른 대출계약서 사본을 보증인에게 교부하여야 한다.

1. 온라인대출중개업자·주채무자 및 보증인의 명칭 또는 성명 및 주소 또는 소재지
2. 계약일자
3. 보증기간
4. 피보증채무의 금액
5. 보증의 범위
6. 그 밖에 보증인을 보호하기 위하여 필요한 사항으로서 대통령령으로 정하는 사항

④ 온라인대출중개업자는 대출계약과 관련하여 보증계약을 체결하는 경우에는 보증인에게 제3항 각 호의 사항을 모두 설명하여야 한다.

⑤ 온라인대출중개업자는 제1항에 따른 대출계약을 체결하거나 제3항에 따른 보증계약을 체결한 경우에는 그 계약서와 대통령령으로 정하는 계약관계서류를 대출계약을 체결한 날부터 채무변제일 이후 2년이 되는 날까지 보관하여야 한다.

⑥ 대출계약 또는 그에 따른 보증계약을 체결한 자 또는 그 대리인은 온라인대출중개업자에게 그 계약서와 대통령령으로 정하는 계약관계서류의 열람을 요구하거나 채무와 관련된 증명서의 발급을 요구할 수 있다. 이 경우 온라인대출중개업자는 정당한 사유 없이 이를 거부하여서는 아니 된다.

제10조(온라인대출의 신청) 온라인대출중개업자는 온라인대출을 받으려는 차입자에게 소

득·재산 및 부채상황에 관한 정보로서 대통령령으로 정하는 내용을 확인하여야 한다.

제11조(온라인대출 관련 준수사항) ① 온라인대출중개업자가 대출 실행 여부를 결정하여서는 아니 된다. 다만, 온라인대출중개업자가 투자자가 되어 대출에 참여하는 경우에는 그러하지 아니한다.

② 온라인대출중개업자는 온라인대출에 있어서 차입자가 되어서는 아니 된다.

③ 온라인대출중개업자는 차입자에 대한 정보의 제공, 투자자와의 중개 등 업무수행에 있어 특정한 차입자 또는 투자자를 부당하게 우대하거나 차별하여서는 아니 된다.

④ 제1항 단서에 따라 온라인대출중개업자가 투자자가 되는 경우에 건전한 거래질서를 위하여 대통령령으로 정하는 사항을 준수하여야 한다.

⑤ 온라인대출중개업자는 「표시·광고의 공정화에 관한 법률」에 따른 표시 또는 광고(이하 "광고"라 한다)를 하는 경우에 다음 각 호의 행위를 하여서는 아니 된다.

1. 사실과 다르게 광고하거나 사실을 지나치게 부풀려 광고하는 행위
2. 사실을 은폐하거나 축소하는 등의 방법으로 광고하는 행위
3. 비교 대상 및 기준을 분명하게 밝히지 아니하거나 객관적인 근거 없이 유리하다고 광고하는 행위
4. 다른 업자 등에 관하여 객관적인 근거가 없는 내용으로 광고하여 비방하거나 불리한 사실만을 광고하여 다른 업자 등을 비방하는 광고 행위
5. 그 밖에 건전한 거래질서를 위하여 필요한 경우로서 대통령령으로 정하는 광고 행위

⑥ 그 밖에 온라인대출중개업자는 차입자 및 투자자의 신용정보보호 및 건전한 거래질서를 위하여 대통령령으로 정하는 사항을 준수하여야 한다.

제4장 온라인대출에 대한 투자

제12조(투자자에 대한 정보제공) ① 온라인대출중개업자는 투자권유를 하는 경우 온라인대출의 내용, 투자에 따르는 위험, 그 밖에 대통령령으로 정하는 사항을 투자자가 이해할 수 있도록 설명하여야 한다.

② 온라인대출중개업자는 제1항에 따라 설명한 내용을 투자자가 이해하였음을 서명(「전자서명법」 제2조에 따른 전자서명을 포함한다), 기명날인, 녹취, 전자우편, 그 밖의 대통령령으로 정하는 방법 중 하나 이상의 방법으로 확인을 받아야 한다.

③ 온라인대출중개업자는 제1항에 따른 설명을 함에 있어서 투자자의 합리적인 투자판단에 중대한 영향을 미칠 수 있는 사항(이하 "중요사항"이라 한다)을 거짓 또는 왜곡(불확실한 사항에 대하여 단정적 판단을 제공하거나 확실하다고 오인하게 할 소지가 있는 내용을 알리는 행위를 말한다)하여 설명하거나 중요사항을 누락하여서는 아니 된다.

제13조(투자 권유의 제한) ① 온라인대출중개업자는 투자자에게 투자 권유를 하는 경우 다

음 각 호의 어느 하나에 해당하는 행위를 하여서는 아니 된다.

1. 차입자가 게재하는 내용을 자신의 인터넷 홈페이지에 게시하는 행위
2. 자신의 인터넷 홈페이지를 통하여 자신이 중개하는 대출 또는 차입자에 대한 투자자들의 의견이 교환될 수 있도록 관리하는 행위. 다만, 온라인대출중개업자는 자신의 인터넷 홈페이지를 통하여 공개되는 투자자들의 의견을 임의로 삭제하거나 수정하여서는 아니 된다.
3. 차입자가 게재하는 내용을 전자우편 등을 통하여 투자권유의 요청을 한 투자자에게 전송하는 행위

② 온라인대출중개업자는 투자권유의 요청을 하지 않은 투자자에게 방문, 전화, 이메일 전송 등의 방법을 통하여 투자를 권유하여서는 아니 된다.

③ 온라인대출중개업자는 투자권유를 받은 투자자가 이를 거부하는 취지의 의사를 표시하였음에도 불구하고 투자권유를 계속하는 행위를 하여서는 아니 된다. 다만, 투자자 보호 및 건전한 거래질서를 해할 우려가 없는 행위로서 대통령령으로 정하는 행위는 제외한다.

제14조(투자자에게 제공하는 정보) ① 온라인대출중개업자는 투자판단에 도움을 줄 수 있는 다음 각 호에 해당하는 정보를 투자자가 쉽게 이해할 수 있도록 자신이 운영하는 인터넷 홈페이지에 게재하여야 한다.

1. 투자에 따른 위험
2. 예상 수익률
3. 수수료
4. 이자소득세율
5. 투자자가 수취하는 순수익률의 구체적 산정내역
6. 상환 일자 · 일정 · 금액
7. 추심절차
8. 그 밖에 투자자 보호를 위하여 필요한 정보로서 대통령령으로 정하는 사항

② 온라인대출중개업자는 제1항에 따라 제공한 내용을 투자자가 이해하였음을 서명(「전자서명법」 제2조에 따른 전자서명을 포함한다), 기명날인, 녹취, 전자우편, 그 밖의 대통령령으로 정하는 방법 중 하나 이상의 방법으로 확인을 받아야 한다.

③ 온라인대출중개업자는 제1항에 따라 온라인대출 투자에 관한 정보를 제공함에 있어서 투자자의 합리적인 투자판단 또는 해당 상품의 가치에 중대한 영향을 미칠 수 있는 사항을 누락하거나 거짓 또는 왜곡된 정보를 제공하여서는 아니 된다.

④ 온라인대출중개업자는 온라인대출 연체가 발생하는 경우 연체 사실과 그 사유를 투자자에게 알려야 한다.

제15조(투자 계약서류 등의 교부) ① 온라인대출중개업자는 투자자와 온라인대출 투자 관

련 계약을 체결하는 경우에는 계약의 상대방임을 확인하고 미리 상품설명서, 투자약관 등 계약서류를 직접 교부하거나 다음의 방법으로 제공하여야 한다. 다만, 계약내용 등을 고려하여 투자자 보호를 해할 우려가 없는 경우로서 대통령령으로 정하는 경우에는 그 계약서류를 교부하지 아니할 수 있다.

1. 우편 또는 모사전송에 의한 방법
2. 전자우편을 통한 방법(투자자가 전자우편을 통해 계약서류를 제공받겠다는 의사표시를 한 경우에 한정한다)

② 온라인대출중개업자는 투자자와의 계약과 관련된 자료를 계약 체결일로부터 채무 변제일 이후 2년이 되는 날까지 보관, 유지하여야 한다.

제16조(투자금의 별도예치) ① 온라인대출중개업자는 투자자로부터 일체의 금전·증권, 그 밖의 재산의 보관·예탁을 받아서는 아니 된다.

② 온라인대출중개업자는 투자자의 투자금이 은행 등 자금보관 및 관리업무를 적절히 수행할 수 있는 공신력 있는 기관에 예치 또는 신탁하여야 한다.

③ 온라인대출중개업자는 해산 등으로 인하여 영업을 지속할 수 없는 중대한 사유가 발생한 경우에 제2항에 따라 예치 또는 신탁된 투자금이 투자자에게 우선하여 지급될 수 있도록 하여야 한다.

제17조(신용정보 및 개인정보의 보호) 온라인대출중개업자는 개인정보 및 신용정보를 수집, 처리함에 있어 관련 법령을 준수하여야 한다.

제18조(투자자에 대한 손해배상책임) 온라인대출중개업자는 온라인대출중개업 등을 하면서 고의 또는 과실로 인한 위법행위로 투자자에게 손해를 발생시킨 경우에는 그 손해를 배상할 책임이 있다.

제19조(채권추심) 온라인대출중개업자는 온라인대출에 관한 권리를 추심함에 있어서 「신용정보의 이용 및 보호에 관한 법률」 제4조제1항제3호에 따른 채권추심업을 허가받은 자에게 위임하여 추심할 수 있다.

제20조(차입자의 대출한도) ① 차입자가 온라인대출을 받을 수 있는 금액은 1년 동안 다음 각 호의 한도를 초과하여서는 아니 된다. 다만, 차입자의 특성 및 담보제공 여부 등에 따라 대출한도를 달리 정할 수 있다.

1. 차입자가 개인인 경우: 1억원
2. 차입자가 소상공인(「소상공인 보호 및 지원에 관한 법률」 제2조에 따른 소상공인을 말한다)인 경우: 5억원
3. 그 이외의 법인: 10억원

② 제1항의 단서에 따른 구체적인 대출한도는 차입자의 특성 및 담보제공 여부 등을 고려하여 대통령령으로 정한다.

제21조(투자자의 투자한도) ① 투자자가 온라인대출에 투자할 수 있는 금액은 투자자의 투

자목적, 재산상황 및 투자경험 등을 고려하여 대통령령으로 정한다.

② 제1항에도 불구하고 대통령령으로 정하는 위험감수능력이 있는 투자자의 경우에는 제1항의 투자한도를 적용하지 아니한다.

제22조(투자자의 투자이익) 투자자가 온라인대출에 투자하여 얻은 투자이익은 「소득세법」 제16조에 따른 이자소득으로 간주한다.

제5장 온라인대출중개업협회

제23조(온라인대출중개업협회 설립 등) ① 온라인대출중개업의 업무질서를 유지하고, 온라인대출중개업의 건전한 발전과 투자자 및 이용자 보호를 위하여 온라인대출중개업협회(이하 "협회"라 한다)를 설립한다.

② 협회는 법인으로 한다.

③ 협회는 정관으로 정하는 바에 따라 주된 사무소를 두고 필요한 곳에 지회를 둘 수 있다.

④ 협회는 대통령령으로 정하는 바에 따라 주된 사무소의 소재지에서 설립등기를 함으로써 성립한다.

⑤ 이 법에 따른 협회가 아닌 자는 온라인대출중개업협회 또는 이와 비슷한 명칭을 사용하지 못한다.

제24조(업무) ① 협회는 다음 각 호의 업무를 한다.

1. 이 법 또는 관계 법령을 준수하도록 하기 위한 회원에 대한 지도와 권고
2. 온라인대출중개업의 투자자 및 이용자 보호를 위한 회원에 대한 업무방식 개선 권고
3. 온라인대출중개업의 투자자 및 이용자 민원의 상담·처리
4. 그 밖에 협회의 목적을 달성하기 위하여 대통령령으로 정하는 업무

② 협회는 업무에 관한 규정을 제정·변경하거나 폐지한 경우에는 지체 없이 금융위원회에 이를 보고하여야 한다.

제25조(가입 등) ① 온라인대출중개업자는 협회에 가입할 수 있다. 다만, 금융위원회에 등록된 온라인대출중개업자와 그 밖에 대통령령으로 정하는 자는 협회에 가입하여야 한다.

② 협회는 온라인대출중개업자가 협회에 가입하려는 경우 정당한 사유 없이 그 가입을 거부하거나 가입에 부당한 조건을 부과하여서는 아니 된다.

③ 협회는 회원에게 정관으로 정하는 바에 따라 회비를 징수할 수 있다.

제26조(「민법」의 준용) 협회에 대하여 이 법에 특별한 규정이 없으면 「민법」 중 사단법인에 관한 규정을 준용한다.

제6장 감독 및 처분

제27조(감독) ① 금융위원회는 온라인대출중개업자가 이 법 또는 이 법에 따른 명령이나 처분을 적절히 준수하는지 여부를 감독하여야 한다.

② 금융위원회는 제1항에 따른 감독을 위하여 필요한 경우에는 온라인대출중개업자에 대하여 그 업무 및 재무상태 등에 관한 보고를 하게 할 수 있다.

③ 금융위원회는 대통령령으로 정하는 바에 따라 이 법에 따른 업무의 일부를 금융감독원 또는 협회에 위탁할 수 있다.

제28조(금융위원회의 조치명령권) 금융위원회는 온라인대출에 있어 투자자 및 이용자를 보호하고 건전한 거래질서를 유지하기 위하여 온라인대출중개업자에게 다음 각 호의 조치를 명할 수 있다.

1. 6개월 이내의 업무의 일부의 정지
2. 위법행위의 시정명령
3. 기관경고
4. 기관주의
5. 그 밖에 위법행위를 시정하거나 방지하기 위하여 필요한 조치로서 대통령령으로 정하는 조치

제29조(영업정지 및 등록취소 등) ① 금융위원회는 온라인대출중개업자가 다음 각 호의 어느 하나에 해당하면 그 온라인대출중개업자에게 대통령령으로 정하는 기준에 따라 1년 이내의 기간을 정하여 그 영업의 전부 또는 일부의 정지를 명할 수 있다.

1. 제9조제1항을 위반하여 차입자에게 계약서를 교부하지 아니하거나 같은 조 제2항을 위반하여 설명을 하지 아니한 경우
2. 제10조를 위반하여 차입자의 대출에 대한 정보의 사실 여부를 사전에 확인하지 아니한 경우
3. 제11조제1항을 위반하여 온라인대출중개업자가 대출 실행 여부를 결정하였거나 같은 조 제2항을 위반하여 차입자가 된 경우
4. 제12조제1항을 위반하여 투자자에게 설명을 하지 아니하거나 같은 조 제2항 또는 제3항을 위반한 경우
5. 제13조를 위반하여 투자 권유를 한 경우
6. 제14조를 위반하여 투자자에게 정보를 제공하지 않은 경우
7. 제15조를 위반하여 투자 계약서류를 교부하지 아니하거나 투자 계약서류를 보관, 유지하지 아니한 경우
8. 제16조제1항을 위반하여 투자자의 재산을 보관·예탁 하였거나, 같은 조 제2항을 위반

하여 투자자의 재산을 은행 또는 증권금융회사에 예치 또는 신탁하지 아니한 경우

② 금융위원회는 온라인대출중개업자가 다음 각 호의 어느 하나에 해당하면 그 등록을 취소할 수 있다. 다만, 제1호에 해당하면 등록을 취소하여야 한다.

1. 거짓 또는 그 밖의 부정한 방법으로 제3조에 따른 등록을 한 경우
2. 제4조제1항의 요건을 충족하지 아니한 경우
3. 등록한 온라인대출중개업자의 임원 또는 대표자가 제5조제1항 각 호의 어느 하나에 해당하는 경우
4. 6개월 이상 계속하여 영업실적이 없는 경우
5. 제1항에 따른 영업정지 명령을 위반한 경우
6. 제1항에 따라 영업정지 명령을 받고도 그 영업정지 기간 이내에 영업정지 처분 사유를 시정하지 아니하여 동일한 사유로 제1항에 따른 영업정지 처분을 대통령령으로 정하는 횟수 이상 받은 경우

③ 금융위원회는 제2항에 따른 등록취소를 하기 전에 해당 온라인대출중개업자에게 의견제출 기회를 부여하여야 한다.

제7장 과징금

제30조(온라인대출중개업자에 대한 과징금) ① 금융위원회는 온라인대출중개업자가 제20조제1항 및 제21조제1항을 위반한 경우에는 그 온라인대출중개업자에 대하여 허용금액을 초과한 위반금액의 100분의 40을 초과하지 아니하는 범위에서 과징금을 부과할 수 있다.

② 금융위원회는 온라인대출중개업자에 대하여 제29조제1항에 따른 업무정지 처분이 이용자에게 심한 불편을 주거나 그 밖에 공익을 해할 우려가 있는 경우에는 영업정지 처분에 갈음하여 5천만원 이하의 과징금을 부과할 수 있다.

제31조(과징금의 부과) ① 금융위원회는 제30조에 따라 과징금을 부과하는 경우에는 다음 각 호의 사항을 고려하여야 한다.

1. 위반행위의 내용 및 정도
2. 위반행위의 기간 및 횟수
3. 위반행위로 인하여 취득한 이익의 규모

② 과징금의 부과에 관하여 그 밖에 필요한 사항은 대통령령으로 정한다.

제32조(이의신청) ① 제30조에 따른 과징금 부과처분에 불복하는 자는 그 처분을 고지받은 날부터 30일 이내에 그 사유를 갖추어 금융위원회에 이의를 신청할 수 있다.

② 금융위원회는 제1항에 따른 이의신청에 대하여 30일 이내에 결정을 하여야 한다. 다만, 부득이한 사정으로 그 기간 이내에 결정을 할 수 없는 경우에는 30일의 범위에서 그

기간을 연장할 수 있다.

③ 제2항에 따른 결정에 불복하는 자는 행정심판을 청구할 수 있다.

제33조(과징금의 납부기한 연장 및 분할납부) ① 금융위원회는 과징금을 부과받은 자(이하 "과징금납부의무자"라 한다)가 다음 각 호의 어느 하나에 해당하는 사유로 과징금 전액을 한꺼번에 내기 어렵다고 인정될 때에는 그 납부기한을 연장하거나 분할납부하게 할 수 있다. 이 경우 필요하다고 인정하면 담보를 제공하게 할 수 있다.

1. 재해 등으로 재산에 현저한 손실을 입은 경우
2. 사업 여건의 악화로 사업이 중대한 위기에 처한 경우
3. 과징금을 한꺼번에 내면 자금 사정에 현저한 어려움이 예상되는 경우

② 과징금납부의무자가 제1항에 따라 과징금 납부기한을 연장하거나 분할납부를 하려는 경우에는 그 납부기한의 10일 전까지 금융위원회에 신청하여야 한다.

③ 금융위원회는 제1항에 따라 납부기한이 연장되거나 분할납부가 허용된 과징금납부의무자가 다음 각 호의 어느 하나에 해당하게 되면 납부기한 연장 또는 분할납부 결정을 취소하고 과징금을 한꺼번에 징수할 수 있다.

1. 분할납부하기로 결정된 과징금을 납부기한까지 내지 아니하였을 때
2. 담보 변경명령이나 그 밖에 담보보전(擔保保全)에 필요한 금융위원회의 명령을 이행하지 아니하였을 때
3. 강제집행, 경매의 개시, 파산선고, 법인의 해산, 국세 또는 지방세의 체납처분을 받은 경우 등 과징금의 전부 또는 잔여분을 징수할 수 없다고 인정될 때
4. 그 밖에 제1호부터 제3호까지의 규정에 준하는 경우로서 대통령령으로 정하는 사유가 있을 때

④ 제1항부터 제3항까지의 규정에 따른 과징금 납부기한의 연장, 분할납부 또는 담보 등에 관하여 필요한 사항은 대통령령으로 정한다.

제34조(과징금 징수 및 체납처분) ① 금융위원회는 과징금납부의무자가 납부기한까지 과징금을 내지 아니하면 납부기한의 다음 날부터 과징금을 낸 날의 전날까지의 기간에 대하여 대통령령으로 정하는 가산금을 징수할 수 있다.

② 금융위원회는 과징금납부의무자가 납부기한까지 과징금을 내지 아니하면 기간을 정하여 독촉을 하고, 그 지정한 기간 이내에 과징금과 제1항에 따른 가산금을 내지 아니하면 국세 체납처분의 예에 따라 징수할 수 있다.

③ 금융위원회는 제1항 및 제2항에 따른 과징금 및 가산금의 징수 또는 체납처분에 관한 업무를 국세청장에게 위탁할 수 있다.

④ 과징금의 징수에 관하여 그 밖에 필요한 사항은 대통령령으로 정한다.

제35조(과오납금의 환급) ① 금융위원회는 과징금납부의무자가 이의신청의 재결 또는 법원의 판결 등의 사유로 과징금 과오납금의 환급을 청구하는 경우에는 지체 없이 환급하여

야 하며, 과징금납무의무자의 청구가 없어도 금융위원회가 확인한 과오납금은 환급하여야 한다.

② 금융위원회가 제1항에 따라 과징금을 환급하는 경우에는 과징금을 납부한 날부터 환급한 날까지의 기간에 대하여 대통령령으로 정하는 가산금 이율을 적용하여 환급가산금을 환급받을 자에게 지급하여야 한다.

제36조(결손처분) 금융위원회는 과징금납무의무자에게 다음 각 호의 어느 하나에 해당하는 사유가 있으면 결손처분을 할 수 있다.

1. 체납처분이 끝나고 체납액에 충당된 배분금액이 체납액에 미치지 못하는 경우
2. 징수금 등의 징수권에 대한 소멸시효가 완성된 경우
3. 체납자의 행방이 분명하지 아니하거나 재산이 없다는 것이 판명된 경우
4. 체납처분의 목적물인 총재산의 추산가액이 체납처분 비용에 충당하면 남을 여지가 없음이 확인된 경우
5. 체납처분의 목적물인 총재산이 징수금 등보다 우선하는 국세, 지방세, 전세권·질권 또는 저당권으로 담보된 채권 등의 변제에 충당하면 남을 여지가 없음이 확인된 경우
6. 그 밖에 징수할 가망이 없는 경우로서 대통령령으로 정하는 사유에 해당하는 경우

제8장 벌칙

제37조(벌칙) 다음 각 호의 어느 하나에 해당하는 자는 3년 이하의 징역 또는 1억원 이하의 벌금에 처한다.

1. 제3조에 따른 등록을 하지 아니하고 온라인대출중개업을 경영하는 자
2. 제11조제5항을 위반하여 부당한 광고 행위를 한 자

제38조(양벌규정) 법인의 대표자나 법인 또는 개인의 대리인, 사용인, 그 밖의 종업원이 그 법인 또는 개인의 업무에 관하여 제37조의 위반행위를 하면 그 행위자를 벌하는 외에 그 법인 또는 개인에게도 해당 조문의 벌금형을 과(科)한다. 다만, 법인 또는 개인이 그 위반행위를 방지하기 위하여 해당 업무에 관하여 상당한 주의와 감독을 게을리하지 아니한 경우에는 그러하지 아니한다.

제39조(과태료) ① 다음 각 호의 어느 하나에 해당하는 경우에는 5천만원 이하의 과태료를 부과한다.

1. 제11조제1항 및 제2항을 위반한 경우
2. 제16조를 위반한 경우

② 다음 각 호의 어느 하나에 해당하는 경우에는 3천만원 이하의 과태료를 부과한다.

1. 제7조제1항을 위반한 경우
2. 제9조를 위반한 경우

3. 제10조를 위반한 경우
4. 제11조제3항, 제4항 및 제6항을 위반한 경우
5. 제12조를 위반한 경우
6. 제13조를 위반한 경우
7. 제14조를 위반한 경우
8. 제15조를 위반한 경우

부 칙

제1조(시행일) 이 법은 공포 후 3개월이 경과한 날부터 시행한다.

제2조(적용례) 이 법은 이 법 시행 후 체결하는 온라인대출계약부터 적용한다.

제3조(온라인대출중개업 등록에 관한 경과조치) ① 이 법 시행 당시 온라인대출중개업을 영위하는 자는 이 법 시행 후 6개월 이내에 금융위원회에 등록하여야 한다.

② 이 법 시행 당시 온라인대출중개업을 영위하는 자에 대하여는 제1항의 규정에 의한 등록기간이 경과하는 날까지 이 법을 적용하지 아니한다.

온라인 대출거래업 및 이용자 보호에 관한 법률안
(김수민의원案, '18.2.23.)

제1장 총칙

제1조(목적) 이 법은 정보통신망을 이용하여 모집한 자금의 대출과 이에 부수하는 업무를 수행하는 온라인 대출거래업의 등록 및 감독에 필요한 사항과 온라인 대주와 온라인 차입자 등 온라인 대출거래를 이용하는 이용자의 보호에 관한 사항을 정함으로써 온라인 대출거래업을 건전하게 육성하고 국민경제의 안정에 이바지함을 목적으로 한다.

제2조(정의) 이 법에서 사용하는 용어의 뜻은 다음과 같다.

1. "온라인 대출"이란 온라인 대출 플랫폼을 통해 온라인 대주로부터 모집한 자금을 기초로 온라인 대출 플랫폼을 통해 자금을 차입하려는 자에 대한 대출을 제공하는 행위를 말한다.
2. "온라인 대주"는 온라인 대출 플랫폼에 게시된 온라인 대출계약의 조건에 따라 자금을 차입자에게 대출하는 자를 말한다.
3. "온라인 대출 플랫폼"은 정보통신망을 이용하여 온라인 대출계약 체결 및 온라인 대출채권의 관리와 관련된 같은 조 제4호에서 규정한 제반 업무를 수행하는 전자적 시스템을 말한다.
4. "온라인 대출거래업"은 이 법에 따른 온라인 대출 플랫폼을 운영하면서 다음과 같은 업무를 수행하는 것을 말한다.
   가. 온라인 차주가 되려는 자의 신용정보 및 대출 신청 게시 여부에 필요한 정보 수령
   나. 온라인 차입 신청의 온라인 대출 플랫폼 게시 여부 판단을 위한 온라인 차입 신청자의 재무 및 신용정보 등의 확인 및 심사
   다. 온라인 대출 플랫폼상 온라인 차주의 차입 신청 게시 여부 결정
   라. 온라인 대출계약의 금리 결정 및 온라인 대출계약서 및 관련 담보 계약 등 대출 관련 서류 작성
   마. 온라인 대출을 하려는 자의 대출 여부 판단에 필요한 온라인 차주의 주요 재무 및 신용정보, 온라인 대출계약의 주요 조건을 온라인 대출 플랫폼에 게시

바. 온라인 대출계약 체결의 중개 및 주선

사. 온라인 대출채권의 이자 및 원금 상환 등 자금 입출금 관리

아. 온라인 대주를 위한 온라인 대출 채권의 상환 관리 및 추심 업무

자. 온라인 대출거래와 관련된 고객 상담 및 온라인 대주 및 차입자의 정보관리 등 온라인 대출 플랫폼 운영과 관련된 부수업무

5. "온라인 대출거래업자"는 온라인 대출거래업을 영위하는 자를 말한다.

6. "온라인 차주"는 온라인 대출 플랫폼에 게시된 온라인 대출계약의 조건에 따라 자금을 차입하는 자를 말한다.

7. "대주주"란 다음 각 목의 어느 하나에 해당하는 주주를 말한다.

가. 최대주주: 온라인 대출 플랫폼 운영자의 의결권 있는 발행주식 총수 또는 출자지분을 기준으로 본인 또는 그와 대통령령으로 정하는 특수관계에 있는 자(이하 "특수관계인"이라 한다)가 누구의 명의로 하든지 자기의 계산으로 소유하는 주식 또는 출자지분을 합하여 그 수가 가장 많은 경우의 그 본인

나. 주요주주: 다음의 어느 하나에 해당하는 자

1) 누구의 명의로 하든지 자기의 계산으로 온라인 대출거래업자의 의결권 있는 발행주식 총수 또는 출자지분의 100분의 10 이상의 주식 또는 출자지분을 소유하는 자

2) 임원의 임면 등의 방법으로 온라인 대출거래업자의 주요 경영사항에 대하여 사실상의 영향력을 행사하는 주주 또는 출자자로서 대통령령으로 정하는 자

8. "자기자본"이란 납입자본금·자본잉여금 및 이익잉여금 등의 합계액으로서 대통령령으로 정하는 금액을 말한다.

제3조(대부업 및 신용정보업과의 관계) 이 법에 따라 등록한 온라인 대출거래업자에 대하여는 「대부업 등의 등록 및 금융이용자 보호에 관한 법률 제3조 및 「신용정보의 이용 및 보호에 관한 법률」 제4조 및 제5조를 적용하지 아니한다.

제2장 온라인 대출거래업의 등록 등

제4조(등록) ① 온라인 대출거래업을 하려는 자는 금융위원회에 등록하여야 한다.

② 제1항에 따라 등록을 하려는 자는 다음 각 호의 사항을 적은 신청서와 대통령령으로 정하는 서류를 첨부하여 금융위원회에 제출하여야 한다.

1. 상호 및 주된 사무소의 소재지

2. 주주 또는 출자자(대통령령으로 정하는 기준 이하의 주식 또는 출자지분을 소유하는 자는 제외한다)의 성명 또는 명칭, 주소와 그 지분율

3. 임원의 성명과 주소

4. 영위하고자 하는 온라인 대출거래업의 내용 및 방법

5. 자기자본

③ 금융위원회는 제2항에 따라 등록신청을 받은 경우 신청인이 제5조의 요건에 맞는 경우에는 지체 없이 등록을 하고 그 사실을 신청인에게 통보하여야 한다.

④ 금융위원회는 제2항에 따라 제출받은 서류에 잘못되거나 부족한 부분이 있는 경우에는 서류를 제출받은 날부터 10일 이내에 보완을 요구할 수 있다.

⑤ 제1항부터 제4항까지의 규정에 따른 등록 등의 구체적인 절차는 대통령령으로 정한다.

제5조(등록의 요건) ① 제4조제1항에 따라 등록하려는 자는 다음 각 호의 요건을 갖추어야 한다.

1. 신청인이 법인일 것
2. 3억원 이상으로서 대통령령으로 정하는 자기자본을 갖출 것
3. 운영하고자 하는 온라인 대출거래업의 사업계획이 타당하고 건전할 것
4. 거래자 보호가 가능하고 온라인 대출거래업을 수행하기에 충분한 인력과 전산설비, 그 밖의 물적 설비를 갖출 것
5. 대표자 및 임원 등이 제6조제1항에 적합할 것
6. 이해상충 방지 체계 및 위험관리, 금융사고 방지를 위한 내부통제시스템이 마련되어 있을 것
7. 대주주(최대주주가 법인인 경우에는 그 법인의 주요 경영사항에 대하여 사실상 영향력을 행사하고 있는 주주로서 대통령령으로 정하는 자를 포함한다)가 대통령령으로 정하는 충분한 출자능력, 재무 건전성 및 사회적 신용을 갖출 것
8. 그 밖에 재무건전성 등 대통령령으로 정하는 건전한 재무상태와 법령 위반사실이 없는 등 대통령령으로 정하는 온라인 대출거래업자의 건전한 자산운영을 위한 사회적 신용을 갖출 것

② 제1항의 등록요건에 관한 구체적인 사항은 대통령령으로 정한다.

제6조(임원의 결격사유) ① 다음 각 호의 어느 하나에 해당하는 사람은 온라인 대출거래업자의 대표자 또는 임원이 되지 못한다.

1. 미성년자·피성년후견인 또는 피한정후견인
2. 파산선고를 받고 복권(復權)되지 아니한 사람
3. 금고 이상의 실형을 선고받고 그 집행이 끝나거나(집행이 끝난 것으로 보는 경우를 포함한다) 집행이 면제된 날부터 5년이 지나지 아니한 사람
4. 금고 이상의 형의 집행유예를 선고받고 그 유예기간 중에 있는 사람
5. 이 법 또는 금융관계법령에 따라 벌금 이상의 형을 선고받고 그 집행이 끝나거나(집행이 끝난 것으로 보는 경우를 포함한다) 집행이 면제된 날부터 5년이 지나지 아니한 사람

② 온라인 대출거래업자의 대표자 또는 임원으로 선임된 사람이 제1항제1호부터 제5호

까지의 어느 하나에 해당하게 된 경우에는 그 직(職)을 잃는다.

제7조(변경등록 등) ① 온라인 대출거래업자는 제4조제2항 각 호의 기재사항이 변경된 경우에는 그 사유 발생일부터 15일 이내에 대통령령으로 정하는 바에 따라 변경된 사항을 금융위원회에 변경등록하여야 한다. 다만, 대통령령으로 정하는 경미한 사항이 변경된 경우는 제외한다.

② 제1항에 따른 변경등록과 관련된 세부사항은 대통령령으로 정한다.

제8조(상호 등) 이 법에 따른 온라인 대출거래업자가 아닌 자는 그 상호 중 "온라인 대출거래업", "온라인 대출금융업", "온라인투자연계대출업", "온라인 대출목적투자업", "P2P투자", "P2P대출", "P2P대출중개" 또는 이와 유사한 상호를 사용하지 못한다.

제3장 온라인 대출거래업의 준수사항

제9조(신의성실의무) ① 온라인 대출거래업자는 고객의 이익을 위해 신의성실원칙을 준수하며 선량한 관리자의 주의로 온라인 대출거래업을 영위하여야 한다.

② 온라인 대출거래업자는 온라인 대출거래업을 영위함에 있어 정당한 사유 없이 거래자의 이익을 해하면서 자기 또는 제3자가 이익을 얻도록 하여서는 아니 된다.

제10조(온라인 대출 플랫폼의 정보공개) ① 온라인 대출거래업자는 온라인 대출 플랫폼 이용약관, 온라인 대주 및 온라인 차주에 대한 온라인 대출계약 및 이용자의 개인정보보호 처리 원칙 등과 관련된 사항을 홈페이지에 게시하여야 한다.

② 온라인 대출거래업자는 자기자본규모, 온라인 대출거래업의 거래구조, 누적 대출액, 각 대출계약별 대출 잔액, 연체율 등의 사업정보 및 대출이자, 수수료 등 부대비용, 상환방식에 관한 사항 등 온라인 대출 이용약관 및 이와 관련된 대통령령으로 정하는 정보를 인터넷 홈페이지 등을 통해 공개하여야 한다.

③ 제26조에 따른 온라인 대출거래업협회는 온라인 대출거래업협회에 가입한 온라인 대출거래업자들의 제2항에 따른 정보를 인터넷 홈페이지에 공개할 수 있다.

제11조(온라인 차주의 정보 제공) 온라인 차주가 되고자 하는 자는 본인의 소득, 재산 및 부채상황, 담보, 대출목적 등 대통령령으로 정하는 바에 따른 온라인 대출계약 체결에 필요한 정확한 정보를 온라인 대출거래업자에게 제공하여야 한다.

제12조(온라인 대출거래업자의 대출 관련 준수사항) ① 온라인 대출거래업자, 대주주 그리고 대통령령으로 정하는 특수관계인은 온라인 대출거래에 있어 온라인 차주가 되어서는 아니 된다.

② 온라인 대출거래업자는 자신이 실행하는 온라인 대출거래에 자신의 계산으로 대출을 할 수 없다. 다만, 온라인 차주가 신청한 대출금액의 모집이 모집 기한까지 100분의 95 이상 완료된 경우 온라인 대출거래업자는 대통령령으로 정하는 바에 따라 업무의 특성,

온라인 대출거래업자의 건전성에 미치는 영향을 고려하여 대출 총액이 자기자본의 100분의 100을 초과하지 않는 범위 내에서 모집 미달 금액에 대해 자신의 계산으로 온라인 대출을 할 수 있다.

제13조(내부통제기준) ① 온라인 대출거래업자는 법령을 준수하고, 건전한 경영, 이해상충 방지 및 온라인 대주 및 온라인 차주 등 온라인 대출 플랫폼 이용자들을 보호하기 위한 온라인 대출거래업자의 임직원의 직무수행 시 준수할 기준 및 절차(이하 "내부통제기준"이라 한다)를 마련하여야 한다.

② 온라인 대출거래업자는 「금융회사의 지배구조에 관한 법률」 제26조제1항의 요건을 갖춘 준법감시인을 1명 이상 두어야 하며, 준법감시인은 내부통제기준 준수 여부를 점검하고 내부통제기준을 위반하는 경우 이를 감사에게 보고하여야 한다.

③ 온라인 대출거래업자의 내부통제기준과 준법감시인에 관하여 필요한 사항은 대통령령으로 정한다.

제14조(온라인 대출거래업자의 수수료 등) ① 온라인 대출거래업자는 온라인 대출실행과 관련해서 대통령령으로 정하는 바에 따라 다음의 수수료 등을 수취할 수 있다.

1. 온라인 차주로부터 받는 온라인 대출 플랫폼 이용 수수료
2. 온라인 대주로부터 받는 온라인 대출 플랫폼 이용 수수료
3. 온라인 대출채권의 관리에 필요한 비용
4. 온라인 대출채권의 추심에 필요한 비용

② 제1항의 수수료 및 비용 등에 대해서는 「대부업 등의 등록 및 금융이용자 보호에 관한 법률」 제11조의2제2항 및 제3항의 중개수수료에 관한 규정을 적용하지 않는다.

③ 온라인 대주는 「이자제한법」 제2조에서 정하는 비율을 초과하여 차주로부터 온라인 대출거래에 대한 이자를 받을 수 없다. 다만, 이자율 산정 시 온라인 대출거래업자가 제1항에 따라 수취하는 수수료는 이에 해당되지 않는다.

④ 온라인 대출거래업자는 온라인 대출거래와 관련한 수수료의 부과기준에 관한 사항을 정하고, 홈페이지 등에 이를 공시하여야 한다.

⑤ 온라인 대출거래업자는 제4항에 따른 수수료 부과기준을 정함에 있어 이용자들을 정당한 사유 없이 차별하여서는 아니 된다.

⑥ 온라인 대출거래업자는 제4항에 따른 수수료 부과기준 및 절차에 관한 사항을 제26조에 따른 온라인 대출거래업협회에 통보하여야 한다.

⑦ 제26조에 따른 온라인 대출거래업협회는 제6항에 따라 통보받은 사항을 온라인 대출거래업자별로 비교하여 공시하여야 한다.

제15조(광고의 제한) ① 온라인 대출거래업자가 「표시·광고의 공정화에 관한 법률」에 따른 표시 또는 광고(이하 "광고"라 한다)를 하는 경우에 다음 각 호의 어느 하나에 해당하는 행위를 하여서는 아니 된다.

1. 사실과 다르게 광고하거나 사실을 지나치게 부풀려 광고하는 행위
2. 사실을 은폐하거나 축소하는 방법으로 광고하는 행위
3. 비교대상 및 기준을 분명하게 밝히지 아니하거나 객관적인 근거 없이 유리하다고 광고하는 행위
4. 다른 업자 등에 관하여 객관적인 근거가 없는 내용으로 광고하여 비방하거나 불리한 사실만을 광고하여 다른 업자들을 비방하는 광고행위
5. "원금보장", "확정수익" 등 온라인 대주들이 대출원리금이 보장된다고 오인할 소지가 있는 내용으로 광고하는 행위
6. 그 밖에 건전한 거래질서를 위하여 필요한 경우로서 대통령령으로 정하는 광고행위

② 온라인 대출거래업자가 아닌 자는 온라인 대출거래에 대한 광고를 하여서는 아니 된다.

③ 온라인 대출거래업자는 온라인 대출거래광고의 요청을 하지 않은 고객에게 방문, 전화, 이메일 전송 등의 방법을 통하여 온라인 대출거래를 광고하여서는 아니 된다.

④ 온라인 대출거래업자는 온라인 대출거래광고를 받은 고객이 이를 거부하는 취지의 의사를 표시하였음에도 불구하고 해당 광고를 계속하는 행위를 하여서는 아니 된다. 다만, 이용자보호 및 건전한 거래질서를 해할 우려가 없는 행위로서 대통령령으로 정하는 행위는 제외한다.

제16조(신용정보 및 개인정보의 보호) 온라인 대출거래업자는 온라인 차주와 온라인 대주의 개인정보 및 신용정보를 수집, 처리함에 있어서 「개인정보 보호법」 및 「신용정보의 이용 및 보호에 관한 법률」 등 관련 법령을 준수해야 한다.

제4장 온라인 대출계약

제17조(온라인 차주에 대한 정보확인, 심사, 통지 의무) ① 온라인 대출거래업자는 온라인 차주가 되려는 자의 소득, 재산 및 부채상황, 담보 및 보증 등 상환능력 판단에 필요한 대통령령으로 정하는 바에 따른 관련 정보를 선량한 관리자의 의무로 확인 및 심사하여 온라인 차주의 대출 신청을 온라인 대출 플랫폼에 게시할지 여부를 판단하여야 한다.

② 온라인 대출거래업자는 제1항의 심사결과 온라인 차주가 되려는 자가 대출을 상환할 능력 혹은 의사가 없다고 판단되는 경우 온라인 대출 플랫폼에 온라인 차입 신청을 게시하여서는 아니 된다.

③ 온라인 대출거래업자는 제1항의 심사를 통해 온라인 차입 신청을 게시하려는 경우 온라인 차입을 신청한 자에게 심사결과에 따른 대출금액, 만기, 대출금리 및 지연이자 등 온라인 대출계약의 주요 조건을 통지하고 온라인 대출 플랫폼에 위 조건으로 온라인 차입신청을 게시할 것인지를 확인하여야 한다.

제18조(온라인 대주에 대한 확인 및 정보수령) ① 온라인 대출거래업자는 온라인 대주가 되려는 자가 온라인 대출 플랫폼 이용을 신청하는 경우 본인 확인을 시행하여야 한다.

② 온라인 대출거래업자는 온라인 대출 플랫폼 이용계약에 따라 온라인 대주가 되려는 자의 소득 혹은 재산상황, 투자경험과 관련된 정보를 제공받을 수 있다.

③ 온라인 대주가 되려는 자는 온라인 대출거래업자에게 제1항 및 제2항에 따라 진실한 정보를 제공하여야 한다.

제19조(온라인 대출계약 체결을 위한 정보 제공) ① 온라인 대출거래업자는 온라인 대주가 되려는 자가 온라인 대출계약 체결 여부를 판단하는 데 필요한 다음 각 호의 정보를 쉽게 이해할 수 있도록 자신이 운영하는 인터넷 홈페이지에 게시하여야 한다.

1. 온라인 대출계약의 주요 조건
2. 온라인 대출거래에 따른 위험
3. 예상 수익률
4. 수수료
5. 이자소득세율
6. 온라인 대주가 수취하는 순 수익률의 구체적 산정내역
7. 온라인 대출채권의 상환일자, 일정, 금액
8. 온라인 대출채권과 관련된 담보
9. 온라인 대출채권의 추심절차 및 추심위임에 대한 사항
10. 그 밖에 온라인 대주 보호를 위해 필요한 정보로서 대통령령으로 정하는 사항

② 온라인 대출거래업자는 제1항에 따라 온라인 대출거래에 필요한 정보를 제공함에 있어서 온라인 대주가 되려는 자의 대출 여부 결정에 중대한 영향을 미칠 수 있는 사항을 누락하거나 거짓 또는 왜곡(불확실한 사항에 대한 단정적 판단 제공, 확실한 것으로 오인할 소지가 있는 내용을 알리는 행위를 포함한다)된 정보를 제공하여서는 아니 된다.

제20조(온라인 대출계약의 체결) ① 온라인 대출거래업자는 제17조에 따라 온라인 차주가 되려는 자의 온라인 대출계약의 주요조건을 결정하여 온라인 차주의 대출 청약을 온라인 대출 플랫폼에 게시하여야 한다.

② 온라인 대출계약서에는 다음 각 호의 사항이 포함되어야 한다.

1. 온라인 대주, 온라인 대출거래업자, 온라인 차주의 명칭 또는 성명 및 주소 또는 소재지
2. 계약일자
3. 대출금액
4. 대출이자율 및 연체이자율
5. 변제기간 및 변제방법
6. 손해배상액 또는 강제집행에 대한 약정이 있는 경우 그 내용
7. 채무의 조기상환조건

8. 담보가 설정된 경우 그 내용
9. 보증계약을 체결한 경우 그 내용
10. 그 밖에 차입자를 보호하기 위한 사항으로 대통령령으로 정하는 사항

③ 온라인 대출거래업자는 온라인 대주와 온라인 차주 간 온라인 대출계약을 체결하는 경우 계약상대방임을 확인하고, 온라인 대주 및 온라인 차주가 온라인 대출계약의 내용을 이해하였고 이에 따른 온라인 대출계약 체결에 동의한다는 내용을 서명(「전자서명법」 제2조제2호에 따른 전자서명을 포함한다), 기명날인, 녹취, 전자우편, 그 밖의 대통령령으로 정하는 방법 중 하나 이상의 방법으로 확인을 받아야 한다.

④ 온라인 대출거래업자는 제1항의 내용이 포함된 상품설명서, 온라인 대출계약서 및 관련 서류를 다음 각 호의 어느 하나에 해당하는 방식으로 온라인 차주 및 온라인 대주에게 교부하여야 한다.

1. 우편 또는 모사전송에 의한 방법
2. 전자우편을 통한 방법
3. 전자문서(「전자문서 및 전자거래 기본법」 제2조제1호에 따른 전자문서를 말한다)

⑤ 제1항에도 불구하고 계약 내용 등을 고려하여 온라인 대주 및 온라인 차주의 이익을 해할 우려가 없는 경우로서 다음 각 호의 어느 하나에 해당하는 경우에는 그 계약서류를 교부하지 아니할 수 있다.

1. 온라인 대주가 예치금 계좌를 설정하는 등 대출을 위한 기본계약을 체결하고 그 계약 내용에 따라 계속적, 반복적으로 거래를 하는 경우
2. 온라인 대주가 계약서류를 수령 거부한다는 의사를 표시한 경우

⑥ 온라인 대출거래업자는 제3항에 따른 온라인 대출거래계약을 체결하는 경우에는 그 계약서와 대통령령으로 정하는 계약관계서류를 온라인 대출거래계약을 체결한 날부터 채무변제일 이후 2년이 되는 날까지 보관하여야 한다.

제21조(대출자금 등의 별도 예치) ① 온라인 대출거래업자는 온라인 대주의 대출금, 온라인 차주의 상환금을 온라인 대출거래업자의 고유재산과 구분하여 대통령령으로 정하는 은행 등 자금보관 및 관리업무를 적절히 수행할 수 있는 공신력 있는 기관(이하 "예치기관"이라 한다)에 예치 또는 신탁하여야 한다.

② 온라인 대출거래업자는 제1항에 따라 예치기관에 예치 또는 신탁된 온라인 대주의 대출금 및 온라인 차주의 상환금이 온라인 대주의 재산이라는 점을 밝혀야 한다.

③ 누구든지 온라인 대출거래업자의 채무와 관련하여 제1항에 따라 예치기관에 예치 또는 신탁된 온라인 대주의 대출금과 온라인 차주의 상환금을 상계 또는 압류(가압류를 포함한다)하지 못하며, 온라인 대출거래업자는 대통령령으로 정하는 경우 외에는 예치기관에 예치 또는 신탁된 온라인 대주의 대출금과 온라인 차주의 상환금을 양도하거나 담보로 제공하여서는 아니 된다.

④ 온라인 대출거래업자는 등록취소, 해산결의, 파산선고 등 대통령령으로 정하는 사유가 발생한 경우 제1항에 따라 예치 또는 신탁된 온라인 대주의 대출금과 온라인 차주의 상환금이 온라인 차주의 상환일정에 따라 온라인 대주에게 우선하여 지급될 수 있도록 조치하여야 한다.

⑤ 온라인 대출거래업자가 제12조에 따라 자신의 자본으로 대출을 하는 경우 해당 자금은 제1항에 따라 예치 또는 신탁하여야 하며 온라인 대출거래업자의 운영자금과 분리하여야 한다.

⑥ 온라인 대출거래업자는 제1항부터 제5항까지 온라인 대주의 대출금 및 온라인 차주의 상환금 예치 또는 신탁에 관하여 필요한 사항은 대통령령으로 정한다.

제22조(대출채권 관리) ① 온라인 대출거래업자는 온라인 대출 플랫폼 이용계약의 조건에 따라 대출채권 원리금 상환에 대해 선량한 관리자의 주의로서 이를 관리하여야 한다.

② 온라인 대출거래업자는 온라인 대출채권의 연체 발생 시 온라인 대주에게 연체사실과 그 사유를 알려야 한다.

제23조(담보 관리) ① 온라인 대출거래업자는 온라인 대출 플랫폼 이용계약의 조건에 따라 온라인 대출채권에 대한 담보 등을 선량한 관리자의 주의로서 관리하여야 한다.

② 온라인 대출거래업자는 온라인 대출채권에 대한 담보 등을 제3자에게 위임하여 관리할 수 있다.

제24조(채권 추심) 온라인 대출거래업자는 온라인 대출에 관한 권리를 직접 추심하거나, 「신용정보의 이용 및 보호에 관한 법률」 제4조제1항제3호에 따른 채권추심업을 허가받은 자에 위임하여 추심할 수 있다.

제25조(손해배상책임) ① 온라인 대출거래업자는 온라인 대출거래업을 영위하면서 법령, 약관, 대출계약서류(제20조제2항에 따른 온라인 대출계약서를 말한다)에 위반하는 행위를 하거나 그 업무를 소홀히 하여 온라인 대주와 온라인 차주에게 손해를 발생시킨 경우 그 손해를 배상할 책임이 있다. 다만, 배상책임을 지는 온라인 대출거래업자가 상당한 주의를 하였음을 증명한 경우에는 그러하지 아니하다.

② 온라인 대출거래업자가 제1항에 따른 손해배상책임을 지는 경우, 관련되는 임원에게도 귀책사유가 있는 경우에는 그 임원은 온라인 대출거래업자와 연대하여 그 손해배상책임을 진다.

③ 제1항에 따른 손해액 산정방법은 대통령령으로 정한다.

제5장 온라인 대출거래업협회

제26조(온라인 대출거래업협회 설립 등) ① 온라인 대출거래업의 업무질서를 유지하고, 온라인 대출거래업의 건전한 발전과 대출자 등 이용자 보호를 위해 온라인 대출거래업협

회(이하 “협회”라 한다)를 설립한다.

② 협회는 법인으로 한다.

③ 협회는 정관으로 정하는 바에 따라 주된 사무소를 두고 필요한 곳에 지회를 둘 수 있다.

④ 협회는 대통령령으로 정하는 바에 따라 주된 사무소의 소재지에서 설립등기를 함으로써 성립한다.

⑤ 이 법에 따른 협회가 아닌 자는 온라인 대출거래업협회 또는 이와 비슷한 명칭을 사용하지 못한다.

제27조(업무) ① 협회는 다음의 업무를 한다.

1. 이 법 또는 관계법령을 준수하도록 하기 위한 회원에 대한 지도와 권고
2. 온라인 대출거래업의 온라인 대주 등 이용자 보호를 위한 회원에 대한 업무방식 개선 권고
3. 온라인 대출거래업의 온라인 대주 등 이용자 민원의 상담, 처리
4. 그 밖에 협회의 목적을 달성하기 위해 대통령령으로 정하는 업무

② 협회는 업무에 관한 규정을 제정·변경하거나 폐지한 경우에는 지체 없이 금융위원회에 이를 보고하여야 한다.

제28조(가입 등) ① 온라인 대출거래업자는 협회에 가입할 수 있다. 다만, 금융위원회에 등록된 온라인정보연계대부업자와 그 밖에 대통령령으로 정하는 자는 협회에 가입하여야 한다.

② 협회는 온라인 대출거래업자가 협회에 가입하려는 경우 정당한 사유 없이 그 가입을 거부하거나 가입에 부당한 조건을 부과하여서는 아니 된다.

제29조(협회에 대한 검사) 협회에 대한 검사에 관하여 제32조를 준용한다.

제30조(협회에 대한 조치) ① 금융위원회는 협회가 별표 각 호의 어느 하나에 해당하는 경우에는 다음 각 호의 어느 하나에 해당하는 조치를 할 수 있다.

1. 6개월 이내의 업무의 전부 또는 일부의 정지
2. 계약의 인계명령
3. 위법행위의 시정명령 또는 중지명령
4. 위법행위로 인한 조치를 받았다는 사실의 공표명령 또는 게시명령
5. 기관경고
6. 기관주의
7. 그 밖에 위법행위를 시정하거나 방지하기 위하여 필요한 조치로서 대통령령으로 정하는 조치

② 금융위원회는 협회의 임원이 별표 각 호의 어느 하나에 해당하는 경우에는 다음 각 호의 어느 하나에 해당하는 조치를 할 수 있다.

1. 해임요구

2. 6개월 이내의 직무정지
3. 문책경고
4. 주의적 경고
5. 주의
6. 그 밖에 위법행위를 시정하거나 방지하기 위하여 필요한 조치로서 대통령령으로 정하는 조치

③ 금융위원회는 협회의 직원이 별표 각 호의 어느 하나에 해당하는 경우에는 다음 각 호의 어느 하나에 해당하는 조치를 협회에 요구할 수 있다.

1. 면직
2. 6개월 이내의 정직
3. 감봉
4. 견책
5. 경고
6. 주의
7. 그 밖에 위법행위를 시정하거나 방지하기 위하여 필요한 조치로서 대통령령으로 정하는 조치

④ 협회 및 그 임직원에 대한 조치 등에 관하여 제34조(제34조제2항제1호를 제외한다), 제36조 및 제37조를 준용한다.

제31조(준용규정) ① 협회에 대하여 이 법에 특별한 규정이 없으면 「민법」 중 사단법인에 관한 규정을 준용한다.

② 협회에 관하여는 제6조 및 제9조제2항을 준용한다.

제6장 감독 및 처분

제32조(감독) ① 금융위원회는 온라인 대출거래업자가 이 법 또는 이 법에 따른 명령이나 처분을 적절히 준수하는지 여부를 감독하여야 한다.

② 금융위원회는 제1항에 따른 감독을 위하여 필요한 경우에는 온라인 대출거래업자에 대하여 그 업무 및 재무상태 등에 관한 보고를 하게 할 수 있다.

③ 금융위원회는 대통령령으로 정하는 바에 따라 이 법에 따른 업무의 일부를 금융감독원에 위탁할 수 있다.

제33조(금융위원회의 조치명령권) 금융위원회는 온라인 대출에 있어 온라인 대주 및 온라인 차주를 보호하고 건전한 거래질서를 유지하기 위하여 온라인 대출거래업자에게 다음 각 호의 조치를 명할 수 있다.

1. 온라인 대출거래업자의 고유재산 운용에 관한 사항

2. 대주의 재산 및 보관·관리에 관한 사항
3. 온라인 대출거래업자의 경영 및 업무개선에 관한 사항
4. 각종 공시에 관한 사항
5. 영업의 질서유지에 관한 사항
6. 영업방법에 관한 사항
7. 그 밖에 투자자 보호 또는 건전한 거래질서를 위하여 필요한 사항으로서 대통령령으로 정하는 사항

제34조(영업정지 및 등록취소 등) ① 금융위원회는 온라인 대출거래업자가 다음 각 호의 어느 하나에 해당하면 그 온라인 대출거래업자에게 대통령령으로 정하는 기준에 따라 1년 이내의 기간을 정하여 그 영업의 전부 또는 일부의 정지를 명할 수 있다.

1. 제12조제1항을 위반하여 온라인 대출거래업자나 대주주, 특수관계인이 온라인 차주가 된 경우
2. 제12조제2항을 위반하여 온라인 대출거래업자가 자기자본 대출을 실행한 경우
3. 제15조를 위반하여 투자광고를 한 경우
4. 제17조를 위반하여 온라인 차주가 되려는 자의 소득·재산 및 부채상황, 담보 및 보증 등 상환능력에 관한 정보 등의 사실 여부를 사전에 확인하지 아니하거나 심사를 하지 아니한 경우
5. 제19조를 위반하여 온라인 대주가 되려는 자에게 정보제공 혹은 설명을 하지 아니한 경우
6. 제20조제4항를 위반하여 온라인 대출계약서류 등을 교부하지 아니하거나 같은 조 제6항을 위반하여 온라인 대출계약서류 등을 보관, 유지하지 아니한 경우
7. 제21조를 위반하여 온라인 대주 및 온라인 차주의 자금을 예치기관에 예치 또는 신탁하지 아니한 경우

② 금융위원회는 온라인 대출거래업자가 다음 각 호의 어느 하나에 해당하면 그 온라인 대출거래업자의 등록을 취소할 수 있다. 다만, 제1호에 해당하면 등록을 취소하여야 한다.

1. 거짓 또는 그 밖의 부정한 방법으로 제4조에 따른 등록을 한 경우
2. 제5조제1항의 요건을 충족하지 아니한 경우
3. 등록한 온라인 대출거래업자의 임원 또는 대표자가 제6조제1항 각 호의 어느 하나에 해당하는 경우
4. 6개월 이상 계속하여 영업실적이 없는 경우
5. 제1항에 따른 영업정지 명령을 위반한 경우
6. 제1항에 따라 영업정지 명령을 받고도 그 영업정지 기간 이내에 영업정지 처분 사유를 시정하지 아니하여 동일한 사유로 제1항에 따른 영업정지 처분을 대통령령으로 정하는 횟수 이상 받은 경우

③ 금융위원회는 제2항에 따른 등록취소를 하기 전에 해당 온라인 대출거래업자에게 청문을 하여야 한다.

第35조(온라인 대출거래업자에 대한 과징금) ① 금융위원회는 온라인 대출거래업자에 대하여 제34조제1항에 따른 영업정지 처분이 이용자에게 심한 불편을 주거나 그 밖에 공익을 해할 우려가 있는 경우에는 영업정지 처분에 갈음하여 5천만원 이하의 과징금을 부과할 수 있다.

② 금융위원회는 제1항에 따라 과징금을 부과하는 경우에는 다음 각 호의 사항을 고려하여야 한다.

1. 위반행위의 내용 및 정도
2. 위반행위의 기간 및 횟수
3. 위반행위로 인하여 취득한 이익의 규모

③ 과징금의 부과에 관하여 그 밖에 필요한 사항은 대통령령으로 정한다.

第36조(처분 등의 기록의 관리 등) 금융위원회는 제34조 및 제35조에 따라 처분 또는 조치한 경우에는 그 내용을 기록하고 이를 유지·관리하여야 한다.

第37조(이의신청) ① 제35조에 따른 과징금 부과처분에 불복하는 자는 그 처분을 고지받은 날부터 30일 이내에 그 사유를 갖추어 금융위원회에 이의를 신청할 수 있다.

② 금융위원회는 제1항에 따른 이의신청에 대하여 30일 이내에 결정을 하여야 한다. 다만, 부득이한 사정으로 그 기간에 결정을 할 수 없는 경우에는 30일의 범위에서 그 기간을 연장할 수 있다.

③ 제2항에 따른 결정에 불복하는 자는 행정심판을 청구할 수 있다.

第38조(과징금의 납부기한 연장 및 분할납부) ① 금융위원회는 과징금을 부과받은 자(이하 "과징금납부의무자"라 한다)가 다음 각 호의 어느 하나에 해당하는 사유로 과징금 전액을 한꺼번에 내기 어렵다고 인정될 때에는 그 납부기한을 연장하거나 분할납부하게 할 수 있다. 이 경우 필요하다고 인정하면 담보를 제공하게 할 수 있다.

1. 재해 등으로 재산에 현저한 손실을 입은 경우
2. 사업 여건의 악화로 사업이 중대한 위기에 처한 경우
3. 과징금을 한꺼번에 내면 자금 사정에 현저한 어려움이 예상되는 경우

② 과징금납부의무자가 제1항에 따라 과징금 납부기한을 연장하거나 분할납부를 하려는 경우에는 그 납부기한의 10일 전까지 금융위원회에 신청하여야 한다.

③ 금융위원회는 제1항에 따라 납부기한이 연장되거나 분할납부가 허용된 과징금납부의무자가 다음 각 호의 어느 하나에 해당하게 되면 납부기한 연장 또는 분할납부 결정을 취소하고 과징금을 한꺼번에 징수할 수 있다.

1. 분할납부하기로 결정된 과징금을 납부기한까지 내지 아니하였을 때
2. 담보 변경명령이나 그 밖에 담보보전(擔保保全)에 필요한 금융위원회의 명령을 이행

하지 아니하였을 때

3. 강제집행, 경매의 개시, 파산선고, 법인의 해산, 국세 또는 지방세의 체납처분을 받은 경우 등 과징금의 전부 또는 잔여분을 징수할 수 없다고 인정될 때

4. 그 밖에 제1호부터 제3호까지의 규정에 준하는 경우로서 대통령령으로 정하는 사유가 있을 때

④ 제1항부터 제3항까지의 규정에 따른 과징금 납부기한의 연장, 분할납부 또는 담보 등에 관하여 필요한 사항은 대통령령으로 정한다.

제39조(과징금 징수 및 체납처분) ① 금융위원회는 과징금납부의무자가 납부기한까지 과징금을 내지 아니하면 납부기한의 다음 날부터 과징금을 낸 날의 전날까지의 기간에 대하여 대통령령으로 정하는 가산금을 징수할 수 있다.

② 금융위원회는 과징금납부의무자가 납부기한까지 과징금을 내지 아니하면 기간을 정하여 독촉을 하고, 그 지정한 기간 이내에 과징금과 제1항에 따른 가산금을 내지 아니하면 국세 체납처분의 예에 따라 징수할 수 있다.

③ 금융위원회는 제1항 및 제2항에 따른 과징금 및 가산금의 징수 또는 체납처분에 관한 업무를 국세청장에게 위탁할 수 있다.

④ 과징금의 징수에 관하여 그 밖에 필요한 사항은 대통령령으로 정한다.

제40조(과오납금의 환급) ① 금융위원회는 과징금납부의무자가 이의신청의 재결 또는 법원의 판결 등의 사유로 과징금 과오납금의 환급을 청구하는 경우에는 지체 없이 환급하여야 하며, 과징금납무의무자의 청구가 없어도 금융위원회가 확인한 과오납금은 환급하여야 한다.

② 금융위원회가 제1항에 따라 과징금을 환급하는 경우에는 과징금을 납부한 날부터 환급한 날까지의 기간에 대하여 대통령령으로 정하는 가산금 이율을 적용하여 환급가산금을 환급받을 자에게 지급하여야 한다.

제7장 벌칙

제41조(벌칙) 다음 각 호의 어느 하나에 해당하는 자는 3년 이하의 징역 또는 1억원 이하의 벌금에 처한다.

1. 제4조에 따른 등록을 하지 아니하고 온라인 대출거래업을 경영하는 자
2. 제15조를 위반하여 부당한 광고행위를 한 자
3. 제21조를 위반하여 대출금 또는 상환금을 예치 또는 신탁하지 아니한 자
4. 제21조제1항을 위반하여 온라인 대주로부터 금전 또는 증권, 그 밖의 재산의 보관 예탁을 받은 자

제42조(양벌규정) 법인의 대표자나 법인 또는 개인의 대리인, 사용인, 그 밖의 종업원이 그

법인 또는 개인의 업무에 관하여 제41조의 위반행위를 하면 그 행위자를 벌하는 외에 그 법인 또는 개인에게도 해당 조문의 벌금형을 과(科)한다. 다만, 법인 또는 개인이 그 위반행위를 방지하기 위하여 해당 업무에 관하여 상당한 주의와 감독을 게을리하지 아니한 경우에는 그러하지 아니하다.

제43조(과태료) ① 제12조제1항 또는 제2항을 위반한 자에게는 5천만원 이하의 과태료를 부과한다.

② 제9조, 제10조, 제15조, 제17조, 제19조 또는 제20조를 위반한 자에게는 3천만원 이하의 과태료를 부과한다.

③ 제1항 및 제2항의 과태료는 금융위원회가 부과·징수한다.

부 칙

제1조(시행일) 이 법은 공포 후 6개월이 경과한 날부터 시행한다.

제2조(적용례) 이 법은 이 법 시행 후 체결하는 온라인 대출계약부터 적용한다.

제3조(온라인 대출거래업 등록에 관한 경과조치) ① 이 법 시행 당시 온라인 대출거래업을 영위하는 자는 이 법 시행 후 6개월 이내에 금융위원회에 등록하여야 한다.

② 이 법 시행 당시 온라인 대출거래업을 영위하는 자에 대하여는 제1항의 규정에 의한 등록기간이 경과하는 날까지 이 법을 적용하지 아니한다.

[별표]

협회 및 그 임직원에 대한 처분 사유 (제30조제1항부터 제3항까지의 규정 관련)

1. 제14조제7항에 따른 공시를 하지 아니하거나 거짓으로 공시한 경우
2. 제27조제1항 각 호 외의 업무를 영위한 경우
3. 제27조제2항에 따른 보고를 하지 아니한 경우
4. 제28조제2항을 위반하여 가입을 거부하거나 가입에 부당한 조건을 부과한 경우
5. 제29조에서 준용하는 제32조제1항·제2항에 따른 검사를 거부·방해 또는 기피한 경우
6. 제30조제1항제2호부터 제4호까지 및 제7호, 같은 조 제2항제1호 또는 같은 조 제3항에 따른 조치를 위반한 경우
7. 제30조제4항에서 준용하는 제36조를 위반하여 그 내용을 기록·유지 또는 관리하지 아니한 경우
8. 임원의 자격에 관하여 제31조에서 준용하는 제6조를 위반한 경우
9. 제31조에서 준용하는 제9조2항을 위반하여 자기 또는 제3자의 이익을 위하여 정보를 이용한 경우
10. 그 밖에 투자자 보호 또는 건전한 거래질서를 해할 우려가 있는 경우로서 대통령령으로 정하는 경우

온라인투자연계금융업 및 이용자 보호에 관한 법률안 (이진복의원案, '18.4.13.)

제1장 총칙

제1조(목적) 이 법은 온라인투자연계금융업의 등록 및 감독에 필요한 사항과 투자자와 차입자 등 온라인투자연계금융업을 이용하는 이용자의 보호에 관한 사항을 정함으로써 온라인투자연계금융업을 건전하게 육성하고 국민경제의 안정에 기여함을 목적으로 한다.

제2조(정의) 이 법에서 사용하는 용어의 정의는 다음과 같다.

1. "온라인투자연계금융업"이란 투자자가 대출목적투자로 투자한 자금을 기초로 차입자와 투자연계대출을 하는 행위를 업으로 하는 것을 말한다.
2. "온라인투자연계금융업자"란 제4조에 따라 금융위원회에 등록한 자를 말한다.
3. "대출목적투자"란 투자자가 온라인투자연계금융업자가 홈페이지등에 게재한 차입자의 대출정보에 기초하여 온라인투자연계금융업자와 차입자 간의 대출에 대출참가방식으로 참여하는 것을 말한다.
4. "투자연계대출"이란 온라인투자연계금융업자가 홈페이지등을 통하여 차입자에 대한 대출을 목적으로 투자에 참여한 투자자의 자금을 기초로 차입자에게 대출하는 것을 말한다.
5. "대출참가방식"이란 투자자가 온라인투자연계금융업자와 차입자 간의 대출금의 일부 또는 전부에 상당하는 금액(이하 "투자금"이라 한다)을 온라인투자연계금융업자에게 지급하고, 온라인투자연계금융업자가 차입자로부터 회수하는 원금과 이자를 전체 대출금 대비 투자금에 비례하여 지급받는 것을 말한다.
6. "투자자"란 온라인투자연계금융업자에게 대출목적투자를 하려는 자 또는 투자한 자를 말한다.
7. "차입자"란 온라인투자연계금융업자로부터 투자연계대출을 받으려는 자 또는 받은 자를 말한다.
8. "대주주"란 다음 각 목의 어느 하나에 해당하는 주주를 말한다.
   가. 최대주주: 온라인투자연계금융업자의 의결권 있는 발행주식 총수 또는 출자지분을

기준으로 본인 및 그와 대통령령으로 정하는 특수한 관계에 있는 자(이하 "특수관계인"이라 한다)가 누구의 명의로 하든지 자기의 계산으로 소유하는 주식 또는 출자지분을 합하여 그 수가 가장 많은 경우의 그 본인

나. 주요주주: 다음의 어느 하나에 해당하는 자

1) 누구의 명의로 하든지 자기의 계산으로 온라인투자연계금융업자의 의결권 있는 발행주식 총수 또는 출자지분의 100분의 10 이상의 주식 또는 출자지분을 소유하는 자

2) 임원의 임면 등의 방법으로 온라인투자연계금융업자의 주요 경영사항에 대하여 사실상의 영향력을 행사하는 주주 또는 출자자로서 대통령령으로 정하는 자

9. "자기자본"이란 납입자본금·자본잉여금 및 이익잉여금 등의 합계액으로서 대통령령으로 정하는 금액을 말한다.

10. "홈페이지등"이란 온라인투자연계금융업자가 온라인투자연계금융업에 이용하는 인터넷 홈페이지, 모바일 응용프로그램 및 이에 준하는 정보통신망을 말한다.

제3조(대부업과의 관계) 이 법에 따라 등록한 온라인투자연계금융업자 및 온라인투자연계금융업자에게 대출목적투자를 하는 투자자에 대해서는 「대부업 등의 등록 및 금융이용자 보호에 관한 법률」과 「자본시장과 금융투자업에 관한 법률」을 적용하지 아니한다.

제2장 온라인투자연계금융업의 등록 등

제4조(등록) ① 온라인투자연계금융업을 하려는 자는 금융위원회에 등록하여야 한다.

② 제1항에 따라 등록을 하려는 자는 다음 각 호의 사항을 적은 신청서와 대통령령으로 정하는 서류를 첨부하여 금융위원회에 제출하여야 한다.

1. 상호 및 주된 사무소의 소재지
2. 주주 또는 출자자(대통령령으로 정하는 기준 이하의 주식 또는 출자지분을 소유하는 자는 제외한다)의 성명 또는 명칭, 주소와 그 지분율
3. 임원의 성명과 주소
4. 사업계획에 관한 사항
5. 자기자본

③ 금융위원회는 제2항에 따라 등록신청을 받은 경우 신청인이 제5조의 요건에 맞는 경우에는 지체 없이 등록을 하고 그 사실을 신청인에게 통보하여야 한다.

④ 금융위원회는 제2항에 따라 제출 받은 서류에 잘못되거나 부족한 부분이 있는 경우에는 서류를 제출 받은 날부터 10일 이내에 보완을 요구할 수 있다.

⑤ 제1항부터 제4항까지의 규정에 따른 등록 등의 구체적인 절차는 대통령령으로 정한다.

제5조(등록의 요건) ① 제4조제1항에 따라 등록하려는 자는 다음 각 호의 요건을 갖추어야

한다.

1. 신청인이 「상법」에 따른 주식회사일 것
2. 5억원 이상으로서 대통령령으로 정하는 금액 이상의 자기자본을 갖출 것
3. 투자자 및 차입자의 보호가 가능하고 온라인투자연계금융업을 수행하기에 충분한 인력과 전산설비, 그 밖의 물적 설비를 갖출 것
4. 운영하고자 하는 온라인투자연계금융업의 사업계획이 타당하고 건전할 것
5. 임원이 제6조제1항에 적합할 것
6. 특정 투자자와 다른 투자자 간, 온라인투자연계금융업자와 투자자 간의 이해상충을 방지하기 위한 체계(제17조의 이해상충방지 체계를 말한다)를 포함하여 적절한 내부통제장치가 마련되어 있을 것
7. 대주주(최대주주가 법인인 경우에는 그 법인의 주요경영상황에 대하여 사실상 영향력을 행사하고 있는 주주로서 대통령령으로 정하는 자를 포함한다)가 대통령령으로 정하는 충분한 출자능력, 건전한 재무상태 및 사회적 신용을 갖출 것
8. 그 밖에 재무건전성 등 대통령령으로 정하는 건전한 재무상태와 법령 위반사실이 없는 등 대통령령으로 정하는 건전한 사회적 신용을 갖출 것

② 제1항의 등록요건에 관한 구체적인 사항은 대통령령으로 정한다.

제6조(임원의 결격사유) ① 다음 각 호의 어느 하나에 해당하는 사람은 온라인투자연계금융업자의 대표자 또는 임원이 되지 못한다.

1. 미성년자 · 피성년후견인 또는 피한정후견인
2. 파산선고를 받고 복권(復權)되지 아니한 사람
3. 금고 이상의 실형을 선고 받고 그 집행이 끝나거나(집행이 끝난 것으로 보는 경우를 포함한다) 집행이 면제된 날부터 5년이 지나지 아니한 사람
4. 금고 이상의 형의 집행유예를 선고받고 그 유예기간 중에 있는 사람
5. 이 법 또는 금융관계법령에 따라 벌금 이상의 형을 선고받고 그 집행이 끝나거나(집행이 끝난 것으로 보는 경우를 포함한다) 집행이 면제된 날부터 5년이 지나지 아니한 사람

② 온라인투자연계금융업자의 대표자 또는 임원으로 선임된 사람이 제1항제1호부터 제5호까지의 어느 하나에 해당하게 된 경우에는 그 직(職)을 잃는다.

제7조(변경등록 등) ① 온라인투자연계금융업자는 제4조제2항 각 호의 기재사항이 변경된 경우에는 그 사유가 발생한 날부터 15일 이내에 대통령령으로 정하는 바에 따라 변경된 사항을 금융위원회에 변경등록하여야 한다. 다만, 대통령령으로 정하는 경미한 사항이 변경된 경우는 제외한다.

② 제1항에 따른 변경등록과 관련한 세부적인 사항은 대통령령으로 정한다.

제8조(상호 등) 이 법에 따른 온라인투자연계금융업자가 아닌 자는 그 상호 중에 "온라인투자연계금융업", "온라인투자연계대출업", "온라인대출목적투자업", "P2P금융", "P2P투

자", "P2P대출", "P2P대출중개" 또는 이와 유사한 상호를 사용하지 못한다.

제3장 온라인투자연계금융업의 준수사항

제9조(선관주의의무) ① 온라인투자연계금융업자는 선량한 관리자의 주의로써 투자금을 관리하여 온라인투자연계금융업을 영위하여야 하며, 투자자와 차입자의 이익을 보호하여야 한다.

② 온라인투자연계금융업자는 온라인투자연계금융업을 영위할 때 정당한 사유 없이 투자자 또는 차입자의 이익을 해하면서 자기가 이익을 얻거나 제삼자가 이익을 얻도록 하여서는 아니 된다.

제10조(온라인투자연계금융업자의 정보의 공개) ① 온라인투자연계금융업자는 자기자본 규모, 온라인투자연계금융업의 거래 구조, 누적 투자연계대출액, 현재 투자연계대출잔액, 연체율, 부실률 등의 사업정보 및 투자연계대출이자에 관한 사항, 수수료 등 부대비용에 관한 사항, 상환방식에 관한 사항 등 온라인투자연계금융업자에 관하여 대통령령으로 정하는 정보를 홈페이지등을 통하여 공개하여야 한다.

② 제27조의 온라인투자연계금융업협회는 투자자 및 차입자에게 정보를 제공하기 위하여 온라인투자연계금융업협회에 가입한 온라인투자연계금융업자의 제1항에 따른 정보를 그 홈페이지등에 공개할 수 있다.

제11조(온라인투자연계금융업자의 서비스 이용료 수취) ① 온라인투자연계금융업자는 대출목적투자 및 투자연계대출의 실행과 관련하여 서비스 이용료를 수취할 수 있다.

② 온라인투자연계금융업자는 「대부업 등의 등록 및 금융이용자 보호에 관한 법률」 제15조제1항에서 정하는 비율을 초과하여 차입자로부터 투자연계대출에 대한 이자를 받을 수 없다. 다만 이자율 산정 시 제1항에 따라 수취하는 서비스 이용료는 제외한다.

③ 온라인투자연계금융업자는 투자자와 차입자로부터 받는 서비스 이용료의 부과기준에 관한 사항을 정하고, 홈페이지등에 이를 공시하여야 한다.

④ 온라인투자연계금융업자는 제3항에 따른 이용료의 부과기준을 정할 때 투자자들을 정당한 사유 없이 차별하여서는 아니 된다.

제12조(온라인투자연계금융업 관련 준수사항) ① 온라인투자연계금융업자는 차입자가 요청한 대출금액 상당의 투자금의 모집이 완료되지 않은 경우 투자연계대출을 실행하여서는 아니 된다. 다만, 제15조에 따라 자신의 계산으로 대출목적투자를 실행하는 경우에는 그러하지 아니하다.

② 제1항에도 불구하고 차입자가 대출금액의 변경을 요청한 경우에는 대출목적투자를 신청한 투자자들에게 투자의사를 재확인한 후 투자연계대출을 실행할 수 있다.

③ 온라인투자연계금융업자, 대주주, 그리고 대통령령으로 정하는 특수관계인은 투자연

계대출에서 차입자가 되어서는 아니 된다.

④ 온라인투자연계금융업자는 차입자에 대한 정보의 제공, 투자자 모집 및 원리금의 상환 등 업무수행을 할 때 특정한 차입자 또는 투자자를 부당하게 우대하거나 차별하여서는 아니 된다.

⑤ 그 밖에 차입자 및 투자자의 신용정보보호 및 건전한 거래질서를 위하여 대통령령으로 정하는 사항을 준수하여야 한다.

제13조(내부통제기준) ① 온라인투자연계금융업자는 법령을 준수하고, 경영을 건전하게 하며, 투자자와 차입자를 보호하기 위하여 온라인투자연계금융업자의 임직원이 직무를 수행할 때 준수하여야 할 기준 및 절차(이하 “내부통제기준”이라 한다)를 마련하여야 한다.

② 온라인투자연계금융업자는 「금융회사의 지배구조에 관한 법률」 제26조제1항의 요건을 갖춘 준법감시인을 1명 이상 두어야 하며, 준법감시인은 내부통제기준의 준수여부를 점검하고 내부통제기준을 위반하는 경우 이를 감사에게 보고하여야 한다.

③ 온라인투자연계금융업자의 내부통제기준과 준법감시인에 관하여 필요한 사항은 대통령령으로 정한다.

제14조(이해상충의 관리) ① 온라인투자연계금융업자는 온라인투자연계금융업자와 투자자 간, 특정 투자자와 다른 투자자 간의 이해상충을 방지하기 위하여 이해상충이 발생할 가능성을 파악·평가하고, 내부통제기준이 정하는 방법 및 절차에 따라 이를 적절히 관리하여야 한다.

② 온라인투자연계금융업자는 제1항에 따라 이해상충이 발생할 가능성을 파악·평가한 결과 이해상충이 발생할 가능성이 있다고 인정되는 경우에는 그 사실을 미리 해당 투자자에게 알려야 하며, 그 이해상충이 발생할 가능성을 내부통제기준이 정하는 방법 및 절차에 따라 투자자 보호에 문제가 없는 수준으로 낮춘 후 투자연계대출을 실행하여야 한다.

③ 온라인투자연계금융업자는 제2항에 따라 그 이해상충이 발생할 가능성을 낮추는 것이 곤란하다고 판단되는 경우에는 해당 투자자들의 대출목적투자를 받거나 투자연계대출을 실행하여서는 아니 된다.

제15조(온라인투자연계금융업자의 대출목적투자) ① 금융위원회에 등록한 온라인투자연계금융업자는 대통령령으로 정하는 방식으로 자신이 실행할 투자연계대출에 자신의 계산으로 대출목적투자를 할 수 있다.

② 온라인투자연계금융업자가 자신의 계산으로 대출목적투자를 하는 경우 총 투자금액이 자기자본의 100분의 100을 초과하여서는 아니 된다. 다만, 온라인투자연계금융업자의 업무의 특성, 온라인투자연계금융업자의 건전성에 미치는 영향 등을 고려하여 대통령령으로 정하는 경우에는 그러하지 아니하다.

③ 온라인투자연계금융업자는 매월 1회 자기자본 대비 제1항에 따른 대출목적투자 금액을 대통령령으로 정하는 방법에 따라 홈페이지등에 공시하여야 한다.

④ 그 밖에 온라인투자연계금융업자가 대출목적투자를 하는 경우에 필요한 사항은 대통령령으로 정한다.

제16조(대출목적투자 시 이해상충의 관리) ① 온라인투자연계금융업자가 제15조에 따라 투자연계대출을 하는 경우 온라인투자연계금융업자는 자신의 채권을 다른 투자자보다 우선해서 회수할 수 없다.

② 온라인투자연계금융업자가 제15조에 따라 투자연계대출을 하는 경우 대통령령으로 정하는 이해관계가 있는 자에 대하여 투자연계대출을 할 수 없다.

③ 그 밖에 온라인투자연계금융업자의 대출목적투자 시 이해상충방지를 위하여 필요한 사항은 대통령령으로 정한다.

제17조(투자광고의 제한) ① 온라인투자연계금융업자가 「표시·광고의 공정화에 관한 법률」에 따른 표시 또는 광고(이하 "광고"라 한다)를 하는 경우에 다음 각 호의 행위를 하여서는 아니 된다.

1. 사실과 다르게 광고하거나 사실을 지나치게 부풀려 광고하는 행위
2. 사실을 은폐하거나 축소하는 등의 방법으로 광고하는 행위
3. 비교 대상 및 기준을 분명하게 밝히지 아니하거나 객관적인 근거 없이 유리하다고 광고하는 행위
4. 다른 온라인투자연계금융업자에 관하여 객관적인 근거가 없는 내용으로 광고하여 비방하거나 불리한 사실만을 광고하여 다른 온라인투자연계금융업자를 비방하는 광고 행위
5. 그 밖에 건전한 거래질서를 위하여 필요한 경우로서 대통령령으로 정하는 광고 행위

② 온라인투자연계금융업자가 아닌 자는 투자연계대출에 대한 투자광고를 하여서는 아니 된다.

③ 온라인투자연계금융업자는 투자광고의 요청을 하지 않은 투자자에게 방문, 전화, 이메일 전송 등의 방법을 통하여 투자를 광고하여서는 아니 된다.

④ 온라인투자연계금융업자는 투자광고를 받은 투자자가 이를 거부하는 취지의 의사를 표시하였음에도 불구하고 투자광고를 계속하는 행위를 하여서는 아니 된다. 다만, 투자자 보호 및 건전한 거래질서를 해할 우려가 없는 행위로서 대통령령으로 정하는 행위는 제외한다.

제4장 대출목적투자 및 투자연계대출

제18조(차입자에 대한 사실확인) 온라인투자연계금융업자는 차입자의 대출정보를 홈페이지등에 게재하기 전에 투자연계대출을 받으려는 차입자의 소득·재산 및 부채상황, 신용에 관한 사항, 변제계획에 관한 사항을 확인하여야 한다.

제19조(투자자에 대한 정보제공) ① 온라인투자연계금융업자는 투자자에게 투자연계대출과 관련된 정보를 제공하는 경우 투자연계대출의 내용, 투자에 따르는 위험, 그 밖에 대통령령으로 정하는 사항을 투자자가 이해할 수 있도록 온라인투자연계금융업자가 개설한 홈페이지등에 게재하여야 한다.

② 온라인투자연계금융업자는 투자연계대출에 대한 투자의 의사표시를 한 투자자에게 다음 각 호에 해당하는 정보를 투자자가 쉽게 이해할 수 있도록 홈페이지등을 통해 제공하여야 한다.

1. 투자에 따른 위험
2. 투자금액에 따른 예상 수익률
3. 투자금액에 따른 수수료
4. 이자소득세율
5. 투자자가 수취하는 순수익률의 구체적 산정내역
6. 상환 일자 · 일정 · 금액
7. 추심절차
8. 그 밖에 투자자 보호를 위하여 필요한 정보로서 대통령령으로 정하는 사항

③ 온라인투자연계금융업자는 투자자가 투자연계대출에 대한 투자의 의사를 표시한 경우 제1항에 따라 게재한 내용과 제2항에 따라 제공한 내용을 투자자가 이해하였음을 서명(「전자서명법」 제2조에 따른 전자서명을 포함한다), 기명날인, 녹취, 전자우편 그 밖의 대통령령으로 정하는 방법으로 확인받아야 한다.

④ 온라인투자연계금융업자는 제1항에 따른 정보제공을 하는 경우 투자자의 합리적인 투자판단에 중대한 영향을 미칠 수 있는 사항(이하 "중요사항"이라 한다)을 거짓 또는 왜곡(불확실한 사항에 대하여 단정적 판단을 제공하거나 확실하다고 오인하게 할 소지가 있는 내용을 알리는 행위를 말한다)하여 제공하거나 중요사항을 누락하여서는 아니 된다.

⑤ 온라인투자연계금융업자는 제2항에 따라 투자연계대출에 대한 투자에 관한 정보를 제공하는 경우 투자자의 합리적인 투자판단 또는 해당 상품의 가치에 중대한 영향을 미칠 수 있는 사항을 누락하거나 거짓 또는 왜곡된 정보를 제공하여서는 아니 된다.

⑥ 온라인투자연계금융업자는 투자연계대출의 연체가 발생하는 경우 30일 이내에 연체사실과 그 사유를 투자자에게 대통령령이 정하는 방법으로 알려야 한다.

제20조(투자 계약서류 등의 교부) ① 온라인투자연계금융업자는 투자자와 대출목적투자 계약을 체결하는 경우에는 계약의 상대방임을 확인하고 제19조제2항의 내용이 포함된 투자설명서, 투자약관 등 계약내용을 다음 각 호의 어느 하나에 해당하는 방법으로 교부하여야 한다.

1. 우편 또는 모사전송에 의한 방법

2. 전자우편을 통한 방법

② 제1항에도 불구하고 계약내용 등을 고려하여 투자자보호를 해할 우려가 없는 경우로서 다음 각 호의 어느 하나에 해당하는 경우에는 그 계약서류를 교부하지 아니할 수 있다.

1. 투자자가 예치금계좌를 설정하는 등 투자를 위한 기본 계약을 체결하고 그 계약내용에 따라 계속적·반복적으로 거래를 하는 경우
2. 투자자가 계약서류를 받기를 거부한다는 의사를 표시한 경우
3. 투자자가 대통령령으로 정하는 금액 이하의 대출목적투자를 한 경우 계약서류를 교부하지 않을 수 있다.

③ 온라인투자연계금융업자는 투자자와의 계약과 관련된 자료를 계약 체결일로부터 채무 변제일 이후 2년이 되는 날까지 보관, 유지하여야 한다.

제21조(투자연계대출계약의 체결 등) ① 온라인투자연계금융업자는 차입자와 투자연계대출계약을 체결하는 경우에는 다음 각 호의 사항이 적힌 계약서를 차입자에게 교부하여야 한다. 다만, 차입자의 동의를 얻은 경우에는 모사전송, 전자우편, 전자문서(「전자문서 및 전자거래 기본법」 제2조제1호에 따른 전자문서를 말한다)로 교부할 수 있다.

1. 온라인투자연계금융업자 및 차입자의 명칭 또는 성명 및 주소 또는 소재지
2. 계약일자
3. 투자연계대출금액
4. 투자연계대출이자율 및 연체이자율
5. 변제기간 및 변제방법
6. 손해배상액 또는 강제집행에 관한 약정이 있는 경우에는 그 내용
7. 채무의 조기상환 조건
8. 보증계약을 체결한 경우에는 그 내용
9. 그 밖에 차입자를 보호하기 위하여 필요한 사항으로서 대통령령으로 정하는 사항

② 온라인투자연계금융업자는 제1항에 따라 투자연계대출계약을 체결하는 경우에는 제1항 각 호의 사항을 모두 설명하여야 한다.

③ 온라인투자연계금융업자가 투자연계대출계약과 관련하여 보증계약을 체결하는 경우에는 다음 각 호의 사항이 적힌 보증계약서 또는 제1항에 따른 투자연계대출계약서 사본을 보증인에게 교부하여야 한다.

1. 온라인투자연계금융업이자·주채무자 및 보증인의 명칭 또는 성명 및 주소 또는 소재지
2. 계약일자
3. 보증기간
4. 피보증채무의 금액
5. 보증의 범위
6. 그 밖에 보증인을 보호하기 위하여 필요한 사항으로서 대통령령으로 정하는 사항

④ 온라인투자연계금융업자는 투자연계대출계약과 관련하여 보증계약을 체결하는 경우에는 보증인에게 제3항 각 호의 사항을 모두 설명하여야 한다.

⑤ 온라인투자연계금융업자는 제1항에 따른 투자연계대출계약을 체결하거나 제3항에 따른 보증계약을 체결한 경우에는 그 계약서와 대통령령으로 정하는 계약관계서류를 투자연계대출계약을 체결한 날부터 채무변제일 이후 2년이 되는 날까지 보관하여야 한다.

⑥ 투자연계대출계약 또는 그에 따른 보증계약을 체결한 자 또는 그 대리인은 온라인투자연계금융업자에게 그 계약서와 대통령령으로 정하는 계약관계서류의 열람을 요구하거나 채무와 관련된 증명서의 발급을 요구할 수 있다. 이 경우 온라인투자연계금융업자는 정당한 사유 없이 이를 거부하여서는 아니 된다.

제22조(투자금 및 상환금의 관리) ① 온라인투자연계금융업자는 투자자의 투자금, 그리고 차입자의 상환금을 고유재산(온라인투자연계금융업자가 제15조에 따라 투자한 투자금을 포함한다)과 구분하여 대통령령으로 정하는 은행 등 자금보관 및 관리업무를 적절히 수행할 수 있는 공신력 있는 기관(이하 “예치기관”이라 한다)에 예치 또는 신탁하여야 한다.

② 온라인투자연계금융업자는 제1항에 따라 예치기관에 예치 또는 신탁된 투자자의 투자금이 투자자의 재산이라는 뜻을 밝혀야 한다.

③ 누구든지 제1항에 따라 온라인투자연계금융업자의 채무와 관련하여 예치기관에 예치 또는 신탁된 투자자의 투자금과 차입자의 상환금을 상계·압류(가압류를 포함한다)하지 못하며, 온라인투자연계금융업자는 대통령령으로 정하는 경우 외에는 예치기관에 예치 또는 신탁된 투자자의 투자금과 차입자의 상환금을 양도하거나 담보로 제공하여서는 아니 된다.

④ 온라인투자연계금융업자는 등록취소, 해산결의, 파산선고 등 대통령령으로 정하는 사유가 발생한 경우 제1항에 따라 예치 또는 신탁된 투자자의 투자금과 차입자의 상환금이 투자자에게 우선하여 지급될 수 있도록 조치하여야 한다.

⑤ 온라인투자연계금융업자가 제15조에 따라 대출목적투자자가 되는 경우 해당 자금은 제1항에 따라 예치 또는 신탁하여야 하고, 온라인투자연계금융업자의 운영자금과 분리되어야 한다.

⑥ 그 밖에 제1항부터 제5항까지의 투자자의 투자금 및 차입자의 상환금의 예치 또는 신탁 등과 관련하여 필요한 사항은 대통령령으로 정한다.

제23조(권리의 보호) 온라인투자연계금융업자가 보유한 투자연계대출 채권은 투자자와 온라인투자연계금융업자 또는 온라인투자연계금융업자의 채권자 간의 관계에서는 이를 투자자의 채권으로 본다.

제24조(채권추심) 온라인투자연계금융업자는 투자연계대출에 관한 권리를 직접 추심하거나, 「신용정보의 이용 및 보호에 관한 법률」 제4조제1항제3호에 따른 채권추심업을 허가받은 자에게 위임하여 추심할 수 있다.

제25조(신용정보 및 개인정보의 보호) 온라인투자연계금융업자는 차입자와 투자자의 개인정보 및 신용정보를 수집·처리할 때 「개인정보 보호법」 및 「신용정보의 이용 및 보호에 관한 법률」 등 관련 법령을 준수하여야 한다.

제26조(손해배상책임) ① 온라인투자연계금융업자는 온라인투자연계금융업을 영위하면서 법령·약관·투자계약서류(제20조제1항에 따라 투자자에게 교부되는 서류를 말한다)에 위반하는 행위를 하거나 그 업무를 소홀히 하여 투자자와 차입자에게 손해를 발생시킨 경우에는 그 손해를 배상할 책임이 있다. 다만, 배상의 책임을 질 온라인투자연계금융업자가 상당한 주의를 하였음을 증명한 경우는 그러하지 아니하다.

② 온라인투자연계금융업자가 제1항에 따른 손해배상책임을 지는 경우로서 관련되는 임원에게도 귀책사유가 있는 경우에는 그 온라인투자연계금융업자와 관련되는 임원이 연대하여 그 손해를 배상할 책임이 있다.

③ 제1항에 따른 손해액 산정방법은 대통령령으로 정한다.

제5장 온라인투자연계금융협회

제27조(온라인투자연계금융협회 설립 등) ① 온라인투자연계금융업의 업무질서를 유지하고, 온라인투자연계금융업의 건전한 발전과 투자자 및 이용자 보호를 위하여 온라인투자연계금융협회(이하 "협회"라 한다)를 설립한다.

② 협회는 법인으로 한다.

③ 협회는 정관으로 정하는 바에 따라 주된 사무소를 두고 필요한 곳에 지회를 둘 수 있다.

④ 협회는 대통령령으로 정하는 바에 따라 주된 사무소의 소재지에서 설립등기를 함으로써 성립한다.

⑤ 이 법에 따른 협회가 아닌 자는 온라인투자연계금융업협회 또는 이와 비슷한 명칭을 사용하지 못한다.

제28조(업무) ① 협회는 다음 각 호의 업무를 한다.

1. 이 법 또는 관계 법령을 준수하도록 하기 위한 회원에 대한 지도와 권고
2. 회원 간의 건전한 영업질서 유지 및 투자자, 차입자 보호를 위한 자율규제업무
3. 온라인투자연계금융업의 이용자 민원의 상담·처리
4. 그 밖에 협회의 목적을 달성하기 위하여 대통령령으로 정하는 업무

② 협회는 업무에 관한 규정을 제정·변경하거나 폐지한 경우에는 지체 없이 금융위원회에 이를 보고하여야 한다.

제29조(가입 등) ① 협회는 온라인투자연계금융업자가 협회에 가입하려는 경우 정당한 사유 없이 그 가입을 거부하거나 가입에 부당한 조건을 부과하여서는 아니 된다.

② 협회는 회원에게 정관으로 정하는 바에 따라 회비를 징수할 수 있다.

제30조(「민법」의 준용) 협회에 대하여 이 법에 특별한 규정이 없으면 「민법」 중 사단법인에 관한 규정을 준용한다.

제6장 감독 및 처분

제31조(감독) ① 금융위원회는 온라인투자연계금융업자가 이 법 또는 이 법에 따른 명령이나 처분을 적절히 준수하는지 여부를 감독하여야 한다.

② 금융위원회는 제1항에 따른 감독을 위하여 필요한 경우에는 온라인투자연계금융업자에 대하여 그 업무 및 재무상태 등에 관한 보고를 하게 할 수 있다.

③ 금융위원회는 대통령령으로 정하는 바에 따라 이 법에 따른 업무의 일부를 금융감독원에 위탁할 수 있다.

제32조(금융위원회의 조치명령권) 금융위원회는 투자연계대출에 있어 투자자 및 차입자를 보호하고 건전한 거래질서를 유지하기 위하여 온라인투자연계금융업자에게 다음 각 호의 조치를 명할 수 있다.

1. 6개월 이내의 업무의 일부의 정지
2. 위법행위의 시정명령
3. 기관경고
4. 기관주의
5. 그 밖에 위법행위를 시정하거나 방지하기 위하여 필요한 조치로서 대통령령으로 정하는 조치

제33조(영업정지 및 등록취소 등) ① 금융위원회는 온라인투자연계금융업자가 다음 각 호의 어느 하나에 해당하면 그 온라인투자연계금융업자에게 대통령령으로 정하는 기준에 따라 6개월 이내의 기간을 정하여 그 영업의 전부 또는 일부의 정지를 명할 수 있다.

1. 온라인투자연계금융업자가 제15조의 요건을 위반하여 자신의 계산으로 대출목적투자를 한 경우
2. 제12조제3항을 위반하여 온라인투자연계금융업자나 대주주, 특수관계인이 차입자가 된 경우
3. 제15조제2항을 위반하여 자기자본비율을 초과하여 대출목적투자를 한 경우
4. 제17조를 위반하여 투자광고를 한 경우
5. 제18조를 위반하여 차입자의 소득·재산 및 부채상황에 관한 정보 등의 사실 여부를 확인하지 아니한 경우
6. 제19조제1항, 제2항을 위반하여 투자자에게 정보제공을 하지 아니하거나 같은 조 제3항을 위반하여 확인을 받지 아니한 경우

7. 제20조제1항를 위반하여 투자 계약서류를 교부하지 아니한 경우
8. 제21조제1항을 위반하여 차입자에게 계약서를 교부하지 아니하거나 같은 조 제2항을 위반하여 설명을 하지 아니한 경우
9. 제21조제3항을 위반하여 보증인에게 계약서를 교부하지 아니하거나 같은 조 제4항을 위반하여 설명을 하지 아니한 경우
10. 제22조제1항을 위반하여 투자자의 재산을 은행 등에 예치 또는 신탁하지 아니한 경우

② 금융위원회는 온라인투자연계금융업자가 다음 각 호의 어느 하나에 해당하면 그 온라인투자연계금융업자의 등록을 취소할 수 있다. 다만, 제1호에 해당하면 등록을 취소하여야 한다.

1. 거짓 또는 그 밖의 부정한 방법으로 제4조에 따른 등록을 한 경우
2. 제5조제1항의 요건을 충족하지 아니한 경우
3. 등록한 온라인투자연계금융업자의 임원 또는 대표자가 제6조제1항 각 호의 어느 하나에 해당하는 경우
4. 6개월 이상 계속하여 영업실적이 없는 경우
5. 제1항에 따른 영업정지 명령을 위반한 경우
6. 제1항에 따라 영업정지 명령을 받고도 그 영업정지 기간 이내에 영업정지 처분 사유를 시정하지 아니하여 동일한 사유로 제1항에 따른 영업정지 처분을 대통령령으로 정하는 횟수 이상 받은 경우

③ 금융위원회는 제2항에 따른 등록취소를 하기 전에 해당 온라인투자연계금융업자에게 청문을 하여야 한다.

제34조(온라인투자연계금융업자에 대한 과징금) ① 금융위원회는 온라인투자연계금융업자에 대하여 제33조제1항에 따른 영업정지 처분이 이용자에게 심한 불편을 주거나 그 밖에 공익을 해할 우려가 있는 경우에는 영업정지 처분에 갈음하여 5천만원 이하의 과징금을 부과할 수 있다.

② 금융위원회는 제1항에 따라 과징금을 부과하는 경우에는 다음 각 호의 사항을 고려하여야 한다.

1. 위반행위의 내용 및 정도
2. 위반행위의 기간 및 횟수
3. 위반행위로 인하여 취득한 이익의 규모

④ 그 밖에 과징금의 부과에 필요한 사항은 대통령령으로 정한다.

제35조(이의신청) ① 제34조에 따른 과징금 부과처분에 불복하는 자는 그 처분을 고지받은 날부터 30일 이내에 그 사유를 갖추어 금융위원회에 이의를 신청할 수 있다.

② 금융위원회는 제1항에 따른 이의신청에 대하여 30일 이내에 결정을 하여야 한다. 다만, 부득이한 사정으로 그 기간에 결정을 할 수 없는 경우에는 30일의 범위에서 그 기간

을 연장할 수 있다.

③ 제2항에 따른 결정에 불복하는 자는 행정심판을 청구할 수 있다.

제36조(과징금의 납부기한 연장 및 분할납부) ① 금융위원회는 과징금을 부과받은 자(이하 "과징금납부의무자"라 한다)가 다음 각 호의 어느 하나에 해당하는 사유로 과징금 전액을 한꺼번에 내기 어렵다고 인정될 때에는 그 납부기한을 연장하거나 분할납부하게 할 수 있다. 이 경우 필요하다고 인정하면 담보를 제공하게 할 수 있다.

1. 재해 등으로 재산에 현저한 손실을 입은 경우
2. 사업 여건의 악화로 사업이 중대한 위기에 처한 경우
3. 과징금을 한꺼번에 내면 자금 사정에 현저한 어려움이 예상되는 경우

② 과징금납부의무자가 제1항에 따라 과징금 납부기한을 연장하거나 분할납부를 하려는 경우에는 그 납부기한의 10일 전까지 금융위원회에 신청하여야 한다.

③ 금융위원회는 제1항에 따라 납부기한이 연장되거나 분할납부가 허용된 과징금납부의무자가 다음 각 호의 어느 하나에 해당하게 되면 납부기한 연장 또는 분할납부 결정을 취소하고 과징금을 한꺼번에 징수할 수 있다.

1. 분할납부하기로 결정된 과징금을 납부기한까지 내지 아니하였을 때
2. 담보 변경명령이나 그 밖에 담보보전(擔保保全)에 필요한 금융위원회의 명령을 이행하지 아니하였을 때
3. 강제집행, 경매의 개시, 파산선고, 법인의 해산, 국세 또는 지방세의 체납처분을 받은 경우 등 과징금의 전부 또는 잔여분을 징수할 수 없다고 인정될 때
4. 그 밖에 제1호부터 제3호까지의 규정에 준하는 경우로서 대통령령으로 정하는 사유가 있을 때

④ 제1항부터 제3항까지의 규정에 따른 과징금 납부기한의 연장, 분할납부 또는 담보 등에 관하여 필요한 사항은 대통령령으로 정한다.

제37조(과징금 징수 및 체납처분) ① 금융위원회는 과징금납부의무자가 납부기한까지 과징금을 내지 아니하면 납부기한의 다음 날부터 과징금을 낸 날의 전날까지의 기간에 대하여 대통령령으로 정하는 가산금을 징수할 수 있다.

② 금융위원회는 과징금납부의무자가 납부기한까지 과징금을 내지 아니하면 기간을 정하여 독촉을 하고, 그 지정한 기간 이내에 과징금과 제1항에 따른 가산금을 내지 아니하면 국세 체납처분의 예에 따라 징수할 수 있다.

③ 금융위원회는 제1항 및 제2항에 따른 과징금 및 가산금의 징수 또는 체납처분에 관한 업무를 국세청장에게 위탁할 수 있다.

④ 그 밖에 과징금의 징수에 필요한 사항은 대통령령으로 정한다.

제38조(과오납금의 환급) ① 금융위원회는 과징금납부의무자가 이의신청의 재결 또는 법원의 판결 등의 사유로 과징금 과오납금의 환급을 청구하는 경우에는 지체 없이 환급하여

야 하며, 과징금납무의무자의 청구가 없어도 금융위원회가 확인한 과오납금은 환급하여야 한다.

② 금융위원회가 제1항에 따라 과징금을 환급하는 경우에는 과징금을 납부한 날부터 환급한 날까지의 기간에 대하여 대통령령으로 정하는 가산금 이율을 적용하여 환급가산금을 환급받을 자에게 지급하여야 한다.

제7장 벌칙

제39조(벌칙) ① 다음 각 호의 어느 하나에 해당하는 자는 3년 이하의 징역 또는 1억원 이하의 벌금에 처한다.

1. 제4조에 따른 등록을 하지 아니하고 온라인투자연계금융업을 경영하는 자
2. 제22조를 위반하여 투자금 또는 상환금을 예치 또는 신탁하지 아니한 자

제40조(양벌규정) 법인의 대표자나 법인 또는 개인의 대리인, 사용인, 그 밖의 종업원이 그 법인 또는 개인의 업무에 관하여 제39조의 위반행위를 하면 그 행위자를 벌하는 외에 그 법인 또는 개인에게도 해당 조문의 벌금형을 과(科)한다. 다만, 법인 또는 개인이 그 위반행위를 방지하기 위하여 해당 업무에 관하여 상당한 주의와 감독을 게을리하지 아니한 경우에는 그러하지 아니한다.

제41조(과태료) ① 다음 각 호의 어느 하나에 해당하는 경우에는 5천만원 이하의 과태료를 부과한다.

1. 제12조제1항 및 제2항을 위반한 경우
2. 제15조제2항을 위반한 경우

② 다음 각 호의 어느 하나에 해당하는 경우에는 3천만원 이하의 과태료를 부과한다.

1. 제10조제1항을 위반한 경우
2. 제12조제3항을 위반한 경우
3. 제17조제3항을 위반한 경우
4. 제18조를 위반한 경우
5. 제19조를 위반한 경우
6. 제20조를 위반한 경우
7. 제21조를 위반한 경우

③ 제1항 및 제2항의 과태료는 대통령령으로 정하는 바에 따라 금융위원회가 부과·징수한다.

부 칙

제1조(시행일) 이 법은 공포 후 6개월이 경과한 날부터 시행한다.

제2조(적용례) 이 법은 이 법 시행 후 체결하는 투자연계대출계약부터 적용한다.

제3조(온라인투자연계금융업 등록에 관한 경과조치) ① 이 법 시행 당시 「대부업 등의 등록 및 금융이용자 보호에 관한 법률」에 따라 온라인대출정보연계대부업(이하 “온라인대출정보연계대부업”이라 한다)을 영위하는 자는 이 법 시행 후 6개월 이내에 금융위원회에 등록하여야 한다.

② 이 법 시행 당시 온라인대출정보연계대부업을 영위하는 자에 대하여는 제1항의 규정에 의한 등록기간이 경과하는 날까지 이 법을 적용하지 아니한다.

제4조(한국P2P금융협회에 대한 경과조치) ① 이 법 시행 당시 「민법」제32조에 따라 설립된 사단법인 한국P2P금융협회는 이 법 제26조에 따라 설립된 협회로 본다.

② 이 법 시행 당시 「민법」 제32조에 따라 설립된 사단법인 한국P2P금융협회는 이 법 시행 후 2개월 이내에 이 법에 따른 협회의 정관을 작성하여 금융위원회의 허가를 받아야 한다.

③ 이 법 시행 당시 「민법」 제32 조에 따라 설립된 사단법인 한국P2P금융협회는 제2항에 따른 허가를 받은 때에는 지체 없이 이 법에 따른 협회의 설립등기를 하여야 한다.

④ 이 법 시행 당시 「민법」 제32조에 따라 설립된 사단법인 한국P2P금융협회는 제3항에 따라 설립등기를 마친 때에는 「민법」 중 법인의 해산 및 청산에 관한 규정에도 불구하고 해산된 것으로 본다.

⑤ 이 법에 따른 협회는 설립등기일에 이 법 시행 당시 「민법」 제32조에 따라 설립된 사단법인 한국P2P금융협회의 모든 재산과 권리·의무를 승계한다.

⑥ 이 법 시행 당시의 사단법인 한국P2P금융협회의 임·직원은 이 법에 따른 협회의 임·직원으로 보며, 임원의 임기는 종전의 임명일로부터 기산한다.

자본시장과 금융투자업에 관한 법률 일부개정법률안 (박선숙의원案, '18.8.28.)

자본시장과 금융투자업에 관한 법률 일부를 다음과 같이 개정한다.

제9조에 제30항을 다음과 같이 신설한다.

㉚ 이 법에서 "온라인투자연계금융업자"란 온라인상에서 누구의 명의로 하든지 타인의 계산으로 대출에 관한 수익증권 또는 투자계약증권(차입자를 위하여 담보를 제공하고 수수료를 받거나 차입자에 대한 대출채권으로부터 발생하는 원리금을 받을 수 있는 권리가 표시된 것으로서 대통령령으로 정하는 방법으로 발행하는 증권을 말한다)의 모집 또는 사모에 관한 중개(이하 "온라인투자연계금융"이라 한다)를 영업으로 하는 투자중개업자를 말한다.

제2편에 제5장의2(제117조의17부터 제117조의24까지)를 다음과 같이 신설한다.

제5장의2 온라인투자연계금융업자 등에 대한 특례

제117조의17(미등록 영업행위의 금지) 누구든지 이 법에 따라 온라인투자연계금융업자 등록을 하지 아니한 자는 온라인투자연계금융을 할 수 없다.

제117조의18(등록) ① 온라인투자연계금융업자가 되고자 하는 자는 금융위원회에 등록하는 경우 제12조에 따른 인가를 받은 것으로 본다.

② 제1항에 따라 등록을 하려는 자는 다음 각 호의 요건을 모두 갖추어야 한다.

1. 다음 각 목의 어느 하나에 해당하는 자일 것
   가. 「상법」에 따른 주식회사
   나. 외국 온라인투자연계금융업자(외국 법령에 따라 외국에서 온라인투자연계금융에 상당하는 영업을 영위하는 자를 말한다. 이하 같다)로서 온라인투자연계금융에 필요한 지점, 그 밖의 영업소를 설치한 자
2. 5억원 이상으로서 자산규모를 고려하여 대통령령으로 정하는 금액 이상의 자기자본을 갖출 것
3. 사업계획이 타당하고 건전할 것

4. 투자자의 보호가 가능하고 그 영위하고자 하는 업을 수행하기에 충분한 인력과 전산·보안 설비, 그 밖의 물적 설비를 갖출 것
5. 임원이 「금융회사의 지배구조에 관한 법률」 제5조에 적합할 것
6. 대주주(제12조제2항제6호가목의 대주주를 말한다)나 외국 온라인투자연계금융업자가 충분한 출자능력, 건전한 재무상태 및 사회적 신용을 갖출 것
7. 경영건전성기준 등 대통령령으로 정하는 건전한 재무상태와 법령 위반사실이 없는 등 대통령령으로 정하는 건전한 사회적 신용을 갖출 것
8. 온라인투자연계금융업자와 투자자 간, 특정 투자자와 다른 투자자 간의 이해상충을 방지하기 위한 체계로서 대통령령으로 정하는 요건을 갖출 것

③ 그 밖에 온라인투자연계금융업의 등록에 관하여는 제117조의4를 준용한다.

제117조의19(유사명칭의 사용 금지 등) 이 법에 따른 온라인투자연계금융업자가 아닌 자는 "온라인투자연계금융", "온라인투자연계대출", "P2P대출", "P2P금융", "P2P투자" 또는 이와 유사한 명칭을 사용하여서는 아니 된다.

제117조의20(영업행위의 규제 등) ① 제40조, 제46조, 제46조의2, 제47조부터 제53조까지, 제59조, 제61조, 제66조부터 제70조까지, 제72조, 제73조, 제75조부터 제77조까지, 제77조의2, 제77조의3 및 제78조는 온라인투자연계금융업자에게 적용하지 아니한다.

② 온라인투자연계금융업자가 자신이 온라인투자연계금융을 하는 증권을 자기의 계산으로 취득하는 경우에는 그 합계액이 자기자본의 100분의 100을 초과하여서는 아니 된다. 다만, 온라인투자연계금융업자 업무의 특성, 해당 투자가 온라인투자연계금융업자의 건전성에 미치는 영향 등을 고려하여 대통령령으로 정하는 경우에는 그러하지 아니하다.

③ 온라인투자연계금융업자가 제2항에 따라 투자를 하는 경우에는 다른 투자자들에 비하여 자신 또는 대통령령으로 정하는 이해관계자의 채권을 다른 투자자의 채권에 우선하여 회수하여서는 아니 된다.

④ 온라인투자연계금융업자는 투자자가 청약의 내용, 투자에 따르는 위험, 증권의 매도 제한, 온라인투자연계금융 조건과 차입자(온라인투자연계금융을 통하여 대출을 받으려는 자를 말한다. 이하 같다)의 재무상태가 기재된 서류 및 사업계획서의 내용을 충분히 확인하였는지의 여부를 투자자의 서명 등 대통령령으로 정하는 방법으로 확인하기 전에는 그 청약의 의사 표시를 받아서는 아니 된다.

⑤ 온라인투자연계금융업자는 투자자가 청약의 의사를 표시하지 아니한 상태에서 투자자의 재산으로 증권의 청약을 하여서는 아니 된다.

⑥ 온라인투자연계금융업자는 차입자에 관한 정보의 제공, 청약주문의 처리 등의 업무를 수행할 때 특정한 차입자 또는 투자자를 부당하게 우대하거나 차별하여서는 아니 된다. 다만, 투자자가 청약의 의사를 먼저 표시하는 등 대통령령으로 정하는 정당한 사유가 있는 경우에는 그러하지 아니하다.

⑦ 온라인투자연계금융업자는 증권의 청약기간이 만료된 경우에는 증권의 청약 및 발행에 관한 내역을 금융위원회가 정하여 고시하는 방법에 따라 지체 없이 투자자에게 통지하여야 한다.

⑧ 온라인투자연계금융업자는 제117조의21제1항과 같은 조 제5항에 따른 증권의 발행한도와 투자자의 투자한도가 준수될 수 있도록 필요한 조치를 취하여야 한다.

⑨ 온라인투자연계금융업자는 다음 각 호의 행위를 제외하고는 증권의 청약을 권유하는 일체의 행위를 하여서는 아니 된다.

1. 제117조의24에 따라 준용되는 제117조의9제1항 각 호 외의 부분 본문의 투자광고를 자신의 인터넷 홈페이지에 게시하거나 같은 항 단서에 따라 같은 항 각 호의 사항을 제공하는 행위
2. 제117조의21제2항에 따라 차입자가 게재하는 내용을 자신의 인터넷 홈페이지에 게시하는 행위
3. 자신의 인터넷 홈페이지를 통하여 자신이 중개하는 증권 또는 그 차입자에 대한 투자자들의 의견이 교환될 수 있도록 관리하는 행위. 다만, 온라인투자연계금융업자는 자신의 인터넷 홈페이지를 통하여 공개되는 투자자들의 의견을 임의로 삭제하거나 수정하여서는 아니 된다.
4. 사모의 방식으로 증권의 청약을 권유하는 경우에는 제117조의21제2항에 따라 차입자가 게재하는 내용을 특정 투자자에게 전송하는 행위

⑩ 온라인투자연계금융업자는 자신의 인터넷 홈페이지에 다음 각 호의 사항을 게시하여야 한다.

1. 자기자본의 규모
2. 자신이 중개하는 온라인투자연계금융의 구조, 수수료, 대출 잔액, 누적 투자액, 연체율·부실률
3. 자기의 계산으로 취득한 증권의 합계액 및 자기자본 대비 비율
4. 그 밖에 금융위원회가 정하여 고시하는 사항

제117조의21(증권 모집의 특례) ① 온라인투자연계금융의 방법으로 대통령령으로 정하는 금액 이하의 증권을 모집하는 경우에는 제119조 및 제130조를 적용하지 아니한다.

② 차입자는 투자자를 보호하기 위하여 증권의 발행조건과 재무상태, 사업계획서 등 대통령령으로 정하는 사항을 온라인투자연계금융업자가 개설한 홈페이지에 게재하고, 그 밖에 대통령령으로 정하는 조치를 하여야 한다. 이 경우 개인인 차입자에 대하여는 홈페이지에 게재하여야 하는 사항을 달리 정할 수 있다.

③ 차입자는 증권의 청약기간의 종료일부터 7일 전까지 제117조의20제9항제3호에 따라 온라인투자연계금융업자가 관리하는 인터넷 홈페이지를 통하여 투자자의 투자판단에 도움을 줄 수 있는 정보(차입자가 개인인 경우에는 대통령령으로 정하는 정보에 한한다)를

제공할 수 있다. 다만, 차입자는 대통령령으로 정하는 바에 따라 투자자의 투자판단에 영향을 미칠 수 있는 중요한 사항을 포함하고 있는 정보가 제2항에 따른 게재의 내용과 상이한 경우에는 제2항에 따른 게재의 내용을 즉시 정정하고 온라인투자연계금융업자가 관리하는 인터넷 홈페이지를 통하여 정정 게재(정정 게재일이 청약기간의 말일부터 7일 이내인 경우에는 청약기간의 말일은 그 게재일부터 7일 후로 변경된 것으로 본다)하여야 한다.

④ 차입자와 그 대주주(온라인투자연계금융의 방법으로 자금을 모집하기 직전을 기준으로 한 대주주를 말한다)는 차입자가 온라인투자연계금융 방식으로 증권을 발행한 후 6개월 이상으로서 대통령령으로 정하는 기간 동안은 보유한 차입자의 지분을 누구에게도 매도할 수 없다.

⑤ 투자자(전문투자자 등 대통령령으로 정하는 자를 제외한다)가 온라인투자연계금융을 통하여 투자하는 금액은 다음 각 호의 한도를 초과하여서는 아니 된다. 다만, 부동산 개발·공급 사업에 참여하는 차입자가 해당 부동산 개발·공급 사업에서 발생하는 수입을 그 주된 상환재원으로 하는 경우로서 대통령령으로 정하는 경우에 대하여는 그 한도를 달리 정할 수 있다.

1. 소득 등 대통령령으로 정하는 요건을 갖춘 자
   가. 최근 1년간 동일 차입자에 대한 누적투자금액: 2천만원 이하로서 대통령령으로 정하는 금액
   나. 최근 1년간 누적투자금액: 4천만원 이하로서 대통령령으로 정하는 금액
2. 제1호의 요건을 갖추지 못한 자
   가. 최근 1년간 동일 차입자에 대한 누적투자금액: 1천만원 이하로서 대통령령으로 정하는 금액
   나. 최근 1년간 누적투자금액: 2천만원 이하로서 대통령령으로 정하는 금액

⑥ 투자자는 온라인투자연계금융을 통하여 발행된 증권을 지체 없이 제309조제5항에서 정하는 방법으로 예탁결제원에 예탁하거나 보호예수하여야 하며, 그 예탁일 또는 보호예수일부터 3개월간 해당 증권을 매도, 그 밖의 방법으로 양도할 수 없다. 다만, 다음 각 호의 어느 하나에 해당하는 경우에는 증권을 매도하거나 양도할 수 있다.

1. 전문투자자에 대한 매도
2. 해당 증권의 투자 손실가능성 및 낮은 유통 가능성 등을 인지하고 있는 자로서 대통령령으로 정하는 자에 대한 매도

⑦ 투자자는 온라인투자연계금융을 통하여 발행되는 증권의 청약기간의 종료일까지 대통령령으로 정하는 바에 따라 청약의 의사를 철회할 수 있다. 이 경우 온라인투자연계금융업자는 그 투자자의 청약증거금을 지체 없이 반환하여야 한다.

제117조의22(게재 내용의 사실확인) ① 온라인투자연계금융업자는 온라인투자연계금융 전

에 해당 차입자에 관한 다음 각 호의 사항에 관한 사실을 확인하여야 한다. 이 경우 개인인 차입자에 관하여는 대통령령으로 정하는 사항을 확인하여야 한다.

1. 차입자의 재무상황
2. 차입자의 원리금 상환계획이 투자자 보호를 위하여 대통령령으로 정하는 항목을 포함하였는지 여부
3. 그 밖에 차입자의 신뢰성을 확인할 수 있는 사항으로서 대통령령으로 정하는 사항

② 제1항 각 호의 사항에 관한 사실을 확인하는 방법 및 절차는 금융위원회가 정하여 고시하는 바에 따른다.

제117조의23(신용공여) ① 온라인투자연계금융업자는 이 법 또는 다른 금융관련 법령에도 불구하고 투자자와 연계된 신용공여를 영위할 수 있다.

② 제1항에도 불구하고 온라인투자연계금융업자는 그 대주주 및 특수관계인에 대하여 신용공여를 하여서는 아니 된다. 다만, 온라인투자연계금융업자의 건전성을 해할 우려가 없는 신용공여로서 대통령령으로 정하는 신용공여의 경우에는 이를 할 수 있다.

③ 제1항 및 제2항에 따른 신용공여의 기준 및 방법에 관하여 필요한 사항은 대통령령으로 정한다.

제117조의24(준용규정 등) 제117조의6, 제117조의8, 제117조의9, 제117조의12부터 제117조의16까지는 온라인투자연계금융업자에 준용한다.

제420조제1항 각 호 외의 부분 중 "제117조의4"를 "제117조의4 · 제117조의18"로 하고, 같은 항 제3호 중 "제117조의4제8항"을 "제117조의4제8항(제117조의18제3항에서 준용하는 경우를 포함한다)"으로 한다.

제421조제1항 각 호 외의 부분 중 "제117조의4"를 "제117조의4 · 제117조의18"로 한다.

제444조제11호의2 중 "제117조의7제6항"을 "제117조의7제6항 또는 제117조의20제4항"으로 하고, 같은 조 제11호의3 중 "제117조의8제1항"을 "제117조의8제1항(제117조의24에서 준용하는 경우를 포함한다)"으로 하며, 같은 조에 제11호의4 및 제11호의5를 각각 다음과 같이 신설한다.

11의4. 제117조의23제1항에 위반하여 신용공여를 한 자

11의5. 제117조의23제2항을 위반하여 신용공여를 한 온라인투자연계금융업자와 그로부터 신용공여를 받은 자

제445조제18호의3 중 "제117조의4에"를 "제117조의4 또는 제117조의17에"로 하고, 같은 조 제18호의4 중 "제117조의7제10항"을 "제117조의7제10항 또는 제117조의20제9항"으로 하며, 같은 조에 제18호의5를 다음과 같이 신설한다.

18의5. 제117조의17을 위반하여 등록(변경등록을 포함한다)을 하지 아니하고 온라인투자연계금융을 한 자

제446조제19호의2 중 "제117조의5"를 "제117조의5(제117조의24에서 준용하는 경우를 포함

한다)"로 하고, 같은 조 제19호의5 중 "제117조의7제4항"을 "제117조의7제4항 또는 제117조의20제4항"으로 하며, 같은 조 제19호의7 중 "제117조의9제2항"을 "제117조의9제2항(제117조의24에서 준용하는 경우를 포함한다)"으로 하고, 같은 조에 제19호의9부터 제19호의11까지를 각각 다음과 같이 신설한다.

19의9. 제117조의20제2항을 위반하여 증권을 취득한 자

19의10. 제117조의20제3항을 위반하여 자신 또는 대통령령으로 정하는 이해관계자의 채권을 다른 채권에 우선하여 회수한 자

19의11. 제117조의20제6항을 위반하여 특정한 차입자 또는 투자자를 우대하거나 차별한 자

제449조제1항제25호의2 중 "제117조의9에서"를 "제117조의9 및 제117조의24에서"로 하고, 같은 항 제35호의2 중 "제117조의6제2항"을 "제117조의6제2항(제117조의24에서 준용하는 경우를 포함한다)"으로, "온라인소액투자중개업자 내부통제기준을"을 "내부통제기준을"로 하며, 같은 항 제35호의3 중 "제117조의7제9항"을 "제117조의7제9항 또는 제117조의20제8항"으로 하고, 같은 항 제35호의4 중 "제117조의9제1항"을 "제117조의9제1항(제117조의24에서 준용하는 경우를 포함한다)"으로 하며, 같은 항 제35호의5 중 "제117조의10제2항"을 "제117조의10제2항 또는 제117조의21제2항"으로 하고, 같은 항 제35호의7 중 "제117조의10제4항"을 "제117조의10제4항 또는 제117조의21제3항"으로 하며, 같은 항 제35호의8 중 "제117조의10제5항"을 "제117조의10제5항 또는 제117조의21제4항"으로 하고, 같은 항 제35호의9 중 "제117조의10제8항"을 "제117조의10제8항 또는 제117조의21제7항"으로 하며, 같은 항 제35호의10 중 "제117조의11제1항"을 "제117조의11제1항 또는 제117조의22제1항"으로 하고, 같은 조 제3항제6호의2 중 "제117조의6제1항"을 "제117조의6제1항(제117조의24에서 준용하는 경우를 포함한다)"으로 하며, 같은 항 제6호의3 중 "제117조의7제8항"을 "제117조의7제8항 또는 제117조의20제7항"으로 하고, 같은 항 제6호의4 중 "제117조의10제7항"을 "제117조의10제7항 또는 제117조의21제6항"으로 하며, 같은 항 제6호의5 중 "제117조의15"를 "제117조의15(제117조의24에서 준용하는 경우를 포함한다)"로 한다.

부 칙

제1조(시행일) 이 법은 공포 후 6개월이 경과한 날부터 시행한다.

제2조(온라인투자연계금융업자 등록에 관한 경과조치) 이 법 시행 당시 온라인투자연계금융에 해당하는 업을 영위하는 자는 이 법 시행 후 6개월 이내에 제117조의18의 개정규정에 따라 온라인투자연계금융업자 등록을 하여야 한다.

대부업 등의 등록 및 금융이용자 보호에 관한 법률 일부개정법률안
(박광온의원案, '18.2.6.)

대부업 등의 등록 및 금융이용자 보호에 관한 법률 일부를 다음과 같이 개정한다.

제2조에 제1호의2를 다음과 같이 신설하고, 같은 조 제2호 중 "대부중개"를 "대부중개(온라인대출중개를 포함한다)"로 한다.

1의2. "온라인대출중개"란 정보통신 플랫폼(온라인대출 이용을 위한 것으로서 정보처리 능력을 가진 전자적 체계를 말한다)을 제공하여 자금을 대출받으려는 자, 투자자 및 대부업자 등(이하 "거래자등"이라 한다)을 중개하는 행위를 말한다.

제3조제2항제6호를 제7호로 하고, 같은 항에 제6호를 다음과 같이 신설하며, 같은 항 제7호(종전의 제6호) 중 "제5호까지의"를 "제6호까지의"로 한다.

6. 온라인대출중개업을 하려는 자로서 금융이용자 보호를 위한 일정 규모의 자기자본 등 대통령령으로 정하는 요건을 갖춘 자

부　　　칙

제1조(시행일) 이 법은 공포 후 6개월이 경과한 날부터 시행한다.

제2조(온라인대출중개 및 온라인대출중개업에 관한 적용례) 제2조제1호의2, 제2호 및 제3조제2항제6호의 개정규정은 이 법 시행 후 최초로 체결하는 온라인대출계약부터 적용한다.

제3조(온라인대출중개업 등록에 관한 경과조치) ① 이 법 시행 당시 온라인대출중개업을 영위하는 자는 이 법 시행 후 6개월 이내에 금융위원회에 등록하여야 한다.

② 이 법 시행 당시 온라인대출중개업을 영위하는 자에 대하여는 제1항의 규정에 의한 등록기간이 경과하는 날까지 이 법을 적용하지 아니한다.

찾아보기

ㅈ

ㅊ

ㅋ

ㅌ

ㅍ

ㅎ

저자 약력

고동원

서울대학교 법과대학 졸업

미국 보스톤대학교 · 튤레인대학교 법학석사(LLM)

미국 듀크대학교 법학박사(SJD)

은행법학회 · 한국상사판례학회 회장 역임

(현) 성균관대학교 법학전문대학원 교수

안수현

이화여자대학교 법과대학 졸업

이화여자대학교 법학석사

서울대학교 법학박사

금융소비자학회부회장, 은행법학회 총무이사

(현) 한국외국어대학교 법학전문대학원 교수

강영기

고려대학교 경영대학 졸업

일본 와세다대학 법학석사, 법학박사

(현) 증권법학회 국제이사, 금융법학회 총무이사,
상사판례학회 기획이사, 상사법학회 홍보이사 등

(현) 고려대학교 금융법센터 연구교수

노은영

중국인민대학교 법학석사

중국인민대학교 법학박사

(현) 한국경영학회, 한중법학회 상임이사

(현) 성균관대학교 중국대학원 대우교수

노태석

성균관대학교 법학전문대학원 법학박사

성균관대학교 법학연구소 선임연구원

국회사무처 정책비서관

금융위원회 정책전문관

숭실대학교 금융학부 초빙교수

석지웅
성균관대학교 법과대학 졸업
성균관대학교 법학석사
성균관대학교 법학전문대학원 법학박사수료

윤민섭
성균관대학교 법학박사
2015 UNCITRAL WG Ⅲ 한국대표부
증권법학회 · 상사판례학회 이사 역임
(현) 한국소비자원 책임연구원
(현) 혁신금융심사위원회 심사위원

이지은
이화여자대학교 영어영문과 졸업
이화여자대학교 법학석사, 미국 조지타운대학교 법학석사(LLM)
이화여자대학교 법학박사(SJD)
한국사내변호사회부회장
한국상사판례학회 총무이사역임
(현) 변호사, 성균관대학교 법학연구원

장순필
미국변호사(NY주)
성균관대학교 법과대학 졸업
미국 NYU대학교 법학석사(LLM)
법무법인 태평양 변호사

P2P금융과 법

초판발행 2019년 6월 10일

지은이 금융기술법연구회
펴낸이 안종만 · 안상준

편 집 한두희
기획/마케팅 정연환
표지디자인 박현정
제 작 우인도 · 고철민

펴낸곳 (주) 박영사
서울특별시 종로구 새문안로3길 36, 1601
등록 1959. 3. 11. 제300-1959-1호(倫)
전 화 02)733-6771
f a x 02)736-4818
e-mail pys@pybook.co.kr
homepage www.pybook.co.kr
ISBN 979-11-303-3410-3 93360

정 가 28,000원